上海市科学技术委员会"科技创新行动计划"
河口疏浚土资源利用和新横沙滩面生态培育研究及应用示范
（18DZ1206600）

主编 包起帆

SHANGHAI
HENGSHA QIANTAN
BAOTAN HUAN CHENGLU YANJIU

上海横沙浅滩
保滩护岸成陆研究

上海科学技术出版社

国家一级出版社
全国百佳图书出版单位

内 容 提 要

在上海市科学技术委员会等的支持下,由华东师范大学领衔的研究团队围绕利用疏浚土在上海新横沙开展生态基底塑造进行了长期、深入的研究,取得了丰富的成果,为领导决策提供了参考,推动了相关工作的开展。

本书介绍了新横沙在上海卓越全球城市建设、长三角一体化发展和国家未来战略中的地位;分析了在长江口新的水沙条件下横沙浅滩面临的问题及利用长江口航道疏浚土实施横沙浅滩保滩护岸措施的必要性和紧迫性;阐述了跨学科、多领域的专家利用现场研究及数模、物模等手段协同攻关取得的成果,即保滩护岸措施中横沙大道外延工程、横沙浅滩护滩工程及生态基底塑造工程的方案及其可行性;展示了研究中突破的关键技术,分析了横沙浅滩保滩护岸工程对周边的影响;总结和展望了整个新横沙未来的发展。

本书可供从事河口海岸、水利工程、航道疏浚、生态环境等相关专业专家学者及政府管理人员参考。

图书在版编目(CIP)数据

上海横沙浅滩保滩护岸成陆研究 / 包起帆主编. --
上海:上海科学技术出版社,2021.10
 ISBN 978-7-5478-5466-2

Ⅰ. ①上… Ⅱ. ①包… Ⅲ. ①浅滩－航道整治－研究－上海 Ⅳ. ①U617.3

中国版本图书馆CIP数据核字(2021)第168984号

上海横沙浅滩保滩护岸成陆研究
主编 包起帆

上海世纪出版(集团)有限公司
上海科学技术出版社 出版、发行
(上海钦州南路71号 邮政编码 200235 www.sstp.cn)
上海盛通时代印刷有限公司印刷
开本 889×1194 1/16 印张 23.75
字数 600 千字
2021年10月第1版 2021年10月第1次印刷
ISBN 978-7-5478-5466-2/U·116
定价:280.00元

本书如有缺页、错装或坏损等严重质量问题,请向工厂联系调换

谨以此书献给

上海市国民经济和社会发展第十四个五年规划

和二〇三五年远景目标纲要

课题组部分活动回顾

· 2018年6月20日，上海市分管领导及相关部门负责人前往横沙东滩工程现场踏勘并听取研究团队的专题汇报。

· 2021年1月14日，上海市科学技术委员会主任等前往横沙东滩考察，听取包起帆介绍相关工程情况以及对新横沙未来的展望。

· 2019年2月27日，研究团队在横沙东滩工程项目部举办"河口疏浚土资源利用和新横沙滩面生态培育研究及应用示范"启动会。

· 2021年1月19日，"河口疏浚土资源利用和新横沙滩面生态培育研究及应用示范"项目通过上海市科学技术委员会的验收。

· 2019年6月26日,中国工程院院士张建云,中国科学院院士桂建芳,中国工程院院士钮新强,中国科学院院士夏军,中国工程院院士胡春宏、李华军(由上至下,由左至右)等出席"长江口大保护和绿色发展高端论坛"。钮新强院士做了题为"长江口综合治理实践与探索"的主题报告,张建云院士代表会议共同发起单位做总结讲话。

· 2019年6月26日,华东师范大学联合南京水利科学研究院、中交上海航道勘察设计研究院共同举办"长江口大保护和绿色发展高端论坛"。

·2020年3月20日,研究团队在市政府会议室向上海市发展和改革委员会、水务局、生态环境局等部门汇报"新横沙滩涂资源保护和长江口航道疏浚土利用"的研究情况。

·2019年4月19日,研究团队就新横沙研究和未来发展与上海市发展改革委员会和上海市发展改革研究院进行交流。

·2019年11月6日,研究团队向上海市发展改革委员会副主任汇报"长江口滩涂资源保护和疏浚土利用"。

·2020年5月13日,研究团队向上海市水务局局长等汇报新横沙研究情况。

· 2017年11月3日,研究团队与长江口航道管理局就疏浚土可持续利用的相关问题进行交流。

· 2019年5月21日,研究团队就新横沙研究的相关问题与南京水利科学研究院院长张建云院士进行交流。

· 2017年12月19日,研究团队拜访水利部长江水利委员会长江水利勘测设计研究院,与《长江口综合整治规划》修编组交流长江口深水航道疏浚土资源长效利用与横沙滩涂保护整治问题。

· 2020年5月8日,研究团队就长江口深水航道疏浚土利用和新横沙滩涂资源保护问题同新华社记者进行视频交流。

· 2019年5月17日，研究团队在华东师范大学召开项目组联络员例会。

· 2020年4月15日，研究团队召开"疏浚土利用和新横沙滩面生态培育学术研讨会"，新冠疫情期间仍持续开展各项研究工作。

· 2020年10月9日，研究团队赴上海河口海岸科学研究中心对大型长江口物理模型进行考察并召开主题研讨会。

· 2020年11月17日，研究团队赴南京水利科学研究院对大型长江口物理模型进行考察并召开主题研讨会。

研 究 单 位

承担单位： 华东师范大学

参与单位： 中交上海航道勘察设计研究院

南京水利科学研究院

上海市环境科学研究院

上海河口海岸科学研究中心

上海市水务（海洋）规划设计研究院

上海市发展改革研究院

上海市城市规划设计研究院

长江勘测规划设计研究院

上海勘测设计研究院

中交水运规划设计院

中交第三航务工程勘察设计院

中国水产科学研究院东海水产研究所

中交上海航道局

交通运输部长江口航道管理局

支持单位： 上海市科学技术委员会

上海市水务局

项目组成员名单

总顾问：

张建云（中国工程院院士，南京水利科学研究院名誉院长）

共同组长：

包起帆（华东师范大学国际航运物流研究院院长、教授）

季　岚（中交上海航道勘察设计研究院副院长、教授级高级工程师）

窦希萍（南京水利科学研究院总工、正高级工程师）

林卫青（上海市环境科学研究院副院长、总工、教授级高级工程师）

吴华林（上海河口海岸科学研究中心副主任、研究员）

徐贵泉（上海市水务规划设计研究院副院长兼总工、教授级高级工程师）

赵义怀（上海市发展改革研究院原党委书记、副院长、高级经济师）

钱少华（上海市城市规划设计研究院副院长、教授级高级工程师）

仲志余（长江勘测规划设计研究院副院长、教授级高级工程师）

石小强（三峡集团上海总部总经理、教授级高级工程师）

吴　澎（中交水运规划设计院高级顾问、正高级工程师）

杨　晖（中交第三航务工程勘察设计院董事长、高级工程师）

庄　平（中国水产科学研究院东海水产研究所所长、研究员）

侯晓明（中交上海航道局董事长、教授级高级工程师）

任　舫（交通运输部长江口航道管理局副局长）

技术支持：

宗源远（中交上海航道局原董事长、高级经济师）

周　海（中交上海航道勘察设计研究院原院长、全国水运工程勘察设计大师）

朱建华（原上海市交通运输和港口管理局巡视员、高级经济师）

王　祥（中交第三航务工程勘察设计院原院长、教授级高级工程师）

尹邦奇（上海市科学技术交流中心原主任、教授级高级工程师）

姚逸云（中交上海航道勘察设计研究院原党委书记、高级政工师）

徐一孚（原上海起帆科技有限公司董事长、高级工程师）

研究人员：

任国华（华东师范大学国际航运物流研究院副教授）

孟　舒（华东师范大学国际航运物流研究院经济师）

彭德艳（华东师范大学国际航运物流研究院助理研究员）

江　霞（华东师范大学国际航运物流研究院高级工程师）

楼　飞（中交上海航道勘察设计研究院高级工程师）

陈海英（中交上海航道勘察设计研究院执行所长、教授级高级工程师）

赵红萍（中交上海航道勘察设计研究院工程师）

李　蕙（中交上海航道勘察设计研究院助理工程师）

史　源（中交上海航道勘察设计研究院助理工程师）

董永福（中交上海航道勘察设计研究院工程师）

张赛赛（中交上海航道勘察设计研究院助理工程师）

曹民雄（南京水利科学研究院副所长、正高级工程师）

徐　群（南京水利科学研究院室主任、正高级工程师）

罗小峰（南京水利科学研究院主任、正高级工程师）

韩玉芳（南京水利科学研究院副主任、正高级工程师）

路川藤（南京水利科学研究院高级工程师）

张功瑾（南京水利科学研究院工程师）

矫吉珍（上海市环境科学研究院高级工程师）

沙晨燕（上海市环境科学研究院高级工程师）

王　彪（上海市环境科学研究院高级工程师）

卢士强（上海市环境科学研究院所长、教授级高级工程师）

沈　淇（上海河口海岸科学研究中心副研究员）

王统泽（上海河口海岸科学研究中心研究实习员）

顾峰峰（上海河口海岸科学研究中心数学模型室副主任、副研究员）

郭文华（上海河口海岸科学研究中心副研究员）

刘高峰（上海河口海岸科学研究中心研究员）

徐　健（上海市水务规划设计研究院高级工程师）

夏雪瑾（上海市水务规划设计研究院高级工程师）

冯文静（上海市水务规划设计研究院高级工程师）

李　琦（上海市水务规划设计研究院工程师）

陈　明（上海市水务规划设计研究院助理工程师）

潘莹莹（上海市水务规划设计研究院工程师）

屠　烜（上海市发展改革研究院区域所所长、高级经济师）

陈　静（上海市发展改革研究院工程师）

詹水芬（上海市发展改革研究院区域所副所长、高级经济师）

梅圣洁（上海市发展改革研究院经济师）

张璞玉（上海市发展改革研究院规划师）

李　强（上海市城市规划设计研究院区域分院副院长、高级工程师）

李天华（上海市城市规划设计研究院区域分院总工、高级工程师）

张璐璐（上海市城市规划设计研究院区域分院总监、高级工程师）

孙姗珊（上海市城市规划设计研究院规划师、工程师）

陈前海（长江勘测规划设计研究院高级工程师）

胡春燕（长江勘测规划设计研究院教授级工程师）

陈正兵（长江勘测规划设计研究院高级工程师）

樊咏阳（长江勘测规划设计研究院工程师）

江　磊（长江勘测规划设计研究院高级工程师）

叶小云（长江勘测规划设计研究院高级工程师）

余　康（长江勘测规划设计研究院工程师）

关许为（上海勘测设计研究院分院专业总工、高级工程师）

丁　玲（上海勘测设计研究院分院专业总工、高级工程师）

施　蓓（上海勘测设计研究院院长、高级工程师）

程南宁（上海勘测设计研究院分院专业总工、高级工程师）

李溢汶（上海勘测设计研究院工程师）

杜　锐（上海勘测设计研究院高级工程师）

陈瑞方（上海勘测设计研究院副总工、教授级高级工程师）

李　松（上海勘测设计研究院工程师）

张勇勇（上海勘测设计研究院高级工程师）

韩　景（上海勘测设计研究院工程师）

罗鼎晖（上海勘测设计研究院助理工程师）

魏　伟（上海勘测设计研究院助理工程师）

刘晓玲（中交水运规划设计院高级工程师）

薛晓晓(中交水运规划设计院高级工程师)

曹凤帅(中交水运规划设计院科技部副总经理、正高级工程师)

周玉华(中交水运规划设计院所总工、高级工程师)

李明泽(中交水运规划设计院助理工程师)

王　桃(中交水运规划设计院工程师)

杨　晖(中交第三航务工程勘察设计院董事长、高级工程师)

黄明毅(中交第三航务工程勘察设计院副总工程师、教授级高级工程师)

孙骁帆(中交第三航务工程勘察设计院高级工程师)

李　贺(中交第三航务工程勘察设计院工程师)

于传见(中交第三航务工程勘察设计院主任工程师、高级工程师)

马彦勇(中交第三航务工程勘察设计院主任工程师、高级工程师)

孙平锋(中交第三航务工程勘察设计院副主任、高级工程师)

张　涛(中国水产科学研究院东海水产研究所研究员)

杨　刚(中国水产科学研究院东海水产研究所助理研究员)

赵　峰(中国水产科学研究院东海水产研究所研究室主任、研究员)

耿　智(中国水产科学研究院东海水产研究所助理研究员)

顾　勇(中交上海航道局有限公司正高级工程师)

金　华(中交上海航道局有限公司正高级工程师)

王丽华(中交上海航道局有限公司正高级工程师)

彭光明(中交上海航道局有限公司高级工程师)

高　炎(中交上海航道局有限公司高级工程师)

张　剑(中交上海航道局有限公司高级工程师)

朱剑飞(交通运输部长江口航道管理局主任、教授级高级工程师)

高　敏(交通运输部长江口航道管理局处长、研究员)

赵德招(交通运输部长江口航道管理局副研究员)

储华军(交通运输部长江口航道管理局高级工程师)

李　波(交通运输部长江口航道管理局工程师)

汤　宇(交通运输部长江口航道管理局高级工程师)

* 以上排名不分先后

前　言

近年来，受长江口新的水沙环境和所处的径潮流相互作用影响，横沙浅滩出现了滩面持续冲刷、窜沟进一步发育、滩体动荡不稳的态势，并对周边的河势带来了潜在的威胁。随着横沙东滩八期吹填工程结束，疏浚土因无工程依托，又将面临重新抛海局面，既浪费自然资源，又影响海洋环境。

在上海科学技术委员会的支持下，华东师范大学联合上海、南京、北京、武汉等地十余家研究机构、企业、部门，组成了研究团队，以问题、需求和目标为导向，产学研用结合，发挥多学科、高层次的综合优势，结合水文、泥沙及生态监测、卫星遥感、数学模型分析和长江口整体物理模型试验等手段，对新横沙滩涂保护、生态培育、空间布局及长江口深水航道疏浚土利用等关键技术开展了四期研究，本书是第四期研究的成果。

研究期间，正值上海市"十四五"规划编制之际，项目组积极参与规划的编制，通过上海市相关部门提交了根据阶段性成果形成的多份建议。

2019年9月，项目组向上海市"十四五"规划工作领导小组办公室递交了《"十四五"期间利用长江口疏浚土资源实施新横沙生态工程的建议》。

2019年10月，中国工程院院士张建云、钮新强、胡春宏、桂建芳与项目组负责人包起帆联名撰写了《关于长江口滩涂资源保护及航道疏浚土利用的建议》，作为中国工程院院士建议专报中共中央办公厅和国务院办公厅，呈送中央领导。

2019年11月，项目组向分管上海市"十四五"规划制定的市发展和改革委员会（简称"发改委"）分管副主任汇报了研究及相关工作情况。

2020年3月，项目组在专题会上，向市发改委、水务局、生态环境局等职能部门负责人汇报了"新横沙滩涂资源保护和长江口航道疏浚土利用"情况。

2020年5月，项目组与新华社记者就长江口深水航道疏浚土利用和新横沙滩涂资源保护问题进行了视频交流，为形成《横沙固滩事关长江经济带发展全局，需尽快解决发展断档问题》的新华社经济分析报告提供了完整的材料，得到了中央和上海市领导的批示。

2020年7月，项目组向市分管领导汇报了新横沙研究及工作情况，并递交材料。

2020年8月，项目组向水利部长江水利委员会《长江口综合整治规划》修编调研组汇报了关于"利用疏浚土开展横沙滩涂整治"研究的情况，并对修编提出了具体的建议，呈送了专题报告。

2020年10—11月，项目组向市发改委递交了《关于开展横沙浅滩保滩护岸工程的建议》（含长江口航道疏浚土生态成陆与外抛效果对比研究、横沙浅滩保滩护岸工程对周边影响研究），为上海市政府向国务院递交的有关新横沙专题报告提供了技术支撑。

2021年1月，上海市第十五届人民代表大会第五次会议批准了《上海市国民经济和社会发展第十四个五年规划和二〇三五年远景目标纲要》，该规划纲要采纳了项目组提出的有关长江口深水航道疏浚土用于横沙浅滩的建议，明确要"利用航道整治疏浚土开展横沙浅滩生态保滩护岸"，为新横沙的未来揭开了新的篇章。

本研究的创新点：

(1) 科学论证了长江口已从淤涨型河口向侵蚀型河口演变的趋势，通过对横沙浅滩水沙运动规律的研究，揭示了横沙浅滩滩面及与北槽下段间水沙净输运存在"顺时针"循环特征，进而得出横沙浅滩迫切需要采取防冲保滩、固滩稳槽措施的科学论断，指出了通过工程进一步切断或减弱滩槽水沙的交换与循环作用是实现横沙浅滩整治目标的重要路径。

(2) 在国内首次提出了以横沙浅滩—5 m等深线为边界形成303 km^{2}陆域的构想，并论证了该构想的合理性和可行性。横沙浅滩构筑的生态基底，近期将是上海生态的新增量，远期将解决上海城市发展过程中土地资源短缺的问题，为国家预留国土空间新资源。

(3) 突破了国内外利用滩涂圈围造地搞建设的单一路径和方法，前瞻性地提出了将长江口深水航道疏浚土资源化利用、横沙浅滩保滩护岸、横沙周边复合生境构筑及国土空间资源预留四大目标融为一体的长江口滩涂整治与利用新理念。

(4) 依据"工法自然"的目标，设计了包括横沙大道外延工程、横沙浅滩护滩工程、生态基底塑造工程在内的工程方案及推进时序；科学论证了与传统封闭式圈围吹填做法不同的、半开敞环境下整治、护滩、吹填、拦沙逐步结合的工程可行性。通过构筑水系连通、高-中-低滩有序衔接的基底环境，促进滩涂生物多样性发展，凸显了三大工程独有的"T字形守护加生态基底塑造后自然形成潮沟"的特点。

(5) 融合三维潮流泥沙数学模型、物理模型、波浪模型、水质生态模型等多类别模型技术，多视角评价横沙浅滩保滩护岸工程的可能影响，研究得出工程积极作用明显、负面影响可控、用疏浚土构筑生态基底更具显著的社会价值和潜在的经济价值的结论，为工程决策提供了重要的技术支撑。

本书涵盖了研究和相关工作推进过程中形成的主要成果，其中第1部分是研究的科技报告，第2部分是向领导及相关部门提交的各类建议，第3部分是已发表的相关论文。

本书是研究团队共同努力的结晶，难免有疏漏和不当之处，希望能够得到同行的批评和指正。

在编著过程中，华东师范大学国际航运物流研究院孟舒和任国华组织了具体的文字和图片编排工作，彭德艳和江霞给予了帮助，上海科学技术出版社对具体内容提出了宝贵意见和建议，在此表示诚挚的感谢！

编　者
2021年9月

目 录

第 1 部分 河口疏浚土资源利用和新横沙滩面生态培育研究

研究背景 ··· 3

1 新水沙环境下横沙滩涂变化趋势 ··· 5
    1.1 长江口的滩涂资源 ·· 5
    1.2 横沙滩涂的空间格局 ·· 6
    1.3 长江口的新水沙环境 ·· 11
    1.4 横沙浅滩的状况和面临的问题 ·· 14
    1.5 横沙浅滩保滩护岸的必要性和紧迫性 ··· 26
    1.6 卫星遥感技术监测横沙滩涂水沙环境的探索 ··· 27
    1.7 小结 ··· 40

2 横沙滩涂生态系统健康及保育需求 ·· 42
    2.1 横沙东滩生态环境现状调查 ·· 42
    2.2 横沙东滩生态系统演变趋势分析 ·· 50
    2.3 横沙东滩生态系统健康状况评价 ·· 66
    2.4 横沙浅滩生态保育作用及生态系统质量提升的原则和对策 ·························· 76
    2.5 卫星遥感技术监测河口生态状况的探索 ··· 82
    2.6 小结 ··· 92

3 长江口航道疏浚土资源利用 ··· 94
    3.1 长江口航道疏浚土利用现状 ·· 94
    3.2 长江口航道疏浚土资源利用的必要性和紧迫性 ··· 100
    3.3 国外疏浚土利用的理念和案例 ··· 101
    3.4 长江口航道疏浚土利用的原则和方向 ··· 106
    3.5 长江口航道疏浚土用于横沙浅滩保滩护岸 ··· 107

  3.6 小结 ······ 109

4 利用疏浚土开展横沙浅滩保滩护岸工程 ······ 111
  4.1 横沙浅滩保滩护岸的总体构想 ······ 111
  4.2 研究中采用的数学模型和物理模型 ······ 112
  4.3 横沙大道外延工程 ······ 124
  4.4 横沙浅滩护滩工程 ······ 131
  4.5 生态基底塑造工程 ······ 139
  4.6 横沙浅滩保滩护岸工程对周边的影响 ······ 153
  4.7 横沙浅滩保滩护岸工程的结构设计及费用估算 ······ 173
  4.8 小结 ······ 175

5 横沙浅滩保滩护岸试验区方案 ······ 177
  5.1 横沙浅滩保滩护岸试验区建设的必要性 ······ 177
  5.2 横沙浅滩保滩护岸试验区选址和布局 ······ 178
  5.3 横沙浅滩保滩护岸试验区建设预期效果 ······ 179
  5.4 横沙浅滩保滩护岸试验区提升生态品质的方法探索 ······ 182
  5.5 小结 ······ 187

6 研究的结论、创新点及建议 ······ 189
  6.1 结论 ······ 189
  6.2 创新点 ······ 191
  6.3 建议 ······ 192

第 2 部分 相关专报及建议

关于横沙滩涂资源预留规划及 2020 年后长江口疏浚土后续利用的建议（上海市
  参事工作专报） ······ 195
关于长江口深水航道疏浚土面临重新抛海局面的应对建议（上海市参事工作专报） ······ 201
"十四五"期间利用长江口疏浚土资源实施新横沙生态工程的建议（呈送上海市
  "十四五"规划工作领导小组办公室的建议） ······ 210
关于长江口滩涂资源保护及航道疏浚土利用的建议（中国工程院院士建议） ······ 217
关于横沙浅滩整治列入新一轮长江口综合整治规划的建议（呈送水利部长江水利
  委员会的综合规划修编建议） ······ 220
关于利用长江口航道疏浚土开展横沙浅滩保滩护岸工程的建议（呈送上海市

发展和改革委员会的建议) ·· 233

第3部分 研 究 论 文

长江口航道疏浚土综合利用及新横沙生态成陆探索 ············ 包起帆,楼飞,孟舒 263
无围堰条件下横沙浅滩接纳长江口深水航道维护疏浚土的可能性
 分析 ··· 金镂,楼飞 270
长江口综合整治工程波要素计算方法 ···································· 韩景 278
美国疏浚物有益利用概述 ·················· 支远哲,赵红萍,楼飞,季岚,朱治,顾勇 285
Observation of the sediment trapping during flood season in the deep-water
 navigational channel of the Changjiang Estuary, China
  ··············· Qi Shen, Wenrui Huang, Yuanyang Wan, Fengfeng Gu, Dingman Qi 296
潮汐河口坝田长宽比对泥沙淤积特征影响试验研究 ······ 张功瑾,罗小峰,路川藤,白一冰 325
长江大保护战略下河口滩涂的保护对策研究 ···················· 楼飞,季岚,周海 334
基于星地同测的长江口水文数据建模研究 ··············· 包起帆,彭德艳,鲍道阳,楼飞 343
横沙东滩纳入浦东新区统筹规划的前瞻思考 ························ 包起帆,任国华 351

# 第1部分
河口疏浚土资源利用和新横沙滩面生态培育研究

课题负责人：包起帆

报告执笔人：任国华

研 究 背 景

当前,长江口存在以下问题:

(1) 横沙浅滩侵蚀态势日趋严重,威胁周边河势。受长江口新的水沙环境和所处的径潮流相互作用影响,横沙浅滩出现了滩面持续冲刷、窜沟进一步发育、滩体动荡不稳的态势,并对周边的河势带来了潜在的威胁。

(2) 长江口深水航道疏浚土面临重新抛海局面。长江口深水航道因维护所需,每年将产生约 6 000 万 m^3 的疏浚土,在经历外抛、利用之后,随着横沙八期吹填工程结束,疏浚土因无工程依托,又将面临重新抛海局面,既浪费自然资源,又影响海洋环境。

长江口的滩涂河势和航道、国土之间存在密切的关系。稳定滩涂就是稳定河势,稳定河势有利于维护航道安全,稳定的滩涂也有助于陆域空间的拓展。横沙浅滩是上海城市发展非常宝贵的战略预留空间,确保横沙浅滩面积不减少、资源不流失、环境不恶化,是战略空间预留的必要前提。

开展本研究的目标是:遵循长江大保护国家战略,分析揭示长江口河势及滩涂变化趋势,研究提出横沙浅滩保滩护岸措施,为充分利用长江口深水航道疏浚土资源,筑牢河口生态基底,打造生态屏障,畅通深水航道,稳定河势格局,为国家预留发展空间提供技术支撑。

立项后确定的研究内容主要包括:

(1) 新水沙环境下横沙滩涂变化趋势研究,包括:长江口的滩涂资源和横沙浅滩的空间格局,长江口的新水沙环境及其对横沙浅滩的影响,横沙浅滩保滩护岸的必要性及紧迫性等。

(2) 横沙滩涂生态系统健康及保育作用研究,包括:通过现场调查和卫星遥感监测分析,综合评价横沙东滩生态环境及其健康状况,预测横沙滩涂生态系统演变趋势,明确横沙浅滩生态保育作用,提出生态品质提升对策等。

(3) 长江口航道疏浚土资源利用研究,包括:长江口航道疏浚土处置现状及面临的问题,长江口航道疏浚土资源利用的必要性及紧迫性,疏浚土利用的原则和方向,疏浚土用于横沙浅滩保滩护岸的优势等。

(4) 利用疏浚土开展横沙浅滩保滩护岸工程研究,包括:横沙浅滩保滩护岸的总体构想,横沙大道外延工程方案,横沙浅滩护滩工程方案,利用疏浚土生态基底塑造工程方案,上述方案效果的数学模型分析和物理模型试验,各工程对周边设施及环境的影响等。

(5) 横沙浅滩保滩护岸试验区方案研究,包括:横沙浅滩保滩护岸试验区建设的必要性,试验区建设的目标定位,试验区的选址和布局,试验区建设的预期效果,试验区提升生态质量的方法等。

本研究的技术路线如下图所示。即以分析新水沙环境下横沙滩涂变化趋势和长江口深水航道疏浚土利用情况为基础,结合横沙东滩整治工程经验和新横沙生态品质提升需求,提出并论证利用疏浚土开展横沙浅滩保滩护岸工程的方案,并着重对该方案可能产生的负面影响进行研究,最后从试验区角度探索若干具体行动措施。

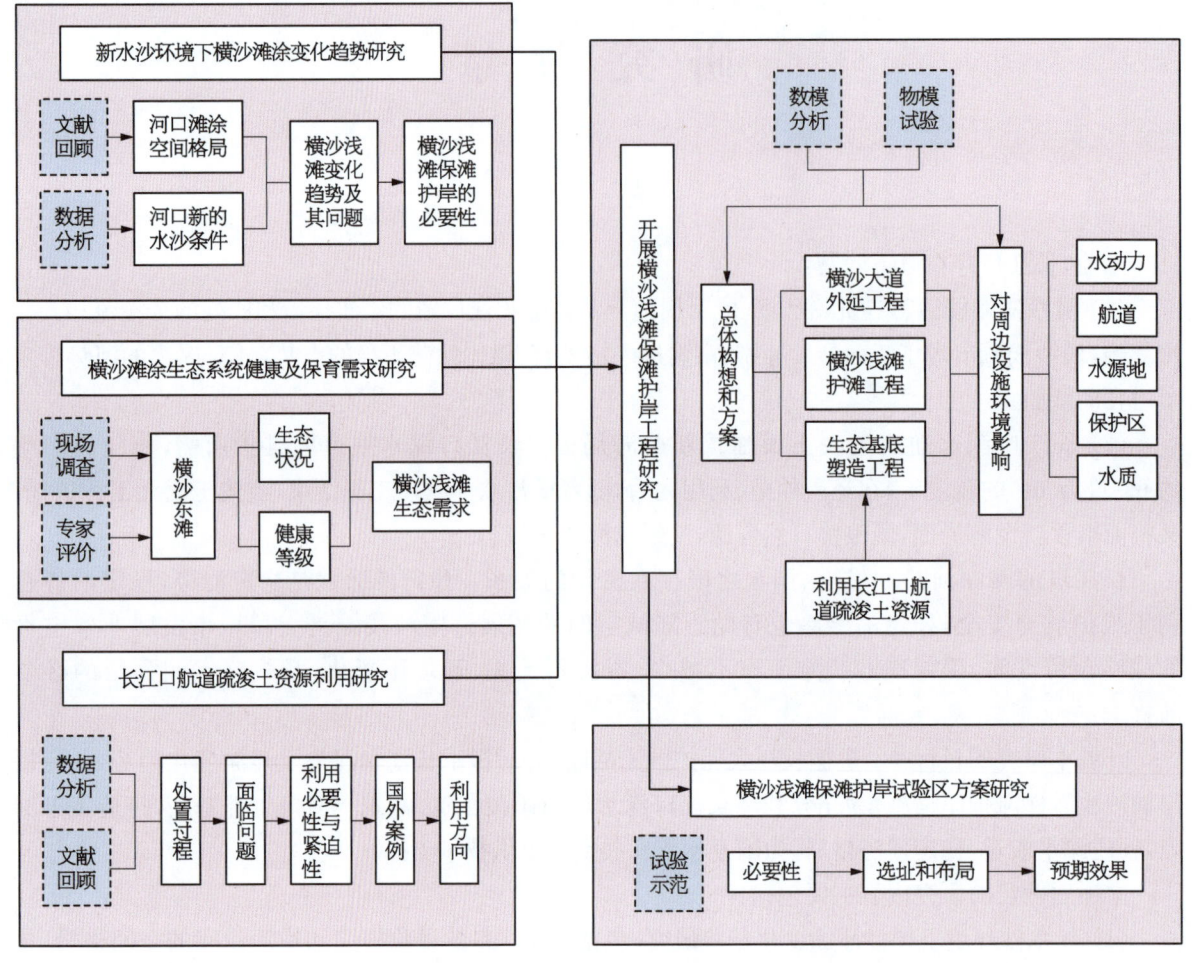

1 新水沙环境下横沙滩涂变化趋势

1.1 长江口的滩涂资源

长江口位于我国东部海岸和长江黄金水道交汇处,受陆海两相共同作用,河口三角洲广袤富足、生态多样,既拥有优良的岸线、航道和港口资源,又蕴藏着丰富的生物、水沙、滩涂资源,为长三角经济社会的发展提供了重要的基础性自然资源和战略性经济资源。

长江口的滩涂资源非常丰富,一部分已被开发利用,一部分作为战略预留空间,还有一部分需要进一步明确定位。

1.1.1 长江口滩涂资源的分布

长江口的滩涂资源主要分布在上海市境内,包括崇明北沿边滩、崇明东滩、北港北沙、横沙东滩(横沙浅滩)、九段沙、南汇边滩、扁担沙、中央沙(青草沙)等。中高滩资源主要分布在崇明东滩鸟类国家级自然保护区、九段沙湿地国家级自然保护区、中华鲟自然保护区,以及崇明北沿、崇明东滩、南汇东滩、横沙东滩、北槽深水航道坝田区等区域。

根据上海市滩涂资源报告,2018年上海市-5 m高程以浅滩涂资源总面积为2 295.9 km^2,其中0 m高程以上滩涂资源面积为832.7 km^2,0～-5 m高程滩涂资源面积为1 463.2 km^2。其中,横沙东滩(横沙浅滩)面积约占17.5%(2017年)。

长江口滩涂资源既是自然生态资源也是储备土地资源,为上海乃至长三角区域一体化发展提供了重要战略支撑。

1.1.2 长江口滩涂形成的物质基础

长江是世界第三大河,长江口又是一个陆海双相、径流大、潮流强、挟沙多的河口。2 000多年来,长江流域在相当长的时间内,丰水多沙,为长江口提供了丰富的水土资源。据统计,20世纪80年代中期以前,长江平均每年下泄泥沙达4.86亿t,其中约49%淤积在长江口。巨量的泥沙在宽浅的河口区沉积,使长江口成为世界特大型淤泥质河口,为河口滩涂的形成和发展提供了源源不断的物质基础。

长期以来,长江口的发育模式表现为:南岸边滩淤涨,北岸沙岛并岸,河口束狭,河槽成型加深,三角洲向海推展。1958年后的数十年,长江口整体呈现淤积趋势(图1-1),但口内河道多级分汊,暗沙变迁、通道兴衰频繁,河床稳定性较差,局部河段冲淤变化剧烈。21世纪以来,随着河口整治工程的不断实施,长江口南北港分流口、南北槽分流口均受工程控制下,长江口"三级分汊、四口入海"的总体格局基本稳定。

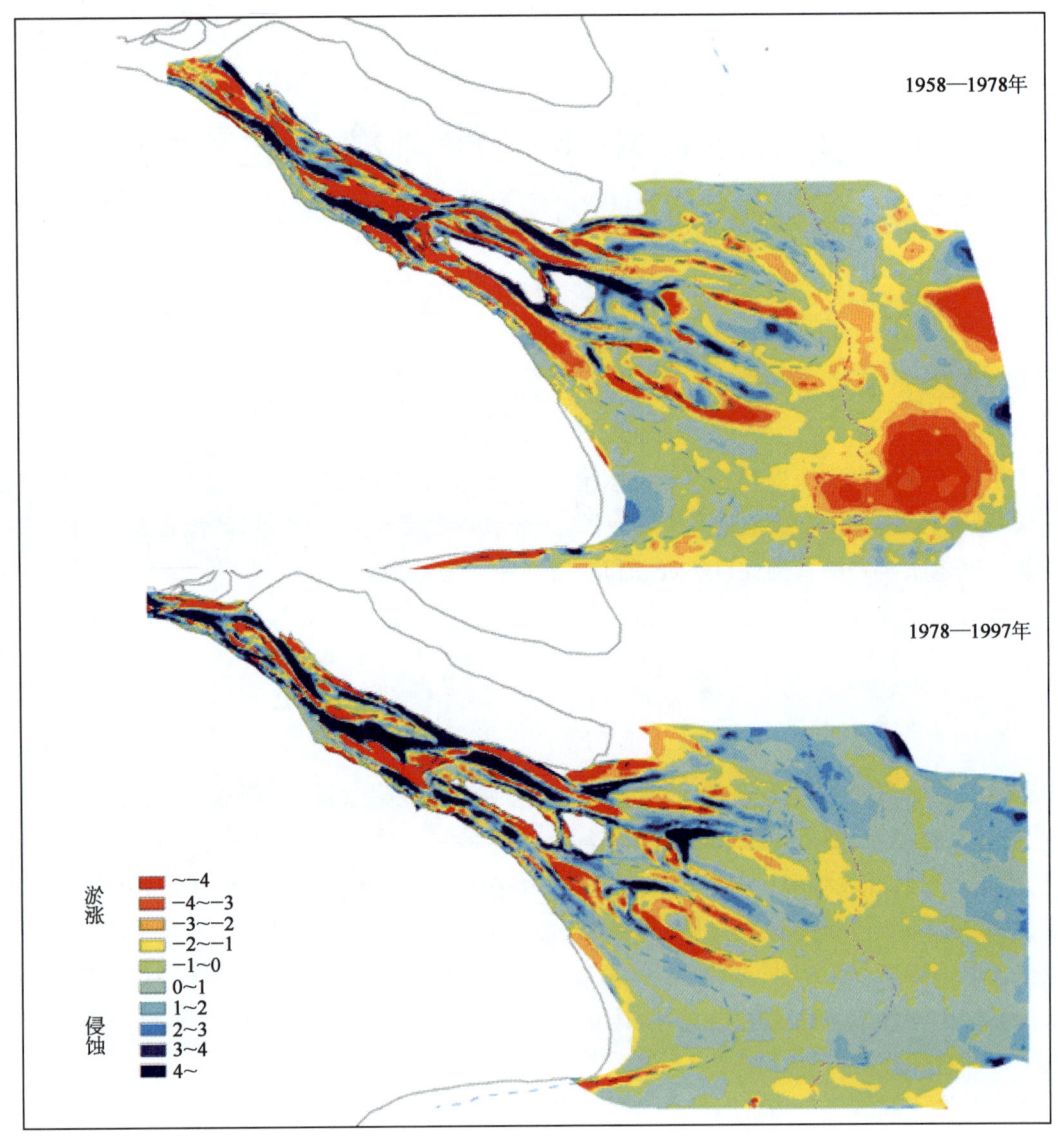

图 1-1 长江口历史冲淤

但与此同时,长江下泄泥沙由历史时期的 4 亿多 t 减至 1 亿 t 以下(大通水文站数据)。供沙量的减少,使长江口不仅淤涨外推态势减缓,甚至已出现河槽冲刷,滩涂面积减小现象,尤其是中潮位及其以下滩涂,受侵蚀明显,如图 1-2 所示。

1.2 横沙滩涂的空间格局

1.2.1 横沙滩涂

横沙滩涂是长江口滩涂资源的重要组成部分,位于北港和北槽深水航道之间,包括横沙东滩和横沙浅滩。横沙东滩已经生态成陆,东侧相邻的横沙浅滩尚处于自然状态之中。

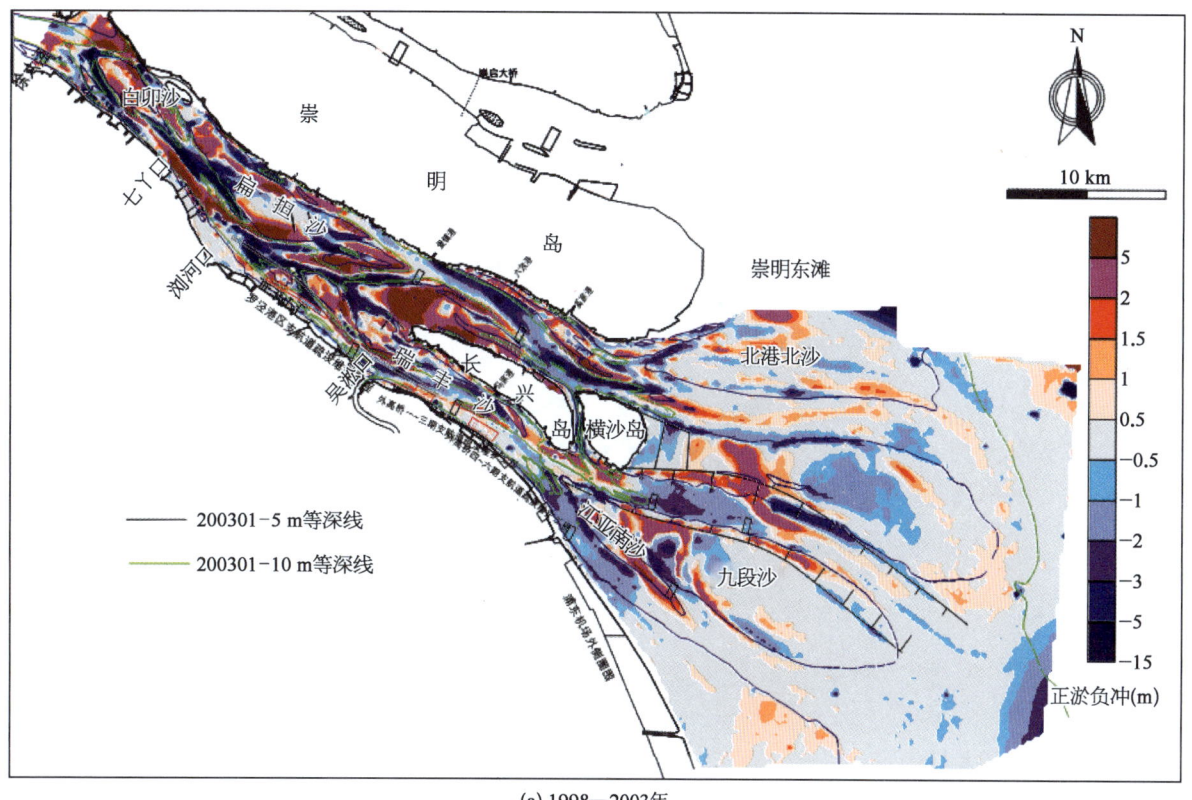

(a) 1998—2003年

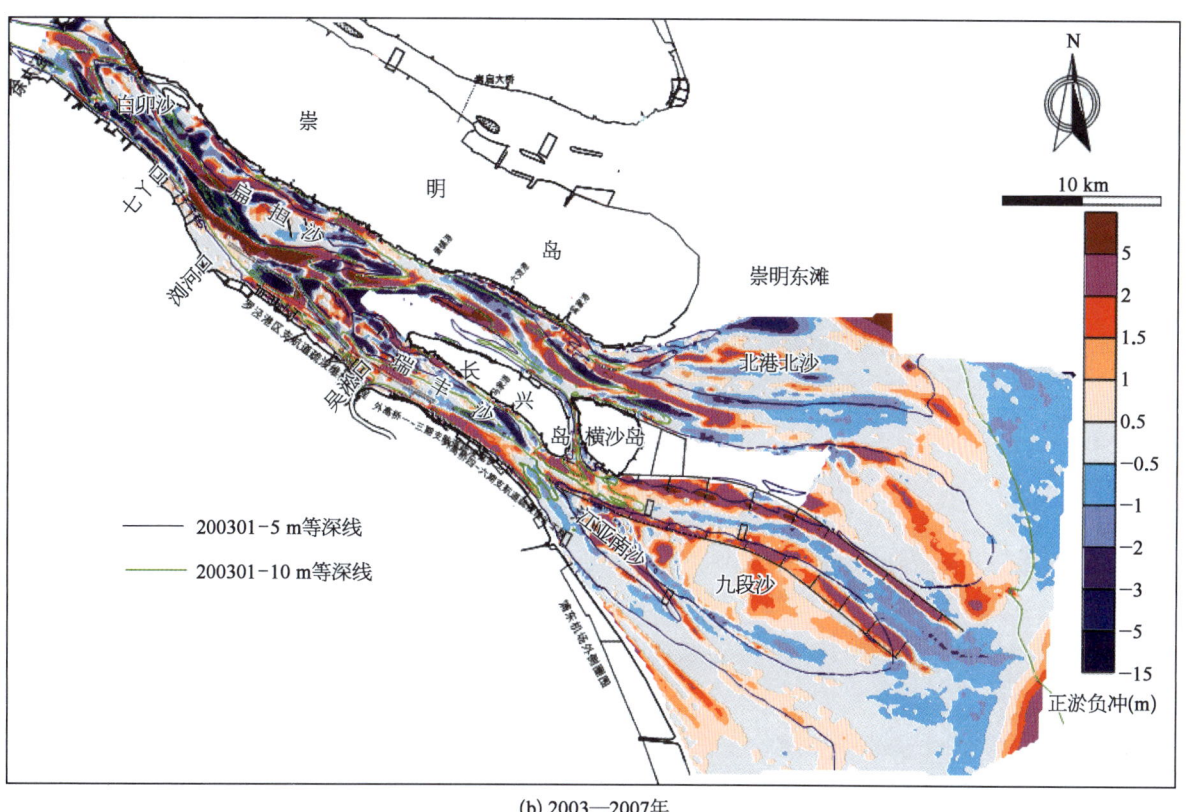

(b) 2003—2007年

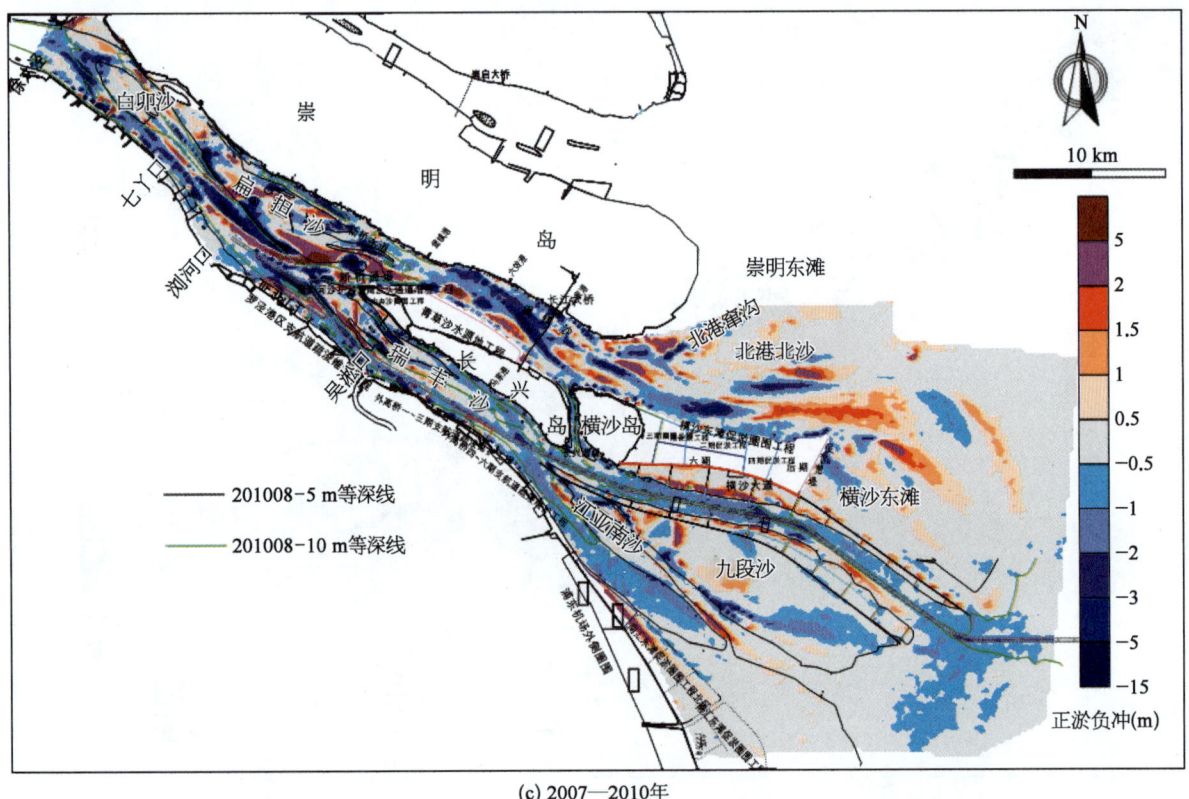

(c) 2007—2010年

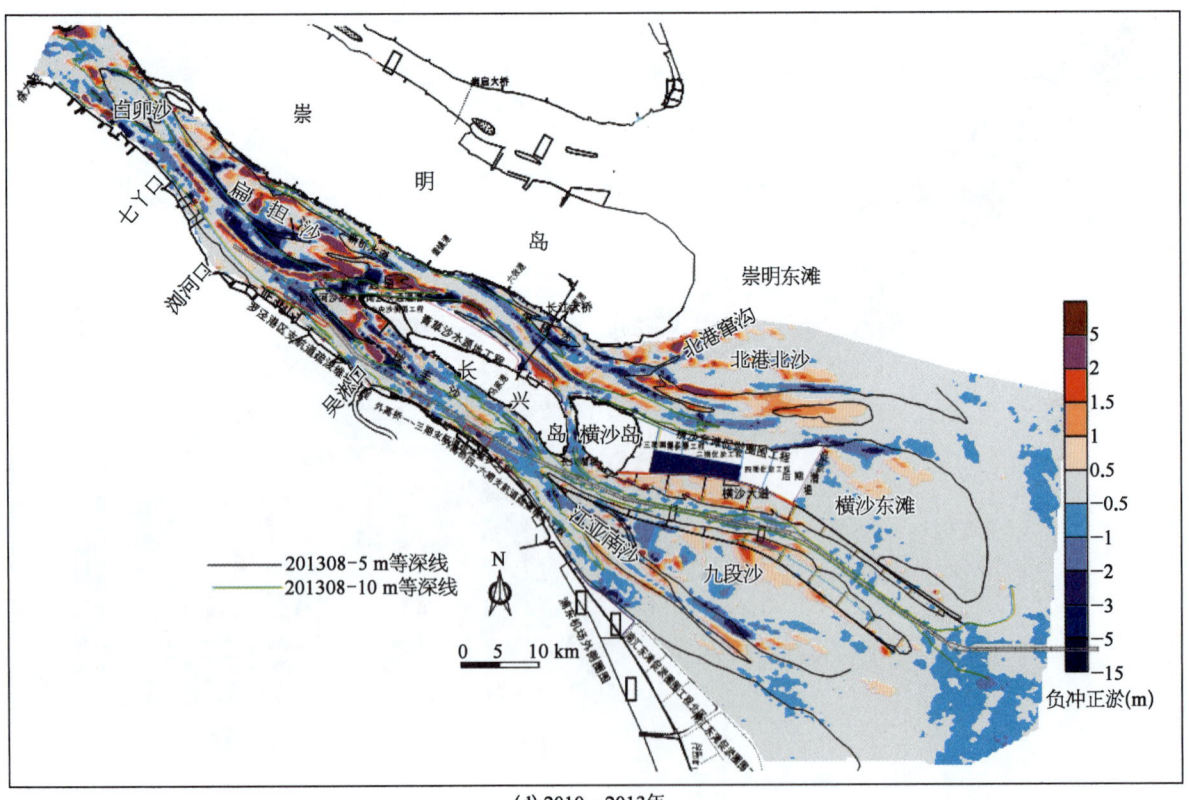

(d) 2010—2013年

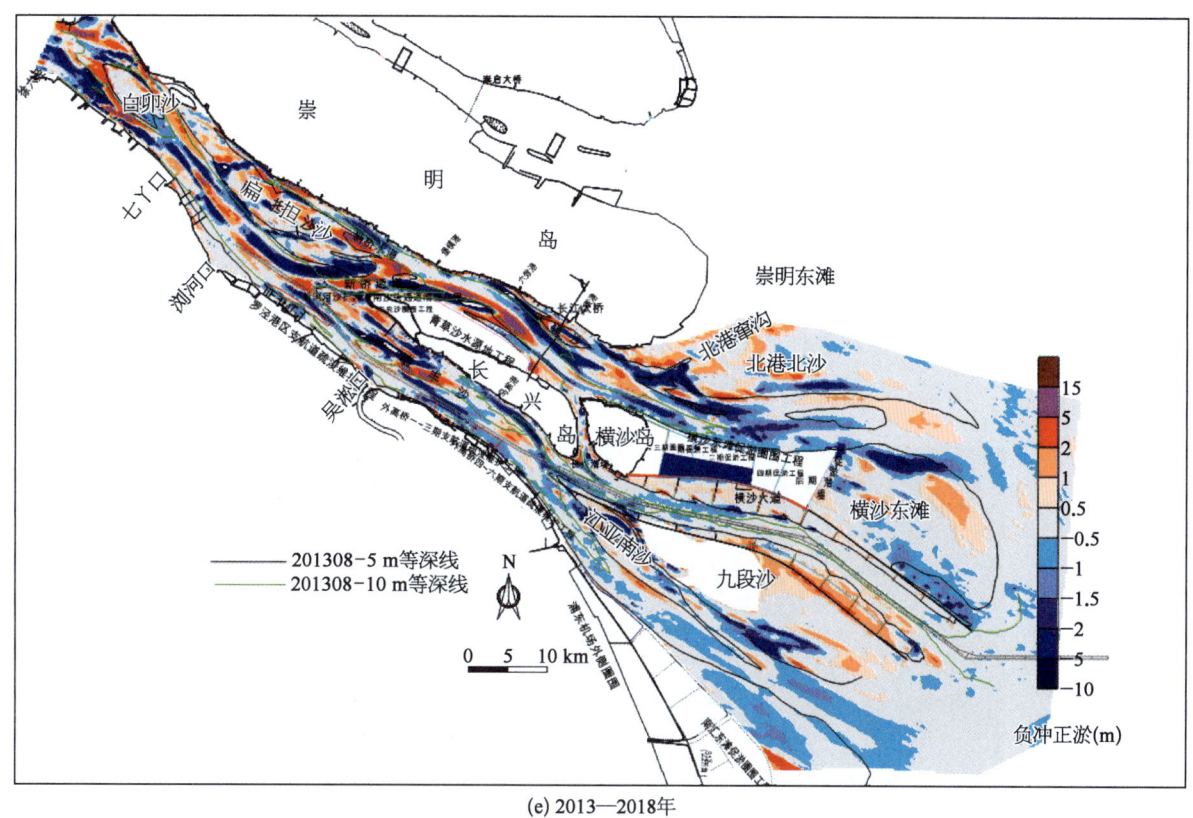

(e) 2013—2018年

图 1-2 长江口地形变化(1998—2018年)

1.2.1.1 横沙东滩

横沙东滩东西长约 25 km,南北宽 4～11 km。1998 年,长江口深水航道整治工程开始实施,该工程北导堤+北丁坝给横沙东滩提供了稳定的南边界,起到了堵汊、挡沙、导流的作用。2003 年,横沙东滩启动整治工程,推进过程包括促淤和成陆,共分八期,2003—2010 年主要为促淤工程期,2011 年后利用疏浚土陆续实施吹填成陆工程(图 1-3)。

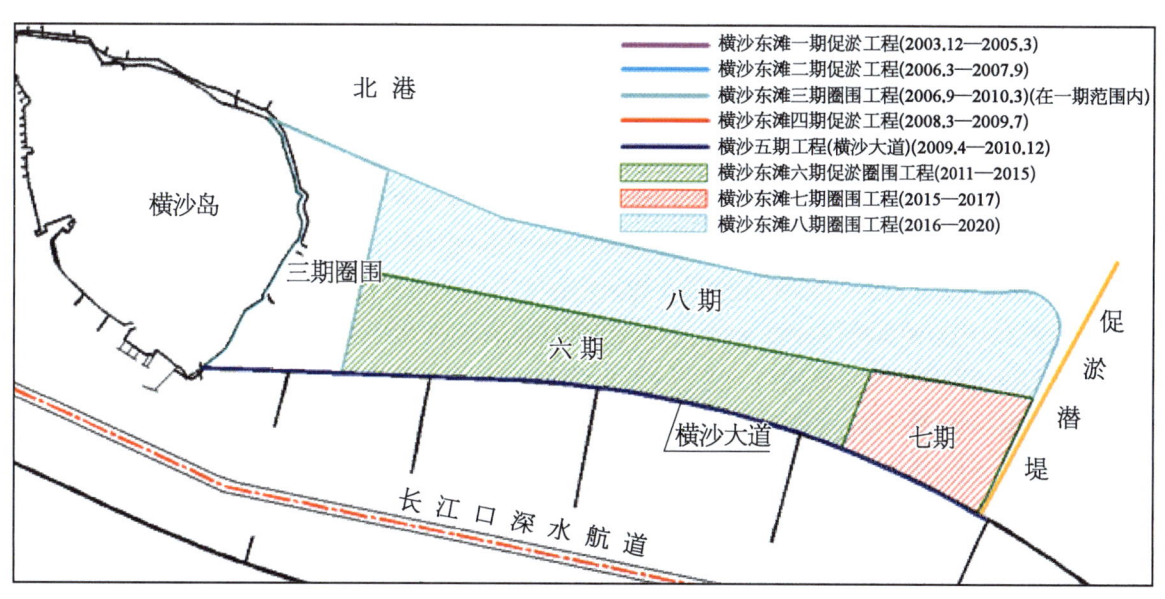

图 1-3 横沙东滩工程平面布置示意

促淤工程期,促淤堤的高程是+2.0 m。2003—2010 年,横沙东滩基本上仍为水域和光滩。2006—2010 年,三期区域实施围堤工程,但未进行泥沙吹填。2010 年后,横沙东滩开始利用长江口航道疏浚土吹填逐渐抬高地形。至 2019 年底已形成约 15.9 万亩(106 km²)的生态陆域。

在整治工程掩护下,南侧的坝田区域泥沙淤积、高程抬升,也由一片水域逐渐发育成盐沼湿地。

1.2.1.2 横沙浅滩

横沙浅滩(图 1-4)受北港与北槽两大水道涨落潮水流的漫滩影响以及口门强劲风浪作用,长期以来,滩面高程维持在 0 m 水深以下,基本在 0~-5 m 高程之间,-5 m 高程以浅面积约 303 km²。高程 0 m 以上浅滩区域主要位于西北侧。滩面上东南—西北向窜沟发育,窜沟上段水深 2~5 m,下段水深 7~8 m。自然状态下,横沙浅滩难以淤高,鲜有植被生长。

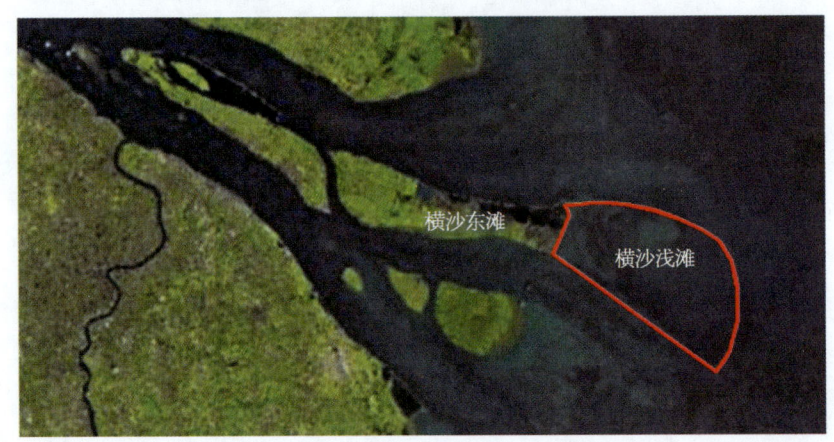

图 1-4 横沙浅滩遥感影像

1.2.2 研究中形成的新横沙概念

长江口深水航道治理工程北导堤建设,封堵了横沙东滩窜沟下口,阻断了北港与北槽上段之间的过滩流,明显减弱了窜沟以西滩面水动力并出现淤积,横沙东滩和横沙浅滩逐渐连成一体。2003年,在北槽 N23+000 处修建了长约 8 km 的护滩潜堤(即 N23 潜堤)。此后,根据《长江口综合整治开发规划》,以 N23 潜堤为界,浅堤西侧(现在的横沙东滩)通过整治工程于 2020 年形成约 106 km² 生态陆域;浅堤东侧(现在的横沙浅滩)约 303 km² 仍为自然滩涂区。在上述区域南侧为坝田区,约 71 km²。

鉴于横沙滩涂已发生的显著变化和未来所处的战略地位,本研究团队在国内首次将已生态成陆的横沙东滩、仍为自然滩涂的横沙浅滩以及南侧坝田区所构成的区域合称为新横沙(图 1-5)。

上海依水而生,伴水而长,长江源源不断的来沙曾为上海城市陆地空间的拓展带来生机和活力。然而近 20 年来,长江下泄泥沙持续减少,上海城市陆域空间拓展受到抑制。

与此同时,上海城市发展陆地国土空间瓶颈凸显,土地资源短缺、交通拥堵、环境污染等问题不断加剧。2017 年全市建设用地达 3 088.3 km²,开发强度已超 48.7%,距《上海市城市总体规划(2017—2035)》提出的全市建设用地至 2035 年控制在 3 200 km² 的上限只剩 111.7 km²。上海土地资源紧约束长期客观存在,亟须寻找新的土地资源,拓展新的陆地国土空间资源。

上海位于国家"一带一路"倡议和长江经济带发展战略的交汇点,是长三角一体化发展战略的中心,肩负着全国改革开放排头兵、创新发展先行者的重任。

图 1-5 新横沙位置示意

受益于长江口深水航道建设和维护所产生的大量疏浚土,通过促淤及疏浚土吹填上滩,横沙东滩形成的 106 km² 生态陆域,成了上海陆地国土空间的增量。

包括横沙东滩和横沙浅滩在内的新横沙扼守在我国海岸线中区与长江黄金水道 T 形交汇处,通江达海;南贴长江口深水主航道,即长江通航条件最好的咽喉要道;北靠北港航道,即"十四五"期间有望开发为辅助航道的长江主要入海通道之一;东侧直面大海,与外海 20 m 水深的国际航路仅有十几千米距离;具有显著的区位、土地、岸线、航道等优势;是上海、长三角地区通向世界的重要门户,也是上海和国家未来发展的极佳的战略预留空间。

横沙浅滩如果继续成陆,新增的陆地国土空间面积增量将是横沙东滩的 3 倍左右,新横沙将可形成上百千米的深水岸线,可建 20 m 水深的超深航道,可满足现代海洋工业、制造业、物流业等发展的需要。新横沙最终将会是上海、长三角地区和国家未来发展的重要国土空间。

1.3 长江口的新水沙环境

20 世纪 80 年代以来,长江口受整个流域发生的诸多变化影响,呈现出新的水沙特征。其中重要的时间点和变化是:1981 年,葛洲坝一期工程完工,实现大江截流、蓄水、通航;1988 年,葛洲坝整体工程完工,长江口的输沙量开始呈现逐渐减小的趋势;2003 年后,长江三峡水库开始围堰蓄水;2010—2013 年三峡上游金沙江沿线相继实施了多个大型水电站,建成以三峡水库和水土保持等工程为核心的长江流域巨型水库群(图 1-6);此外,沿线还实施有河道采砂、河道整治,下泄泥沙被大量拦截,进入河口的沙量发生显著变化;长江口由此形成新的水沙条件。

从径流量、输沙量及水动力特征等方面分析可以发现,长江口的水沙环境已由原来的丰水多沙淤涨型向目前的丰水少沙侵蚀型转变。

1.3.1 长江口的径流量

长江入海径流在南、北支分流口第一次分流,在南、北港分流口进行第二次分流,在南、北槽分流

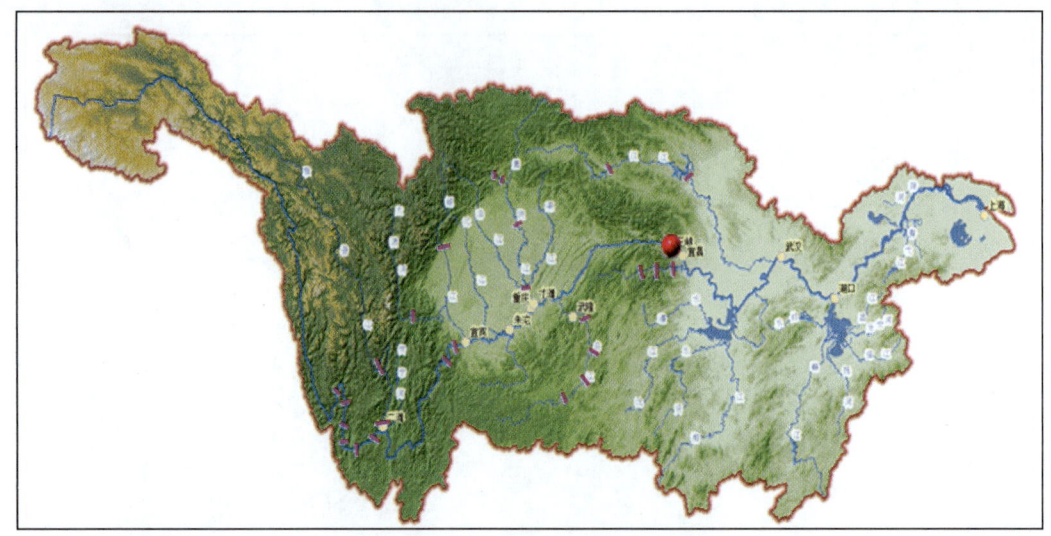

图 1-6 长江水系范围及水电站布设

口进行第三次分流,从而形成"三级分汊、四口入海"的格局。目前,长江口南支为长江径流分流主要通道。大通水文站是长江干流下游径流控制站,其径流特征基本上可以表示长江上游来水特征。

1.3.1.1 长江口径流量的年间分布

1950—2018 年,大通站多年平均年径流量为 8 947 亿 m^3。其中,1950—1985 年平均年径流量为 8 969 亿 m^3,1986—2002 年平均年径流量为 9 229 亿 m^3,2003—2018 年平均年径流量为 8 587 亿 m^3。三峡水库蓄水后大通站 2003—2018 年平均年径流量与 1950—2002 年相比减少约 5.6%,减幅相对较小,且没有减小的趋势性变化。年际间变化较大,其中 1954 年径流量最大,为 13 600 亿 m^3,2011 年最小,年径流量为 6 668 亿 m^3,两者之比值为 2.04(图 1-7)。

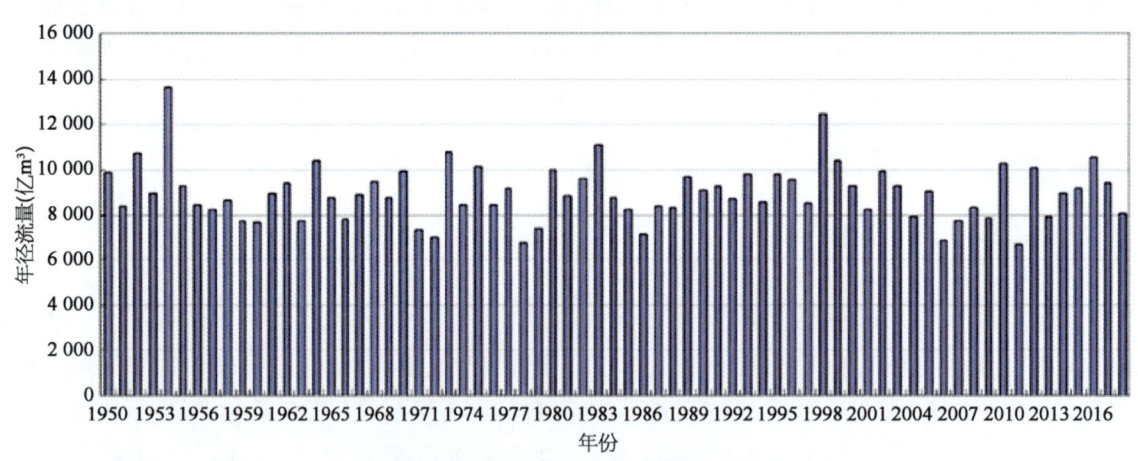

图 1-7 大通站年径流量过程(1950—2018 年)

1.3.1.2 长江口径流量的年内分布

从大通站不同时期径流量年内分布看(图 1-8),长江来水量主要集中在洪季(5—10 月),枯季(11 月—次年 4 月)径流量较小。2003 年三峡水库蓄水后,总体上仍呈现洪季大、枯季小的特征,但由于水库的调节作用,洪季径流量有所减少,枯季径流量有所增加。

综上所述,长江流域径流量变化的特征是:年际间波动较大,但三峡工程后无明显减小的趋势性变化;年内在洪枯季分配差异较大,三峡调洪后,洪枯季差异有所减小。

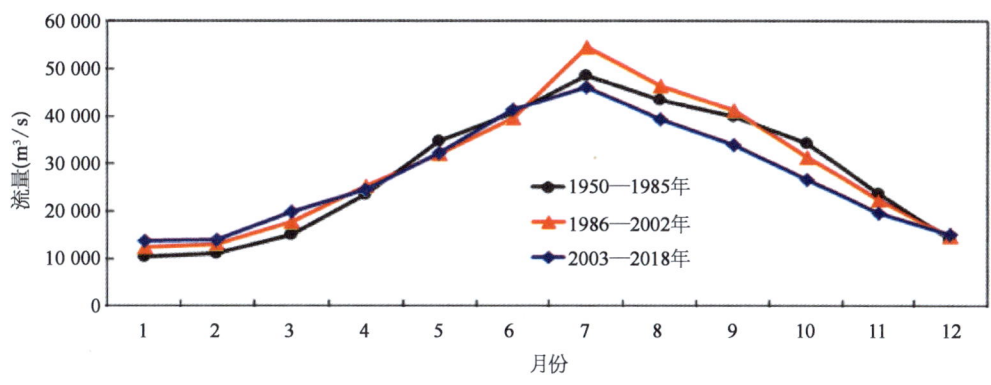

图 1‑8　大通站月径流量年内变化（1950—2018 年）

1.3.2　长江口的输沙量

自 20 世纪 80 年代中叶开始，输沙量呈明显的下降趋势；21 世纪以来，长江口流域来沙量持续减少，口门水体含沙量相应降低。

1.3.2.1　长江口输沙量的年间分布

大通站多年平均输沙量为 3.61 亿 t(1951—2019 年)（图 1‑9）。以葛洲坝工程和三峡工程的蓄水为节点，年输沙量的下降大致经历了三个阶段。

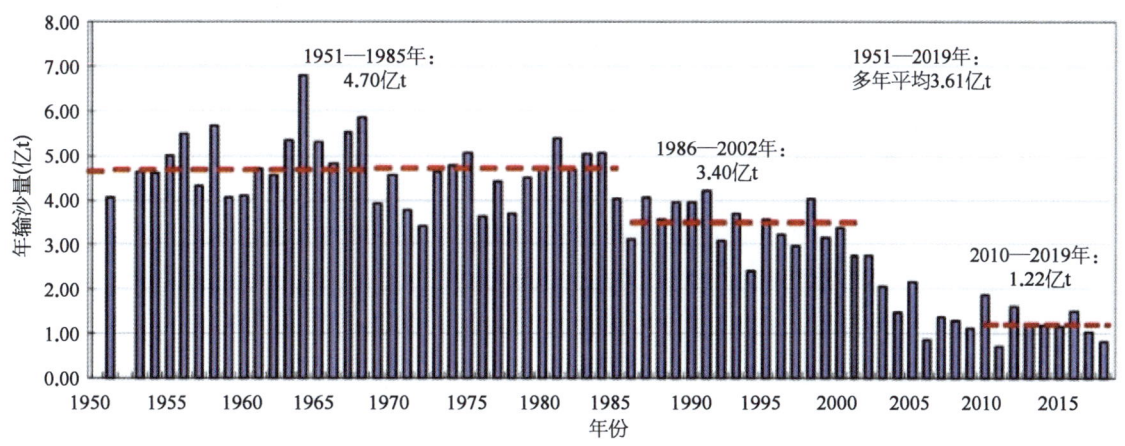

图 1‑9　大通站年输沙量过程（1951—2019 年）

第一阶段(1951—1985 年)：平均年输沙量为 4.70 亿 t，下降约 0.6 亿 t/年，主要与 20 世纪 60 年代末汉江丹江口水库的建设有关。

第二阶段(1986—2002 年)：平均年输沙量为 3.40 亿 t，下降约 1 亿 t/年（减少 27.2%），主要与 20 世纪 80 年代中期以来长江上游的水库修建和水土保持有关。

第三阶段(2003 年后)：即三峡工程围堰蓄水以来，下泄泥沙被大量拦截，2003—2013 年的 10 年间下降约 1.95 亿 t/年，2010—2019 年的近 10 年平均年输沙量为 1.22 亿 t，较 20 世纪 60 年代减少了 76%。其中 2018 年来沙量 0.831 亿 t，为历史均值的 19%。

可见，长江流域输沙量在 1985 年和 2003 年后出现了大幅度减小，长江口已由原来丰水丰沙的淤涨型河口转变为丰水少沙的侵蚀型河口。

1.3.2.2 长江口输沙量的年内分布

三峡工程蓄水后,除 2 月、3 月输沙量略有增加外,其他各月均有所减小,其中 7 月减幅最大;洪季(5—10 月)输沙量所占比例由 1950—1985 年的 88.4% 下降至 1986—2002 年、2003—2012 年的 87.8% 和 80.5%(图 1 - 10)。

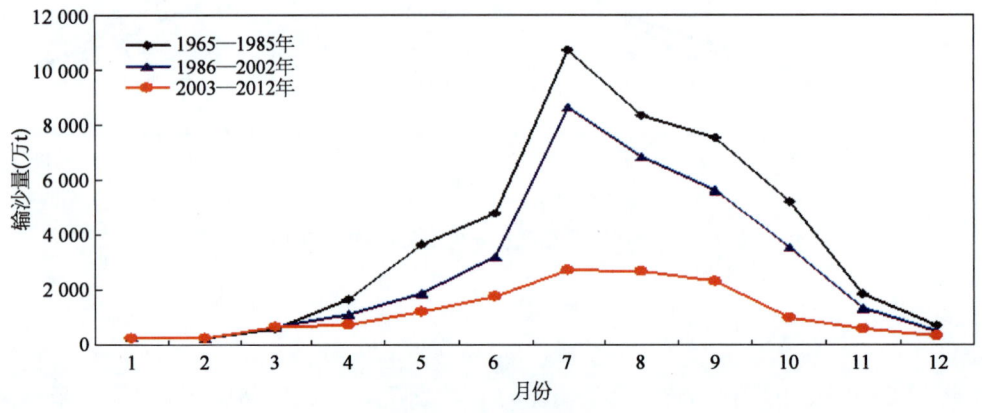

图 1 - 10 大通站月输沙量变化过程(1965—2012 年)

综上所述,长江流域输沙量变化的特征是:下泄沙量呈明显减小趋势;年内变化,洪枯季节间的输沙分配差异减小。

1.4 横沙浅滩的状况和面临的问题

1.4.1 横沙浅滩的历史演变

横沙浅滩形成于长江来沙的不断堆积和河口径流与潮流的相互作用,并长期处于动态变化之中。

早在 1842 年,长兴岛、横沙岛、横沙东滩、九段沙和江亚南沙等尚未成陆,零星有滩涂分布,统称为铜沙浅滩;1869 年北港被水流冲开,横沙岛开始出露成陆,面积为现岛屿面积的 1/3~1/2,后长兴岛开始成陆,并跟圆圆沙合并成陆。

1880 年,横沙岛开始围垦,至 1908 年成陆面积约为 16.9 km²。当时横沙岛在东南风浪冲刷和涨潮流的双重作用下,呈现东南侵蚀西北淤涨的迁移规律,并一直持续到 20 世纪 50 年代。近 100 年的时间里,横沙岛向西北方向迁移了近 10 km,南端岸线后退约 5.25 km。1958 年开始的海塘加固和 60 年代初修筑护岸工程,才使得横沙岛的岸线和潮滩稳固下来。

横沙岛东侧发育有大型水下浅滩,由西向东呈舌状分布。1954 年,长江大洪水将铜沙浅滩冲开,形成北槽,九段沙独立。20 世纪 60 年代,伴随着北槽的形成,横沙东滩逐渐成为独立的沙体,受北港和北槽水面横比降形成的过滩水流和较强的风浪作用。1973 年洪水期,由于北港主流顶冲点位置从横沙岛北侧下移至横沙东滩北侧,横沙东滩被较强的横向漫滩流切割形成连通北槽和北港的横沙东滩串沟。以该串沟为界(即 122°00′E),西侧称为横沙东滩,东侧称为铜沙浅滩。铜沙浅滩在 20 世纪 80 年代后期又更名为横沙浅滩。广义的横沙东滩是由以上两部分组成的。之后,在涨、落潮流长期作用下,尤其在 1983 年和 1988 年两次大洪水的影响下(大通站最大洪峰流量分别是 72 600 m³/s 和 63 700 m³/s),其平面位置发生顺时针扭曲并整体向东移动。1978—1997 年的近 20 年间,横沙东滩 5 m 窜沟平面位置累计东移近 2.0 km,随着窜沟的东移转向,横沙东滩逐渐连片成形,窜沟以东的横沙浅滩在向东迁移过程中扩大,5 m 以浅沙体尾部整体向东偏北方向淤涨。由于受较强的漫滩水流和风浪作用,横沙东滩滩面的自然淤涨速度较为缓慢。多年来,滩面高程总体变化不大。图 1-11 为 1958—1997 年间横沙浅滩-2 m 等深线变化示意图。

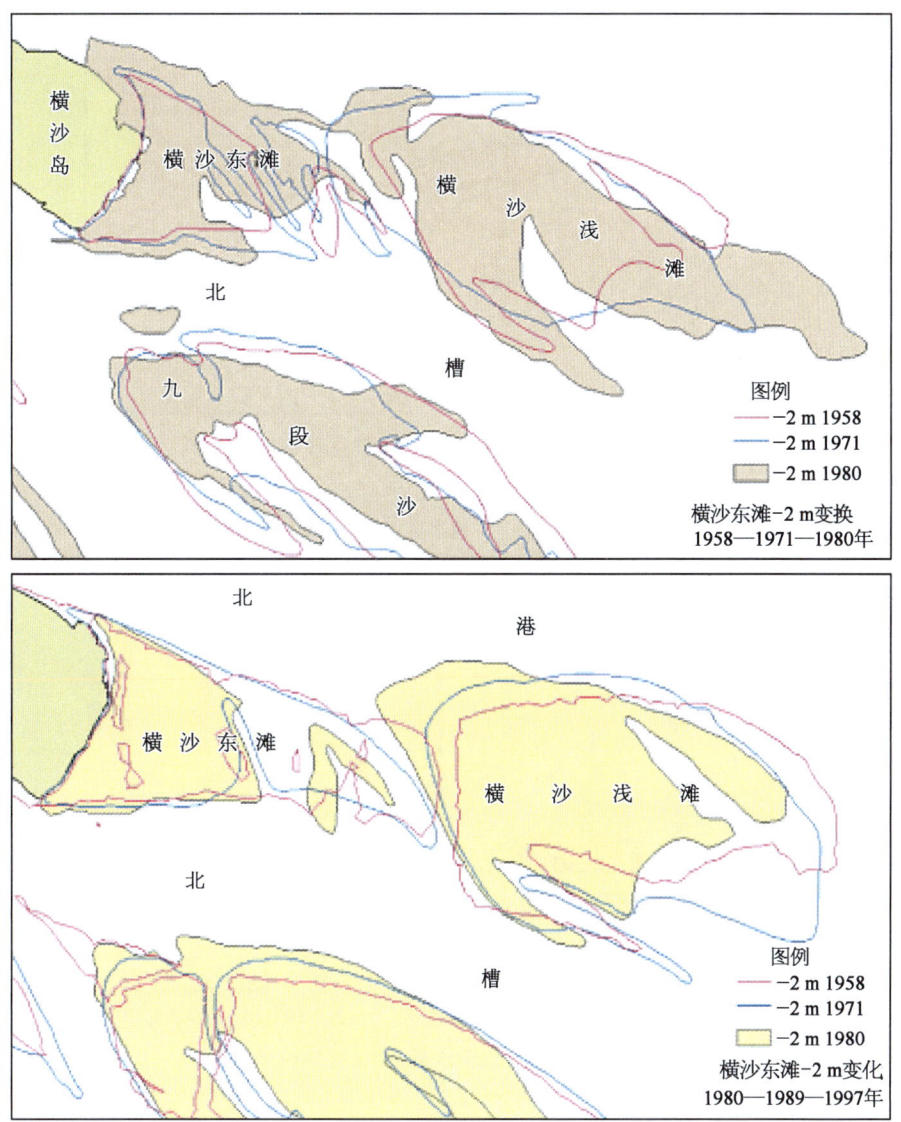

图 1-11　横沙滩涂-2 m 等深线变化(1958—1997 年)

1.4.2　横沙浅滩的水沙情况

横沙浅滩是北港与北槽间涨落潮水沙主要交换区,风浪、径潮流动力强劲,水沙运动复杂。

由于北港与北槽涨落潮存在时间差,北槽先涨先落,北港后涨后落,因此,涨潮初时,北槽水位高于北港,涨转落潮时则相反。涨落潮期间两侧水道的水位差造成横沙浅滩区域的漫滩动力强劲。长江口深水航道整治工程实施后,由于北导堤的堤顶高程为+2.0 m(吴淞基面),因此,北槽与横沙浅滩间的水沙越堤交换集中于+2.0 m 以上中高潮期。

同时,长江口水体含沙量垂向分布总体呈现上层低、中下层较高的特点。以北槽中 CS3S 水文监测点(图1-12)为例,如图1-13所示,高潮时段,能漫滩越过北导堤的基本为$0.2H\sim0.4H$层以上水体。这部分水体含沙量相对较低,而底层高含沙量水体则受导堤阻隔,滩槽水沙交换作用总体减弱。根据水沙通量现场监测,如图1-14所示,北导堤中下段潮量和沙量主要显现为北槽向浅滩的净输出。

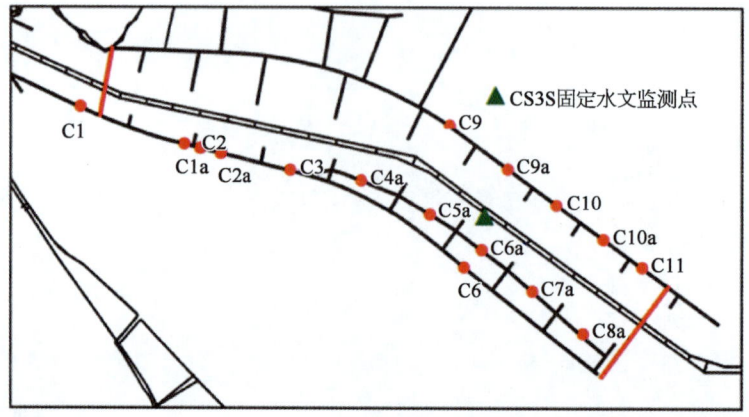

图1-12 通量观测站点位置分布

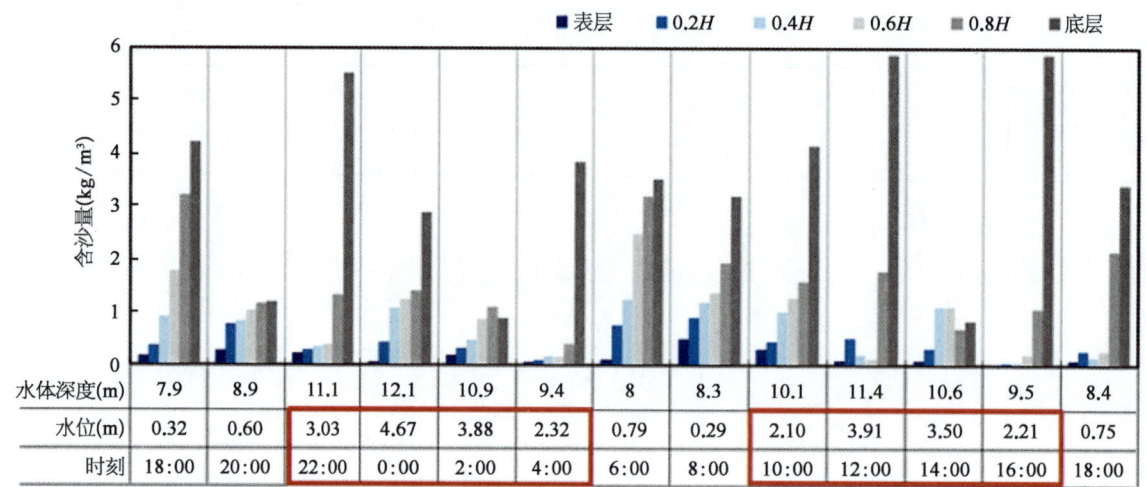

注:水位采用北槽中站,吴淞基面;红框区为水位高于+2.0 m时段,$0.2H\sim0.4H$层以上水体可漫滩过北导堤。

图1-13 CS3S点分层含沙量及水位(2019年8月)

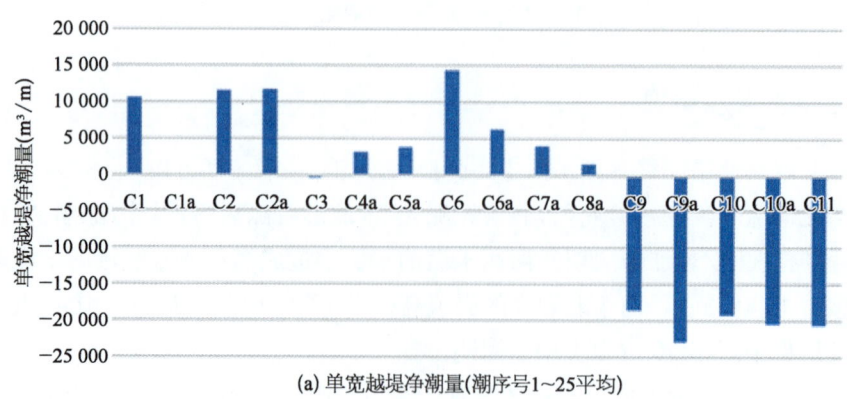

(a) 单宽越堤净潮量(潮序号1~25平均)

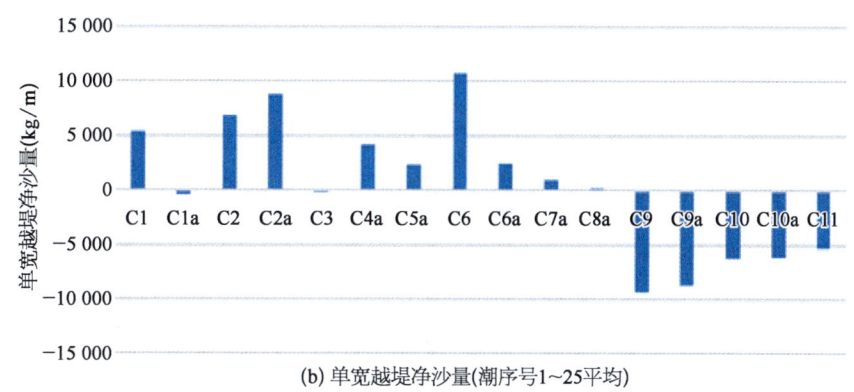

(b) 单宽越堤净沙量(潮序号1~25平均)

图1-14　各越堤站点输入输出北槽的单宽越堤净潮量、净沙量统计

基于横沙浅滩大潮期间固定水沙观测结果和数学模拟,在横沙浅滩南侧窜沟水域,大潮期泥沙净输运指向上游流域;而在浅滩北沿水域,大潮期泥沙净输运指向下游外海。在整个横沙浅滩水域,浅滩泥沙构成"顺时针"净输运环流特征(图1-15)。同时,在横沙浅滩涨潮窜沟水域,泥沙净输运量较大。涨潮窜沟泥沙净输运方量随涨潮流呈现越向上游净输运方量越大的分布特征,这在一定程度上也反映了滩面涨潮流对滩面的冲刷作用。

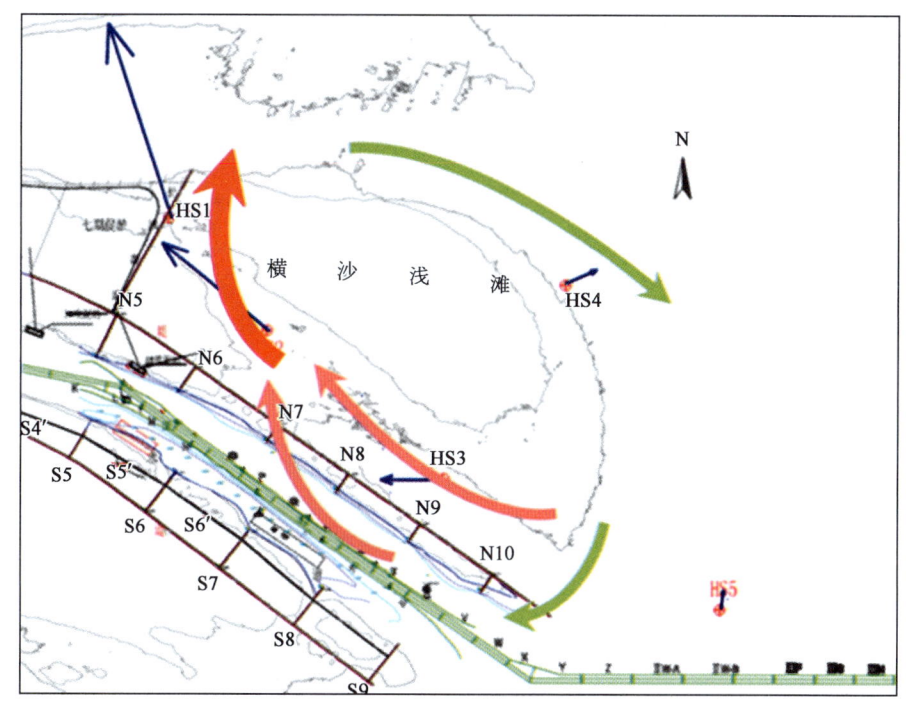

图1-15　横沙浅滩及周边水域悬沙输运示意

同时,根据实测资料显示,涨潮时北槽下段沙体经北导堤由南向北越堤至横沙浅滩,落潮期间横沙浅滩水沙向下游输送,至落憩—涨急时段,向下输运的水沙由口外绕过北导堤堤头向北槽内输送。

根据横沙滩面窜沟内HS3垂线含沙量分布,在落潮期,水位逐渐降低,而往往水体含沙量相对较高,如图1-16所示,2016年10月监测期及2017年4月监测的后半潮期均体现了这一特征。由此,这部分较高含沙量水体落潮下泄后,随涨潮流绕过北导堤堤头进入北槽,易影响北槽,尤其是下段水深。

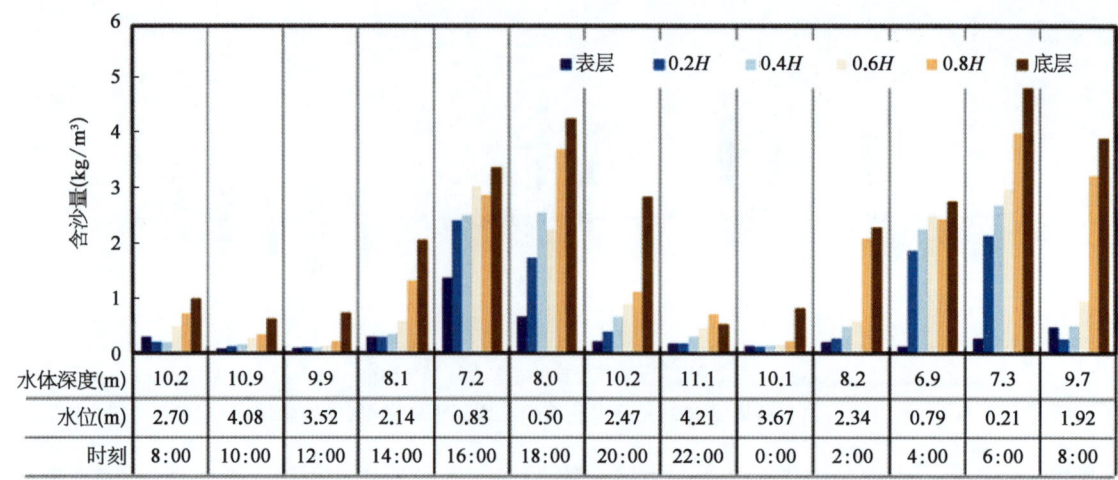

(a) 2016年10月

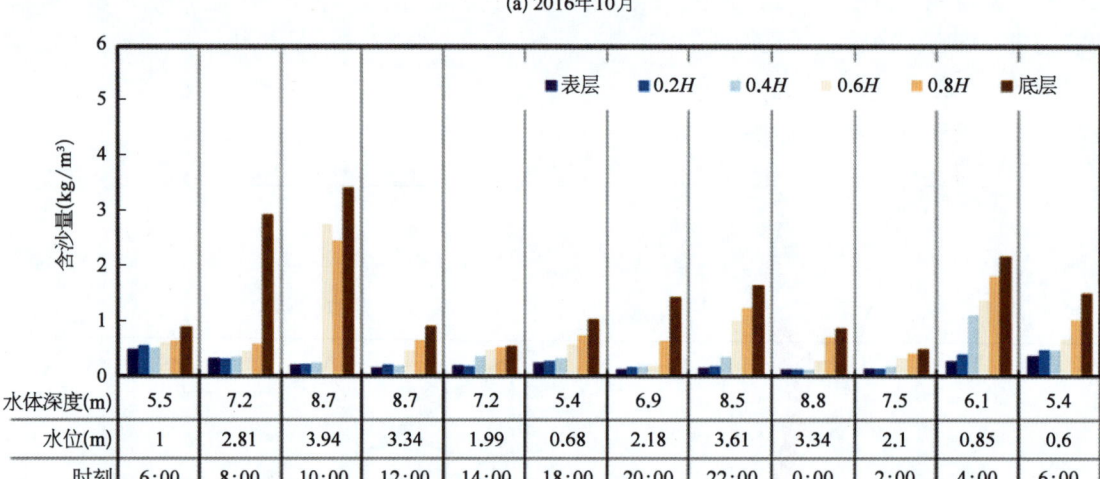

(b) 2017年4月

图 1-16 HS3 点分层含沙量及水位

1.4.3 横沙浅滩的地形变化

1.4.3.1 冲淤变化

1998—2003 年,长江深水航道治理工程开始至 N23 潜堤设置之前,横沙东滩和横沙浅滩连成一片,北导堤 N5 丁坝以西横沙东滩滩面淤积,以东横沙浅滩滩面冲刷(图 1-17)。

2003—2007 年,N23 潜堤设置,西侧的横沙东滩陆续实施一至六期促淤圈围工程,滩面受到人工工程控制,逐渐淤涨成陆。东侧的横沙浅滩滩面逐渐淤高(图 1-18)。

2007 年之后滩面高程变化较小。2007—2010 年,N23 潜堤东侧横沙浅滩滩面总体仍有所淤积,但潜堤堤头附近滩面有所冲刷(图 1-19)。

2010—2013 年,长江下泄泥沙被大量拦截,来沙量减少造成的河床冲刷、水体含沙量降低的影响在长江口区域开始逐步显现(图 1-20)。

2013 年后,横沙浅滩区域出现滩面窜沟进一步发育、中低滩面冲刷、5 m 以浅浅滩面积减少等现象(图 1-21)。

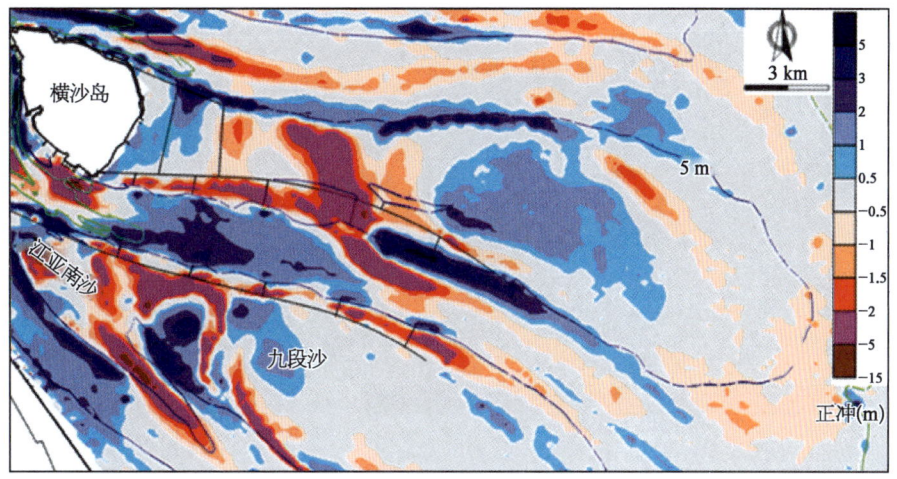

图 1-17　横沙浅滩冲淤（1998—2003 年）

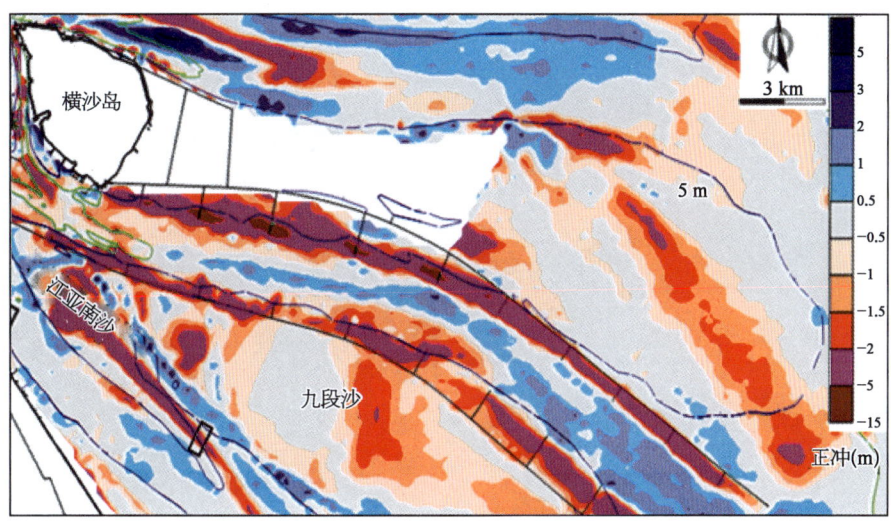

图 1-18　横沙浅滩冲淤（2003—2007 年）

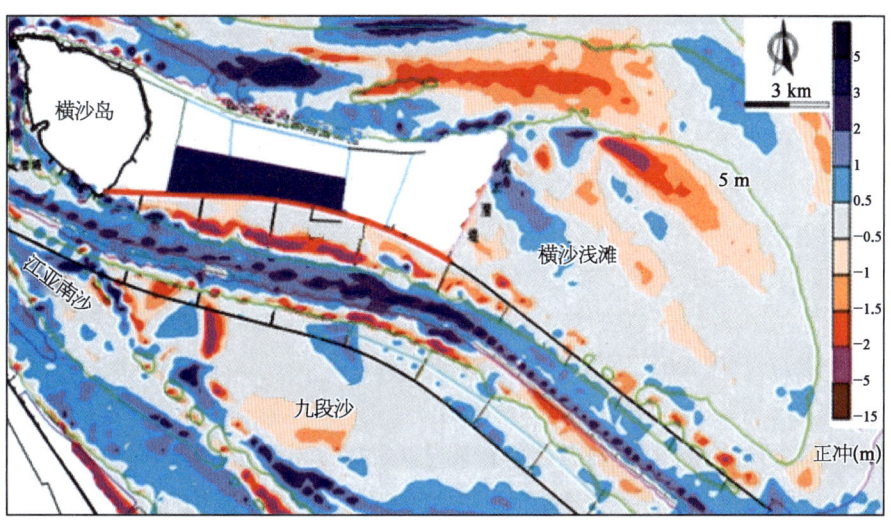

图 1-19　横沙浅滩冲淤（2007—2010 年）

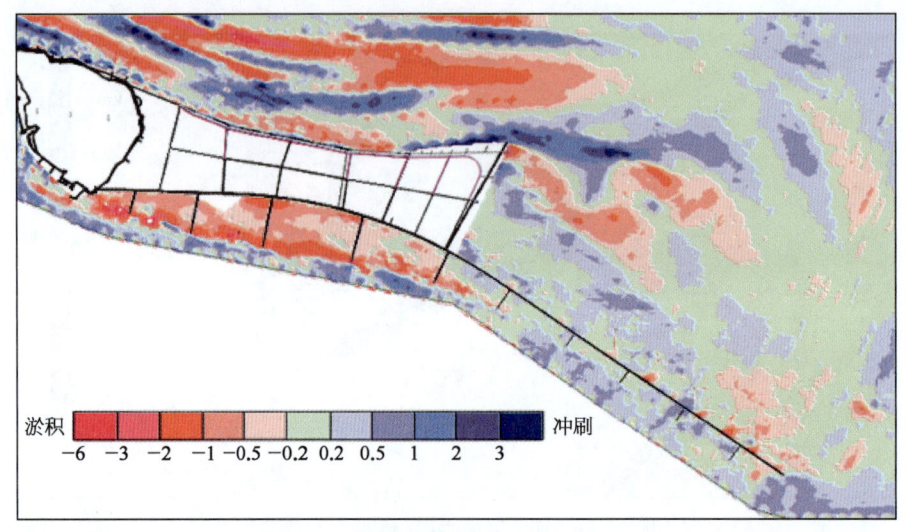

图 1-20 横沙浅滩冲淤(2010—2013 年)

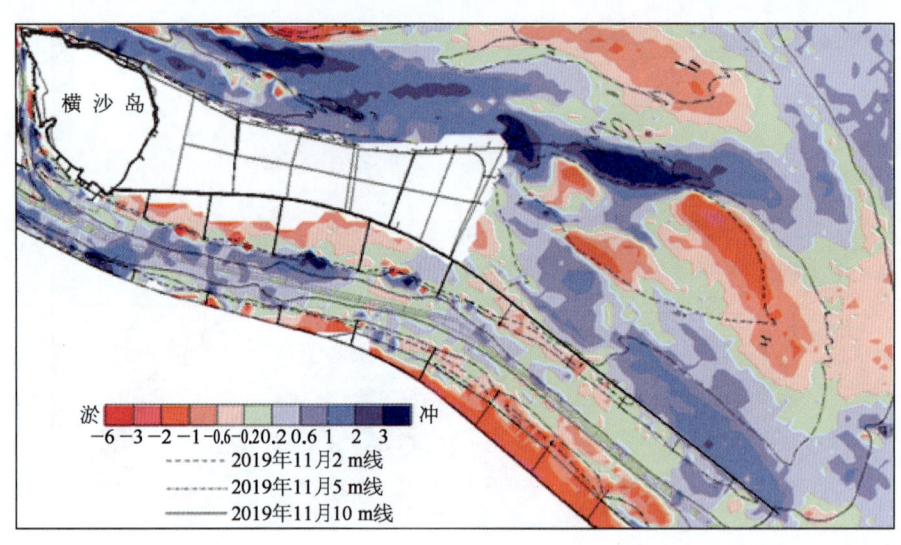

图 1-21 横沙浅滩冲淤(2013—2019 年)

1.4.3.2 剖面变化

横沙浅滩冲淤的变化,必然会反映在滩面地形的变化上。

将横沙浅滩由北往南横向设置三个剖面(图 1-22),分别为 AA'、BB' 和 CC' 剖面。则可看到(图 1-23),AA' 剖面靠近北港水域,地形变化最为剧烈,整体趋势为冲刷,局部小范围淤积,中间区域 2011—2019 年累计最大冲刷深度达 4 m,整体为"东高西低"的态势;BB' 剖面在浅滩中间,整体为"东低西高"格局,西侧剖面线变化呈冲淤交替现象,但基本以冲刷趋势为主,东侧 2011—2013 年以冲刷为主,2013—2015 年又出现淤积,2015—2019 年间继续冲刷,整体冲淤交替,但冲刷大于淤积;CC' 剖面线东侧基本变化很小,没有明显的趋势,2011—2017 年间东侧段基本以淤积为主,累计最大淤积达 1 m 左右,但是 2017—2019 年间发生明显的侵蚀现象。

1.4.3.3 面积变化

横沙浅滩的冲淤变化,也反映在滩涂水域等深线以及相应高程的面积、体积变化上。图 1-24 所示为浅滩 1998—2019 年的 0 m 等深线变化,图 1-25 所示为浅滩 1998—2019 年的 -2 m 等深线变化,图 1-26 所示为浅滩 1998—2019 年的 -5 m 等深线变化。

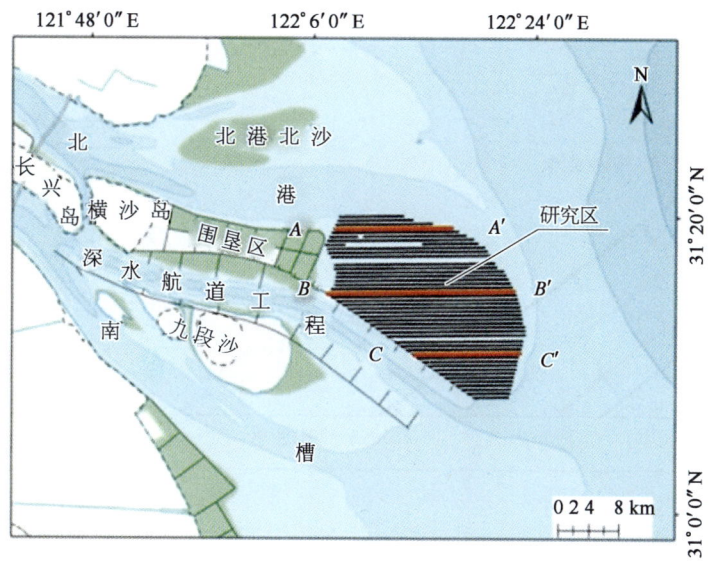

图 1-22 横沙浅滩剖面位置

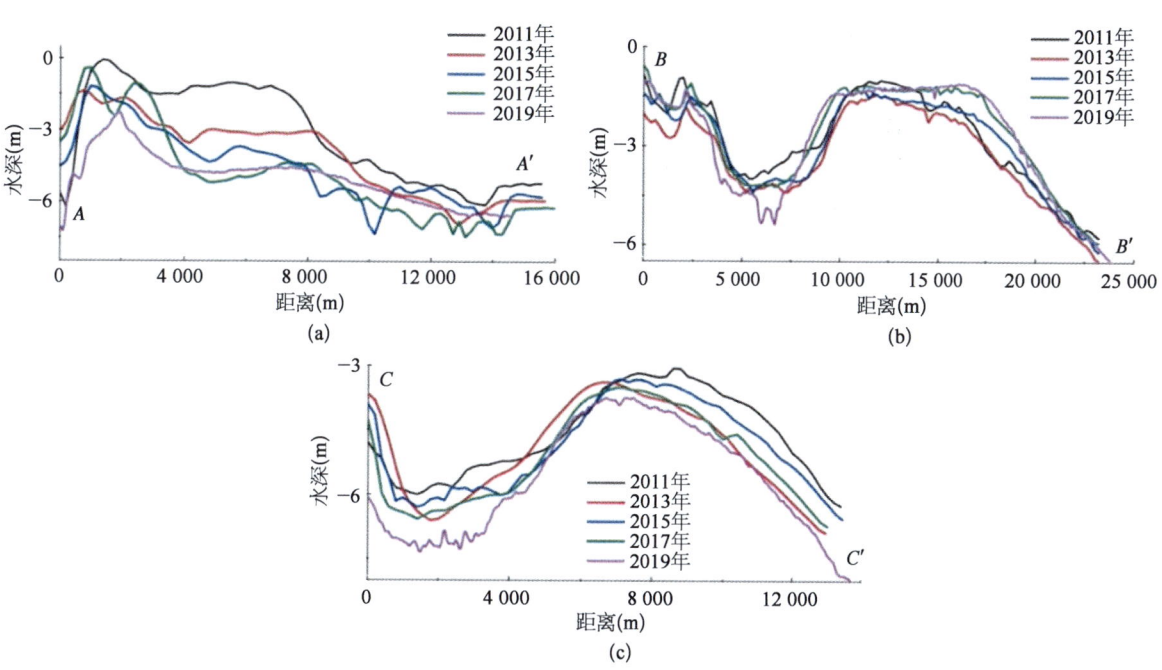

图 1-23 2011—2019 年横沙浅滩典型剖面变化

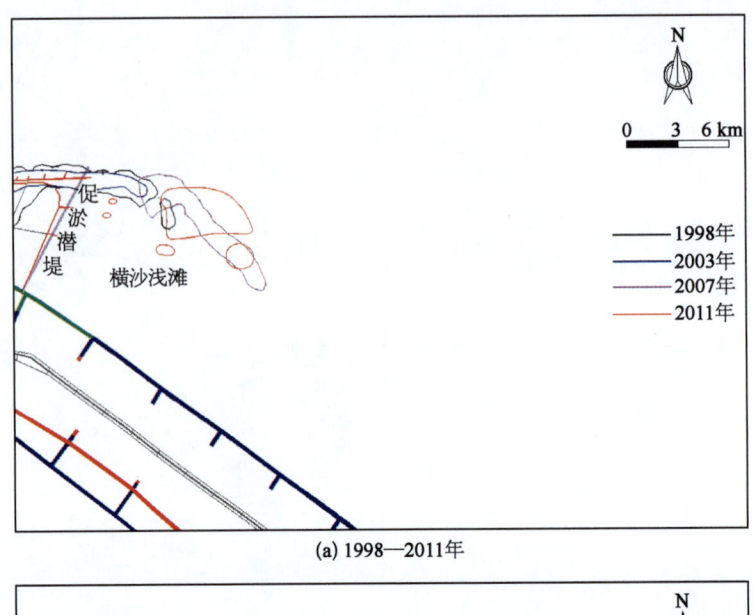

(a) 1998—2011年

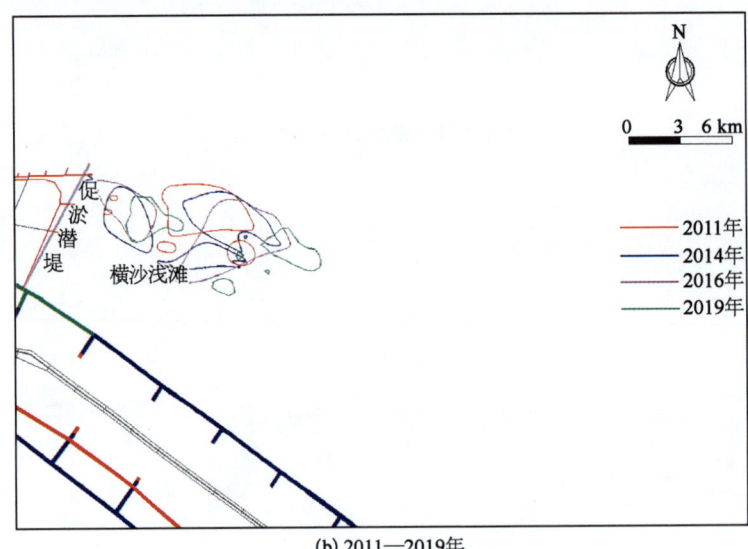

(b) 2011—2019年

图 1-24　1998—2019 年 0 m 等深线变化

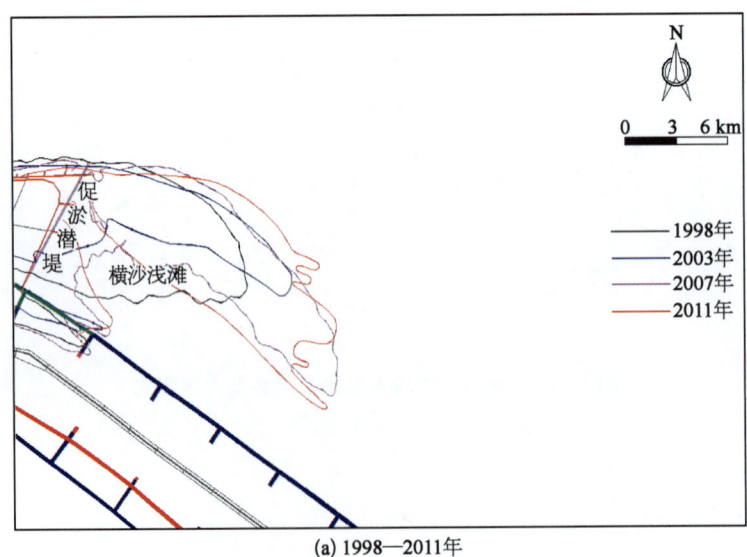

(a) 1998—2011年

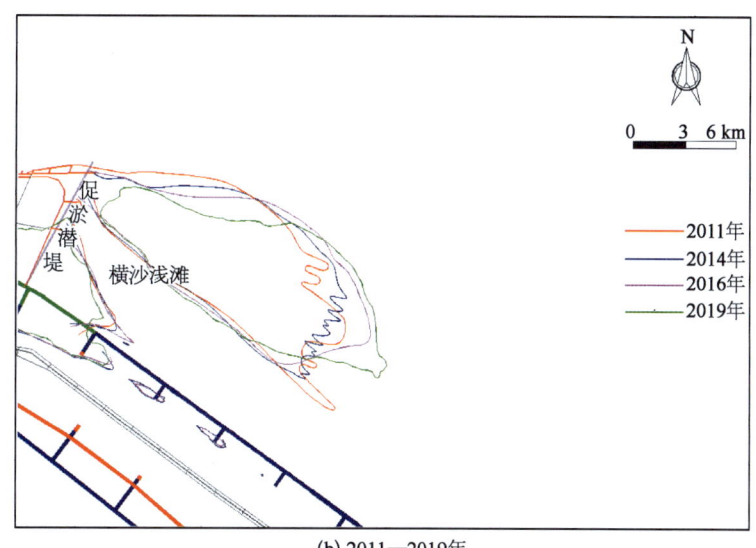

(b) 2011—2019年

图 1‑25　1998—2019 年 −2 m 等深线变化

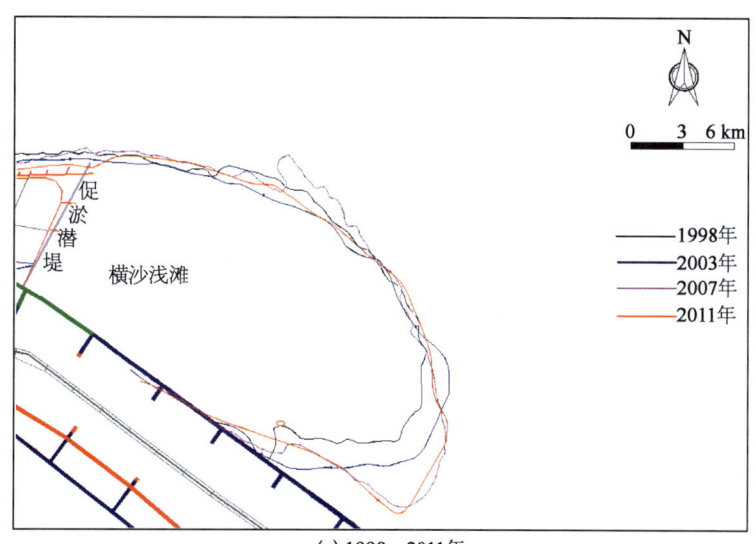

(a) 1998—2011年

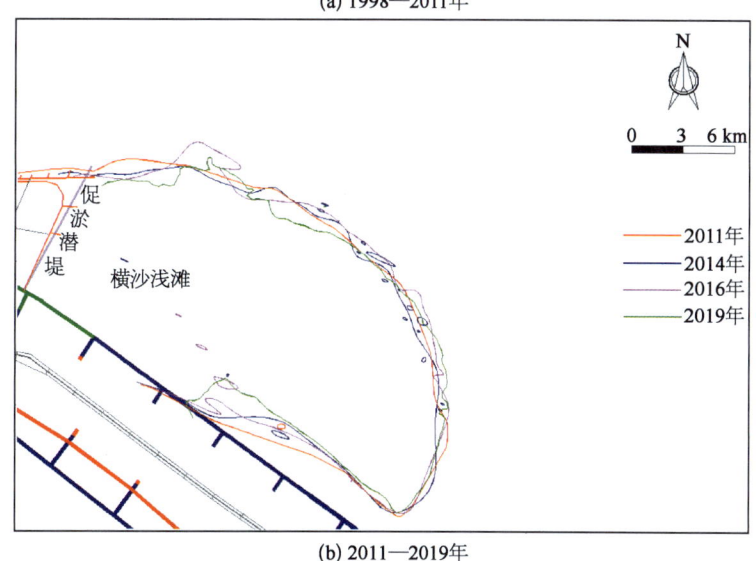

(b) 2011—2019年

图 1‑26　1998—2019 年 −5 m 等深线变化

由图 1-24 知,1998—2019 年,横沙浅滩 0 m 等深线位置整体向东偏移,但等深线包络的面积呈先减少后增加再减少的趋势(图 1-27a)。-2 m 等深线 1998—2007 年东移明显,尤其是 2003—2007 年,-2 m 等深线向东偏移约 5 km,2007 年后,-2 m 等深线虽有局部变化,但整体位置相对稳定,等深线包络面积也总体保持稳定(图 1-27b)。-5 m 等深线变化趋势与 -2 m 等深线总体类似,1998—2007 年,-5 m 等深线逐渐东移,平均每年偏移的速度基本小于 200 m,自 2007 年后,-5 m 等深线的形态基本稳定,但在北导堤的北侧形成有明显的冲刷带,-5 m 等深线的面积在 2010 年时达到最大(图 1-28),之后有冲有淤,但总体呈减小的趋势(图 1-27c)。

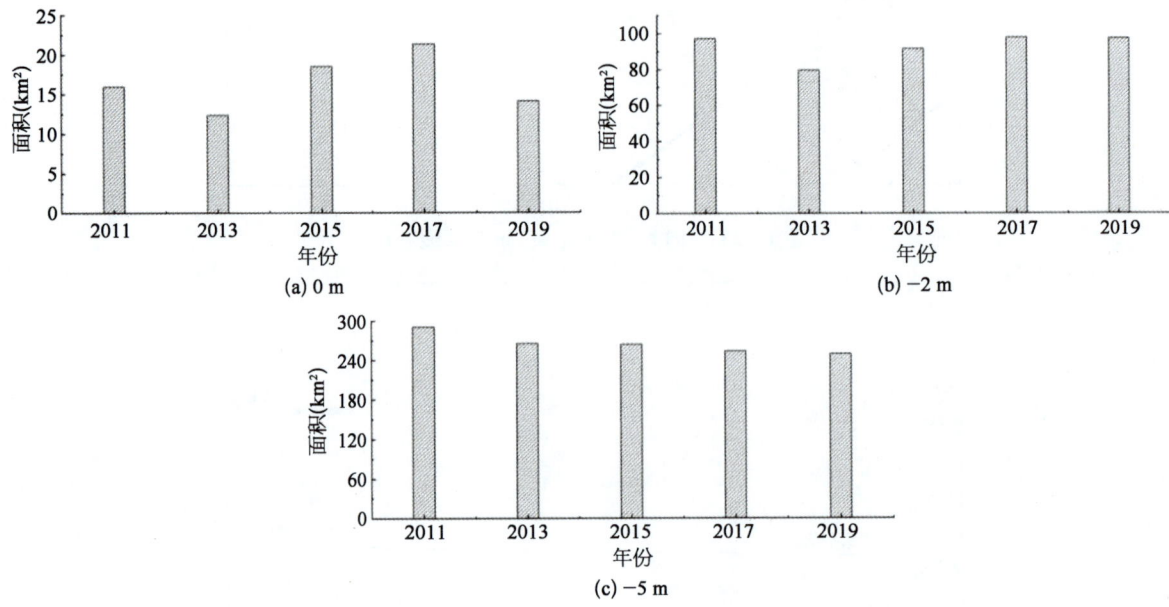

图 1-27 横沙浅滩 0 m、-2 m 和 -5 m 等深线包络面积变化

图 1-28 横沙浅滩 -5 m 滩涂面积统计(1997—2010 年)

图 1-29 所示为横沙浅滩 2 m 和 5 m 以上沙体体积的变化。从图中可看出,1997—2019 年,横沙浅滩沙体体积有所增大,5 m 以上沙体体积共增加 0.88 亿 m^3,2 m 以上沙体体积增加 0.52 亿 m^3。但 1997—2019 年间,沙体体积变化过程呈先增大后减小的趋势,5 m 以浅沙体体积在 2010 年达到最大,2010 年呈冲淤交替的状态,但整体冲刷;2 m 以浅沙体体积变化过程与 5 m 有所差别,2 m 以浅沙体体积在 2015 年左右达到最大,之后有冲有淤,总体冲刷。

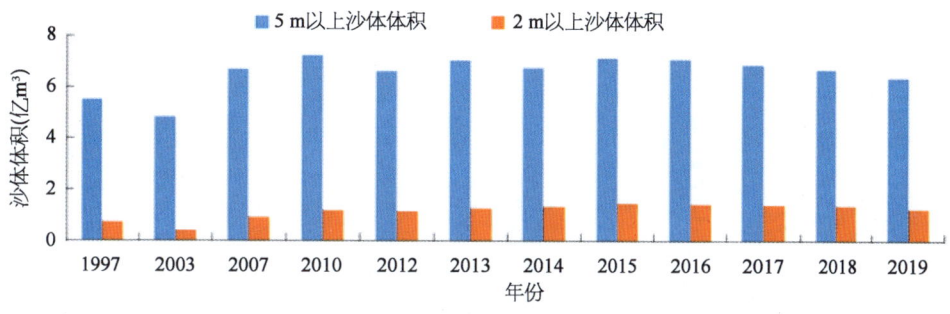

图 1-29　1997—2019 年横沙浅滩沙体体积变化（N23 潜堤以东）

1.4.4　横沙浅滩面临的问题

在目前的水沙环境下，横沙浅滩面临着淤积转向冲刷、窜沟发育活跃的问题。

受长江下泄泥沙持续减少影响，河口侵蚀态势逐步显现。近 20 年，长江口发生了由净淤积向净冲刷的转换，横沙浅滩相应地也由淤积态势转向冲刷态势。图 1-30 显示了 1997—2016 年间长江口南支以下河床冲淤变化。据统计，2010—2019 年间，横沙浅滩 −5 m 以浅滩涂面积减少 37 km²，其中 2013—2019 年 6 年间减少 29 km²（图 1-31）。

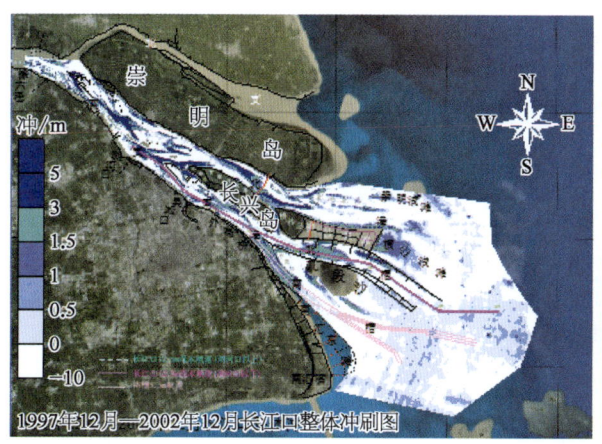 

(a) 1997—2002年

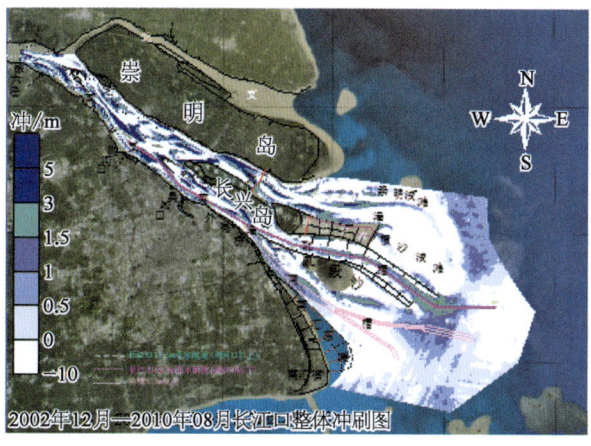 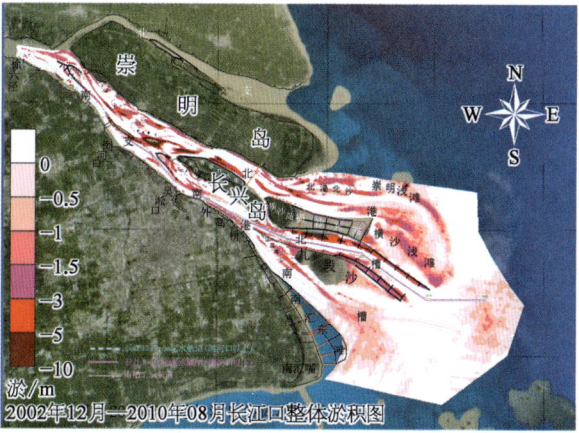

(b) 2002—2010年

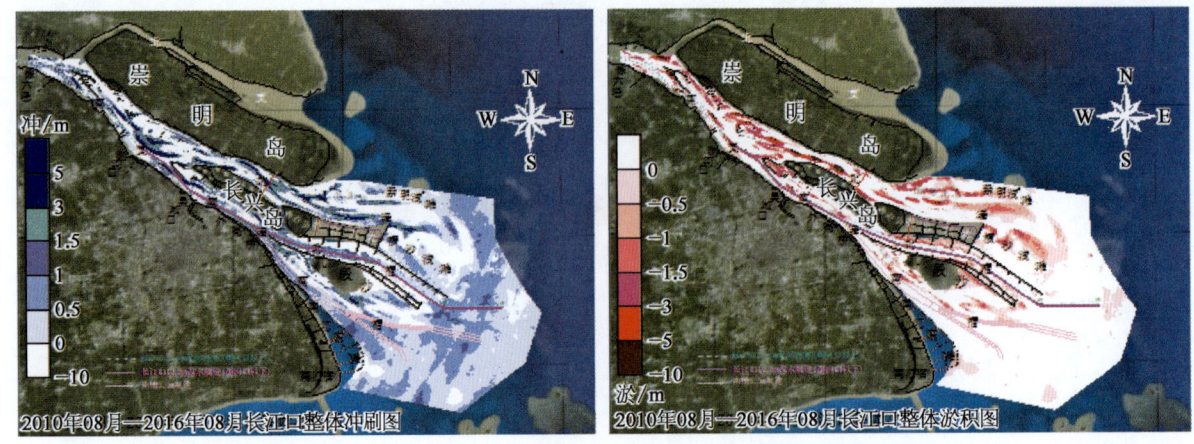

(c) 2010—2016年

图 1-30　1997—2016 年分阶段长江口南支以下河床冲淤变化

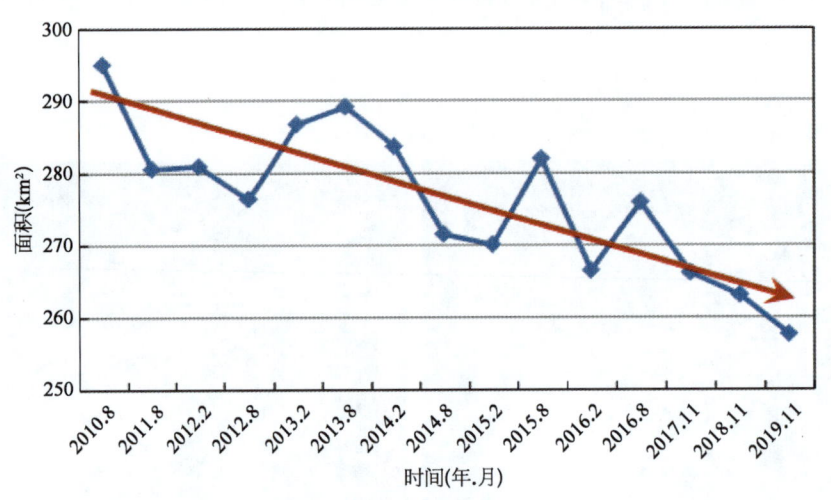

图 1-31　横沙浅滩-5 m 滩涂面积统计(2010—2019 年)

2013年后,横沙浅滩区域滩面窜沟进一步发育。

受丰水少沙、冲刷侵蚀影响,横沙浅滩的淤涨速率总体上呈现下降趋势,自然淤涨处于退化状态,滩面自我淤高能力非常有限,甚至现有的高程也无法确保,从而使横沙浅滩滩面长期处于 0 m 水深以下,成为光滩区域,植被难以生长,生态品质单一,缺乏多样性。

1.5　横沙浅滩保滩护岸的必要性和紧迫性

水沙、滩涂变迁将会加剧河势格局的变化。维持河势格局稳定的重要因素是滩涂资源不减少、滩涂格局不动荡。现阶段,如不采取相关工程措施,未来长江口河势格局将很难继续维持目前的"三级分汊、四口入海"的相对稳定状态,不利于航道、滩涂、岸线等水土资源的保护和利用,不利于生态环境的保护,也势必影响长江经济带和长三角一体化发展的国家战略。

对横沙浅滩及时有效地实施保滩护岸措施,稳固滩涂、保护岸线、稳定河势,势在必行。

1.5.1 横沙浅滩保滩护岸的必要性

1) 稳定横沙滩涂和周边河势

长江口三级分汊、四口入海的格局是长江口"一主两辅一支"航运布局的基础,是上海港口布局、临港产业布局的基础,也是上海水源地、生态保护区等诸多功能实现的基础。横沙浅滩作为扼守长江口口门四大滩涂之一,其态势将直接影响长江口北槽、北港两大入海通道的河势稳定,直接影响当前长江口深水航道的维护运营。稳定滩涂和河势是长江口的长期任务。

2) 预留城市发展战略空间

《上海市城市总体规划(2017—2035)》将横沙东滩定位为"上海城市长远发展的战略空间预留区"。确保横沙滩涂面积不减少、滩涂资源不流失、区域环境不恶化,是作为战略预留空间的必要前提。针对当前横沙浅滩面临的侵蚀态势,现阶段如不采取相关的措施,横沙陆域自然增加的历史将难以再现。及时有效地采取保护、整治措施,是稳定滩涂、确保战略资源预留的前提,这也将关系到上海城市、长三角经济带的长远发展。

1.5.2 横沙浅滩整治的紧迫性

1) 上游来沙持续减少

21世纪以来,长江河口由原丰水丰沙的淤涨型转变为丰水少沙的侵蚀型,长江流域来沙持续减小,形势严峻、紧迫。

2) 滩涂冲刷日趋严重

受来沙减少影响,近年来,横沙浅滩原有的淤涨环境消失,窜沟发育、滩面冲刷、中高滩涂散乱,呈现侵蚀态势。这种状态的持续发展极易引起横沙浅滩滩体形态改变、滩面泥沙流失,危及周边河势稳定和航道水深维护。

横沙浅滩滩面侵蚀日趋严重、泥沙资源日趋匮乏,深水航道北导堤北侧存在窜沟发展连通形成新的窜沟的潜在威胁,对滩涂和周边河势的稳定有不利影响。必须及时采取措施,保滩护岸,维护长江口的河势稳定。

1.6 卫星遥感技术监测横沙滩涂水沙环境的探索

本课题在研究中对利用卫星遥感技术监测横沙滩涂水沙环境进行了探索。监测对象包括水体含沙量、潮间带地形、水下地形等。探索研究主要围绕如何通过卫星遥感技术建立相应的模型或进一步提升已有模型的精度,对水体含沙量、潮间带地形、水下地形等加以反演,以便更好地掌握横沙滩涂的变化趋势。作为探索,本节选取研究中的部分内容加以介绍,未来将做进一步研究。

1.6.1 水体含沙量反演

已有研究提出了水体含沙量的遥感数据反演经验模型,本研究基于高分5号卫星遥感数据和机器神经网络学习法,对模型和反演时间进行校正,利用神经网络非线性函数表示能力补偿经验模型的误差,优化原有反演模型的拟合能力,将基于历史数据产生的模型校正到反演目标日期,从而提高反演精度的准确性。

1.6.1.1 数据获取及处理

采用 2019 年 10 月 31 日的数据用于模型校正,采用 2019 年 3 月 27 日和 5 月 24 日的数据用于反演时间校正。数据包括高分 5 号卫星的高光谱遥感图像和卫星过顶时刻在长江口 14 个实测点同步观测得到的水体表层含沙量数值。

1.6.1.2 基本含沙量反演模型

基本含沙量反演模型采用 D'Sa 等经验模型进行,模型及参数见下式。

$$TSM = 17.783 \left[\frac{Rrs(670)}{Rrs(550)} \right]^{1.11} \tag{1-1}$$

使用该模型需要重新进行波段选取,选取高分 5 号卫星中最相近的波段 668 nm 和 549 nm。

Nechad 等的研究表明,选取合适波段的前提下,针对高含沙量水质可以采用单波段线性函数以 700 nm 附近的遥感反射率作为自变量来进行拟合。本研究采用迭代搜索的方法寻找到这个波段范围内具有最佳拟合效果的最佳波段,模型表达式为

$$TSM = A \cdot Rrs + B \tag{1-2}$$

Ruhl 等的研究表明,基于 AVHRR 多光谱传感器数据的指数模型可以很好地适用于高含沙量水质的反演。为了适应高光谱数据,本研究采用迭代搜索最佳波段的方法确定使用波段,模型表达式为

$$TSM = A e^{B \cdot Rrs} \tag{1-3}$$

Loisel 等基于 MERIS 传感器研究了 3 波段算数表达式,该方法对于高含沙量水体具有较好的效果,原波段选择为 560 nm、490 nm 和 665 nm,本研究采用高分 5 号卫星的 557 nm、489 nm 和 668 nm,该模型表达式为

$$TSM = 10^{A+B[Rrs(557)+Rrs(668)]-C[Rrs(489)/Rrs(557)]} \tag{1-4}$$

1.6.1.3 神经网络校正器设计

本研究采用 3 层前馈神经网络模型,如图 1-32 所示。为了找到最佳泛化能力的神经网络模型,选取多个不同超参 λ 并进行迭代训练,记录不同 λ 值对应的检验样本的均方根误差 RMSE 和决定系数 R^2 值,最终选取最优 λ 值,从而处理模型的欠拟合和过拟合问题。采用的神经网络校正器反演流程如图 1-33 所示。

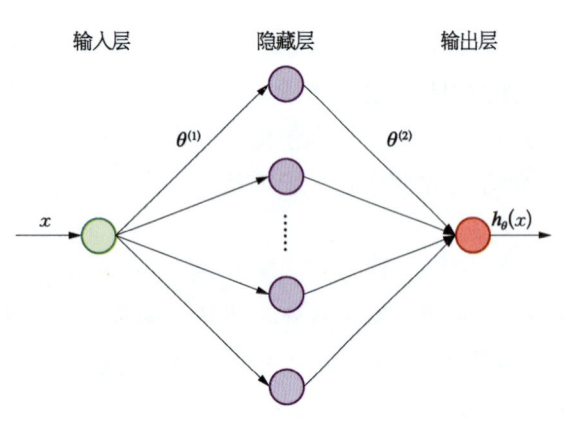

图 1-32 神经网络结构

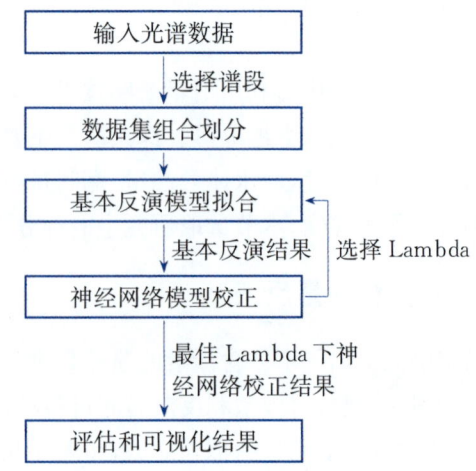

图 1-33 神经网络校正器反演算法

1.6.1.4 反演精度分析

采用模型的决定系数 R^2，检验样本的均方根误差 RMSE 和平均绝对百分比误差 MAPE 的组合反映反演精度情况。R^2 越大，模型的稳定性越好；RMSE 值越小，模型精度越高。RMSE 对于原始较大数据所产生一般较大的误差值具有更大的权重，MAPE 对于较小的原始数值所产生的一般较大的误差具有较大的权重，这样就可以对较大和较小的原始数据完成很好的精度衡量，另外，采用 R^2 参数便于衡量模型的相关程度，也是衡量精度的通用指标，便于与其他文献的对比。

1）模型校正应用的含沙量反演精度

针对模型校正应用，各种模型对应的反演精度见表 1-1，可见该神经网络校正器能够有效提升所有指标，证实了模型校正应用对于优化现有模型的可行性。

表 1-1 模型校正应用基本反演结果与神经网络校正后反演结果对比

模型	波段选择（nm）	基本反演			神经网络校正		
		RMSE (g/L)	MAPE	R^2	RMSE (g/L)	MAPE	R^2
D'Sa	668,549	0.149 5	0.782 1	0.680 5	**0.143 6**	**0.758 0**	**0.692 6**
Nechad	758	0.158 7	0.804 9	0.672 9	**0.156 7**	**0.765 7**	**0.677 2**
Ruhl	745	0.210 4	1.114 2	0.603 9	**0.193 9**	**0.984 9**	**0.633 6**
Loisel	557,489,668	0.494 1	2.581 2	0.291 4	**0.399 3**	**2.199 5**	**0.399 2**

D'Sa 等的幂函数模型具有较好的效果和较强的代表性，以此作为基本反演模型。采用幂函数模型并选取训练集样本数为 4，进行非线性拟合，最终得到 RMSE=0.149 5，MAPE=0.782 1，R^2=0.680 5。实验的拟合曲线如图 1-34 所示。

继续使用 10 月 31 日的数据进行 λ 迭代的神经网络校正器反演，不同 λ 值对应的评价曲线如图 1-35 所示。从图中可以得到 $\lambda \in (10^4, 10^{15})$ 范围内时，RMSE 和 MAPE 大致呈现了先降低后增加的趋势，R^2 大致呈现了先上升后降低的趋势，当 $\lambda = 6.362 \times 10^{11}$ 时，神经网络校正器的泛化能力最强，避

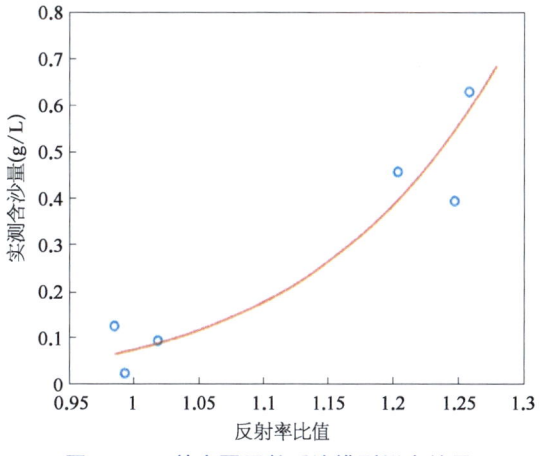

图 1-34 基本幂函数反演模型拟合结果

免了欠拟合和过拟合问题，此时 RMSE=0.143 6，MAPE=0.758 0，R^2=0.692 6。

选取该 λ 值可以得到神经网络输入-输出曲线图以及预测值-实际值散点图，如图 1-36 所示，通过观察神经网络校正模型的输入-输出曲线，在神经网络校正器中将基本模型中含沙量较低的数值进行了增大，中等的数值进行了缩小，较高的数值进行微小放大，弥补了基本模型可能具有的非线性缺陷，因而通过神经网络强大的非线性表达能力来对现有反演模型进行二次校正能够稳定提高反演准确度。

2）反演时间校正应用的含沙量反演精度

针对反演时间校正应用，各种模型对应的反演精度见表 1-2，可见校正前基本模型反演误差普遍较大，而经过校正后反演误差明显降低，从 RMSE 和 R^2 指标来看模型精准度大幅度提高，说明了反演

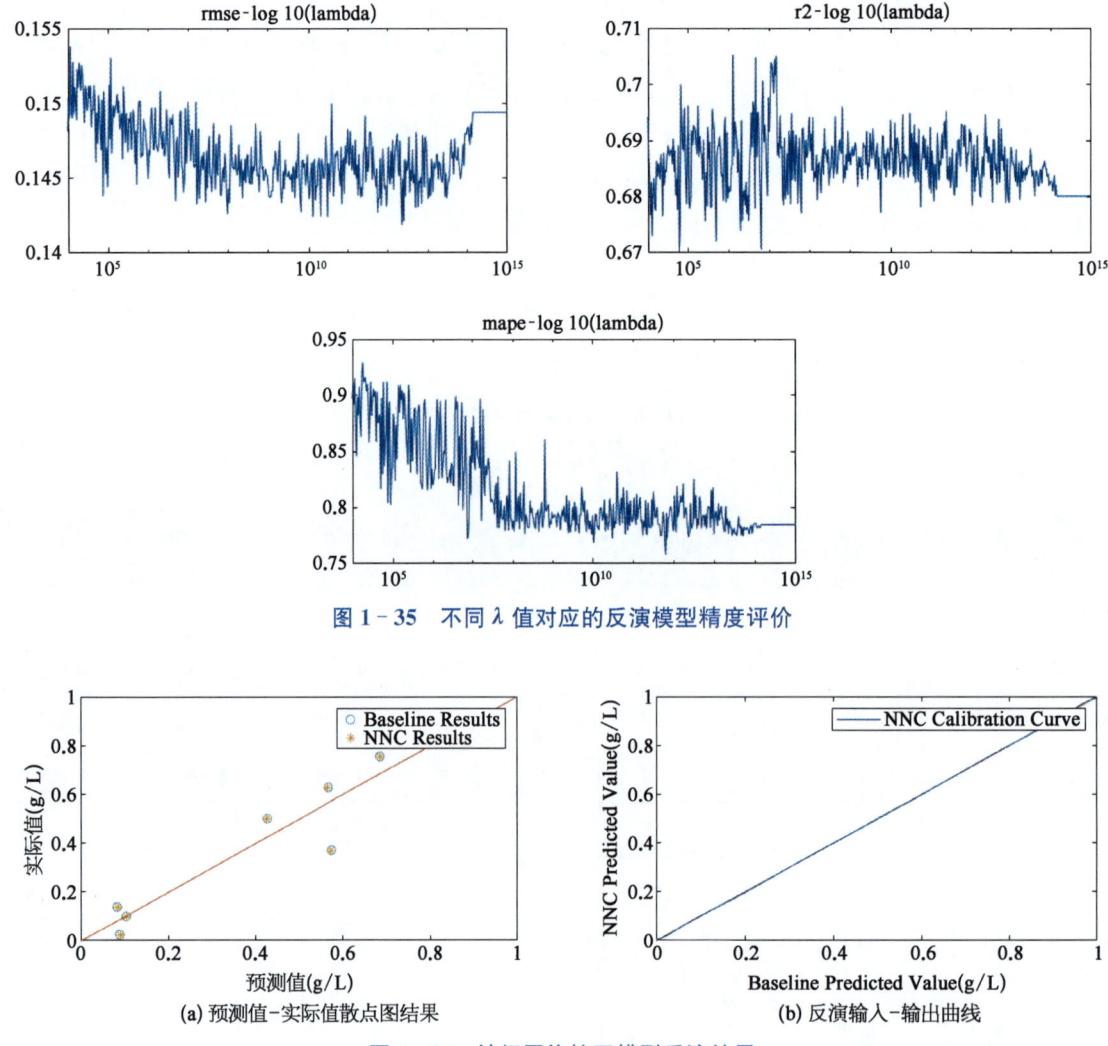

图 1-35 不同 λ 值对应的反演模型精度评价

(a) 预测值-实际值散点图结果

(b) 反演输入-输出曲线

图 1-36 神经网络校正模型反演结果

时间校正应用的有效性。同时对比模型校正应用和反演时间校正应用的结果,可以发现前三种精确度较高的基本反演算法中后者准确性要高于前者,这可能是因为反演时间校正应用的基本模型反演采用了额外的实测数据输入,因此在神经网络校正器训练时提供了较好的初始假设。

表 1-2 反演时间校正应用基本反演结果与神经网络校正后反演结果对比

模 型	波段选择(nm)	基本反演			神经网络校正		
		RMSE (g/L)	MAPE	R^2	RMSE (g/L)	MAPE	R^2
D'Sa	668,549	0.121 8	0.865 7	0.668 8	**0.135 2**	**0.781 7**	**0.715 5**
Nechad	762	0.316 6	0.701 6	0.408 3	**0.158 8**	**0.768 3**	**0.667 0**
Ruhl	762	0.299 3	0.586 7	0.397 8	**0.180 4**	**0.994 7**	**0.645 6**
Loisel	557,489,668	0.416 0	0.697 2	0.368 5	**0.361 5**	**3.558**	**0.303 7**

由于 D'Sa 等提出的幂函数模型经过校正后的性能最好并具有较强的代表性,以此作为基本反演模型并进行详细介绍。采用幂函数模型并选取训练集样本数为 4,采用 3 月 27 日和 5 月 24 日的共 7

个实测数据及对应的高光谱数据,进行非线性拟合,然后采用 10 月 31 日数据作为测试集,最终得到 RMSE=0.121 8,MAPE=0.865 7,R^2=0.668 8。

可见该模型虽然采用不同时间的数据进行训练但结果依旧较好,表明 D'Sa 模型的优良性。

然后使用 10 月 31 日的数据进行 λ 迭代的神经网络校正器反演,不同 λ 值对应的评价曲线如图 1-37 所示。从图中可以得到 λ ∈ (10^4,10^{15}) 范围内时,RMSE 和 MAPE 大致呈现了降低的趋势,R^2 大致呈现了上升的趋势,当 λ=3.244×10^9 时,神经网络校正器的泛化能力最强,避免了过拟合问题,此时 RMSE=0.135 2,MAPE=0.781 7,R^2=0.715 5。

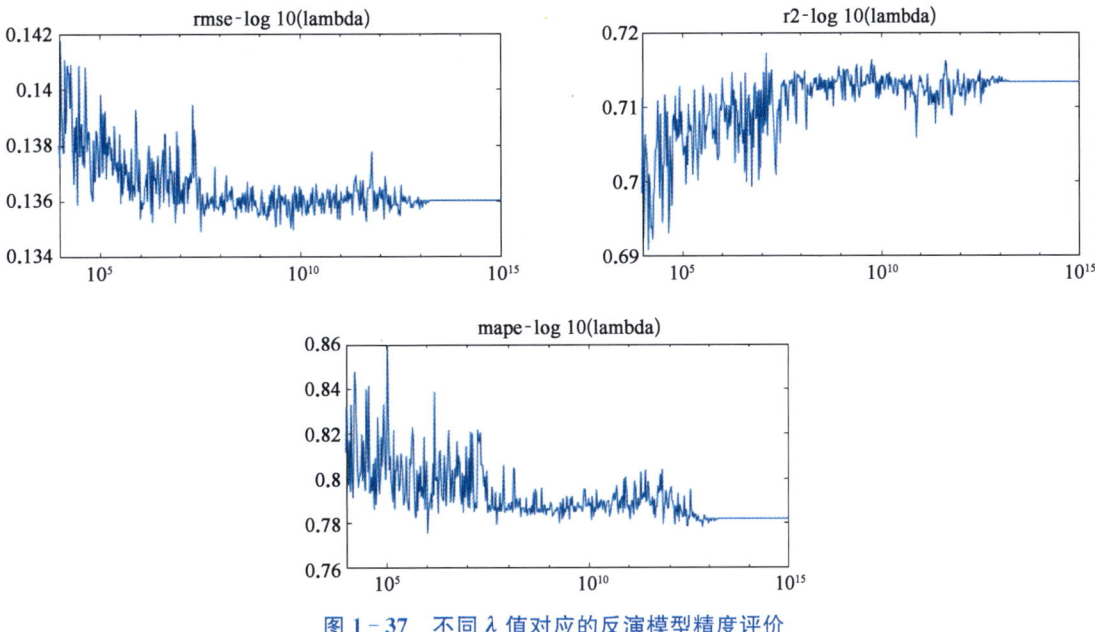

图 1-37 不同 λ 值对应的反演模型精度评价

选取该 λ 值可以得到神经网络校正曲线和预测值-实际值散点图,如图 1-38 所示,可见采用线性校正和神经网络校正器分别从线性和非线性误差上提高了反演准确度。通过观察神经网络校正模型的输入-输出曲线,发现在神经网络校正器中,将基本模型经过线性校正后的含沙量较低的数值进行提高,中等以及较高数值进行降低,其他范围的含沙量值变化不大,与模型校正应用中的校正趋势类似,其中的差别可能是线性校正导致的。反演时间校正应用同样说明了神经网络校正器的有效性,通过线性校正结合神经网络校正可以对历史模型进行线性和非线性两方面的校正。

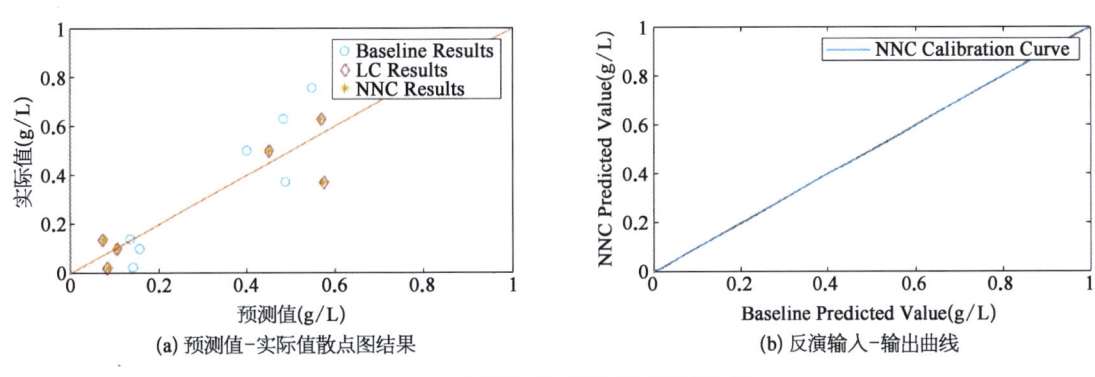

图 1-38 神经网络校正模型反演结果

3) 整体反演结果

比较两种应用对应的不同基本模型和神经网络校正后的结果,发现反演时间校正应用中的 D'Sa 模型的反演结果最优,因此本研究采用此模型对应最佳 λ 值对 2019 年 10 月 31 日的遥感图像进行含沙量反演,得到如图 1-39 所示的反演结果,从图中可以看到长江北支和杭州湾的含沙量较高,长兴岛青草沙水库含沙量较低,事实检验成立,说明反演结果的可信度较高。

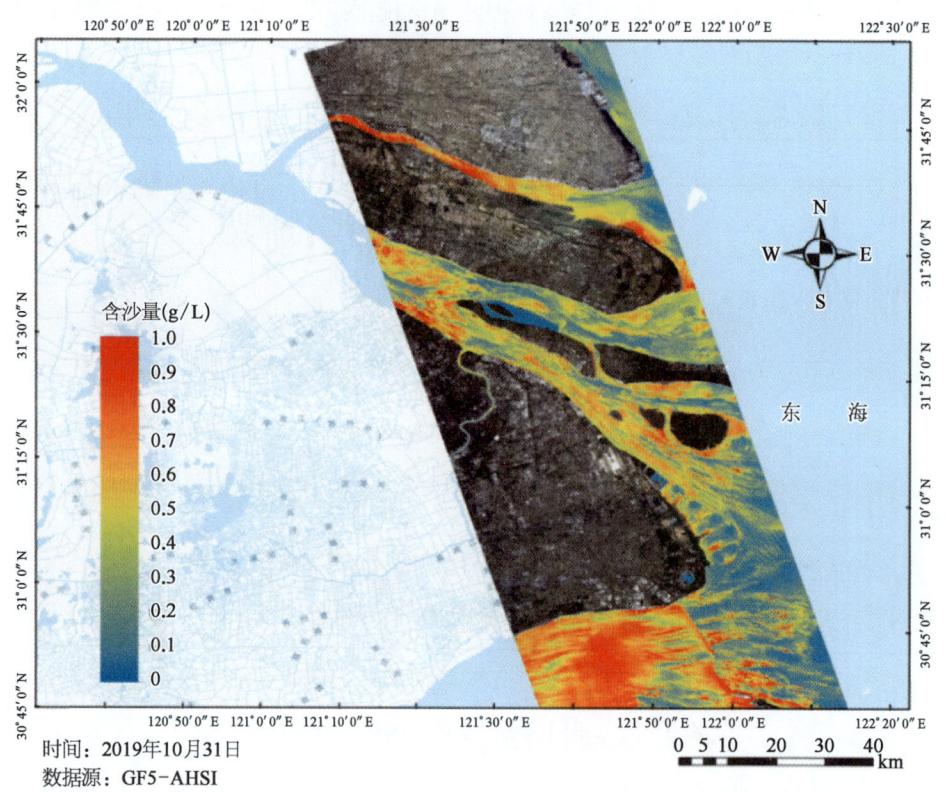

图 1-39　2019 年 10 月 31 日高分 5 号遥感数据含沙量浓度反演

1.6.2　潮间带地形反演

潮间带在低潮位时露出水面,水涯线以上部分按陆域处理,运用高景 1 号立体卫星影像,结合外业控制资料等数据,构建陆域的数字高程模型(DEM)。

1.6.2.1　数据获取及处理

采用 2020 年 4 月 5 日两幅影像中的全色波段数据构建一个立体像对,影像覆盖范围见表 1-3,卫星影像如图 1-40 所示,其覆盖面积大约 400 km²。

表 1-3　立体像对的覆盖范围

方　位	X(m)	Y(m)	经度(°)	纬度(°)
左上角	417 043.363	3 451 601.328	122.130 592 122 2	31.182 640 658 3
右上角	419 818.483	3 465 506.324	122.158 589 672 2	31.308 234 658 3
右下角	406 028.051	3 468 127.264	122.013 497 086 1	31.330 837 963 9
左下角	403 253.287	3 454 226.758	121.985 689 872 2	31.205 257 080 6

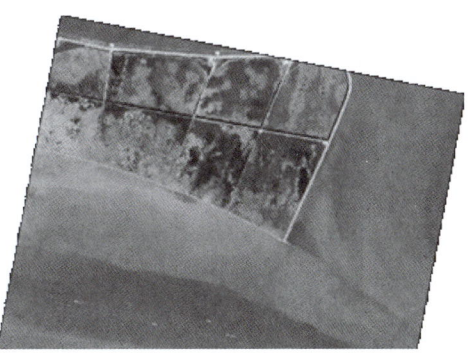

图 1-40 高景 1 号卫星影像

在卫星影像合适位置选定 10 个像控点,涵盖整个研究区并尽可能均匀分布,根据影像上的概略位置确定像控点现场位置,并测量其坐标,图 1-41 所示为卫星影像上一个像控点。

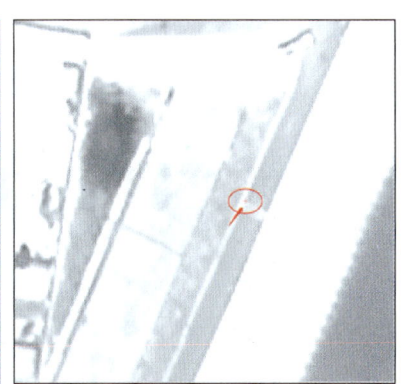

图 1-41 像控点在卫星影像上的位置示意

作为比较,同时也通过无人机以倾斜摄影测量的方法获取潮间带倾斜数据,建立三维实景模型后采集高程点实现潮间带 DEM 采集。

1.6.2.2　陆域数字高程模型

在卫星影像上圈选均匀分布、一定数量的外业控制点的大概位置,并制作用于外业控制点测量的相片和要求。外业人员根据实地情况,在圈选的范围内选择一个明显的、内业容易判读的地物点作为外业控制点,并用 GPS-RTK 进行测量,待所有外业控制点测量结束后,内业人员利用 Photomod 软件进行卫星立体像对的区域网平差,并将区域网平差的成果导入测图环境(Mapmatrix)进行立体测图,得到最终的陆域地形 DEM。

卫星影像区域网平差采用 RPC+二维仿射变换模型,RPC 模型具有优良的内插特性和连续性,利用部分控制信息,通过控制点以及影像自身之间的约束关系,有效平滑模型的系统误差,从而提高 RPC 模型的拟合精度。

RPC 模型实质是将正则化到 $-1 \sim 1$ 之间的地面点大地坐标 $D(P, L, H)$(经度,纬度,高程)与其对应的像点坐标 $d(x, y)$ 用比值多项式关联起来,通过正则化,可以增强参数求解的稳定性。RPC 模型的公式为

$$\begin{cases} x = \mathrm{Num}_s(P, L, H) / \mathrm{Den}_s(P, L, H) \\ y = \mathrm{Num}_l(P, L, H) / \mathrm{Den}_l(P, L, H) \end{cases} \quad (1-5)$$

式中：$Num_s(P,L,H)$、$Num_l(P,L,H)$、$Den_s(P,L,H)$、$Den_l(P,L,H)$ 是由正则化的大地坐标和 RPC 参数组成的关于对应像点坐标的三次有理多项式，每个多项式均含有 20 个 RPC 参数。其中光学投影系统产生的误差用有理多项式中的一次项来表示，地球曲率、大气折射和镜头畸变等产生的误差可以用多项式中的二次项来模型化，其他一些未知的具有高阶分量的误差如相机震动等，用多项式中的三次项来表示。

本研究采用的倾斜模型精度较高，可用来评价卫星影像立体采集 DEM 的精度，所用精度评价因子为两者差值（倾斜模型上采集的高程值减去卫星影像上采集的高程点）和均方根误差 RMSE，公式为

$$RMSE = \sqrt{\frac{1}{n}\sum_{i=1}^{n}(X_i - Y_i)^2} \qquad (1-6)$$

式中：X_i 为实测值；Y_i 为预测值；n 为样本数。

通过人工刺点的方式，利用足够数量的刺点精度较高的控制点数据，可以提高空中三角测量的精度。

立体下手动采集点线面的结果以及生成的 DEM 如图 1-42 所示。

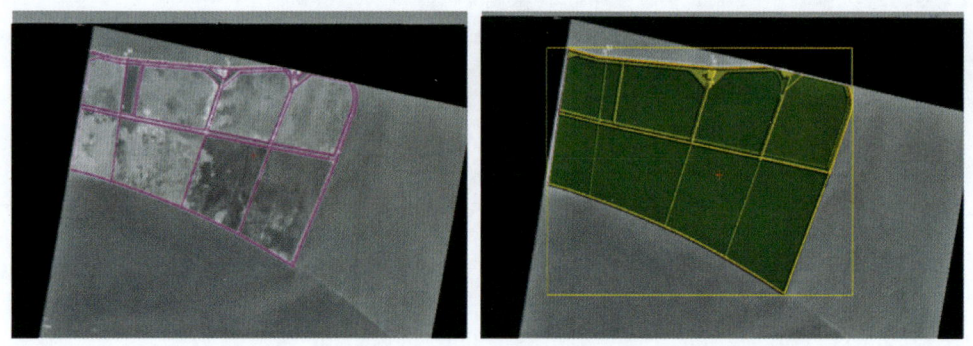

图 1-42　手动采集点线面结果(左)和生成的 DEM(右)

1.6.2.3　反演精度分析

在潮间带、大堤和陆上均匀采集一定数量的点，用于精度评价。三维模型的误差可以控制在 10~20 cm 以内，在模型良好的区域，可以达到 cm 级精度，与真实情况较吻合。以无人机倾斜模型采集的 DEM 数据为依据，对比分析高景 1 号卫星影像数据 DEM 采集结果。表 1-4 为潮间带、大堤和陆上采集结果的统计数据。图 1-43 所示为卫星影像上采集 DEM 结果的残差曲线。

表 1-4　DEM 采集结果对比统计(以 m 为单位)

类　型	点　数	差值 max	差值 min	差值均值	RMSE
潮间带	448	−1.59	−1.21	−1.40	1.40
大堤	206	−1.55	−1.33	−1.41	1.41
陆上	137	−1.84	−0.99	−1.42	1.43
总体	791	−1.84	−0.99	−1.40	1.41

表中差值用倾斜模型上采集的高程值减去对应点在卫星影像上的高程值得到，其大小的判定是以绝对值进行比较的。

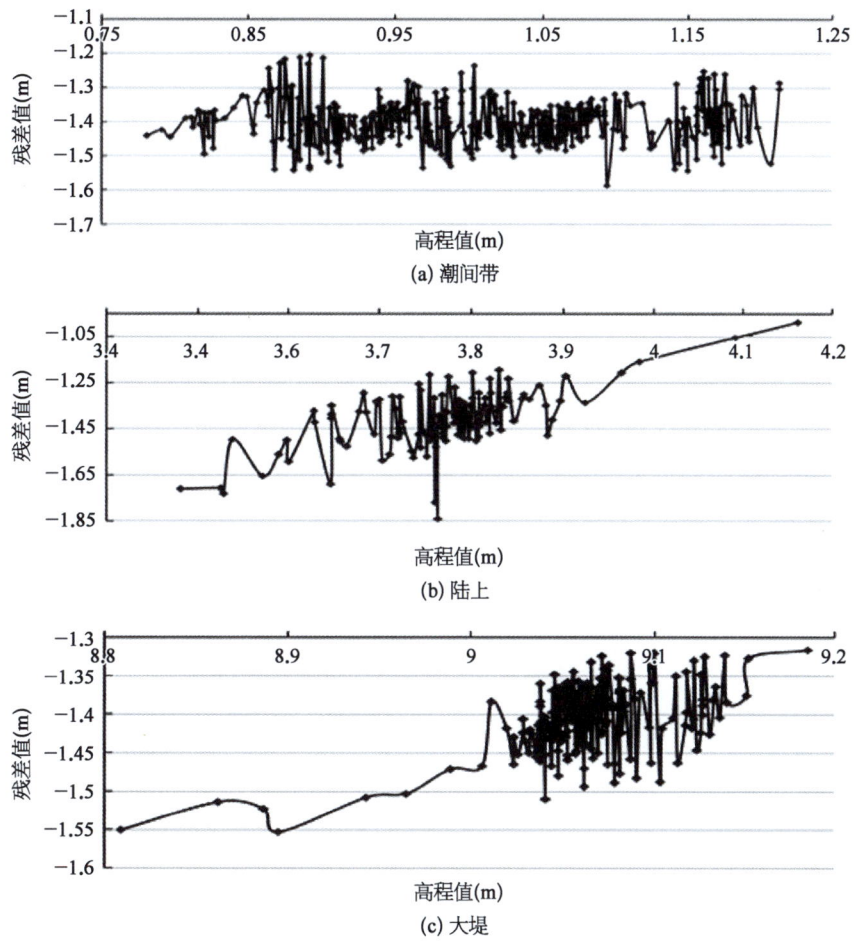

图 1-43　不同区域的高程值残差曲线

结合表 1-4 和图 1-43 发现：

(1) 卫星影像上采集的高程值与倾斜模型采集结果相比，普遍偏大。

(2) 潮间带区域，卫星影像采集结果误差集中在 1.3～1.5 m；陆上区域，误差集中在 1.25～1.6 m；大堤上采集结果的误差集中在 1.35～1.5 m。

(3) 陆上区域误差分布范围较大，最小值优于 1 m，最大误差接近 2 m，可能与陆上区域植被覆盖和部分区域有积水有关。

为进一步对比倾斜模型采集的高程结果和卫星影像采集结果，分析卫星影像 DEM 采集结果的精度，绘制了如图 1-44 所示的散点图。

由图 1-44 可知，卫星影像采集结果与倾斜模型相比，结果普遍偏大，并且两者的差值约为 1.4 m，两者的决定系数高达 0.999。将高景 1 号卫星影像 DEM 采集结果减去 1.4 m 以后，与倾斜模型结果进行比较，发现在 791 个样本点中，有 740 个样本点差值小于 0.01 m，占比达到 93.55%，可以认为，在横沙滩涂区域，高景 1 号卫星影像 DEM 采集结果经减去 1.4 m 修正后，可达

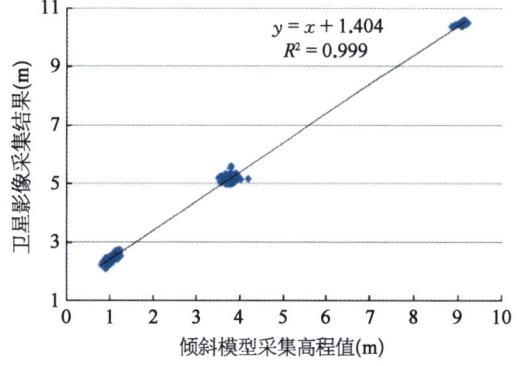

图 1-44　倾斜模型和卫星影像 DEM 采集结果对比

到倾斜模型 DEM 采集精度。

1.6.3 水下地形反演

长江口区域地形在短期内变化较小,整体形态分布维持稳定,对于高分 5 号卫星的每次过境,可利用临近时间的水深测图来反映卫星过境时刻的水深。

水体含沙量是影响水深反演的主要因素,不同含沙量的水深反演结果会有所差异。为在水深反演模型中尽量消除含沙量的影响,选择含沙量浓度较低区域单个测量断面作为研究对象,由于断面水深测点较密,反演数据量能得到保证。

1.6.3.1 数据获取与分析

图 1-45 显示了长江口各采样点水体的光谱特征曲线,在进行水深模拟时波段选择含沙量反射光谱较不敏感的波谷 719.708 nm 波段。

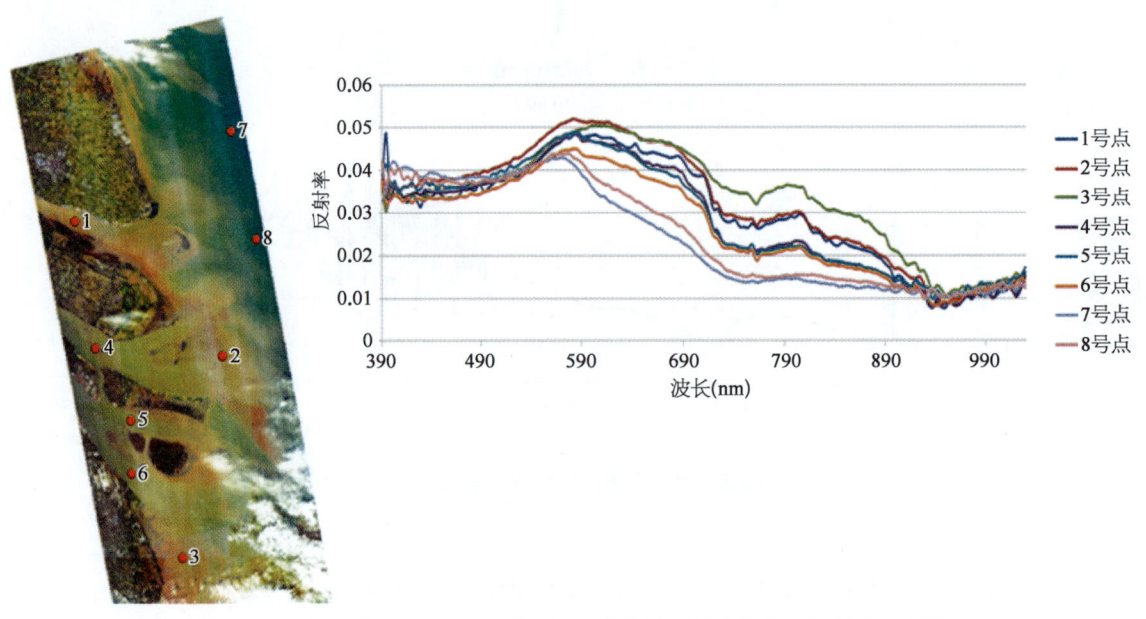

图 1-45　2019 年 3 月 27 日影像水体光谱分析采样点及各采样点光谱曲线

根据含沙量模型的反演结果,在 2019 年 3 月 27 日影像的水深测量断面中选择以下 5 个断面进行分析,其中北槽上段含沙量较低,水深在横向上梯度较大,布置 3 条断面;南槽在江亚南沙上游和下游各布置 1 条断面,如图 1-46 所示。

根据图 1-46 中所选择的各采样断面坐标在 2019 年 3 月 27 日影像提取对应的遥感反射率值,以 5 个断面测点的波段反射率为横坐标,实测水深为纵坐标,绘制水深与反射率的相关关系,图 1-47 中以 5 种不同颜色代表 5 个不同断面。

1.6.3.2 水深反演模型

从单个断面的水深-反射率分布来看,水深与反射率总体呈单调递减的关系,拟合函数采用 e 的负指数形式,有

$$y = a_1 e^{-a_2 x} + a_3 \tag{1-7}$$

式中:y 为水深;x 为 719.708 nm 波段反射率。由于在浅水区域 5 支归到一起,所以在函数中保持 a_2 和 a_3 不变,选取 $a_2 = 300$,$a_3 = -0.8$,以拟合浅水区域的相关关系。通过改变待定系数 a_1 来改变指

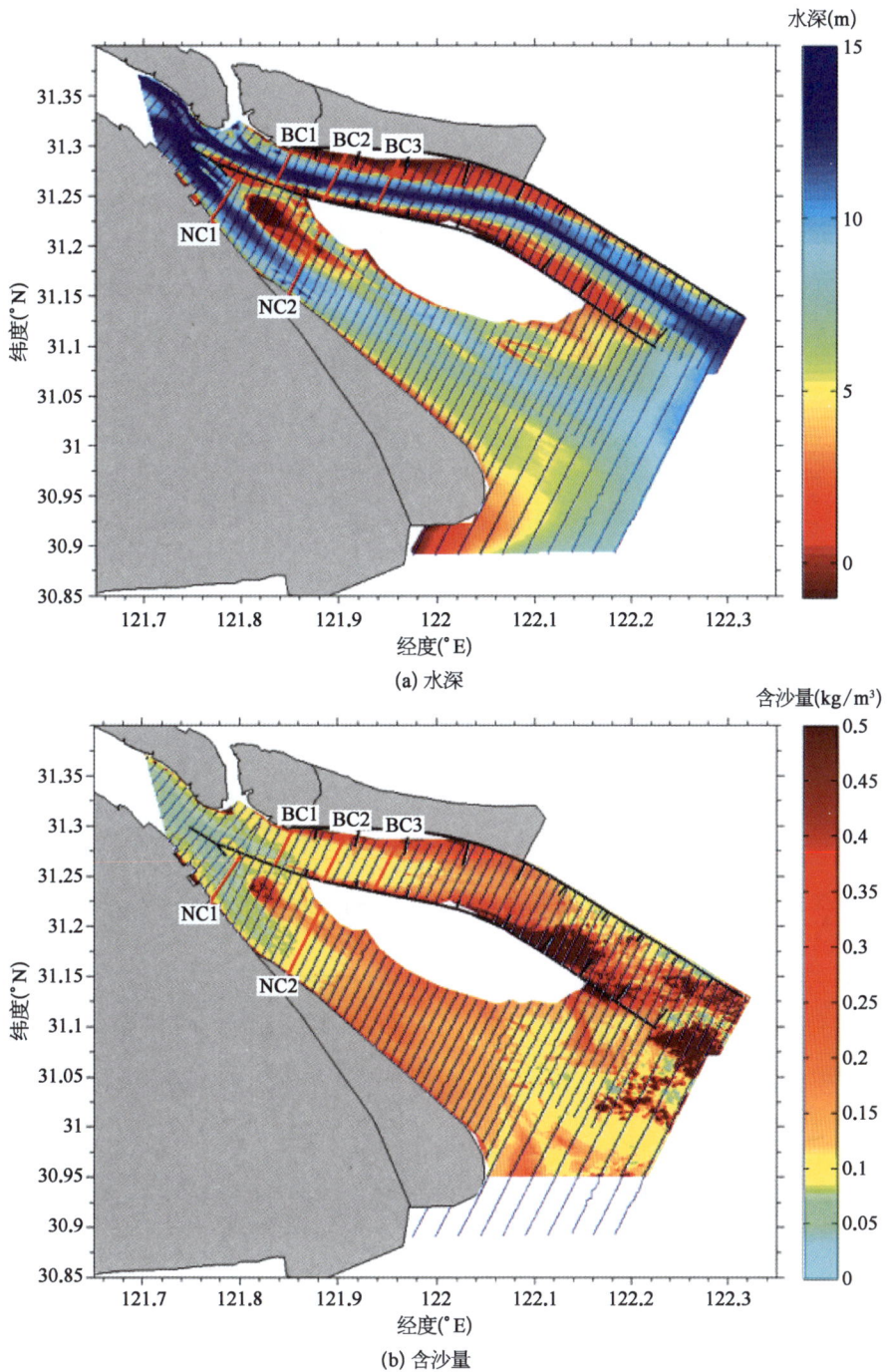

(a) 水深

(b) 含沙量

图 1-46 2019 年 3 月 27 日断面布置

数函数斜率,以拟合相关关系的 5 支。在 8 m 以深的区域,水深与反射率的相关性不好,这是由于水深较深的区域电磁波从水面到达水底距离长,其间受水体中其他成分的影响较大,使用 5 个函数作为样条曲线进行插值,由此得到 5 个断面水深反演模型,拟合示意如图 1-48 所示。

反演效果如图 1-49 所示,基本能再现横断面水深的分布形态,在水深较小的区域模型反演效果较好,水深较大的区域反演结果与实测值仍有一定偏差。结合图 1-46 断面位置分析,在 BC2 与 BC3 中断面深槽位置的北槽断面反演地形结果中,较深的航道区域反演水深有反常的升高,可能是航道船

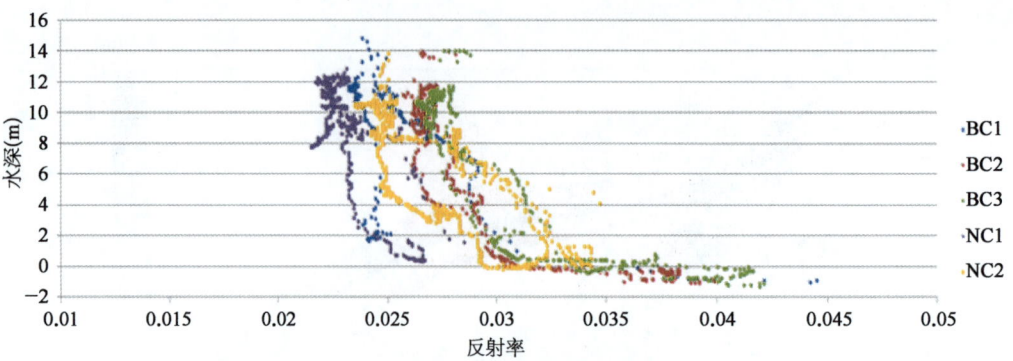

图 1-47 断面水深与反射率关系

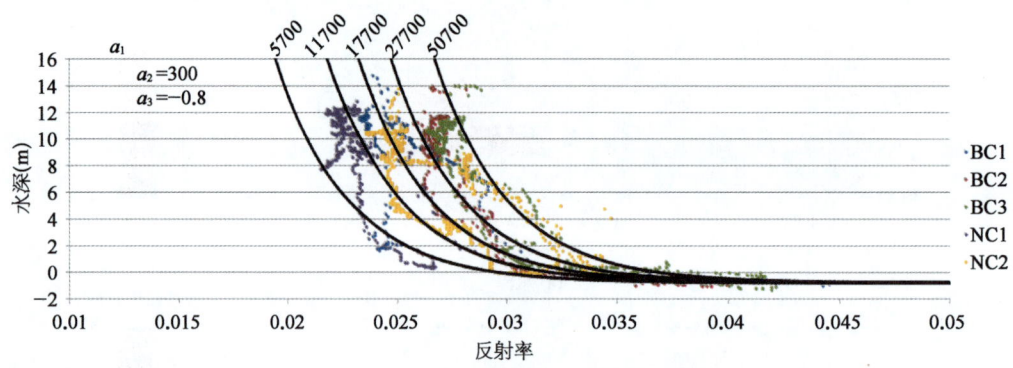

图 1-48 断面水深与反射率关系拟合

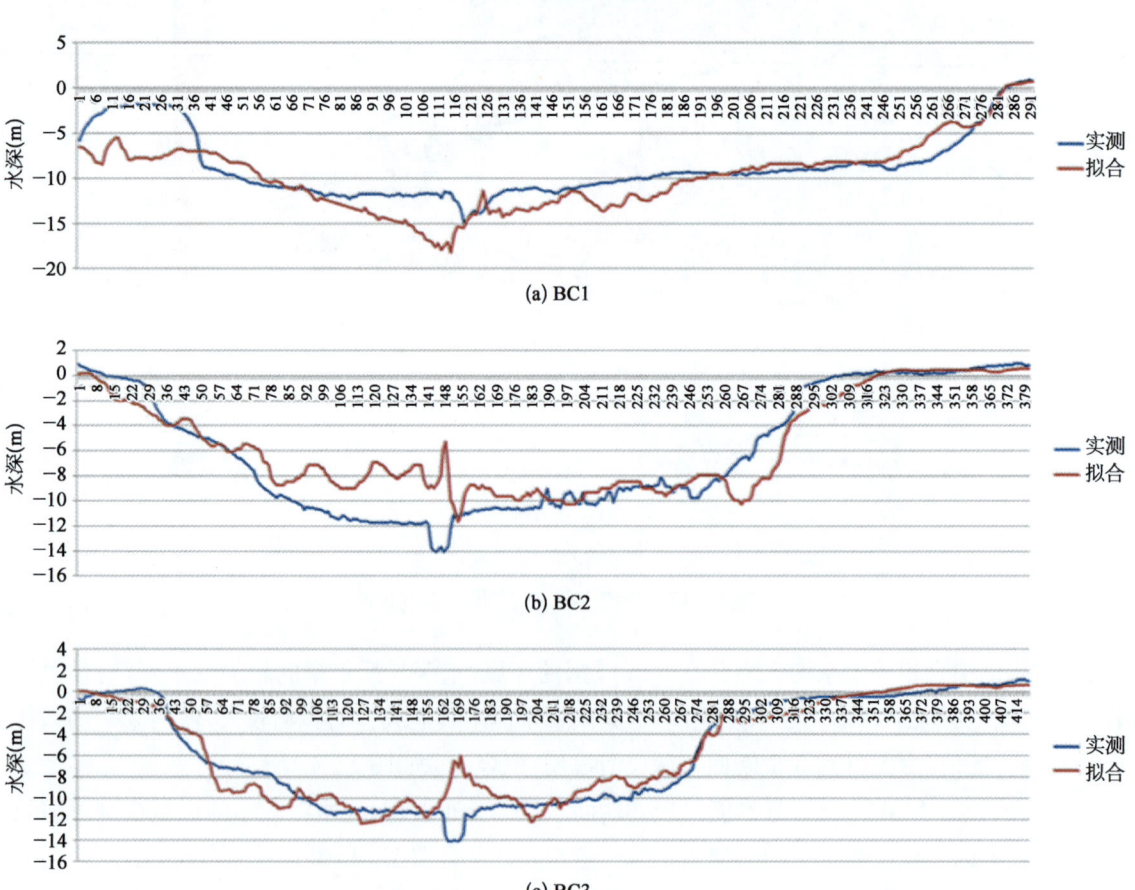

(a) BC1

(b) BC2

(c) BC3

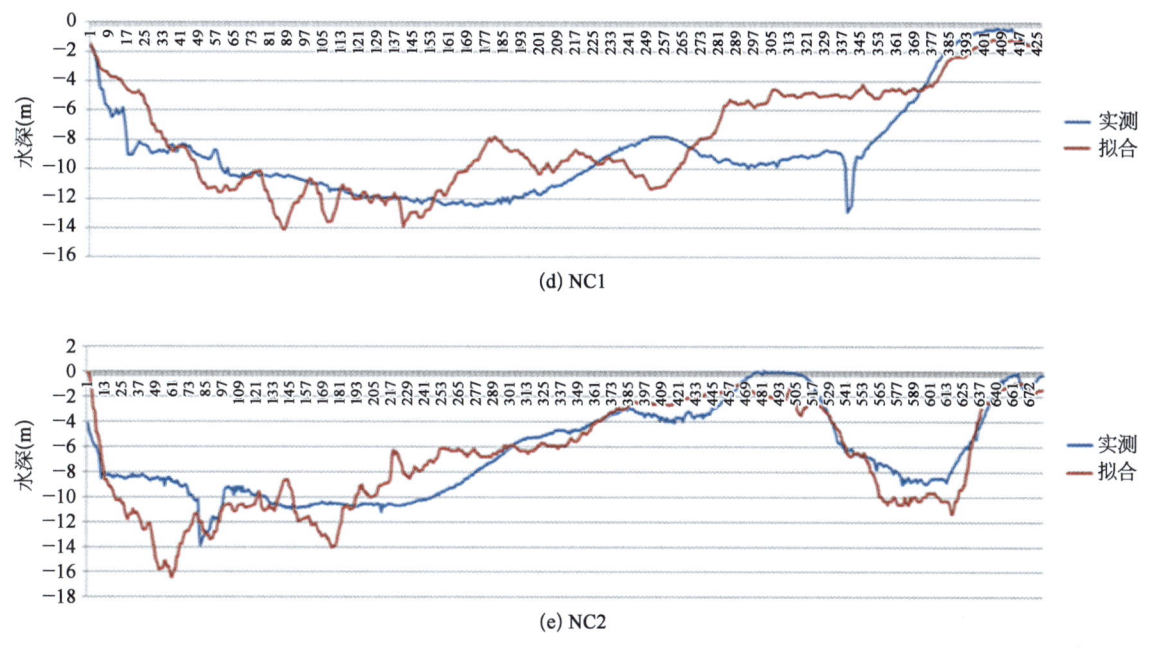

图 1-49 断面水深反演结果

只来往引起含沙量升高导致。从当天遥感影像图(图 1-50)可看出,船流密度较大的航道区域,对应含沙量较高。初步判断水体含沙量是影响水深反演的最大因素。在水深反演模型中考虑含沙量因子后得到优化模型,如式(1-8)。该模型对地形模型的应用性得到提高,但反演效果提升不明显,有待后续深入研究。

$$H = (576\ 690 \times 0.031\ 9e^{29.449b_{801}} - 40\ 740)e^{-300b_{720}} - 0.8 \tag{1-8}$$

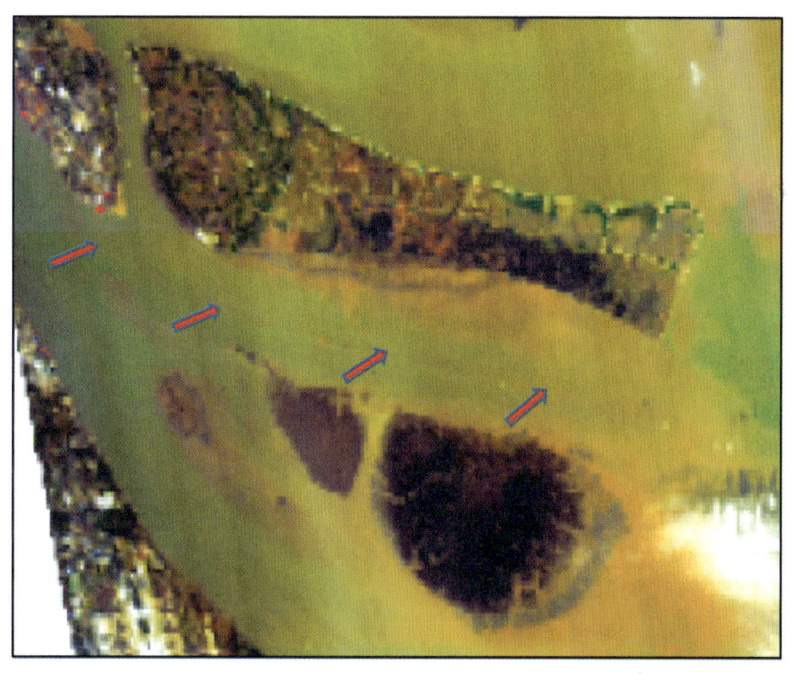

图 1-50　2019 年 3 月 27 日高分 5 号卫星遥感图

水深反演模型精度评价分别利用平均绝对误差(MAE)、平均相对误差(MAPE)、均方根误差(RMSE)作为评价指标,所有断面反演精度检验见表1-5。

表1-5 断面反演精度检验

断面编号	平均绝对误差(m)	平均相对误差(%)	均方根误差(m)
BC1	1.82	41.96	1.66
BC2	1.43	195.84	1.40
BC3	1.02	82.10	1.06
NC1	1.88	31.32	1.53
NC2	1.55	219.60	1.62
全部断面平均	1.54	114.16	1.45

1.6.3.3 反演精度分析

(1) 本研究发现位于含沙量反射光谱波谷的719.708 nm的波段反射率与水深呈负相关关系,其相关性在水深小于8 m的区域较好,以e的负指数形式建立了水深反演模型,反演模型在不同含沙量的区域其系数不同,通过实测数据的率定给出5条反演曲线。

(2) 以5条反演曲线为样条曲线,对8 m水深以浅区域选取合适的反演曲线,对8 m水深以深区域做插值,建立水深反演模型。反演结果显示,模型能再现断面的水深分布。

1.7 小结

长江口拥有丰富的滩涂资源。横沙滩涂位于北港与北槽之间,处于长江口拦门沙处,滩槽稳定性受上游来水来沙影响。继长江深水航道治理工程开工后,2003年,横沙东滩启动了包括促淤和成陆的整治工程,2019年,横沙东滩基本形成106 km²的生态陆域。横沙浅滩目前仍处于自然状态之中,其−5 m高程面积约为303 km²。

21世纪以来,由于长江流域大型水库建设、河道整治和水土保持等原因,长江口形成了新的水沙条件,总体表现为由原来的丰水丰沙淤涨型向目前的丰水少沙侵蚀型转变,下泄沙量呈明显减小趋势。

横沙浅滩在长江口深水航道治理和横沙东滩整治等周边工程掩护下,2010年以前,淤积速度和滩地面积一度得到增加;但2010年以后,受长江下泄泥沙持续减少影响,横沙浅滩水域含沙量大幅度减少。横沙浅滩面临滩面侵蚀、窜沟发育活跃等问题。

横沙浅滩及周边水域悬沙具有"顺时针"净输运特征:在浅滩南侧窜沟水域,大潮期泥沙净输运指向上游流域,而在浅滩北沿水域,大潮期泥沙净输运指向下游外海。同时,涨潮时北槽下段沙体经北导堤由南向北越至横沙浅滩,落潮期间横沙浅滩水沙向下游输送,至落憩—涨急时段,向下输运的水沙由口外绕过北导堤堤头向北槽输送。其结果是增强了滩面的侵蚀能力。横沙浅滩南侧深槽的形成与涨潮流作用有关,呈现缓慢冲深;浅滩冲淤分布特征与输沙特征密切相关。

长江口来沙持续减少,横沙浅滩面临严峻形势,亟须采取措施保滩护岸。横沙东滩整治工程的实践和经验表明,合理的人工干预对保护滩涂岸线、维护周边河势稳定起到积极的作用。

为加强对新横沙滩涂水沙环境的了解，本项目对卫星遥感技术作为监测手段进行了探索。结合星地同步实测数据，分析卫星遥感影像数据中光谱反射率与实测数据之间的关系，运用神经网络、函数拟合、计算机监督分类、代数算法等原理和方法，初步建立了基于神经网络的水体含沙量浓度反演校正器，实现了滩涂数字高程模型（DEM）多源遥感数据反演，确定了研究水深与遥感反射率之间的定量关系。

2 横沙滩涂生态系统健康及保育需求

2.1 横沙东滩生态环境现状调查

长江口滩涂是世界上独特而著名的河口湿地之一,拥有丰富的底栖动物和植被资源,是地球上重要的生态敏感区,是全球生物多样性保护的关键地区,是亚太候鸟南北迁徙的重要通道。作为河口型湿地,长江口滩涂还提供了营养循环、净化水体、食物生产等一系列生态服务功能,是上海市重要的生态屏障。此外,长江口滩涂湿地的快速发育还为上海市提供了大量的后备土地资源,是社会经济可持续发展的战略资源。

横沙滩涂南北两侧分布有两个重要的国际湿地(九段沙湿地和崇明东滩湿地)以及三个自然保护区(崇明东滩鸟类自然保护区、长江口中华鲟自然保护区和九段沙湿地自然保护区)。

从生态系统的生物多样性、结构、质量、功能等角度综合评价该区域生态环境健康状况,分析该区域生态安全格局及存在的问题,研究新横沙滩涂生态系统质量提升的生境需求,提出相应的保育对策,对科学、有效地促进长江口疏浚土资源化利用和横沙浅滩保滩护岸,实现长三角地区的可持续发展,具有现实和长远的意义。

2.1.1 调查项目与指标

2019年秋季(11月)和2020年春季(4月),项目组对横沙东滩工程整治区域和周边生态系统开展了两季的调查工作。秋季调查项目包括水质、沉积物、潮间带生物、水生生态、渔业资源、植被等,具体调查项目和指标见表2-1。春季调查项目包括潮间带生物、底栖动物和植被等,具体调查项目和指标见表2-2。横沙东滩整治区域生态系统调查主要针对潮间带底栖生物、堤内底栖生物和滩涂植被等。横沙东滩周边水域生态系统调查主要针对水质、沉积物、水生生态(叶绿素a和初级生产力、浮游植物、浮游动物、底栖动物)和渔业资源(鱼卵仔鱼、游泳动物、资源及渔场)。

表2-1 横沙滩涂2019年秋季生态系统调查项目及指标一览表

分 类	调查项目	具体指标
水质	水质	pH值、透明度、水温、高锰酸盐指数、化学需氧量(COD)、五日生化需氧量(BOD_5)、溶解氧、氨氮、总氮、总磷、挥发酚、重金属、石油类等
沉积物	沉积物	包括pH值、重金属(As、Cd、Cr、Cu、Ni、Pb、Zn、Hg)、石油类、有机质、总碳、总氮、总磷
潮间带生物	生活在潮间带底表的植物和底表与底内的动物	生物种类组成、数量(栖息密度、生物量或现存量)及其水平分布和垂直分布

(续表)

分　类	调查项目	具体指标
水生生态	叶绿素a和初级生产力	叶绿素a、初级生产力
	浮游植物	浮游植物、浮游动物的种类组成、个体密度、生物多样性（丰富度、多样性指数、均匀度）、优势种等
	浮游动物	
	底栖动物	
渔业资源	鱼卵仔鱼	种类组成、数量分布和优势种
	游泳动物	群落结构、种类组成、区系特征，生物学测定、资源密度、优势种、物种多样性和主要物种生物学特征
	资源及渔场特征	渔区渔业产量、资源动态等；珍稀及经济渔业资源种类、分布及其生态特征
植被	植被类型与盖度	使用手执式GPS仪测量群落宽度，记录植物群落类型，分别估测植被的盖度
	生物量	所有植物样品带回实验室后，用清水洗去附着的泥沙后在80℃下烘至恒重并称重，获取生物量

表 2-2　横沙滩涂2020年春季生态系统调查项目及指标一览表

分　类	调查项目	具体指标
潮间带生物	生活在潮间带底表的植物和底表与底内的动物	生物种类组成、数量（栖息密度、生物量或现存量）及其水平分布和垂直分布
底栖动物	堤内底栖动物	种类组成、个体密度、生物多样性（丰富度、多样性指数、均匀度）、优势种等
植被	植被类型	使用现场调查和无人机拍摄的方式记录植物群落类型
	生物量	所有植物样品带回实验室后，用清水洗去附着的泥沙后在80℃下烘至恒重并称重，获取生物量

2.1.2　调查样区及点位

各监测调查点位的位置信息如图2-1～图2-3所示。重点考虑大潮的高低潮位之间，随潮沙涨落而淹没和露出的潮间带区域。涉及水质和水生态调查时范围有所扩大。收集的2017—2018年度横沙东滩邻近水域的渔业资源现状调查点位如图2-4所示。

2.1.3　调查结果与评价

2.1.3.1　水质

横沙东滩周边水域表层水的盐度测值介于0.2～28.7，平均值为7.11；底层水的盐度测值介于0.2～8.2，平均值为2.8。

水质现状评价结果（表2-3、表2-4）显示，所有站位水中溶解氧、非离子氨、油类、铜、镉、铬、砷所有样品均符合《海水水质标准》(GB 3097—1997)第一类标准；生化需氧量、硫化物、锌、铅、汞

图 2-1 横沙滩涂 2019 年秋季调查点位

图 2-2 横沙滩涂 2020 年春季潮间带、堤内底栖调查点位

所有站位均符合第二类标准;化学需氧量总体符合第二类标准,超过第二类标准的占比为 18.18%;无机氮大部分站点符合第二类标准,超过第二类标准的占比为 27.27%;活性磷酸盐总体符合第四类或劣于四类标准,仅有一个点位符合第二类标准。水质的问题主要是上游污水排放、面源污染。

2.1.3.2 沉积物

秋季航次采集表层沉积物样品,共采集到横沙东滩周边水域 7 个站位的样品,对 pH 值、汞、砷、铜、铅、镉、铬、锌、石油类、硫化物、有机碳、沉积物粒度进行调查分析,结果见表 2-5 和表 2-6。横沙东滩周边水域沉积物中 pH 值介于 7.50~8.62;总有机碳、硫化物、油类、锌、铅、汞符合《海洋沉积物质量》(GB 18668—2002)第一类标准;铜、镉、铬、砷有部分站位超过第一类标准,超标率分别为 14.29%、28.57%、85.71%、14.29%,但均符合第二类标准,整体质量较好。

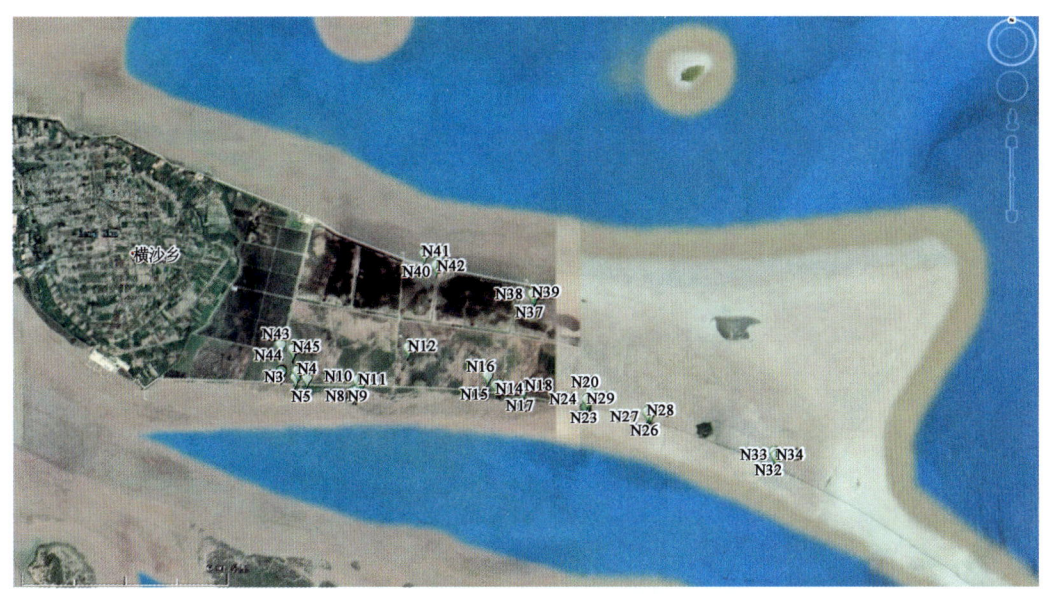

图 2-3 横沙滩涂 2020 年春季植被调查点位

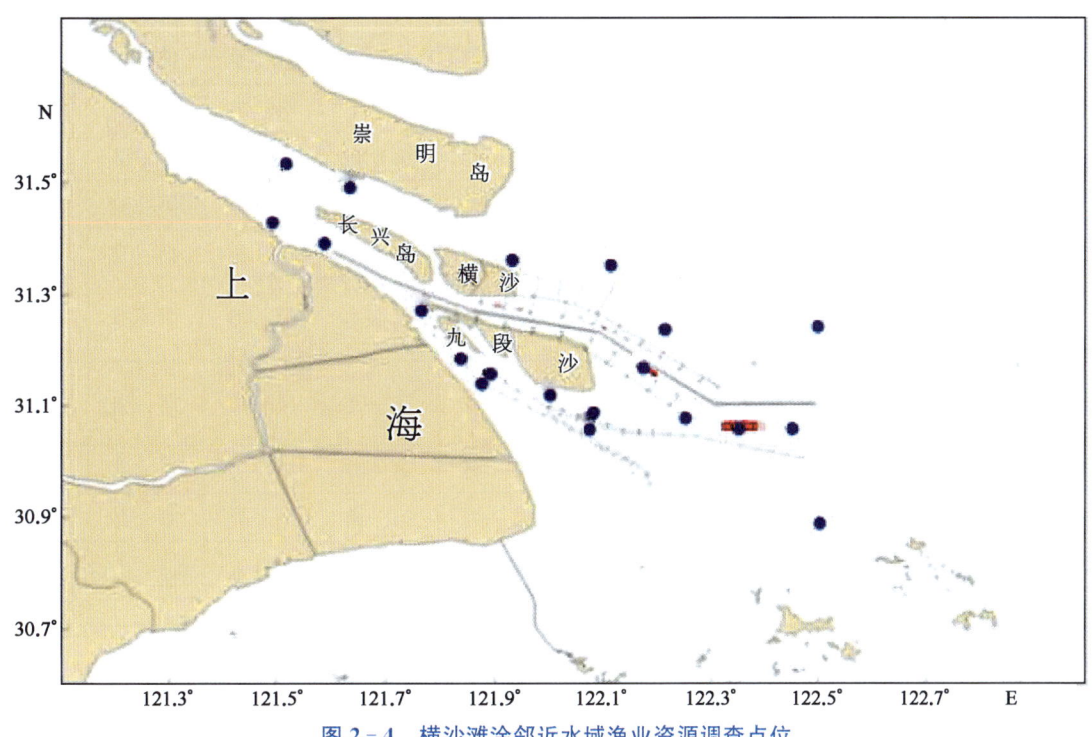

图 2-4 横沙滩涂邻近水域渔业资源调查点位

表 2-3 2019 年 11 月横沙东滩周边水域点位水质监测结果(1)

站 位	层次	pH值	溶解氧	石油类	硫化物	COD	BOD_5	无机氮	非离子
北 港	表	第三类	第一类	第一类	第一类	第一类	第一类	第一类	第一类
	底	第一类	第一类	—	第一类	第二类	第一类	第一类	第一类
南 港	表	第一类	第一类	第一类	第一类	第二类	第二类	第一类	第一类
	底	第一类	第一类	—	第二类	第二类	第一类	第一类	第一类

(续表)

站 位	层次	pH值	溶解氧	石油类	硫化物	COD	BOD$_5$	无机氮	非离子
北港下游	表	第一类	第一类	第一类	第二类	第一类	第一类	第二类	第一类
	底	第一类	第一类	—	第二类	第一类	第一类	第一类	第一类
吴淞口下 23 km	表	第一类	第一类	第一类	第二类	第二类	第一类	第一类	第一类
北港入海口	表	第一类	第一类	第一类	第二类	第二类	第一类	第三类	第一类
北 槽	表	第一类	第一类	第一类	第二类	第三类	第二类	第三类	第一类
	底	第一类	第一类	—	第二类	第四类	第二类	第三类	第一类
浅滩东侧边界	表	第一类	第一类	第一类	第二类	第二类	第一类	第一类	第一类

表 2-4 2019 年 11 月横沙东滩周边水域点位水质监测结果(2)

站 位	层次	POP$_4$	铜	铅	镉	铬	锌	砷	汞
北 港	表	劣于四类	第一类	第二类	第一类	第一类	第一类	第一类	第一类
	底	第四类	第一类	第二类	第一类	第一类	第一类	第一类	第一类
南 港	表	劣于四类	第一类	第二类	第一类	第一类	第一类	第一类	第一类
	底	劣于四类	第一类	第二类	第一类	第一类	第一类	第一类	第二类
北港下游	表	劣于四类	第一类	第二类	第一类	第一类	第一类	第一类	第二类
	底	劣于四类	第一类	第二类	第一类	第一类	第一类	第一类	第二类
吴淞口下 23 km	表	第四类	第一类	第二类	第一类	第一类	第一类	第一类	第二类
北港入海口	表	第四类	第一类	第二类	第一类	第一类	第一类	第一类	第二类
北 槽	表	劣于四类	第一类	第二类	第一类	第一类	第一类	第一类	第二类
	底	劣于四类	第一类	第二类	第一类	第一类	第一类	第一类	第二类
浅滩东侧边界	表	第二类	第一类	第二类	第一类	第一类	第二类	第一类	第二类

表 2-5 2019 年秋季横沙东滩周边水域点位沉积物监测结果(1)

站 位	pH值	TOC ($\times 10^{-2}$)	硫化物	油 类
			($\times 10^{-6}$)	
北 港	7.75	0.23	26.4	14.7
南 港	8.62	0.44	13.5	1.1
北港下游	7.52	0.38	未检出	46.5
吴淞口下 23 km	7.50	0.37	23.5	80.6
北港入海口	7.68	0.39	未检出	18.7
北 漕	7.90	0.64	219.6	1.6

表 2-6 2019 年秋季横沙东滩周边水域点位沉积物监测结果(2)

站 位	铜	锌	铅	镉	铬	汞	砷
	10^{-6}						
北 港	21.76	105.35	21.45	0.379	91.97	0.026	20.61
南 港	25.94	94.58	23.13	0.217	104.03	0.027	3.68
北港下游	30.42	97.69	25.36	0.614	59.70	0.036	8.38
吴淞口下 23 km	31.49	93.36	24.90	0.426	95.50	0.047	6.09
北港入海口	29.35	105.14	24.63	0.586	120.92	0.035	18.84
北 槽	35.17	113.78	28.30	0.408	129.02	0.030	16.32

长江口区域底质以砂质粉砂和黏土质粉砂为主,中值粒径(D_{50})在 7.98～35.19 μm,均值为 19.3 μm。

2.1.3.3 水生生态和渔业资源

秋季横沙东滩周边水域表层叶绿素 a 测值变动范围介于 0.92～2.92 mg/m³,平均测值为 1.48 mg/m³,表层水叶绿素 a 含量高值在北槽;底层水叶绿素 a 变动幅度介于 1.36～2.45 mg/m³,平均测值为 1.8 mg/m³,底层水叶绿素 a 含量高值在北槽。表层水中叶绿素 a 含量分布高值区在北槽所处的最大浑浊带区域。

秋季横沙东滩周边水域初级生产力波动范围介于 6.05～86.97 mg·C/(m²·d),平均含量为 23.59 mg·C/(m²·d),初级生产力高值出现在北槽。

浮游植物、浮游动物、潮下带底栖生物、鱼卵仔鱼、游泳动物等的监测结果见表 2-7、表 2-8。

表 2-7 2019 年秋季横沙东滩周边水域点位水生态监测结果(1)

项 目	种类	生态类群	优势种	丰富度
浮游植物	20	近海低盐性类群;近海广温广盐性类群;河口半咸水性类群;淡水性类群	中肋骨条藻和尖针杆藻(长江口调查水域)	$0.2 \times 10^{-3} \sim 3.33 \times 10^{-3}$ cell/L 1.92×10^{-3} cell/L 北港入海口最高
浮游动物	20	淡水种、河口半咸水种、近岸低盐种等	中华胸刺水蚤、汤匙华哲水蚤、火腿许水蚤等 7 种(长江口调查水域)	15～144.17 ind/m³ 71.98×10^3 cell/L 北港最高,北港入海口最低
潮下带底栖生物	6	—	河蚬和尖叶长手沙蚕(长江口调查水域)	10～25 ind/m²
鱼卵仔鱼	1	—	银鱼科	0.28 ind/m³
游泳动物	34	鱼类 54.77% 虾类 43.11% 蟹类 2.08%	安氏白虾、刀鲚、鮸、光泽黄颡鱼和凤鲚(长江口调查水域)	北槽 82 048 尾/km² (长江口丰度最高) 北港入海口 24 152 尾/km²

表 2-8 2019 年秋季横沙东滩周边水域点位水生态监测结果(2)

项 目	生 物 量	多样性指数 H'	丰富度指数 d	均匀度指数 J	备 注
浮游植物	—	0.34～2.75 1.21	0.43～0.78 0.59	0.13～0.98 0.43	

(续表)

项 目	生 物 量	多样性指数 H'	丰富度指数 d	均匀度指数 J	备 注
浮游动物	14.44～26.15 mg/m³ 18.56 mg/m³ 北港下游最高,北港最低				
潮下带底栖生物	0～5 ind/m²	0.00～1.00 0.24	0.00～0.23 0.095	0.00～1.00 0.24	仅北漕站位调查到底栖生物
鱼卵仔鱼	—	—	—	—	仅在北港采集到 1 尾银鱼科
游泳动物	北槽 180.73 kg/km² 北港入海口 144.11 kg/km²	1.985 5 1.941 5	0.859 5 0.564 5	0.581 5 1.784 5	

浮游植物丰度在同期长江口水域处于较高水平,多样性指数较低。浮游动物种类数、丰富度、生物量在同期长江口水域处于较低水平,多样性指数也较低。底栖生物多样性指数较低,底栖生态环境较差。

鱼卵仔鱼仅采集到1尾;游泳动物在北槽站点的丰富度、生物量处于较高水平。

综上,横沙东滩周边的水生态环境质量一般。

2.1.3.4 潮间带及堤内底栖生物

秋春两季的调查(表2-9、表2-10)显示,潮间带底栖生物丰富度、生物量明显高于堤内底栖生物;潮间带和堤内底栖生物多样性指数较低,生态环境相对较差,底栖生物群落结构正在演替中。

表 2-9 横沙东滩整治区域生态调查(1)

项 目	调查时间	种类	生态类群	优势种
潮间带底栖生物	2019 年秋季	17	甲壳动物、环节动物、软体动物、脊索动物	河蚬、日本旋卷蜾蠃蜚、圆锯齿吻沙蚕、宁波泥蟹、中华蜾蠃蜚等
	2020 年春季	23	甲壳动物、环节动物、软体动物、脊索动物	圆锯齿吻沙蚕、日本刺沙蚕、日本旋卷蜾蠃蜚、涟虫目和河蚬
堤内底栖生物	2019 年秋季	3	甲壳动物	摇蚊幼虫、日本旋卷蜾蠃蜚、日本新糠虾
	2020 年春季	7	甲壳动物	摇蚊幼虫、日本新糠虾、日本旋卷蜾蠃蜚

表 2-10 横沙东滩整治区域生态调查(2)

项目	调查时间	丰富度(ind/m²)	生物量(g/m²)	多样性指数 H'	丰富度指数 d	均匀度指数 J
潮间带底栖生物	2019 年秋季	224.0	69.7	0～1.97 1.08	0～0.75 0.62	0～1.00 0.62
	2020 年春季	249.6	18.7	0～1.42 0.83	0～0.93 0.48	0.25～1.00 0.73

(续表)

项目	调查时间	丰富度(ind/m²)	生物量(g/m²)	多样性指数 H'	丰富度指数 d	均匀度指数 J
堤内底栖生物	2019年秋季	101.33	0.483	0.56	0.24	0.81
	2020年春季	813	12.015	0~0.97 0.55	0~0.40 0.23	0.52~0.92 0.75

2.1.3.5 滩涂植被

1) 种类组成

通过 2019 年秋和 2020 年春的两季现场踏勘及样方调查发现，横沙东滩的自然植被主要为大量分布的芦苇和藨草，人工植被以狭叶香蒲为主伴有少量野茭白，还可以见零星分布的盐生植物柽柳、碱蓬和多年生草本植物加拿大一枝黄花。横沙东滩植被种类组成较简单，大多是单优势群落，甚至为单种群落，主要有芦苇群落、藨草群落、狭叶香蒲群落以及狭叶香蒲芦苇混生群落(图 2-5)。

图 2-5 横沙东滩植被主要群落类型

2) 分布特点

秋季共调查到四种群落类型,多为单一群落类型。藨草主要分布在横沙东滩南侧以西的堤外自然滩涂,芦苇和狭叶香蒲在横沙东滩广泛分布。春季共调查到七种群落类型,大多也是单一群落类型,包括芦苇群落、香蒲群落、藨草群落。在横沙北侧堤内还调查到柽柳群落,在横沙东滩南侧堤外自然滩涂调查到呈零星斑块状分布的少量互花米草群落。群落类型春季较秋季有所增加。

3) 生长状况

现场调查发现,横沙东滩总体植被生长状况良好(表 2-11)。秋季,芦苇大多为单种群落,群落高度为 0.41～2.25 m,植株密度为 48～152 株/m²,群落盖度最高可达 60% 以上,但不同调查点位的芦苇生长状况差异较大。芦苇植株较为低矮稀疏的主要原因可能是位于大堤旁,受人为干扰较为严重。秋季芦苇生物量为 0.2～1.3 kg/m²;春季生物量为 0.08～1.83 kg/m²。

表 2-11 横沙滩涂植物生长指标

优势种	密度（株/m²）	盖度（%）	株高（m）	秋季平均生物量（kg/m²）	春季平均生物量（kg/m²）
芦苇	133±29	38±9	1.34±0.3	0.14±0.2	0.96±0.5
狭叶香蒲	44±14	60±15	1.70±0.2	0.49±0.2	1.01±0.5
藨草	627±89	77±8	0.63±0.2	0.34±0.1	0.22±0.1

春秋两季调查中均鉴定出藨草和海三棱藨草两种群落类型。秋季藨草群落高度为 58～67 cm,植株密度为 533～710 株/m²,群落盖度最高可达 80% 以上,生物量为 0.25～0.48 kg/m²;春季生物量为 0.08～0.49 kg/m²。

横沙东滩分布着大面积的人工植被狭叶香蒲,多为单种群落,也可见狭叶香蒲与芦苇混生群落。秋季狭叶香蒲群落高度为 1.2～1.9 m,植株密度为 23～71 株/m²,群落盖度最高可达 80% 以上,生物量为 0.27～0.93 kg/m²;春季生物量为 0.19～1.99 kg/m²。

春季互花米草群落主要分布于横沙东滩南侧堤外,呈零星斑块状分布,大多为单种群落;秋季未发现互花米草群落,可见互花米草现已入侵横沙东滩南侧。互花米草进入新生境后,会通过营养繁殖来扩大分布并最终连接成片,具有较强的竞争性,进而影响本地种的生长繁衍,因此后续有必要对互花米草在横沙的生长趋势进行跟踪观测。

调查结果显示,2020 年春季除藨草生物量较 2019 年秋季有所减少,芦苇和狭叶香蒲的生物量都较秋季有明显增高,可见横沙东滩为滩涂植被提供了较为良好的生长环境。

2.2 横沙东滩生态系统演变趋势分析

横沙东滩生态系统演变趋势分析所引用数据主要包括 2019 年秋季、2020 年春季横沙东滩生态系统现状调查结果和《横沙东滩促淤造地工程环境影响中期评估报告》中 2013—2018 年横沙东滩邻近水域的水质、沉积物、水生生态监测资料和鸟类调查资料以及华东师范大学 2014—2017 年在横沙东滩调查区域调查的潮间带底栖生物资料。其中 2013—2018 年横沙东滩邻近水域的水质、沉积物、水生生态监测站位如图 2-6 所示,2014—2017 年横沙东滩潮间带底栖生物调查站位如图 2-7 所示。

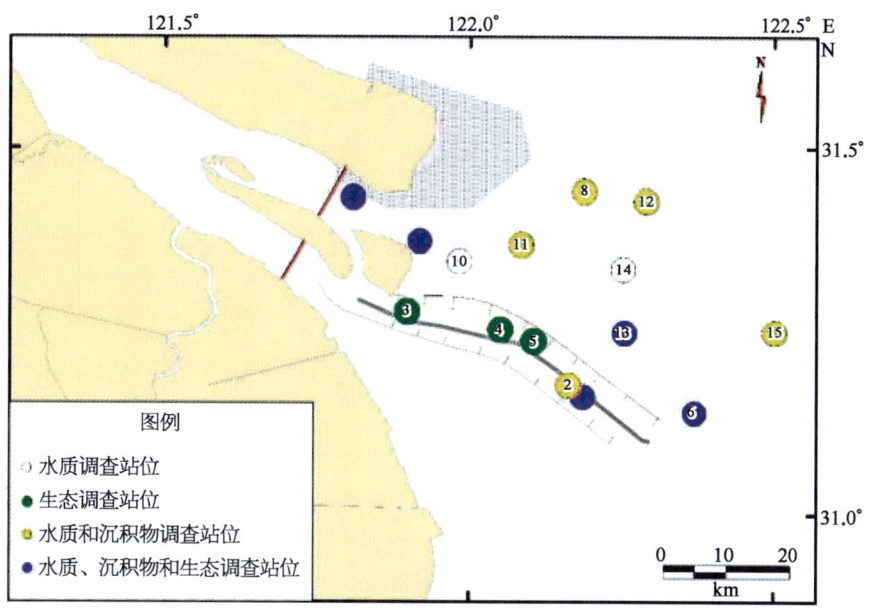

图 2-6　横沙东滩邻近水域水质、沉积物、水生生态监测站位示意

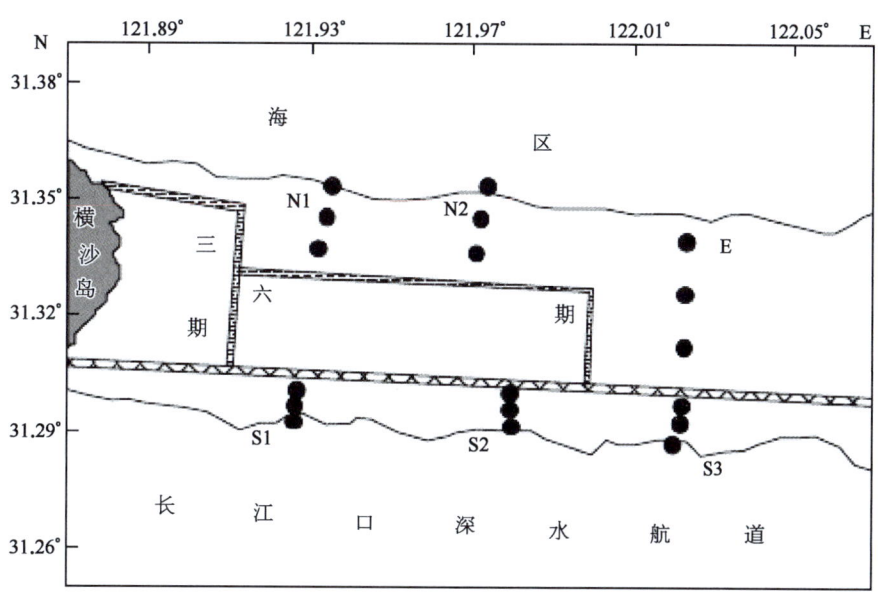

图 2-7　横沙东滩潮间带底栖生物调查站位示意

2.2.1　水质

2013—2019 年横沙东滩及周边区域表层水溶解氧整体呈上升趋势，无机氮和活性磷酸盐整体呈下降趋势。化学需氧量整体呈上升趋势(图 2-8)。

2013—2017 年及 2019 年底层水溶解氧整体呈上升趋势，化学需氧量呈先上升后下降趋势，无机氮和活性磷酸盐整体呈先下降后上升又下降的趋势(图 2-9)。

2013—2019 年横沙东滩 pH 值、溶解氧、油类整体质量较好(一类)；砷、铬、镉、锌、铜等维持一类标准；硫化物维持二类标准；无机氮含量在 2019 年显著下降，活性磷酸盐年际间基本维持在四类和劣四类标准。

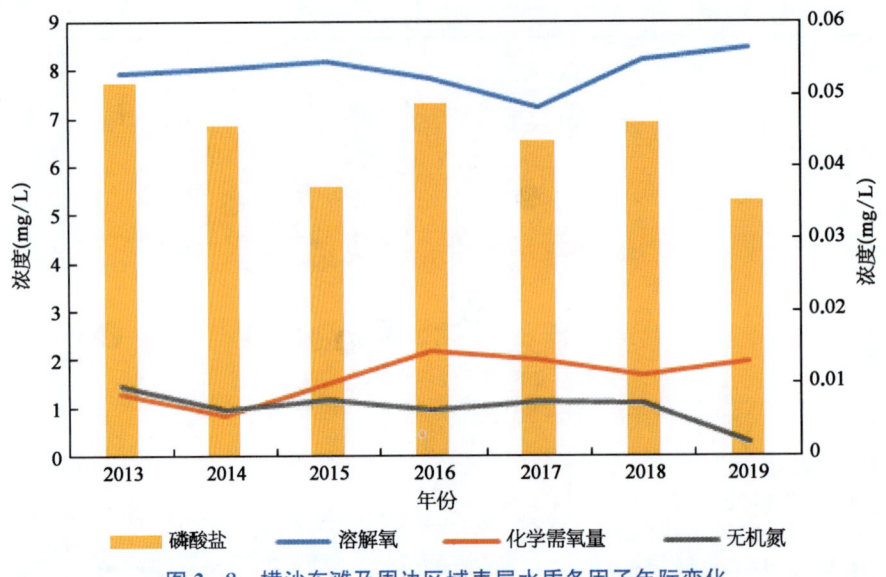

图 2-8 横沙东滩及周边区域表层水质各因子年际变化

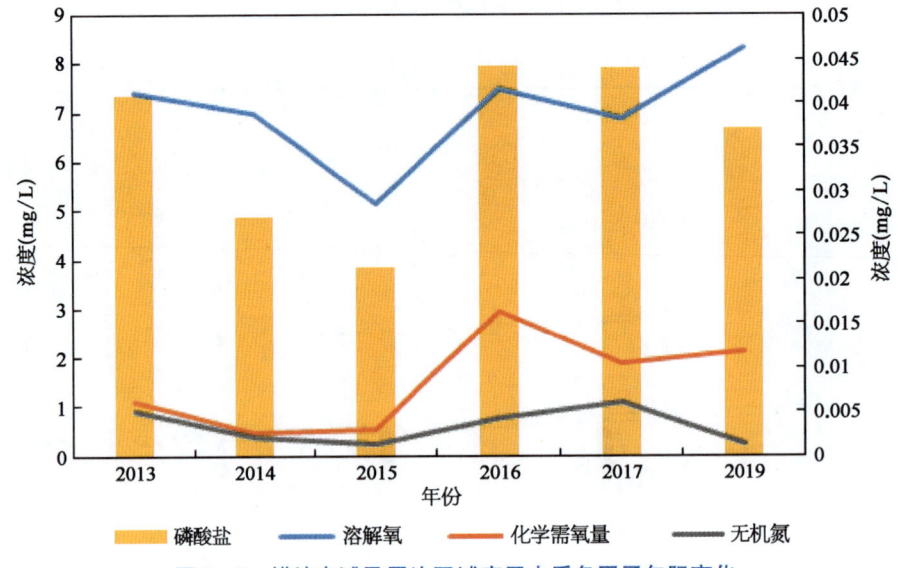

图 2-9 横沙东滩及周边区域底层水质各因子年际变化

2.2.2 沉积物

2013—2019 年横沙东滩及周边区域铜、锌、砷呈上升趋势,铅、汞、有机碳、油类呈下降趋势,铬、镉、硫化物总体呈下降趋势但在 2019 年显著上升。铜、镉、铬质量有所下降,至 2019 年变为二类;铅、锌、汞、砷、有机碳、硫化物、油类整体维持一类标准(图 2-10)。

2.2.3 叶绿素 a

2010—2019 年 11 月横沙东滩及周边区域叶绿素 a 浓度呈现先下降后上升的趋势(图 2-11)。

2.2.4 浮游植物

2010—2019 年 11 月横沙东滩及周边区域浮游植物种类数呈现先升后降的波动趋势(图 2-12)。

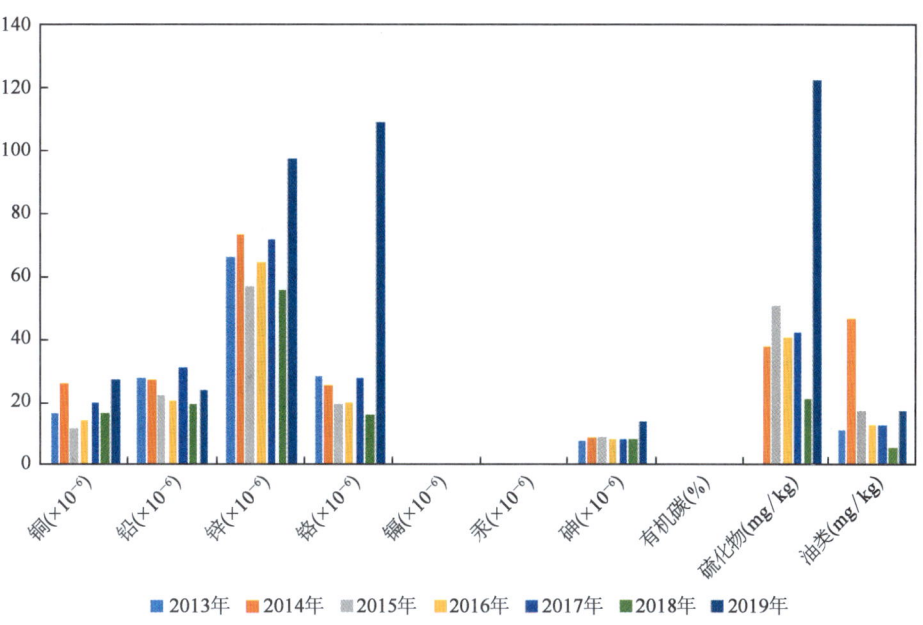

图 2‑10　横沙东滩及周边区域各沉积物年际变化

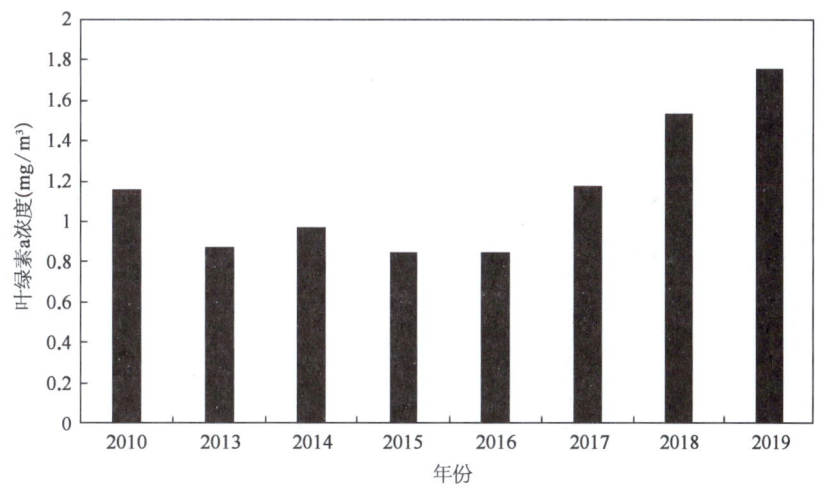

图 2‑11　横沙东滩及周边区域 11 月叶绿素 a 浓度年际变化

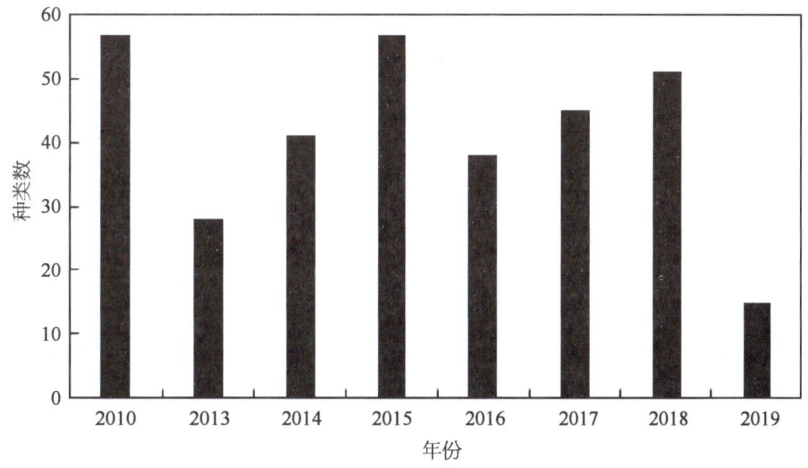

图 2‑12　横沙东滩及周边区域浮游植物 11 月种类数年际变化

各年份主要藻类为硅藻,中肋骨条藻始终为优势种(图 2-13);多样性指数整体呈下降趋势,均匀度呈先上升后下降趋势,丰富度除 2013 年外均保持较低水平(图 2-14)。浮游植物种类贫乏,优势种单一,均匀度差。

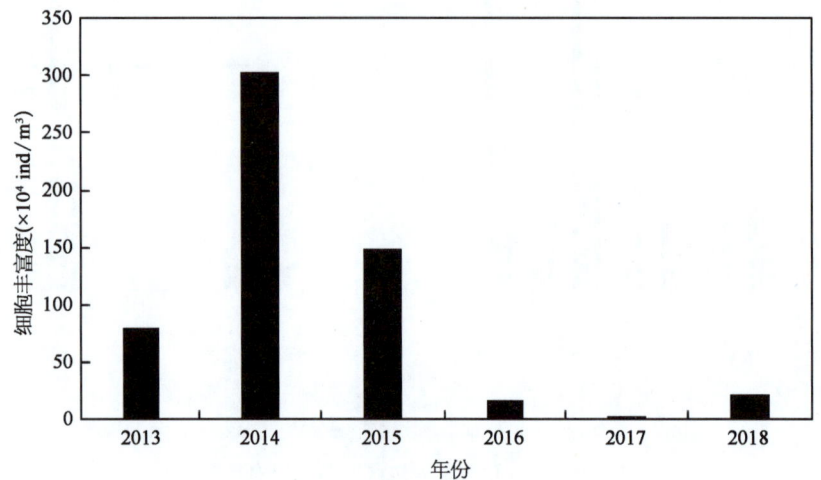

图 2-13　横沙东滩及周边区域浮游植物 11 月细胞丰富度年际变化

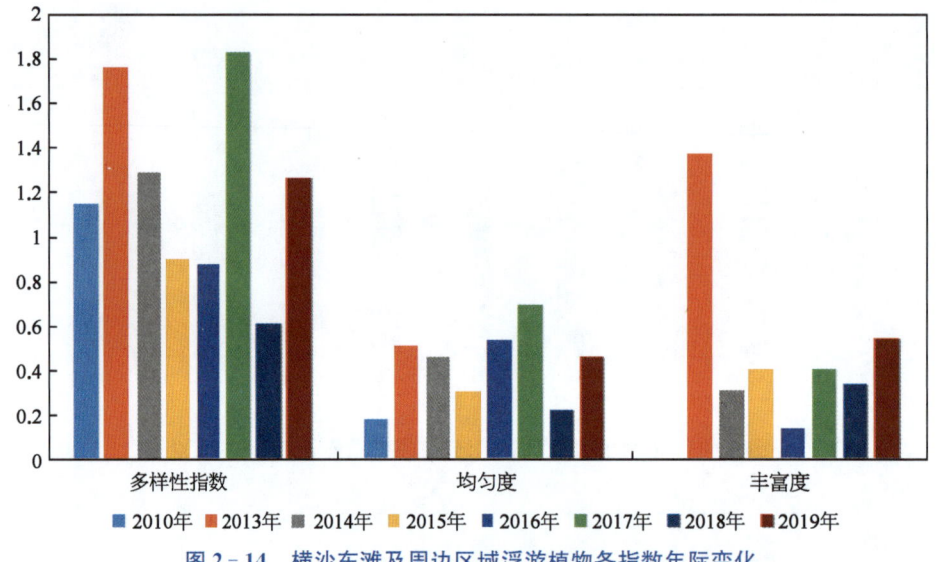

图 2-14　横沙东滩及周边区域浮游植物各指数年际变化

2.2.5　浮游动物

2010—2019 年横沙东滩及周边区域浮游动物种类数先下降后上升(图 2-15),丰富度整体呈先上升后下降趋势(图 2-16),生物量呈现先平稳后下降的趋势(图 2-17),多样性先下降后上升,丰富度上升,均匀度先上升后下降再上升,单纯度保持平稳(图 2-18)。

2.2.6　潮下带底栖生物

2013—2019 年横沙东滩及周边区域种类数呈现先上升后下降又上升的波动趋势(图 2-19),栖息密度呈现先下降后上升的趋势,生物量先下降后上升(图 2-20)。

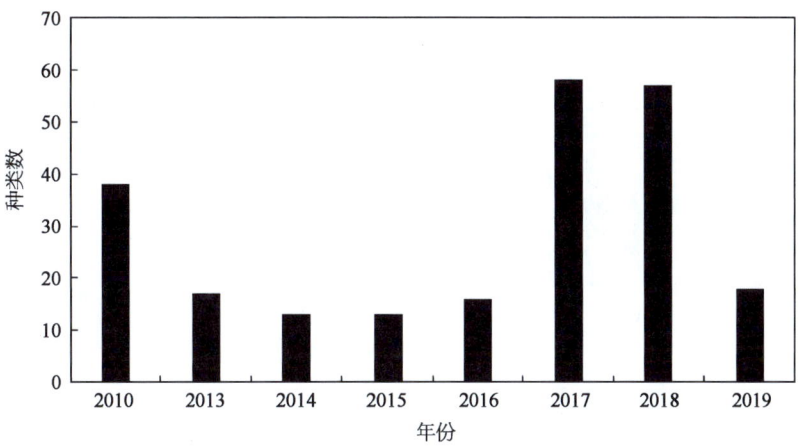

图 2‑15　横沙东滩及周边区域浮游动物种类数 11 月年际变化

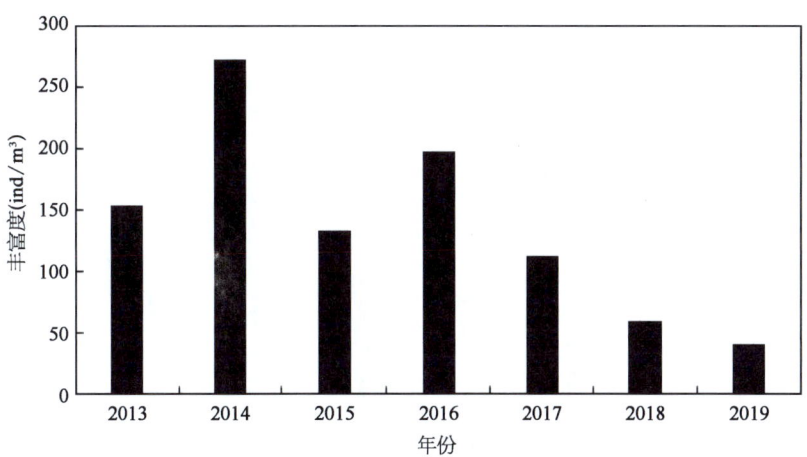

图 2‑16　横沙东滩及周边区域浮游动物丰富度 11 月年际变化

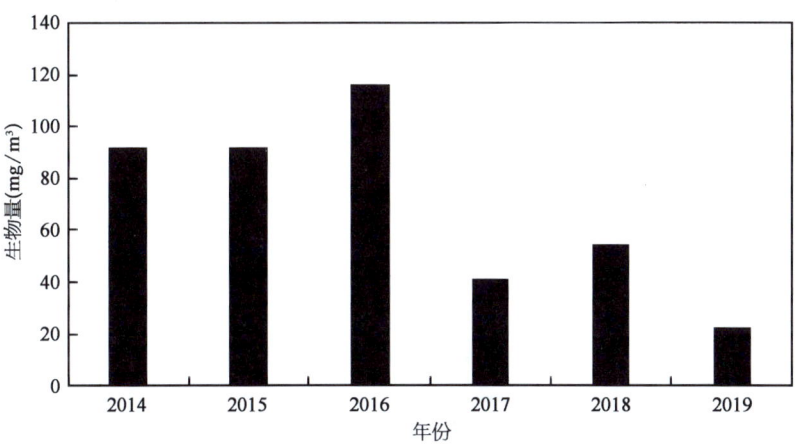

图 2‑17　横沙东滩及周边区域浮游动物生物量 11 月年际变化

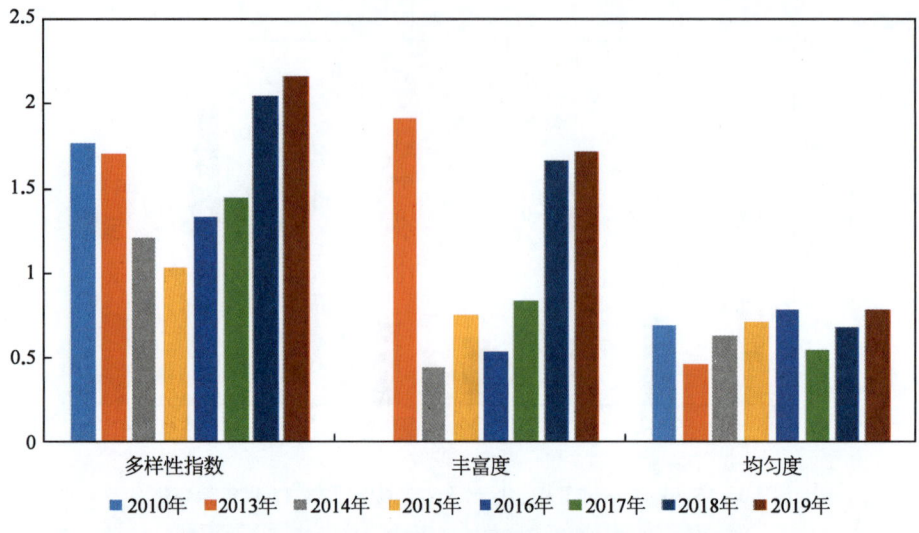

图 2-18　横沙东滩及周边区域浮游动物各指数年际变化

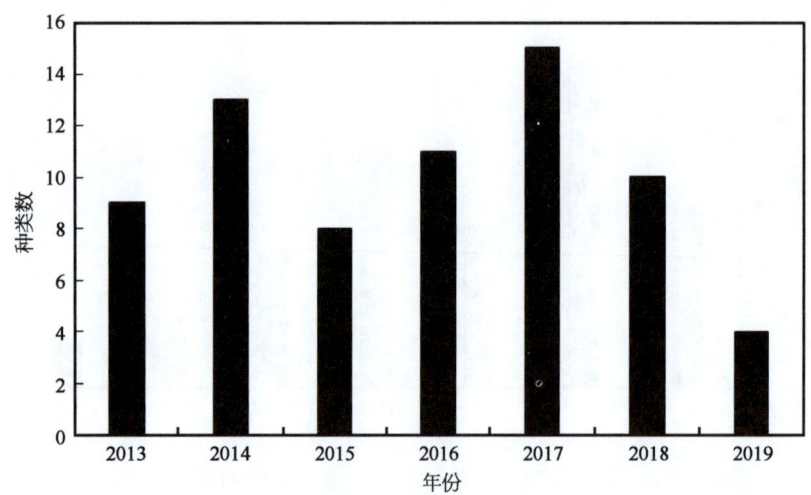

图 2-19　横沙东滩及周边区域潮下带底栖动物 11 月种类数年际变化

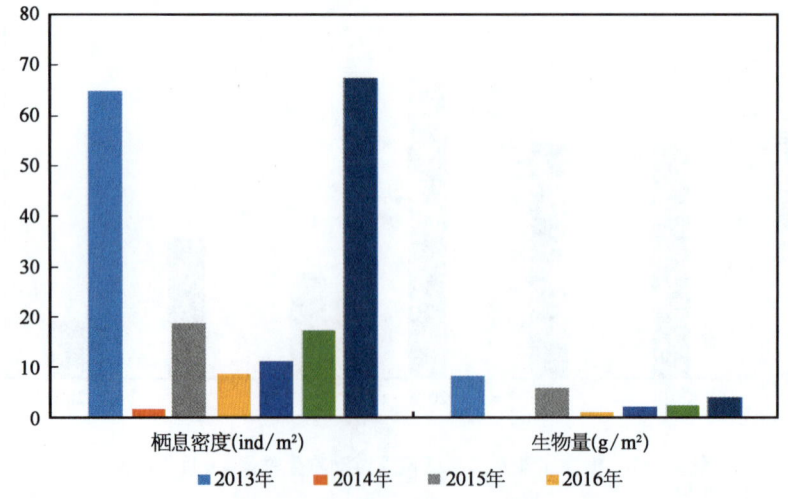

图 2-20　横沙东滩及周边区域潮下带底栖动物栖息密度和生物量年际变化

2.2.7 鱼卵仔鱼

依据《横沙东滩环境影响中期评估》,2014—2017 年,从种类组成来看,仔鱼种类数呈 2017 年＜2014 年＜2016 年＜2015 年,鱼卵种类数无明显年际变化(图 2-21)。

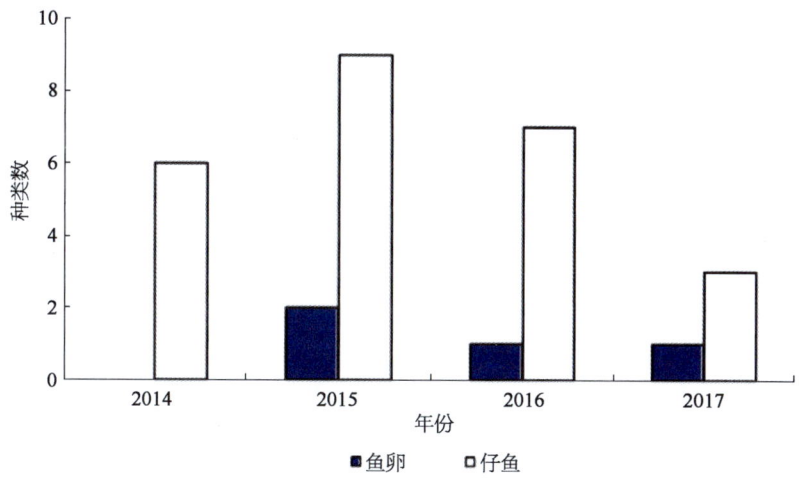

图 2-21 鱼卵仔鱼种类组成年际变化

从数量来看,仔鱼数量呈 2017 年＜2014 年＜2015 年＜2016 年,鱼卵数量呈 2014 年＜2017 年＜2016 年＜2015 年。

2.2.8 游泳动物

2013—2018 年调查水域渔获物拖网调查共鉴定到渔获物 90 种,其中,鱼类 57 种,占总种数的 63.33%;虾类 16 种,占总种数的 17.78%;蟹类 13 种,占总种数的 14.44%;头足类 2 种,占总种数的 2.22%;贝类和八腕目各 1 种,分别占总种数的 1.11%。鱼类 57 种分属于 12 目 24 科,其中,鲱形目 1 科 3 种,鲽形目 1 科 4 种,灯笼鱼目、鲻形目、颌针鱼目和鲅鳒目各 1 科 1 种,鳗鲡目 2 科 2 种,鲤形目 2 科 8 种,鲇形目 2 科 3 种,鲉形目 3 科 3 种,鲈形目 8 科 25 种,鲀形目 1 科 5 种。2013—2018 年调查水域各站平均资源密度(尾数和重量)均值分别为 305.89 kg/km² 和 3.98 万尾/km²。从多样性计算结果来看,调查水域物种多样性属于"较丰富"水平,物种丰富度较高,个体分布比较均匀。

从种类组成数量来看,2013—2018 年期间调查水域浮游动物种类数量基本稳定,2013 年(59 种)＞2015 年和 2018 年(57 种)＞2014 年(49 种)＞2017 年(45 种)。

从现存资源密度(重量)来看,2013—2018 年期间调查水域渔获物各站平均资源重量和尾数密度均表现为 2015 年＞2013 年＞2014 年＞2018 年＞2017 年＞2016 年(图 2-22)。

2.2.9 潮间带底栖动物

从种类组成数量来看,2014—2017 年、2020 年横沙东滩潮间带底栖动物种类数变化不明显,表现为 2014 年＞2016 年＞2017 年＞2015 年＞2020 年(图 2-23)。

从栖息密度(图 2-24)和生物量(图 2-25)来看,2014—2017 年、2020 年横沙东滩潮间带底栖动物平均栖息密度和生物量无明显变化趋势。2020 年横沙东滩潮间带生物量相对较低,但栖息密度相对较高。横沙东滩不同区域潮滩底栖动物生物量年际间无明显变化趋势。

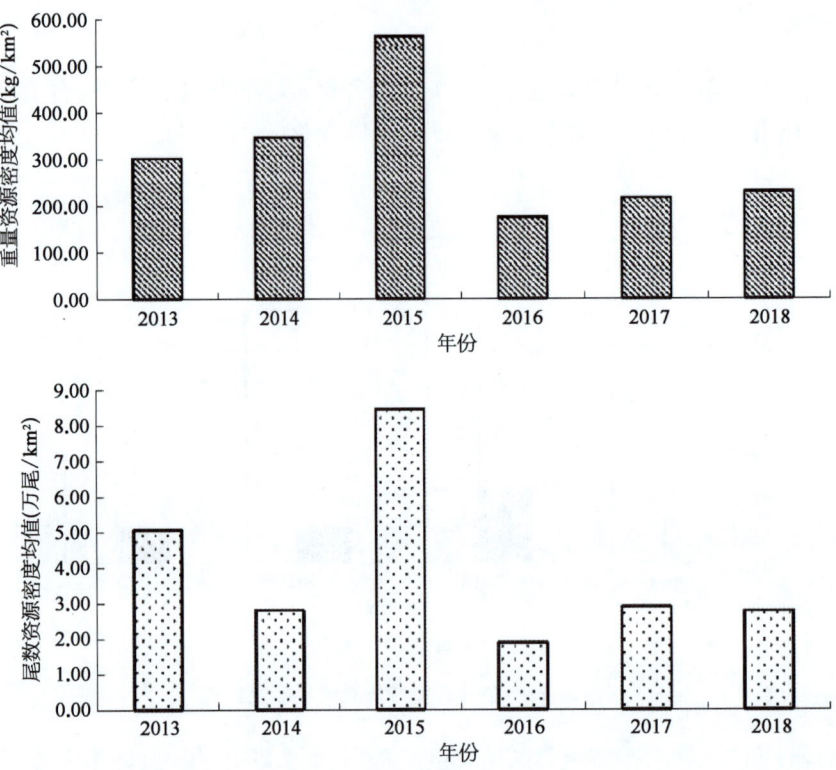

图 2-22　渔获物资源密度(重量和尾数)年际变化

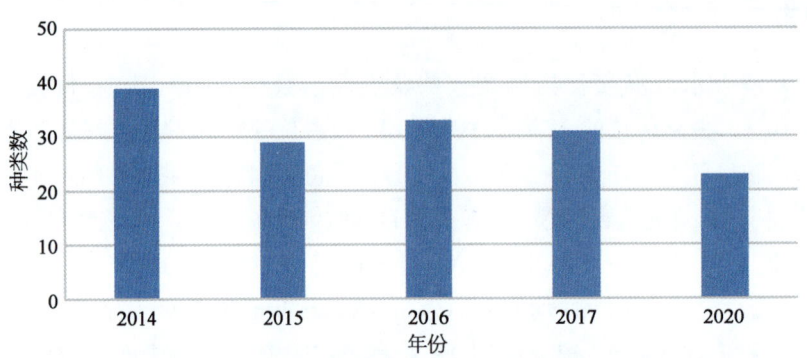

图 2-23　横沙东滩潮间带底栖动物种类数年际变化

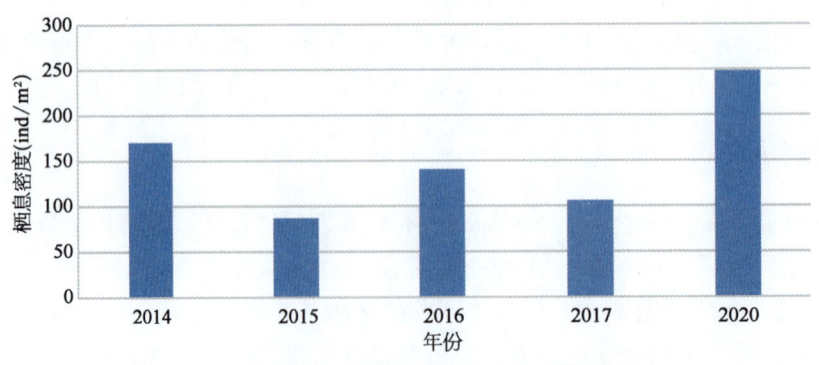

图 2-24　横沙东滩潮间带底栖动物栖息密度年际变化

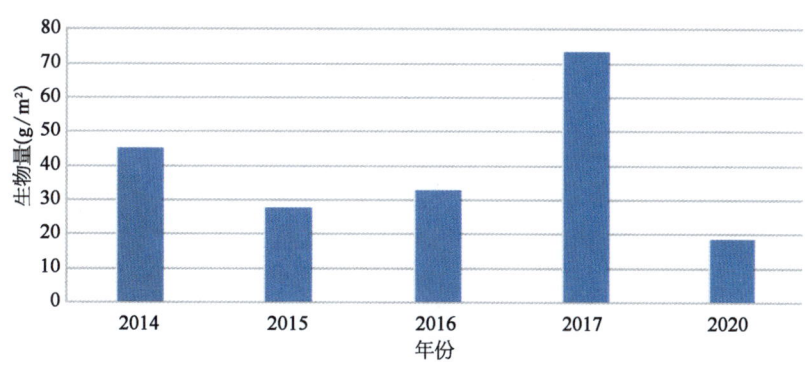

图 2-25 横沙东滩潮间带底栖动物生物量年际变化

2014—2017年横沙东滩南侧、北侧、东侧潮滩底栖动物密度未发生明显变化(缺2015年数据),2020年横沙东滩南侧潮滩底栖动物密度明显升高,北侧潮滩底栖动物密度增长较缓(图2-26)。

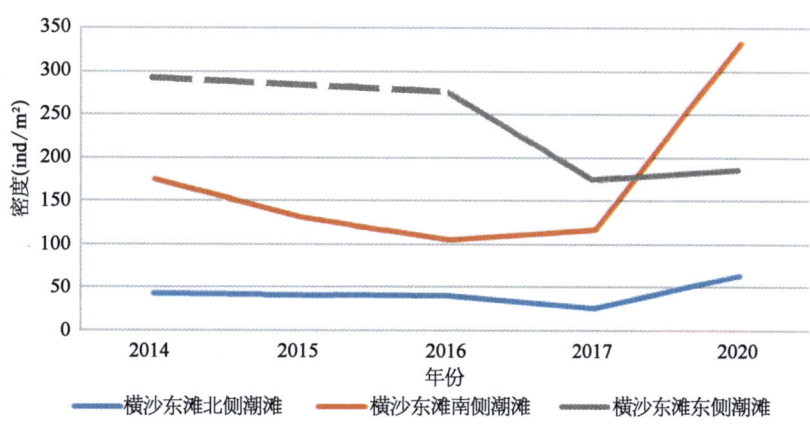

图 2-26 横沙东滩不同区域潮间带底栖动物密度年际变化

横沙东滩不同区域潮滩底栖动物生物量年际间(缺2015年数据)无明显变化趋势(图2-27)。

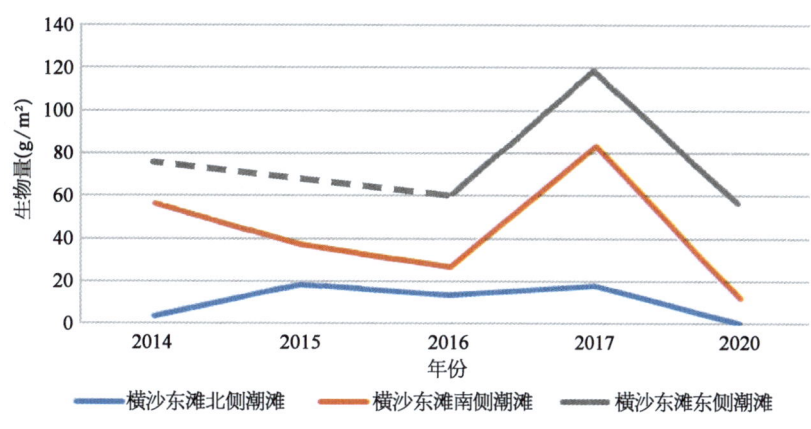

图 2-27 横沙东滩不同区域潮间带底栖动物生物量年际变化

从优势种变化来看,近年来横沙东滩东侧潮滩优势种未发生更替,为圆锯齿吻沙蚕。表明东侧潮滩底栖动物生境未发生明显变化。

横沙东滩北侧、南侧潮滩底栖动物优势种发生了更替,优势种由拟沼螺、绯拟沼螺、谭氏泥蟹等逐渐更替为日本刺沙蚕、圆锯齿吻沙蚕等,由软体动物、甲壳动物更替为环节动物、甲壳动物,甲壳动物优势种逐渐小型化。

横沙三期、六期、八期工程实施后,南侧、北侧潮滩底栖生态环境逐渐改善,导致群落优势种发生变化。

2.2.10 鸟类

依据《横沙东滩环境影响中期评估》,2011年7月—2018年6月开展的专项监测结果共计对横沙东滩区域进行了112次监测,记录到鸟类271种671 287只次,其中水鸟124种631 226只次,年均记录鸟类174种95 897只次。自2011年以来,在监测和日常观鸟活动中,横沙东滩共记录到上海鸟类新记录3目4科4种。

水鸟群落数量在2012—2013年度和2016—2017年度有明显下降,但群落动态总体呈上升趋势,2015—2016年度和2016—2017年度种类最多,均达到100种,2017—2018年度数量最大,达到155 905只次(图2-28)。陆鸟群落在前五个年度呈上升趋势,后期上升趋势稳定,2014—2015年度种类最多,达到92种,2015—2016年度数量最大,达到8 211只次(图2-29)。

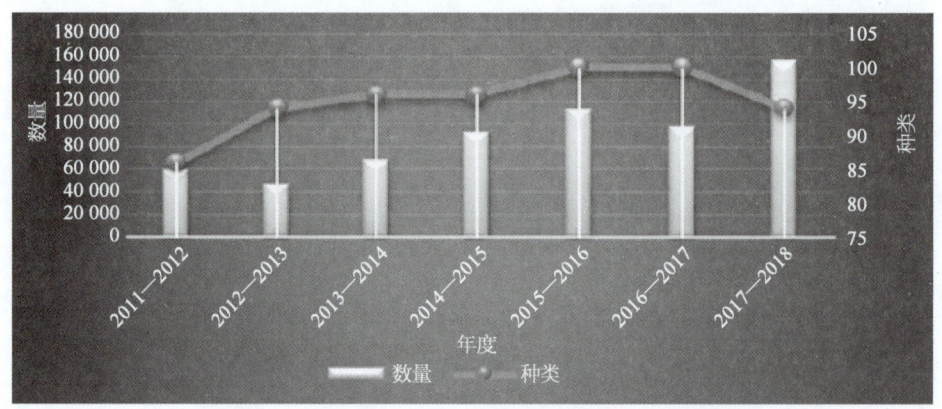

图2-28 2011年7月—2018年6月年度水鸟群落动态

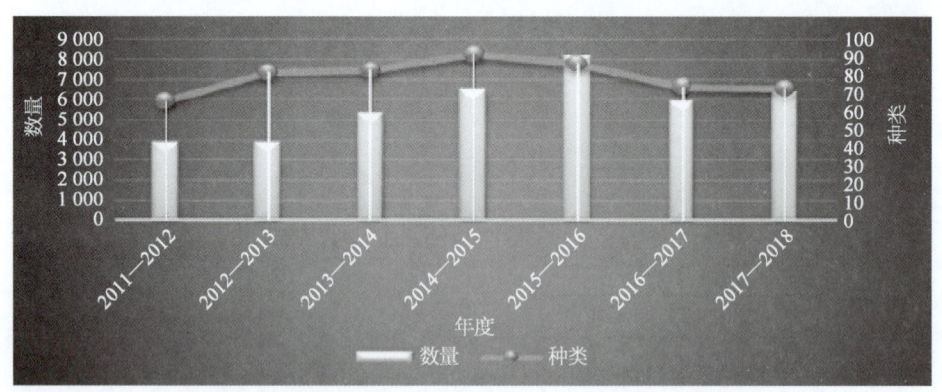

图2-29 2011年7月—2018年6月年度陆鸟群落动态

主要类群雁形目水鸟数量变化趋势在前五个年度稳步上升,其中2015—2016年度数量最大,达到25 851只次,2012—2013年度的数量增幅最大,达到420%,2014—2015年度增长的绝对值最大,达到14 068只次。类群以河鸭为主、潜鸭相对较少,赤膀鸭、绿头鸭、斑嘴鸭和绿翅鸭的数量比例有显著增长。罗纹鸭有多次达到1%标准。雁鸭类的数量变化与开阔生境中浅水沼泽以及沉水植物丰富度有关。2016—2017 年度数量有明显下降,与开河排水导致开阔水域面积缩小有关。2017—2018 年度雁鸭类重新聚集于促淤区池塘(图 2-30)。

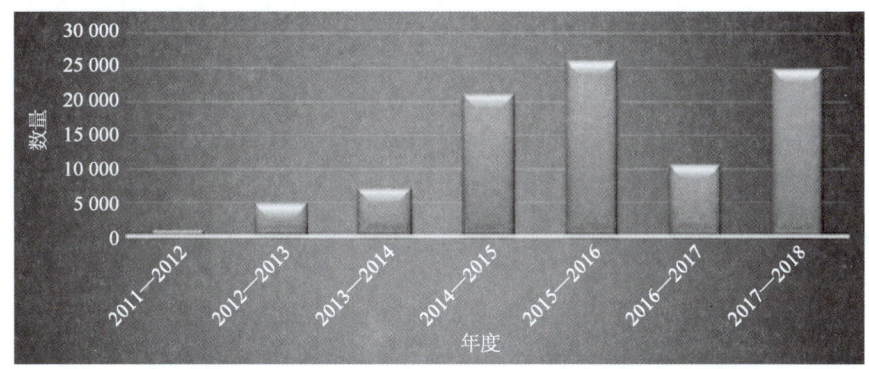

图 2-30　2011 年 7 月—2018 年 6 月年度雁鸭类群落动态

鸻鹬类数量在 2012—2013 年度明显下降,降幅达到 43%,但此后呈上升趋势,2017—2018 年度数量最大,达到 107 871 只次(图 2-31)。鸻鹬类以黑腹滨鹬、环颈鸻、黑尾塍鹬、红颈滨鹬、大滨鹬等中小型种类为主。翘嘴鹬、鹤鹬、红颈滨鹬、长趾滨鹬、尖尾滨鹬、金眶鸻、环颈鸻、蒙古沙鸻和铁嘴沙鸻等 9 种鸻鹬类多次达到 1% 标准。鸻鹬类数量与泥滩和高潮位停歇地面积有关。

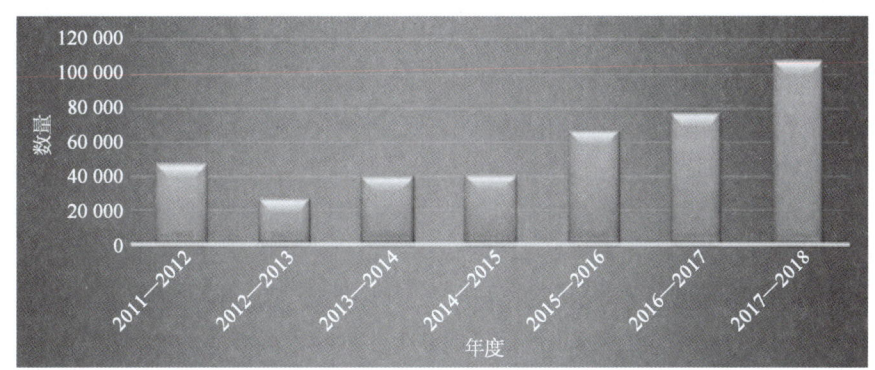

图 2-31　2011 年 7 月—2018 年 6 月年度鸻鹬类群落动态

2.2.11　植被

针对 1990—2017 年间横沙东滩植被面积和生物量发生的变化,分析该区域植被的时空分布特点。

横沙东滩成陆,植被生长环境由盐沼潮滩环境向陆域淡水环境转变。不同阶段,植被类型、分布状态均不相同。根据卫星遥感影像(图 2-32),在 2003—2010 年间,横沙东滩仍基本以水域和光滩为主,新增植被面积非常有限。

2010 年后,横沙东滩利用疏浚土吹填逐渐抬高地形,大面积新生湿地随之形成,湿地植物快速发育。2013—2015 年间,潮滩盐沼植被明显恢复,面积从 2013 年的 1.34 km² 增加至 2015 年的 4.77 km²,主要为海三棱藨草/藨草群系,近岸高程较高处还出现了芦苇群落。

随着高程的进一步抬高,芦苇、水烛分布面积扩散,沉水植物面积开始下降。由于横沙东滩工程

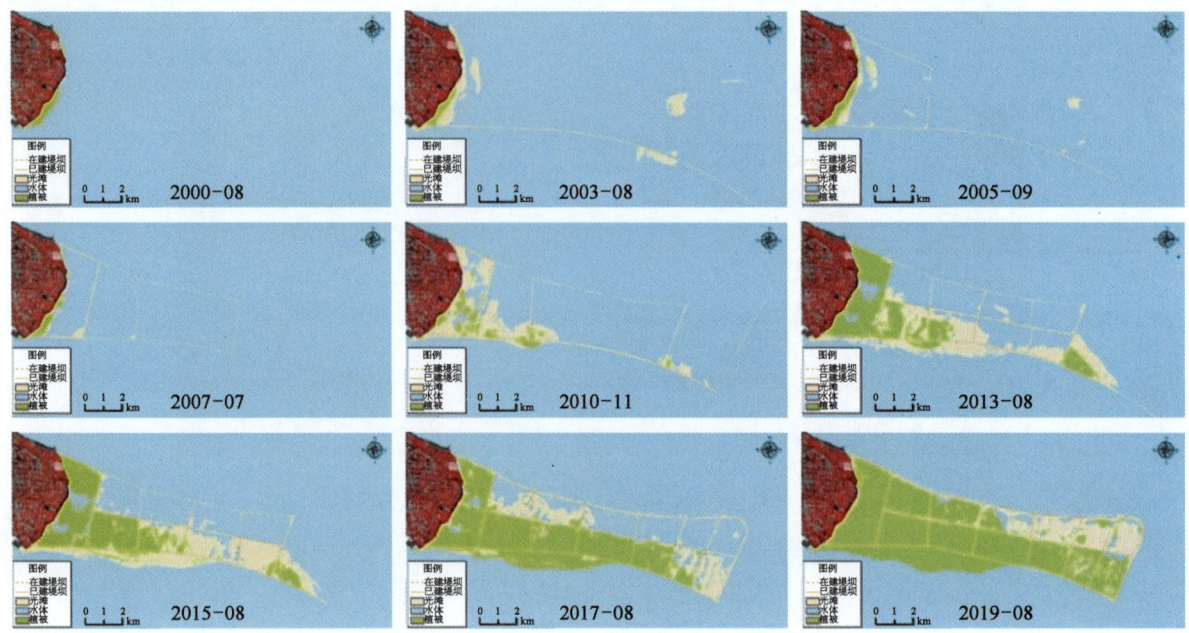

图 2-32　2000 年以来横沙东滩遥感影像(2000—2019 年)

采用圈围成陆模式，因此，随着时间的推进，成陆区内部水体逐渐淡化，形成的芦苇群系又逐渐转变为水烛群系，加上围区内人工种植林地，淡水植物的面积扩散。

除了工程区域，横沙东滩南侧的坝田区域湿地面积明显增长。构成了由挺水植物(芦苇、水烛)、沉水植物(穗状狐尾藻)、水域和光滩等地物类型组成的复合生境。

综上，在长江口区域，依靠人工工程，并利用疏浚土资源上滩可快速实现滩涂淤高，为植被生长提供有效生境；同时，通过合理设置人工工程布局、高程，可实现构筑不同生境，满足不同类型植被生长需求的目的。如横沙东滩南侧坝田区和东滩工程前期，有效形成了河口湿地复合生境，而东滩工程后期，随着陆域的形成和水体逐渐淡化，则为淡水植物分布提供了有效生境。

2.2.11.1　横沙东滩植被面积变化分析

1990—2017 年横沙东滩盐沼植被空间分布及变化如图 2-33 和图 2-34 所示，面积统计见表 2-12。

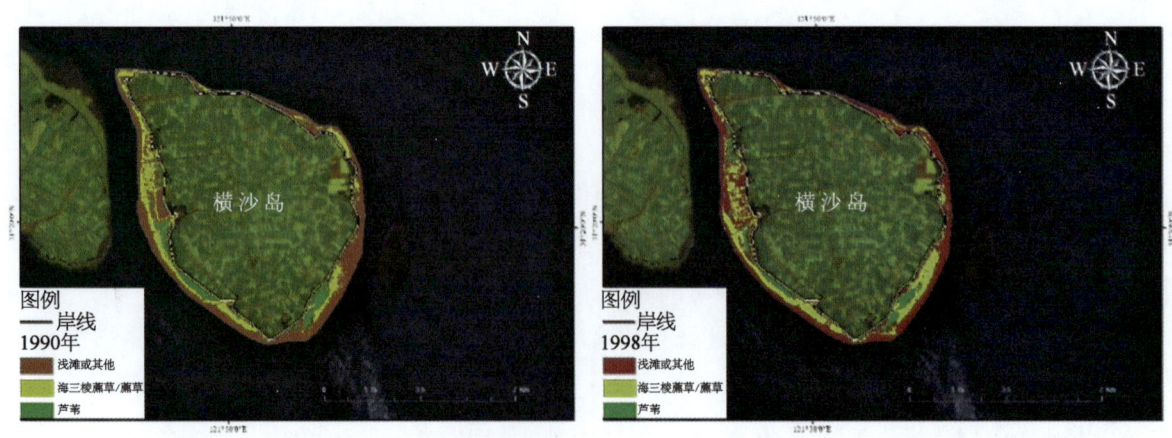

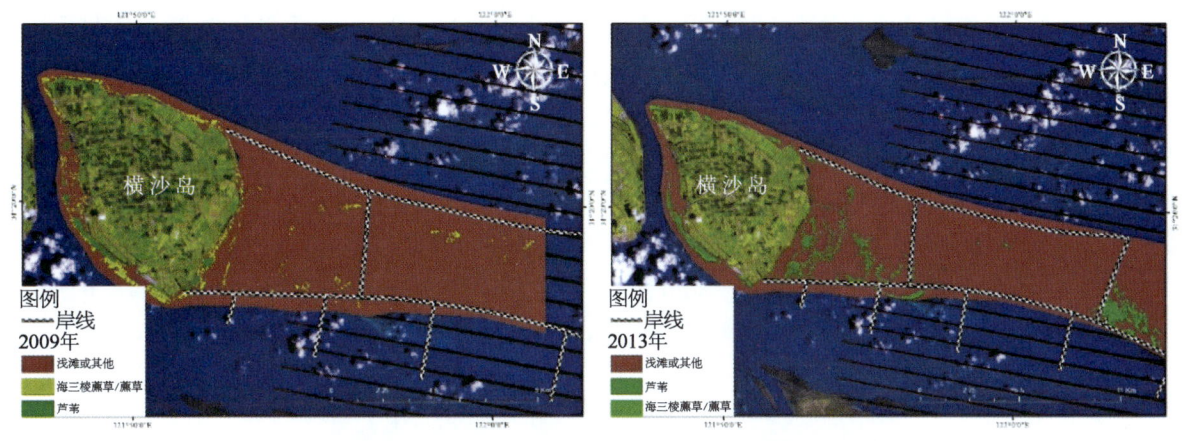

图 2‑33　1990—2017 横沙东滩盐沼植被空间分布

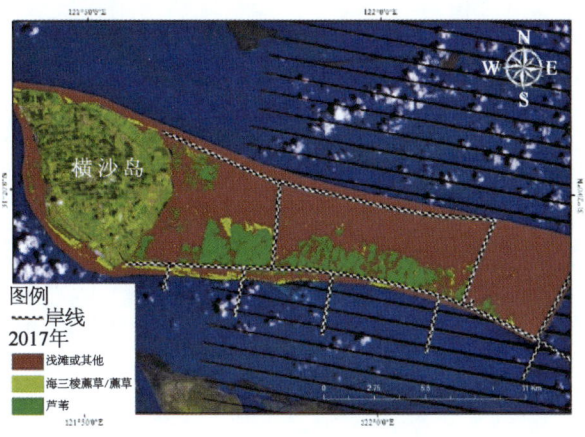

图 2‑34　1990—2017 年横沙东滩盐沼植被面积变化

表 2‑12　1990—2017 年横沙滩涂盐沼植被面积统计　　　　　　　　　　（单位：km²）

年　　份	1990	1998	2009	2013	2017
芦　苇	1.640 5	1.571 8	1.487 8	3.59	19.257 6
海三棱藨草/藨草	2.744 9	3.463 6	3.779 6	3.73	3.493 4

通过分析,芦苇群落面积在2009—2013年期间增长率超过100%,尤其是在2013—2017年期间,芦苇群落增长加快,增长率较高,高达436.42%;而海三棱藨草群落在深水航道北导堤工程和横沙东滩整治工程后面积稍稍增加,但幅度不大。横沙东滩成陆面积增加是导致芦苇群落增加的最大因素。

2.2.11.2 横沙东滩植被生物量分析

所用数据源包括实测样地生物量数据和遥感影像数据。遥感信息源选取2020年5月12日过境的Landsat-8卫星,影像处于低潮位不受海水的影响,且像元的1~5、7波段分辨率为30 m,满足本项研究的空间分辨率要求。实测样地数据的采样时间为2020年5月11—13日。

研究区域植物生物量反演结果如下(图2-35):1998年生物量峰值主要分布在横沙东滩,研究区域生物总量为7 655.30 kg,平均生物量为0.033 kg/(30 m×30 m),生物量偏低的原因是该区域大面积为水域未成陆;2013年生物量峰值主要分布在横沙东滩整治工程区域,呈块状分布,最东侧区域有一块生物量峰值,研究区域生物总量为14 372 103.79 kg,平均生物量为63.24 kg/(30 m×

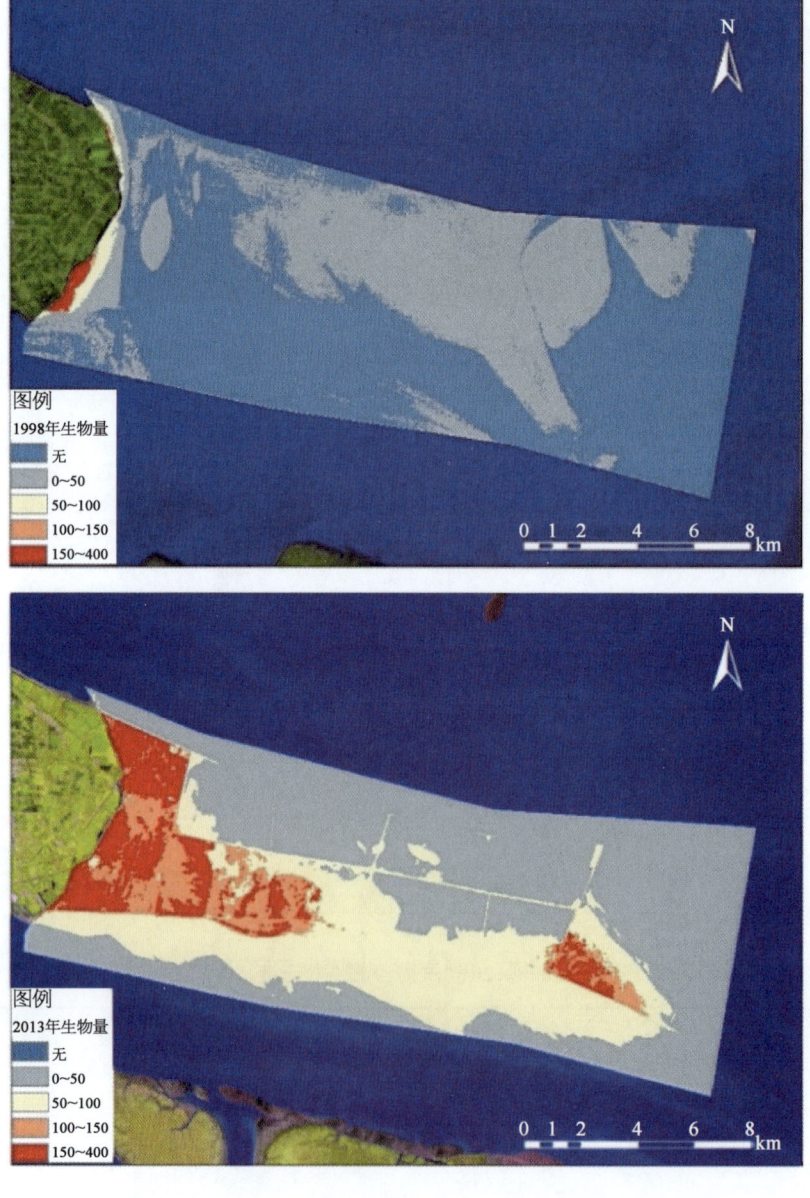

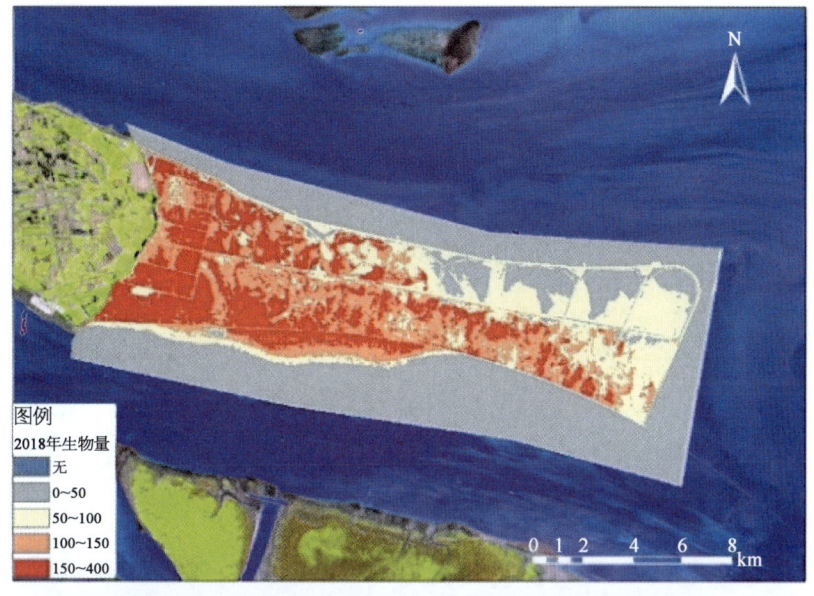

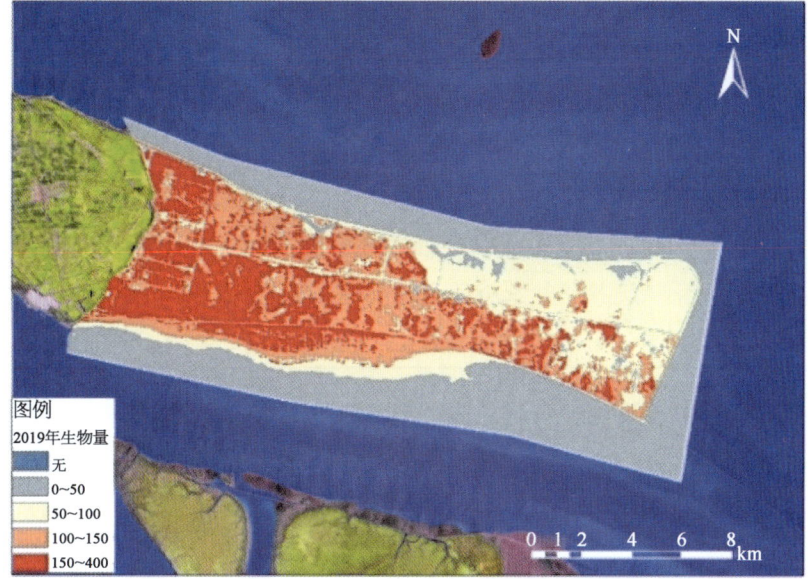

图 2‑35　横沙东滩 1998—2019 年植物生物量反演

30 m);2018 年研究区域整体生物量峰值偏高,生物总量为 17 957 694.71 kg,平均生物量为 79.02 kg/(30 m×30 m);2019 年研究区域整体生物量峰值依然偏高,生物总量为 19 884 070.78 kg,平均生物量为 87.49 kg/(30 m×30 m)。1998—2019 年,无论是研究区域生物总量还是平均生物量都在逐年增加(表 2‑13)。

表 2‑13　不同年份生物量统计

年　　份	生物总量(kg)	平均生物量[kg/(30 m×30 m)]
1998	7 655.30	0.033
2013	14 372 103.79	63.24
2018	17 957 694.71	79.02
2019	19 884 070.78	87.49

分区(图 2-36)统计北导堤北侧和南侧的生物量,2019 年比 2018 年均有增长(表 2-14)。

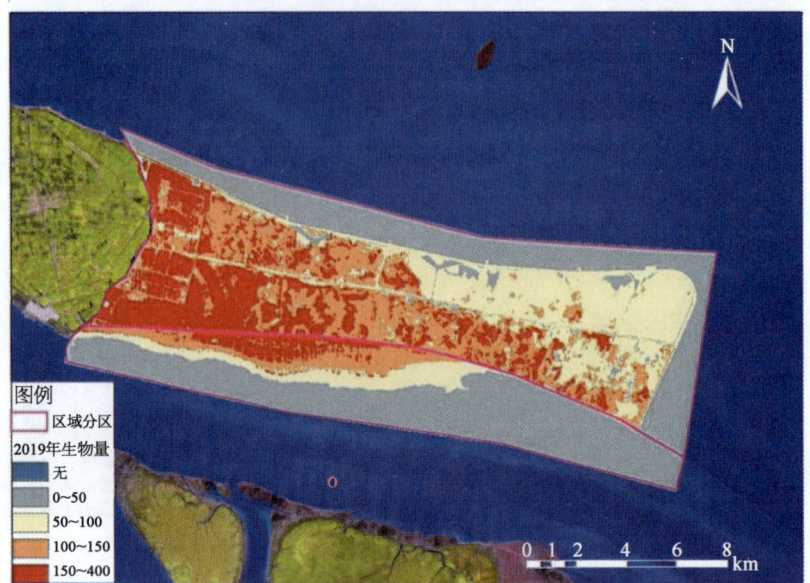

图 2-36 横沙东滩生物量分区研究(北导堤界线)

表 2-14 生物量分区统计(北导堤界线)

年 份	生物量(kg)	
	北导堤北侧	北岛堤南侧
2018	14 765 546.82	3 134 861.43
2019	15 758 867.03	4 064 794.67

2.3 横沙东滩生态系统健康状况评价

对横沙东滩进行生态系统健康状况评价,是进一步认识新横沙、保护新横沙的重要步骤。

生态系统健康,通常包含两层意思:一是生态系统自我维持与更新的能力良好;二是生态系统能较好地发挥服务功能,促进人类的生产与可持续发展。

生态系统健康的标准包括稳定性、活力和可持续性。生态系统健康是生态系统本身保持稳定性的前提,是生态系统持续提供生态服务的保证。生态系统健康首先要保持结构和功能的完整性,这样才能具有抗干扰力和干扰后的自我恢复能力,才能为人类提供长期的服务。健康的生态系统是国家发展和社会稳定的一个重要组成部分,是可持续发展的根本保证。

对横沙东滩进行生态系统健康评价的目的是,对自然因素和人类活动引起的滩涂系统的破坏或退化程度进行正确诊断,以此作为基础,为决策者和管理者提供可靠的依据,达到更好地利用、保护并管理好滩涂的目的。

生态系统健康评价是协调环境可持续发展和人类自身发展的重要方法。生态系统健康评价主要包括:① 评价生态系统自身的各项生态指标,如生物多样性、生态系统的结构、活力、恢复力等;② 评价生态系统中的各项环境指标,如污染物水平等;③ 评价生态系统健康与人类社会经济发展之间的关系,如社会稳定性、经济发展水平等。在对生态系统健康各项指标进行评价后,还应分析原因,进而有助于采取相应措施提升生态系统健康状况。

2010年横沙大道建设工程竣工,将原横沙滩涂分割成生境特征具有明显差异的南北两部分。位于横沙大道南侧的是自然滩涂,该区域受不规则半日潮影响,地物覆盖主要以浅水域、光滩和盐沼植被为主,不受横沙东滩工程干扰,滩涂处于自然恢复过程中。位于横沙大道北侧的是横沙东滩工程整治区域,经过六~八期的整治工程已不受潮汐动力影响,横沙东滩滩涂演变由自然演变转变为人工控制为主。不同的整治区域因其吹填时间不同,生境类型也存在差异,如2010年,横沙东滩西侧三期工程区域形成植被带、池塘和无植被裸地相间分布的生境类型,其他区域地物覆盖以植被、光滩、浅水面为主。

针对横沙东滩工程整治区生态系统特点建立评价体系,进行生态系统健康评价。收集2010—2020年近10年横沙滩涂生态环境监测数据,并分别按2010—2014年、2014—2017年、2017—2020年三个时间段进行生态健康评价,分析横沙东滩生态系统健康状况的变化趋势。

2.3.1 生态系统健康状况评价方法

本研究对于横沙东滩生态系统健康状况的评价使用了相关的模型和方法,包括:压力-状态-响应模型、层次分析-熵权法、模糊综合评价法。将这些模型和方法有机地应用到评价的各个阶段,从而得出尽可能全面的、恰当的综合评价指数。

2.3.1.1 压力-状态-响应模型

压力-状态-响应(pressure-state-response,PSR)模型最初由加拿大统计学家David J. Rapport和Tony Friend(1979)提出,20世纪八九十年代后,经济合作与发展组织(OECD)和联合国环境规划署(UNEP)用该模型构建评价指标体系以研究环境问题。许多学者从自身研究出发对PSR模型进行调整,得出相应的评价指标体系,从而使该模型成为区域环境、水资源、土地资源等研究领域生态系统评价应用最为广泛的工具。

PSR模型包括三类指标,即压力指标、状态指标和响应指标。压力指标涉及自然灾害、人类活动以及各种产业运作过程所产生的物质排放等对环境造成的破坏和扰动;状态指标涉及生态系统与自然环境现状;响应指标涉及社会和个人如何行动来减轻、阻止、恢复和预防人类活动对环境的负面影响,以及对已经发生的不利于人类生存发展的生态环境变化进行补救的措施。PSR模型回答了"为什么发生、发生了什么、我们将如何做"这三个可持续发展的基本问题。

本研究运用PSR模型构建横沙东滩生态系统健康评价指标体系,其基础框架如图2-37所示。

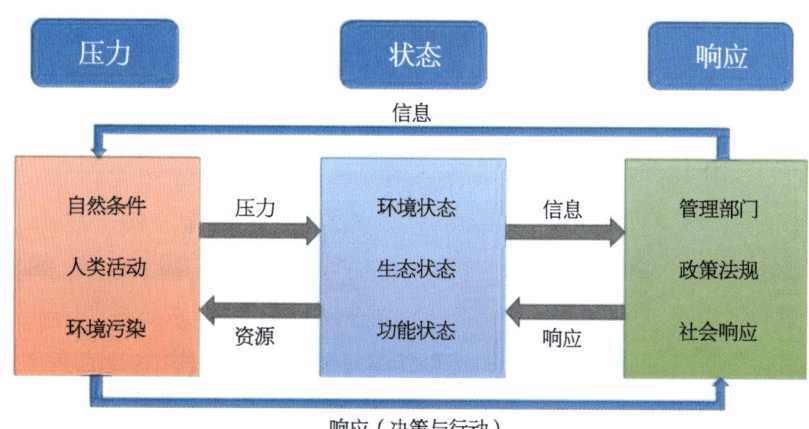

图2-37 横沙东滩生态系统健康评价PSR模型框架

2.3.1.2 层次分析-熵权法

层次分析-熵权法是层次分析法(AHP)和熵权法(EWM)的组合,用以在评价过程中确定多指标因子的权重。

层次分析法由美国人 T. L. Saaty 于 20 世纪 70 年代初提出,是一种定性与定量相结合的多目标决策分析方法,能有效处理难以完全定量化的复杂决策问题。层次分析法首先将复杂问题分成若干层次的系统,据此在比原问题简单化的层次上进行两两比较、分析、量化和排序,然后再逐次地进行综合,是目前较为常用的一种权重确定方法。

熵权法是一种借用信息论中熵的概念来计算权重的方法,根据各已知的评价指标的具体值,计算各指标所能提供有效信息的多寡程度,划定其权重系数,也是确定权重的一种重要方法。熵权法属于群决策法,用熵表示各专家评价结果的不确定性和各专家与理想专家的水平差异,建立专家权重模型,评定专家给出信息的质量,确定各专家对指标权重的贡献度,得出专家自身权重。

层次分析-熵权法在操作上,各个专家首先利用层次分析法计算指标的主观权重,进而建立可评价专家给定信息质量的专家自身权重的熵模型;最后将两种权重进行加权融合处理,利用专家自身权重对指标主观权重进行修正,得到最终的指标组合权重。

2.3.1.3 模糊综合评价法

综合评价法主要包括模糊综合评价法和加权求和法。模糊综合评价法是通过构建权重向量与模糊关系矩阵得到综合评价向量,进而结合评判等级向量得到综合评价值,确定评价等级。加权求和法是将评价指标的标准化值或得分值加权求和后,得到综合评价值,然后根据等级划分标准确定评价等级。由于生态系统健康评价涉及众多指标,且大多具有模糊性,优劣程度难以确定,故在本研究中采用模糊综合评价法。

模糊综合评价法运用模糊数学原理,将定性与定量相结合、精确与非精确相统一,对具有"模糊性"的事物进行分析和评价,该方法的基本思想是:在确定评价因素、因子的评价等级标准和权值的基础上,运用模糊集合变换原理,以隶属度描述各因素及因子的模糊界线,构造模糊评判矩阵,通过多层的复合运算,最终确定评价对象所属等级。

根据各指标特征,拟定各指标的隶属函数,建立隶属度矩阵 R。

$$R = \begin{bmatrix} r_{11} & \cdots & r_{15} \\ r_{21} & \cdots & r_{25} \\ \vdots & \ddots & \vdots \\ r_{m1} & \cdots & r_{m5} \end{bmatrix}$$

指标层对准则层的模糊评价为

$$B = wR = \begin{pmatrix} w_1 & w_2 & \cdots & w_m \end{pmatrix} \begin{bmatrix} r_{11} & \cdots & r_{15} \\ r_{21} & \cdots & r_{25} \\ \vdots & \ddots & \vdots \\ r_{m1} & \cdots & r_{m5} \end{bmatrix} = \begin{pmatrix} B_1 & B_2 & B_3 & B_4 & B_5 \end{pmatrix}$$

模糊综合评价的结果为一个模糊子集,是评价对象对各等级模糊子集对应的隶属度数值,各分值表明了评价对象隶属于各级别的大小。

2.3.1.4 综合评价指数

采用综合评价指数(CEI)来表征生态系统健康状况,CEI可以将多个指标转化为能够综合反映湿地生态系统健康状况的一个综合性指数,常采用如下多目标线性加权函数计算(王文龙等,2004)。

$$CEI = (4B_1 + 3B_2 + 2B_3 + B_4 + B_5)/5$$

在参考国内外相关研究资料并与其他湿地对比分析的基础上,把横沙东滩生态系统健康评价标准分为5个等级:很健康、健康、亚健康、一般病态和疾病。每个等级分别对应着不同的综合评价指数,具体见表2-15。

表2-15 生态系统健康状态分级表

生态系统健康状态	CEI	生态系统特征
很健康	$0.8 < CEI \leqslant 1$	生态结构合理,系统活力极强,外界压力小,未出现生态异常,完善的生态功能,系统极稳定,处在可持续状态
健康	$0.6 < CEI \leqslant 0.8$	生态结构较合理,格局尚完善,系统活力较强,外界压力较小,无生态异常,生态系统功能较为完善,系统尚稳定,生态系统可持续
亚健康	$0.4 < CEI \leqslant 0.6$	生态结构比较合理,格局尚完善,外界压力较大,接近生态阈值,但是存在较多的敏感地带,出现少量的生态异常,可基本发挥生态功能,生态系统可维持
一般病态	$0.2 < CEI \leqslant 0.4$	生态结构出现缺陷,系统活力较低,外界压力大,生态异常多,生态功能不能满足维持区域的需要,生态系统开始出现退化
疾病	$0 < CEI \leqslant 0.2$	生态结构不合理,自然植被破碎化较严重,活力较低,出现生态异常区,生态系统出现严重恶化

2.3.2 横沙东滩生态系统健康状况评价过程

横沙东滩经过多年的工程整治,生态特征逐渐由滨海湿地向人工湿地转变。根据工程整治区环境现状和生态特征,构建生态系统健康评价指标。由于横沙东滩生态环境历史监测资料较少,无法获取整治工程前的监测数据,因此,本研究参考崇明东滩自然保护区内围垦促淤区、长三角地区湖泊湿地等生态环境质量,对横沙东滩生态系统健康状况进行评价。

2.3.2.1 指标体系的建立

指标体系(图2-38,表2-16)由三部分组成:

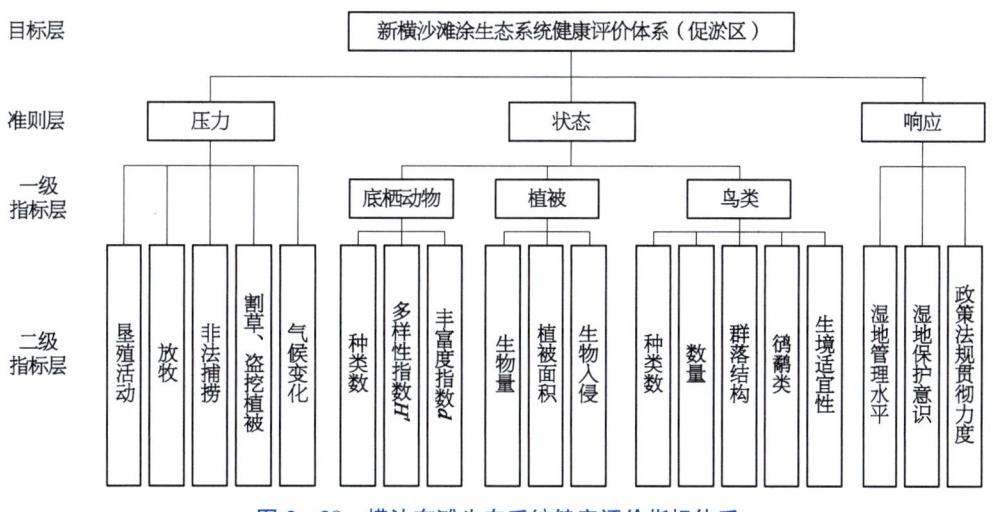

图2-38 横沙东滩生态系统健康评价指标体系

(1) 压力评价，针对横沙东滩所处地理位置和受扰动情况，选取压力相关指标，包括垦殖活动、放牧、非法捕捞、割草、盗挖植被和气候变化，共5项二级指标。评价结果可反映工程整治区承受的压力情况和主要压力来源。

(2) 状态评价，针对横沙东滩生态系统结构和特征，选取相关状态指标，包括底栖动物、植被、鸟类，共11项二级指标，对生态系统健康进行综合评价，评价结果可反映生态系统健康状况。

(3) 响应评价，选取该区域管理水平、保护意识、政策贯彻力度，共3项二级指标，以构建响应评价体系。

表2-16 横沙东滩生态系统健康评价指标体系

准则层	一级指标层	二级指标层	量化方法
压力	垦殖活动	垦殖活动	定性描述
	放牧	放牧	定性描述
	非法捕捞	非法捕捞	定性描述
	割草、盗挖植被	割草、盗挖植被	定性描述
	气候变化	气候变化	上海沿海海平面年变化情况
状态	底栖动物	种类数	以长三角地区湿地为参考进行比较
		多样性指数 H'	多样性指数 H'
		丰富度指数 d	丰富度指数 d
	植被	生物量	生物量年变化率
		植被面积	植被面积年变化率
		生物入侵	入侵物种群落面积比例
	鸟类	种类数	种类数年变化率
		数量	数量年变化率
		群落结构	有无猛禽等顶级掠食者及其种类、数量情况
		鸻鹬类	数量年变化率
		生境适宜性	栖息地景观格局
响应	湿地管理水平	湿地管理水平	定性描述，以湿地管理机构组成与人员素质表示
	湿地保护意识	湿地保护意识	定性描述
	政策法规贯彻力度	政策法规贯彻力度	定性描述

2.3.2.2 指标权重的确定

以15位专家组成专家组对横沙东滩生态系统健康评价指标进行权重打分，采用层次分析法计算主观权重。以状态（底栖动物、植被、鸟类）指标为例，各专家主观权重计算结果汇总见表2-17。

表2-17 横沙东滩指标主观权重汇总

指标	专家1	专家2	专家3	专家4	专家5
底栖动物	0.142 9	0.106 2	0.142 9	0.200 0	0.200 0
植被	0.428 6	0.633 3	0.428 6	0.200 0	0.200 0
鸟类	0.428 6	0.260 5	0.428 6	0.600 0	0.600 0

(续表)

指　　标	专家 6	专家 7	专家 8	专家 9	专家 10
底栖动物	0.333 3	0.106 2	0.353 7	0.182 2	0.109 6
植　　被	0.333 3	0.633 3	0.555 9	0.114 9	0.309 2
鸟　　类	0.333 3	0.260 5	0.090 4	0.702 8	0.581 3
指　　标	专家 11	专家 12	专家 13	专家 14	专家 15
底栖动物	0.193 2	0.109 6	0.210 6	0.142 9	0.106 2
植　　被	0.083 3	0.309 2	0.548 5	0.428 6	0.633 3
鸟　　类	0.723 5	0.581 3	0.240 9	0.428 6	0.260 5

然后，根据熵权法计算步骤，引入专家自身权重的熵模型，计算各专家自身权重，计算结果见表 2-18。

表 2-18　横沙东滩专家自身权重计算结果

专　家	专家水平向量 E_i			熵值 H_i	权重 c_i	准确度排序
专家 1	0.906 4	0.938 0	0.991 5	0.157 5	0.351 9	1
专家 2	0.802 7	0.614 7	0.759 2	0.684 7	0.080 9	11
专家 3	0.906 4	0.938 0	0.991 5	0.157 5	0.351 9	1
专家 4	0.932 0	0.701 1	0.771 5	0.514 7	0.107 7	6
专家 5	0.932 0	0.701 1	0.771 5	0.514 7	0.107 7	6
专家 6	0.555 1	0.911 6	0.859 9	0.541 0	0.102 4	9
专家 7	0.802 7	0.614 7	0.759 2	0.684 7	0.080 9	11
专家 8	0.497 4	0.737 0	0.524 0	0.910 9	0.060 0	15
专家 9	0.982 2	0.566 7	0.629 4	0.630 8	0.087 8	10
专家 10	0.812 4	0.873 4	0.797 4	0.467 5	0.118 5	4
专家 11	0.951 3	0.516 8	0.600 8	0.694 7	0.079 8	14
专家 12	0.812 4	0.873 4	0.797 4	0.467 5	0.118 5	4
专家 13	0.902 0	0.748 7	0.732 1	0.538 0	0.103 0	8
专家 14	0.906 4	0.938 0	0.991 5	0.157 5	0.351 9	1
专家 15	0.802 7	0.614 7	0.759 2	0.684 7	0.080 9	11

由计算结果知，在本组指标主观赋权中，专家 1、3、14 的熵值最小，评价结果可靠度最高，其意见在评价过程中所占比重应最大。将专家自身权重值与本组指标主观权重进行组合计算，得到本组各指标组合权重为：底栖动物=0.127 1；植被=0.471 8；鸟类=0.401 1。

同理，采用上述相同的层次分析-熵权法，计算指标层各因素的指标权重。各评价指标权重汇总见表 2-19。

表 2-19 横沙东滩各评价指标权重汇总

准则层	权重	一级指标层	权重	二级指标层	权重
压力	0.335	垦殖活动	0.380 2	—	—
		放牧	0.185 5	—	—
		非法捕捞	0.243	—	—
		割草、盗挖植被	0.126	—	—
		气候变化	0.065 3	—	—
状态	0.466 8	底栖动物	0.127 1	种类数	0.382 3
				多样性指数 H'	0.321 5
				丰富度指数 d	0.296 2
		植被	0.471 8	生物量	0.182 2
				植被面积	0.443 0
				生物入侵	0.374 8
		鸟类	0.401 1	种类数	0.146 0
				数量	0.120 4
				群落结构	0.295 2
				鸻鹬类	0.237 7
				生境适宜性	0.200 6
响应	0.178 2	湿地管理水平	0.366	—	—
		湿地保护意识	0.212 2	—	—
		政策法规贯彻力度	0.421 8	—	—

2.3.2.3 模糊综合评价

模糊综合评价包括隶属度矩阵的确定和多级模糊综合评价。

1) 隶属度矩阵的确定

(1) 定量指标：在横沙东滩生态系统健康评价指标体系中包括：气候变化、底栖动物(种类数、多样性指数 H'、丰富度指数 d)、植被(生物量、植被面积、生物入侵)、鸟类(种类数、数量、群落结构、鸻鹬类、生境适宜性)。其中底栖动物(种类数、多样性指数 H'、丰富度指数 d)、植被(生物量、植被面积)、鸟类(种类数、数量、群落结构、鸻鹬类、生境适宜性)属于正向指标；气候变化、植被(生物入侵)属于逆向指标。

(2) 定性指标：在横沙东滩生态系统健康评价指标体系中包括：垦殖活动、放牧、非法捕捞、割草、盗挖植被、湿地管理水平、湿地保护意识和政策法规贯彻力度。

横沙东滩生态系统健康评价指标隶属度矩阵见表 2-20~表 2-22。

2) 多级模糊综合评价

(1) 一级模糊评价。以"状态"(2017—2020 年)为例，对一级指标"底栖动物"下的二级指标"种类数、多样性指数 H'、丰富度指数 d"进行模糊评价。

表 2‑20 横沙东滩模糊综合评价隶属度矩阵(2017—2020 年)

一级指标	二级指标	健康等级				
		很健康	健　康	亚健康	一般病态	疾　病
	垦殖活动	0.9	0.1	0	0	0
	放牧	0	0.4	0.6	0	0
	非法捕捞	0.8	0.2	0	0	0
	割草、盗挖植被	0.7	0.3	0	0	0
	气候变化	1	0	0	0	0
底栖动物	种类数	0	0	0	1	0
	多样性指数 H'	0	0	0	0.55	0.45
	丰富度指数 d	0	0	0	0.8	0.2
植被	生物量	0.83	0.17	0	0	0
	植被面积	1	0	0	0	0
	生物入侵	0	1	0	0	0
鸟类	种类数	0	0	1	0	0
	数量	0.4935	0.5065	0	0	0
	群落结构	0	0	1	0	0
	鸻鹬类	1	0	0	0	0
	生境适宜性	0.401	0.599	0	0	0
	湿地管理水平	0.4	0.6	0	0	0
	湿地保护意识	0.1	0.8	0.1	0	0
	政策法规贯彻力度	0.5	0.5	0	0	0

表 2‑21 横沙东滩模糊综合评价隶属度矩阵(2014—2017 年)

一级指标	二级指标	健康等级				
		很健康	健　康	亚健康	一般病态	疾　病
	垦殖活动	0.8	0.2	0	0	0
	放牧	0	0.8	0.2	0	0
	非法捕捞	0	0.8	0.2	0	0
	割草、盗挖植被	0	0.7	0.3	0	0
	气候变化	1	0	0	0	0
底栖动物	种类数	0	0	0	0.8	0.2
	多样性指数 H'	0	0	0	0.7	0.3
	丰富度指数 d	0	0	0	0.77	0.23
植被	生物量	1	0	0	0	0
	植被面积	1	0	0	0	0
	生物入侵	0	1	0	0	0

(续表)

一级指标	二级指标	健康等级				
		很健康	健 康	亚健康	一般病态	疾 病
鸟类	种类数	0.224 5	0.775 5	0	0	0
	数量	1	0	0	0	0
	群落结构	0.158 5	0.841 5	0	0	0
	鸻鹬类	1	0	0	0	0
	生境适宜性	0	0.813	0.187	0	0
	湿地管理水平	0.3	0.7	0	0	0
	湿地保护意识	0	0.8	0.2	0	0
	政策法规贯彻力度	0.5	0.4	0.1	0	0

表 2-22 横沙东滩模糊综合评价隶属度矩阵（2010—2014 年）

一级指标	二级指标	健康等级				
		很健康	健 康	亚健康	一般病态	疾 病
	垦殖活动	0.8	0.2	0	0	0
	放牧	0	0.6	0.4	0	0
	非法捕捞	0	0.6	0.4	0	0
	割草、盗挖植被	0	0.4	0.6	0	0
	气候变化	0	0.3	0.7	0	0
底栖动物	种类数	0	0	0	1	0
	多样性指数 H'	0	0	0.2	0.8	0
	丰富度指数 d	0	0	0	0.97	0.03
植被	生物量	0.1	0.9	0	0	0
	植被面积	0	1	0	0	0
	生物入侵	0	1	0	0	0
鸟类	种类数	0.463	0.537	0	0	0
	数量	0	0	1	0	0
	群落结构	1	0	0	0	0
	鸻鹬类	0	0	0	0.58	0.42
	生境适宜性	0	0.072	0.928	0	0
	湿地管理水平	0.1	0.7	0.2	0	0
	湿地保护意识	0	0.7	0.3	0	0
	政策法规贯彻力度	0.5	0.4	0.1	0	0

$$C = w_c R_c = (0.382\,3, 0.321\,5, 0.296\,2) \begin{bmatrix} 0 & 0 & 0 & 1 & 0 \\ 0 & 0 & 0 & 0.55 & 0.45 \\ 0 & 0 & 0 & 0.8 & 0.2 \end{bmatrix}$$

$$= (0, 0, 0, 0.796\ 1, 0.203\ 9)$$

按照上述步骤,分别计算出各一级指标的模糊综合评价矩阵,见表 2-23。

表 2-23 横沙东滩状态一级指标模糊评价结果

评价指标	很健康	健康	亚健康	一般病态	疾病
底栖动物	0	0	0	0.796 1	0.203 9
植被	0.594 2	0.405 8	0	0	0
鸟类	0.377 6	0.181 2	0.441 2	0	0

(2) 二级模糊评价。由一级指标相对准则层"状态"的权重及一级综合评价的结果计算准则层"状态"的综合评判结果。计算过程如下

$$B = w_b R_b = (0.127\ 1, 0.471\ 8, 0.401\ 1) \begin{bmatrix} 0 & 0 & 0 & 0.796\ 1 & 0.203\ 9 \\ 0.594\ 2 & 0.405\ 8 & 0 & 0 & 0 \\ 0.377\ 6 & 0.181\ 2 & 0.441\ 2 & 0 & 0 \end{bmatrix}$$

$$= (0.431\ 8, 0.264\ 1, 0.177\ 0, 0.101\ 2, 0.025\ 9)$$

根据以上计算方法,分别计算出 2010—2014 年、2014—2017 年、2017—2020 年三时间段横沙东滩压力、状态、响应的健康评价结果。结果汇总见表 2-24。

表 2-24 横沙东滩模糊评价结果汇总表

时间	准则层	健康等级				
		很健康	健康	亚健康	一般病态	疾病
2017—2020 年	压力	0.690 08	0.198 62	0.111 3	0	0
	状态	0.431 8	0.264 1	0.177 0	0.101 2	0.025 9
	响应	0.378 52	0.600 26	0.021 22	0	0
2014—2017 年	压力	0.369 46	0.507 04	0.123 5	0	0
	状态	0.439 4	0.418 5	0.015	0.096 5	0.030 6
	响应	0.320 7	0.594 68	0.084 62	0	0
2010—2014 年	压力	0.304 16	0.403 13	0.292 71	0	0
	状态	0.154 2	0.500 4	0.131 1	0.173 1	0.041 2
	响应	0.247 5	0.573 46	0.179 04	0	0

2.3.2.4 综合评价指数计算

依据模糊评价结果,计算横沙东滩生态系统在不同时间段压力、状态、响应三项指标的评价指数(表 2-25),并计算综合评价指数(CEI),结果见表 2-26。

2.3.3 横沙东滩生态系统健康状态评价结论

对照淡水湿地生态系统的健康评价标准,2010—2020 年横沙东滩生态系统健康评价结果为"亚健康"~"健康"状态,三个时间段综合健康指数分别为 0.565 4、0.641 8 和 0.653 9。成陆后生态系统健康状况总体稳定,并表现出逐渐提升的趋势。

表 2-25 横沙东滩不同时间段压力、状态、响应指标评价指数汇总表

时 间	压 力	状 态	响 应
2017—2020 年	0.715 8	0.600 1	0.671 5
2014—2017 年	0.649 2	0.633 9	0.647 2
2010—2014 年	0.602 3	0.518 9	0.613 7

表 2-26 横沙东滩综合评价指数(CEI)汇总表

时 间	CEI
2017—2020 年	0.653 9
2014—2017 年	0.641 8
2010—2014 年	0.565 4

从构成横沙东滩生态系统健康评价体系的三个准则层指标的综合健康状况来看,2010—2020 年横沙东滩压力评价结果(0.602 3~0.715 8)都为"健康"状态,说明其承受压力较小,这得益于横沙东滩整治工程后处于"留白"状态,无人类开发活动。状态评价结果(0.518 9~0.633 9)为"亚健康"(2010—2014 年)和"健康"(2014—2020 年),其中 2010—2014 年底栖动物健康评价值较低,其主要是受到圈围工程的影响,处于群落重塑过程中,种类数较少,多样性指数降低。随着工程的逐步实施完成,成陆区从裸地逐渐演替,形成较为稳定的湿地,并且随着淋溶脱盐,高盐胁迫也在降低,湿地植物群落逐渐扩张;成陆区内植被带、浅水水域及无植被裸地相间分布的生境仍可为鸟类提供多样的栖息环境和丰富的食物来源,鸟类种类和数量较工程初期都有了明显的增长,成陆区生态系统状态指标健康状况逐渐向"健康"发展。

随着整治工程的实施完成,成陆区的生态系统结构会发生自然演替。目前横沙东滩工程实施后处于"留白"状态,无人类开发活动,这对缓解生态胁迫与维护生态健康起到了重要的积极作用,现阶段面临的问题主要是底栖动物生物多样性受胁迫,可通过合理的管理和生态保育修复措施,进一步优化生态系统结构,提升生态系统服务功能,促进生态系统健康。

2.4 横沙浅滩生态保育作用及生态系统质量提升的原则和对策

2.4.1 横沙浅滩生态保育作用

横沙东滩经过多年的工程整治,新生陆域生态状况良好,近年来,生态系统健康评价处于"健康"水平。但与之相邻的横沙浅滩目前滩面基本在水面以下,处于长江口水盐体系之中,有着自身的生态保育需求。横沙浅滩生态系统质量的提升,对长江口整个生态系统健康发展有着重要的意义。

横沙浅滩生态保育可发挥的作用,具体表现在以下几个方面:

1) 稳定生态系统

侵蚀是滩涂损失退化的重要因素,它对滩涂基底的不可逆转性改造是滩涂生态系统不稳定的主要原因。侵蚀使岸线后退,滩面下蚀,直接导致滩涂面积的损失。其次,侵蚀导致滩涂基底物质流失,

潮间带变窄,沉积结构发生变化,营养状况改变,原有生物赖以生存的环境被破坏,生态系统组成、结构、生物量受到损害。侵蚀使海水活动范围扩大,增大潮水作用的频率和强度,提高潮间带湿地的潮浸频度,也会使滩涂植被的正向演替中断,甚至发生逆向演替,严重影响河口滩涂生态功能的发挥。

2010 年后,长江来沙量持续减少已经使得横沙浅滩处于侵蚀环境中,5 m 以浅滩涂面积减少,且潮间带持续变窄。在此背景下,横沙浅滩区域的滩涂生态环境难以自行优化,而且还将面临进一步退化的风险。因此,亟须采取人工措施为横沙浅滩区域提供掩护,归顺浅滩区域的流速,切断滩面窜沟、防止滩面进一步冲刷、稳定滩面,构筑易于淤高的浅滩环境,为生态基底构造形成创造条件。

2)生态基底塑造可促进盐沼植被演替

2005 年,横沙东滩尚未实施滩涂整治工程,滩涂植被面积相对较小,以自然滩涂为主,滩涂植被总面积为 1.88 km^2(表 2-27)。随着横沙东滩整治工程的实施,横沙东滩成陆区不受潮水影响,滩涂植被群落迅速演替,植被总面积为 10 km^2;促淤区的植被从无到有,迅速扩散,植被面积快速增加到 18.23 km^2(占滩涂植被总面积 55%),自然潮滩中的植被总面积也比未实施工程时盐沼植被面积增加了 3.21 km^2。可见,在横沙抬升潮滩高程有利于植被的生长和扩散。适宜的人工措施有利于滩涂区域生态质量的提升。

在河口地区,不同动植物群落需适应于不同滩涂高程下的盐沼环境。滩地的连续性越强、高程跨度区间越大,对维护生物多样性越有利。横沙浅滩区域,受自然环境影响,植被难以生长,区域的生物物种极为有限。

因此,需基于横沙浅滩的水沙盐环境,从河口生态链与各高程滩涂间的需求响应关系出发,通过合理的人工措施构筑出高-中-低潮滩合理配比且有序衔接、生境丰富的生态基底,为该区域的生态演替提供必要的初级生产力条件。

表 2-27　2005 年及 2016 年横沙东滩优势植物面积对比　　　　　　　　(单位:km^2)

位　　置	植物种类	2005 年	2016 年
自然滩涂	芦苇	1.32	1.59
	海三棱藨草/藨草	0.56	2.76
	互花米草	0	0.74
	合　计	1.88	5.09
促淤区	芦苇	—	13.72
	海三棱藨草/藨草	—	1.03
	水烛	—	3.48
	合　计	—	18.23

3)提供底栖生物栖息地

盐沼湿地是世界上单位面积初级生产力最高的生态系统之一,是河口生态系统物质循环和能量流动的重要基础。大型底栖动物通过摄食关系连接着盐沼中的初级生产者和高营养级消费者,不仅是最重要的初级消费者,还是鱼类、鸟类等更高营养级消费者的重要食物来源,是连接食物网中能量流动的关键纽带。大型底栖动物还可以通过生物扰动作用影响盐沼沉积物和土壤的物理化学进程,参与整个生态系统的物质分解和营养循环过程。

盐沼植被是盐沼湿地重要的生物群落,沿着高程和盐度梯度,其群落结构呈明显的分带特征,为大型底栖动物提供了充足的食物和适宜的栖息地,植被生境中大型底栖动物的生物量、密度和多样性情况均优于周边光滩。

横沙东滩及浅滩区域为长江口拦门沙区域,水域生产力较为丰富。但是,由于横沙浅滩高程过低,潮汐、波浪等水动力干扰作用大,泥沙流失,大量营养物质并不能积累,缺乏有植被的盐沼基底,导致该区域沙蚕目、贝类、蟹类、螺类等个体较大的大型底栖动物分布较少,食物链/网断裂单一,生态系统的生物多样性极低。因此,需要在遏制水流冲刷、抬高滩面基底的基础上,补充泥沙基质,营造底栖生物喜好的有海三棱藨草/藨草分布的软底生境,有意识地提升长江河口的生态质量。

4) 提供鸟类迁徙补充中转站

横沙东滩、崇明东滩、九段沙和中华鲟自然保护区形成的生态网络位于亚太候鸟迁徙路线(东线)的中段,涉及东北亚鹤类迁徙路线、东亚雁鸭类迁徙路线、东亚-澳大利西亚鸻鹬类迁徙路线。近年来的环志和彩色旗标系放的研究结果表明,横沙东滩是鸻鹬类等候鸟迁徙停歇地的补充区,对于候鸟完成长距离的迁徙活动具有重要的作用。横沙东滩以迁徙旅鸟为主,主要集中在促淤区和坝田区。横沙东滩已成鸟类的重要栖息地(图 2-39)。

图 2-39 横沙东滩区域分布的鸟类

横沙浅滩区域风大流急,无法提供鸟类停留的中转落脚点。随着横沙东滩陆生演替的推进,候鸟所喜好的河口浅水-光滩-植被交错的生境将会逐渐被淡水沼泽替代。从鸟类的生境需求出发,需积极采取人工工程,改善横沙浅滩的水文环境,营造盐沼基底,促使湿地植被发生快速演替,完善盐沼湿地的能级结构,为鸟类提供多样的栖息地和觅食地,成为鸟类迁徙中转站的下一个有利补充区。

2.4.2 横沙浅滩生态系统质量提升的原则

长江口滩涂属于典型的温带草本潮滩盐沼湿地类型,滩涂植被的主要生态限制因子是高程和盐度。滩面高程决定着水淹程度,风浪大小、滩面沉积物和地形冲淤强度,将直接影响潮滩植物的生存条件。因此,生态系统质量提升的关键是营造适宜的高程梯度、坡度,进而营造盐沼植物所需的水-盐条件,原则如下:

1) 实现生态系统地表基底的稳定性

地表基底是生态系统发育和存在的载体,基底不稳定就不可能保证生态系统的持续演替与发展。盐沼基底在上游下泄泥沙与海洋潮汐共同作用下形成,为植被生长提供物理支持和营养物质来源,从而支持鱼类、底栖类、鸟类等动物的生长和繁衍。当泥沙来量下降,或风浪侵蚀力加强时,基底可能在短期内大量损失,生态系统不仅会失去物理支持,生物化学循环也相继中断,动植物消亡,生态系统面临退化或丧失。因此,基底修复常常是生态滩涂恢复或重建的最关键步骤之一。

2) 实现生态系统水文动力的连通性

水文连通是指物质、能量、有机物以水为介质在水循环各要素间相互转移。在滩涂的盐沼生态系统中,海洋潮汐的水动力条件是生态系统演替和发展重要的驱动因子。滩涂中水体可以通过潮汐作用进行周期性的物质交换,达成营养物质收支的动态平衡;同时鱼类、大型底栖动物等可随潮汐进出潮沟,或索饵或隐蔽,从而促成盐沼滩涂丰富的生物多样性。

3) 保证生态系统生境的完整性与系统性

实现盐沼生态系统的恢复和重建实际是通过构建完整及系统的生境条件,支持由自然进化和生物地理过程发育的平衡、完整和适应的生物群落,促进生态系统结构和生态系统服务功能的正常运行。所以,可合理运用人工措施构建适宜的高程、土壤、水等生境条件和合理的布局结构来构建生态滩面,建立稳定的生态系统,展现滩涂原生地貌特征。

2.4.3 横沙浅滩生态系统质量提升的对策

横沙浅滩实施保滩护岸措施要遵循长江大保护和绿色发展的原则,借鉴横沙东滩工程经验,在达成保滩护岸目标的同时,采取生态化措施,提升横沙浅滩生态系统的质量。具体对策如下:

1) 高程主导,梯度变化自然

滩面高程决定着水淹程度,风浪大小、滩面沉积物和地形冲淤强度,将直接影响各种潮滩植物的生存条件(图2-40)和动物的栖息环境(图2-41)。营造生态滩面,首先滩地高程必须满足各类植被的生长条件。海三棱藨草和藨草作为盐沼生态系统的先锋植物,主要分布在中滩、中低滩,2~2.9 m的高程范围内,相对淹水时间较长,环境较为恶劣;芦苇主要分布在2.9 m以上的高滩、中高滩,淹水时

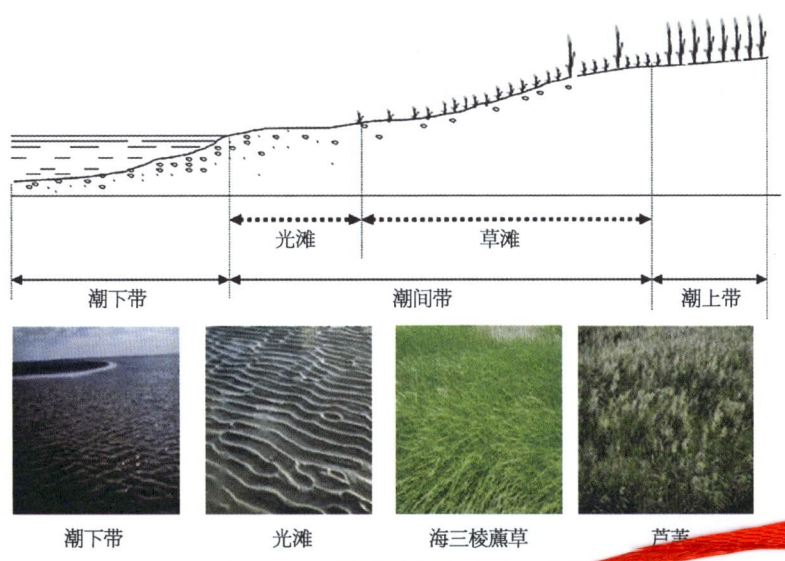

图2-40 长江口滩涂植被分布格局

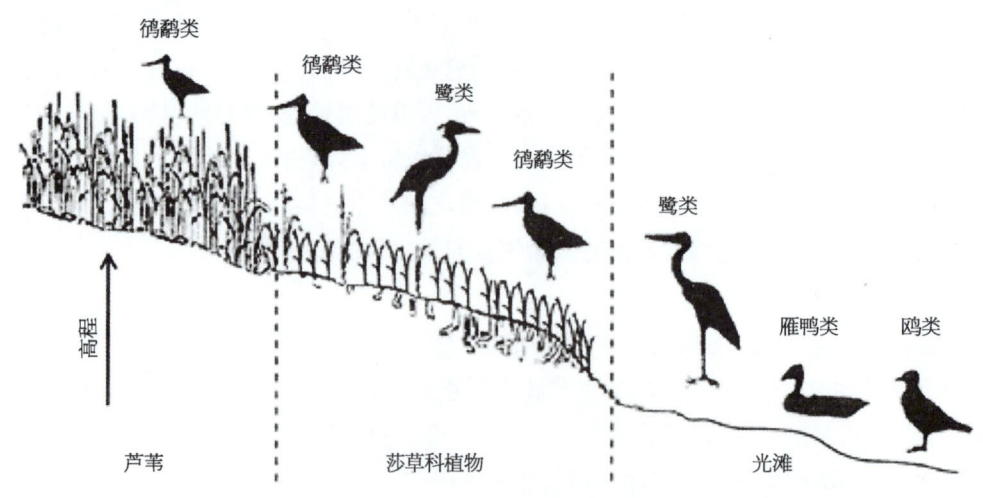

图 2-41 典型盐沼滩涂水鸟分布

间较短,只有大潮期间受到潮汐影响。在长江口潮滩中,沿高程梯度,从低高程盐沼到高高程盐沼,底栖动物物种数量和多样性逐渐上升并在每一个区域都有其特征种和优势种。为维持滩涂生态系统生境的异质性和多样化,高滩、中滩、低滩之间的比例最好保持在 1∶1∶1,滩地的高程梯度过渡自然,坡度较小。

2) 护滩优先,与自然共建生态系统

横沙浅滩滩涂处于冲刷环境中,滩涂淤涨困难,生物多样性有限。从河势角度、生态需求角度出发,应守护优先,通过人工护滩工程打造一个易于泥沙存留的环境。在此基础上,利用疏浚土吹泥上滩至护滩工程内部的掩护区域。上滩泥沙在滩面涨落潮水流动力作用下,经过扩散、淤积、滩面重塑,可逐渐形成从 3.0 m 以浅高滩向 0 m 以深水下浅滩有序过渡、自然衔接的滩坡形态(图 2-42)。泥沙自然扩散达到平衡后的潮上带-潮间带-潮下带的地貌格局将为河口盐沼生态体系的完善和生物多样性的发展提供宝贵的基底。

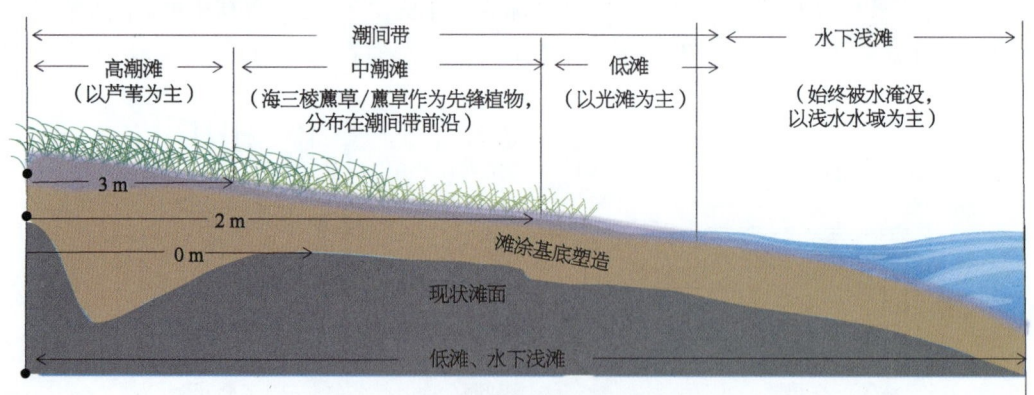

图 2-42 横沙浅滩生态系统培育示意

3) 水文连通,保证系统开放

滩涂中潮汐、植被、地貌之间的生物地貌反馈是世界上最典型的负反馈机制,支持了生境的异质化和多样性。滩涂发育前期,潮沟是必不可少的地貌要素,是海洋动力作用于滩涂生态系统的主要途径,也是河口海岸的底栖生物、鱼类洄游或上滩的生态廊道。因此,最初阶段的生态滩面应保证水文连通(图 2-43),确保潮汐动力成为滩涂生态系统地貌发育的主要驱动力之一,也为动植物的栖息、生物迁徙提供廊道。横沙生态滩面布局模式应为开放系统,防护工程提供滩面防护,但是要保留足够的纳潮口,自发形成潮汐系统,保证潮汐动力对滩涂生态的重要作用。

图 2-43　横沙浅滩生态系统内潮沟示意

4) 动态发展,植被修复先行

滩涂植物是滩涂生态系统的生产者,具有转化太阳能、吸纳 CO_2、提供滩涂初级生产力的作用,是滩涂其他生物类群生长和新陈代谢所需要能量的主要来源,也是滩涂生态系统结构和功能的核心,在保护生物多样性,尤其是珍稀濒危物种方面具有重要的科学价值。在生态工程中,恢复健康的植被群落是保证生态工程成功的核心环节。实现植被群落的良好生长和健康演替,可以反过来促进底质的稳定性及生物化学循环的有序性,进而提高生态系统的生产力和自我维持能力。在此基础上,进一步恢复底栖类、鱼类及鸟类生物群落,增加生物多样性,形成完整有序的生物链-网营养结构(图 2-44)。

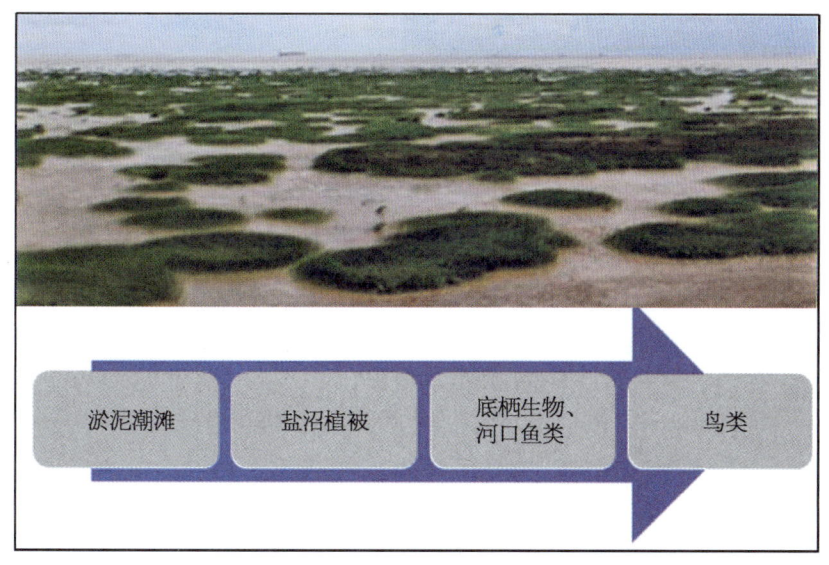

图 2-44　横沙浅滩生态系统内盐沼植被示意

2.5 卫星遥感技术监测河口生态状况的探索

本研究利用卫星遥感技术对河口生态状况的监测进行了探索，选择的对象是水体叶绿素 a 浓度和滩涂植物群落类型，主要是确定相应的反演或解译模型，为后续进一步研究横沙滩涂变化趋势提供一定的支撑。作为探索，本节选取研究中的部分内容加以介绍，未来将做进一步研究。

2.5.1 水体叶绿素 a 浓度反演

使用高分 5 号高光谱数据和对应现场水质监测数据。首先选用 Polynomial 二阶校正模型，通过几何校正、辐射定标、大气校正消除或改正遥感影像几何误差，赋予其投影与地理坐标系统，建立遥感传感器的辐射强度与其所对应视场中辐射亮度值之间定量关系，剔除大气影响。然后构建定量反演模型，根据实测数据的叶绿素 a 值分布情况可以判断出选用指数模型，对模型中待定的波段组合参数选择 8 种代数算法，然后使用机器学习方法在高光谱所有的波段中对每一个波段组合参数筛选出具有最高决定系数 R^2 的组合方式，开展水体叶绿素 a 的定量反演，并对反演结果进行精度评价，以揭示采用高分 5 号卫星遥感数据开展水质监测的最优技术方法。

将使用高分 5 号卫星高光谱影像数据和获得的水质叶绿素 a 指标空间分布与实测数据进行对比和机器学习，生成 8 个模型的待定参数，并进行精度评价。

2.5.1.1 数据获取和处理

2018—2019 年，开展四次星地同步的水环境指标现场采样，采样点分布和叶绿素 a 浓度如图 2-45 所示。

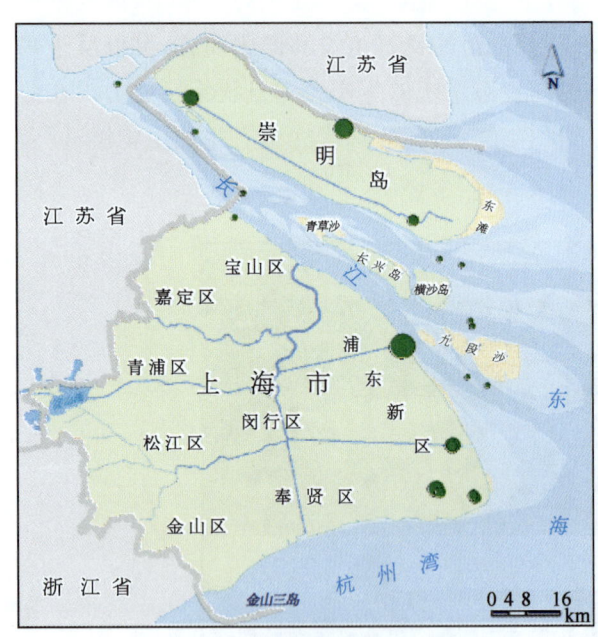

(a) 历次采样测试结果　　　　　　　　(b) 2018 年 10 月 18 日星地同步调查测试结果

图 2-45　长江口叶绿素 a 采样点的空间分布和浓度示意

2.5.1.2 叶绿素 a 定量反演模型

基于指数模型的代数模型适合于本组数据的反演计算，即

$$C_{chla} = Ce^{AX+B} \tag{2-1}$$

式中：A、B、C 为待定系数；X 为波段组合参数，为数个波段经过一定方式的组合。

1) 基于简单波段组合的代数算法

所使用的波段组合方式包括任意两个波段的差值与比值的经验参数，即

$$X = R_1 - R_2 \tag{2-2}$$

$$X = R_1 / R_2 \tag{2-3}$$

在经验参数的基础之上进一步组合的组合参数，能降低水体其他参数对特定波段反射率的改变可能造成的影响，如

$$X = \frac{R_1 - R_2}{R_3 - R_4} \tag{2-4}$$

$$X = R_1 - R_2 + R_3 - R_4 \tag{2-5}$$

$$X = (R_1 - R_2)/(R_1 + R_2) \tag{2-6}$$

2) 基于生物光学模型的波段组合代数算法

叶绿素 a 有两个特征吸收峰，随叶绿素 a 含量不同，这两个峰值处的光谱反射有很大差异，可以通过构建反射峰/反射谷的方法，在降低其他水体参数的干扰下，提取出叶绿素特征吸收峰对整体光谱的影响，有

$$X = R_2 - \frac{(\lambda_2 - \lambda_1) R_1 + (\lambda_3 - \lambda_2) R_3}{\lambda_1 - \lambda_2} \tag{2-7}$$

在生物光学模型的基础上，通过消元的方式消去色素颗粒物的吸收以外的光学参数，得到色素颗粒物的吸收与三个波段的反射率之间的关系[式(2-8)]，根据标准三波段模型原理，R_1 的波长应位于色素颗粒物的吸收峰值，R_2 的波长与 R_1 的波长位置接近，且 $\lambda_2 \geqslant 700$ nm，R_3 的波长 λ_3 位于近红外波段并有 $\lambda_3 \geqslant 730$ nm。

$$X = \left(\frac{1}{R_1} - \frac{1}{R_2}\right) R_3 \tag{2-8}$$

同时，通过将纯水、悬浮泥沙、叶绿素 a 和黄色物质的吸收系数和反射系数代入遥感反射率的光学方程，就可以得到一个由四个波段的反射率构成的组合参数[式(2-9)]，这之中，R_1、R_2、R_3、R_4 是 660～750 nm 及周边四个波段的反射率。

$$X = \frac{1/R_1 - 1/R_2}{1/R_3 - 1/R_4} \tag{2-9}$$

3) 机器学习法计算模型系数

MATLAB 环境下，通过计算机程序，计算相关参数，流程如图 2-46 所示。

2.5.1.3　反演精度分析

1) 反演模型拟合效果

计算各模型系数，波段与系数最终确定见表 2-28。

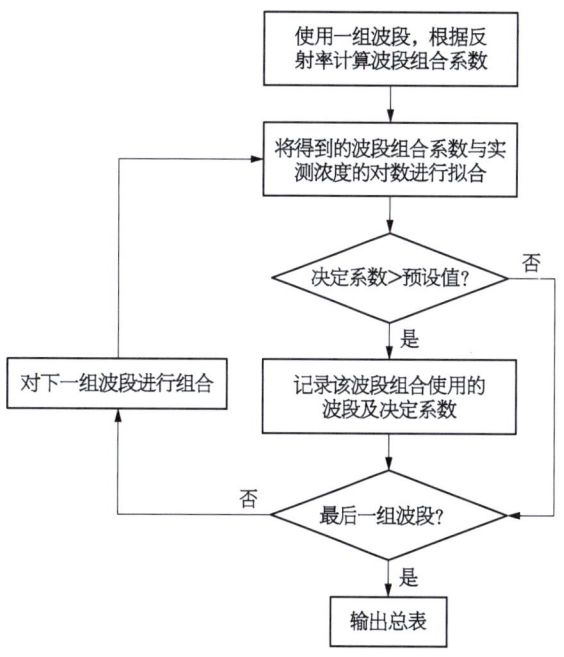

图 2-46　高分 5 号卫星叶绿素 a 遥感反演模型系数计算流程

表 2-28 高分 5 号长江口叶绿素 a 遥感反演

模型	公　　式
1	$C_{\text{chla}} = 1.1417\,e^{54.505[Rrs(1\,029)-Rrs(480)]+4.6169}$
2	$C_{\text{chla}} = 1.1619\,e^{-63.399\frac{Rrs(681)}{Rrs(685)}+64.58}$
3	$C_{\text{chla}} = 0.9453\,e^{32.912\frac{Rrs(681)-Rrs(694)}{Rrs(681)+Rrs(694)}+1.5674}$
4	$C_{\text{chla}} = 0.9915\,e^{544.93\left[Rrs(548)-\frac{(548-514)Rrs(514)+(570-548)Rrs(570)}{570-514}\right]+2.2396}$
5	$C_{\text{chla}} = 1.125\,e^{31.757\left[\frac{1}{Rrs(514)}-\frac{1}{Rrs(548)}\right]Rrs(570)-3.0521}$
6	$C_{\text{chla}} = 0.9421\,e^{-31.933\frac{1/Rrs(659)-1/Rrs(788)}{1/Rrs(642)-1/Rrs(775)}+29.26}$
7	$C_{\text{chla}} = 1.0927\,e^{1.3241\frac{Rrs(762)-Rrs(668)}{Rrs(702)-Rrs(715)}+6.691}$
8	$C_{\text{chla}} = 0.9235\,e^{-205.25[Rrs(681)-Rrs(689)+Rrs(715)-Rrs(719)]+3.2826}$

数据拟合的整体结果如图 2-47 所示。

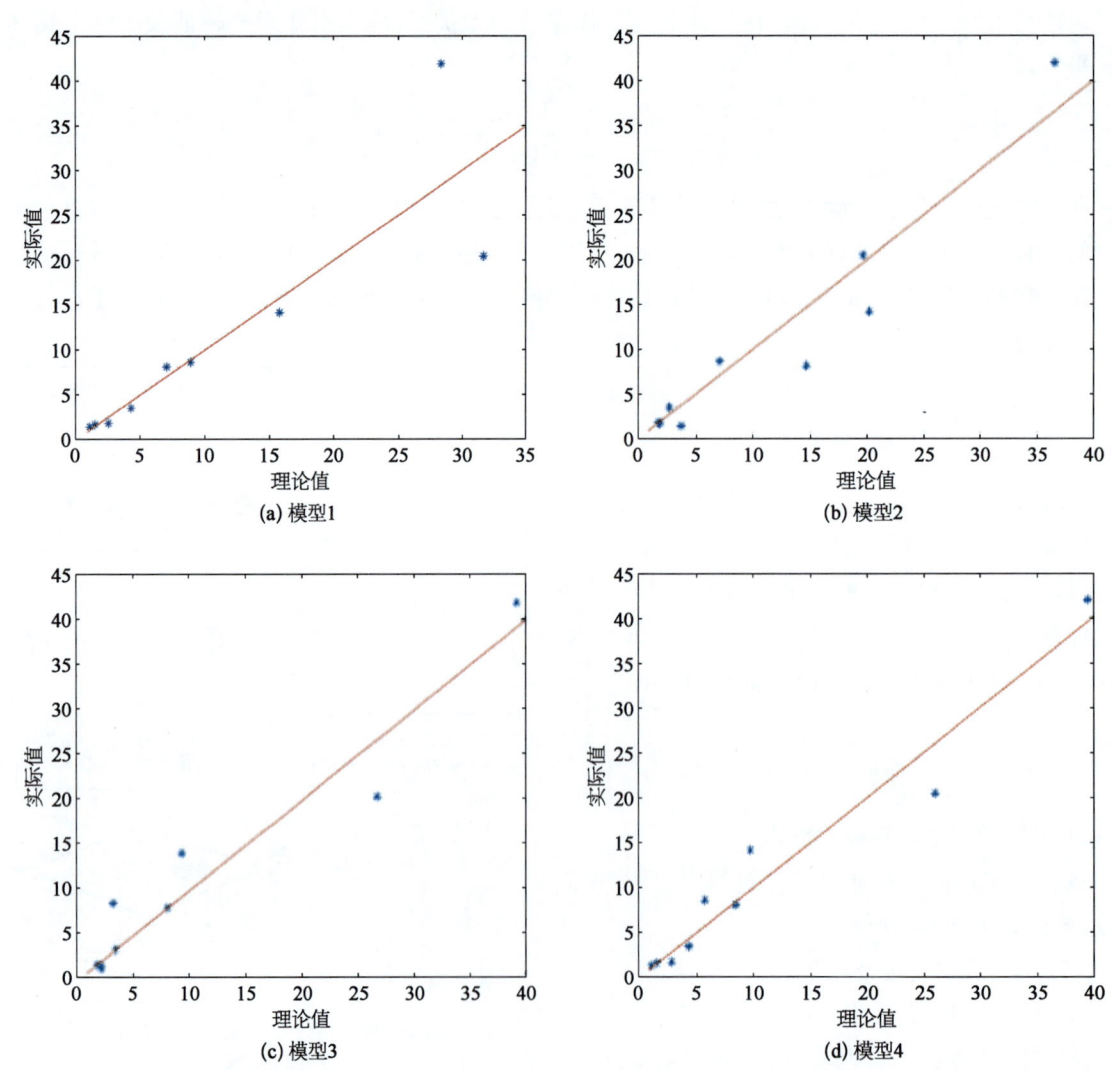

(a) 模型1　　(b) 模型2　　(c) 模型3　　(d) 模型4

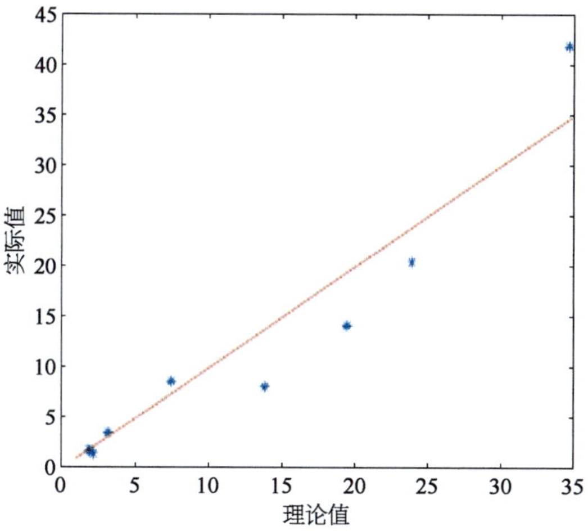

(e) 模型5 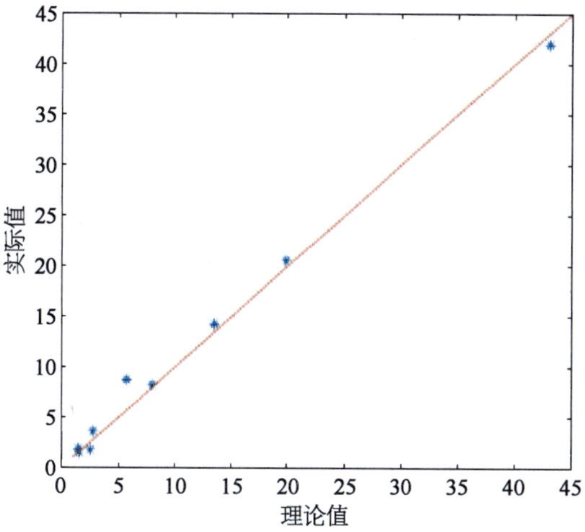　　　　　　　　　　　　(f) 模型6

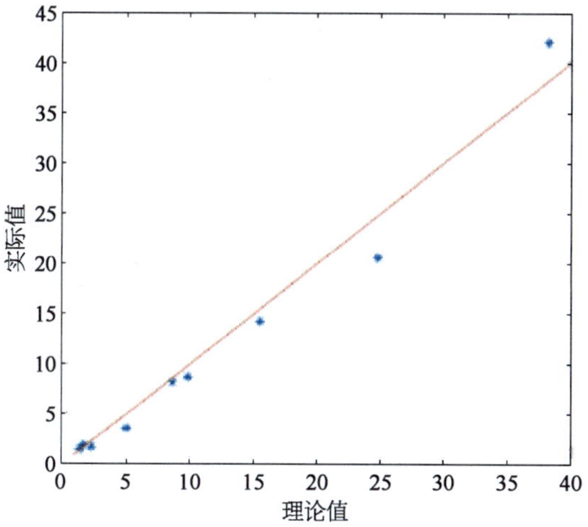

(g) 模型7 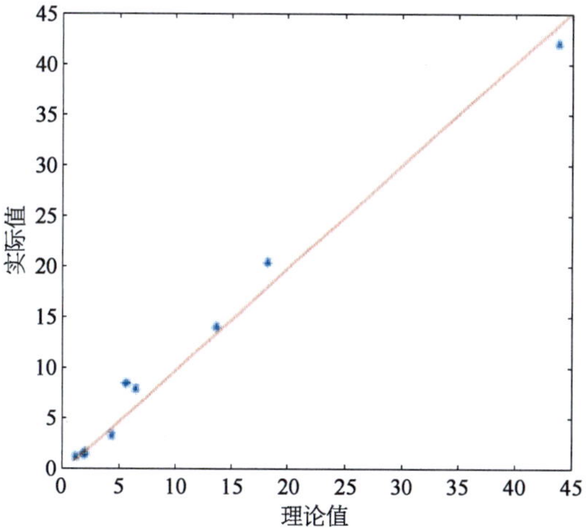　　　　　　　　　　　　(h) 模型8

图 2-47　高分 5 号长江口叶绿素 a 遥感反演模型拟合结果

对整体水质的反演结果如图 2-48 所示。

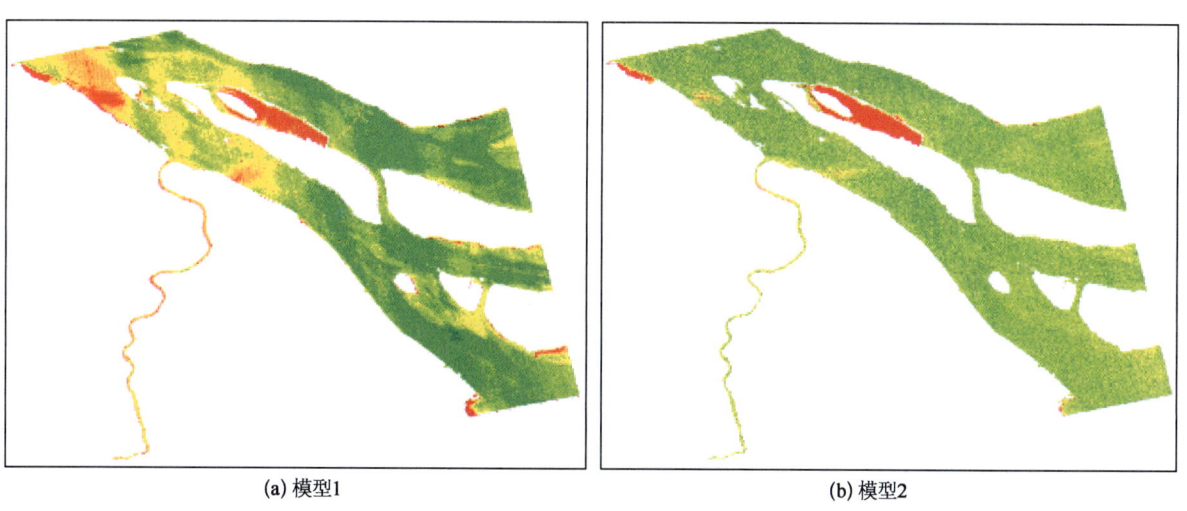

(a) 模型1　　　　　　　　　　　　(b) 模型2

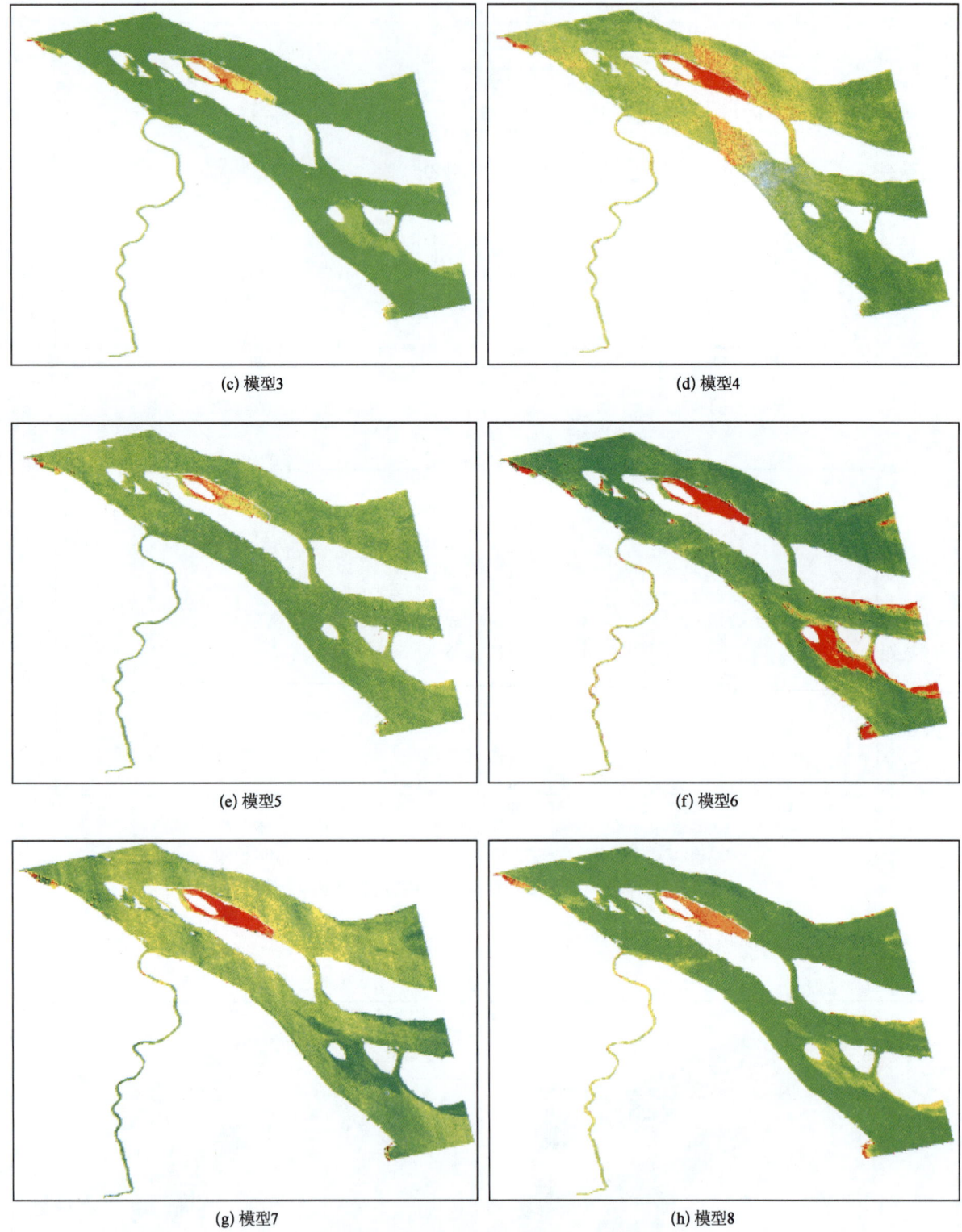

(c) 模型3　　　　　　　　　　　　　　　(d) 模型4

(e) 模型5　　　　　　　　　　　　　　　(f) 模型6

(g) 模型7　　　　　　　　　　　　　　　(h) 模型8

图 2-48　长江口叶绿素 a 遥感反演模型结果

2) 反演精度评价

本研究比对了各反演模型及算法的精度,旨在揭示环境卫星数据开展遥感反演的最佳技术,见表 2-29。

表 2‑29 长江口叶绿素 a 遥感反演模型精度评价结果

模型	R^2	平均相对误差	RMSE	F 值	P 值
1	0.774 2	23.57%	17.665 22	3.446 782	0.005 369
2	0.916 9	38.18%	10.716 56	9.719 709	1.29×10^{-5}
3	0.928 2	24.27%	9.961 967	14.128 42	1.06×10^{-6}
4	0.951 4	22.27%	8.196 536	20.292 54	8.84×10^{-8}
5	0.909 4	24.85%	11.188 31	8.855 59	2.37×10^{-5}
6	0.990 8	15.94%	3.568 893	114.518 2	5.1×10^{-13}
7	**0.973 0**	**14.99%**	**6.113 324**	**32.967 82**	**3.06×10^{-9}**
8	**0.982 8**	**14.33%**	**4.871 906**	**62.462 19**	**3.54×10^{-11}**

R^2 为回归分析的决定系数，数值介于 0～1，这个数值越大，说明回归模型的拟合度越好；平均相对误差及均方差(RMSE)为统计意义数据，其数值越小表示模型效果越好；F 为检验系数，其值越大表示模型效果越好；P 为显著性概率，当 $P \leqslant 0.005$ 时，说明该水平下统计意义显著。

结果显示，除模型 2 外，其余模型均达到了 75% 以上精度，模型 7 和模型 8 的精度达到了 85% 以上，具有较高的应用性。

2.5.2 滩涂植物群落分类解译

遥感分类方法有监督分类和非监督分类，监督分类是一种以建立统计识别函数为理论基础、依据典型样本训练方法进行分类的技术，其分类精度需要一定数量的训练样本。如果样本数量少，为减少人为选择样本误差对分类结果的影响，宜采用非监督分类。

2.5.2.1 数据获取

选择 2018—2019 年高分 5 号、高分 1 号、Sentinel‑2A、Landsat‑8 等不同卫星、不同传感器的多时相遥感影像，开展九段沙不同季节植被光谱曲线的测量，采用监督分类和机器学习方法，提取对蘸草/海三棱蘸草、芦苇、互花米草等滩涂湿地植物群落的空间分布，并比较不同卫星的影像分类方法。

九段沙位于长江口南北槽之间的拦门沙河段，其中植物群落盖度比横沙东滩高，物种组成和结构相对简单，但分带现象明显，植物群落空间分布序列完整，因此是长江口区典型的滩涂湿地，植被分类监测具有较强的代表性。在本研究中，对九段沙植被采用监督分类，对横沙东滩植被采用非监督分类。

根据遥感对植被分类的需要，本研究进行了野外地面调查工作，获取九段沙地面控制点、参考点以及校验点等数据。

2.5.2.2 数据处理、分析和解译

整个分析工作从计算机监督分类开始，参照最近的野外调查结果及历史资料数据选取训练样区并被定义为分类模板，采用最大似然法进行分类，有明显误分的区域通过人工辅助解译进行修改，而植被与光滩交界处容易误分的区域叠合 NDVI 进行区分，最终解译出互花米草、芦苇和海三棱蘸草植物群落类型和光滩。影像处理具体流程如图 2‑49 所示。

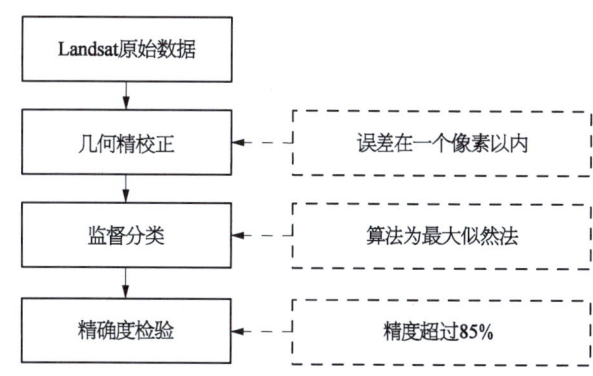

图 2‑49 长江口滩涂植物群落的 Landsat 影像分析流程

2.5.2.3 不同植物群落类型光谱反射率特征

从秋季的光谱反射率曲线(图2-50)上看,互花米草群落在750～1 100 nm波段(红光波段及近红外波段)具有较高的反射率,海三棱藨草群落在1 500～2 250 nm波段(短波红外波段)具有较高的反射率,相比较而言,芦苇群落则在近红外和短波红外波段反射率较低,光滩则在绿光波段具有较高反射率。图2-51所示是各土地覆被类型的秋季照片。

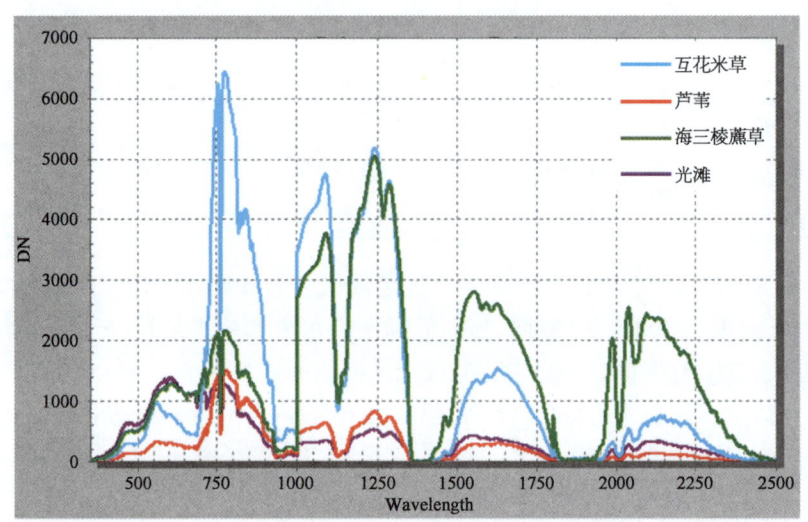

图2-50 九段沙湿地植物群落的光谱反射率曲线(2018年10月20日)

图2-51 各土地覆被类型秋季照片(2018年10月20日)

从春季的光谱反射率曲线(图 2-52)上看,相对于光滩,在可见光波段,植被具有较低的反射率,而在 750~1 400 nm 波段(红光波段及近红外波段),互花米草群落、芦苇群落及海三棱藨草群落具有明显差异,在这一波段范围内的反射率,互花米草最高、芦苇次之、海三棱藨草则最低。图 2-53 所示是各土地覆被类型的春季照片。

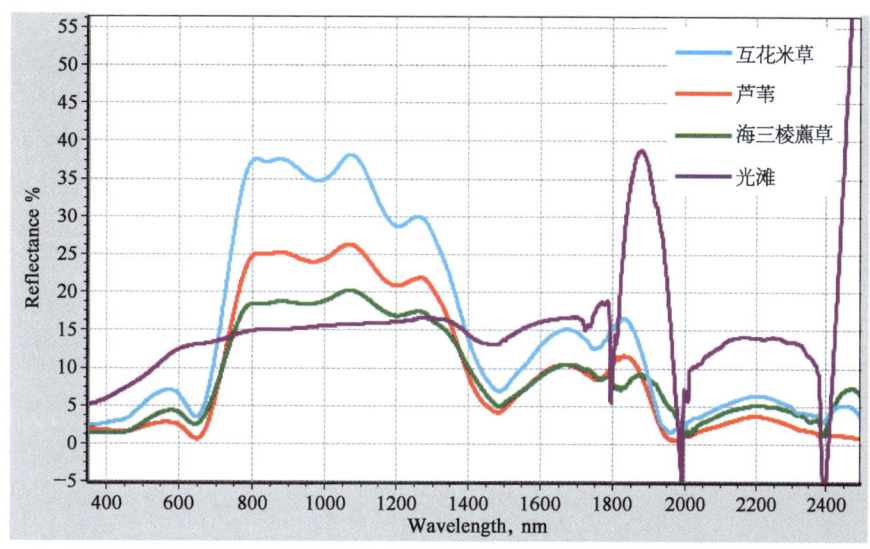

图 2-52 九段沙湿地植物群落的春季光谱反射率曲线(2019 年 5 月 28 日)

图 2-53 各土地覆被类型春季照片(2019 年 5 月 28 日)

春季和秋季光谱反射率上的差异,也反映了不同植物物候上的差异。

2.5.2.4 监督分类解译精度分析

从监督分类的结果看,在提取长江口滩涂植物群落的空间分布时,不同卫星的遥感影像均具有各自的优势。采用高分5号卫星的解译结果具有最高的分类精度,达到95.4%,特别是在区分互花米草群落和芦苇群落上,具有较为明显的优势,可以把互花米草群落中零星分布的芦苇群落提取出来。高分1号卫星纹理信息丰富,这在提取海三棱藨草群落、光滩和水体时具有一定优势。利用Sentinel-2A卫星影像和Landsat-8卫星影像在开展植物群落空间分布时,分类精度也较高,分别达到了91.4%和86.7%,这意味着,在植物群落组成较为简单时,多光谱中分遥感影像也是可以选择的。特别是Sentinel-2A卫星,空间分辨率达到最高10 m,在纹理信息和分类精度上均比同类型的Landsat-8有明显提升。此外,研究结果还显示,无论是Sentinel-2A卫星还是Landsat-8卫星,其融合影像的分类精度提升幅度有限。

2.5.2.5 基于非监督分类的解译

由于横沙东滩的植被分布盖度小,植被分布变化太快,地面采样控制点不够,本研究还探索利用高分5号和Landsat-8卫星影像数据,通过NDVI植被指数进行影像增强处理后,利用K-M非监督分类法实现两景影像的横沙滩涂植被解译,结合人为判读合并以及聚类处理等分类后处理后,获得最终的植被解译结果。

滩涂植被解译前,先对卫星遥感影像进行包括几何校正、辐射校正和大气校正的预处理,以修正原始影像中存在的几何变形,减弱或消除辐射误差。通过图像增强技术,利用波段间的组合运算提高不同地物像元间的对比度,或者突出目标地物的像元值,提高分类和地物提取的精度。

随机选取图像的一些位置,确定样本,进行精度评价。样本的参考类别通过已有的分类图结合实际考察获得,这些样本为精度评价提供必要的参考依据和数据资料。滩涂植被解译的流程如图2-54所示。

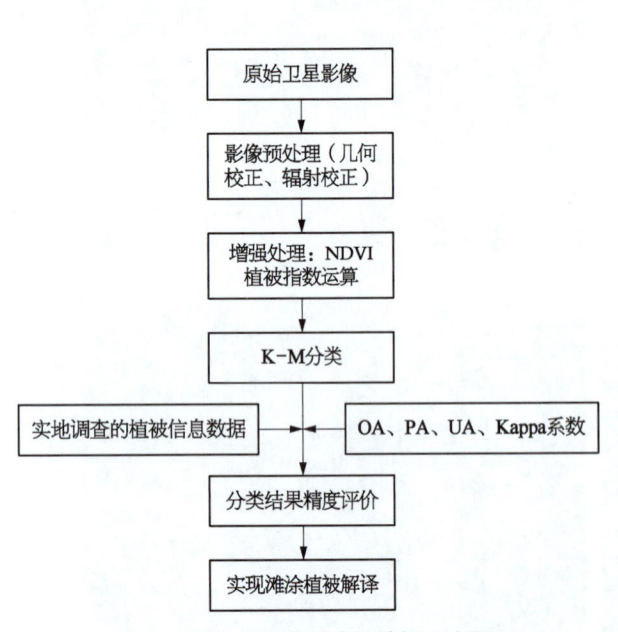

图2-54 潮间带滩涂植被解译流程

图2-55 野外调查结果

进行精度验证采用的数据为实地调查的植被样本分布数据,如图2-55所示,图中紫色线条为野外调查时的路线轨迹,标记照片的位置为有植被分布的区域,调查季节为冬季,横沙滩涂上的植被大多枯萎,经野外调查,发现横沙的植被多为芦苇,少数区域存在混生的现象,野外调查植被样本的照片如图 2-56 所示。

(a) 横沙滩涂芦苇区域

(b) 柽柳和芦苇混生区域

图 2-56　野外调查样本照片

横沙滩涂植被解译采用的遥感数据为一帧高分 5 号卫星影像高光谱数据和一帧 Landsat-8-OLI 多光谱遥感影像。高分 5 号卫星高光谱遥感影像获取时间为 2019 年 3 月 22 日,Landsat-8-OLI 多光谱遥感影像获取时间为 2018 年 1 月 20 日。首先对遥感数据开展几何校正、辐射校正等数据预处理研究,之后对影像进行简单裁剪以排除研究区之外的大部分区域,减少数据处理量,图 2-57 所示为两景影像的裁剪结果。

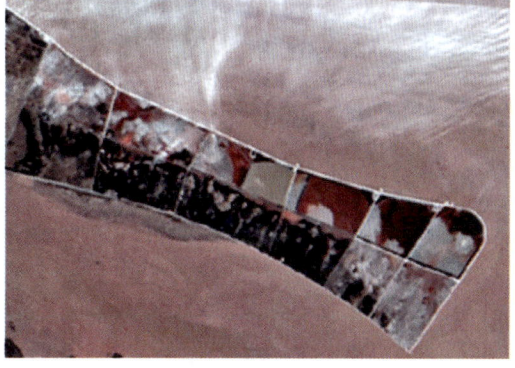

图 2-57　高分 5 号高光谱(左)和 Landsat-8-OLI(右)影像裁剪

为提高植被和其他地物的光谱差异性,排除横沙滩涂相应研究区以外的区域对研究结果的影响,制作了掩膜文件对感兴趣区域进行处理,NDVI 指数结果如图 2-58 所示。然后根据经验值确定类别初始中心数目进行聚类,初步分类后再经过像斑合并等,获得最终的分类结果,如图 2-59 所示。

为尽可能地得到更多的精度信息,对分类结果有更全面和更可靠的评价,本研究同时运用了总体分类精度、Kappa 系数、制图精度和用户精度等四种精度指标,统计结果见表 2-30。

由表 2-30 精度评价结果可以看出,植被分类结果与实际的参考信息之间吻合度中等,分类精度中等。精度评价的结果在一定程度上受到实地调查数据充分性的影响,野外调查的植被分布数据有限,使得检验样本的选择数量有限,且分布上存在局限性,不能很好地表示整个研究区真实的植被分布情况,对精度评价结果存在一定影响。

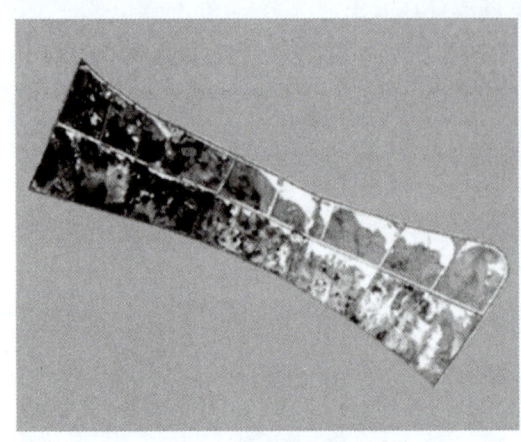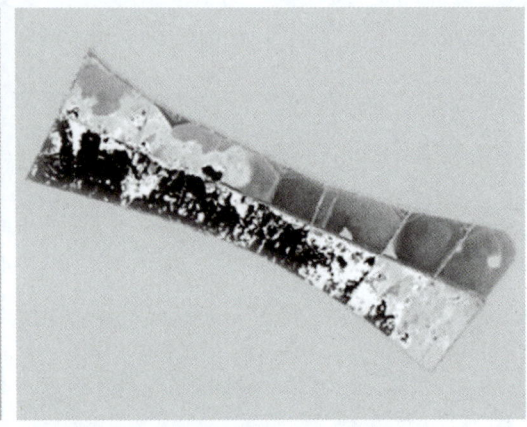

图 2-58 高分 5 号高光谱(左)和 Landsat-8-OLI(右)影像 NDVI 指数掩膜结果

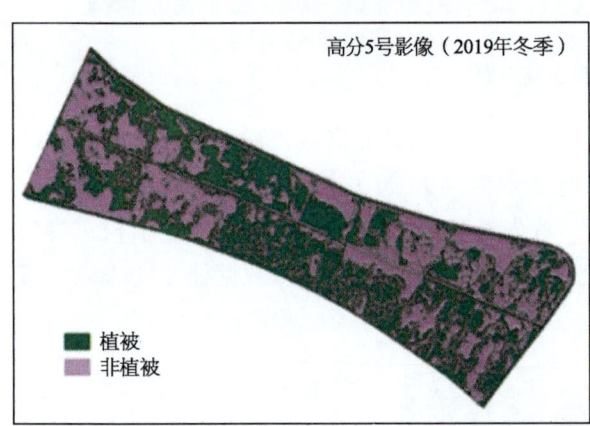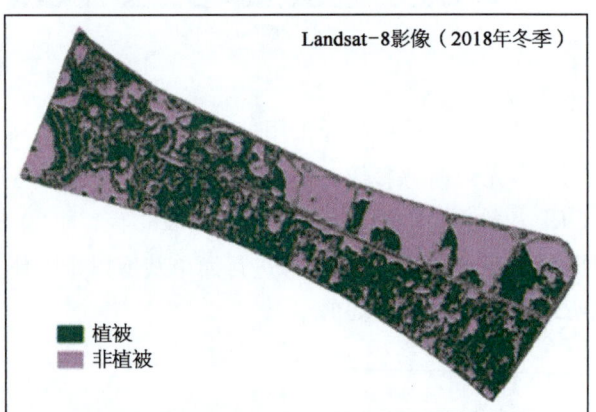

图 2-59 经分类后处理的植被解译结果

表 2-30 分类结果精度评价指标统计结果

精度指标	总体分类精度	Kappa 系数	植被制图精度	植被用户精度
高分 5 号结果	59.92%	0.456 9	60.44%	70.60%
Landsat-8 结果	59.39%	0.451 2	65.10%	55.55%

2.6 小结

横沙东滩经过多年的整治工程,滩涂湿地的空间格局和湿地类型发生了显著变化,促淤圈围区域已形成生态陆域,不再与河口有直接的水沙盐交换过程,湿地类型正逐步由潮滩湿地生态系统向淡水湿地生态系统演变。现场调查和模型评价显示,横沙东滩形成陆域后,生态状况持续向好,已成为上海生态的增量。人工干预非但没有破坏生态环境,反而提升了滩涂的生态品质。

从近十年横沙东滩及其周边区域的生态环境质量及生物资源来看,水环境质量以氮、磷营养指标含量高为主要特征,年际间呈波动变化趋势,其余水质指标变化不明显;沉积物质量总体稳定;浮游植物、浮游动物种类数呈波动变化,底栖动物、鱼卵仔鱼和游泳动物种类数年际变化不明显,浮游植物、浮游动物细胞丰富度和渔获物资源密度表现出一定的下降趋势。

分时段对横沙东滩生态系统健康状况进行评价,结果表明:成陆区生态系统根据淡水湿地生态系统健康标准总体评价结果为"亚健康"~"健康",健康状况总体稳定并表现出逐渐提升的趋势。在现阶段成陆区"留白"的状态下,新横沙滩涂湿地可通过合理的管理,并采取地形塑造、植被和生物培育、生物种青等生态保育措施,逐步改善生境条件,进一步优化生态系统结构,提升生态系统服务功能,促进生态系统健康。

结合横沙东滩生态系统调查评估和健康评价结果,明确了横沙浅滩保育作用及提升生态系统质量的对策。

但作为长江口滩涂的重要组成部分,横沙浅滩目前呈现淤涨困难、冲刷明显的态势,且以中低滩为主,生态修复保育能力有限,具有提升生态系统质量的需求。

探索卫星遥感技术监测横沙滩涂生态状况,取得的初步结果是:用高分5号卫星遥感数据开展水质监测可达到85%的反演精度;揭示了提取互花米草和芦苇群落的最佳季相并实现了95.4%的高精度识别。

新横沙滩涂生态系统正处于演化之中,是和人类活动密切相关的动态变化的过程,建议后续根据滩涂利用方式做进一步的生态系统跟踪监测和研究。

3 长江口航道疏浚土资源利用

3.1 长江口航道疏浚土利用现状

3.1.1 长江口航道概况

长江口航道主要由南港北槽航道、南港南槽航道、南支航道、外高桥内航道、宝山水道航道、宝山北水道航道、宝山支航道构成。长江口南港北槽航道为长江口航道主槽(图 3-1)。

北槽形成于 1954 年,是长江 4 条入海水道中最为年轻的河道,其北侧为横沙东滩和横沙浅滩,南侧为九段沙,拦门沙航道自然水深仅约 6 m。长江口深水航道自 1998 年开始建设,航道水深从 7.5 m

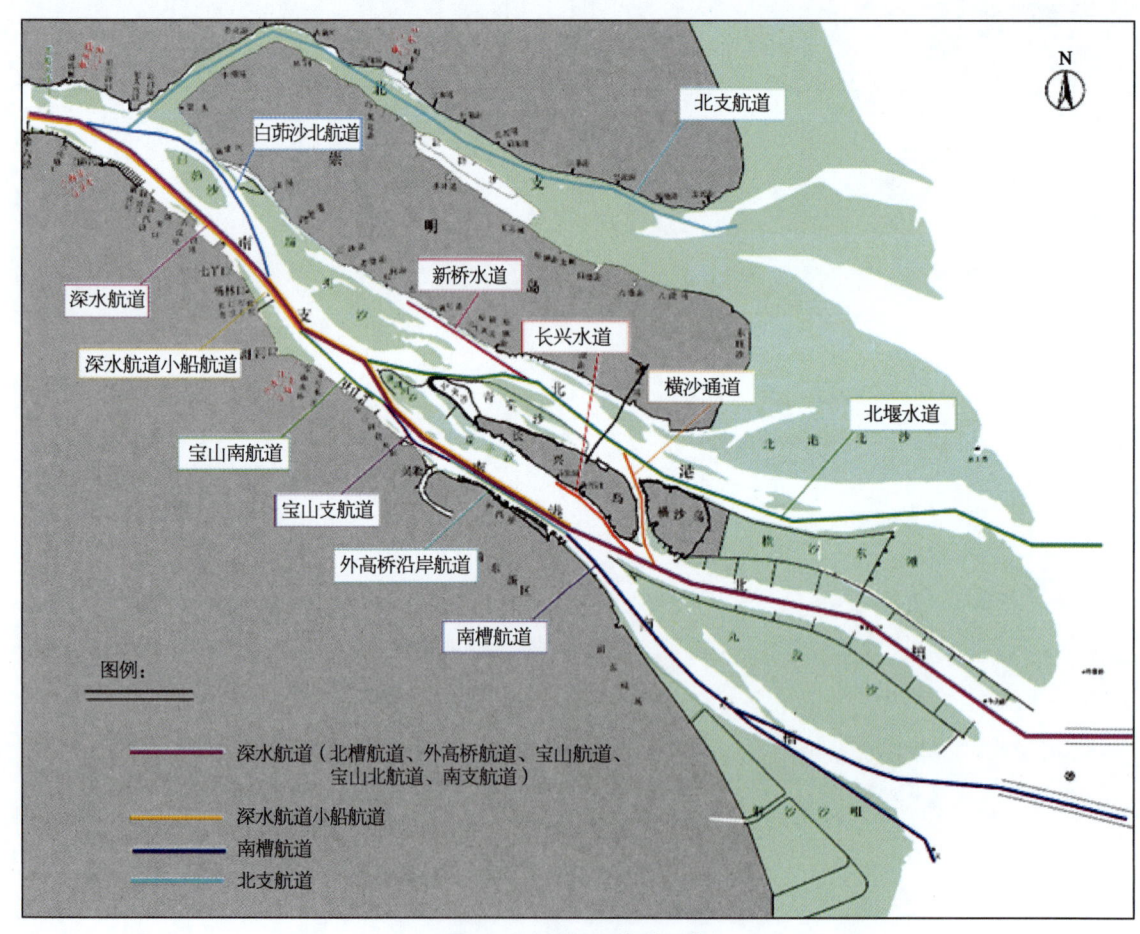

图 3-1 长江口航道示意

增深至 2010 年的 12.5 m，之后进入运营维护期。

根据 2010 年交通运输部批复的《长江口航道发展规划》，长江口航道规划范围为长江徐六泾至长江口灯船，规划建设"一主两辅一支"的长江口航道体系："一主"指长江口主航道即长江口 12.5 m 深水航道，"两辅"指南槽航道和北港航道，"一支"指北支航道。

长江口 12.5 m 深水航道：自徐六泾至长江口灯船，由南支航道、南港航道和长江口深水航道（即南港北槽航道）组成。1998 年长江口深水航道治理一期工程开始，至 2011 年 5 月三期工程竣工验收。南槽航道目前水深 5.5 m，规划航道水深为 8 m，以满足万吨级船乘潮通航要求。2018 年底，南槽航道治理一期工程已开始实施。北港航道目前为自然水深，规划航道水深为 10 m，以满足 3 万 t 级集装箱船（实载吃水 11 m）乘潮通航及 5 万 t 级散货船减载乘潮通航要求。北支航道目前利用自然水深通航，今后将根据河势演变、治理工程情况和经济发展需要，进一步研究其规划尺度。

作为长江水运船舶入海的必经之路，长江口航道是长江黄金水道中通航条件最好的咽喉要道，也是世界上运输货物总量最大、运输最繁忙的潮汐河口航道，更是关系到长三角地区乃至长江流域经济发展的重要战略运输通道。

3.1.2 长江口航道的治理与维护

3.1.2.1 长江口深水航道治理工程

建设长江口深水航道是贯彻落实党中央、国务院做出的"尽快把上海建成国际经济、金融、贸易中心，带动长三角和整个长江流域地区经济新飞跃"重大战略决策的需要，是建立上海国际航运中心的基础条件，有助于加速上海与国际接轨的步伐，发挥上海的"龙头"作用，进一步完善长三角港口布局，构建长江江海联运的大通道。

长江口深水航道治理工程分三期实施（图 3-2）。其中：一期工程于 1998 年 1 月开工，2000 年 3

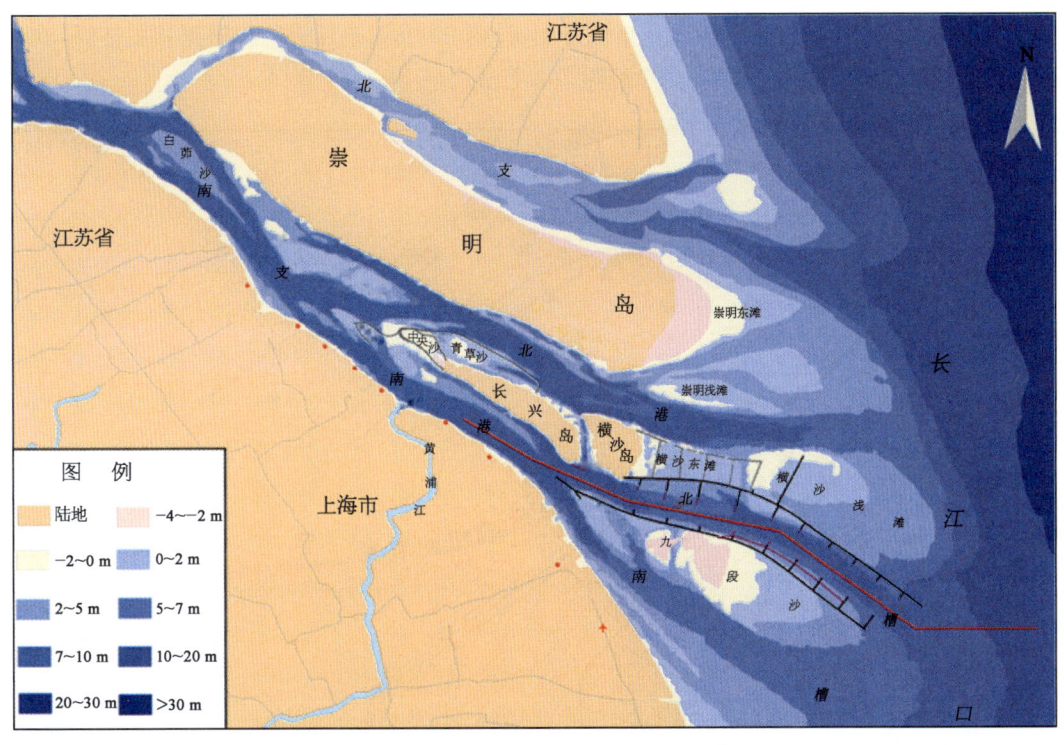

图 3-2　长江口深水航道治理工程示意

月实现 8.5 m 目标水深并试通航,2002 年 9 月通过国家验收;二期工程于 2002 年 4 月开工,2005 年 3 月实现 10 m 目标水深并试通航,2005 年 11 月通过国家验收;三期工程于 2006 年 9 月开工,2010 年 3 月,底宽 350~400 m、全长 92.2 km 的长江口 12.5 m 深水航道全线贯通,2011 年 5 月通过国家竣工验收。截至目前投入运行 10 年,已进入全面发挥"黄金效益"的稳定运行阶段。

3.1.2.2 长江口深水航道维护与疏浚

长江口通航水深从 7 m 提高到 12.5 m,大大提高了航道的通过能力,改善了船舶安全航行的条件,提高了大型船舶的营运水平,带来了显著的社会经济效益。

1998—2019 年,长江口深水航道总疏浚量 11.58 亿 m^3。2010 年后 12.5 m 深水航道开通,平均年维护量基本在 0.6 亿~1 亿 m^3;2012 年达到最大,之后随着减淤工程建设和疏浚管理精细化,航道维护量有所减少。2019 年航道维护量约为 5 290 万 m^3(图 3-3)。

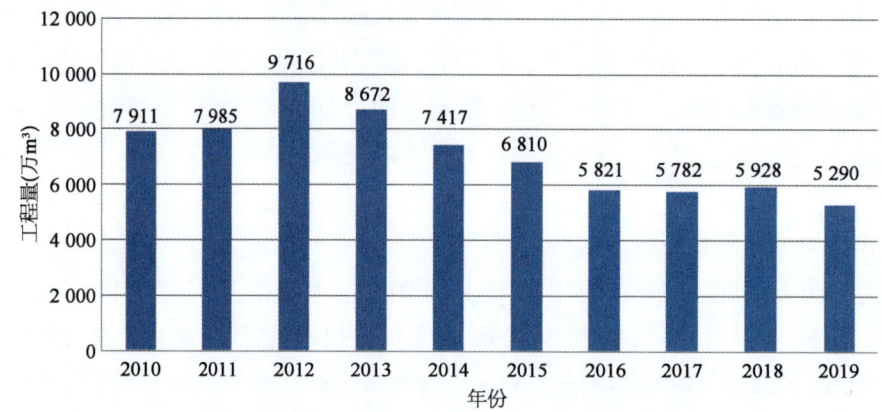

图 3-3　2010—2019 年航道维护疏浚工程量分布

南槽 5.5 m 航道维护疏浚段位于南槽航道中下段(图 3-4),2015—2018 年年均维护总量约 228 万 m^3。南槽 6.0 m 航道治理工程于 2018 年底开工,计划 2021 年 6 月竣工。根据相关估算,其基建疏浚工程量约为 566 万 m^3,年维护疏浚工程量约 760 万 m^3。

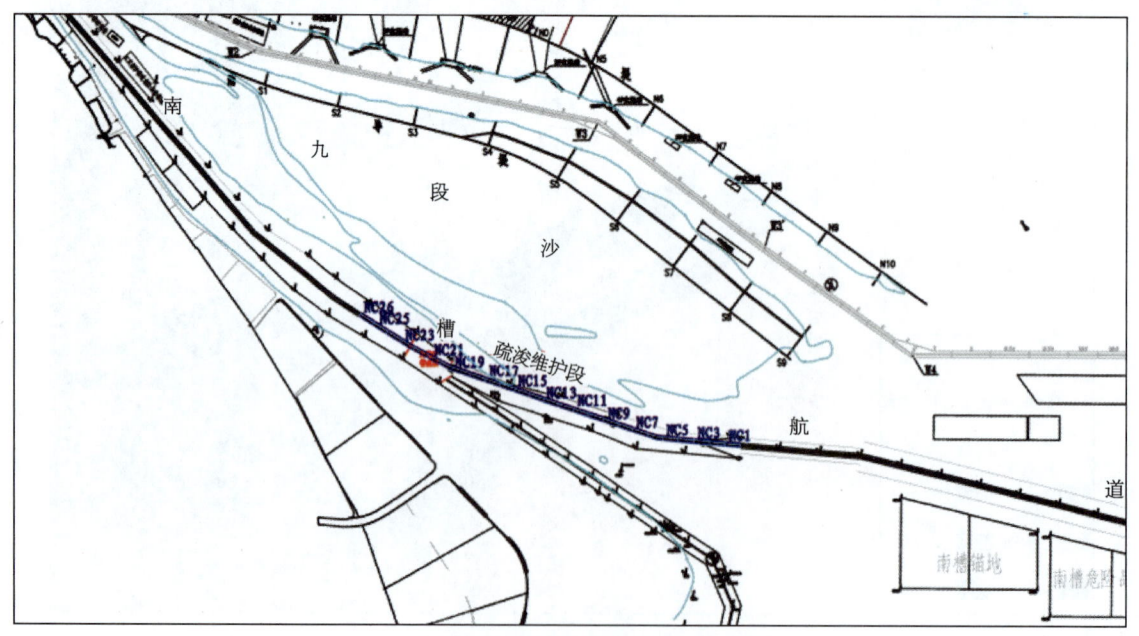

图 3-4　南槽 5.5 m 航道主要维护区段示意

长江口深水航道及南槽航道维护等工程的开展,大大提升了长江口航道的通航能力,对上海建设国际航运中心及长三角一体化发展意义深远。同时,深水航道的治理和维护将是未来一段时间的常态工作,伴随而来的疏浚土也将长期产生,如何资源化利用疏浚土将是一项关乎城市发展的战略性问题。

3.1.3 长江口航道疏浚土的处理

3.1.3.1 长江口航道疏浚土的性质和特点

1) 疏浚土产生量和时空分布特点

根据实测数据分析及对航道回淤规律的认识,目前长达 92.2 km、宽 350～400 m 的长江口 12.5 m 深水航道年正常维护疏浚量在 6 000 万 m^3 左右,产生的疏浚土主要分布在南港及圆圆沙段(W0～W2)和北槽中下段(W3～W4),时间上呈洪季大、枯季小的变化特征,洪季疏浚量约占全年的 80%。可见,长江口深水航道年维护疏浚土产生量较大,能持续、稳定地为吹填造地及湿地保护等提供大量沙源。

2) 粒度特征

根据现场取样及室内分析,从航道沿程看,W0～W2 航段疏浚土粒径较大,组成成分以粉砂和细砂为主,中值粒径约为 0.06 mm;W3～W4 航段疏浚土粒径相对较小,成分大多为粉砂,中值粒径约为 0.039 mm;口外段 W4～W5 疏浚土粒径则更小,中值粒径基本在 0.02 mm 以下。因此,长江口航道疏浚土属粉土类,砂质良好,是一种可利用的泥沙资源。根据《疏浚工程技术规范》等有关规定,它可用作围垦工程吹填土。

3) 化学特性

根据《疏浚物海洋倾倒分类和评价程序》,疏浚物分为三类:清洁疏浚物(Ⅰ类)、沾污疏浚物(Ⅱ类)和污染疏浚物(Ⅲ类)。

在长江口深水航道维护疏浚区域和南槽航道设置疏浚底质采样点位(图 3-5)采集疏浚物样品。主要检测项目有 pH 值、铜、铅、锌、铬、镉、汞、砷、有机碳、硫化物、油、666、DDT、多氯联苯(PCBs)等。

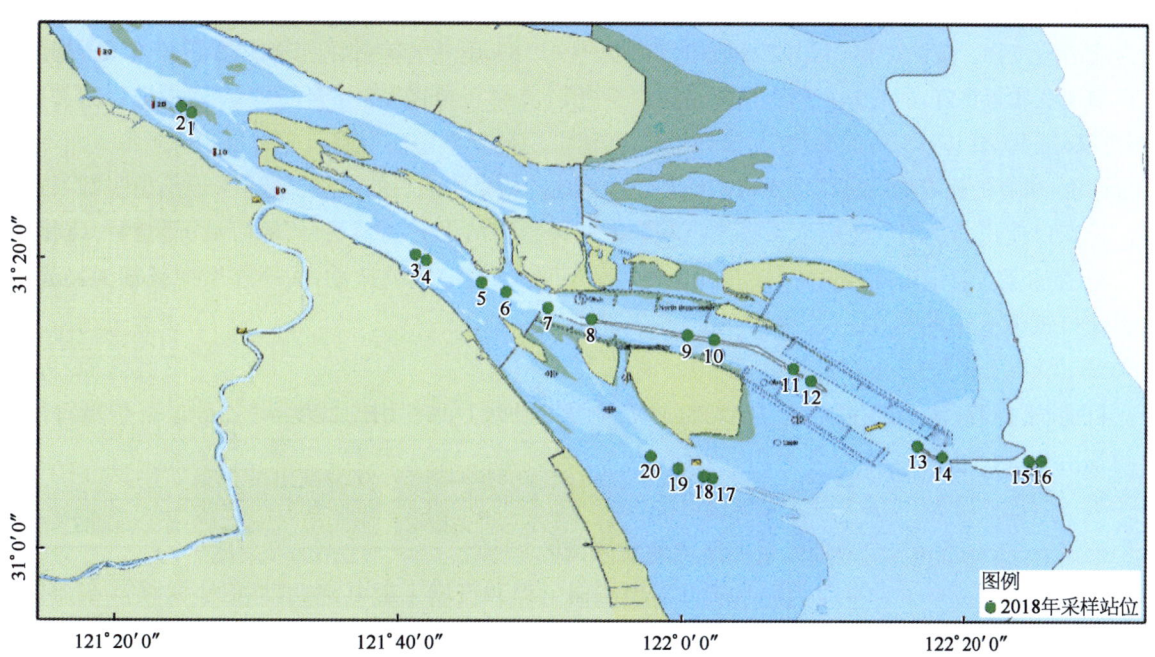

图 3-5　2018 年长江口航道疏浚物样品采集所在位置示意

其中,分布在北槽深水航道区域的 10 个采集站点的疏浚土样品分析结果见表 3-1。

表 3-1 2018 年北槽疏浚物样品分析结果

站 点	5	6	7	8	9	10	11	12	13	14
铜($\times 10^{-6}$)	6.96	4.25	6.80	8.50	7.32	13.3	10.8	5.15	12.4	8.65
铅($\times 10^{-6}$)	6.07	12.8	7.65	13.3	7.42	15.1	4.00	7.06	9.81	14.2
锌($\times 10^{-6}$)	36.5	39.7	38.4	42.6	35.4	50.1	43.0	46.4	49.9	42.5
镉($\times 10^{-6}$)	0.322	0.198	0.137	0.126	0.134	0.167	0.153	*	0.144	0.134
铬($\times 10^{-6}$)	13.7	15.5	10.8	15.4	12.4	20.7	19.0	18.9	19.2	12.5
汞($\times 10^{-6}$)	21.5	9.35	22.1	25.1	22.1	39.2	67.8	26.8	35.8	28.2
砷($\times 10^{-6}$)	3.45	7.81	3.49	3.84	3.39	5.24	4.48	3.79	5.58	4.39
油类(mg/kg)	6.19	35.5	37.1	36.0	37.2	36.3	33.1	31.2	31.7	29.8
666(μg/kg)	2.28	*	*	0.583	1.33	1.20	*	2.63	1.25	*
DDT(μg/kg)	2.30	*	2.28	*	*	*	*	2.72	0.670	0.546
PCBs(μg/kg)	3.30	*	7.01	*	*	*	*	*	*	0.053 1
硫化物(mg/kg)	19.4	5.69	13.2	19.6	18.8	25.6	31.6	12.9	27.6	25.1
有机碳(%)	0.110	0.115	0.156	0.148	0.107	0.272	0.152	0.154	0.279	0.153
pH 值	7.32	7.30	7.29	7.26	7.26	7.28	7.28	7.30	7.31	7.31
超标情况	无	无	无	无	无	无	无	无	无	无
分类评价结论	清洁疏浚物	清洁疏浚物	清洁疏浚物	清洁疏浚物	清洁疏浚物	清洁疏浚物	清洁疏浚物	清洁疏浚物	清洁疏浚物	清洁疏浚物

注:"*"表示低于检出限。

按照《海洋倾倒物质评价规范 疏浚物》(GB 30980—2014),长江口航道养护疏浚工程采集的沉积物均为清洁疏浚物。按照《海洋沉积物环境质量标准》(GB 18668—2002),长江口航道养护疏浚工程采集的沉积物现状质量良好,所有站点所有监测指标均符合Ⅰ类标准。如按《土壤环境质量 农用地土壤污染风险管控标准》(GB 15618—2018)和《土壤环境质量 建设用地土壤污染风险管控标准》(GB 36600—2018)进行评价,所有的疏浚物指标均低于农用地和建设用地的污染物项目的风险筛选值,土壤污染风险很低。

长江口航道养护工程监测海域表层沉积物的历年监测结果对比表明,监测海域沉积物中硫化物、石油类、有机碳、铜、铅、镉、铬、锌、汞和砷含量,不同年份均有一定的波动,无明显增加或减少趋势,可见长江口疏浚土底质质量优良。

3.1.3.2 长江口航道疏浚土现有处理方式

目前长江口疏浚土的主要利用方式为上滩利用。根据上滩利用的程度,其处理过程根据深水航道的整治和维护过程,大致可分为四个阶段(表 3-2、图 3-6)。

第一阶段:1998—2003 年为深水航道治理一期工程时期,此阶段航道按 8.5 m 水深建设维护,共产生疏浚土 1.04 亿 m³,全部外抛至航道两侧的倾倒区。

第二阶段:2004—2009 年为深水航道治理二期工程和三期工程基建期,同时也是横沙东滩促淤工程实施期。此阶段航道水深先后增加至 10 m 和 12.5 m,共产生 3.18 亿 m³ 疏浚土。其间,随着整治工程的推进,航道中段的倾倒区撤销。为此,结合横沙东滩促淤工程,航道中段疏浚土经储泥站直接

表 3-2 疏浚土处理阶段及方式

阶 段	时 间	通航标准		疏浚量（亿 m³）	不同方式量（亿 m³）		备 注
		宽度（m）	维护水深（m）		外抛	上滩（抛坑量）	
第一阶段	1998—2003	300	8.5	1.04	1.04	—	至倾倒区
第二阶段	2004—2009	350/400	10.0～12.5	3.18	1.85	1.33	至促淤区
第三阶段	2010—2015	350/400	12.5	5.08	3.21	1.87	横沙三期、六期工程
第四阶段	2016—2019	350/400	12.5	2.30	0.96	1.34	横沙七期、八期工程
总 计	1998—2019			11.60	7.06	4.54	

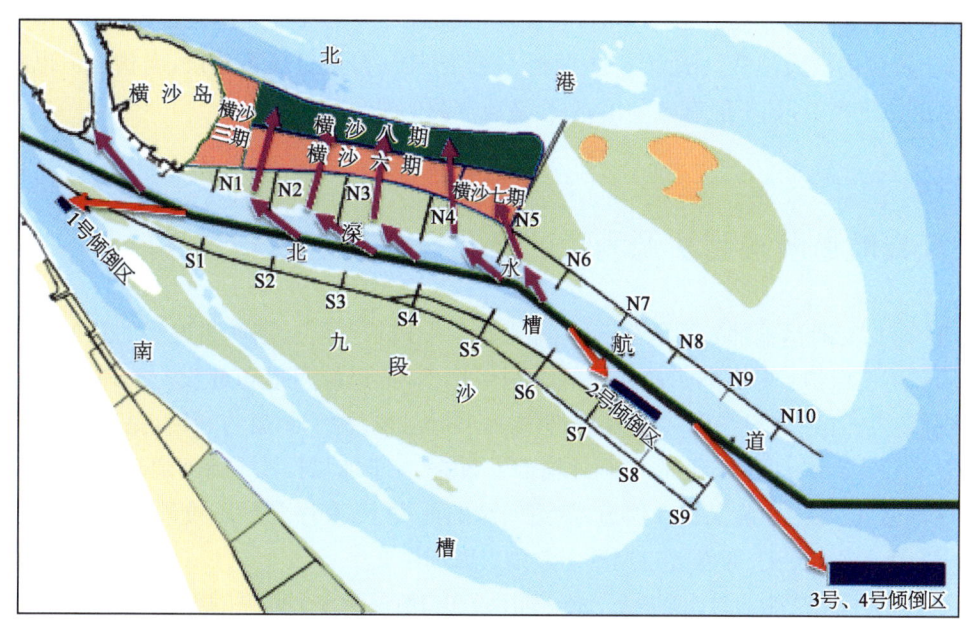

图 3-6 长江口深水航道疏浚土处置方案示意（2016—2019 年）

吹泥上滩至横沙东滩促淤区（平均运距 5～10 km）；而航道上段和下段疏浚土则外抛至附近倾倒区（平均运距 6～20 km）。

第三阶段：2010 年以后进入 12.5 m 深水航道维护期，航道维护疏浚量大幅增加。2010—2015 年，航道维护共产生 5.08 亿 m³ 疏浚土，结合横沙三期、六期围区吹填，利用储泥坑吹填上滩 1.87 亿 m³，利用率达 36.8%。

第四阶段：2016—2019 年，航道维护共产生 2.30 亿 m³ 疏浚土，利用储泥坑吹填上滩 1.34 亿 m³，疏浚土进入储泥坑利用的比例提高至 58.3%，2017 年最高达到 77.1%。

3.1.3.3 长江口航道疏浚土利用的情况和效果

1）利用情况

现阶段横沙东滩吹填成陆土地用于耕地占补平衡，已陆续建成横沙三期、六～八期吹填造陆工程，形成土地面积总共 106 km²。

2）管理体制机制

在横沙三期、六～八期吹填工程实施过程中，上海市发改委、建交委、造地公司和长江口航道管理局等部门根据《合作备忘录》和《工作备忘录》两份文件指导精神,探索形成了"联合招标、委托管理"的部市合作模式。

3) 处置困境

近年来随着疏浚物海洋倾倒区日趋严格控制、区域内工程需沙量日益增加等外围环境变化,长江口深水航道疏浚土处理现状已难以适应和满足新形势的要求,疏浚土的处置、处理及利用问题正面临前所未有的挑战。

(1) 上滩利用规划受限:疏浚土的上滩利用需符合《长江口综合整治开发规划》《上海市海洋功能区划》《上海市生态保护红线》等相关规划的要求。2020 年底,横沙东滩整治工程全面完成,2020 年后疏浚土上滩利用缺乏相关规划支持。

(2) 上滩利用政策受限:2018 年国务院发布《国务院关于加强滨海湿地保护严格管控围填海的通知》,要求严控新增围填海造地,除国家重大战略项目外,全面停止新增围填海项目审批。疏浚土吹填上滩的工程措施受到政策限制。

(3) 疏浚土外抛资源浪费:2020 年后,若长江口航道疏浚土进行外抛处置,将造成每年约 7 000 万 m^3 疏浚土资源的极大浪费。随着"一主两辅一支"的长江口航道体系建设,南槽航道也在建设中,未来将产生更多疏浚土,如不能有效利用,将会造成资源的进一步浪费。

3.2 长江口航道疏浚土资源利用的必要性和紧迫性

2019 年 7 月,交通运输部发布的《交通运输部关于推进长江航运高质量发展的意见》要求加强资源集约利用和生态保护:提高航道疏浚土综合利用比例,推进绿色航道建设。2019 年 9 月,中共中央、国务院制定发布的《交通强国建设纲要》明确提出"促进资源节约集约利用,提高资源再利用和循环利用水平"。2020 年 9 月,水利部、交通运输部发布的《关于加强长江干流河道疏浚砂综合利用管理工作的指导意见》指出:"在确保长江河道、航道安全的前提下,有序开展疏浚砂综合利用""长江河道疏浚作业中产生的砂(含土、卵石等),原则上鼓励上岸利用"。

在落实长江大保护战略的时代背景下,充分利用长江口航道疏浚土资源,实施横沙浅滩的保滩护岸,是贯彻生态优先、绿色发展理念的重要实践,也是美丽中国战略下推动长江口生态高质量发展的重要举措。

3.2.1 长江口航道疏浚土资源利用的必要性

1) 落实长江大保护等国家战略的需要

《长江经济带发展规划纲要》明确,长江经济带发展的战略定位必须坚持生态优先、绿色发展,共抓大保护,不搞大开发。疏浚土的处理必然要符合生态优先、绿色发展的要求。

2) 维护长江口滩涂和河势稳定的需要

近年来,长江口来沙量大幅减少;同时,在长江口口门区域,有强劲的风浪和潮流动力作用。受此影响,长江口的滩涂,特别是横沙浅滩区域,出现滩面窜沟发育,低滩区甚至呈现缓慢冲刷迹象,如果任其自然发展,则滩面泥沙流散、沟壑纵横、滩体萎缩散乱,未来必将危及周边河势。保持滩涂、河势稳定是长江口面临的重要课题。

3) 提升长江口生态品质的需要

长江口生态敏感性强,环境压力严峻,生态环境是长江口面临的另一重要课题,要在长江大保护的战略背景下,培育生态滩涂,提升滩涂的生态品质。

4) 为国家和城市发展预留战略空间的需要

上海未来城市亟须解决发展空间问题。"一带一路"倡议、长江经济带、自由贸易区战略等都与上海密切相关,上海正处于创新转型攻坚期、"五个中心"建设冲刺阶段,但上海城市面临的土地资源短缺、交通拥堵、环境污染等问题不断加剧,2015年全市建设用地达到3 140 km²,开发强度已超过46%,距《上海市城市总体规划(2017—2035)》提出的全市建设用地至2040年控制在3 200 km²的上限只有60 km²,上海土地资源紧约束长期客观存在,仅靠占补平衡难以为继。《上海市城市总体规划(2017—2035)》中提出实现"多情景规划策略,空间留白机制和动态调整机制",新横沙成陆是上海城市发展未来宝贵的战略空间资源。

3.2.2 长江口航道疏浚土资源利用的紧迫性

1) 疏浚土资源日益稀缺

上海市土地资源紧缺,用于滩涂开发的泥沙需求量很大,而近年来长江上游来沙量持续减少,浅层可采的优质沙源经多年的开发开采后也已不多,加之河势稳定和航道开发保护严格要求,浅滩等沙源水域视为禁采区,泥沙的供给途径及供给量相对有限。同时,随着长江下泄泥沙的持续减少和航道工程的逐渐完善,航道维护量已在逐年减少,2018年进入长江口(大通水文站)的来沙量为0.831亿t,仅为历史时期均值的19%,为历史峰值(1964年)的12%。预计疏浚土量将持续下滑,因此如何有效利用日益稀缺的疏浚土已成燃眉之急。

2) 疏浚土外抛造成影响

疏浚土是大自然馈赠给人类的宝贵资源,抛海会造成资源浪费。据报道,新加坡每年都会花费重金从国外购置沙土,或用于造陆,或用作储备。根据长期参与国际围海造地工程的上海航道局提供的资料,该局2016—2019年先后参与新加坡"大士填海""德光岛填海一期"和"德光岛填海三期"围海造地工程投标,当时购沙价格分别约为109元/m³、134元/m³和144元/m³,平均价格129元/m³。上海每年有约7 000万m³的疏浚土资源被抛海,按新加坡购沙土的价格,价值90.3亿元,后续继续抛海,会造成资源极大的浪费。同时,大量疏浚土以外抛的方式处理,也对海洋环境和水域生态造成一定影响。疏浚土外抛,无法实现资源利用,对上海未来战略空间的拓展影响较大。长江口泥沙资源的供需关系日趋紧张,原来疏浚土的利用只是一段时期内的战术选择,在目前的形势下,要在资源利用、生态保护、战略空间保留上,对疏浚土利用做长期战略考虑,进一步提升航道疏浚土的利用效率。

3) 长江口河势和滩涂稳定已面临现实威胁

在口门区域强劲风浪和潮流动力作用以及长江下泄泥沙持续减少的影响下,横沙浅滩滩面窜沟发育,高滩沙体切割、泥沙扩散,低滩缓慢冲刷,自然淤涨困难。滩势稳定、河势控制需求日渐明显,需要利用大量的沙土通过人工干预措施加以保护。而长江口深水航道疏浚土是维护横沙滩涂稳定的非常重要而经济的自然资源,机不可失,时不再来。

3.3 国外疏浚土利用的理念和案例

3.3.1 国外疏浚土利用的概况

国外主要发达国家较早就开始重视疏浚土的有益利用,并积累了较为丰富的经验。在美国,首先公认疏浚土是一种资源而不是废弃物,鼓励将疏浚土作为资源加以利用,并强调利用中的技术指导和创新实践。疏浚土在鸟类栖息地营造、湿地修复、海滩稳定性改善、土壤改良、露天矿回填覆盖等方面都有利用先例,体现出明显的经济性和环境友好性。在英国,拥有权责明晰的疏浚土管理体系和专门的疏浚土有益利用研究机构,十分注重疏浚土有益利用的技术指导和政策法规引导。疏浚土已被利用于河口海岸带泥沙环境维护、湿地修复、栖息地保护、防洪和海岸工程防护、土工管袋填充物等。20世纪50年代,日本开展了大规模的利用疏浚土围海造地工程,使得多数疏浚土得到再利用。之后,制定了一系列相应法规,并进行了一系列典型工程,确保疏浚土的综合利用,近一半的疏浚土被利用于人工生态湿地、人工海滩养护和空港工程建设(表3-3)。

表3-3 国外疏浚土利用对比

指 标	美 国	日 本	英 国
疏浚土来源及土质类别	主要来自沿海港口航道疏浚;以黏性土为主	主要来自港口航道疏浚;以黏性土和沙质土为主	主要来自沿海港口航道疏浚;以黏性土为主
疏浚土产生量和利用率	年均航道疏浚量约2亿m^3;利用率80%	港口疏浚量年均1 800万m^3,利用率约为95%	年疏浚量3 000万~4 000万m^3,利用率约为65%
疏浚土利用途径和方式	吹填造陆、改良土壤、海滩养护、湿地恢复、建筑用材	泥沙处理厂回收、港口回填、生态湿地和人工海滩养护等	防洪和海岸防护、海岸带泥沙环境维护、栖息地保护等
技术与标准方面	《疏浚与疏浚物处置工程师手册》等技术指南	《水下深坑回填指南》《疏浚土有益利用和海洋处置技术指南》等	《疏浚物有益利用指南》等
政策法规方面	疏浚土管理——今后10年行动纲领	1972伦敦公约/1996议定书,关于防止海洋污染及海上灾害的法律	1972伦敦公约/1996议定书、2007海洋工程环境影响评估法
体制机制方面	成立国家疏浚小组、地区疏浚小组等协管机构	由国土交通省统一管理疏浚物的处理	有清晰简单的管理机构和评估机构
公众意识	环保意识较强	环保意识较强	环保意识较强
相关工程案例	旧金山港区湿地恢复和老港池回填等	东京羽田国际机场吹填工程等	Wallasea岛湿地建设、Wallasea岛野生海岸工程等

总体而言,国外疏浚土利用特点如下:

(1) 利用率较高。尽管美国、英国、日本等发达国家产生的疏浚土数量不大,但其利用率普遍较高,美国可达到80%,英国达到65%,日本则高达95%,荷兰也达到了90%以上。

(2) 利用目的和方式多样化。国外发达国家疏浚土综合利用的领域十分广泛,已从大建设时期简单地用于吹填造陆、空港工程,到用于建筑材料的制作,并且向用途多样化、工艺精细化、利用工厂化的方向发展。同时,越来越注重向有利于环境和生态修复、保护方面发展,如海滩养护、营造和恢复湿地、野生动物栖息地恢复、景观美化、土壤改良、露天矿生态恢复等。

3.3.2 国外有关疏浚土利用的理念

(1) "疏浚土是一种可利用的资源"思想深入人心。发达国家疏浚土有益利用率之所以高,其根源是理念的改变,公认疏浚土不是"废弃物",而是不可再生的"资源"。因此,理念的改变导致行为的改变,引导、支持、鼓励利用疏浚土,而不是轻易地抛弃。

(2) 配套比较完整的管理机构、政策法规和技术标准。主要发达国家都建设有疏浚土利用组织管理机构,如美国专门成立国家疏浚小组、地区疏浚小组及地方规划项目组三级组织机构,英国主要由环境、食品和农村事务部负责与疏浚土利用有关的技术指导和政策制定等管理工作。而且,大多建立了疏浚土利用的相关法规和技术标准。

(3) 注重疏浚土利用方面的技术研究。自《〈防止倾倒废物及其他物质污染海洋的公约〉1996 议定书》生效后,发达国家对疏浚土外抛的控制越来越严格。虽然欧美各国、日本政府没有对具体的疏浚工程项目给予资金上的支持,但均建立了政府管理部门和研究机构,注重疏浚土利用技术及污染土处理技术的研究,研究经费由政府承担。

3.3.3 国外有关疏浚土利用的案例

3.3.3.1 新加坡重金从海外购土造陆

新加坡本身是一个没有疏浚土的国家,为围海造地增加国土面积,每年都会花费重金从邻国马来西亚、印尼甚至柬埔寨、越南和菲律宾购置沙土。

新加坡国土面积的增加主要来自成陆工程。新加坡 1965 年刚独立时,国土面积仅有 581.5 km²,2019 年已达到 722.5 km²;55 年间增加约 141 km²,比原有面积扩大约 24%,相当于每 13 年成陆 1 个澳门,是亚洲领土扩张速度最快的国家。但新加坡地势平坦,缺乏天然沙土,造陆所需沙土不得不依赖大量进口。据统计,2008—2017 年间累计进口约 4.06 亿 m³ 沙土。目前,新加坡土地规划已经制定到 2030 年,成陆总量和规模都在逐步增加。未来 10 年间,新加坡国土面积将扩大到 777 km²,即新增土地 54.5 km²,相当于一个徐汇区的土地面积。

新加坡一位政府高官表示:"我们的任务是要创造出有利于新加坡继续发展壮大的条件。"新加坡之所以致力于"扩张领土",是因为他们相信:要成为像纽约、伦敦一样的全球金融、贸易、航运、文化、服务中心,必须有相应的国土面积和人口。

由于新加坡对沙土的需求量大且逐年增加,因此,当其他国家都在储备石油、粮食等战略物资时,新加坡则对沙土进行了战略储备。几十年来,新加坡在海里和地上储备了大量沙土,保守估计有 1 亿~2 亿 m³。

上海的发展与新加坡有异曲同工之处。上海依水而生,伴水而长,根基在于长江来沙,陆域拓展长期依靠长江源源不断的泥沙淤积而成。然而,相比于新加坡每年需要花费重金大量从他国进口沙土,上海虽然有着丰富疏浚土的天然优势,却不能持续将其充分利用以形成国土空间资源。

3.3.3.2 英国 Wallasea 岛湿地修复和潮间带鸟类栖息地建造

据统计,英国约有 10% 和 5% 的疏浚土分别用于湿地修复及栖息地保护、防洪和海岸工程防护。代表性工程案例是位于 Crouch 河口的 Wallasea 岛湿地修复和 Wallasea 岛潮间带鸟类栖息地建造(图 3-7)。该工程项目充分利用 Harwich 港进港航道疏浚土(颗粒细、不含高浓度污染物),重建了一片对鸟类具有重要意义的海滨湿地、滩涂和盐沼的区域。

3.3.3.3 美国 Poplar 岛栖息地修复

Poplar 岛位于华盛顿特区的 Chesapeake 海湾。由于长期受到海浪海潮影响,该岛海岸线约以 4.5 m/年的速度侵蚀后退,按此速度 20 世纪末该岛将消失。有关部门于 1994 年决定实施修复工程。修复工程由 Maryland 港务局、USACE 和美国鱼类及野生动物服务中心联合承担,被列入国家野

(a) Wallasea岛地理位置　　(b) 港口疏浚土回填岛屿

(c) Wallasea岛湿地修复面貌　　(d) Wallasea生态岛未来愿景

图 3-7　英国疏浚土用于 Wallasea 岛湿地修复的工程案例

生动植物栖息地恢复和疏浚土有益利用示范工程。该修复工程主要是通过利用来自 Baltimore 港航道的疏浚物回填来恢复其原貌。由图 3-8 可知，修复后，Poplar 岛陆域面积明显扩大且不受侵蚀威胁，已成为野生动植物栖息地和湿地，明显改善了当地生态环境。

(a) 修复前　　(b) 修复后

图 3-8　疏浚物用于 Poplar 岛栖息地修复前后对比

3.3.3.4　美国 Jetty 岛海滩养护

Jetty 岛位于 Possession 海湾。Jetty 岛海滩养护工程（图 3-9）是由 USACE 结合 Everett 港口航道疏浚任务所承担的疏浚物有益利用项目。USACE 在 1989—1990 年间共使用约 25 万 m^3 疏浚土修建海岸堤坝，1998 年利用约 18 万 m^3 疏浚土吹填修复海滩，2007 年再吹填约 2 万 m^3 疏浚土进行海滩维护。目前 Jetty 岛海滩已成为野生动植物的栖息地和城市居民休闲场所。

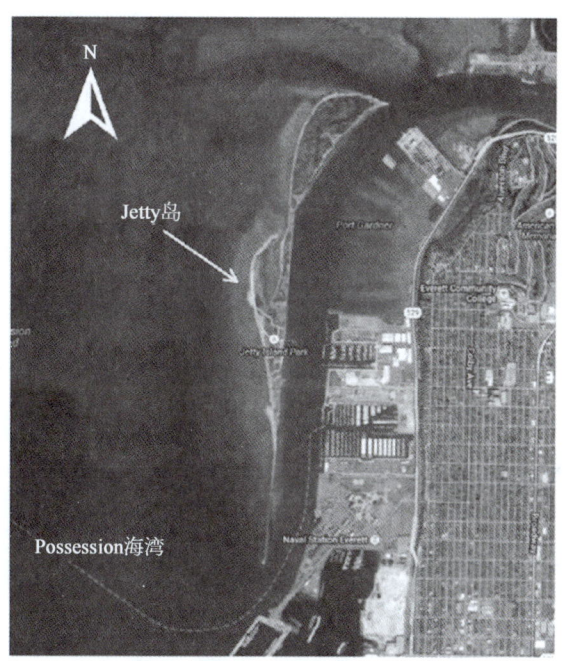

图 3-9　Jetty 岛利用疏浚物进行海滩养护

3.3.3.5　日本三河湾铺砂工程

三河湾有 2 个深坑，一个位于东部御津地区（46.8 hm^2，140 万 m^3），另一个位于西部大塚地区（69.4 hm^2，180 万 m^3）。这些深坑形成的缺氧区容易引发苦潮现象。三河湾地区是日本短脖蛤的重要产地，2001 年和 2002 年发生的苦潮现象导致水生生物大量死亡，短脖蛤数量减少。1998—2004 年利用中山水道 620 万 m^3 航道疏浚土对三河湾地区 39 场所进行覆砂（图 3-10），面积 620 万 hm^2，厚度 1 m。监测结果表明，覆砂后水域环境明显改善，水中溶解氧浓度明显升高，底层化学需氧量值明显降低，回填 100% 后，底栖生物种类和数量明显增加，短脖蛤恢复生长。目前，深坑已结束回填，进行表面覆土、覆砂工作。从经济效益角度，御津地区 1 年后就可回收填坑覆砂成本，大塚地区 4 年后可回收成本。

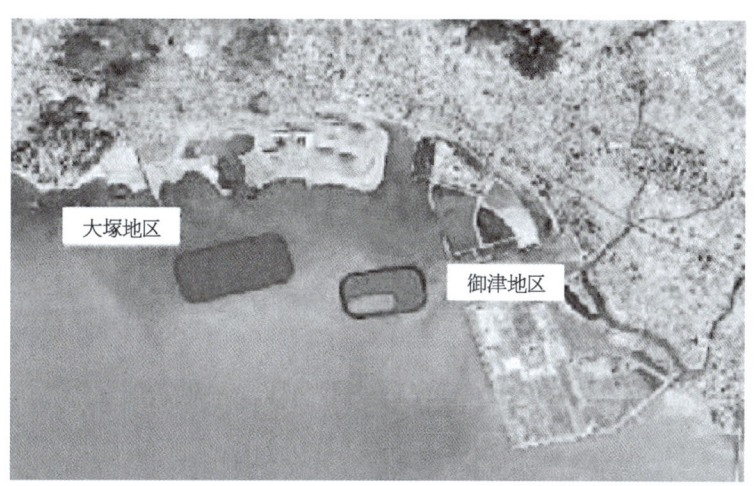

图 3-10　三河湾铺砂工程位置

3.3.3.6　日本广岛港五日市地区人工海滩工程

五日市地区原有海滩被围海造地后，自然海滩消失，现在为恢复生态环境，在原有海滩旁进行人工造滩。在防波堤和人工潜堤内填入疏浚土实施造滩工程,该工程分为两个阶段:一期工程(图3-11)已于1990年竣工,但因未做地基,导致地面沉降;二期工程于2001年开工,主要利用山体砂石进行表层覆盖。同时,利用防波堤和人工潜堤改善流态,以期河流泥沙通过自然补给的方式来弥补表层砂的流失。在确定防波堤高程时,考虑了满足高水位时水鸟可以在防波堤上休息的要求。经过20年的观察,水生生物量有所增加,水质明显改善。

(a) 竣工后　　　　　　　　　　　　　　(a) 竣工10年

图 3-11　五日市人工海滩一期工程

3.4　长江口航道疏浚土利用的原则和方向

3.4.1　长江口航道疏浚土利用的原则

(1) 科学性原则。长江口航道疏浚土利用必须在科学理论的指导下,运用科学思维的方法,遵循科学决策的程序。利用方案的制定需考虑前期信息的全面准确,对疏浚土利用趋势预测的科学及时,因地制宜确定疏浚土利用方向,制定全面的利用方案,并充分论证,制定步骤清晰的实施方案,明确相关责任并及时反馈相关利用效果。

(2) 合理性原则。疏浚土资源同其他自然资源类似,具有有限性、稀缺性等特征,需要通过合理规划、合理利用,实现资源的持续再生、有序开发和科学利用,为后续社会和经济持续发展预留空间,包括有计划地节约利用疏浚土资源,保护和改善可再生资源,维持现有环境品质。

(3) 生态化原则。长江口航道疏浚土是宝贵的自然资源,本身又是清洁疏浚物,对于它的利用也要符合生态的需要,避免污染环境,同时,能为提升生态质量发挥作用。国外非常重视疏浚土的生态化利用,如改善滩涂稳定性、修复湿地、营造鸟类栖息地、改良土壤、回填覆盖露天矿等,体现出明显的环境友好性。

(4) 经济性原则。从宏观上看,在疏浚土利用的过程中,要通过技术的实施能使疏浚土得到最合理的配置和最有效的利用,选择与社会诸方面摩擦最小的方法和技术来使一定的社会效益得到实现和提高;从微观上看,在疏浚土利用的诸多方案中,通过经济性比选,选择以最小的代价取得最大的经济效益的方案。

3.4.2　长江口航道疏浚土利用的方向

鉴于长江口航道疏浚土的资源属性和上述特点,应该加以充分利用,可利用的方向如下:

（1）稳固滩涂边界。疏浚土吹填滩涂，可以充实滩面，稳固边界，起到保障周边河势稳定的作用。

（2）培育生态滩面。疏浚土上滩，可以抬高滩面基底，为植被生长提供有利条件。还可以营造和恢复湿地和野生动物栖息地，美化景观，改良土壤等。

（3）预留战略空间。滩涂历来是我国重要的后备土地资源和战略空间资源，在确保生态环境不受侵扰、生态质量得到提升的前提下，利用疏浚土，拓展滩涂，吹填造陆，可以为国家和地方的经济和社会发展带来积极的作用。

（4）拓展工程利用。如超深港口工程、建筑材料等。

3.5 长江口航道疏浚土用于横沙浅滩保滩护岸

当前，横沙浅滩区域汇集了滩涂保护、生态品质提升等多方需求，是探索航道疏浚土用于滩涂保护和生态品质提升的最佳区域。因此，应当在横沙浅滩保沙固滩基础上，开展滩涂生态优化建设，积极推动疏浚土资源化利用，远近结合、联动发展，建立适宜于长江口区域的"生态优先、绿色发展"双赢实践模式。

3.5.1 横沙浅滩保滩护岸对疏浚土资源的需求

根据长江口整治规划说明，滩涂整治包括固沙护滩。固沙护滩离不开基底和护围等工程，这些工程需要用到沙土。

滩涂整治对沙土资源有着十分强烈的依赖。长江口航道疏浚土是横沙滩涂整治十分理想的沙土资源。

3.5.2 长江口航道疏浚土用于横沙浅滩保滩护岸的优势

1）减少疏浚土外抛造成的资源浪费

据统计，自1998年长江口深水航道治理工程开工至2015年的18年间，长江口航道疏浚土总量达到了9.3亿 m^3，其中66%被直接抛海，34%进入开敞式吹泥站，上滩利用率仅为25.9%。18年间，疏浚土总的外抛量达6.89亿 m^3。大量疏浚土直接外抛，造成资源浪费，同时疏浚土抛海后扩散，会增加航道回淤量、工程维护量和疏浚费用。

在长江口来沙减少的背景下，疏浚土成为稀缺资源，疏浚土用于横沙保育，可提高疏浚土资源利用率，减少疏浚土外抛带来的影响，避免疏浚土回槽增加航道维护量。

2）疏浚土资源供应稳定

目前，长江口深水航道已经建成，每年维护疏浚量为6 000万 m^3 左右；南槽6.0 m航道治理工程计划于2020年6月交工，试通航1年后，至2021年6月竣工。根据相关估算，其基建疏浚工程量约为566万 m^3，年维护疏浚工程量约760万 m^3。随着长江口航道体系建设完善，未来将逐步开展北港航道工程建设，届时还将产生更大的疏浚土基建量和疏浚土维护量。横沙浅滩保育需要大量的泥沙土源，而长江口航道的不断发展，将成为其最稳定、最充足的土源供应。

3）疏浚土就近上滩，成本低、效率高

横沙浅滩南临长江口深水航道，在坝田区已有储泥坑的基础上，新设吹泥站储泥坑，通过优化安排形成联动，长江口航道疏浚土在横沙浅滩可实现就近上滩。长江口航道疏浚土用于横沙浅滩保育，疏浚区域距离上滩区域较近,疏浚土平均运距短,施工工艺可采用耙吸船＋绞吸船的挖运抛吹工艺,工艺成熟、效率高,现有船机设备可满足要求,无须额外配置,疏浚土上滩流失率较低,整体成本低,施工船机通航影响小。

4）疏浚土与浅滩泥沙隶属同一水沙体系,生态环境风险小

在河口地区,不同动植物群落需适应于不同滩涂高程下的盐沼环境。滩地的连续性越强、高程梯度和缓,对维护生物多样性越有利。横沙浅滩受自然环境影响,长期以来滩面基本都在 0 m 水深以下,植被难以生长,区域的生物物种极为有限。从河口生态链与各高程滩涂间的需求响应关系出发,亟须营造高-中-低潮滩合理配比且有序衔接、生境丰富的生态基底。

长江来沙为长江口滩涂淤长和生态发展创造了必不可少的物质基础。长江口航道疏浚土与横沙滩涂泥沙属同一水沙体系沉积物,疏浚土上滩利用不会带来外来物种入侵的风险。洁净土源为滩涂生态发育提供生态基底,不会带来土质污染风险。总体而言,用于横沙浅滩保育,航道疏浚土与其他来源的泥沙土源相比,生态环境风险更小,土质更安全。

5）疏浚土上滩生态化利用,航道维护与滩涂发展互补共赢

横沙滩涂拥有非常好的区位优势,作为长江出海口的桥头堡,通江达海,可满足江海联运的紧迫要求。当前,在长江口新水沙环境下,横沙浅滩受到侵蚀,滩涂形态难以自行优化,并将面临进一步萎缩退化的危险。侵蚀是滩涂损失退化的重要因素,对滩涂基底的不可逆转性改造是滩涂生态系统不稳定的主要原因。结合横沙浅滩侵蚀防控、滩涂保育的需求,将长江口航道疏浚土资源予以生态化利用,可实现航道维护与滩涂发展的共赢,既解决长江口航道疏浚土处置问题,又可提升河口滩涂的生态质量。

3.5.3　长江口航道疏浚土上滩利用与外抛入海效果对比

3.5.3.1　疏浚土资源上滩利用的效益

对照横沙东滩的实践和成果,对长江口深水航道疏浚土资源上滩利用的效果进行科学、合理的分析。

水利部和交通运输部 2020 年 9 月 30 日发布《关于加强长江干流河道疏浚砂综合利用管理工作的指导意见》,文中指出"水利和交通运输部门联合在长江口、荆州等地开展了长江航道疏浚砂上岸综合试点,在一定程度上缓解了砂石供需矛盾,取得了良好效益",肯定了长江口航道疏浚土资源化利用上所取得的成效。

1）生态效益

利用航道疏浚土上滩成陆后,横沙东滩大幅增加了上海的生态容量,是上海践行长江大保护战略的典型案例。

横沙浅滩充分利用航道疏浚土开展生态保滩护岸工程,将形成高-中-低滩有序衔接的生态滩面,为河口不同类型植被提供生长环境,也成为底栖类、浮游类、爬行类动物、鸟类等动物的繁殖、栖息、迁徙、越冬的场所,整个横沙浅滩区域生态多样性、物种多样性和初级生产力也将会进一步增加,从而使上海的生态容量得到更加显著的增加。

2）经济效益

经统计,在横沙东滩已经实施的七期、八期工程航道疏浚土资源化利用带来的直接经济效益为 105.11 亿元,包括：经财务部门审核确认的相关单位增收节支直接经济效益 84.51 亿元、疏浚维护总节约成本 20.6 亿元。

横沙东滩七期、八期工程为上海提供土地 56 km²,相当于新黄浦区加上新静安区的面积,5 年规模比以往 18 年还多 6 km²。以上海市发改委批复的工可,按 30 万元/亩计,间接经济效益为 251.4 亿元;以中船科技 2019 年公告拟出让的长兴岛某工业用地,按 50.6 万元/亩计,间接经济效益为 424 亿元。

经测算,如将航道疏浚土充分利用于横沙浅滩保滩护岸工程,可为上海新增土地面积约 303 km² (454 500 亩),以横沙东滩的现值计,按 30 万元/亩或 50.6 万元/亩计算,预期可产生间接经济效益 1 363.5 亿～2 299.77 亿元,潜在的经济价值将会更大。

3) 社会效益

新横沙位于我国海岸线中区与长江黄金水道 T 形交汇处,蕴藏着丰富的资源。疏浚土上滩形成生态陆域,同时可获得近百千米深水岸线,并可建设 20 m 的超深航道,有利于进一步提升国际航运中心的能级,将为上海和整个长三角未来发展带来新机遇,为我国实施重大发展战略预留新空间。

利用疏浚土成陆还有利于上海城市总体布局规划的调整,有利于疏解人口、交通和环境压力,有利于弥补建设用地紧缺,有利于产业布局调整和新产业的发展,有利于上海卓越全球城市的建设。

3.5.3.2 疏浚土外抛入海产生的后果

1) 疏浚土抛海浪费自然资源

疏浚土是不可再生的自然资源,也是可以利用的宝贵资源。发达国家大多重视疏浚土的资源属性,并利用于多个领域、多种场合。一些缺乏疏浚土的国家为了造地增加陆域,甚至不惜重金从国外进口疏浚土。

长江口虽然有着丰富的航道疏浚土资源,但受制于长江流域的各类工程和措施,河口的来沙量持续减少,航道疏浚土的总量也会相应减少。因此,将疏浚土视为废弃物外抛入海,实在是对自然资源的浪费。

2) 疏浚土抛海影响海洋环境

长江口设有海洋倾倒区用于容纳航道疏浚土的外抛。倾倒区的设立说明国家对疏浚土抛海是实行严格管控的,这从一个侧面反映了疏浚土抛海对海洋环境存在的威胁。

疏浚土大量外抛入海,势必影响浮游生物、鱼卵、仔鱼、底栖生物和游泳生物的生长发育,影响海洋生态环境。

3.6 小结

长江口深水航道治理和维护以来,疏浚土的处置主要采取了两种方式:外抛和上滩利用。近年来,疏浚土资源有效利用水平有所提高,尤其是横沙东滩工程对疏浚土的利用,堪称多赢的典范。但是该工程于 2020 年全面完工,后续长江口深水航道维护产生的疏浚土该如何处置,亟须立即制定规划,加以指引。

据此,提出长江口航道疏浚土资源利用的必要性和紧迫性。必要性主要包括:落实长江大保护等国家战略,维护长江口滩涂和河势稳定,提升长江口生态品质,为国家和城市发展预留战略空间。紧迫性主要包括:疏浚土资源日益稀缺,疏浚土外抛影响大,长江口滩涂和河势稳定已面临现实威胁。

在长江下泄泥沙逐渐减少的背景下,长江口航道每年维护产生的巨量疏浚土是可被利用的宝贵沙源。

通过借鉴国外疏浚土利用的经验，提出长江口航道疏浚土后续利用的方向，即贯彻长江大保护的要求，资源化利用长江口航道疏浚土于横沙浅滩，保滩护岸，生态塑造，适时成陆，为未来国家发展战略留白。

横沙浅滩毗邻北槽航道高疏浚维护区段，利用疏浚土吹填上滩，对处于侵蚀环境下的滩面实施泥沙补偿，既可缓解滩面侵蚀，还可在较长时间内逐步培植生态空间、优化滩涂生态环境。

横沙浅滩区域可成为集疏浚土利用、滩涂生态优化、战略空间预留于一身，实现多方共赢共利的区域。

4 利用疏浚土开展横沙浅滩保滩护岸工程

4.1 横沙浅滩保滩护岸的总体构想

横沙浅滩位于北港和北槽深水航道之间,也位于海洋、陆地、河流三大生态系统交汇地带。受长江流域来沙持续减少影响,横沙浅滩已呈现侵蚀态势,任其发展,将直接影响滩涂结构、河势稳定以及生物资源分布。在此背景下,利用长江口深水航道疏浚土采取一系列保滩护岸措施并合理提升滩涂生态品质,对于稳定河势、维持河口生态系统健康与平衡是非常必要的。

4.1.1 横沙浅滩保滩护岸的目的

横沙浅滩保滩护岸的目的在于:防止横沙浅滩窜沟进一步发育,控制滩涂侵蚀,保持滩体稳定和周边河势稳定;同时,充分利用长江口航道疏浚土上滩塑造生态基底。

保滩护岸工程的实施,近期用于解决横沙滩涂侵蚀、周边河势稳定受到威胁等难题,远期可实现长江口航道疏浚土资源化的长效利用,并为国家和上海未来发展预留战略空间。

4.1.2 横沙浅滩保滩护岸的对策

1) 固滩稳槽对策

根据横沙浅滩滩槽水沙运动特性,在流域泥沙供给不足背景下,北港-横沙浅滩-北槽间的漫滩水沙交换作用,横沙滩面和北槽下口水体"顺时针"的净输运循环作用均是造成横沙浅滩侵蚀加剧和北槽航道高回淤的重要因素。因此,需采取工程措施切断或减弱滩槽水沙的交换与循环作用。具体措施包括:

(1) 外延横沙大道,控制北槽与浅滩间的水沙交换,降低北槽上层较清水体越堤对浅滩的冲刷侵蚀。

(2) 实施浅滩护滩,控制北港落潮流漫滩侵蚀滩面,控制涨潮流加剧窜沟发育,同时,削弱滩面高含沙水体出、低含沙水体进的循环模式。

2) 滩涂生态优化对策

借鉴横沙东滩工程区域整治过程经验,可通过合理的人工工程,塑造生态基底、营造生态滩面,构筑所需的不同生境。从培育长江口优质潮滩的需求看,滩面高程决定着水淹程度、风浪大小、滩面沉积物和地形冲淤强度,将直接影响各种潮滩湿地植物的生存条件和动物的栖息环境。

营造生态滩面,需具备从高程+3.0 m以浅至0 m的滩地环境。可依托横沙大道外延工程和浅滩护滩工程,就近利用长江口深水航道疏浚土资源上滩,构筑高-中-低滩有序衔接的生态滩面。

概言之,横沙浅滩保滩护岸的对策就是在横沙浅滩实施人工干预的三大工程,包括:横沙大道外延工程、横沙浅滩护滩工程以及生态基底塑造工程。

4.1.3 横沙浅滩保滩护岸的工程措施

横沙浅滩滩面高程过低,缺乏必要基底,常年处于淹水环境之中,自我淤高能力有限。必须通过人工干预才能实现保滩护岸的目的。

以问题导向和需求导向为目标,借鉴横沙东滩的经验,横沙浅滩保滩护岸的工程措施包括三大工程,即横沙大道外延工程、横沙浅滩护滩工程、生态基底塑造工程。

横沙大道外延工程作用在于防潮防灾、保障横沙浅滩的滩涂稳定,掩护和依托横沙浅滩护滩工程和生态基底塑造工程。

横沙浅滩护滩工程作用在于减缓滩面水动力,与横沙大道外延工程协同提高疏浚土上滩利用率,促进浅滩滩面的淤涨,加速生态基底的形成。

生态基底塑造工程作用在于培育高-中-低滩有序衔接的新滩面,为后续成陆奠定基础。

4.2 研究中采用的数学模型和物理模型

为了论证保滩护岸工程的必要性、合理性、科学性,本研究采用了数学模型分析和物理模型试验的方法,并发挥多家机构参研的优势,实施了平行研究。

4.2.1 数学模型

4.2.1.1 上航院长江口三维潮流泥沙数学模型

中交上海航道勘察设计研究院(简称"上航院")在本研究中采用了经多年自主开发建立的三维潮流泥沙数学模型 SHIWM-3D。该模型经过了大量验证,并多次应用于长江河口水动力泥沙项目研究。针对本次疏浚土上滩扩散研究需求,新开发了滩涂泥沙扩散和落淤模块。

该数学模型水平方向采用非正交曲线网格,垂直方向采用 σ 坐标,计算网格可细致刻画河口区域较为复杂的岸线及水深地形(图 4-1)。

垂向湍流闭合方案采用 Mellor-Yamada 2.5 阶湍流闭合方程。泥沙的平流过程计算采用 HSIMT-TVD 算法,可有效提高计算的精度和稳定性。根据泥沙粒径、泥沙浓度和水体温度、盐度等条件计算泥沙沉降速度,准确刻画河口泥沙的垂向运动特征。

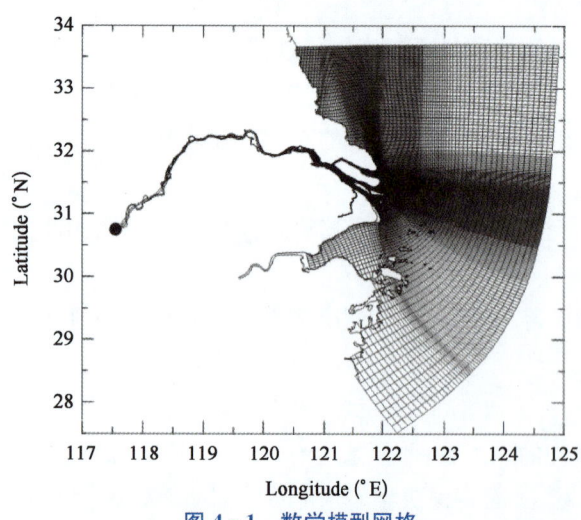

图 4-1 数学模型网格

为了准确反映工程区的潮流场,模型网格很好地拟合了长江口北槽航道工程和长江口自然岸线,并在北槽区域局部加密,计算网格单元为 447×269,垂线分 10 层,时间步长采用变时间步长,为 5~10 s。

为保证模型精度,本次研究工作开展之前,采用长江口 2017 年 2 月(枯季)水文测验资料进行模型率定,采用2017年7月(洪季)水文测验成果进行验证。同时,为保证模型能够较好地模拟长江口12.5 m深水航道回淤分布,模型对2017年长江口12.5 m深水航道回淤分布进行了验证(表4-1)。在此基础上,采用长江口2018年11月大范围地形、多年平均落潮流量开展本次研究模拟工作。

表4-1 数模验证试验边界条件

验 证	时 段	边界条件	
		径 流	风 场
枯季潮位、潮流、盐度、含沙量验证	2017年2月	大通实测,约14 000 m^3/s	ECMWF风场
洪季潮位、潮流、盐度、含沙量验证	2017年7月	大通实测,约55 800 m^3/s	ECMWF风场
长江口12.5 m深水航道年回淤量验证	2017年回淤总量	洪枯季平均流量	—

4.2.1.2 南科院长江口二维潮流泥沙模型

南京水利科学研究院(简称"南科院")的数值模拟采用该研究院编制的"南科院河口海岸潮流泥沙数值模拟系统"(NHRI_RECO_CS V2012.1),该软件系统的编制符合《海岸与河口潮流泥沙模拟技术规程》(JTS/T 231-2—2010)及相关现行行业标准的规定,2012年取得国家软件著作权登记,2013年通过中国工程建设标准化协会水运专业委员会组织的软件鉴定,并纳入"水运工程计算机软件登记"。

该数学模型采用嵌套模型计算方式。大模型为中国近海模型,嵌套模型为长江口近海模型,长江口近海模型的边界条件由中国近海模型提供。整个模型采用三角形网格作为计算单元,网格总数为271 156个,最小网格边长约为244 m,最大网格边长约为28 598 m。

长江口近海模型包括整个长江口和杭州湾在内。模型东西总长约51 km,南北总宽约21 km。模型采用三角形网格(网格划分参见图4-2),共计划分单元78 146个,节点总数42 015个,最小网格边长约100 m,最大网格边长约为18 800 m。

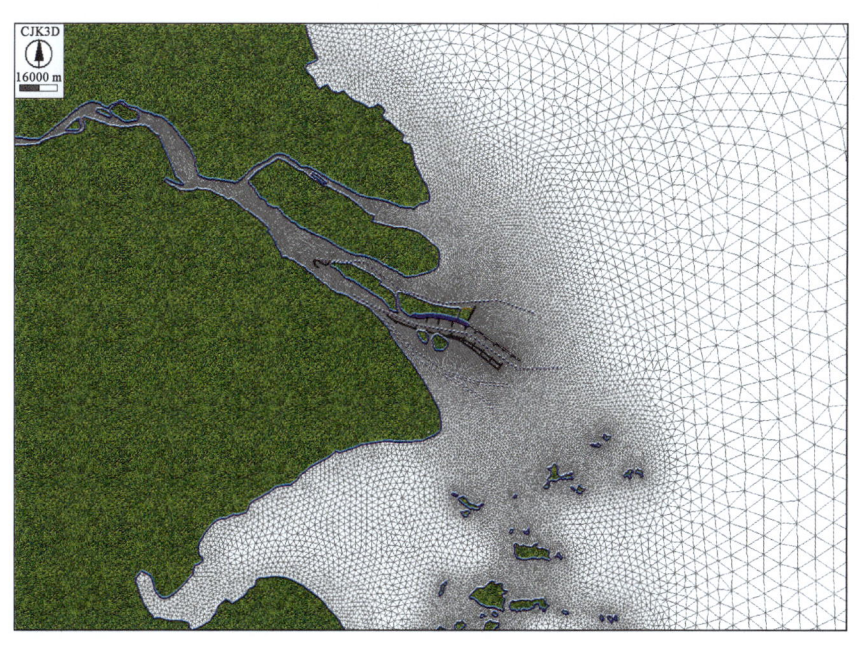

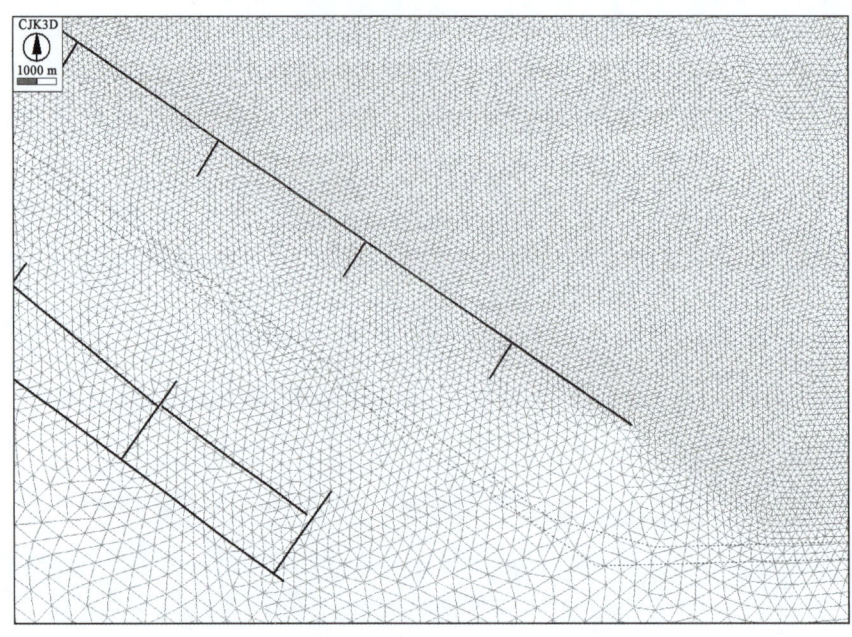

图 4-2　长江口横沙东滩模型局部网格示意

该数值模拟系统先后成功应用于长江口深水航道治理、减淤等众多工程的多个阶段研究,研究成果均成功应用于工程设计和施工管理中。

本次研究,模型长江口江阴至口外 20 m 等深线范围内地形采用 2016 年实测地形,江阴以上至大通地形采用概化地形,其余地形采用最新海图拼接。

模型采用 2016 年 7 月 21—22 日长江口实测同步水文资料进行验证,潮位站及验证点如图 4-3 所示。

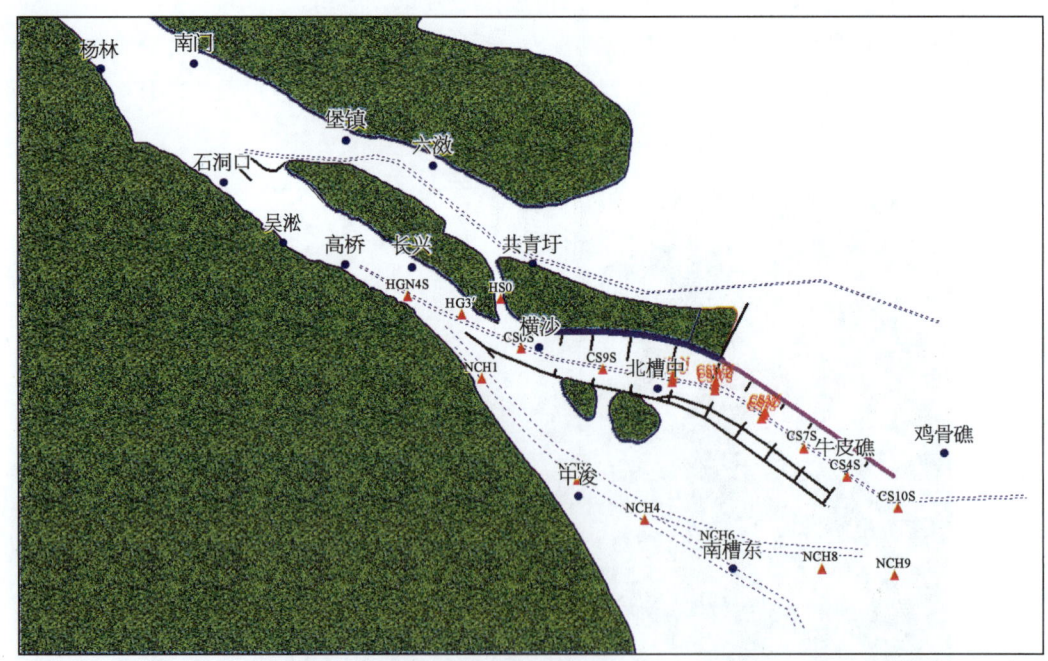

图 4-3　长江口潮位站及验证点位

4.2.1.3　河口中心三维水沙模型

上海河口海岸科学研究中心(简称"河口中心")采用三维数学模型(SWEM3D)基于无结构网格,

采用有限体积法离散三维浅水方程及物质输运方程,具有很好的复杂边界适应能力和质量守恒性。流场动量方程的对流项计算采用了欧拉-拉格朗日法追踪,使计算在理论上具有无条件稳定的特征,提高计算效率,以满足复杂河段水沙数值模拟研究需要。

本次三维水沙模型有 71 794 个网格节点,140 280 个网格单元(图 4-4)。模型计算步长:100 s,追踪分步长为 2~20 步;垂向分层:6 层;干滩最小水深取为 0.01 m;水平向大涡模拟计算参数取值为 0.1。

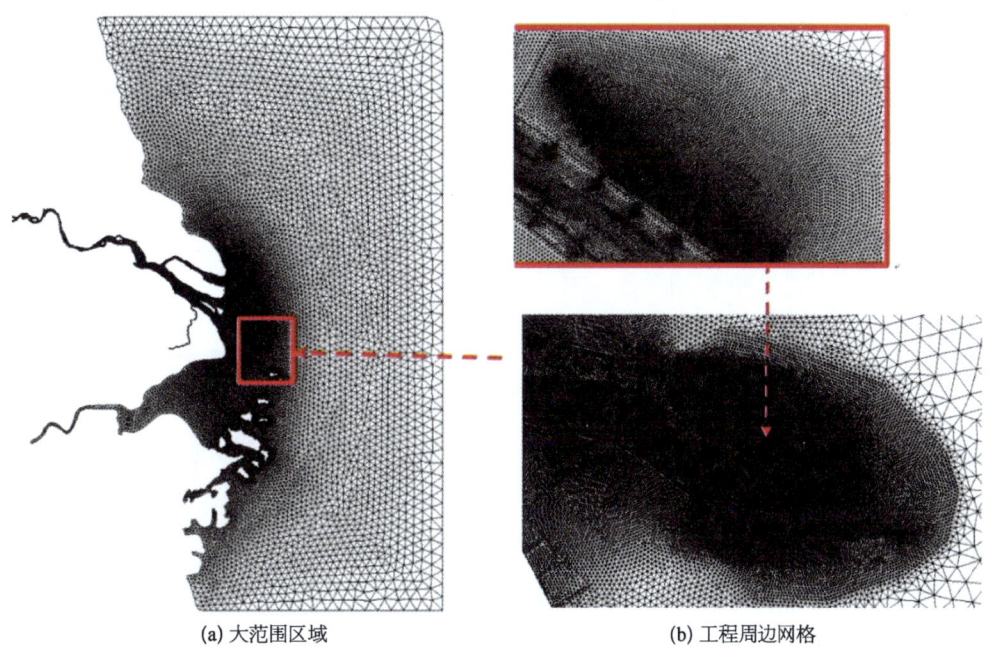

图 4-4 模型计算网格

模型采用 2016 年 7 月观测结果用于模型率定,2016 年 10 月观测成果用于模型验证。模型率定验证点位如图 4-5 所示。

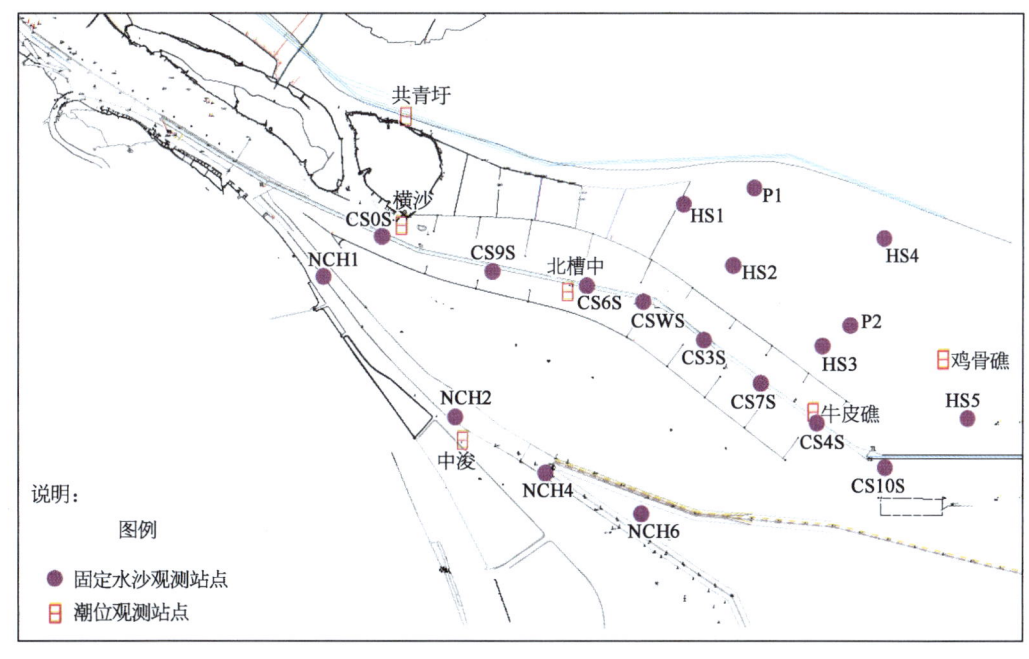

图 4-5 模型率定验证点位示意

4.2.1.4 上勘院动力地貌模型

上海勘测设计研究院(简称"上勘院")采用丹麦水力研究所(DHI)研发的 MIKE 21 软件建立长江口二维动力地貌数学模型(图 4-6)。水动力基于 FM 模型提供,泥沙沉降和悬浮过程以及床面变形过程在 MT 模块中实现,且在 MT 模块中将黏性泥沙和非黏性泥沙区别处理。

模型采用三角形网格对模型区域进行剖分,准确贴合复杂多变的岸线、岛屿及工程平面布置方案(图 4-7)。外海区域的网格边长较大,对本次研究关注的横沙浅滩及周边区域的网格进行局部加密(图 4-8)。模型区域的大小足以忽略边界条件对本研究关注的横沙浅滩区域地貌演变模拟可能产生的影响。

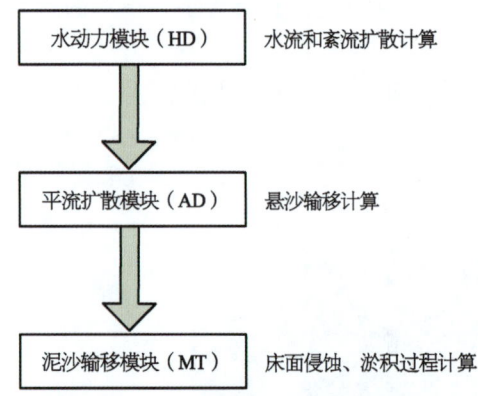

图 4-6 MIKE 21 Mud Transport Model 计算流程

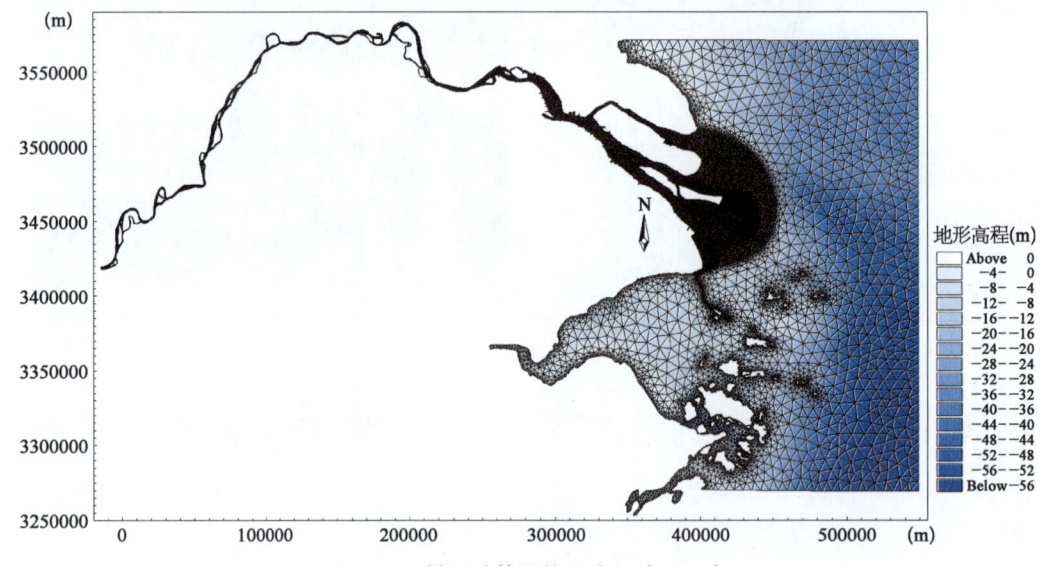

图 4-7 模型计算网格及水下地形示意

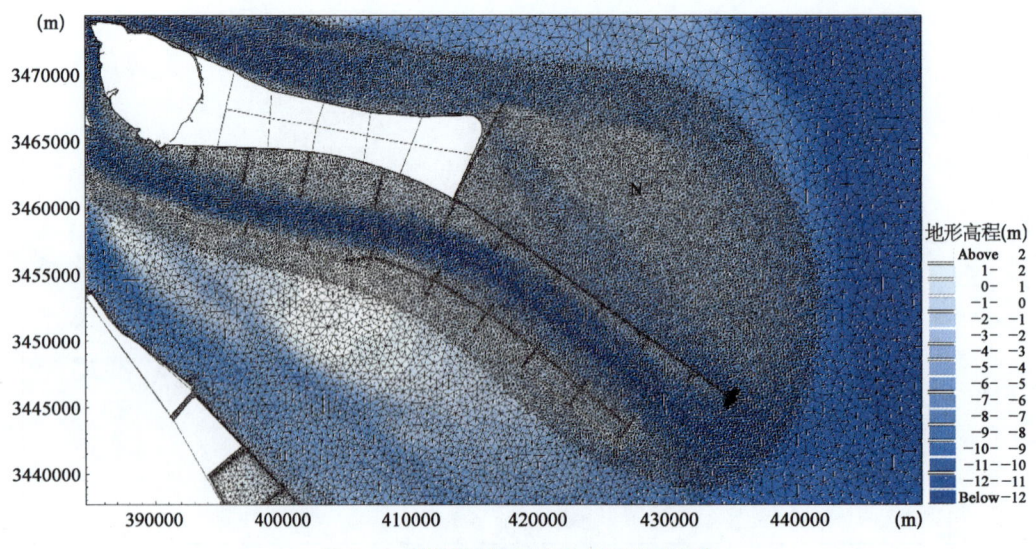

图 4-8 模型局部网格及水下地形示意

模型率定验证地形:根据计算时段采用不同年份的长江口及杭州湾地形测图。模型方案计算地形:工程附近区域采用 2017 年长江口地形测图。

4.2.1.5 环科院水质模型

上海市环境科学研究院(简称"环科院")构建了长江口三维水动力水质数学模型,该模型基于 DHI 的 MIKE 3 软件建立长江口杭州湾三维水动力模型,再在此基础上构建长江口多形态氮磷迁移转化水质模型,从而对本项目三大工程的水质影响进行模拟预测,分析评价本项目三大工程实施对长江口水质浓度场分布、附近敏感水域的水质影响,为长江河口湿地生态和水源地的水环境保护提供对策依据。

1) 水动力模型

基于 DHI 的 MIKE 3 软件建立的长江口杭州湾三维水动力模型,模型计算区域覆盖长江河口、杭州湾以及毗邻海域。模型上游开边界到达安徽大通水文站,外海东边界离岸约 300 km。

模型网格的三角形单元数为 46 166,节点数为 24 643。模型网格分辨率在河口区域较高,南北支、南北港等主要河道分辨率约 400 m,外海区域较低,外海开边界处分辨率约 10 km。模型在长江河口区域进行了局部加密,针对项目工程采用 MIKE 3 中的水工结构物功能进行模拟。模型网格垂向均匀分为三层(图 4-9)。

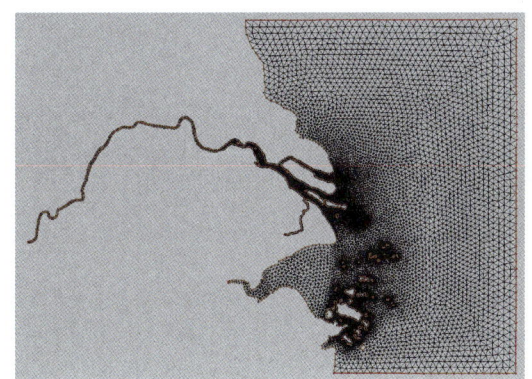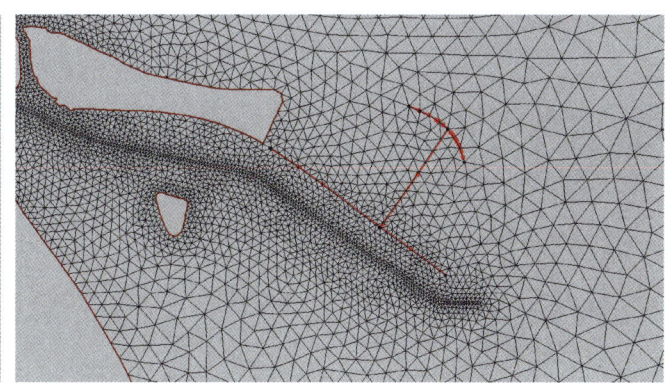

图 4-9 长江口模型范围示意

以 2002 年、2014 年长江河口区的潮位资料以及碧海项目夏季航次(2005 年 7 月 6—15 日)在长江口及毗邻海域(图 4-10)进行的准同步观测资料对模型进行了验证,结果表明,该模型具有较高精度,能较好地模拟出河口潮位和潮流的涨落潮变化。

2) 多形态氮磷迁移转化水质模型

基于 MIKE 的 ECOLab 开放平台建立一个水质过程较为完整全面的三维氮磷营养盐迁移转化模型。ECOLab 是 MIKE 系列软件中模拟水质变化过程的一个强大工具,它是 DHI 在传统的水质模型概念发展起来的全新的水质和生态模拟工具。

水体中氮磷营养盐的主要循环过程较为复杂,不同形态间的氮磷营养盐与浮游植物、浮游动物、底泥间的迁移转化过程如图 4-11 和图 4-12 所示。

环科院开发的氮磷迁移转化模块,除了考虑其对流扩散过程外,针对不同形态(颗粒态、溶解态)的氮、磷污染物,还考虑了沉降和再悬浮过程、吸附解吸附过程、水解和矿化过程、植物吸收和代谢过程、硝化和反硝化过程等迁移转化过程。变量包括:溶解氧、温度、悬浮颗粒物(SS)以及氮磷营养盐等。

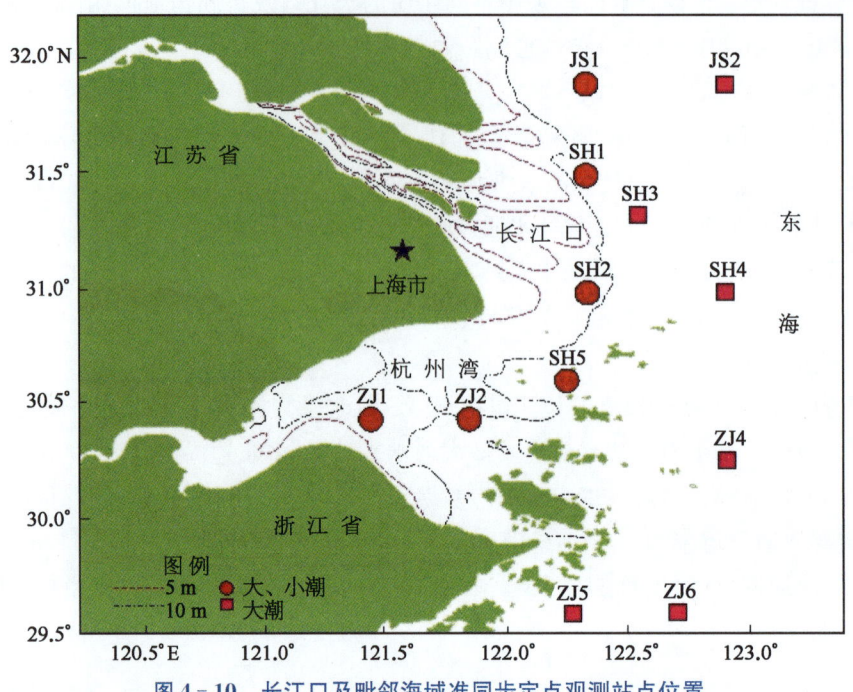

图 4-10 长江口及毗邻海域准同步定点观测站点位置

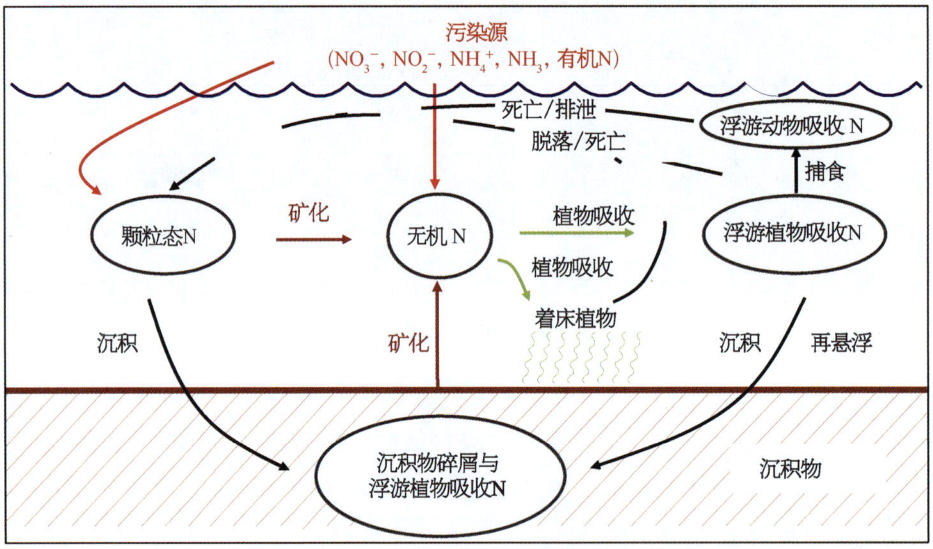

图 4-11 氮的迁移转化过程示意

氮磷迁移转化模块涉及的主要过程简要如下：

对于氮的迁移转化过程，模型除了考虑对流扩散过程外，还考虑了沉降和再悬浮过程、水解和矿化过程、植物吸收和代谢过程、硝化和反硝化过程，如图 4-13 所示。

对于磷的迁移转化过程，模型考虑的物理生物化学过程大体与氮的循环过程相近，也考虑了磷的对流扩散过程、沉降和再悬浮过程、水解和矿化过程、植物吸收和代谢过程，此外还考虑了颗粒态磷的吸附解吸附过程，如图 4-14 所示。

对 2012 年、2014 年 3 月和 10 月以及 2017 年 1—12 月的长江口氨氮、总氮、总磷水质指标进行验证，结果为：各断面水质指标模拟结果总体与实测结果较为一致，表明所建立的氮磷迁移转化模型能

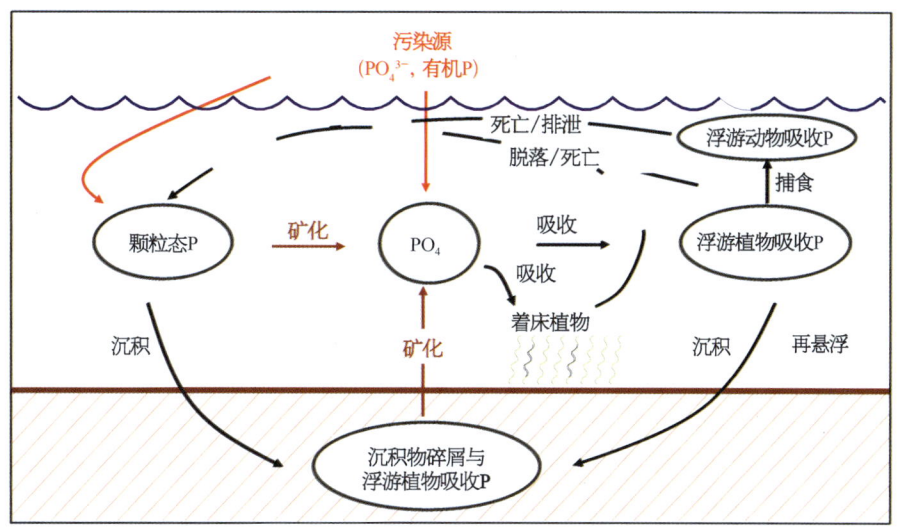

图 4‑12 磷的迁移转化过程示意

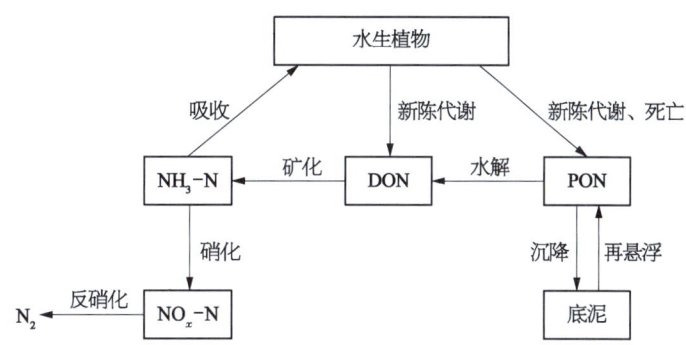

图 4‑13 模型不同形态氮的迁移转化示意

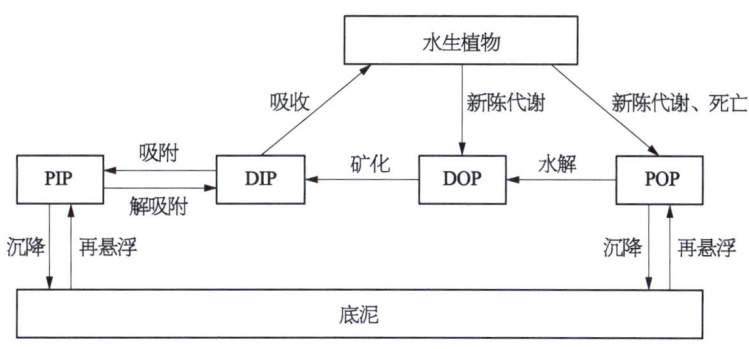

图 4‑14 模型不同形态磷的迁移转化示意

较好地模拟出长江口水质状况。

4.2.2 物理模型

4.2.2.1 南科院物理模型

南科院物理模型试验利用长江口整体物理模型,该模型长 108 m、宽 34 m,北端外接有长约 40 m 的室外棚及 200 m 长的扭曲水道(图 4‑15)。

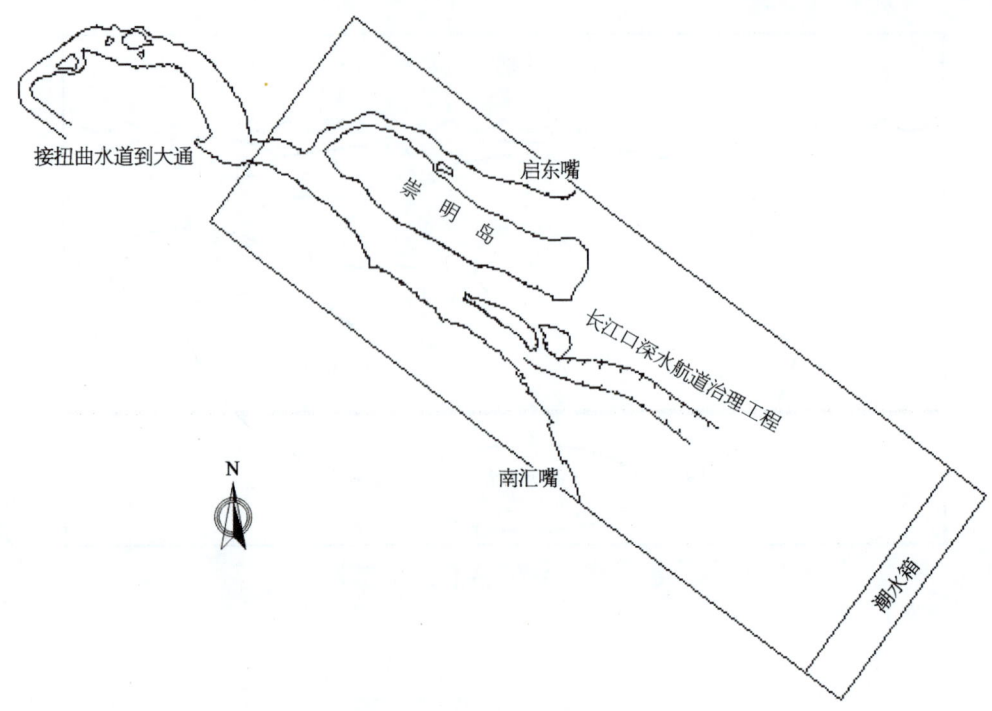

图 4-15 长江口整体物理模型示意

模型上游有效地形至南通天生港,通过扭曲水道连接到长江口潮区界(安徽大通)。模型南边界至南汇嘴附近,北边界位于北支口启东嘴。模型外海边界至口外约 30 m 水深处。

1) 模型相似比尺

根据相似性基本准则,动床模型需满足水流运动、泥沙运动和河床变形等相似条件。根据潮汐水流河工模型相似理论,为使模型水流运动达到与原体水流运动相似,应满足下列相似条件:水流重力相似、水流阻力相似、水流运动时间相似和水流运动连续性相似等。

模型沙选择是动床模型试验中的一个关键因素。对于以冲刷为主的动床模型,必须满足启动相似条件;对于以淤积为主的动床模型,应满足沉降相似。动床模型沙的选择通常都是根据研究地区多次采样的平均值为依据,基本符合用泥沙运动方程导出的相似比尺的要求(必要时进行若干水槽试验)。当各项比尺不能全部满足时,应以符合泥沙主要运动形态的相似比尺为重。本次选择桐木粉作为模型沙。

本项目重点关注抛泥后泥沙堆积范围和形态,因此模型沙的选择考虑沉降相似。根据长江口北槽航道淤积严重部位的表层底质资料,平均中值粒径约为 0.04 mm。原型沙颗粒重度 $(\gamma_s)_p=2.65\ t/m^3$,根据沉速比尺公式可以求得沉速比尺:$\lambda_\omega=\lambda_L^{-1}\lambda_H^{3/2}=0.92$。模型沙颗粒重度按木屑 $(\gamma_s)_m=1.15\ t/m^3$。依据斯托克斯泥沙沉降公式计算原型沙的沉降速度,约为 1.43 mm/s,模型沙沉速应为 1.55 mm/s,对应的模型沙粒径约为 0.13 mm,因此本报告选取模型沙为中值粒径为 0.13 mm 的桐木粉。

实际模型试验期间,采用固定试验时间(10 h),即控制抛泥总量一致,初步探索横沙浅滩工程对于抛泥效果的作用。

根据上述相似条件,模型设计的各种相似比尺见表 4-2。

2) 模型制作

模型设计和比尺确定之后开始制作模型(图 4-16),即根据最新的水下地形图 2018 年 8 月地形

表 4-2 模型相似比尺

比尺名称		计 算 值	采 用 值
基本比尺	平面比尺 λ_L		2 000
	垂直比尺 λ_H		150
模型变率	$\xi = \lambda_L/\lambda_H$		13.33
导出比尺	流速比尺 λ_v	12.25	12.25
	糙率比尺 λ_n	0.63	0.63
	水流时间比尺 λ_{t1}	163.3	163.3
	流量比尺 λ_Q	3 674 000	3 674 000
	泥沙沉速比尺 λ_ω	0.92	0.92
	沙粒重度比尺 λ_{γ_s}	2.30	2.30

图 4-16 模型制作

制模,基面均统一到吴淞基面。模型制作包括水下地形的制作和边界的定位。水下地形和岸线边界的几何相似是保证模型与原型相似的基本条件,其准确性直接影响试验成果的质量。模型地形高程偏差控制在±1 mm(相当于原型±15 cm)之内,平面偏差不超过 3 cm。

3) 模型仪器设备

采用变频技术对潮汐控制系统实施控制,使潮水箱的控制潮型与给定值之间绝对误差平均缩小到 0.3 mm 以内,实现水量的闭环控制。由变频器精确控制的往复流双向泵系统,能够保证模型开边界具有足够的涨落潮流量,同时,往复流双向泵系统可以调节模型流场、流向等因模型尺度问题而无法解决的天然流场问题。

采用的水位仪、流速仪等量测仪器均在仪器仪表上实现数字化信号的转换和传输。模型水位测量采用瑞士进口的超声波非接触式水位仪,分辨率能达到 0.1 mm(相当于现场 1.5 cm,能够满足试验要求)。采用 16 MHz MicroADV 声学多普勒流速仪用于实验室平均流速、边界层流速、紊流(雷诺应力)及波浪谱测量。

大范围的流场则通过流场实时测量系统(VDMS),该系统可实现对大范围的非恒定流试验表面流场的实时测量,快速方便地得到模型试验范围研究区域内的流场、断面流速分布以及单个或多个测点的流速矢量变化过程(图 4-17)。

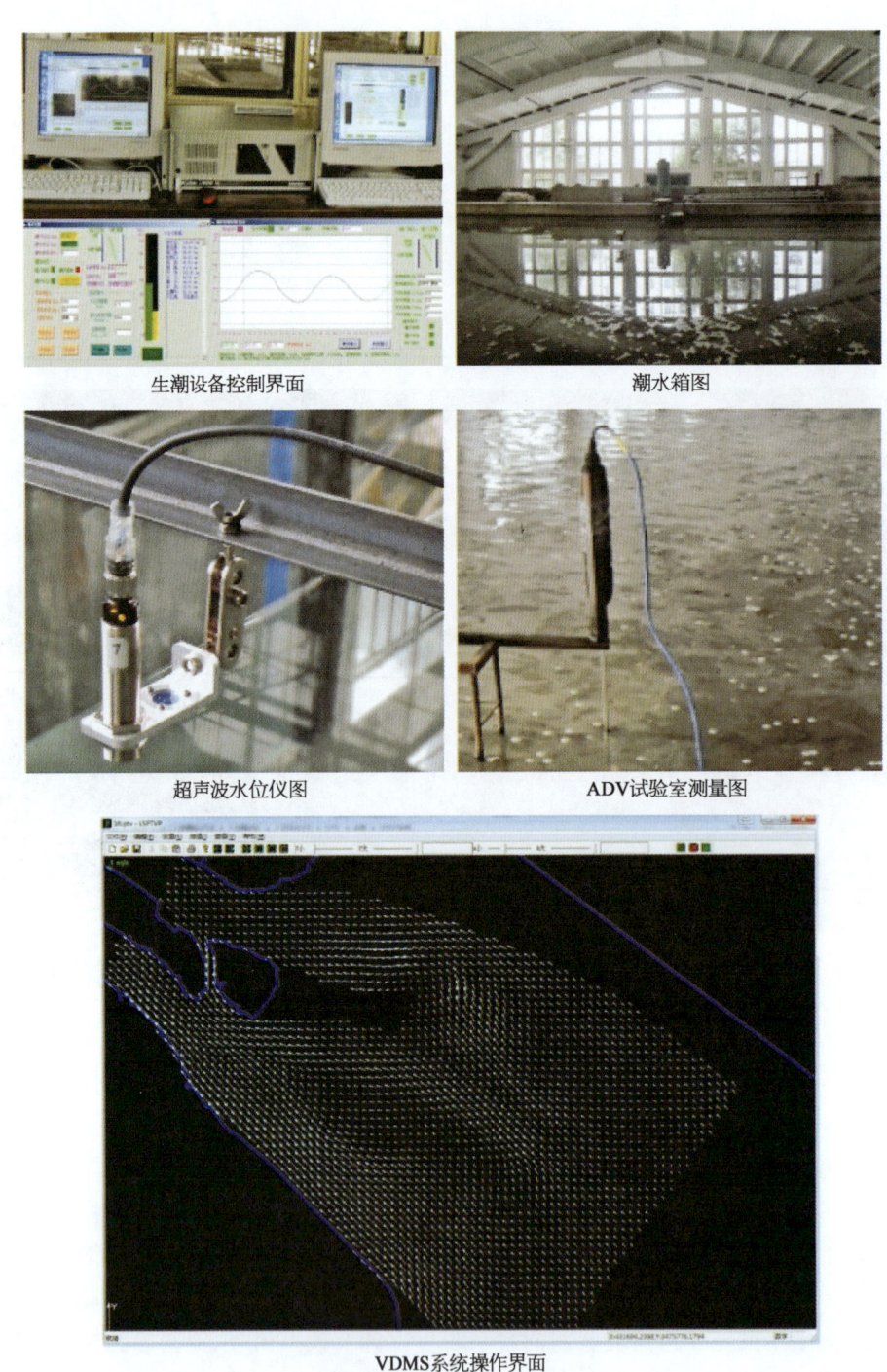

图 4-17 相关仪器设备

本次试验徐六泾以下地形采用 2016 年 8 月长江口实测地形,徐六泾至天生港采用 2013 年地形,天生港以上采用扭曲水道连接至大通。水流验证时间为 2016 年 7 月 21 日 11:00～22 日 11:00 大潮全潮。

潮位过程验证结果表明,高低潮位偏差在 0.10 m 之内,相位偏差不超过 0.5 h,满足规范要求。潮流验证结果表明,各测点涨落急流速大小偏差基本在 10% 之内,相位偏差不超过 0.5 h。通过北槽口外和南槽口外旋转流流向验证,NCH9#、CS10# 点旋转流流向偏差在 15°之内,满足规范要求。潮位和潮流验证结果表明模型相似性良好,说明模型具有复演长江口潮流运动的能力。

南科院物理模型依据物理模型相似准则设计了横沙浅滩抛泥模型的相关比尺,制作了长江口整体物理模型。依据 2016 年 8 月的洪季水文测验,对物理模型进行了验证,物理模型验证结果良好,说明物理模型能够反映长江口的水流运动特征。

4.2.2.2 河口中心定床物理模型

河口中心长江口整体物理模型(图 4-18)建于 1998 年,平面比尺为 1∶1 000,垂直比尺为 1∶125。模型位于建筑面积达 26 000 m² 的潮汐河工模型试验大厅内,配备了国内一流的测控设备及仪器,如潮位自动采集、PIV 流场测量系统、准三维地形测量系统等,具有自动化程度高、效率高、精度高的特点。

图 4-18 长江口整体物理模型照片

模型上游地形做到距江阴水位站上游 10 km 的利港,该处为长江口的平均潮流界。上游边界位于距江阴 400 km 的安徽省大通,此处为长江河口的潮区界。利港至大通用扭曲水道相连,使模型上潮波传播与原型相似。考虑到徐六泾以下各汊道的相互影响,北边界定在苏北嘴,南边界定在南汇嘴。外海边界在北支口外约 40 m 等深线,北港口外约 35 m 等深线,北槽口外 30 m 等深线,南槽口外约 25 m 等深线处。

模型上游用变速泵模拟大通径流;采用气压式潮水箱产生外海潮汐;模型北边界上设置了一排变速可逆泵,用廊道与南边界相通,以产生潮汐水流的南北向分量,与潮水箱产生的东西水流分量合成,模拟了口外的旋转流流场。南汇嘴南侧有一股与杭州湾相通的往复流,模型采用与潮水箱后池相通的变速可逆泵模拟此处的往复流。

1998 年长江口整体物理模型建成以来,为长江口深水航道工程治理工程、长江口深水航道南北港分汊口河段、深水航道向上延伸至南京工程、青草沙水库工程、长江口南汇边滩促淤圈围工程、长江口北支中段河道综合整治工程等长江口涉水工程开展过研究论证,模型得到了实践考验。

潮型:根据验证资料,选用 2016 年 10 月 15—16 日大潮进行定床潮位、流场验证。

径流:上游大通流量选取对应时段的流量,大小为 20 200 m³/s。

模型地形：南北槽、南北港、横沙浅滩采用2016年8月地形。

采用2016年10月水文测量资料，这批资料的水文测点集中在横沙浅滩区域，对于研究区域的水动力有很好的代表性。但是由于本次测验流速测点资料全部分布在横沙浅滩区域，北槽没有测点，为了把握北槽、北港的流场动力，准确控制工程前后的潮位流场变化，拟在北槽、北港增设若干流速点。这些点位的流速由验证准确的数学模型计算提供。通过验证这些站点的潮位与流速，使得工程附近水域流场动力模型与实际相似。潮位分布包括北港和北槽，流速测点集中在横沙浅滩和北槽（图4-19）。

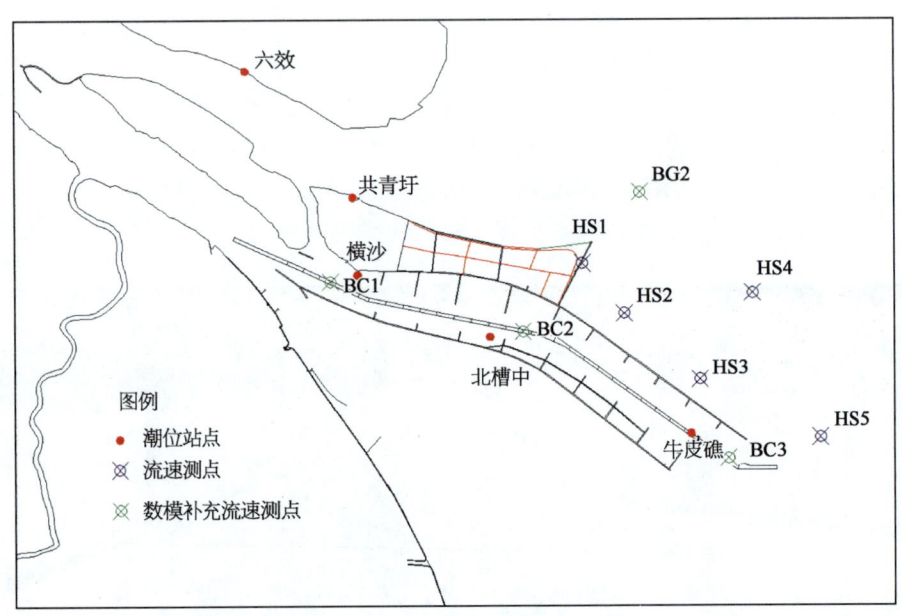

图4-19　验证潮位站、流速点位置

4.3　横沙大道外延工程

横沙大道外延工程将在横沙浅滩南缘形成固定边界，进一步控制北槽与浅滩间的水沙交换，并为横沙浅滩生态基底＋3.0 m以浅高滩的形成提供依托。

4.3.1　横沙大道外延工程方案

横沙大道外延是指沿现长江口深水航道北导堤走向，将现横沙大道继续向东延伸。针对横沙大道外延工程不同的延伸长度、不同的实施高度可能引起的工程效果和影响，上航院、河口中心、南科院等研究单位开展了相关数学模型研究。

对此，上航院、河口中心、南科院等研究单位开展了相关的方案设置研究。

4.3.1.1　高程研究

现北导堤堤顶高程为＋2.0 m，根据沿线各段越堤情况统计（表4-3），即若横沙大道外延高程为＋3.0 m，则只可拦截约19%的过水通量；若为＋4.0 m，也只可拦截约79%的过水通量；至＋4.5 m后，拦截量可增至约96%。若需阻隔北导堤沿线水沙交换，则横沙大道外延高程需全出水。

表 4-3 横沙大道外延高程与水通量的关系

高 程(m)	<3.0	<3.5	<4.0	<4.5
水通量(%)	18.7	47.1	78.8	96.3

4.3.1.2 长度研究

横沙大道外延工程按全出水考虑,其中上航院按外延 1/3、2/3、全长设置三个方案,即 K1～K3、K1～K5、K1～K7(图 4-20),进行数学模型研究,模型计算结果如图 4-21 所示;河口中心按 K1～K7 逐段外延设置了六个外延方案,计算结果如图 4-22 所示。

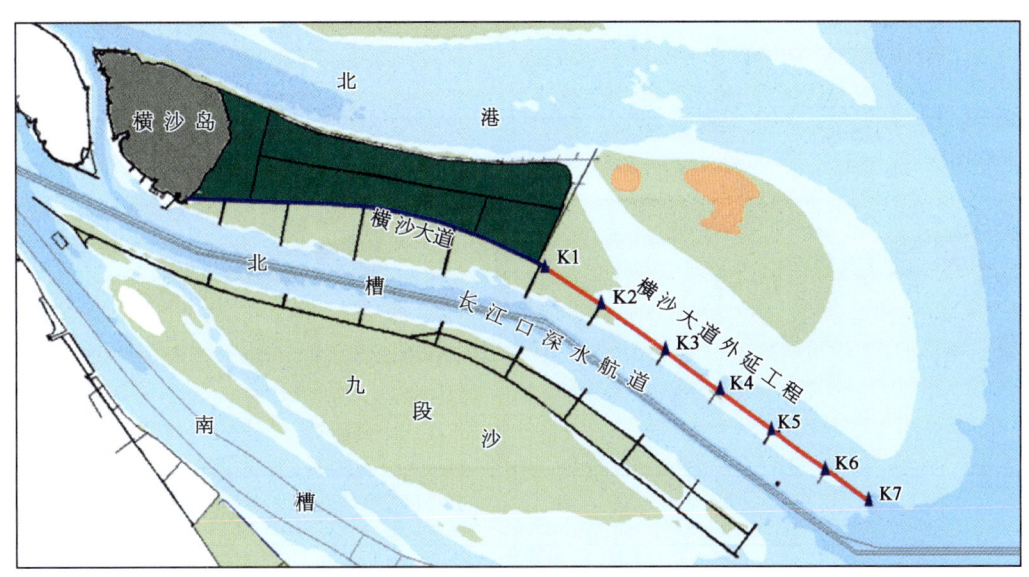

图 4-20 横沙大道外延方案

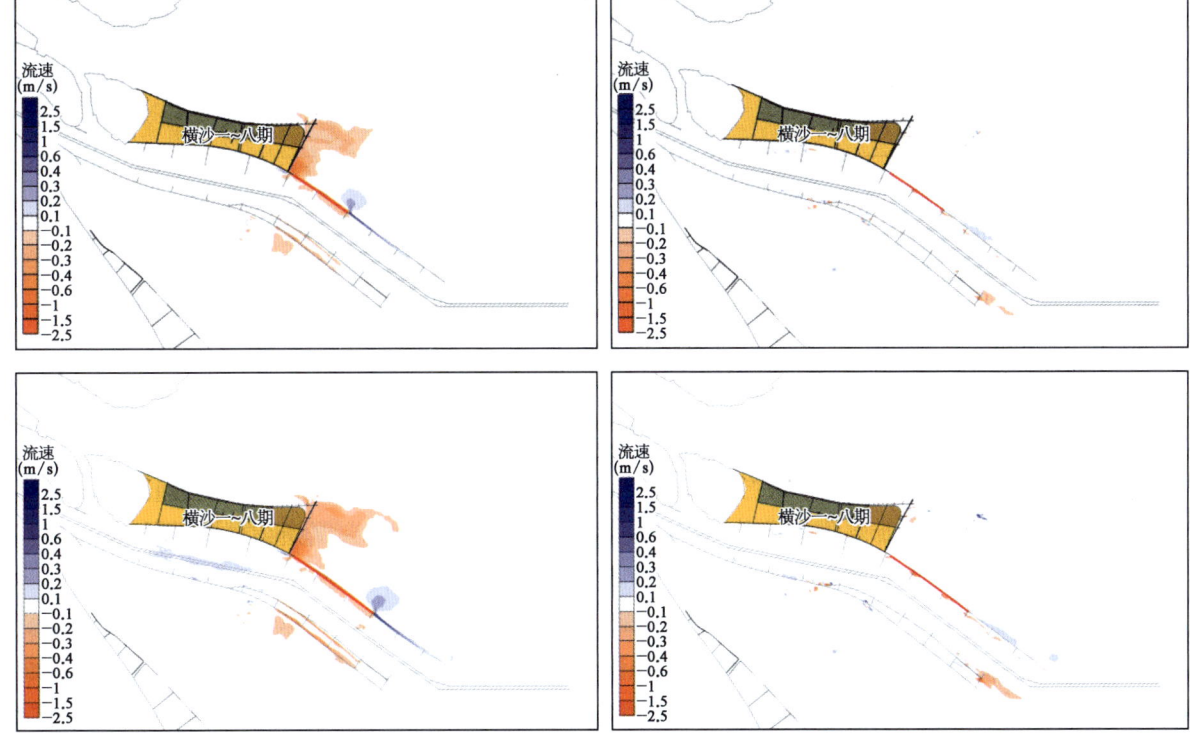

图 4-21 横沙大道不同外延长度流速变化(左:涨急;右:落急)(上航院模拟)

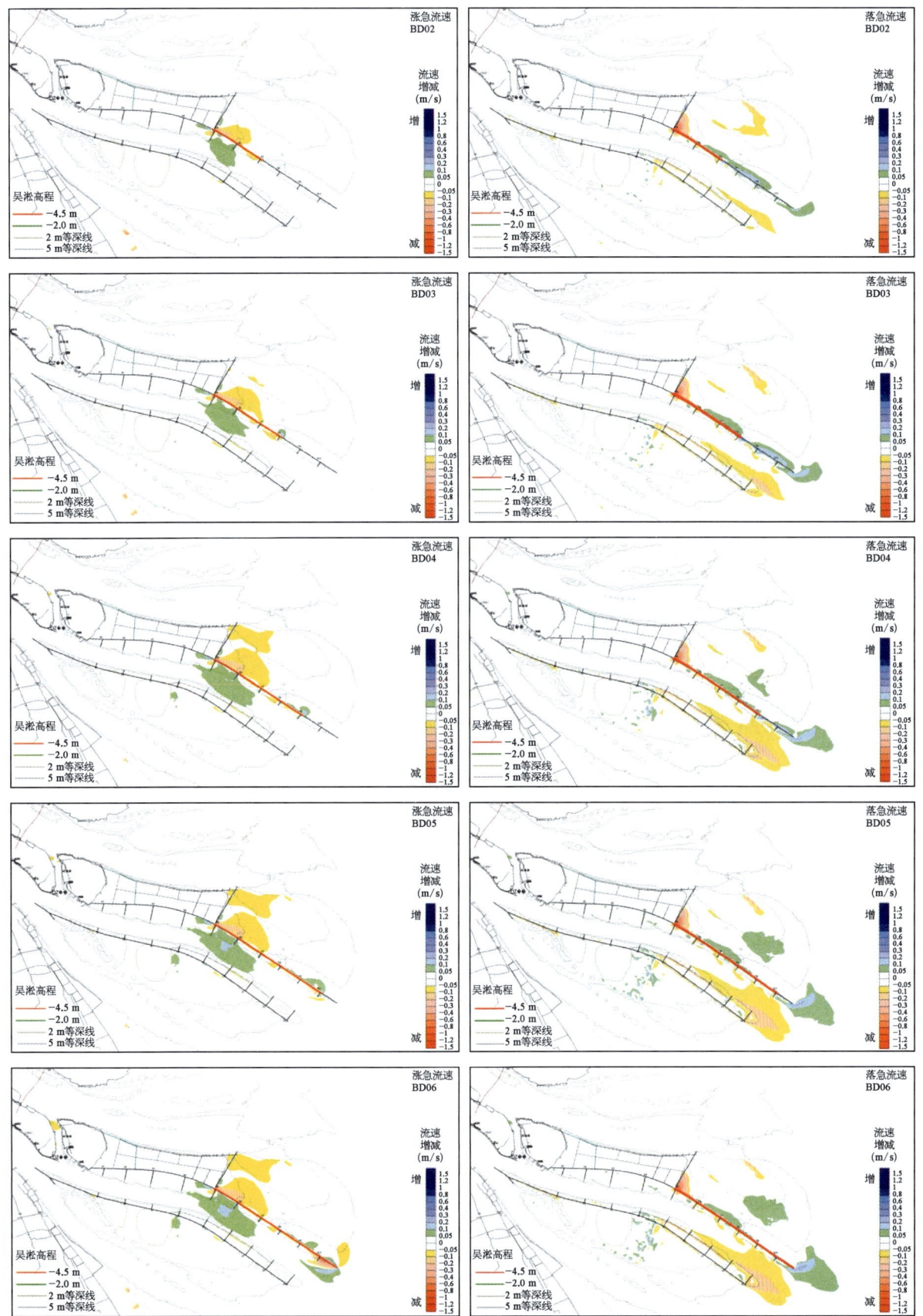

图 4‑22　横沙大道不同外延长度流速变化(左：涨急；右：落急)(河口中心模拟)

从横沙大道不同外延长度对周边水动力的影响看,总体影响很小,北槽口门区域落急流速略有减小;对涨潮动力的影响相对增大,由于横沙大道外延阻挡了北槽向北港越堤输运的水体,导致涨急时刻横沙浅滩西侧滩面流速减小,北槽中上段流速增加,各延长方案的堤头附近均有一定程度的绕堤流速增加。

因此,基于横沙大道外延工程目的,推荐横沙大道直接外延至北导堤东侧堤头位置,全长25.2 km。

4.3.2 横沙大道外延工程方案的效果分析

针对横沙大道外延工程的推荐方案,南科院对大潮潮型、横沙站最大潮差约为3.7 m条件进行了进一步的效果模拟分析。

4.3.2.1 潮位变化

横沙大道外延工程实施后,北槽高潮位最大升高幅度约为0.13 m,横沙浅滩高潮位最大降低约0.09 m。工程实施对北槽和横沙浅滩的高潮位影响相对较大,北槽高潮位表现为升高,横沙浅滩高潮位表现为降低,对其他水域水位基本没有影响(图4-23)。

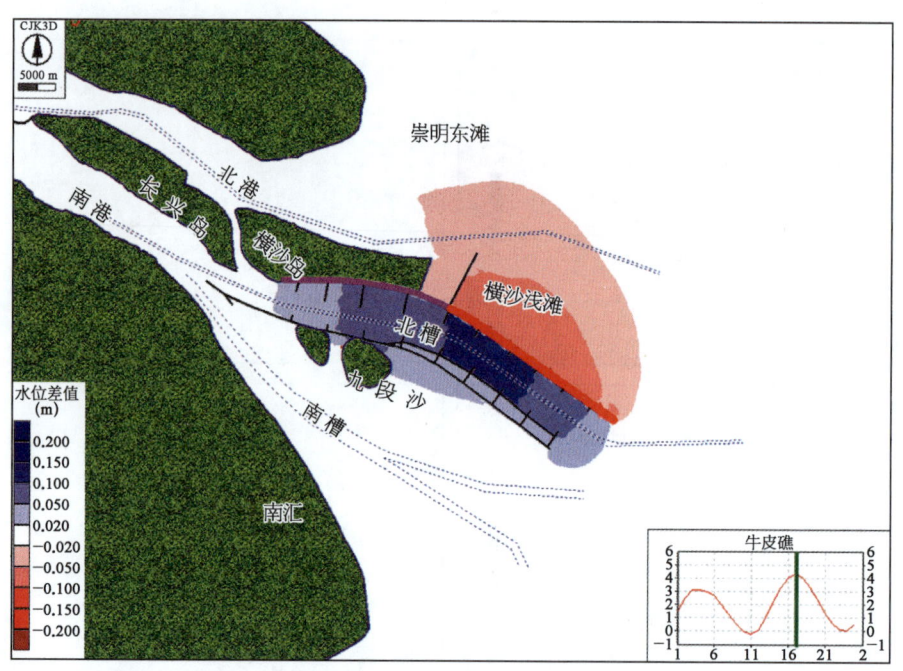

图4-23 工程实施后高潮位变化

4.3.2.2 流态变化

方案实施后,涨急时刻流态变化可以看出横沙大道外延工程彻底阻碍了北槽与横沙浅滩间的越堤水沙交换,北槽水流更为集中(图4-24);南侧坝田区,阻水作用增强,坝田内回流现象明显,同时,北导堤头部的绕流现象更明显(图4-25)。根据工程前后的流矢量对比(图4-26),北槽的流矢量分布变化相对较小,横沙浅滩靠近北导堤处,流矢量变化相对较大,表现为工程后近导堤处涨落潮流路更加一致。

4.3.2.3 流场变化

横沙大道外延工程实施后,北导堤北侧、横沙东滩西侧流速降低,北槽中下段流速降低,北槽中上

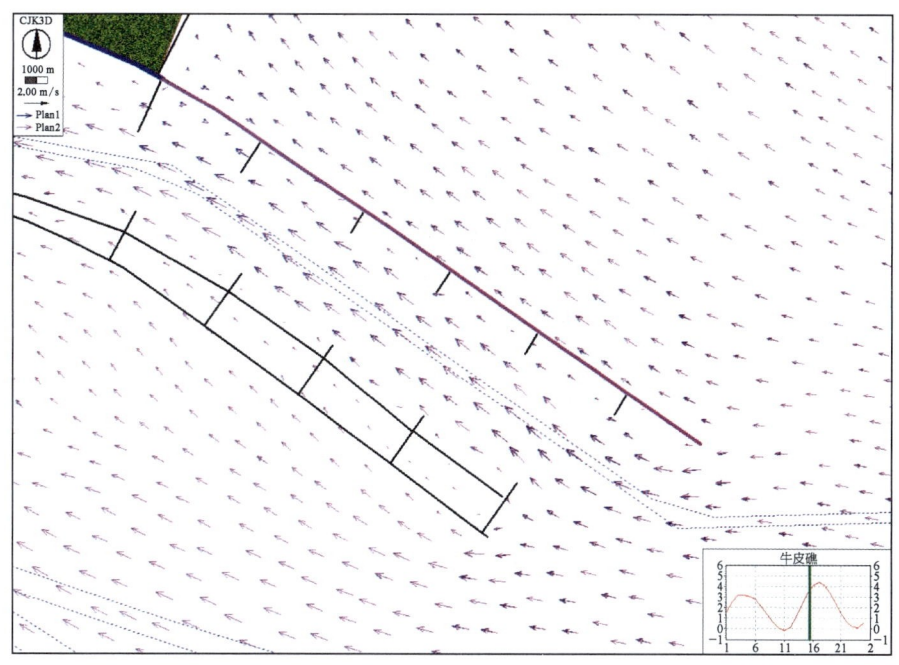

图 4-24 方案实施前后涨急流态对比

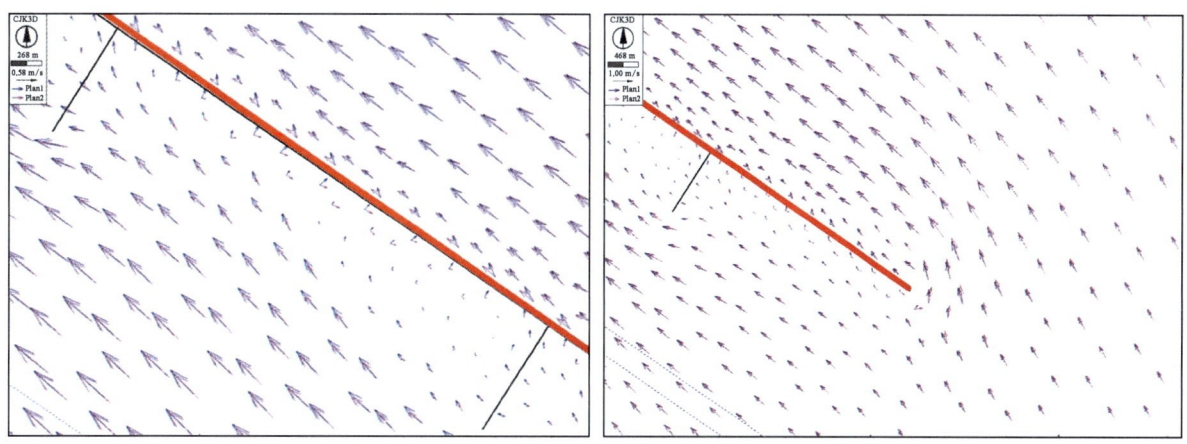

图 4-25 方案实施前后涨潮北导堤局部和头部流态对比

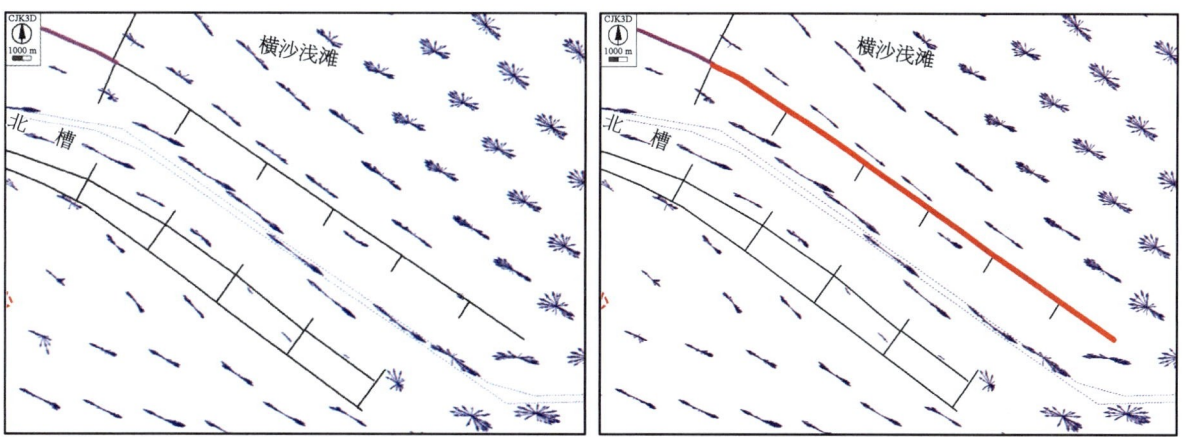

图 4-26 现状条件下(左)和方案后(右)北槽及横沙浅滩流矢图

段流速有一定的增加,增幅为 0.05~0.10 m/s,北导堤头部受水流绕流作用,流速增幅较大,局部水流流速增幅超过 0.10 m/s,其他部位影响较小(图 4-27)。

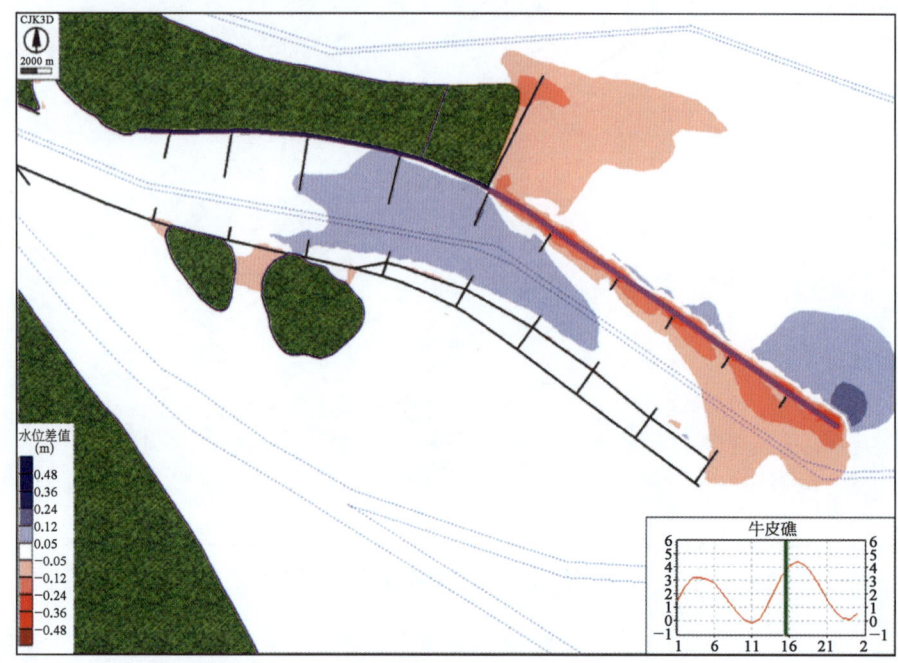

图 4-27 方案实施后涨急流场变化

4.3.2.4 分流比变化

工程实施后,北港断面分流比减小,北槽下断面分流比增大(图 4-28)。北港分流比减小约 0.08%,北槽下断面分流比增加约 0.43%(表 4-4),总体而言,横沙大道外延工程对长江口主要汊道分流比影响相对较小。

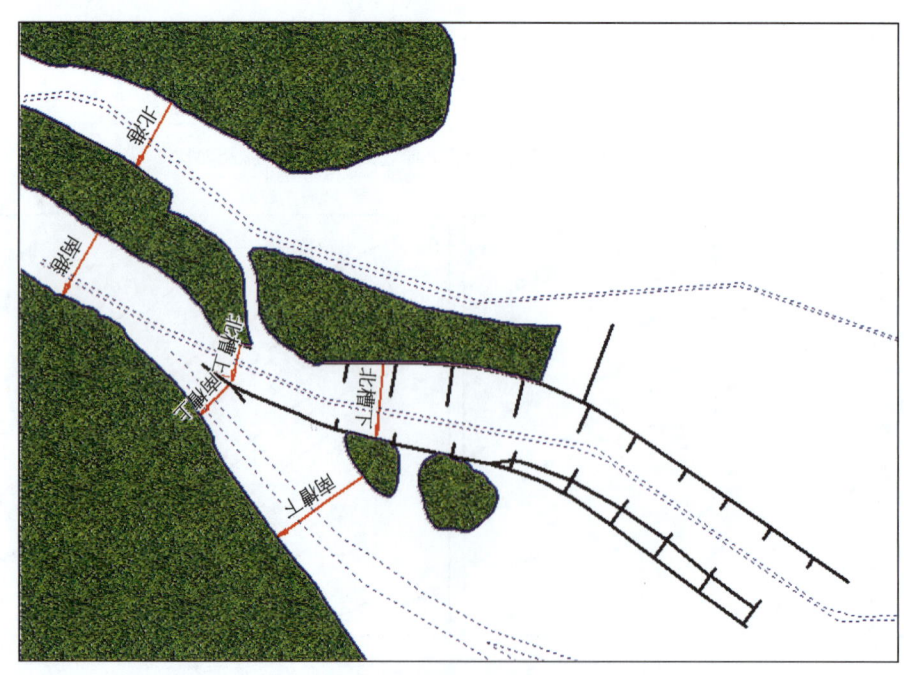

图 4-28 分流比断面示意

表 4-4　北港落潮分流比变化

项　目	北港断面		北槽下断面	
	分　流　比	变　　化	分　流　比	变　　化
本　底	51.42%	—	42.96%	—
工程后	51.34%	−0.08%	43.39%	0.43%

4.3.2.5　航道横流分析

工程实施后,北槽中下段,航道最大横流值均有不同程度的减小;北槽中上段,最大横流值基本不变,其中,W点横流减小幅度最大,约为 0.08 m(图 4-29)。

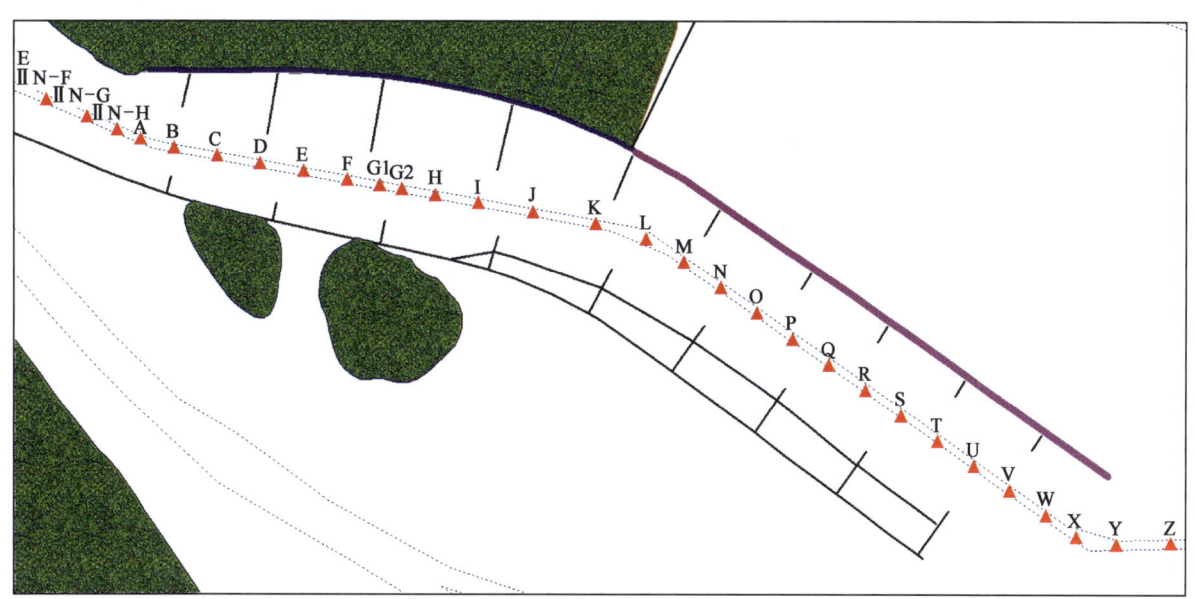

图 4-29　北槽航道流速采样点

横沙大道外延工程的实施目的旨在横沙浅滩南缘形成固定边界,进一步控制北槽与浅滩间的水沙交换,并为横沙浅滩生态基底＋3.0 m 以浅高滩的形成提供依托。现北导堤堤顶高程为＋2.0 m,建议横沙大道外延段全出水,直接外延至北导堤东侧堤头位置。

根据潮流数学模型研究,工程实施对周边影响总体较小。北导堤北侧、横沙东滩西侧流速降低,北槽中下段流速降低,中上段流速有一定的增加,增幅为 0.05～0.10 m/s,北槽中下段航槽流路归顺、横流减小。工程后,北导堤头部绕流作用依然明显,局部水流流速增幅超过 0.10 m/s,其他部位影响较小。工程对潮位的影响主要在高潮位期,北槽高潮位升高、横沙浅滩区域降低,其他水域水位基本没有影响。

4.4　横沙浅滩护滩工程

横沙大道外延工程的实施可阻断北槽与横沙浅滩间的水沙"顺时针"循环模式,但北港落潮漫滩对浅滩的侵蚀作用依然存在,落潮时浅滩高含沙水体绕过北导堤堤头进入北槽的状态依然没有改变。为此,提出在横沙大道外延工程基础上,对横沙浅滩实施滩面防护工程。

4.4.1 横沙浅滩护滩工程方案

结合浅滩水沙运动规律,课题组在横沙大道外延工程基础上提出了北沿防护和T字坝防护两大类方案。

(1) 横沙大道外延+北沿防护方案:以控制横沙浅滩北沿滩面落潮流为主,防止浅滩北沿侵蚀后退、高滩分散,提出在北沿防护方案。方案起点顺接横沙八期外侧堤,沿横沙浅滩北侧2 m等深线向东延伸约20 km,直至浅滩东侧5 m等深线(图4-30)。护滩堤高程按中潮位控制,取+2.0 m。

图4-30 横沙大道外延+北沿防护方案

(2) 横沙大道外延+T字坝防护方案:垂直于横沙大道外延段,在浅滩中下段设置T字坝护滩堤。其中南北向护滩堤13.7 km,直至横沙浅滩北沿5 m等深线附近,既封堵滩面窜沟,又对整个浅滩实施阻水防护;北侧东西向护滩堤长约9.7 km,沿5 m滩面线布设,起到防止滩面北沿线冲刷,又增加滩面掩护作用(图4-31)。护滩堤高程设为+2 m。

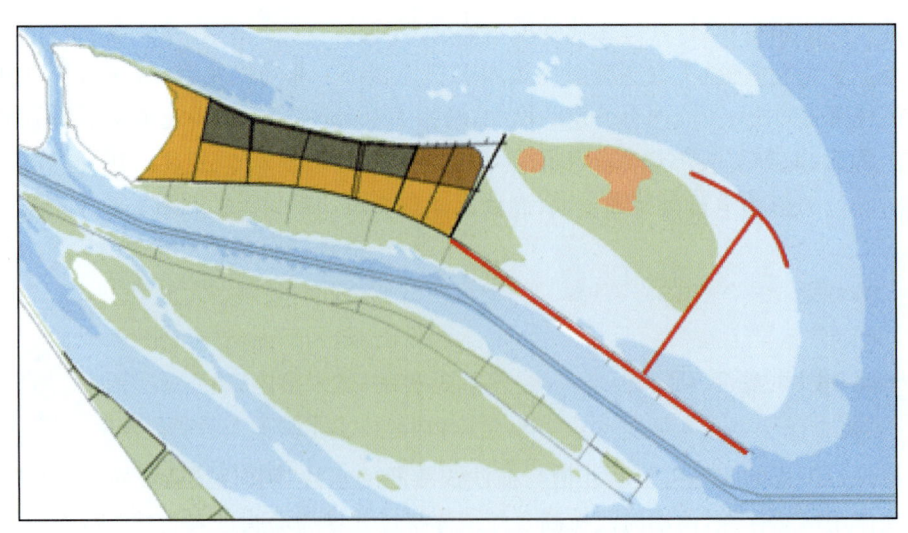

图4-31 横沙大道外延+T字坝防护方案

4.4.2 横沙浅滩护滩工程方案的效果分析

上航院、河口中心、上勘院分别对这两大类方案开展了相应的模拟计算,并以此为基础,又做了方案局部调整研究。

4.4.2.1 上航院模拟计算结果

根据上航院数模计算结果(图 4-32～图 4-34),在横沙大道外延工程基础上实施护滩工程,对滩涂的掩护作用明显增加,涨落急浅滩西侧均形成大面积的流速减小,同时落急流速的减小范围也明显增加,工程实施后的滩面流速基本可在 1.0 m/s 以下。其中,T 字坝方案对滩体的掩护范围相对较广,落潮流的控制作用更为明显。但由于受水位变动影响,掩护区内涨落潮水流集中于护滩堤西侧非掩护段进出,因此该区域北沿线滩地仍会有所冲刷。北沿防护方案对滩体的掩护相对集中于西侧,在此基础上,在横沙大道最东端增加短丁坝,用以掩护堤头冲刷,而根据模拟情况,增加的短丁坝头部会形成新冲刷区。

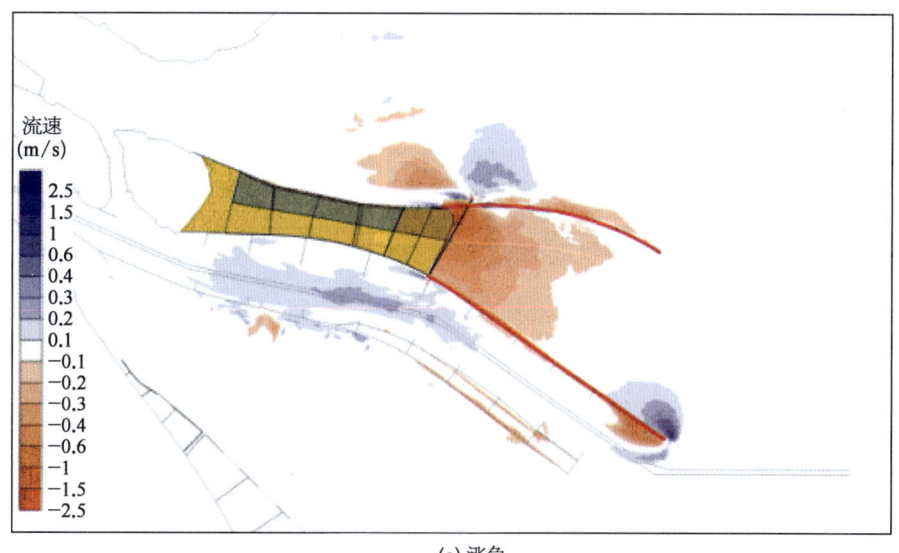

(a) 涨急

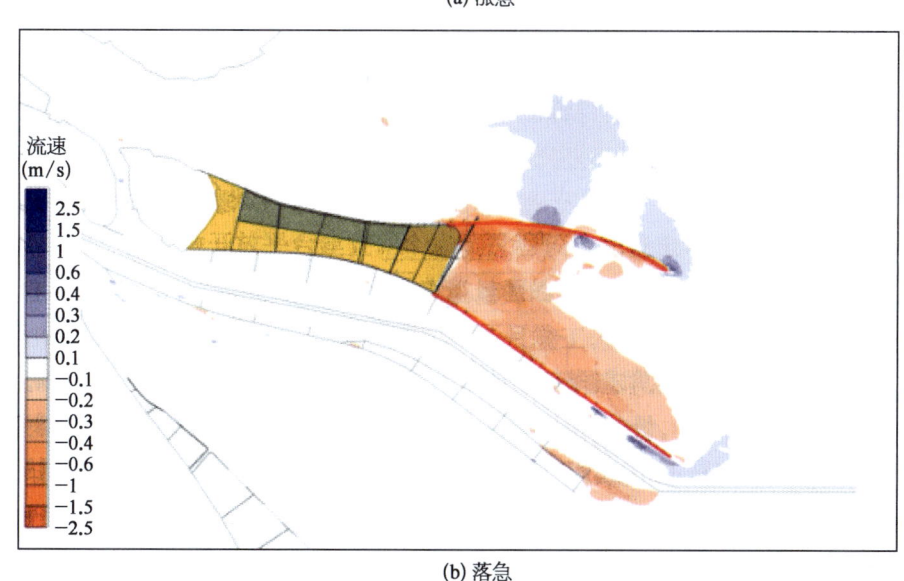

(b) 落急

图 4-32 北侧+2 m 护滩+横沙大道外延方案流速变化

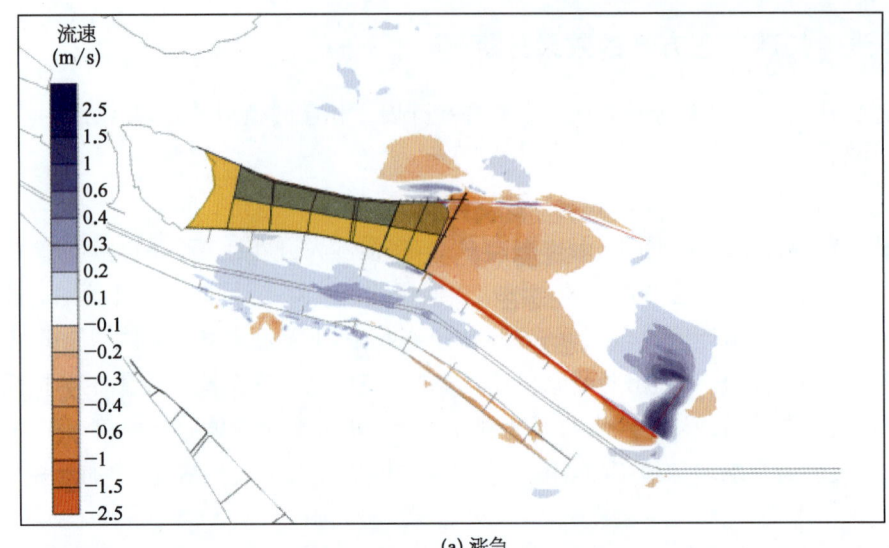

(a) 涨急

(b) 落急

图 4-33　北侧+2 m 护滩+横沙大道外延+堤头短丁坝方案

(a) 涨急

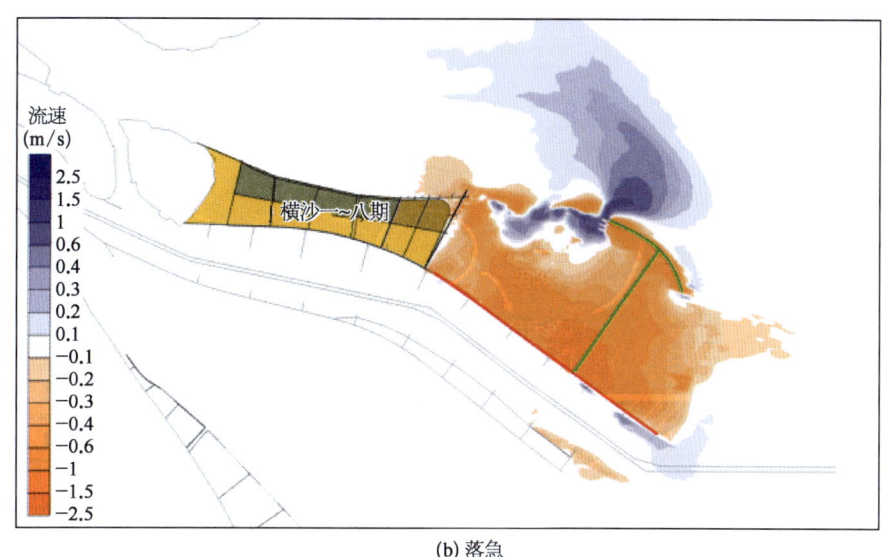

(b) 落急

图 4-34　T 字坝护滩＋横沙大道外延方案

4.4.2.2　河口中心模拟结果

河口中心在横沙大道外延工程与北沿护滩工程结合的基础上,在横沙大道外延工程北侧又增加了短丁坝,用于进一步减缓窜沟区域水动力,根据模拟计算表明(图 4-35～图 4-38):落潮期,横沙浅滩南侧涨槽窜沟进口水域,短潜坝堤头流速增幅较明显,落急流速增幅在 0.1～0.5 m/s;涨潮期,涨槽窜沟进口潜坝堤头,涨急流速增幅 0.05～0.1 m/s,上游侧潜坝堤头涨急流速增幅在 0.05～0.3 m/s。其余浅滩水域水动力减小,落急时减小幅度在 0.1～1.6 m/s,涨急流速减幅在 0.05～1.0 m/s。该类工程实施后,在北槽中段及北港口门水域涨潮动力增加。

同时,河口中心对横沙大道外延工程与 T 字坝护滩工程结合也开展了模拟计算,研究情况基本相仿。即与仅实施 T 字坝护滩相比,结合横沙大道外延工程后,护滩效果进一步增加,水动力减小明显,落急流速减幅 0.1～1.0 m/s,涨急流速减幅 0.1～0.7 m/s。而该方案横沙浅滩北沿局部水域涨落潮动力有所增加(增幅在 0.2～1.2 m/s)。在北槽中段及北港口门水域涨潮动力增加。

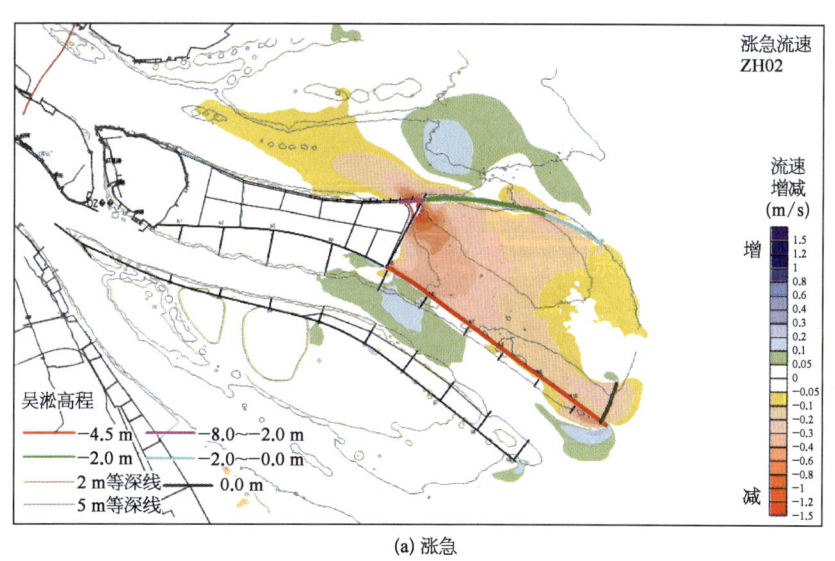

(a) 涨急

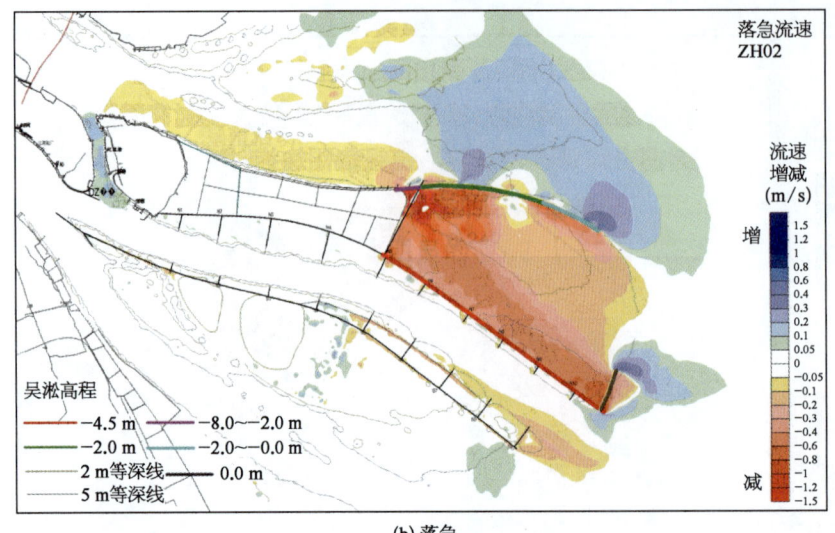

(b) 落急

图 4-35 北侧＋2 m 护滩＋横沙大道外延＋堤头短丁坝方案

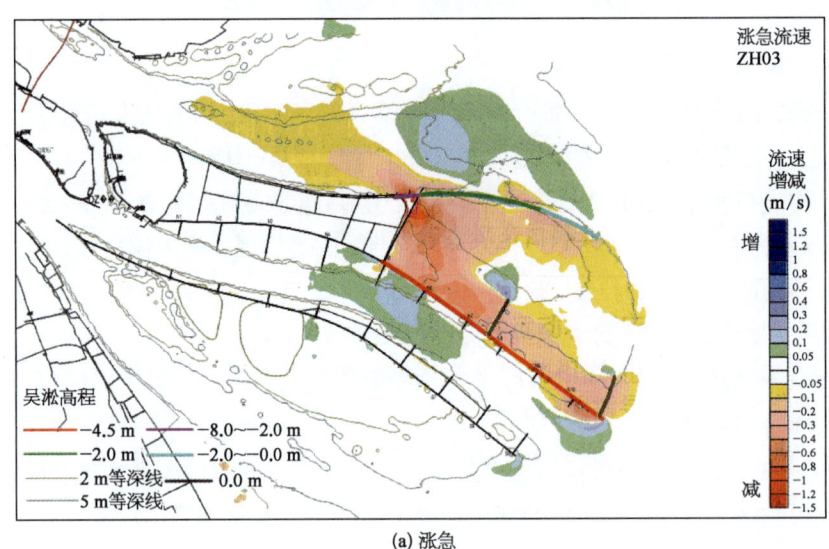

(a) 涨急

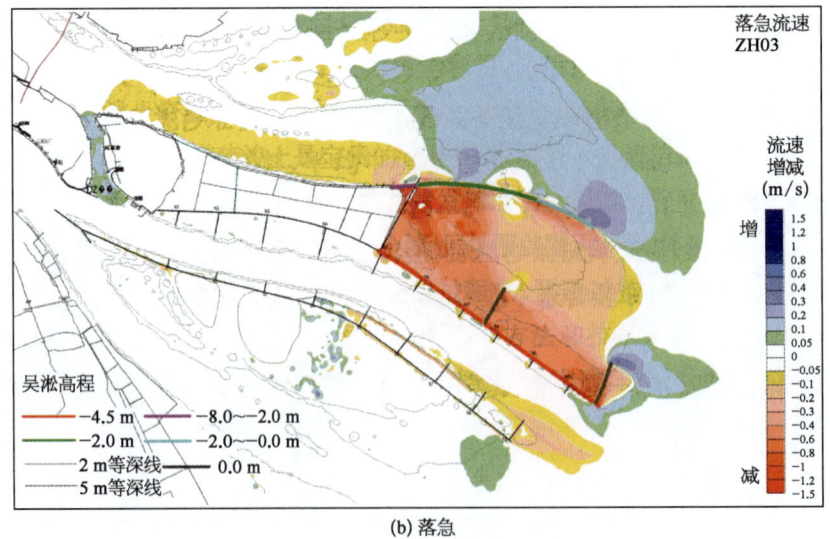

(b) 落急

图 4-36 北侧＋2 m 护滩＋横沙大道外延＋双短丁坝方案 1

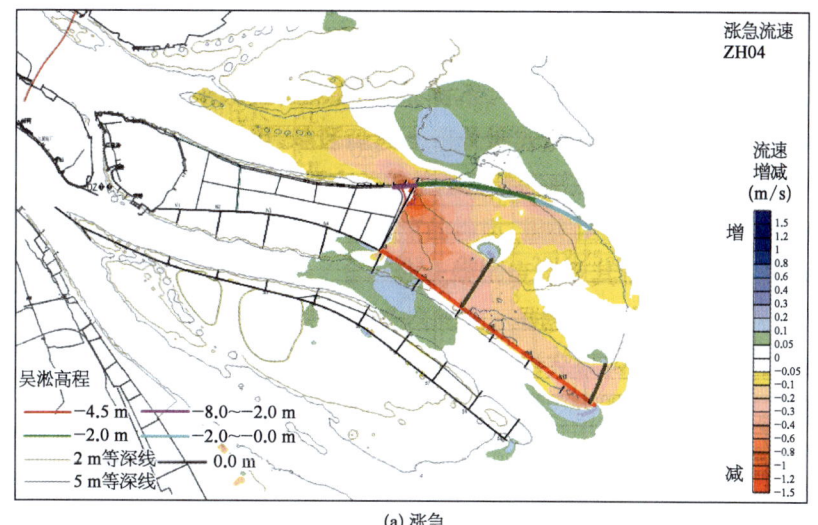

(a) 涨急

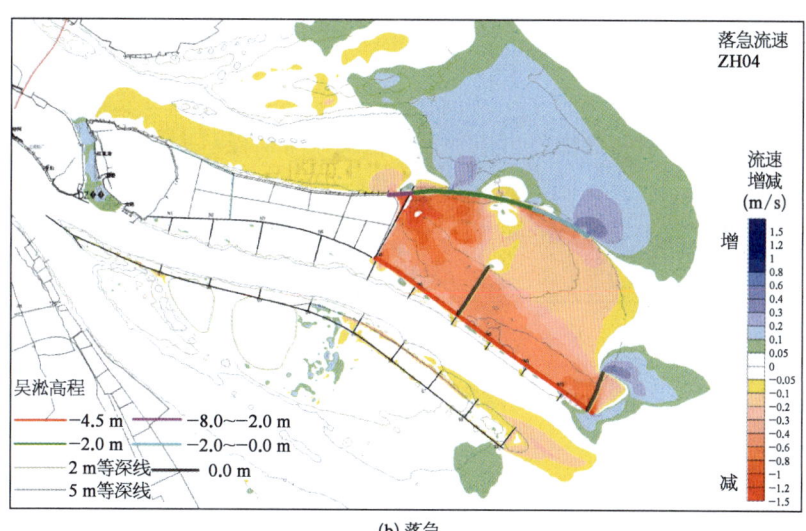

(b) 落急

图 4‑37　北侧＋2 m 护滩＋横沙大道外延＋双短丁坝方案 2

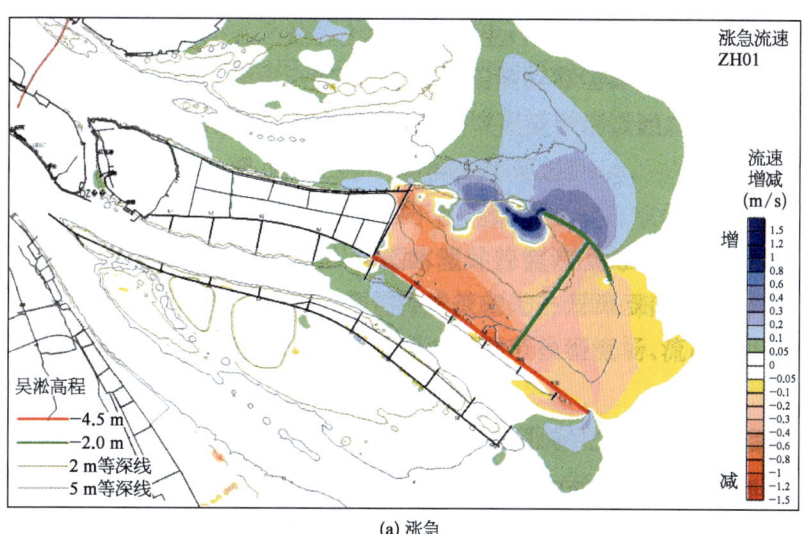

(a) 涨急

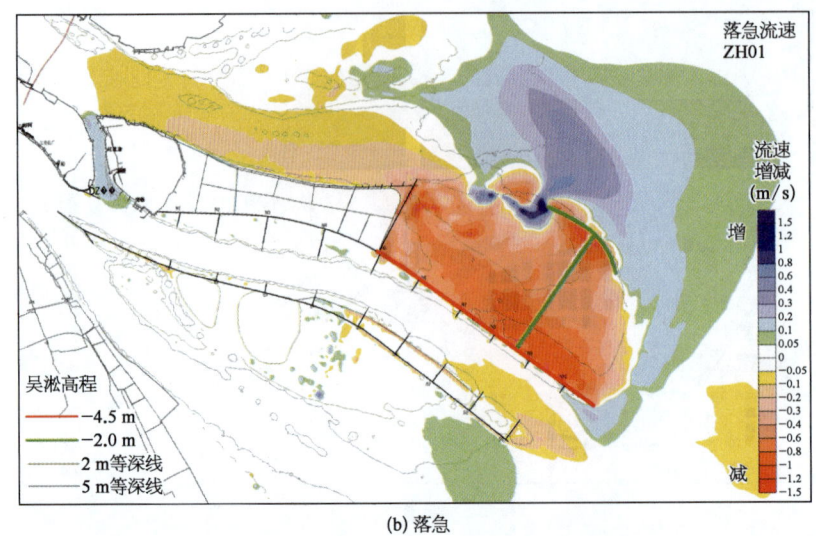

(b) 落急

图 4-38　T 字坝护滩＋横沙大道外延方案

4.4.2.3　上勘院模拟结果

根据上勘院研究,横沙浅滩实施横沙大道外延工程及保滩工程对大范围流场基本没有影响,只对工程周边的局部流场有所影响,且不同方案的涨、落潮变化趋势较为接近,变化区域主要集中在北港口门、横沙浅滩滩面和北槽深水航道(图 4-39)。

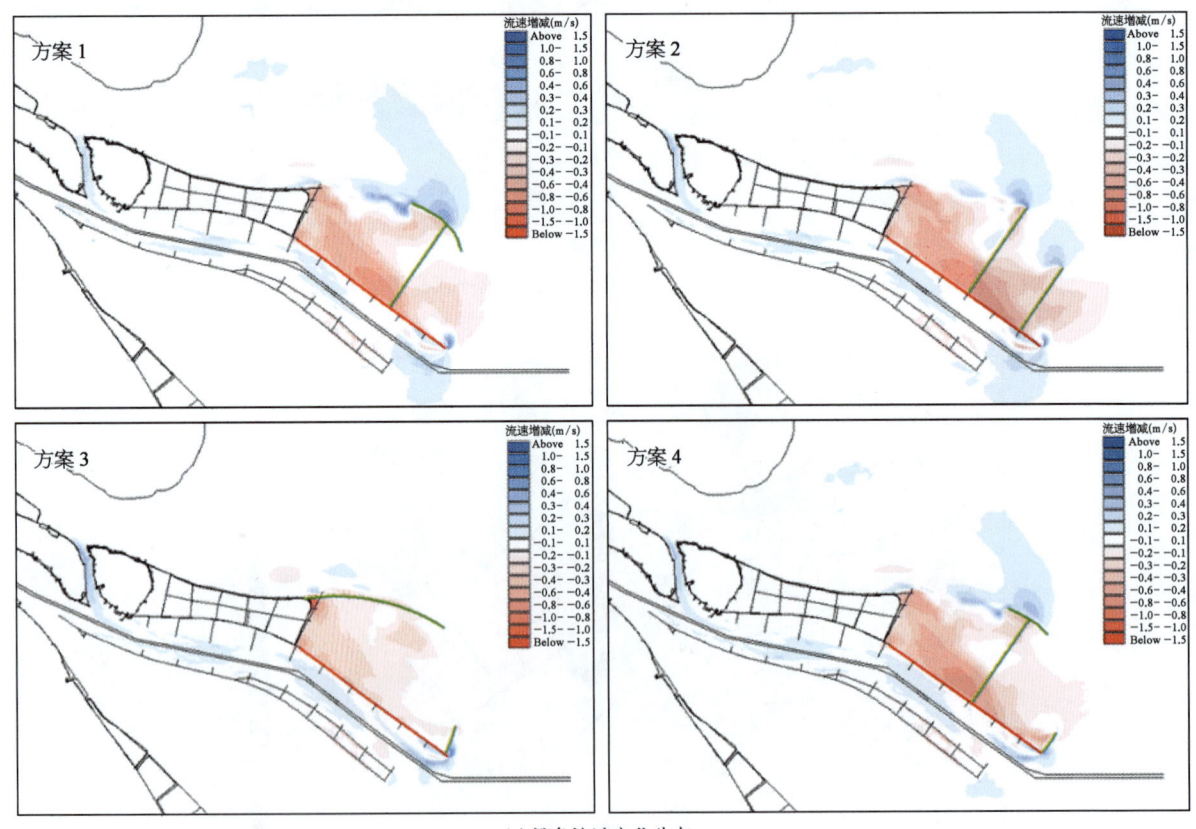

(a) 涨急流速变化分布

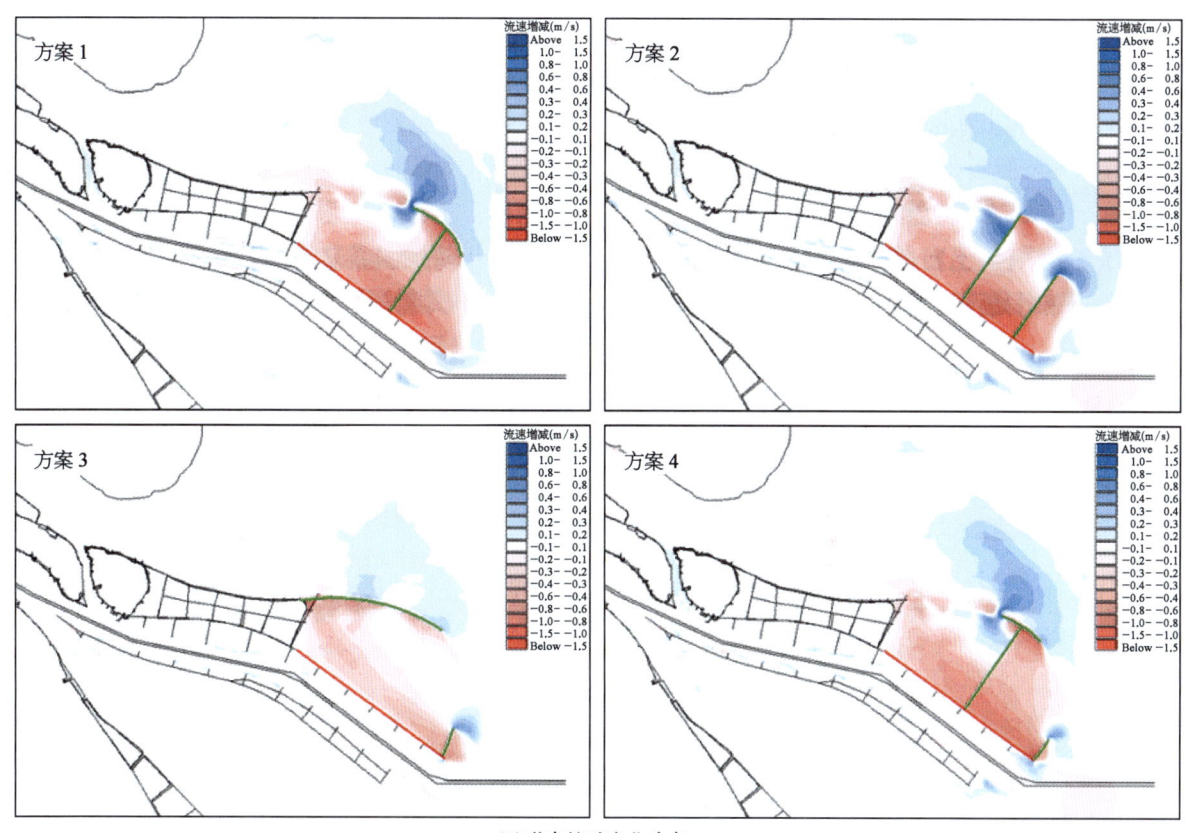

(b) 落急流速变化分布

图 4-39　横沙大道外延工程结合方案流速变化(上勘院成果)

涨急流速变化趋势：北槽深水航道流速局部有所增大，有利于航道水深的维护；横沙浅滩区域整体流速明显减小，利于保滩；浅滩南侧窜沟涨潮动力大幅减弱，窜沟发展将受到控制；护滩坝头部流速增大较多，且存在一定程度的绕流；横沙浅滩北侧水域流速增大，可能会引起一定范围的冲刷。落急流速变化趋势：北槽深水航道流速变化较小，基本未受影响；横沙浅滩滩面整体流速减小，有利于滩涂保护，且减小幅度大于涨潮工况；浅滩南侧窜沟落潮动力大幅减弱；护滩坝头部流速增加范围较涨急工况明显增大。

总之，不同保滩工程布置方案对区域流速的影响范围和影响程度有所不同，但均能起到封堵窜沟和保护滩面的作用。综上，方案1及方案4对滩面流态的改善更为理想。

综上，在横沙大道外延工程基础上，实施浅滩护滩工程，切断滩面水沙输移，尤其是中下层高含沙水体输移运动，可有效实现滩面防护作用。

其中，浅滩北沿线防护方案更侧重于控制北沿滩面侵蚀，但对涨潮时浅滩东侧窜沟动力的削弱和落潮时高含沙水体绕堤进入北槽的控制作用相对有限。在横沙大道最东端增加短丁坝后，对窜沟的掩护有所增加，但在增加的短丁坝头部会形成新冲刷区。

T字坝护滩方案更侧重于对窜沟发育的控制和对滩面的水沙循环动力的阻隔控制。因此，滩面整体掩护控制作用相对较好，对防止高含沙水体绕堤进入北槽的作用相对也会较强。

4.5　生态基底塑造工程

借鉴横沙东滩工程区域整治过程经验，合理的人工工程可成为不同生境构筑的有效手段。横沙浅滩,在少沙环境下,如仅依靠护滩促淤,滩面能淤高的幅度非常有限。为实现滩涂生态优化、品质提升,可在横沙浅滩护滩整治的基础上,实施航道疏浚土上滩利用,构筑高-中-低滩有序衔接的生态滩面,为河口不同类型植被提供生长环境。

4.5.1 生态基底塑造工程方案

4.5.1.1 生态基底塑造的背景条件

横沙浅滩生态基底塑造存在几个背景条件:

1) 以固滩稳槽措施为基础

仅从现有滩面保护的角度,在横沙大道外延工程基础上实施北沿护滩堤或T字坝护滩堤,护滩效果虽有差异,但均可实现相应的护滩目的。

2) 要利于航道疏浚土的上滩利用

当前,长江口航道维护主要在北槽段,每年产生的疏浚土量约高达6 000万 m^3,80%分布在北槽中下段航道。因此,在横沙浅滩南侧,利用北导堤坝田区布设多个吹泥站,实现疏浚土尽可能多地上滩利用。

3) 生态基底塑造是一个长期的工程,需逐步推进

据上航院估算,横沙浅滩要实现高、中、低滩1:1:1面积的塑造,则约需疏浚土8亿 m^3,按全部利用深水航道疏浚土,利用率按80%计,则至少需17年。因此,该工程需分步推进。基于护滩工程对滩面的掩护,可利用疏浚土先对较大水深的窜沟区域进行平槽处理,再逐步抬高。后续可实施必要的拦沙坝工程,以更好地塑造滩面(图4-40)。

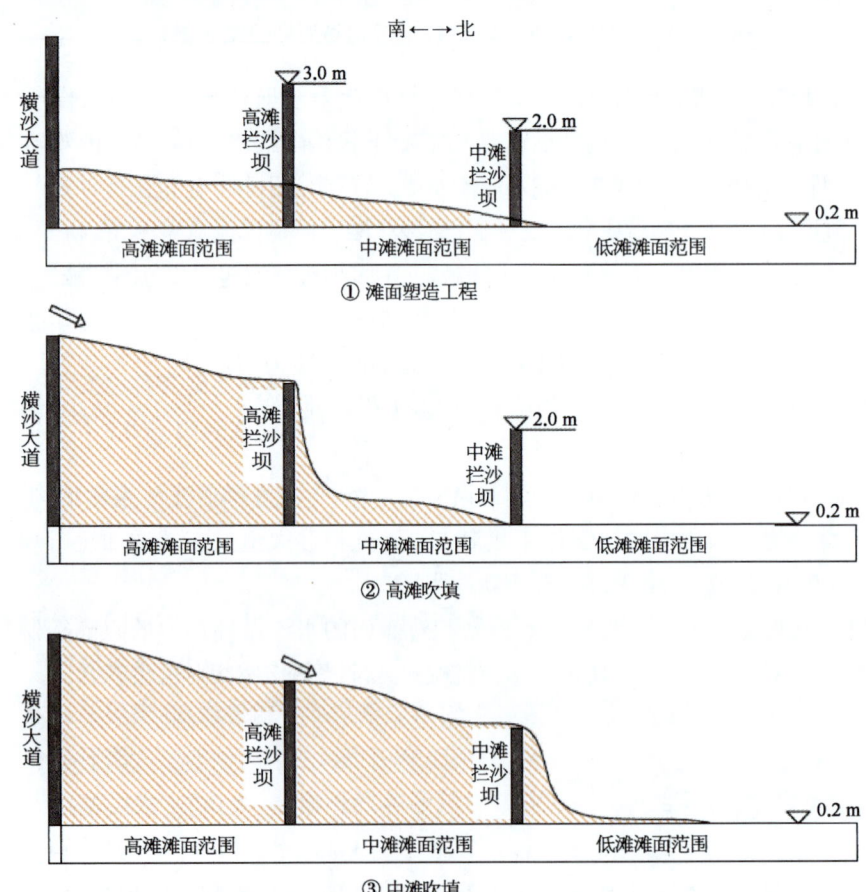

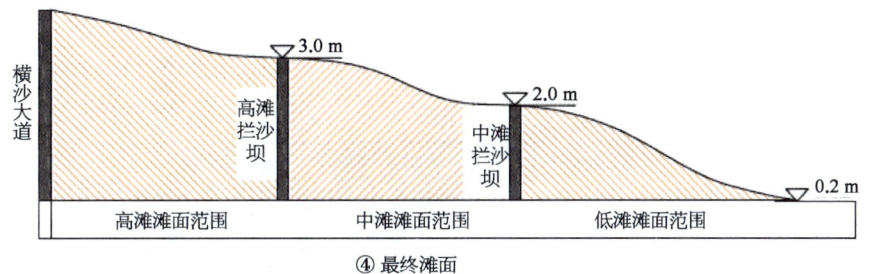

④ 最终滩面

图 4-40　吹填过程滩面剖面示意

4.5.1.2　生态基底塑造方案布局

以横沙大道外延＋T 字坝方案为滩面整治基础,通过深水航道疏浚土上滩,先平窜沟(图 4-41),再形成高-中-低滩的逐步推进过程,布局如图 4-42 所示。此后,在涨落潮漫滩水流作用下,滩涂区域会自然形成潮沟等微地貌单元(图 4-43),可为藨草、芦苇等不同植被生长以及蟹类、软体动物等的栖息提供生境,更可成为诸多水鸟的觅食区。

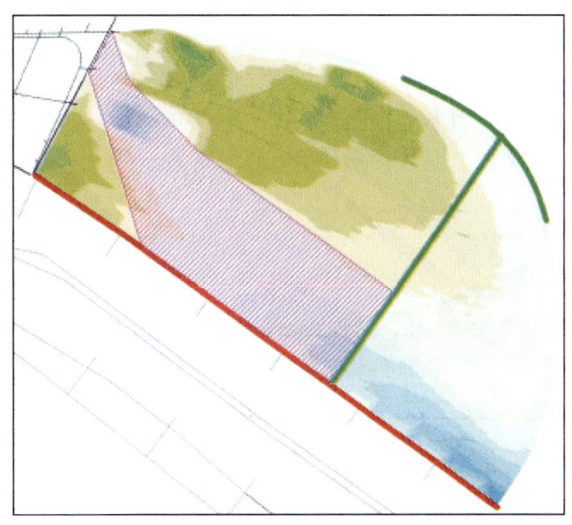

图 4-41　窜沟填满区域

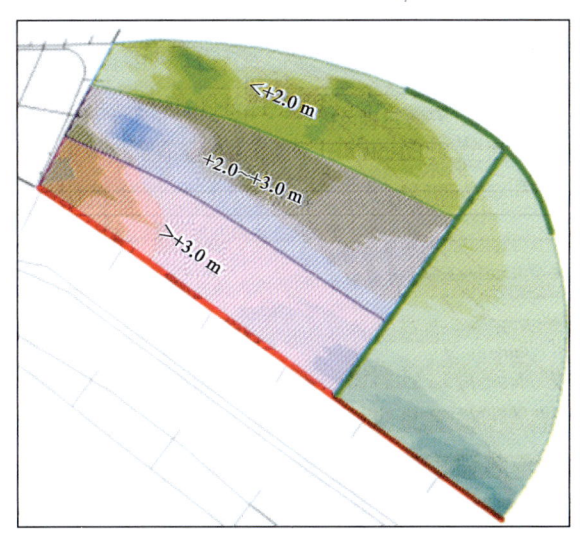
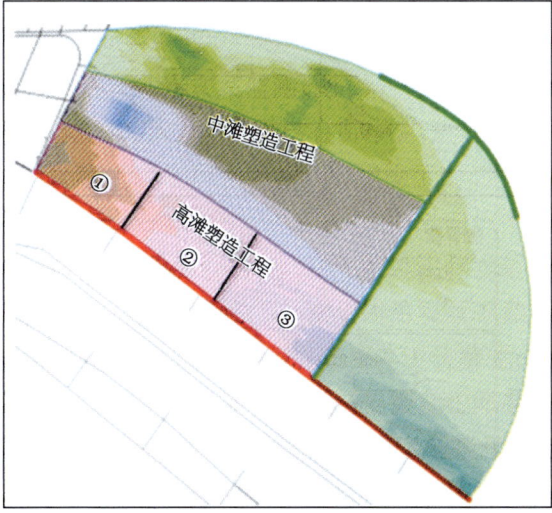

图 4-42　滩面塑造过程

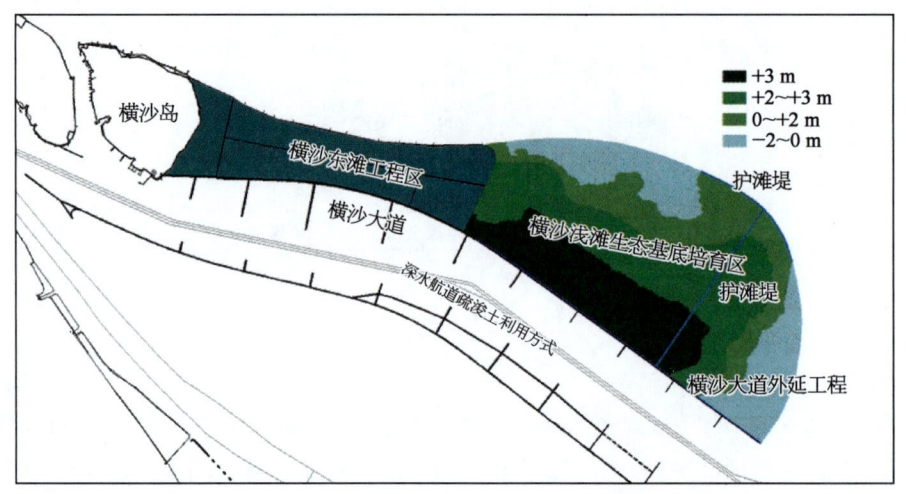

图4-43 横沙浅滩生态基底布局示意

4.5.2 生态基底塑造工程方案的效果分析

4.5.2.1 疏浚土上滩的数学模型分析

生态基底塑造需要大量的泥沙用于平窜沟、加高滩面,结合深水航道疏浚土的利用和生态基底塑造方案,上航院、河口中心分别开展了泥沙扩散模型研究,疏浚土的上滩点如图4-44所示。

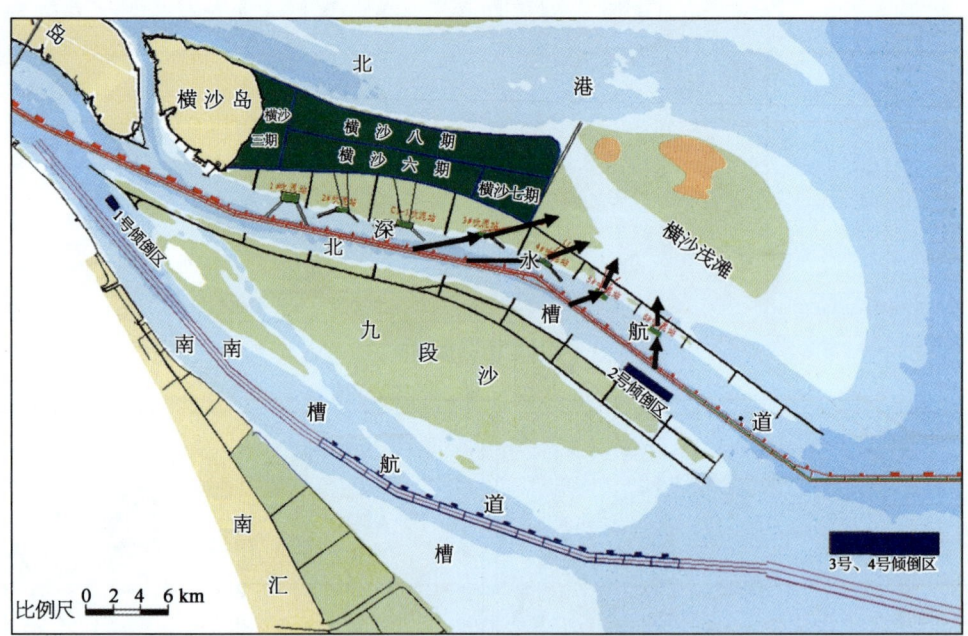

图4-44 横沙浅滩疏浚土上滩点示意

1) 上航院模拟成果

(1) 横沙大道外延+北沿护滩方案疏浚土利用效果。横沙大道外延工程+北沿护滩堤工程方案实施后,两侧工程的阻挡使得浅滩区域的流速趋近于往复流。北侧对涨潮流进行了阻挡使得涨潮期间向北的涨潮流大幅减弱,疏浚土从南向北输运的量大幅减小,基本在涨潮时期将疏浚土限制在横沙浅滩区域;落潮期间疏浚土仍然沿着北导堤北侧向下输运,输运路径相比工程前更靠近北导堤,之后在落转涨潮流的带动下向北槽输运(图4-45)。

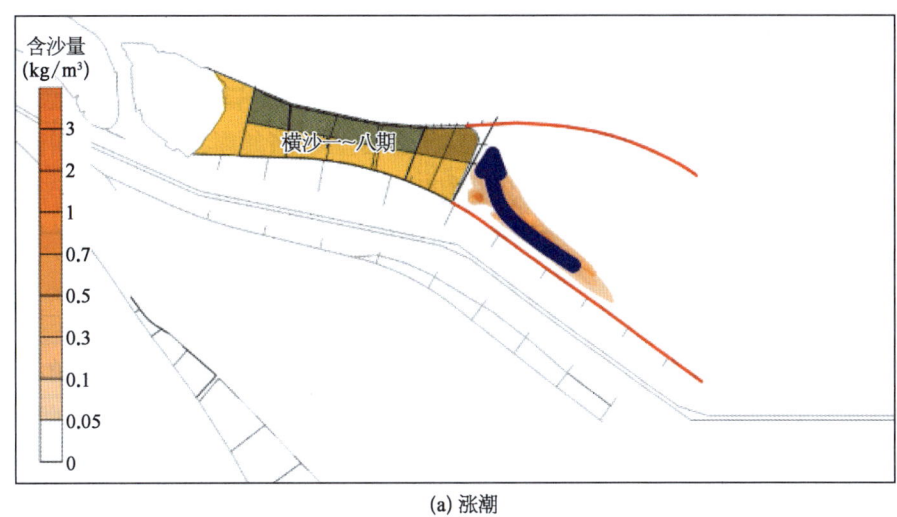

(a) 涨潮

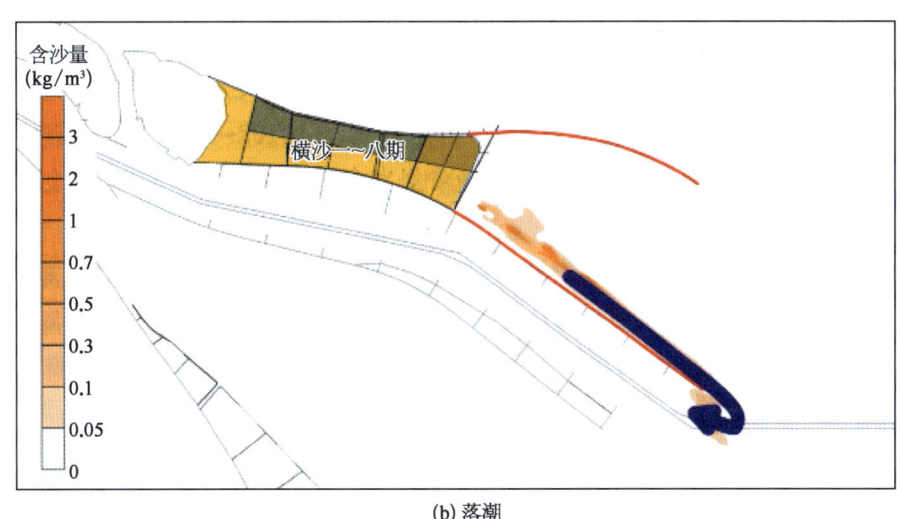

(b) 落潮

图 4-45　上滩疏浚土输运路径

疏浚土持续上滩 1 个月后，其在浅滩的淤积效果如图 4-46 所示。由于工程方案造成浅滩水动力的减弱，疏浚土上滩后被水流带走量较小，泥沙主要淤积在浅滩西南侧，淤积范围被限制在浅滩内部。淤积量比工程前有明显提升，浅滩总体淤积厚度基本在 0.1 m 以内。与上滩总量相比，疏浚土在横沙滩面上的淤积比例约为 90.8%。

(2) 横沙大道外延＋T 字坝方案疏浚土利用效果。方案实施后大幅减小了滩面的涨落潮流速，疏浚土基本被限制在吹泥点附近，向外输运量很小（图 4-47）。

该方案疏浚土主要淤积在 T 字坝西侧，横沙浅滩南侧区域，其淤积形态向西扩展（图 4-48）。由于疏浚土的扩散范围大幅减小，其淤积范围也相应大幅减小。计算疏浚土在横沙浅滩区域的淤积量与上滩量之比，得到疏浚土的淤积比例约为 98.1%。

随着时间的推移，在不调整吹泥点情况下，吹泥点附近滩面逐渐抬高，则疏浚土上滩的淤积效果略有减小。模拟 1 年的总体淤积效果（图 4-49），其中，北沿护滩结合北导堤加高方案在疏浚土上滩 12 个月后，落淤比例从 91% 下降至 82%；T 字坝护滩结合北导堤加高方案实施 12 个月后，落淤比例从 98% 下降至 91%。

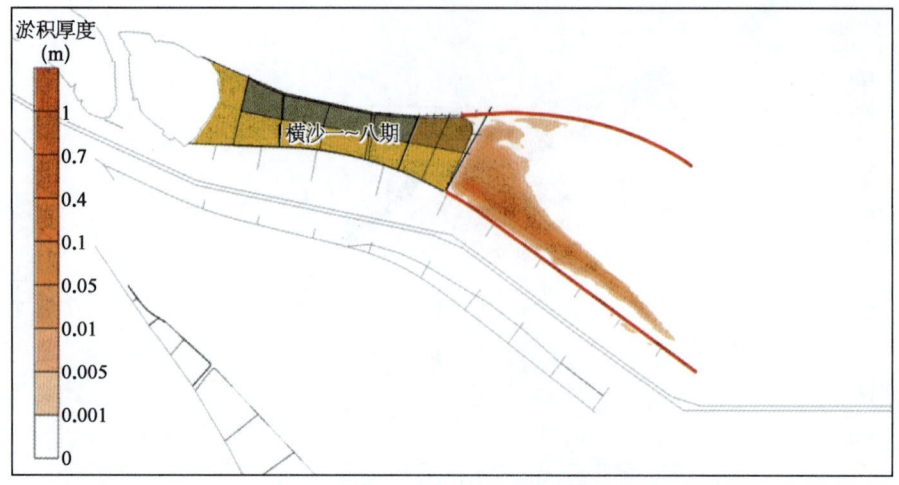

图 4-46 疏浚土上滩 1 个月后淤积效果

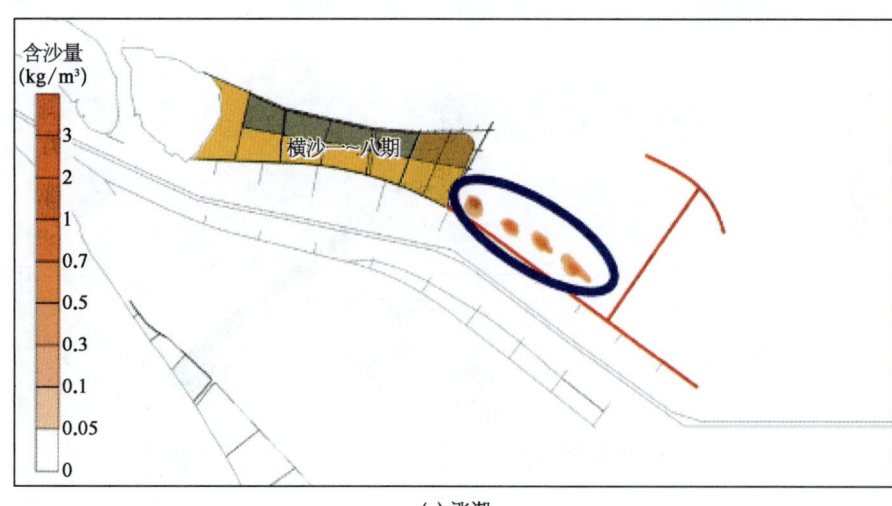

(a) 涨潮

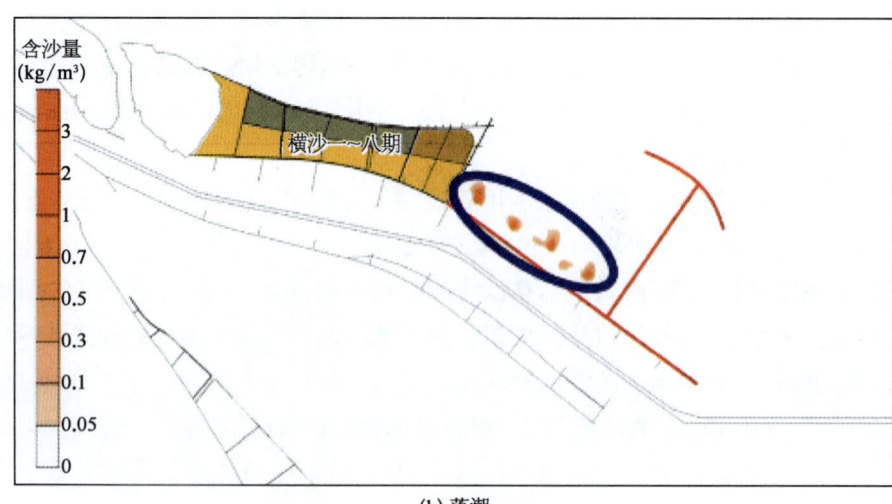

(b) 落潮

图 4-47 疏浚土输移路径

图 4-48 疏浚土上滩 1 个月后淤积效果

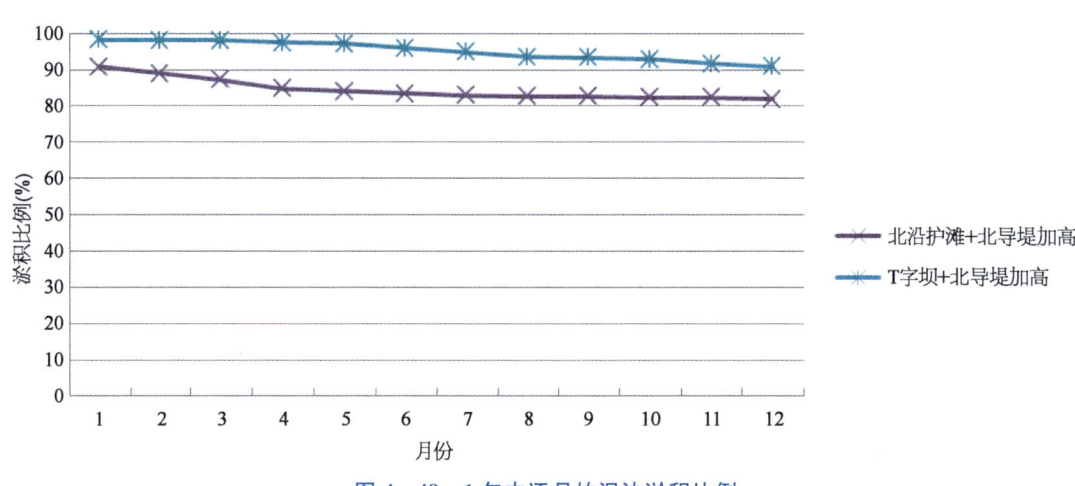

图 4-49 1 年内逐月的泥沙淤积比例

2) 河口中心模拟成果

河口中心对疏浚土上滩效果的模拟结果如图 4-50 所示。

(1) 横沙大道外延＋T字坝方案下,吹泥上滩沙体绝大部分随着浅滩涨落潮流在横沙浅滩水域往复输运。

(2) 横沙大道外延＋北沿护滩堤方案下,吹泥上滩沙体涨潮期向浅滩西北侧输运,至涨憩时向北

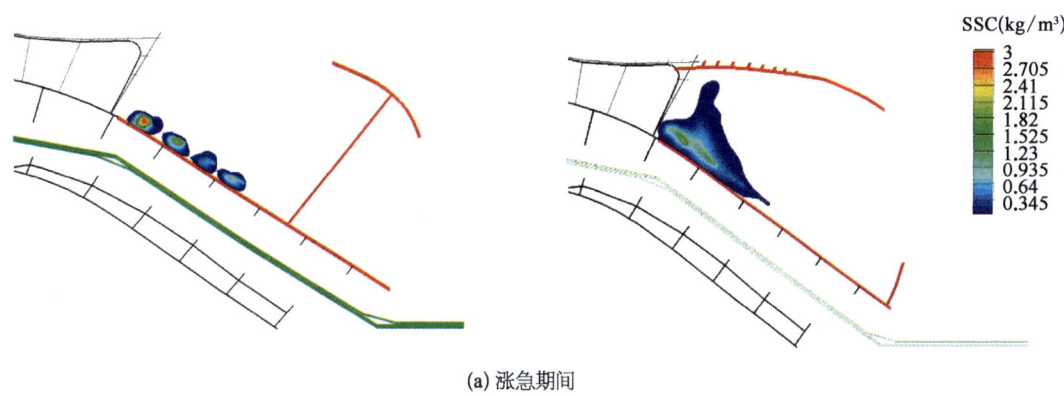

(a) 涨急期间

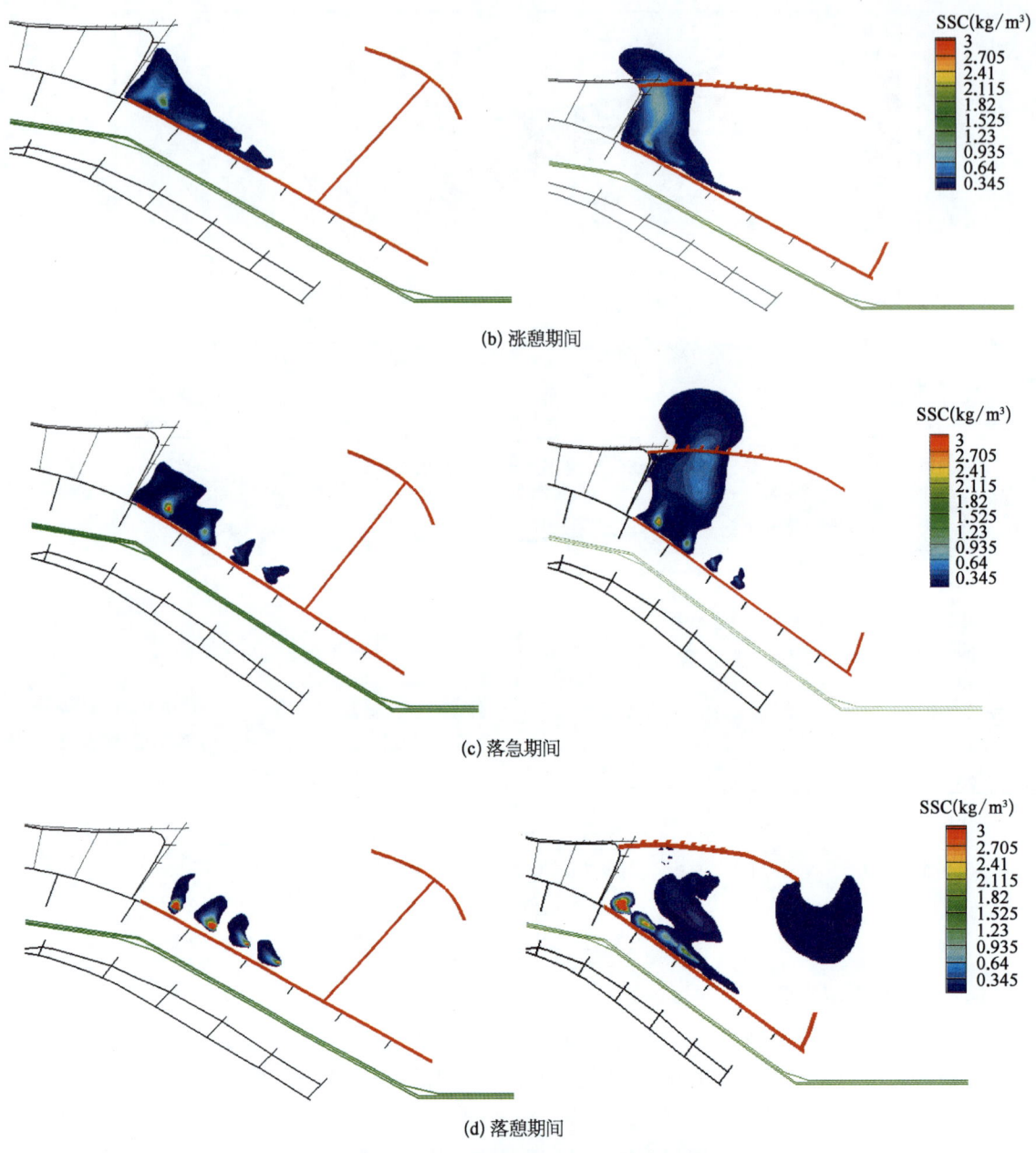

(b) 涨憩期间

(c) 落急期间

(d) 落憩期间

图 4-50 上滩疏浚土运移范围示意

输运范围达到最大,小部分沙体输运出横沙浅滩北侧。随着随后落潮流速的增加及潮位的降低,上滩沙体逐步分为两股,大部分沙体在横沙浅滩内往复输运,另一小部分上滩沙体沿着横沙浅滩北沿向下游输运,并在落憩时刻逐步输入回横沙浅滩东北侧。

（3）比较两方案下吹泥扩散范围,横沙大道外延+T字坝方案下,浅滩吹泥扩散范围小于横沙大道外延+北沿护滩堤方案的泥沙扩散范围。

从疏浚土上滩利用效果看,横沙大道外延+T字坝方案更适用于后续生态滩涂建设。

4.5.2.2 疏浚土上滩的物理模型试验

横沙浅滩护滩方案实施后,北槽泥沙吹填至横沙浅滩时,护滩堤能够抑制泥沙的运移范围,即吹填泥沙大多聚集在横沙浅滩,流失率低,具有较好的吹填效果。

根据相应的数模研究结果,南科院针对横沙大道外延＋T字坝方案下的疏浚土吹填试验开展了物理模型试验。

1) 模型试验的设置

在横沙浅滩选取了2#、4#和6#共3个吹填点进行试验,3个吹填点距离北导堤均为1 km,其中2#、4#位于南北护滩堤西侧,6#点位于南北护滩堤东侧,如图4-51所示。模拟3 800万 m^3 疏浚土在不同位置吹填的效果。按体积相似比尺计算,则物理模型试验喷沙量约为0.063 m^3。通过加沙桶和导管,在试验时间段,将模型沙均匀输送到模型上。每个吹填点单独作业,不考虑叠加作用。断面位置如图4-52所示。

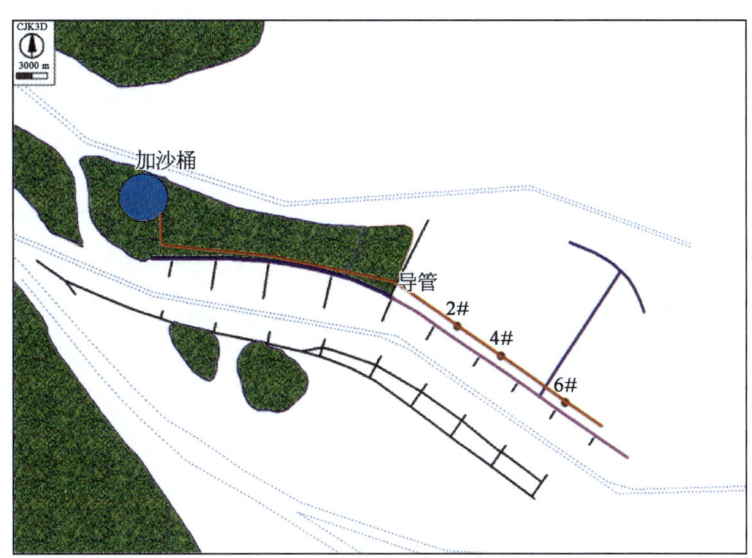

图4-51 吹填点位置示意

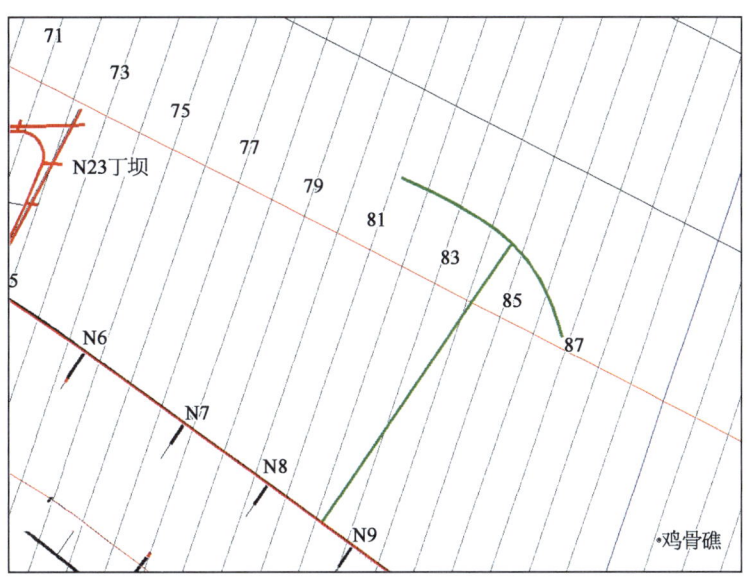

图4-52 断面位置示意

2) 模拟工程后的水流运动特征

图4-53所示为横沙大道外延工程和T字坝护滩工程实施后的涨落潮流场。涨潮时,横沙浅滩

区域流态相对较杂乱,且流速相对较弱,主要因为方案实施后,该区域形成半封闭水域,北导堤头部具有明显的绕流现象,且在导堤的北侧形成回流区,北槽坝田内回流现象明显。落潮时,受南北向护滩堤的影响,横沙浅滩的水流向北港运动,流速强度较小,南北向护滩堤东侧水域形成明显大范围回流区,北槽坝田内亦形成多处回流。

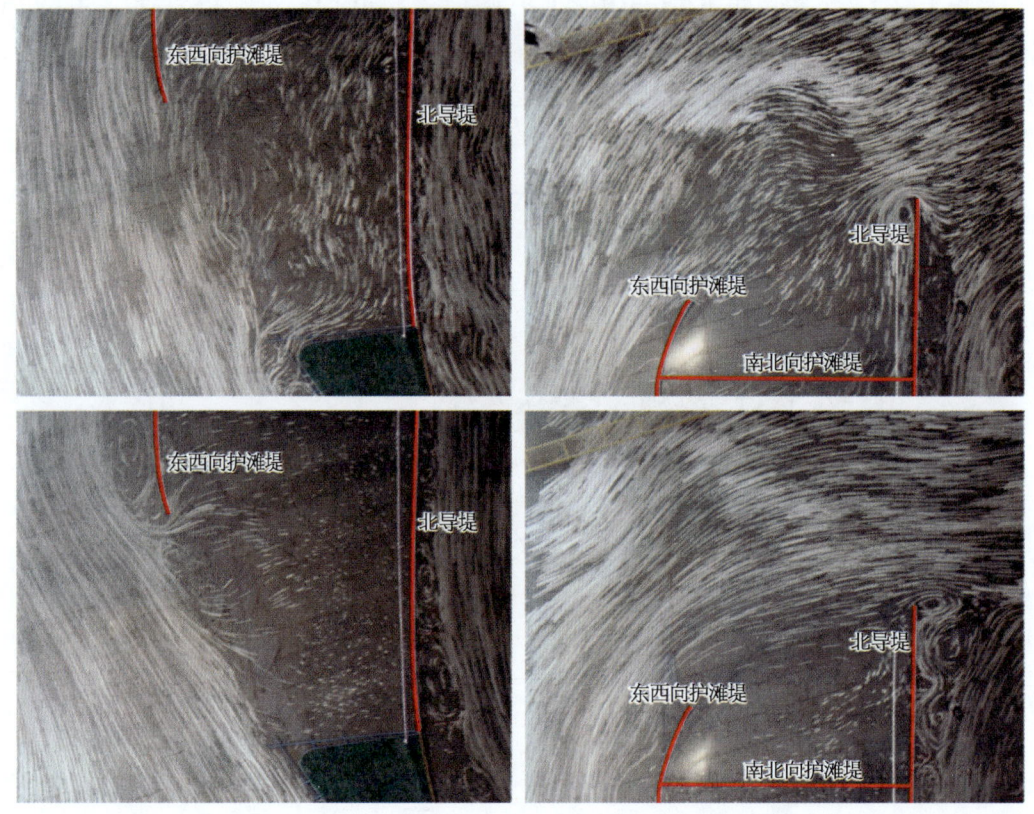

图4-53 工程区涨潮(上两幅)流场和落潮(下两幅)流场

3) 泥沙堆积范围分析

(1) 无工程掩护下的上滩泥沙淤积效果。在无工程掩护下,模拟3个吹填点吹填1年后的滩面效果(图4-54)。结果显示:泥沙基本覆盖了整个横沙浅滩区域,泥沙落淤分散,且有相当一部分泥沙随水流进入北港和北槽口外水域,进而增加水体含沙量。根据2#~6#吹填点典型断面(图4-55)的泥沙堆积体形态,吹填口附近泥沙堆积厚度最大可达2.5~3 m,横沙浅滩其他水域大多在0.2~0.3 m,可以说,横沙浅滩在没有掩护的条件下生态陆域塑造吹泥上滩,若不分潮时全天候吹泥,吹泥效果不佳,且会增加周边水域含沙量,影响海域环境。

(2) 工程后的上滩泥沙淤积效果。实施横沙大道外延工程+T字坝护滩工程后,3个吹填点吹填1年后,泥沙基本落淤在横沙浅滩区域,其中2#、4#吹填点泥沙落淤位于南北护滩堤西侧,而6#吹填点泥沙落淤在南北护滩堤的两侧(图4-56),主要因为,涨潮时,涨潮流越过南北护滩堤,将泥沙携带至此。

根据2#吹填点泥沙堆积体断面形态(图4-57),吹填口附近泥沙堆积厚度最大可达6 m,泥沙最大堆积高度以北横沙浅滩水域,泥沙边坡在水流的作用下,坡度较缓。吹填1年后,该吹填点泥沙堆积范围相对较小(图4-58),主要因为该处距离N23潜堤及北导堤较近,水流相对较弱,涨潮时,水流越过南北向护滩堤后,向西北方向运动,因此2#吹填点的堆积泥沙有向西北运动的趋势。

图 4-54 无工程掩护下 2#、4#、6# 点吹填 1 年后泥沙堆积分布

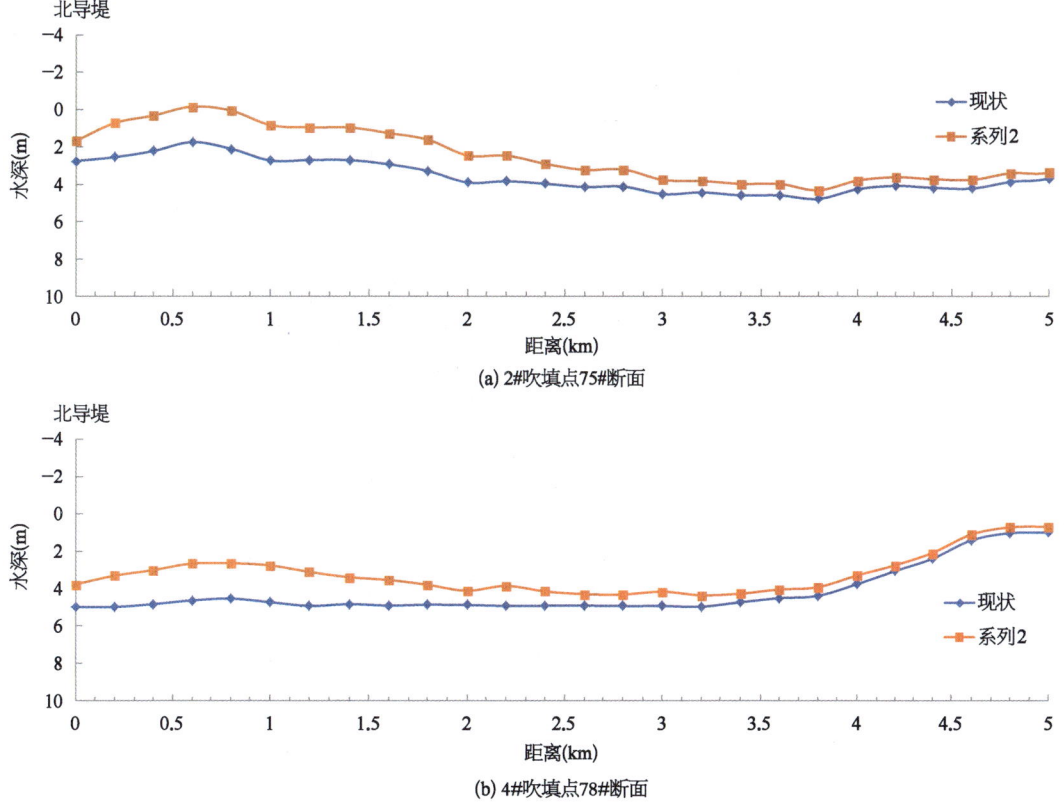

(a) 2#吹填点75#断面

(b) 4#吹填点78#断面

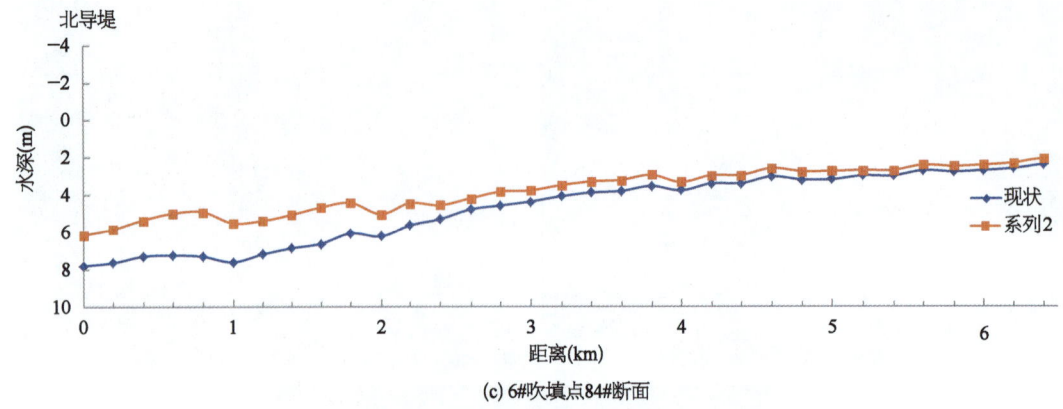

(c) 6#吹填点84#断面

图 4-55 无工程掩护下各吹填点断面泥沙堆积厚度

(a) 2#

(b) 4#

(c) 6#

图 4-56 工程掩护下 2#、4#、6#点吹填 1 年后泥沙堆积分布

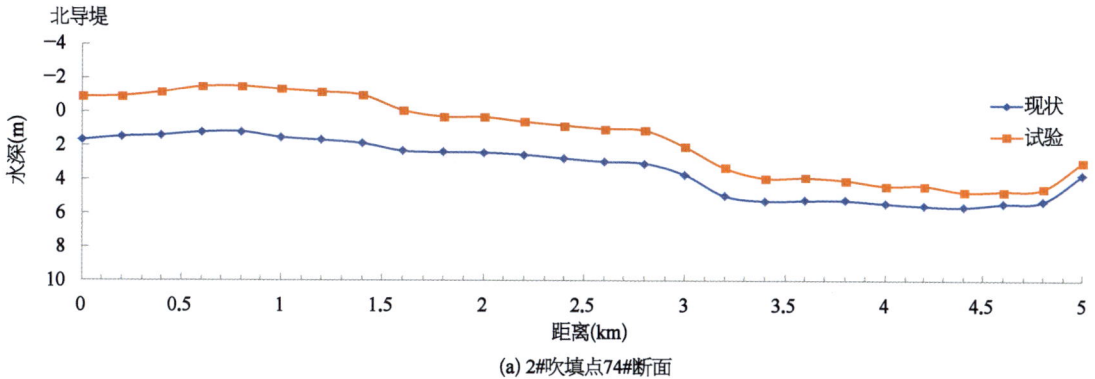

(a) 2#吹填点74#断面

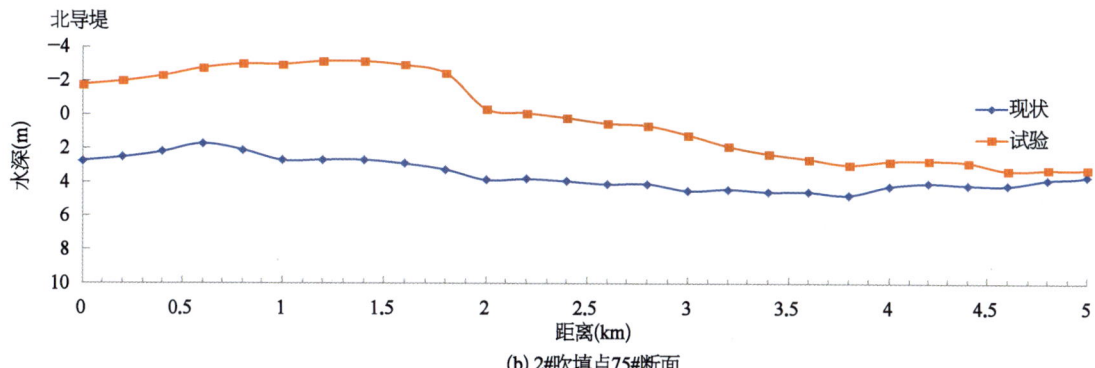

(b) 2#吹填点75#断面

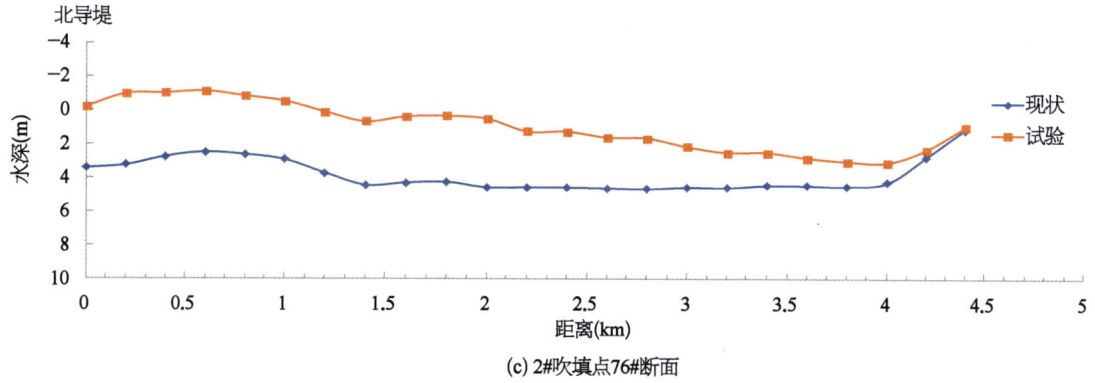

(c) 2#吹填点76#断面

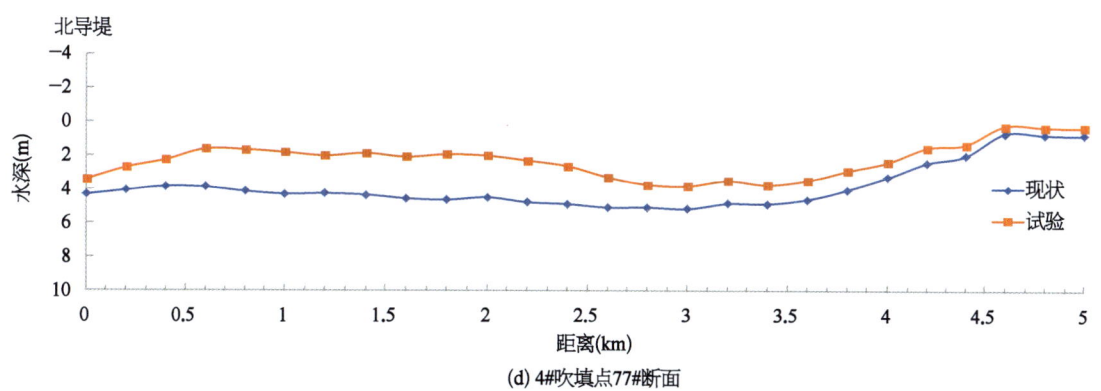

(d) 4#吹填点77#断面

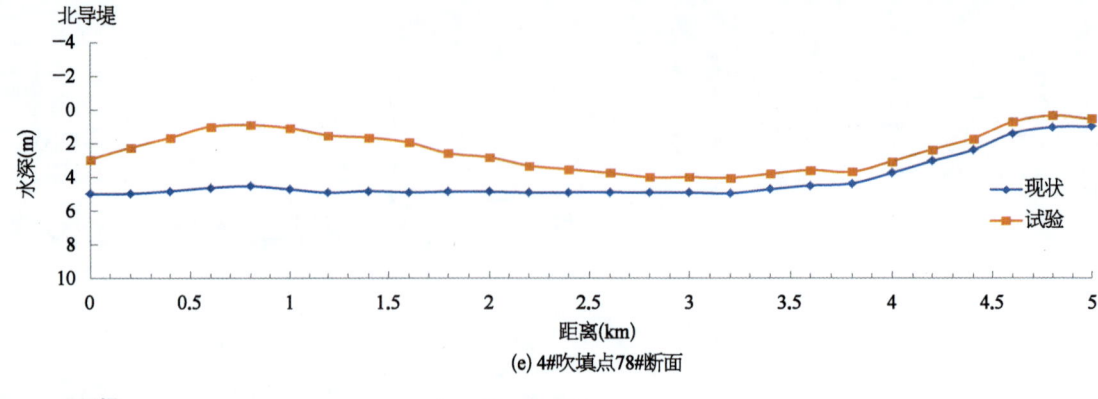

(e) 4#吹填点78#断面

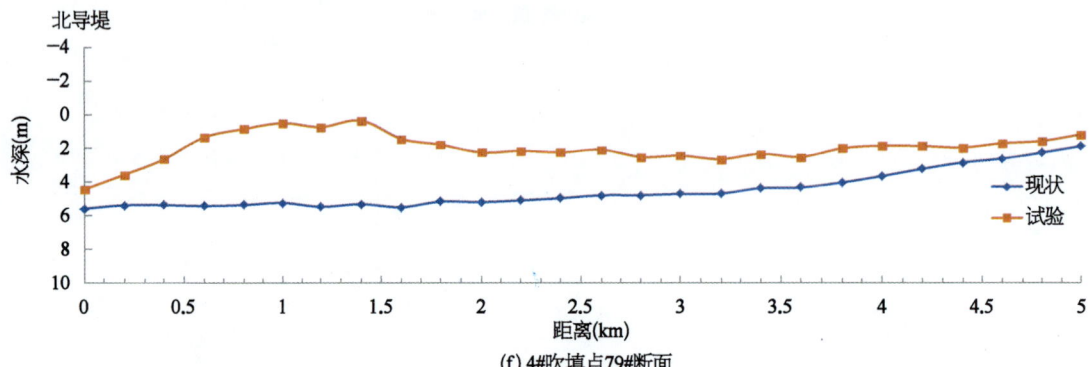

(f) 4#吹填点79#断面

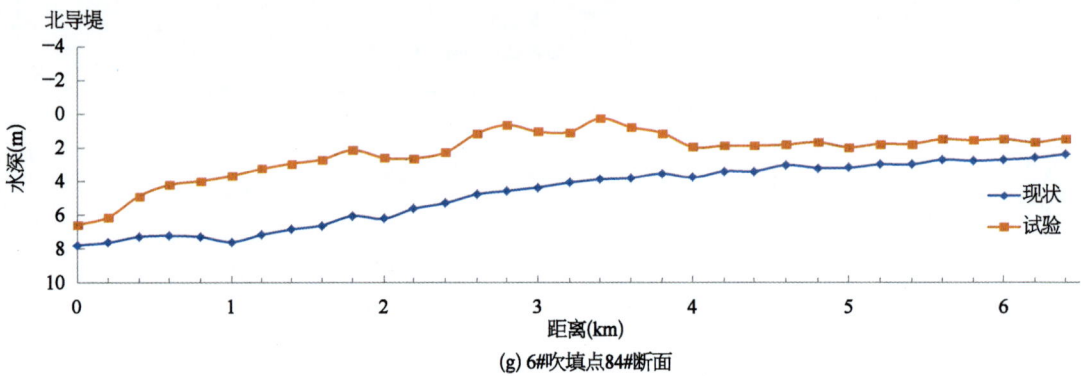

(g) 6#吹填点84#断面

图4-57 工程掩护下吹填1年后断面泥沙堆积厚度

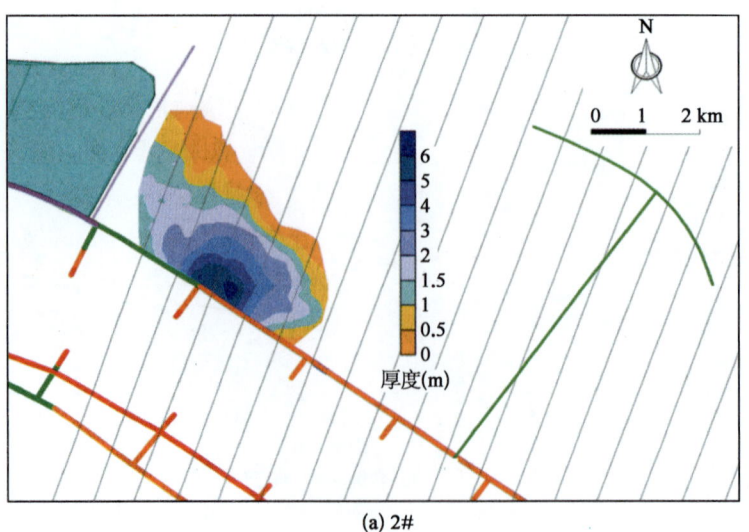

(a) 2#

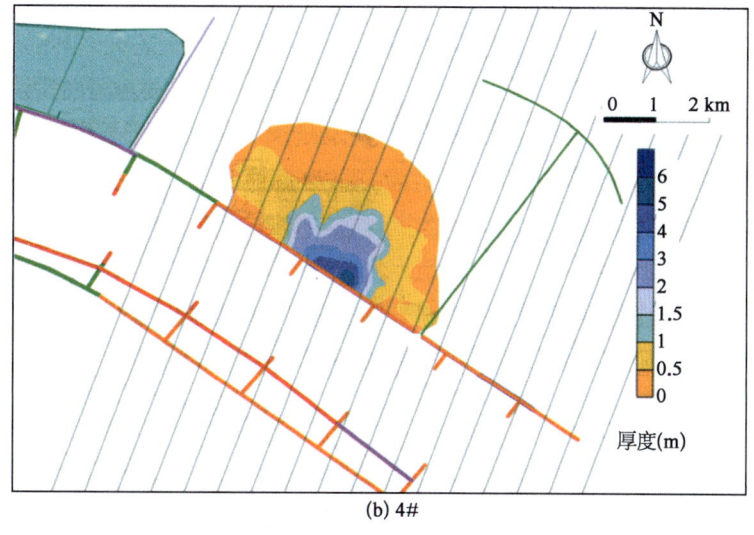

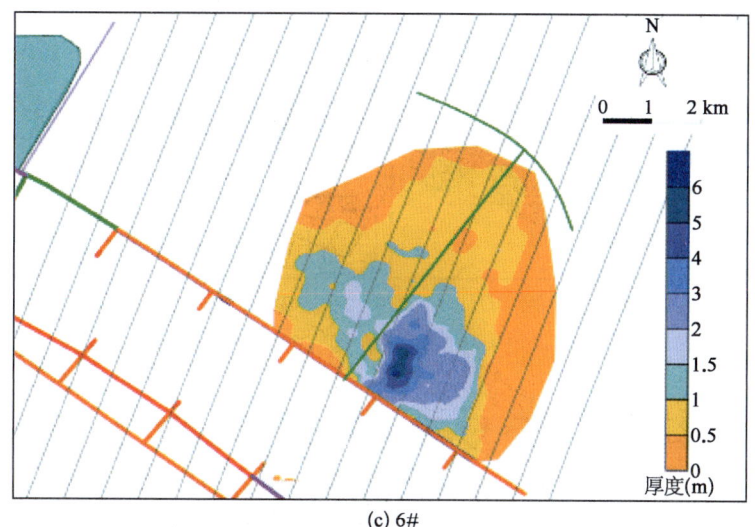

图 4-58　2#、4#、6#吹填点泥沙堆积范围

4#吹填点泥沙堆积形态与2#吹填点类似(图4-57),吹填口的泥沙堆积最大高度亦为6 m左右。受潮流作用,吹填口西侧泥沙面积明显大于东侧(图4-58)。

6#吹填点泥沙堆积最大高度为6 m左右(图4-57)。该处水域落潮时,在东西护滩堤和北导堤的作用下,形成回流区,因此,落潮时,吹填泥沙主要聚集在吹填点附近,涨潮时,水流携带泥沙越过南北护滩堤向西北运动,以此南北向护滩堤西侧亦有相当大范围的泥沙堆积(图4-58)。

总体而言,横沙浅滩护滩方案实施后,北槽泥沙吹填至横沙浅滩时,护滩堤能够抑制泥沙的运移范围,即吹填泥沙大多聚集在横沙浅滩,流失率低,具有较好的吹填效果。

4.6　横沙浅滩保滩护岸工程对周边的影响

横沙浅滩保滩护岸工程的目的在于固滩稳槽、确保周边河势稳定,同时也起到提升滩涂品质、优化区域生态环境的作用。为了掌握工程实施对周边及长江口可能产生的负面影响,项目组研究了横沙大道外延工程和T字坝护滩工程实施后的相关影响,在此基础上还进一步分析了生态基底形成后的相关影响。

4.6.1 横沙大道外延及浅滩护滩工程的影响

4.6.1.1 对长江口水动力的影响

1) 对流场的影响

根据南科院数学模型研究,工程实施前,北槽口外、北港拦门沙以外及横沙浅滩水域,旋转流特征明显,北槽、北港及南槽水域,往复流特征明显;工程实施后,北槽口外旋转流特征不变,北港拦门沙区域由旋转流转变为往复流,横沙浅滩水域,流速大幅度降低,水流往复流特征明显(图4-59、图4-60)。

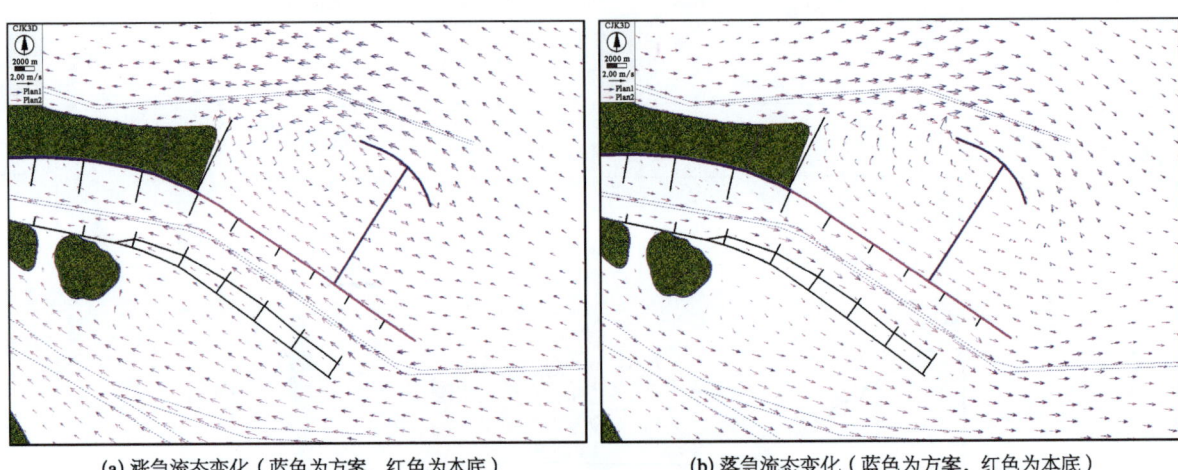

(a) 涨急流态变化(蓝色为方案,红色为本底)　　(b) 落急流态变化(蓝色为方案,红色为本底)

图 4-59　工程方案前后涨急流态变化

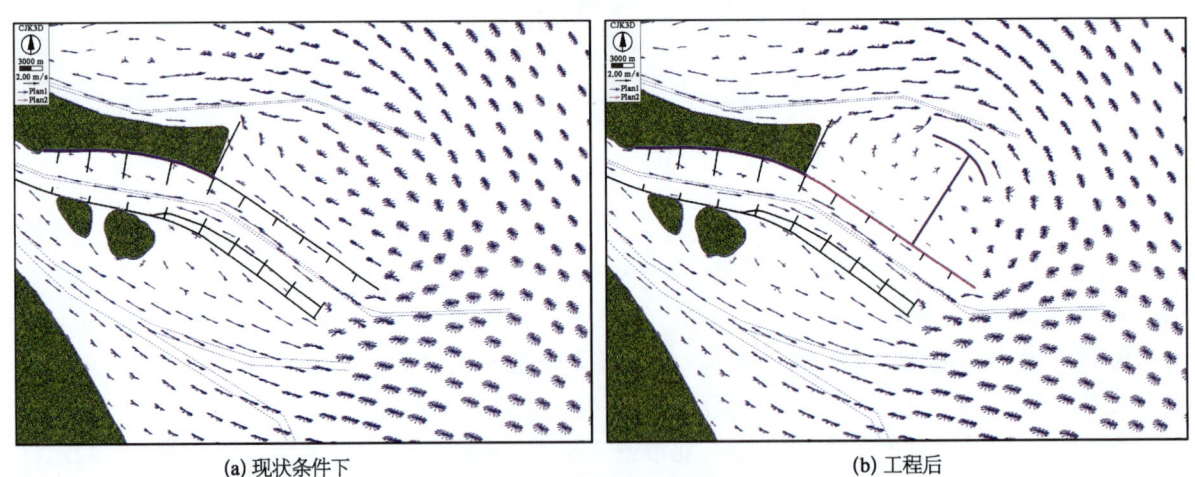

(a) 现状条件下　　(b) 工程后

图 4-60　工程方案前后流矢量分布比较

流速变化上,方案的实施对北槽影响相对较小,北槽中上段涨急流速增加,中部流速增大幅度约为 0.15 m/s,北槽口门处涨落急流速均略有降低,大部分区域流速降低幅度小于 0.10 m/s。横沙浅滩水域流速大幅度降低,局部水域流速变化超过 0.50 m/s,北港中上段涨急流速略有降低,降低幅度为 0.1 m/s 左右,拦门沙水域外侧,靠近横向导堤处,涨急流速大幅度增加,局部水域增幅超过 0.2 m/s(图4-61)。

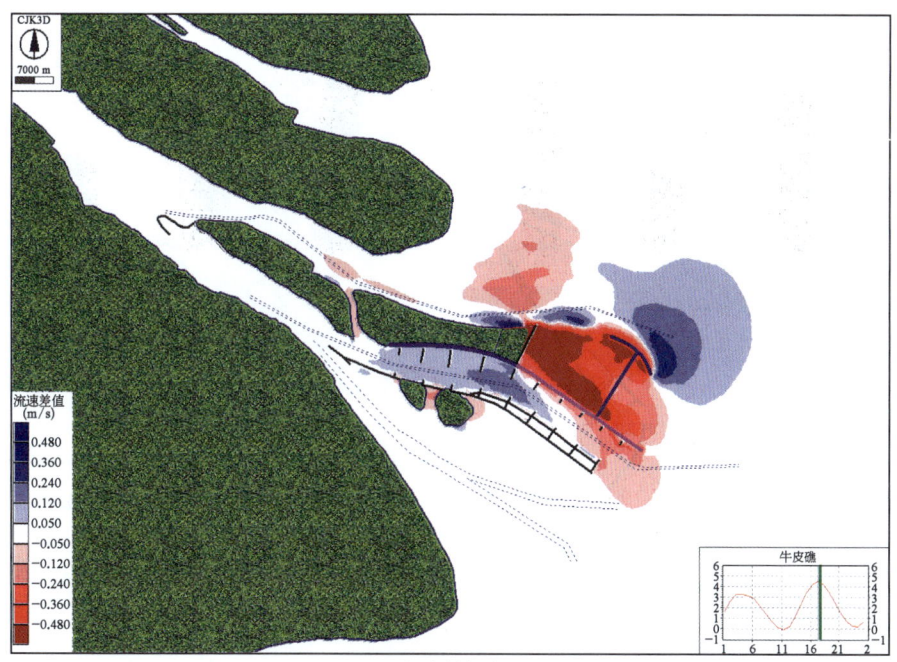

(a) 涨急流场变化

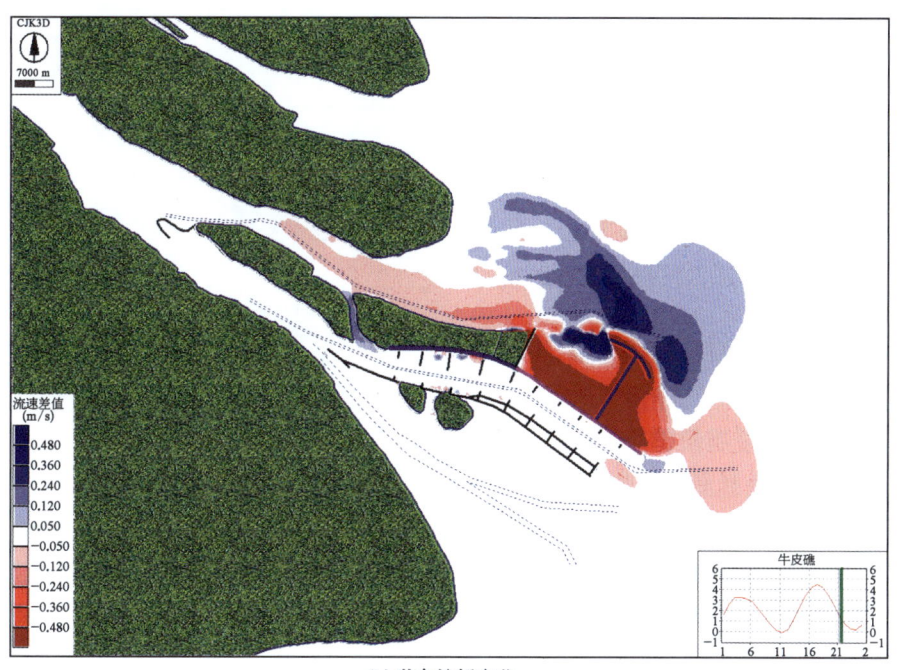

(b) 落急流场变化

图 4-61 工程方案后涨落急流场变化

2) 对潮量、分流比的影响

根据南科院研究，工程实施后，北港潮量降低，其中涨潮量降低 6.35%，南港涨落潮量均有少量增加，其中涨潮量增加 2.57%。工程布局阻碍了潮波向北传播而使得对北槽涨潮有一定的汇聚作用，北槽涨潮量增加 7.86%，南槽涨落潮量总体变化相对较小。工程实施后北港断面落潮分流比降低 0.48%，北槽断面落潮分流比增加 0.10%（图 4-62）。

根据上勘院研究（表 4-5～表 4-7），工程实施落潮量变幅基本在 4% 以内，对北槽涨潮量的影响

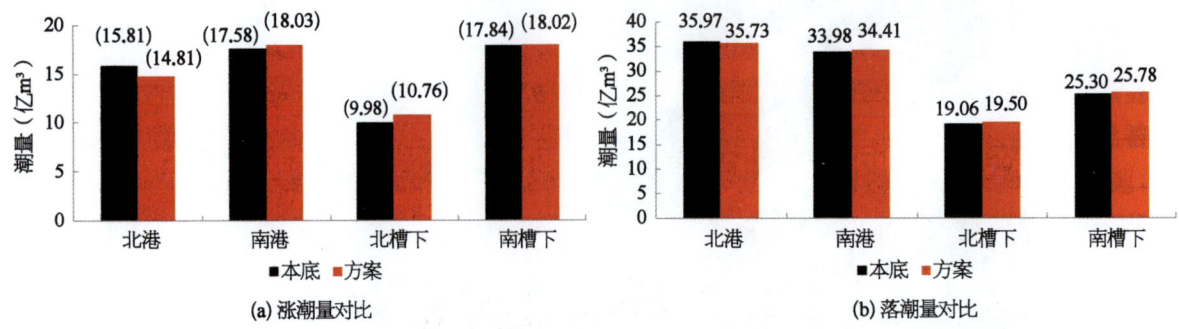

图 4-62 方案前后潮量对比

相对明显。具体而言,南、北支断面涨落潮量基本未受陆域工程的影响,仅南支断面涨潮量稍有增加;南港断面涨落潮量均有不同程度的增加,由于落潮量增值小于涨潮量增值,南港断面实际净泄量有所减小;北港断面落潮量略有增加,而涨潮量略有减小,北港断面的实际净泄量有所增加;南槽断面落潮量和涨潮量均有不同程度增加,由于落潮量增值大于涨潮量增值,南槽断面实际净泄量有所增加;北槽断面落潮量和涨潮量均增加,但涨潮量增值超过落潮量,净泄量有所减小。综上所述,横沙浅滩生态陆域的塑造对长江口总体纳潮量不存在明显影响,仅北槽航道涨潮量增幅较大,但对应的涨潮增量在 2 亿 m³ 以内。

表 4-5 2016 年洪季大潮条件工程前后纳潮量变化

断面	涨潮量			落潮量		
	工程前（亿 m³）	工程后（亿 m³）	变幅	工程前（亿 m³）	工程后（亿 m³）	变幅
南支	23.7	24.0	1.1%	71.6	71.9	0.4%
北支	3.30	3.30	0.0%	3.60	3.60	0.0%
南港	18.85	19.71	4.6%	40.96	41.40	1.1%
北港	18.79	18.40	−2.1%	43.13	43.26	0.3%
南槽	19.87	20.06	0.9%	26.70	27.47	2.9%
北槽	10.83	12.51	15.6%	23.95	24.08	0.6%

表 4-6 1998 年长江洪水条件工程前后纳潮量变化

断面	涨潮量			落潮量		
	工程前（亿 m³）	工程后（亿 m³）	变幅	工程前（亿 m³）	工程后（亿 m³）	变幅
南支	20.0	20.40	2.3%	77.90	78.40	0.7%
北支	3.30	3.30	0.0%	3.80	3.80	0.0%
南港	17.12	17.94	4.8%	44.09	44.46	0.8%
北港	16.91	16.49	−2.5%	46.42	46.59	0.4%
南槽	18.71	18.88	0.9%	28.33	29.08	2.7%
北槽	9.92	11.63	17.2%	25.47	25.59	0.5%

表 4-7 9711 台风条件工程前后纳潮量变化

断面	涨潮量			落潮量		
	工程前（亿 m³）	工程后（亿 m³）	变 幅	工程前（亿 m³）	工程后（亿 m³）	变 幅
南支	32.1	32.7	1.8%	67.9	68.3	0.6%
北支	4.30	4.30	0.0%	3.90	4.0	1.5%
南港	26.06	27.42	5.2%	38.31	38.92	1.6%
北港	22.67	22.24	−1.9%	43.37	43.51	0.3%
南槽	27.86	27.96	0.3%	23.40	24.31	3.9%
北槽	13.02	14.88	14.3%	24.04	23.76	−1.1%

同时，工程实施不会对长江口主要河道的分流比造成明显的影响，不同水文条件下（表 4-8～表 4-10）对长江口分流比的影响规律相近且变化幅度较小，落潮分流比变幅在 2% 以内，涨潮分流比变幅在 3.5% 以内。

表 4-8 2016 年洪季大潮条件工程前后分流比变化

断面	涨潮分流比			落潮分流比		
	工程前	工程后	变 幅	工程前	工程后	变 幅
南支	87.8%	87.9%	0.1%	95.2%	95.2%	0.0%
北支	12.2%	12.1%	−0.1%	4.8%	4.8%	0.0%
南港	50.1%	51.7%	1.6%	48.7%	48.9%	0.2%
北港	49.9%	48.3%	−1.6%	51.3%	51.1%	−0.2%
南槽	64.7%	61.6%	−3.1%	52.7%	53.3%	0.6%
北槽	35.3%	38.4%	3.1%	47.3%	46.7%	−0.6%

表 4-9 1998 年长江洪水条件工程前后分流比变化

断面	涨潮分流比			落潮分流比		
	工程前	工程后	变 幅	工程前	工程后	变 幅
南支	86.0%	86.3%	0.3%	95.4%	95.4%	0.0%
北支	14.0%	13.7%	−0.3%	4.6%	4.6%	0.0%
南港	50.3%	52.1%	1.8%	48.7%	48.8%	0.1%
北港	49.7%	47.9%	−1.8%	51.3%	51.2%	−0.1%
南槽	65.3%	61.9%	−3.4%	52.7%	53.2%	0.5%
北槽	34.7%	38.1%	3.4%	47.3%	46.8%	−0.5%

表 4-10 9711 台风条件工程前后分流比变化

断面	涨潮分流比			落潮分流比		
	工程前	工程后	变 幅	工程前	工程后	变 幅
南支	88.3%	88.5%	0.2%	94.5%	94.5%	0.0%
北支	11.7%	11.5%	−0.2%	5.5%	5.5%	0.0%
南港	53.5%	55.2%	1.7%	46.9%	47.2%	0.3%
北港	46.5%	44.8%	−1.7%	53.1%	52.8%	−0.3%
南槽	68.2%	65.3%	−2.9%	49.3%	50.6%	1.3%
北槽	31.8%	34.7%	2.9%	50.7%	49.4%	−1.3%

3) 对潮位的影响

潮位采样点如图 4-63 所示。工程后，北槽高潮位升高，低潮位变化较小，水位过程工程前后基本一致。北港水域，受工程的阻挡作用，涨潮相位略有后滞，高低潮位亦有所变化。其中北槽中段 5# 点水位升高幅度最大，约为 0.11 m，往北侧两侧，水位变化逐渐减小。北港水域，拦门沙附近的 11#、12# 点，高潮位降低幅度较大，为 0.08~0.12 m，横沙东滩北侧的 13#~15# 点，高潮位略有升高，约为 0.03 m（表 4-11）。

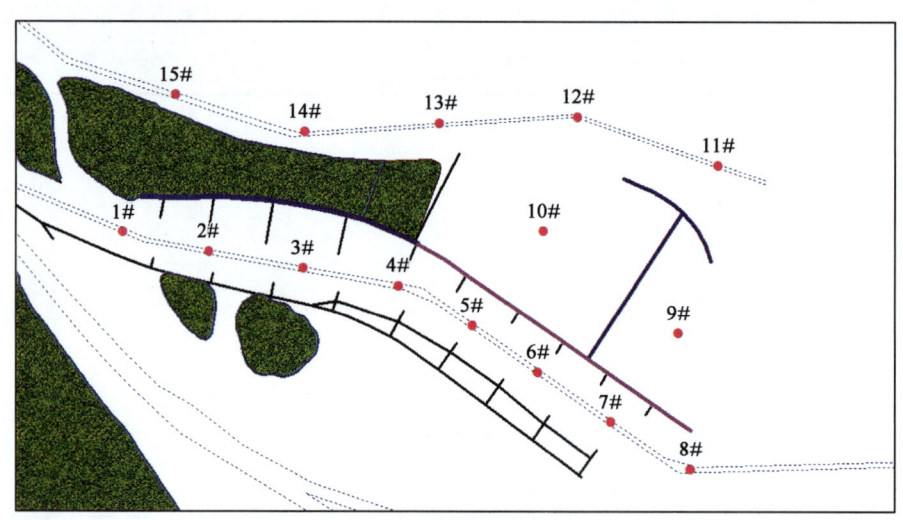

图 4-63 潮位采样点示意

表 4-11 采样点高潮位变化 （单位：m）

编号	高潮位			低潮位		
	本 底	工程后	变 化	本 底	工程后	变 化
1#	2.64	2.67	0.03	−0.77	−0.73	0.04
2#	2.71	2.76	0.05	−0.86	−0.85	0.01
3#	2.76	2.84	0.08	−1.11	−1.08	0.03
4#	2.69	2.79	0.10	−1.29	−1.27	0.02

(续表)

编号	高潮位			低潮位		
	本 底	工程后	变 化	本 底	工程后	变 化
5#	2.68	2.78	0.10	−1.50	−1.49	0.01
6#	2.68	2.76	0.08	−1.71	−1.70	0.01
7#	2.69	2.74	0.05	−1.87	−1.85	0.02
8#	2.67	2.67	0.00	−1.83	−1.82	0.01
9#	2.59	2.62	0.03	−1.80	−1.80	0.00
10#	2.61	2.41	−0.20	−1.65	−1.37	0.28
11#	2.50	2.38	−0.12	−1.69	−1.67	0.02
12#	2.51	2.42	−0.09	−1.56	−1.46	0.10
13#	2.43	2.46	0.03	−1.18	−1.05	0.13
14#	2.42	2.46	0.04	−0.91	−0.84	0.07
15#	2.43	2.46	0.03	−0.79	−0.74	0.05

4) 对风浪的影响

根据河口中心研究,横沙大道外延工程和T字坝护滩工程实施后,护滩堤附近滩面和北槽中下段为波浪主要减弱区。其中,北槽深水航道中下段航道波高减弱,北风及东北风常风浪作用下,北槽中下段有效波高减幅普遍在0.2~0.4 m(图4-64)。

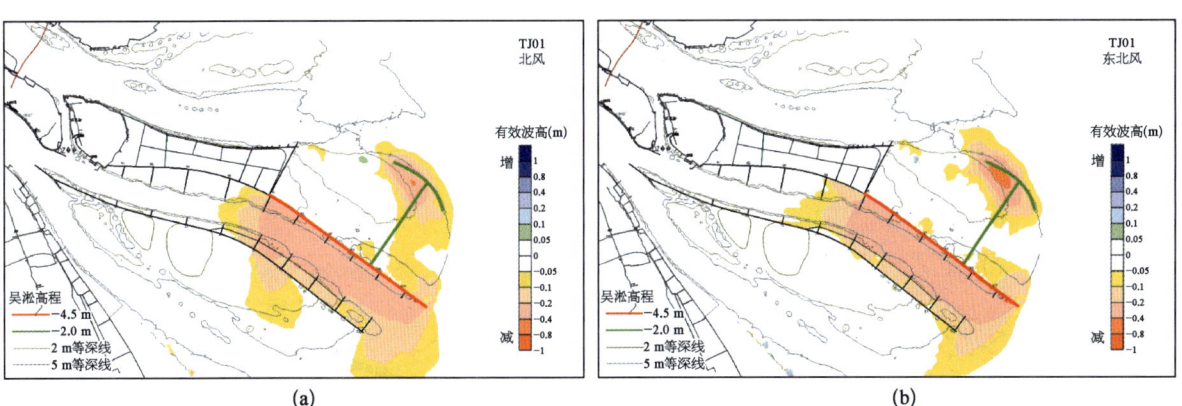

图4-64 工程实施后周边水域波高变化分布

4.6.1.2 对航道的影响

1) 对北槽深水航道的影响

(1) 对流速的影响。根据南科院对北槽航道沿程(图4-65)涨落急流速统计,工程实施后,北槽落急流速影响相对较小,对涨急流速影响相对较大,北槽中下段M~T单元涨急流速有所增大,幅度基本在0.10 m/s以内,X、Y单元,局部水域涨急流速增幅超过0.15 m/s(图4-66)。

同时,根据上航院模拟结果,工程实施后落急流速在北槽下段有所减小,减幅在0.05 m/s左右,在口外段有所增加,增幅在0.1 m/s左右;对涨急流速的影响主要集中在北槽中上段,由于北导堤归顺了涨潮流使得工程后流速增加,增加量值在0.2 m/s左右(图4-67)。

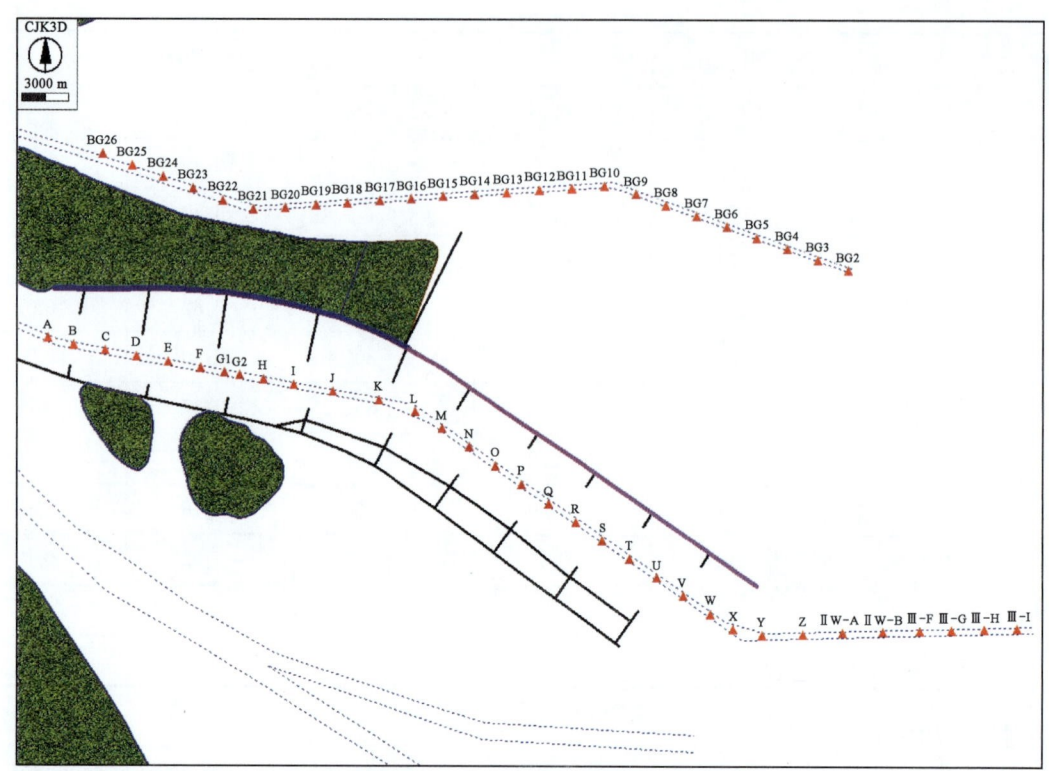

图 4-65 航道采样点布置示意

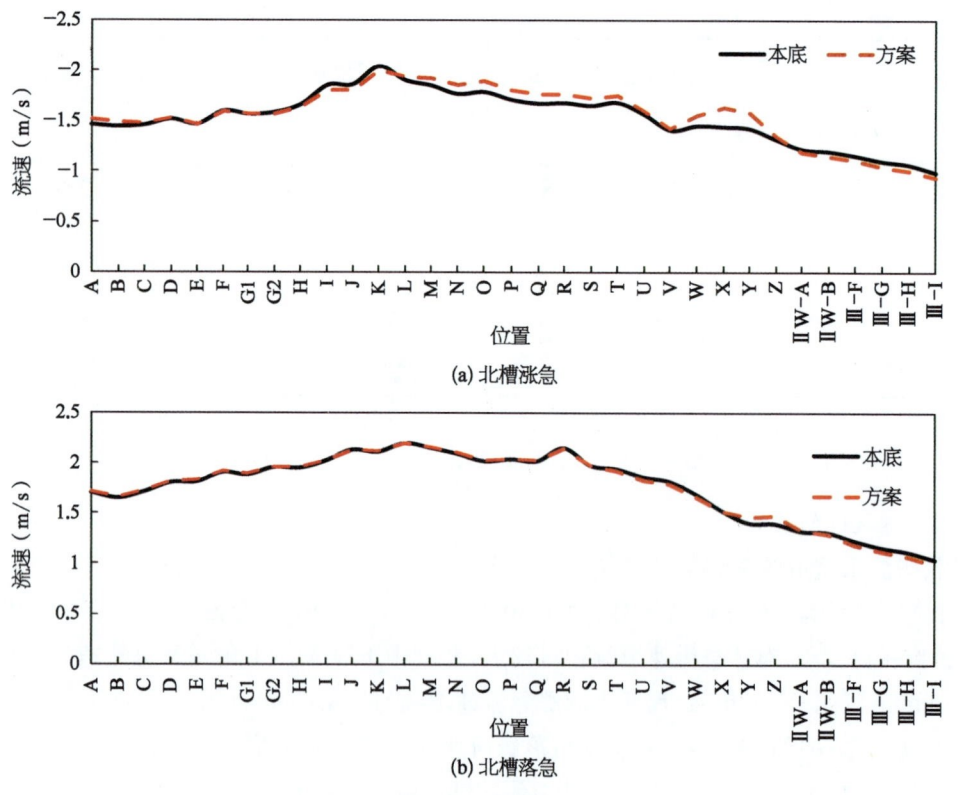

(a) 北槽涨急

(b) 北槽落急

图 4-66 北槽航道流速变化(南科院)

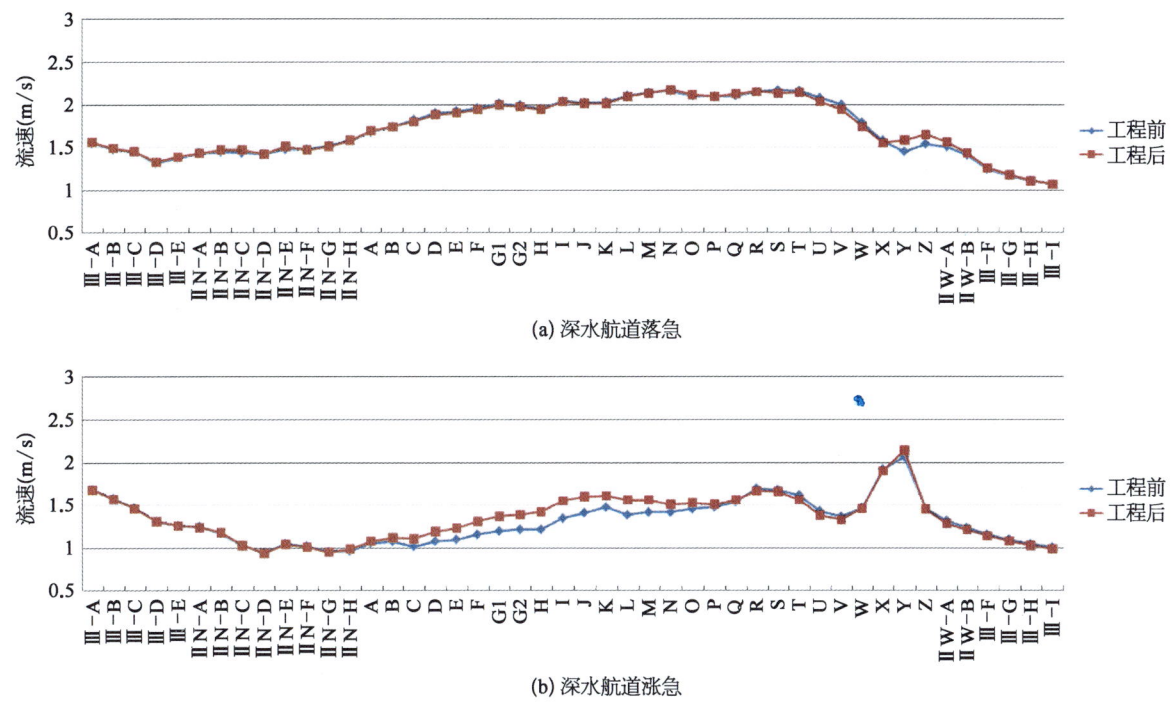

图 4-67　北槽航道流速变化(上航院)

(2) 对横流的影响。根据南科院对北槽航道横流变化统计,北槽中下段,最大横流值整体减小,北槽中上段横流变化不大(图 4-68),有利于船舶航行。总体而言,工程实施后,对北槽水流影响相对较小。

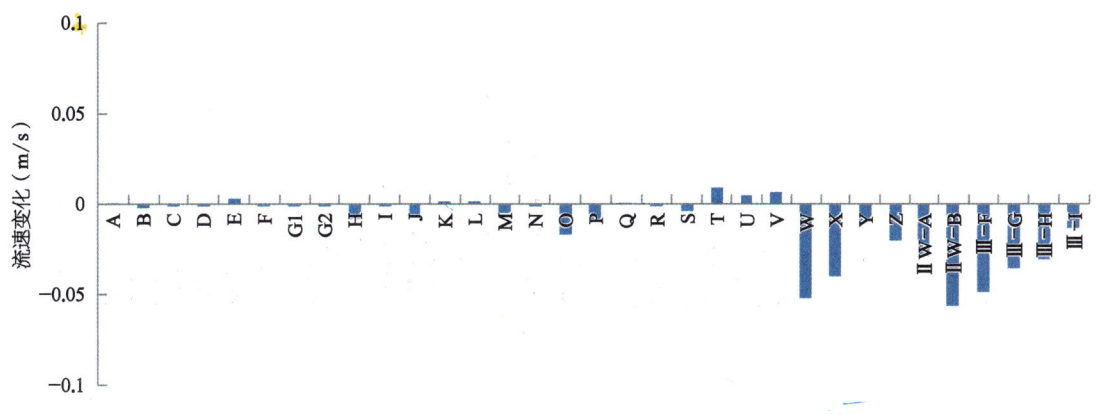

图 4-68　北槽航道横流变化(南科院)

同时,河口中心研究认为,三大工程实施后,北槽中上段(O 单元以上)横流变化不大,北槽下段横流变化较为明显。落急期间,北槽下段(航道 W～Ⅲ-Ⅰ)横流普遍减小,横流最大减幅在 0.18 m/s 左右。涨急期间,北槽下段横流有增有减,横流最大变幅在 0.2 m/s 左右(图 4-69)。

(3) 对回淤的影响。南科院(图 4-70)、河口中心、上航院分别对工程实施后的北槽回淤进行了预测分析,研究结果认为,横沙大道外延和 T 字坝护滩工程实施后,北槽航道年回淤量变化幅度基本在 200 万 m³ 以内。

同时,在横沙大道外延和 T 字坝护滩工程基础上,实施疏浚土上滩利用,仅有 0.03% 的疏浚土参

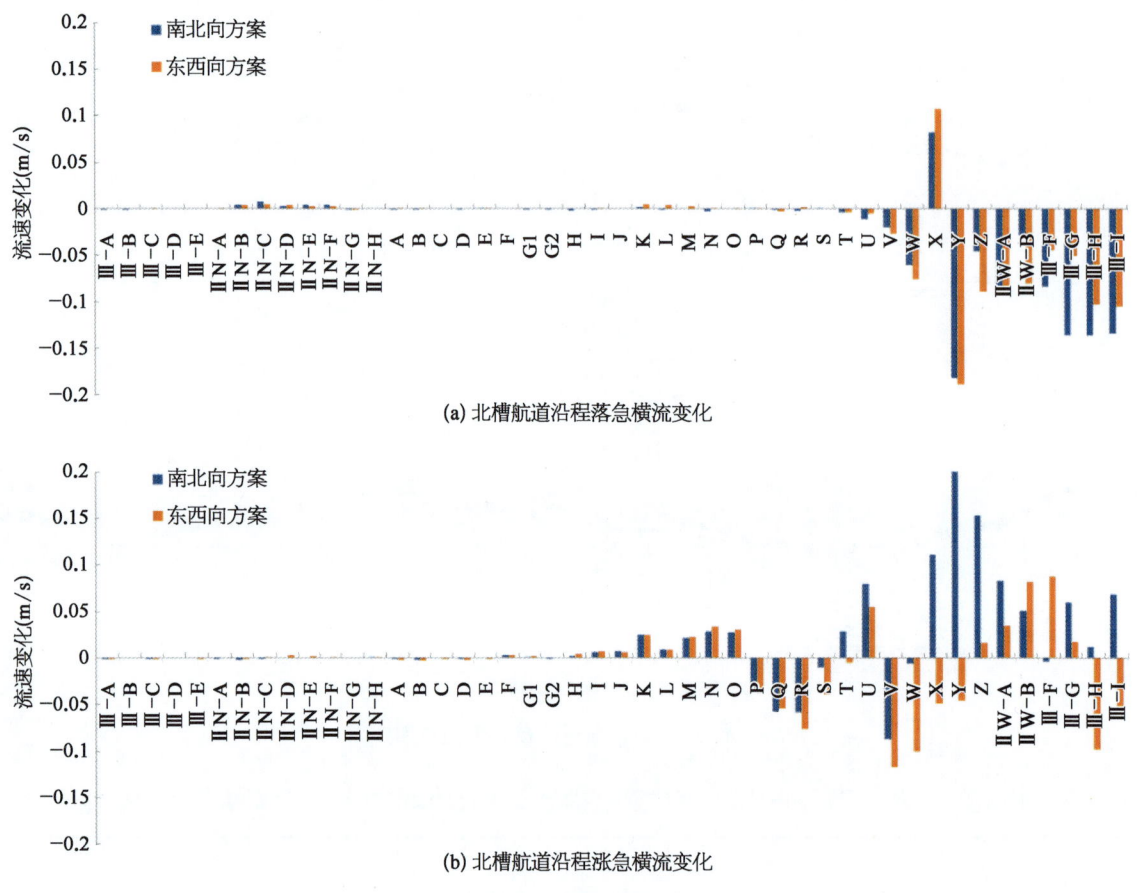

(a) 北槽航道沿程落急横流变化

(b) 北槽航道沿程涨急横流变化

图 4-69 北槽深水航道沿程横流变化分布(河口中心)

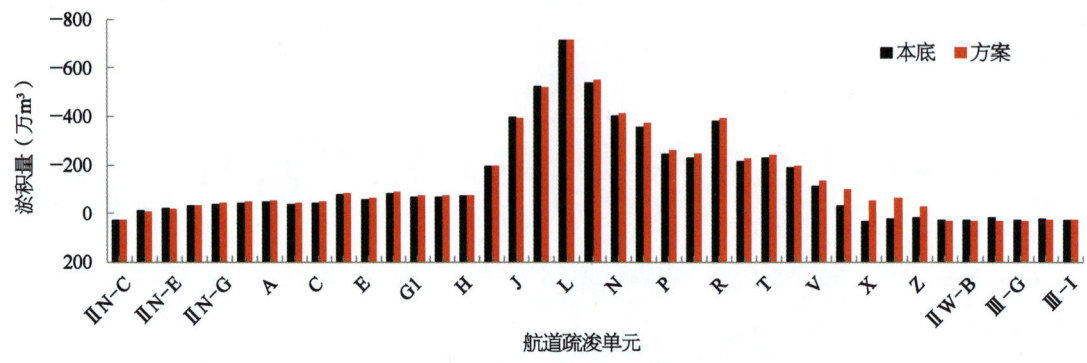

图 4-70 北槽航道回淤变化(南科院)

与了深水航道的回淤(图 4-71),以一年 3 200 万 m^3 的上滩量估算,深水航道回淤量增加 1.0 万 m^3,即影响非常有限。

2) 对北港航道的影响

从采样点的流速变化来看,工程方案实施后,对北港航道的影响主要在北港中下段。落急流速在北港下段有所增加,增加量值为 0.17 m/s 左右,在北港中段落急流速有所减小,减小量值在 0.07 m/s 以内;涨急流速也呈现同样的规律,下段流速增加量为 0.03 m/s 左右,中段流速减小量为 0.15 m/s 左右(图 4-72)。

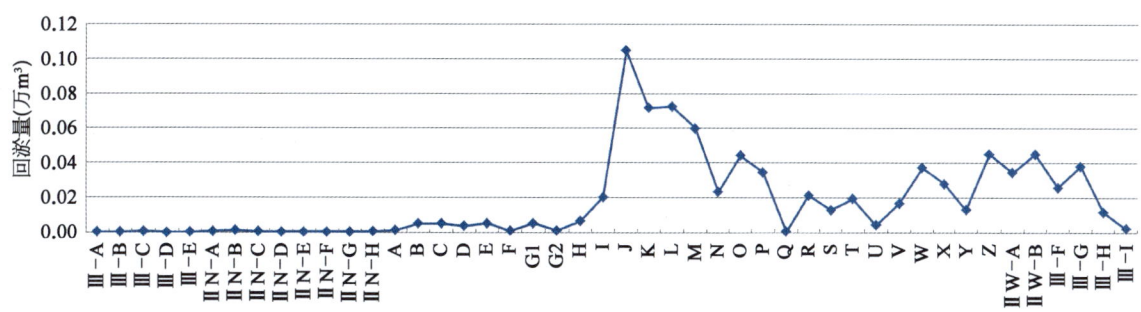

图 4-71 工程后疏浚土上滩对深水航道年回淤量的影响

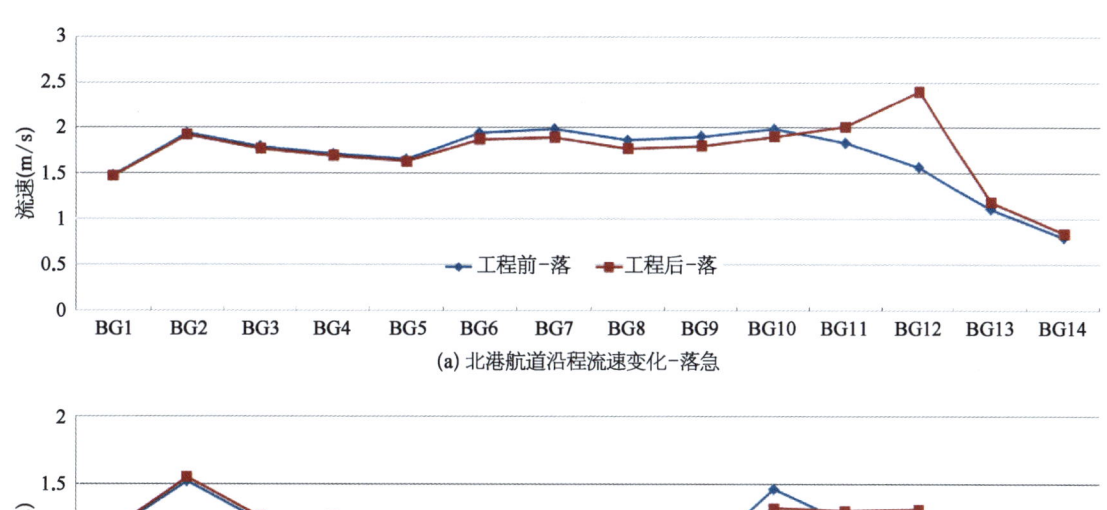

图 4-72 方案对北港航道流速的影响(上航院)

根据南科院研究,北港航道 BG2~BG14 处(图 4-73),涨落急流速明显增大,其中涨急流速变化幅度大于落急,拦门沙及以下水域,涨急流速变化相对较小,落急流速整体降低(图 4-74)。

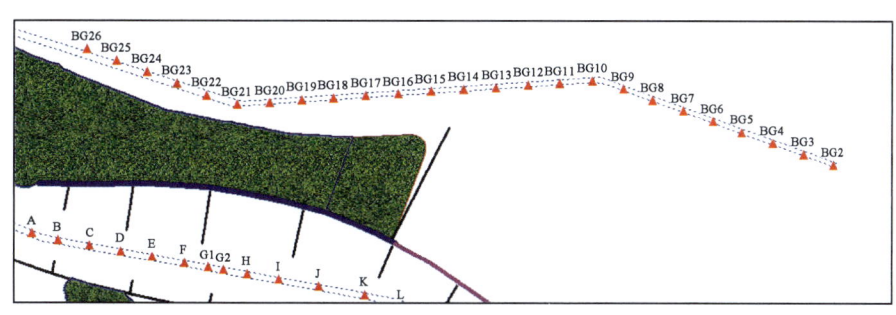

图 4-73 航道采样点布置示意

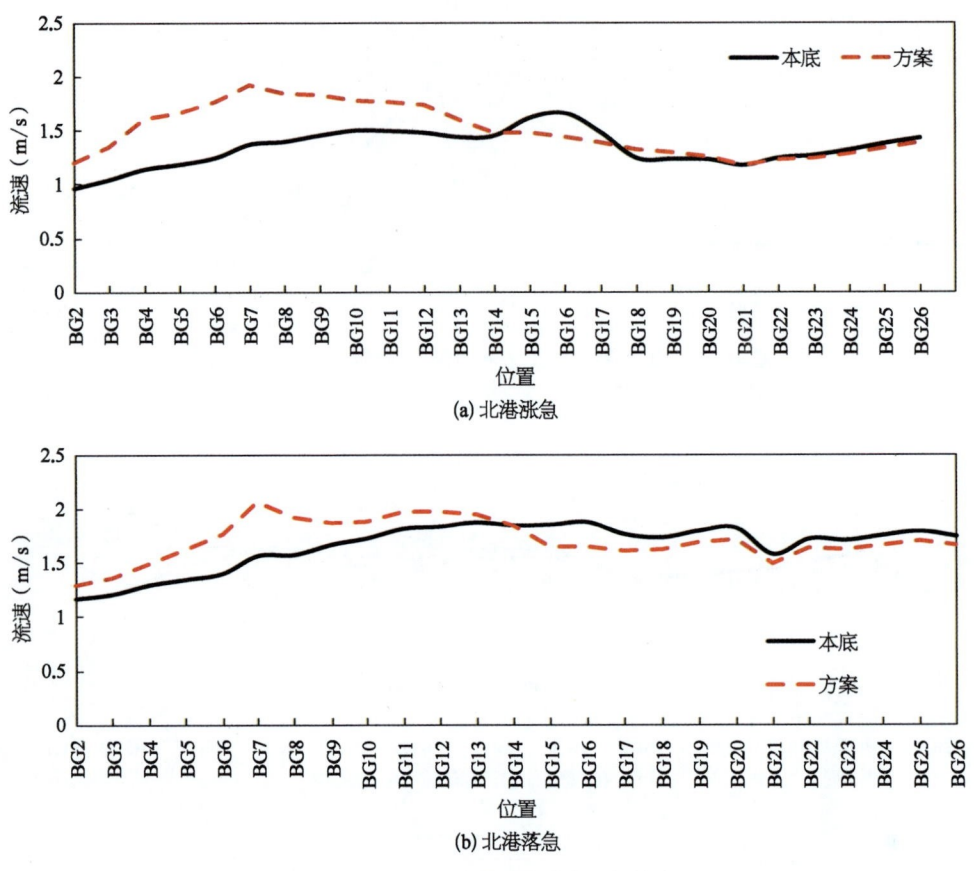

图 4-74 北港航道流速变化(南科院)

3) 对南槽航道的影响

根据各家单位研究,工程实施后对南槽航道影响均不大,涨落急流速变化量值均在 0.06 m/s 以内(图 4-75)。

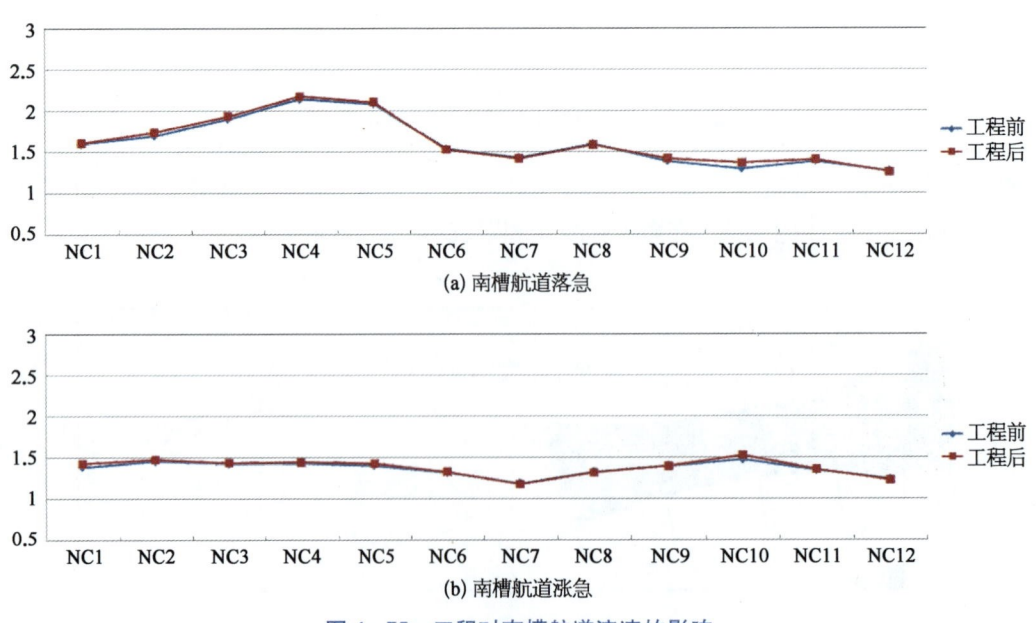

图 4-75 工程对南槽航道流速的影响

4.6.1.3 对水源地的影响

1) 对青草沙水源地的影响

(1) 对水位、水动力的影响。根据上航院研究结果,青草沙水库附近(图4-76)区域流速受工程影响较小,工程实施后,落急流速减小约0.02 m/s,涨急流速变化在0.04 m/s以内(表4-12)。水位受工程影响也较小,工程实施后,高水位抬升0.05~0.08 m,低水位抬升0.02 m以内(表4-13)。

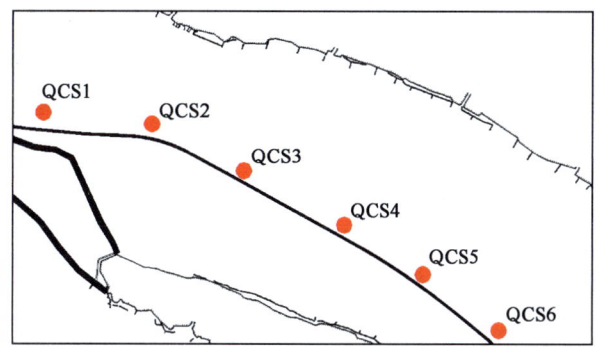

图4-76 青草沙水源地采样点布置示意

表4-12 工程前后青草沙采样点流速变化 （单位：m/s）

采样点	工程前		工程后		变化	
	落 急	涨 急	落 急	涨 急	落 急	涨 急
QCS1	1.58	1.27	1.56	1.28	−0.02	0.01
QCS2	1.84	1.27	1.82	1.29	−0.02	0.02
QCS3	1.18	0.97	1.18	0.99	0	0.02
QCS4	1.35	1.18	1.33	1.21	−0.02	0.03
QCS5	1.33	0.99	1.31	0.99	−0.02	0
QCS6	1.39	0.99	1.36	1.03	−0.03	0.04

表4-13 工程前后青草沙采样点水位变化 （单位：m）

采样点	工程前		工程后		变化	
	高水位	低水位	高水位	低水位	高水位	低水位
QCS1	2.76	−0.34	2.82	−0.34	0.06	0
QCS2	2.72	−0.39	2.79	−0.38	0.07	0.01
QCS3	2.67	−0.43	2.75	−0.41	0.08	0.02
QCS4	2.65	−0.46	2.72	−0.44	0.07	0.02
QCS5	2.63	−0.46	2.69	−0.45	0.06	0.01
QCS6	2.62	−0.45	2.67	−0.44	0.05	0.01

(2) 对盐度的影响。根据河口中心研究,工程实施后北港、北槽、南槽水域涨落潮盐度均略有增加。而上游青草沙水库水域涨落潮盐度均无显著影响(表4-14)。

表 4-14 工程实施后周边盐度变化统计 （单位：PSU）

测点	说明	落潮平均盐度变化	涨潮平均盐度变化
QCS1	青草沙	0.0	0.0
QCS2		0.0	0.0
DT1	崇明东滩南沿	0.0	0.0
DT2		0.2	0.4
BG1	北港港航	0.3	0.2
BG2		2.3	1.7
BG3		3.8	2.5
BC1	北槽航道	0.6	0.6
BC2		2.8	2.6
BC3		1.5	1.7
NC1	南槽航道	0.3	0.3
NC2		0.3	0.1
NC3		0.5	0.5

根据上航院计算，工程实施后，青草沙水库取水口最大盐度减小在 1 PSU 左右（图 4-77）。

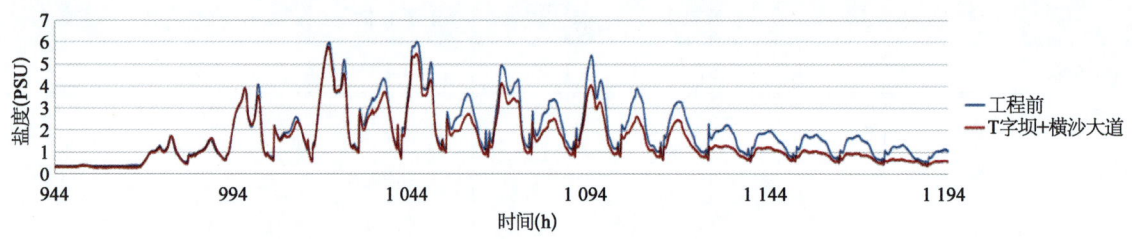

图 4-77　青草沙水库取水口盐度变化

2) 对其他水源地的影响

根据上航院计算，工程实施后，各水源地的水体盐度普遍降低，除青草沙水库取水口最大盐度减小 1 PSU 左右外，陈行水库取水口最大盐度减小 0.15 PSU 左右，东风西沙水库取水口最大盐度减小 0.15 PSU 左右（图 4-78、图 4-79）。

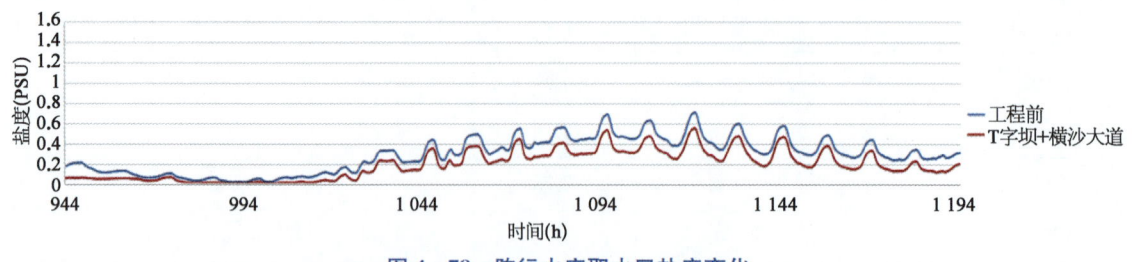

图 4-78　陈行水库取水口盐度变化

4.6.1.4　对保护区的影响

1) 对九段沙湿地的影响

根据南科院和上航院模型研究，工程实施对九段沙滩面的影响均相对较小。涨急时，九段沙滩顶局部水域流速有所降低，幅度小于 0.10 m/s，落急时，流速基本不变（图 4-80）。

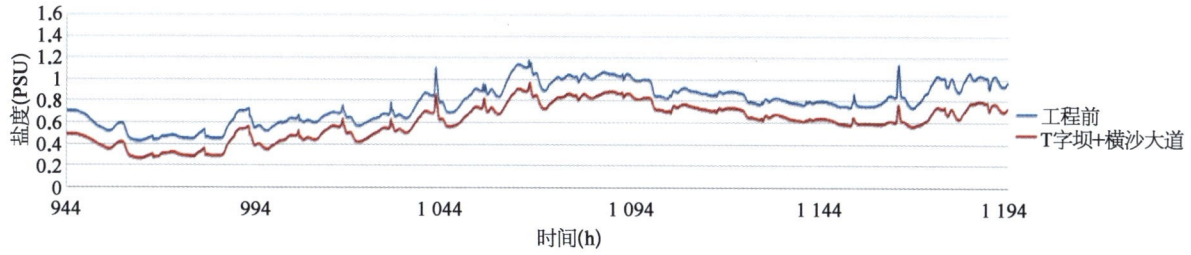

图 4‑79　东风西沙水库取水口盐度变化

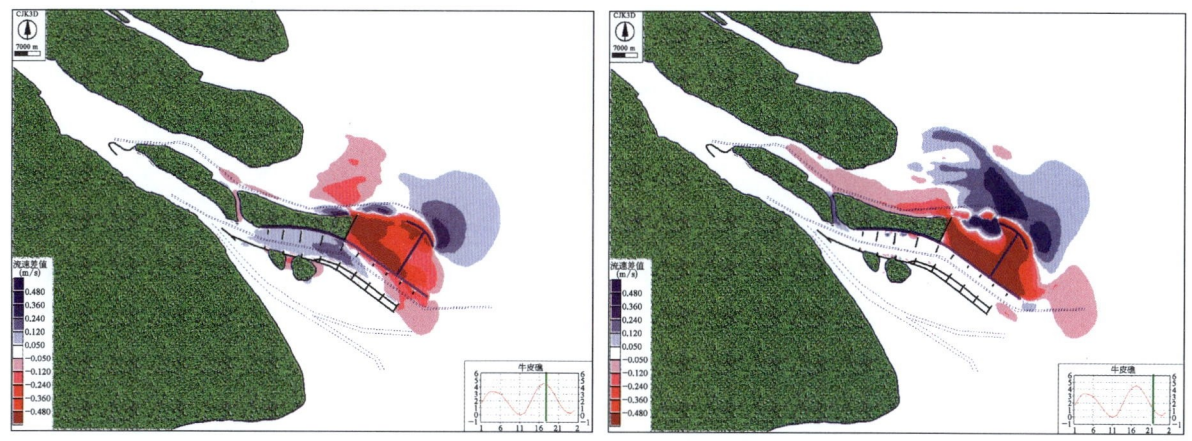

图 4‑80　工程前后涨落急流场变化(南科院)

工程实施后,落急流速最大变化 0.05 m/s,涨急流速最大变化 0.22 m/s(表 4‑15)。九段沙区域高水位有所抬升,低水位变化在 0.03 m 以内,工程对九段沙区域低水位影响较小(表 4‑16)。

表 4‑15　工程前后九段沙采样点流速变化　　　　　　　　　　　　　　　（单位：m/s）

采样点	工程前		工程后		变 化	
	落　急	涨　急	落　急	涨　急	落　急	涨　急
JD1	0.95	1.45	0.98	1.44	0.03	−0.01
JD2	0	0.26	0	0.18	0	−0.08
JD3	0.17	0.63	0.17	0.41	0	−0.22
JD4	0.75	0.79	0.80	0.74	0.05	−0.05
JD5	1.20	0.92	1.25	0.92	0.05	0
JD6	1.53	1.52	1.55	1.58	0.02	0.06

表 4‑16　工程前后九段沙采样点水位变化　　　　　　　　　　　　　　　（单位：m）

采样点	工程前		工程后		变 化	
	高水位	低水位	高水位	低水位	高水位	低水位
JD1	2.80	−1.65	2.98	−1.63	0.18	0.02
JD2	2.82	0	3.00	0	0.18	0
JD3	2.80	0	3.01	0	0.21	0

(续表)

采样点	工程前		工程后		变化	
	高水位	低水位	高水位	低水位	高水位	低水位
JD4	2.85	−1.92	2.99	−1.92	0.14	0
JD5	2.86	−2.25	2.96	−2.23	0.10	0.02
JD6	2.82	−2.19	2.88	−2.16	0.06	0.03

2) 对崇明东滩的影响

崇明东滩附近区域(图4-81)流速受工程影响相对较小。工程附近区域流速变化较大,落急流速最大增加0.11 m/s,涨急流速最大增加0.07 m/s,其他区域落急流速变化在0.07 m/s以内,涨急流速变化在0.05 m/s以内(表4-17)。

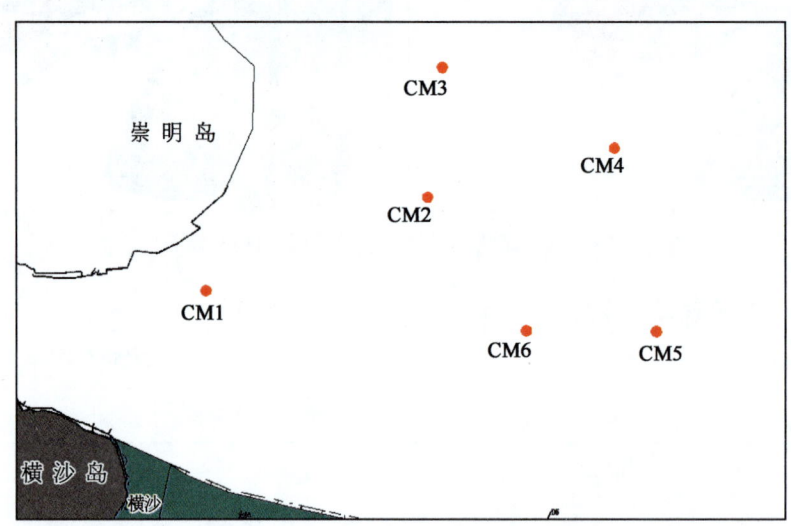

图4-81 崇明东滩采样点布置示意

表4-17 工程前后崇明东滩采样点流速变化　　(单位: m/s)

采样点	工程前		工程后		变化	
	落急	涨急	落急	涨急	落急	涨急
CM1	1.09	0.78	1.08	0.88	−0.01	0.10
CM2	1.53	0.98	1.58	1.00	0.05	0.02
CM3	0.95	0.95	0.95	0.94	0	−0.01
CM4	1.32	0.98	1.37	1.01	0.05	0.03
CM5	1.33	1.05	1.49	1.17	0.16	0.12
CM6	1.02	0.87	1.13	0.94	0.11	0.07

崇明东滩附近区域水位受工程影响相对较小。工程实施后,崇明东滩附近区域高水位降低0.02~0.04 m,低水位变化在0.05 m以内(表4-18)。

表 4-18　工程前后崇明东滩采样点水位变化　　　　　　　　　　　　（单位：m）

采样点	工程前		工程后		变　化	
	高水位	低水位	高水位	低水位	高水位	低水位
CM1	2.49	−0.66	2.45	−0.62	−0.04	0.04
CM2	2.38	−1.12	2.36	−1.09	−0.02	0.03
CM3	2.34	−1.23	2.32	−1.24	−0.02	−0.01
CM4	2.34	−1.28	2.31	−1.27	−0.03	0.01
CM5	2.38	−1.37	2.34	−1.34	−0.04	0.03
CM6	2.38	−1.12	2.36	−1.07	−0.02	0.05

4.6.1.5　对长江口水质的影响

环科院结合 2019 年长江口陆域污染源入江通量情况，以 2019 年的实际水文、水质条件，对工程实施前后长江口水质变化进行模拟预测，并对模拟结果进行分析。从工程前后水质对比图可以看出，总体上工程对长江口水质影响较为有限，工程附近及北侧区域水质略有下降（DO 下降，NH_3-N、TN、DIP、TP 升高），工程区以南水域水质有所改善（DO 升高，NH_3-N、TN、DIP、TP 下降），DO、NH_3-N、TN、DIP、TP 等各水质指标的变化值最大分别约为 0.15 mg/L、0.018 mg/L、0.24 mg/L、0.003 mg/L、0.01 mg/L（图 4-82）。

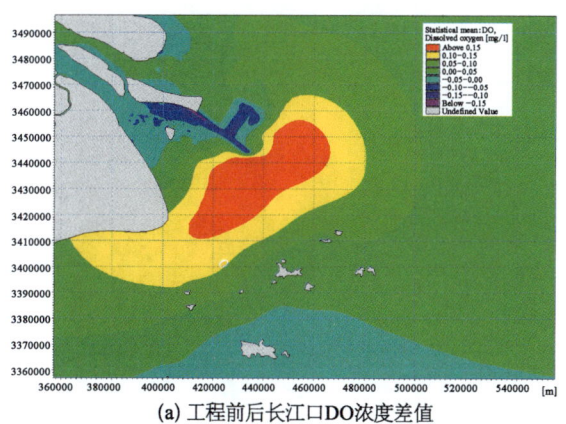

(a) 工程前后长江口DO浓度差值

(b) 工程前后长江口NH_3-N浓度差值

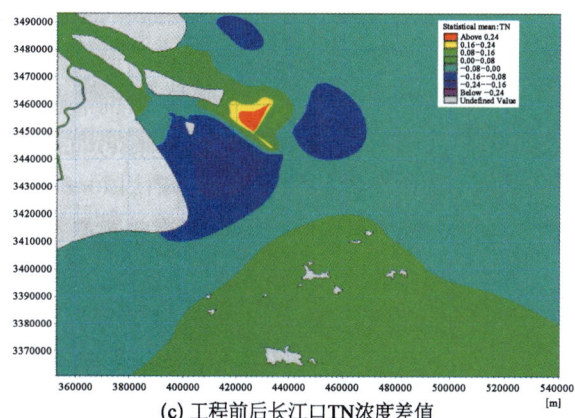

(c) 工程前后长江口TN浓度差值

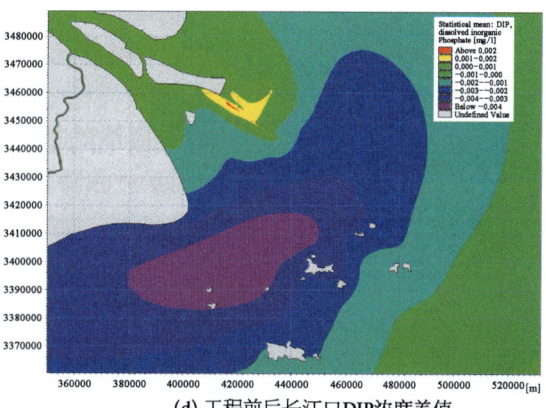

(d) 工程前后长江口DIP浓度差值

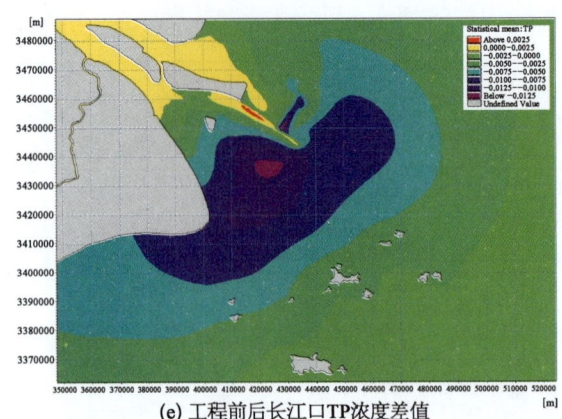

(e) 工程前后长江口TP浓度差值

图 4-82 工程前后各指标浓度差值变化

针对长江口区域的九段沙自然保护区、崇明东滩自然保护区、中华鲟保护区以及青草沙水库、东风西沙水库和陈行水库进出水口等敏感位置(图 4-83),根据工程前后的模拟结果,统计了各敏感点位的水质浓度变化情况,详见表 4-19。由表可知,除九段 1、九段 2、九段 3 等少数几个站点水质波动略大,其他敏感点工程前后水质影响都很小。总体上,DO、NH_3-N、TN、DIP、TP 等水质指标平均变化值分别为 0.006 4 mg/L、−0.003 7 mg/L、−0.048 6 mg/L、−0.000 4 mg/L 和 −0.002 3 mg/L。

图 4-83 敏感点位置分布

表 4-19 敏感点工程前后水质变化(工程后-工程前)统计　　　　(单位: mg/L)

站　　点	DO	NH_3-N	TN	DIP	TP
九段 1	0.187 9	−0.015 0	−0.186 8	−0.001 8	−0.012 6
九段 2	0.037 0	−0.018 1	−0.194 0	−0.001 6	−0.008 5

(续表)

站　　点	DO	NH₃-N	TN	DIP	TP
九段 3	−0.026 2	−0.009 3	−0.105 2	−0.000 7	−0.004 2
九段 4	−0.044 5	−0.000 6	−0.024 8	0.000 0	−0.000 6
九段 5	−0.061 5	−0.004 9	−0.049 9	−0.000 2	−0.001 4
九段 6	−0.048 1	−0.010 8	−0.093 6	−0.000 7	−0.003 3
崇明东滩 1	0.004 8	0.001 4	0.009 9	0.000 1	0.000 5
崇明东滩 2	−0.000 8	−0.001 2	−0.014 6	−0.000 2	−0.000 5
崇明东滩 3	−0.011 0	−0.004 2	−0.063 2	−0.000 8	−0.002 9
中华鲟保护区 1	0.031 1	−0.005 4	−0.083 8	−0.000 9	−0.004 4
中华鲟保护区 2	0.023 6	−0.003 5	−0.063 8	−0.000 6	−0.003 4
中华鲟保护区 3	0.007 3	0.000 6	0.001 8	−0.000 1	−0.000 2
青草沙进出水口 1(排水口)	−0.020 4	0.005 2	0.018 0	0.000 3	0.000 9
青草沙进出水口 2(取水口)	0.003 3	0.001 8	0.008 2	0.000 1	0.000 5
东风西沙进出水口 1(排水口)	0.011 7	0.000 6	0.007 7	0.000 0	0.000 3
东风西沙进出水口 2(取水口)	0.012 0	0.000 5	0.007 1	0.000 0	0.000 4
陈行水库取水口	0.003 0	0.000 1	0.001 2	0.000 0	0.000 2
均值	**0.006 4**	**−0.003 7**	**−0.048 6**	**−0.000 4**	**−0.002 3**
最大值	**0.187 9**	**0.005 2**	**0.018 0**	**0.000 3**	**0.000 9**
最小值	**−0.061 5**	**−0.018 1**	**−0.194 0**	**−0.001 8**	**−0.012 6**

4.6.2 生态基底塑造工程的影响

4.6.2.1 对周边水动力的影响

根据上航院对高-中-低滩面塑造形成后进行数学模型研究,认为:在横沙大道外延和护滩工程实施后,继续进行高-中-低滩面加高塑造,则对周边水域新增的影响十分有限,主要集中在自身滩面区域的动力减弱变化。

从对周边涨落急流速的影响来看,滩面加高塑造后,相对于前两项工程,对周边影响增加不大。护滩工程西侧浅滩区域涨落急流速变化不大;滩面护滩工程东侧涨落急流速以减小为主。从潮量分流比来看,整体完成后潮流分流比变化均不大。潮流变化在 0.2% 以内,分流比变化在 0.04% 以内(图 4-84)。

4.6.2.2 对周边生态环境的影响

根据环科院对生态基底塑造产生的区域生态环境的研究,认为:横沙浅滩滩涂基底塑造工程实施,对自然潮滩生境格局的时空影响呈现动态变化趋势。工程实施初期,疏浚土上滩促进自然潮滩的快速发育。随着潮滩的发育,在近岸处高程、水动力等条件适宜的区域,先锋盐沼植物海三棱藨草/藨

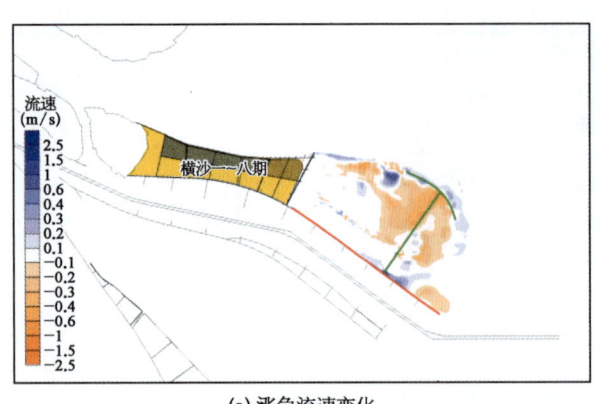 

(a) 涨急流速变化　　　　　　　　　　　　　(b) 落急流速变化

图 4-84　滩面塑造工程后流速变化

草开始定居并逐步扩散,同时又会进一步促进泥沙在高潮滩的淤积。随着潮滩环境的改变,植被组成逐步变化,在自然潮滩沿高程梯度呈现"浅海水域-光滩-海三棱藨草/藨草群落-芦苇群落"的空间分布格局。横沙浅滩生境逐步由大面积水域向水域、光滩、植被等多样生境组成的复合生境转变,形成了一种介于滨海湿地与陆地之间的过渡类型。

三大工程实施在促使横沙浅滩湿地植被面积不断增加的同时,地物类型和植物种类都会发生快速变化。吹填过程中形成了新的适宜生境后,又会很快发育出新的湿地植物。此外,促淤区湿地植物变化也较为明显,起初植被群落以芦苇、海三棱藨草和互花米草为主,具有显著的耐盐特征;后期由于受潮水影响减弱,水体和土壤中的盐度均有所下降,淡水植物(芦苇和水烛)的比重明显增加。

对水鸟而言,其对食物和生境具有很强的专一性,不同生境类型会有不同的水鸟群落,影响水鸟种群的生境因子往往存在明显的区域差异。以雁鸭类为例,雁鸭类倾向于选择在水面面积大和植被稀疏的生境栖息和觅食。长江口的海三棱藨草和藨草是雁鸭类的重要食物来源之一。自然潮滩的雁鸭类数量随海三棱藨草/藨草面积的增加而线性增加。陆域区雁鸭类多集中于有沉水植物分布的水域,且水鸟数量随着沉水植物所占面积比例($<25\%$范围内)的增大而线性上升。三大工程实施促进了自然潮滩海三棱藨草/藨草群落和促淤区及成陆区沉水植物的发育,这些均为雁鸭类提供了丰富的食物来源。

对底栖动物而言,在横沙浅滩区域不断快速演替过程中,大型底栖动物物种组成、生物多样性都会发生剧烈变化。盐度、温度、沉积物类型和水动力条件等环境因子在河口生态系统中呈现一定的梯度变化,使得底栖动物功能群的分布存在时空上的差异。中潮带属于潮滩湿地演替的高级阶段,其底栖动物功能群的物种数、丰富度和多样性指数均是自然潮滩最高;低潮带海陆交汇最频繁,较强的潮汐频率使底栖动物栖息环境变得很不稳定,所以功能群的物种数、丰富度和多样性指数较中潮带要低,属于潮滩湿地演替的初级阶段;高潮带大部分芦苇和海三棱藨草滩已经被促淤,保留的潮滩仅为高潮带的下缘部分,滩面宽度变得很狭窄,这些因素可能是自然潮滩的底栖动物功能群的物种数、丰富度和多样性指数都为最低的原因。

综上所述,三大工程实施后,在自然潮滩沿高程梯度呈现"浅海水域-光滩-海三棱藨草/藨草群落-芦苇群落"的空间分布格局。横沙浅滩生境逐步由大面积水域向水域、光滩、植被等多样生境组成的复合生境转变,形成了一种介于滨海湿地与陆地之间的过渡类型。造成生物饵料资源的增加,也成为底栖类、浮游类、爬行类、鸟类等动物的繁殖、栖息、迁徙、越冬的场所,整个湿地生态系统的生态多样性、物种多样性和初级生产力也将会进一步增加。

4.7 横沙浅滩保滩护岸工程的结构设计及费用估算

4.7.1 横沙浅滩保滩护岸工程的结构设计

为达到横沙浅滩保滩护岸的效果,防止横沙浅滩和北槽的水沙交换,同时防止后续疏浚土上滩后直接影响北槽,经前述方案比选研究,拟实施横沙大道外延工程、浅滩护滩工程、利用疏浚土塑造生态基底三大工程。根据自然条件、生态基底的特性需求等方面要求完成工程结构设计。

4.7.1.1 横沙大道外延工程结构

横沙大道延伸工程作为一线海堤,其主要功能是防潮防灾,同时用于其后方陆域形成工程的外围防护,以保障北侧横沙浅滩的滩涂稳定,提高疏浚土上滩利用率,促进浅滩滩面的淤涨。横沙大道外延工程的结构形式拟采用斜坡式,同时为减小波浪爬高,降低堤顶高程,采用复合斜坡式断面,即在外侧设置消浪平台。大堤顶高程采用渐变高程,由 9.5 m 过渡至 10.2 m,堤顶宽 10 m(图 4-85)。

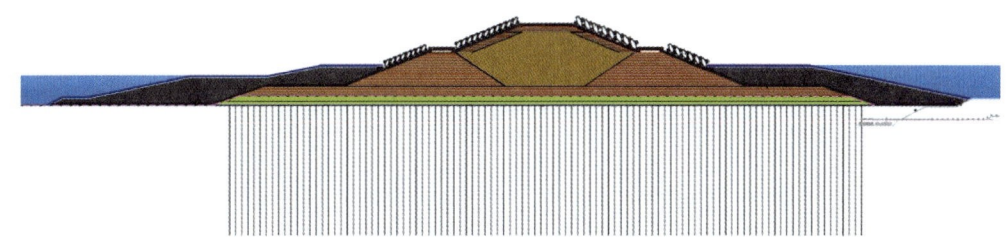

图 4-85 横沙大道外延工程断面示意

4.7.1.2 横沙浅滩护滩工程结构

横沙浅滩护滩工程包括南北向护滩堤工程和东西向勾坝工程。护滩工程采用斜坡堤结构形式,为满足护滩效果,护滩堤堤顶高程 2.0 m;勾坝坝顶高程 2.0 m(两端设渐变段,高程 2.0~0.0 m)(图 4-86)。

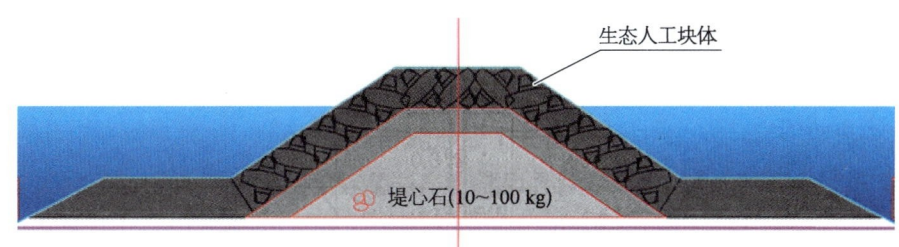

图 4-86 护滩坝断面示意

4.7.1.3 生态基底塑造工程结构

生态基底的塑造以吹填工程为主,先吹填窜沟较大水深区域,再逐步抬高滩面,为增强滩面可塑性,在中高滩涂间和中低滩涂间需分别设置拦沙坝。

1) 滩面拦沙坝

滩面拦沙坝采用抛石斜坡堤结构形式。根据滩面陆域形成的需求,高滩拦沙坝坝顶高程+3.0 m,长 16.9 km;中滩拦沙坝坝顶高程+2.0 m,长约 18.2 km(图 4-87)。

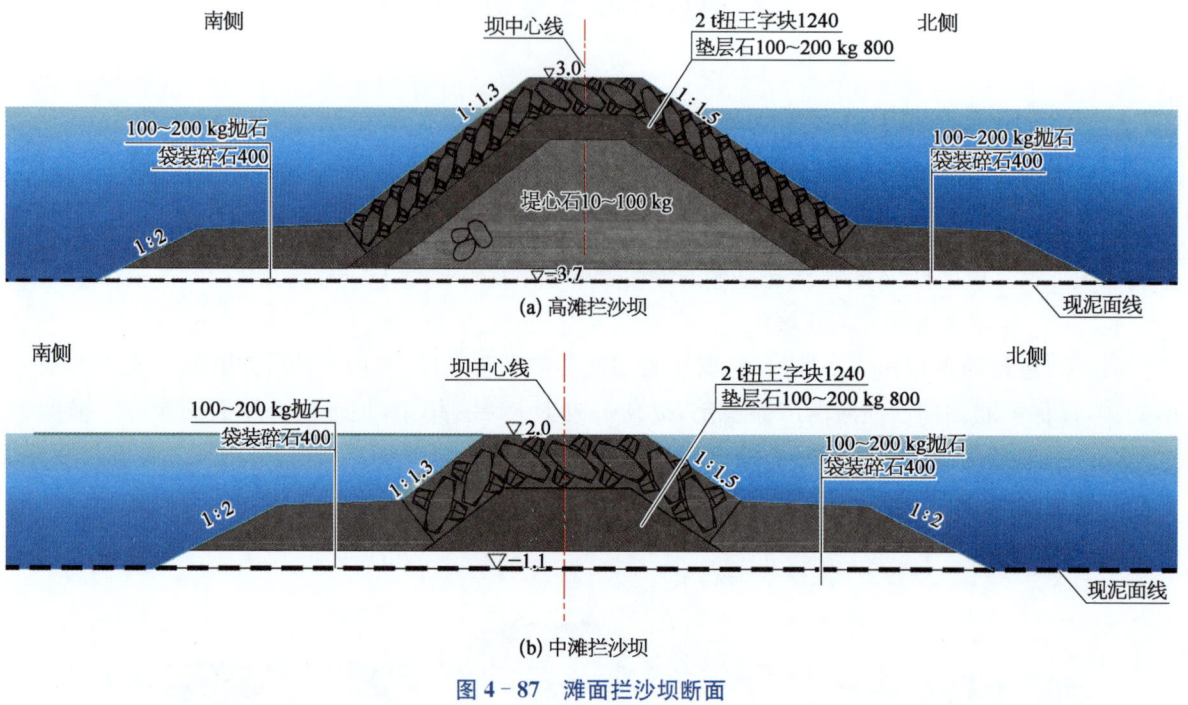

图 4-87 滩面拦沙坝断面

2) 吹泥上滩

在横沙浅滩南侧,利用现北坝田区布设多个吹泥站,通过吹泥站将深水航道疏浚土吹填至浅滩区域。先利用滩面窜沟地形较深、掩护条件较好、紧贴南岸等优势,进行吹填平槽。之后,分别设置高滩、中滩拦沙坝,高程分别为+3.0 m 和+2.0 m。继续通过疏浚土吹填上滩,先后实现高滩塑造和中滩塑造。吹填过程允许疏浚土溢流越堤进入北侧较低滩面区域,进而形成高程由南向北逐渐降低的自然坡度。

总吹泥量 79 962 万 m³。其中:深槽吹填量需 16 552 万 m³,高滩区吹填量 33 775 万 m³,中滩区吹填量 29 635 万 m³。

4.7.2 横沙浅滩保滩护岸工程的费用估算

根据初步测算,横沙浅滩保滩护岸工程的总实施费用约 350 亿元(表 4-20),具体包括:

(1) 横沙大道外延工程沿已建北导堤对横沙大道进行延伸,堤长约 25.2 km,堤身采用袋装砂+吹填砂结构复合斜坡式断面;初步测算,横沙大道外延工程总费用 68.6 亿元。

(2) 横沙浅滩护滩工程中的隔坝工程长 13.7 km,采用袋装砂结构斜坡堤,工程费用约 15.8 亿元;勾坝工程堤长 9.7 km,采用抛石斜坡堤,工程费用约 7.1 亿元。因此,经初步测算,护滩工程总费用 22.9 亿元。

(3) 生态基底塑造工程包括疏浚土吹填工程、滩面拦沙坝工程。其中,吹填工程 79 962 万 m³,吹填土采用北槽航道及北港航道疏浚土,滩面拦沙坝总长 35.1 km,分为高滩拦沙坝及中滩拦沙坝。生态基底塑造工程共计 258.2 亿元。

表 4-20 滩面塑造工程费用汇总表

工程项目	工程内容	工程规模	工程费用（亿元）	项目费用（亿元）
横沙大道外延工程	横沙大道外延工程	25.2 km	68.6	68.6
横沙浅滩护滩工程	隔坝工程	13.7 km	15.8	22.9
	勾坝工程	9.7 km	7.1	
生态基底塑造工程	高滩拦沙坝	16.9 km	9.9	258.2
	中滩拦沙坝	18.2 km	4.5	
	深槽吹填	16 552 万 m^3	48.0	
	高滩吹填	33 775 万 m^3	98.0	
	中滩吹填	29 635 万 m^3	97.8	

4.8 小结

针对横沙浅滩现状，可借鉴横沙东滩工程区域整治经验，提出采用工程措施和航道疏浚土上滩利用，对横沙浅滩实现保滩护岸，并构筑高-中-低滩有序衔接的生态滩面。具体包括三大工程措施：

横沙大道外延工程：将现横沙大堤外延至北导堤堤头，且高程全出水，以形成浅滩南缘固定边界，进一步控制北槽与浅滩间的水沙交换，并为浅滩生态基底的形成提供依托。按一级大堤规模设计，外延工程堤顶高程为 9.5~10.2 m，长约 25.2 km。

横沙浅滩护滩工程：通过堤坝工程切断横沙滩面中下层高含沙水体的输移运动，实现滩面防护，考虑后续的疏浚土上滩利用，采取 T 字坝防护为宜。T 字坝护滩工程中的南北向护滩长约 13.7 km，高程+2.0 m，头部东西向勾坝长约 9.7 km，高程+2.0~0 m。

生态基底塑造工程：在横沙大道外延+T 字坝护滩工程基础上，通过深水航道疏浚土吹填上滩，先平窜沟，再逐步抬高滩面，并通过拦沙坝控制，形成高-中-低滩面积约为 1:1:1 的布设格局。其中，高滩拦沙坝坝顶高程+3.0 m，长 16.9 km；中滩拦沙坝坝顶高程+2.0 m，长约 18.2 km；吹填工程 79 962 万 m^3。

根据团队内多家单位的数学模型和物理模型平行研究，认为：

三大工程实施对周边水沙条件产生的影响主要集中在横沙大道外延工程和护滩工程实施阶段，在这两大工程基础上，继续进行高-中-低滩面加高塑造，则对周边水域新增的影响十分有限。

工程对水域水沙动力的影响主要集中在横沙浅滩及北港中下段水域；北港、南槽涨落潮量略有降低，南港、北槽涨落潮量有所增加。对深水航道而言，涨急流速增幅超过 0.15 m/s；航道横流整体减小；航道年回淤量变化幅度基本在 200 万 m^3 以内；北槽中下段 N~NE 向有效波高减幅普遍在 0.2~0.4 m，利于北槽船舶通航和维护。对青草沙、陈行、东风西沙区域取水口盐度均有所减小，各取水口水质基本无影响。对九段沙湿地和崇明东滩生态保护区的影响非常有限。

开展保滩护岸工程后，横沙浅滩生境将逐步由大面积水域向水域、光滩、植被等多样生境组成的复合生境转变，整个湿地生态系统的生态多样性、物种多样性和初级生产力也将会进一步增加。

根据初步测算，三大工程的总实施费用约 350 亿元，其中：横沙大道外延工程采用袋装砂＋吹填砂结构复合斜坡式断面，工程费用约 68.6 亿元；护滩工程分别采用袋装砂结构斜坡堤实施隔坝，抛石斜坡堤实施勾坝，工程费用 22.9 亿元；生态基底塑造通过吹填工程结合滩面塑造坝来实现，吹填量约需程 79 962 万 m^3，塑造坝总长 35.1 km，工程费用共计 258.2 亿元。

5 横沙浅滩保滩护岸试验区方案

5.1 横沙浅滩保滩护岸试验区建设的必要性

1) 保滩护岸工程具有极大的复杂性

保滩护岸工程涉及面广,要考虑工程布局的合理性、生态影响及其恢复调控,要在对滩涂综合评估基础上确定工程的生态可行性和经济可行性,优化滩涂资源利用格局,重视工程中的湿地生境和生态补偿问题。具体到横沙浅滩,还要考虑滩涂发育、河势演变以及周边影响等因素,具有极大的复杂性。虽然有横沙东滩生态成陆的实践和经验可供借鉴,但横沙浅滩有其自身的特点。

为了支撑相应工程的全面开展,从工程尺度上实施滩涂保护、修复和治理,需要通过系统的研究开发,建立高效集成技术并进行综合试验,逐步推广发展。

2) 实施保滩护岸工程需要较长的时间跨度

从外延横沙大道,构建护滩堤坝,到疏浚土上滩构筑生态基底,最终形成生态陆域空间,需要经历较长的时间跨度,包括工程本身的周期,自然条件和生态状况的调整与平衡过程,并非一蹴而就。

事先制定的有关方案需要进行效果模拟。

疏浚土上滩需要结合航道每年的维护量,加之"工法自然"的安排,在培育生态基底的过程中,形成合理梯度、恢复水动力、连通水系等,都需要较长的时间。

此外,如仅先行启动横沙大道外延工程,难以直接体现出横沙浅滩保滩护岸工程的生态化取向。在启动横沙大道外延工程的同时,选择适当区域实施生态成陆试验区建设,可以体现生态优先、绿色发展的理念,对于在后续建设中持续落实大保护战略,具有引领、推动和示范作用。

3) 试验区建设有利于创新融合和品质提升

试验区建设,重在探索,贵在品质。在建设横沙浅滩保滩护岸试验区的实践中,可以顺应新时代发展潮流,以更宽的视野、更卓越的要求,对标国际先进标准,解放思想、大胆创新,结合保滩需求、生态品质提升需求促进疏浚土资源节约利用,探索生态结构防护、生态基底塑造、减缓生态影响、生态多样性保育等相关的多种新方法和新技术,突破当前存在的困难与问题,形成一系列符合长江口生态发展规律的高效利用的技术方法,实现疏浚土塑造生态滩涂的新理念、新方法、新技术的综合集成,打造生态、创新、发展有机融合的高质量发展标杆。

总之,建设试验区,将试验区作为整个横沙浅滩保滩护岸工程和形成新陆域的启动点,先行先试,有助于探索和试验,把握节奏,逐步推进。

目前,横沙东滩生态成陆已经取得显著成就,推动横沙浅滩保滩护岸试验区建设正当最佳时机。通过试验区建设,以点上集中突破,发挥其带动和示范效应,远近结合、统筹考虑、统一调度、联动发展,推动形成长江口区域疏浚土利用与滩涂发展相契合的良好模式。

5.2 横沙浅滩保滩护岸试验区选址和布局

5.2.1 横沙浅滩保滩护岸试验区选址

试验区选址需具备以下几个要素：
（1）有依托工程基础,掩护条件良好,护滩工程规模投入小、效果明显。
（2）疏浚土吹泥上滩便捷、经济、可操作性强。
（3）符合由点及面、循序渐进、环环相扣的布置原则。

依据上述选址要素,本次试验区选址位于横沙浅滩西南部(图5-1),与N23潜堤和北导堤相邻,东西长5 km,高潮滩南北宽约2 km,形成滩面总宽度约4 km,总面积约20 km²。方案所在区域受N23潜堤与北导堤掩护,动力条件较好;可先不实施横沙大道外延工程,护滩工程方案较简单、工程量较小,可加快实施进度;靠近北槽深水航道储泥坑,吹泥上滩距离近;区域呈块状分布,景观整体性较好。但是,由于疏浚土上滩集中使用邻近储泥坑,其施工周期长,对施工进度安排要求略高。

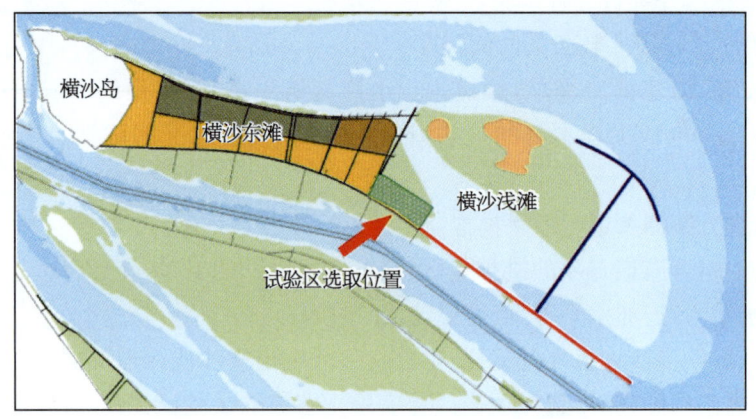

图5-1 横沙浅滩生态成陆试验区选址示意

5.2.2 横沙浅滩保滩护岸试验区布局

试验区是横沙浅滩生态滩面塑造的开端和缩影。生态滩面主要运用"人工措施塑造高滩,自然形成中低滩"的模式,充分发挥护滩工程"四两拨千斤"的重要启动作用,形成"一区三带多水系"的布局形式(图5-2)。

"一区"为护滩工程环抱守护形成的生态高滩区域。遵循长江口滩涂生态演替规律,结合工程措施,通过临时围堰新建护滩工程,达到保滩护滩的效果,与可依托工程共同围合形成生态滩面起步区"一区"边界。响应滩涂生态保育需求,护滩工程高程为3 m,以守护高滩为目的,利用北槽深水航道疏浚土上滩加速塑造形成3 m左右的生态高滩基底。

"三带"为护滩工程外侧的梯度合理、坡面和缓的中-低潮滩带和潮下带区域。该区域基本无人工工程干预,主要借助落潮时高滩区域的疏浚土溢流淤积后自然坡降形成。

"多水系"是指护滩工程预留适宜规模的纳潮口,围合区域的内部进行土方平衡,初步引导形成主潮沟,后期通过纳潮口形成多条支汊纵横、鹿角网状的潮沟水系。

横沙浅滩生态滩涂塑造周期长,过程复杂。经推算,横沙浅滩生态滩涂塑造工程中,填满窜沟和塑造 3 m 以上高滩分别需要 3.3 年和 6.8 年时间。作为横沙浅滩生态滩涂塑造的示范,在横沙浅滩滩涂塑造前期,在西南侧局部区域实施试验区建设方案。该方案不受制于周边工程,对 T 形勾坝工程及横沙大道外延工程依赖性较少,试验区建设灵活性强。试验区以自然演变与人工辅助相结合的方式形成湿地梯度分带,形成后可与后续横沙浅滩生态滩面塑造相衔接。首先,试

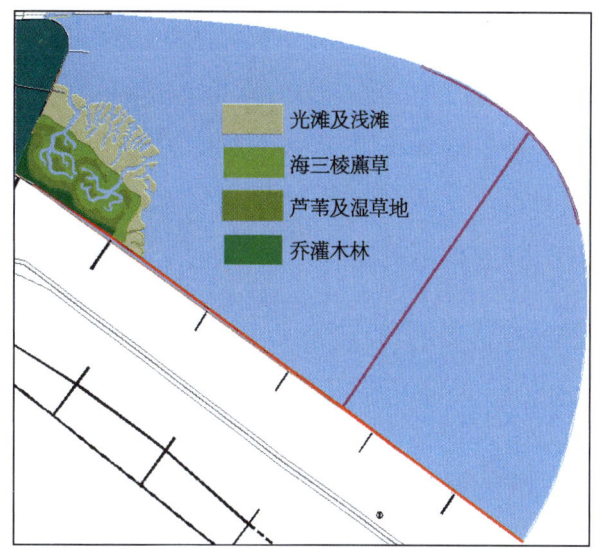

图 5-2 横沙浅滩生态滩面起步工程总体布局示意

验区东侧逐步形成 3 m 以上高滩,随后因势利导,在高滩北侧依次形成 2~3 m 和 0~2 m 中、低滩,经过泥沙扩散沉降、地形塑造与平衡,最终自然形成横沙浅滩生态滩面(图 5-3)。

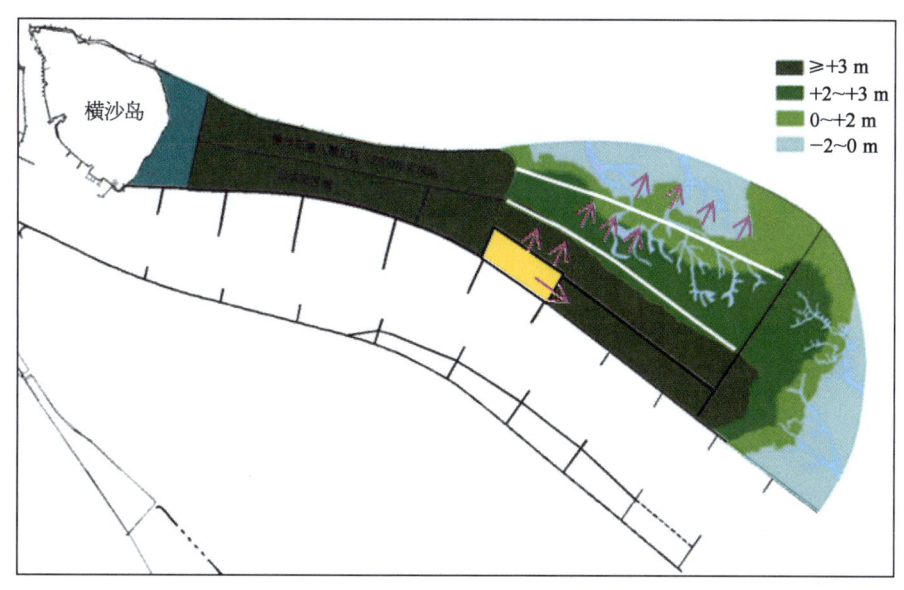

图 5-3 横沙浅滩生态布局逐步推进示意

5.3 横沙浅滩保滩护岸试验区建设预期效果

高滩区域内通过疏浚土上滩形成滩涂基底,在潮汐流影响的全境高滩湿地区适当采取工程引导塑造微地形,形成高位生态岛、中低位湿地、水岸浅塘、外部滩涂、潮沟水系相耦合的生态景观(图 5-4)。由点状空间和线状空间通过多层次的组合,形成连续性、网络形态的面状空间,结合自然的力量形成生态滩面,达成生态效益的最大化。

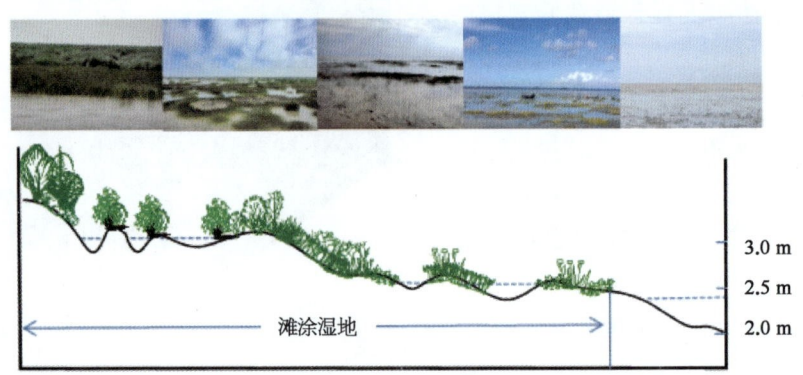

图 5-4　横沙浅滩保滩护岸试验区断面示意

沿着横沙大道外延走向,在最内侧环状高地中种植柽柳、水杉、构树、夹竹桃、海滨木槿等湿生乔灌木和碱蓬、钻叶紫菀等滨海植物,形成"滨海林带"特色。

在内带次高地(中高潮滩)和高位生态岛中种植芦苇和碱蓬等耐盐草本,形成"芦苇海滩"景观。在外带(中低潮滩)及靠近潮沟的区域种植海三棱藨草、糙叶苔草等原生盐沼植物,塑造长江口滩涂自然风貌的同时,吸引底栖动物、游禽、涉禽等鸟类栖息和取食,提高生物多样性。纳潮口的预留,为内部生态系统中潮沟水系的自然形成提供可能。潮沟水系是整个滩涂生态系统的驱动力因素,贯穿整个物质流、能量流和信息流,同时潮沟也可以为滩涂鱼类、底栖生物等提供必要的栖息生境(图 5-5)。

图 5-5　横沙浅滩保滩护岸试验区景观效果示意

同时,该区域可根据鸻鹬类和雁鸭类等水鸟的生活生境需求,设置鸻鹬类主栖息生境单元和雁鸭类主栖息生境单元。

1) 鸻鹬类主栖息生境单元

根据鸻鹬类栖息的要求,规划鸻鹬类栖息区域(图 5-6)内考虑利用潮沟和洼地,适当构筑塘埂挡水,因势利导形成趋近自然的生态湿地水域。利于季节性光滩的发育和形成,根据不同季节需要形成季节性光滩及充足水面的复合生境。优化工程改造后鸻鹬类栖息区内需保证水域水深为 0.2 m,水面积控制在50%~60%,芦苇面积控制在20%左右。为了给鸟类提供更多的栖息场所,在生境单元内随机布设若干生境岛屿。

图5-6 鸻鹬类主栖息生境单元效果示意

为保证栖息区内有足够的鸻鹬类需要的食物,需定期适当补充投放一定的底栖生物。通过引导修复,形成大小不同的生境单元,满足不同鸟类对水域开阔度的要求。

2) 雁鸭类主栖息生境单元

根据雁鸭类栖息的要求,本区域生态修复工程目标是形成"芦苇＋开阔水面＋裸地"的栖息生境(图5-7)。根据雁鸭类对区域水深的不同需求,本区域水深要求为0.3~1.0 m,水域面积要求70%左右,芦苇面积为20%左右,水位的控制要有利于季节性光滩的发育和形成,同时还需为雁鸭类越冬期的觅食和夜宿提供条件。开挖水面和沟渠的多余土方因地制宜构筑生境岛屿。

图5-7 雁鸭类主栖息生境单元效果示意

5.4 横沙浅滩保滩护岸试验区提升生态品质的方法探索

5.4.1 生态基底塑造方式

试验区先逐步形成 3 m 以上高滩,随后因势利导,在高滩北侧依次形成 2~3 m 和 0~2 m 中、低滩,经过泥沙扩散沉降、地形塑造与平衡,最终自然形成生态基底。将上述试验方式应用到横沙浅滩 T 字坝西侧,则分为三个阶段,第一阶段为高滩塑造阶段,第二阶段为中滩塑造阶段,第三阶段为低滩塑造阶段。推进过程中,在 T 字坝防护的基础上,建筑挡沙围堰,先结合疏浚土吹填逐渐形成高滩,第二、第三阶段因势利导,通过自然的梯度、扩散、沉降,达成内在的平衡,从而形成陆域滩面(图 5-8),为后续进一步生态优化提供空间和基底。整个横沙滩涂的生态基底塑造也按此推进。

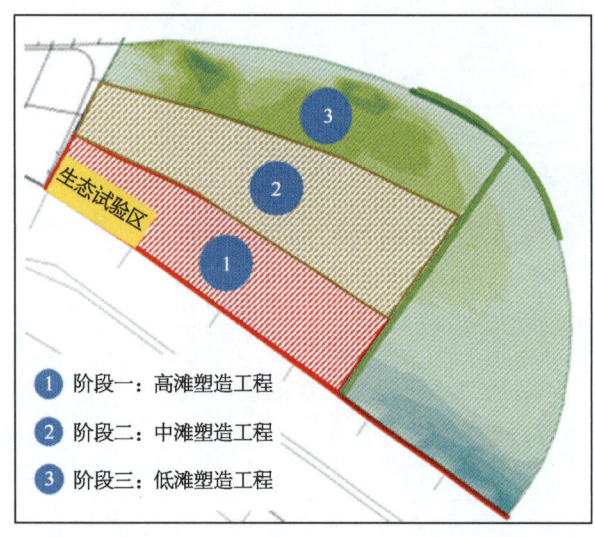

图 5-8 横沙浅滩生态布局逐步推进示意

5.4.1.1 设计原则

(1) 挡沙围堰的高度直接关系到滩涂基底高程。围堰顶高设计应结合植被生长、生物栖息的生境需求,确保围堰掩护下形成高程适宜、梯度过渡自然的滩涂基底。

(2) 工程结构需保证稳定性能和防护功能,避免结构移动、破损等,发挥消波减流、留沙促淤、保滩护滩的功能。

(3) 在挡沙围堰的作用下,泥沙在后方逐渐淤积形成稳定的滩涂。随着时间的积累,滩涂与挡沙围堰形成一体,被泥沙掩埋的挡沙围堰将不再发挥基底塑造的功能。因此围堰非永久性工程,其使用年限设计应考虑泥沙淤积速率。

(4) 依据整体布局需要,在挡沙围堰合适位置布置纳潮口,保证潮汐水体交换,在试验区滩涂上形成潮沟体系。

(5) 为减少对周边生态环境的影响,避免对土壤产生危害,应选择绿色环保、无污染、可降解的生态友好型工程材料,并优先选择"资源化"循环利用的工程材料。

(6) 从满足功能性和景观需求的角度,选择合适的结构形式,优先考虑采用生态袋、生态挡墙、生态箱体等生态型构件。

5.4.1.2 材料选择

挡沙围堰的作用是挡沙促淤、保滩防护,主导营造生态陆域的基底竖向布局。作为生态化取向的工程,挡沙围堰应选择绿色、无污染的工程材料,运用新工艺、新方法提高资源综合利用水平。

1) 疏浚土作为充填材料

疏浚土进行分级分类、无害化、减量化处理,并最终进行资源化利用,是今后疏浚土处理的主流方向。将疏浚土作为筑堤新材料,根据疏浚土的物理化学性质,运用新型充填工艺、养护方法或合理配比添加剂,加强排水固结,控制结构受力变形量,保证足够的整体稳定性。疏浚土作为筑堤材料对于解决资源短缺和环境制约等问题具有重要意义。

2) 适当增加生物质炭材料

生物质炭是生物质在完全或者部分缺氧的情况下低温热解的固态产物。生物质炭是低热导率的多孔结构,高保水率使其在混凝土等建筑材料搅拌期间吸收部分混合水,从而减少建筑材料中的游离水量,通过二次水化促进内部固化,具有超强持留养分的功能。采用强度高的生物质炭复合材料制作护面块体结构,促进植被定植。随着时间推移,植被可以与结构材料融合在一起,在围堰表层起到加筋作用,提高围堰稳定性,增强保滩护滩功能。

3) 采用可降解土工布材料

土工布是应用于水利工程、土木工程、海洋工程中的常用建筑材料,具有加固、隔离、防护、密封等多种功能。但是,广泛应用的土工布材料多为高分子聚合材料,稳定性好,不易降解,深埋土中若干年也不会完全腐烂。在临时性工程中,工程结束后传统土工布若不回收,将会对土质及生物产生较大的损害。本区域生态围堰非永久性工程,随着滩面淤积至围堰高度,围堰被泥沙掩埋,其防护功能将消失。为避免工程浪费和减少对土壤影响,在稳定性好、物理防护功能优良、绿色无污染的前提下,应采用特殊原料和工艺生产的可降解土工布材料,达到环保与经济的双重要求。

4) 重点防护区采用石料与混凝土材料

石料是天然材料,无毒害、无污染,是生态友好型材料,堆砌后形成的抛石护脚既可护滩又为底栖生物提供栖息、活动的孔洞,具有较好的生态效果。混凝土材料耐久性好,结构稳定,在复杂条件下形式多样。根据生态陆域布局需求,在纳潮口等水流冲刷严重的区段,石料及混凝土是较好的材料选择。

5.4.1.3 实施方式

为使滩涂基底高程满足生态发展需求,且高程梯度过渡自然,向海一侧滩涂缓坡入海,生态陆域推进过程中结构采取多级围堰架构布置方案。在纵向剖面上,高位生态堰位于向陆一侧,低位生态堰位于向海一侧,生态堰多级过渡与基底滩面高程衔接。通过高度衔接的生态堰消浪消能、促淤护滩,将会形成高滩与中低滩配比合理,高程自然过渡的生态基底。依托围堰结构和滩涂基底,逐渐形成植被和底栖生物群落,构建起完整的滩涂湿地生态系统。生态围堰体系剖面如图5-9所示。

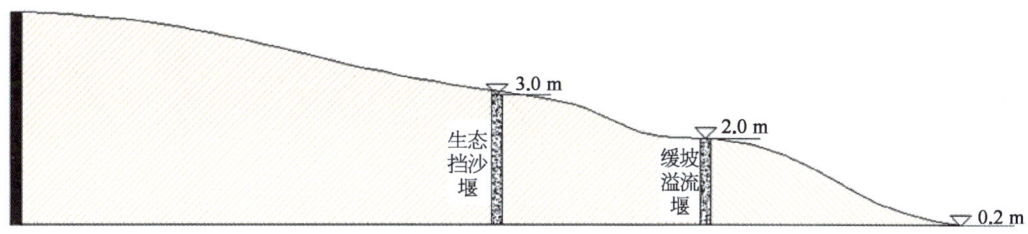

图5-9 多级围堰架构剖面示意

围堰主体均采用充填沙袋斜坡堤结构形式。高位生态围堰顶部可预留挡墙,待高滩基底基本平衡后,在挡墙中铺设植生袋,内含种植土、植物种子或球茎繁殖体,可发挥种源库的作用,促进高滩区域植被的定居、生长与扩散。

根据生态陆域推进的布局方案,首先实施高滩护滩工程,结合疏浚土上滩逐步形成3 m以上高滩。待高滩形成后,于北侧继续实施中滩护滩工程,结合疏浚土上滩逐步形成2～3 m中滩。经过吹泥泥沙自然扩散,在中滩外围形成0～2 m和0 m以下衔接的低滩。

经过泥沙扩散沉降、地形塑造与平衡,最终自然形成横沙浅滩生态陆域滩面。根据前文所述,T

字坝掩护作用下,疏浚土上滩填满目前窜沟需要3.3年时间;高滩护滩工程-疏浚土上滩-形成3 m以上高滩的过程需要6.8年时间;中滩护滩工程-疏浚土上滩-形成2 m以上中滩的过程需要5.9年时间;疏浚土上滩-形成0 m以上低滩的过程需要3.1年时间;高-中-低衔接的滩涂基底形成之后,潮汐系统的形成还需要一定的发育平衡时间。

5.4.2 生态优化方式

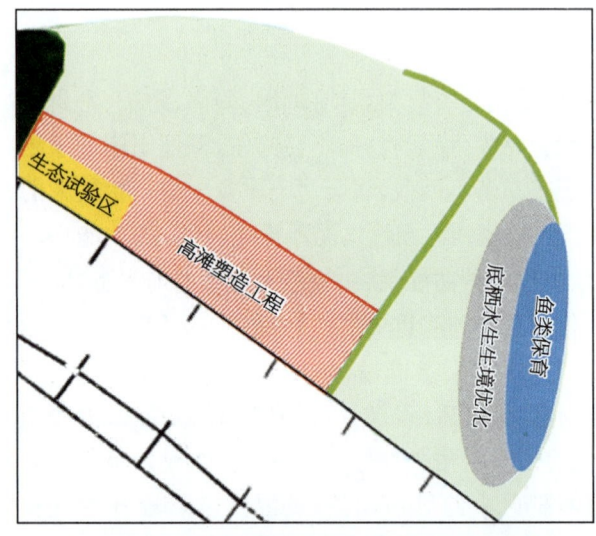

图5-10 高滩形成阶段生态优化措施布局示意

5.4.2.1 高滩形成阶段

根据横沙浅滩生态陆域整体布局,为避免后续滩面塑造工程实施对滩面生态的调整影响,在高滩基底塑造阶段,生态优化措施主要集中于横沙浅滩T字坝东侧滩面,以底栖水生生境优化和鱼类保育区设置为主(图5-10)。

1) 底栖水生生境优化

在横沙浅滩护滩潜堤区域东侧,可开展底栖生物培育,通过投放适量生态礁体,营造适宜底栖生物栖息的水生生境(图5-11)。生态礁体内具有大量空隙、孔洞、隔壁或悬垂物,结构透空性好,可形成较好的流态效应,有利于潮下带水生生物觅食、避敌、栖息。

图5-11 潮下带底栖生物修复措施

2) 鱼类保育

在横沙浅滩东部底栖生境区域内,可设置鱼类保育区,进行鱼礁设置或饵料的适量投放。投放种类可从鱼类、蟹类、虾类和贝类等本土潮下带底栖动物入手。投放水深选择外围较深区域,最终形成底栖动物-小型鱼类-大型鱼类完整食物链,吸引水生动物在此觅食、栖息。

5.4.2.2 中滩形成阶段

中滩塑造工程实施阶段,高滩区滩面已基本稳定,可在高滩区进行高潮滩植被培植;在横沙浅滩护滩堤东侧,自然淤积也已使得滩面有所抬高,可进行中潮滩植被培育(图5-12)。

1) 高滩植被培植

高滩区域滩面逐渐淤高,土质营养逐渐富集,为植被生长、扩散提供了广阔的空间。在高滩塑造工程基础上,借助筑堤促淤和种草固沙的经验,在高程较高的高滩区域,优化长江口本地盐沼植物芦苇等的生长条件,利用高滩植被的消浪缓流作用,进一步促进滩面淤积,并增加横沙浅滩盐沼湿地的面积。

2) 中潮滩植被培植

中滩塑造工程实施阶段,横沙浅滩护滩堤与横沙大道的夹角区域,受到工程的防护作用,水动力条件有所缓和,滩面开始淤积,逐渐由水下滩涂演变为中低滩涂。在该区域高程条件较好的中滩区域,可进行海三棱藨草等植被培植,提供滩涂生态系统的初级生产力,有效提升横沙浅滩区域的生物多样性。

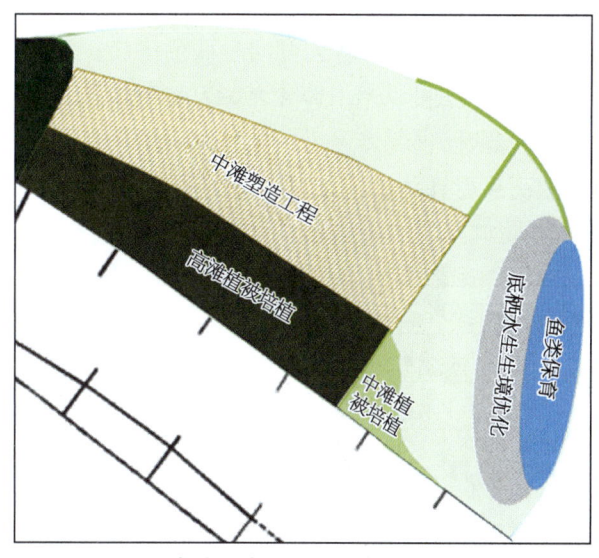

图 5-12 中滩形成阶段生态优化措施布局示意

5.4.2.3 自然塑造阶段

高滩和中滩塑造工程实施之后,进入滩涂自然塑造阶段(图 5-13),经过泥沙沉降和地形平衡,整体区域逐渐形成高滩-中滩-低滩衔接、过渡的生态基底。基于鸟类等食源需求及原生底栖动物保育需求,在适宜潮间带及低滩区域开展底栖生物保育。随着生境条件的优化和食物的不断充足,结合生境单元构建,横沙浅滩将为雁鸭类、鸻鹬类等鸟类提供良好的栖息地和觅食地(图 5-14)。

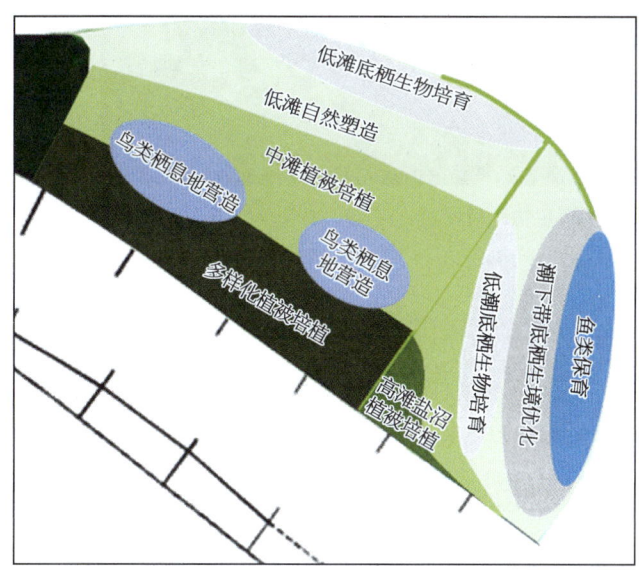

图 5-13 自然塑造阶段生态优化措施布局示意

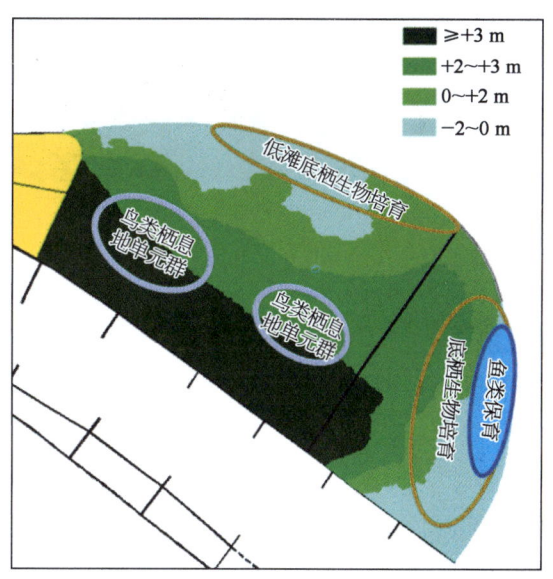

图 5-14 横沙生态滩面格局及功能布设示意

1) 植被演替优化

该阶段,高滩滩面在植被作用下,近岸部分地形可继续自然淤高,滩面植被除了芦苇,还可培育碱蓬、柽柳、碱菀、钻叶紫菀、海滨木槿等多种耐盐碱植被。随着中滩滩面基底逐渐稳定,高程条件满足先锋植被的生长需求,可着手进行海三棱藨草等中滩植被培育。同时,在横沙浅滩护滩堤东侧的自然淤积区,可根据地形条件因地制宜进行中滩植被和高滩植被培育。

2) 低滩底栖生物培育

滩涂植被扩散后,为潮间带底栖生物提供了适宜的底栖生境和食物来源。在周期性水淹的潮间带区域,还可以采用椰壳绳、袋装牡蛎壳、透空生态箱等"软措施"形成底栖生物集中恢复区(图 5-15)。

图 5-15 潮间带底栖生物修复措施

3) 鸟类栖息地营造

为增加浅滩区域的生境复杂性,要引导性设置一定数量的潮沟和浅水塘,形成自然潮沟系统。潮沟的主要功能是满足鸟类栖息的生境需求;作为区域降水时鱼、虾等水生生物的"避难所";沟通区域的进出水口,保证区域内的水系连通;植被分区合理,有一定的潮间带裸地。同样,还在栖息地内开挖一定数量的池塘,当区域水位较低时,鱼、虾等水生生物将集中到池塘中,保证低水位期间的水生生物涵养,可为鸟类提供充足的食物。

根据不同鸟类的生境需求,还可在高中滩区域构建不同功能的生境岛屿(表 5-1)。

表 5-1 不同鸟类的生境要求

鸟类种群	生活习性	生境营造要点
鸻鹬类	● 涉禽,春、秋季的过境候鸟 ● 偏好水深小于 4 cm 的浅水区域或潮湿的泥滩 ● 食物主要为贝类、螺类等软体动物,还有甲壳类、鱼类和水生昆虫等	● 光滩湿地,可种植海三菱藨草 ● 地形变异程度大 ● 生境较为复杂,生境小岛、浅滩、潮沟 ● 栖息地内大部分区域水深小于 5 cm,保持潮湿

(续表)

鸟类种群	生活习性	生境营造要点
鹤类	● 涉禽,冬季候鸟。主要栖息在沼泽、浅滩、芦苇塘等湿地 ● 食物以捕食小鱼虾、昆虫、蛙蚧、软体动物为主,也吃海三棱藨草的根茎、种子、嫩芽	种植稻田,提供给鹤类作为补充觅食场所
雁鸭类	● 中、大型游禽,一般营集群生活在滩涂和芦苇滩内 ● 以海三棱藨草的小坚果、球茎和根茎、螺类、贝类、甲壳类、小型鱼类和水生昆虫等为食	● 开阔水域,水深 20～50 cm ● 水域内分布有芦苇斑块,安全隐蔽 ● 水域面积相对越大越好
震旦鸦雀	● 留鸟,栖于芦苇地 ● 繁殖季节以单只和较小集群为主,而非繁殖季节以较大集群为主 ● 以昆虫、浆果为食	大片的芦苇,芦苇需阶段性轮流收割

(1) 淹没式生境岛屿：岛屿形态为掌状,春季水位下降时露出水面,为黑嘴鸥、普通燕鸥等繁殖鸟类提供筑巢的裸地。其他季节水位抬升时则淹没在水面 0.2 m 以下。

(2) 低坡生境岛屿：岛屿岸坡大部分处于潮间带,岛屿顶部始终高于水面 0.2～0.4 m,为鸻鹬类提供觅食栖息地和避风休息处,岛的顶部种植结缕草等耐盐草本植物。

(3) 高坡生境岛屿：岛屿形态为环形岛丘,该类型岛屿高程最高,高于水面 2～3 m,岛屿上可种植耐盐高草和小灌木,为鹭类鸟类提供营巢区域。岛屿高度大于 3.5 m。

(4) 粗放型生境岛屿：岛屿形态为鱼骨状,高度以水面以下 0.2 m 或高出水面 0.2～0.4 m 为主。

5.4.3 生态陆域的远期演替方式

横沙浅滩是城市的战略预留空间,未来的发展利用存在多种可能性,而在生态环境高度优化基础上形成的滩涂陆域可为未来高质量规划、发展提供保障(图 5 - 16)。且从长远发展看,横沙浅滩现构建的生态滩涂,可根据发展需求进行逐步优化推进,具有较强的可塑性。

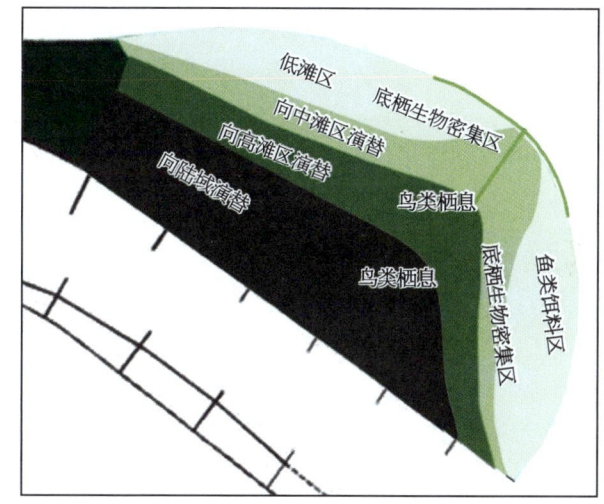

图 5 - 16 横沙生态陆域远期演替示意

5.5 小结

在横沙浅滩实施保滩护岸工程、塑造生态陆域是一个复杂的过程,时间周期长。可在横沙浅滩西南部,横沙东滩七期东堤与横沙大道外延段的掩护区,设置工程试验区,在小范围内进行疏浚土利用下的保滩护岸、构建生态滩涂研究和各种单元生境的试验研究,为后续横沙 303 km² 生态滩面的整体塑造提供技术支撑。

试验区滩面可运用"人工措施塑造高滩,自然形成中低滩"的手段,布设"一区三带多水系"格局。

鉴于横沙浅滩生态保育需求，结合横沙浅滩 T 形防护工程基础，横沙浅滩区域可构建成高程合理、生境丰富的生态滩涂。利用长江口航道疏浚土吹泥上滩，可逐渐形成从 +3.0 m 以上高滩向 0 m 以深水下浅滩有序过渡、自然衔接的滩坡形态，潮上带-潮间带-潮下带的地貌格局为盐沼植被、底栖生物、鱼类和鸟类等生物多样性的发展及河口盐沼生态体系完善提供宝贵的基底。

在实施护滩工程的基础上，横沙浅滩可由水下浅滩，向高-中-低滩实现滩涂基底塑造。在横沙浅滩陆域推进过程中，可结合地形演变规律，同步采取适宜的生态措施，培育滩涂生物多样性，促进该区域生态品质的提升。

滩涂生态演替主要与基底高程有关。横沙浅滩受水沙动力及口门风浪作用，滩涂长期处于 0 m 以深，难以自行淤高。对其进行生态基底塑造需要大量泥沙资源。从疏浚土产生量、土质情况及土源供应便利性等方面来看，长江口航道疏浚土用于横沙浅滩生态滩涂塑造极具可行性和优势。

保滩护岸并在生态环境高度优化基础上形成的陆域和滩涂，可为该区域未来高质量的发展奠定基础。

6 研究的结论、创新点及建议

6.1 结论

本项目在长江经济带发展、长三角一体化发展和长江大保护等战略背景下,立足国家未来发展和上海卓越全球城市建设,聚焦新横沙,分析了长江口的新水沙条件、横沙滩涂的历史演变、新横沙的生态环境,研究了横沙浅滩的变化趋势、长江口深水航道疏浚土的利用状况,从滩涂保护、河势稳定、生态优化以及国土空间预留等多个视角,提出了利用长江口航道疏浚土资源开展横沙浅滩保滩护岸工程的构想,并通过数学模型和物理模型呈现了工程措施的效果,明确了相关各工程对周边的作用情况,主要结论如下:

(1) 横沙浅滩所在区域具有显著的区位、土地、岸线、航道等优势,应当成为上海和国家未来发展的战略预留空间。

横沙浅滩位于上海东北部、长江出海口,形成于长江来沙的不断堆积和河口径潮流的相互作用,与毗邻的横沙东滩共同成为新横沙的主要部分。

新横沙扼守我国海岸线中区与长江黄金水道T形交汇处,南贴长江口12.5 m深水主航道,北靠北港航道,东侧直面大海,通江达海,是上海、长三角地区通向世界的重要门户。

横沙东滩经过近15年的人工干预,已经成陆;横沙浅滩尚处于自然状态,基本在水面以下,以5 m等深线为边界,面积约为303 km²。新横沙如全部成陆,可形成上百千米的深水岸线,可建20 m水深的超深航道,可满足现代海洋工业、制造业、物流业等发展的需要,为上海未来城市发展预留宝贵的弹性空间。

上海和长三角许多地区依水而生、伴水而长,依靠长江源源不断的来沙拓展陆域。横沙浅滩如果能顺势而为,在人工干预下也形成陆域,将成为上海、长三角地区和国家未来发展的重要国土空间。

(2) 长江口水沙条件由丰水丰沙转为丰水少沙,加之口门区风浪潮多重影响,横沙浅滩已出现持续遭受侵蚀现象,对周边河势构成威胁,亟须采取保滩护岸措施。

20世纪末以来,受长江中上游一系列大型水电等工程及流域水土保持等措施影响,长江口的水沙条件发生重大变化,长江来水总体保持稳定,但下泄泥沙大幅减少。2018年进入长江口(大通水文站)的来沙量为0.831亿t,仅为历史时期均值的19%,历史峰值(1964年)的12%。河口水沙环境已由丰水丰沙的淤涨型向丰水少沙的侵蚀型转变。

在此背景下,加之受口门区域强劲风浪、径潮流动力多重影响,北港-横沙浅滩-北槽间出现漫滩作用,横沙浅滩和北槽间存在高含沙水体出、低含沙水体进的"顺时针"净输运循环特征。横沙浅滩侵蚀态势逐渐显现,窜沟发育、沙体切割、沟壑纵横、滩面冲刷、滩体萎缩、泥沙散乱,对周边河势和航道岸线的稳定、安全构成了潜在的威胁。

根据长江口滩槽发展及河势演变规律,在现有水沙条件下,如任其发展,滩涂侵蚀将持续发生并日趋严重,河势和岸线面临的形势也将更加严峻。为此,亟须采取保滩护岸的整治措施。

(3) 长江口航道疏浚土是宝贵的自然资源,是横沙浅滩保滩护岸最佳的材料来源;利用疏浚土保滩护岸还可挽回目前因全部抛海而造成的资源流失,降低对海洋环境潜在的影响。

长江口的疏浚土主要形成于北槽深水航道的治理和维护,属于清洁疏浚物。在国际上,疏浚土也被公认为宝贵的自然资源。

深水航道建设初期,疏浚土作为废弃物外抛,之后结合横沙东滩促淤造地工程,得到大量利用,最高时利用率达到77%。目前,由于没有工程依托,疏浚土又被重新全部抛海。

航道疏浚土是保滩护岸、塑造生态基底、形成新陆域的最佳材料来源。充分利用疏浚土资源还能解决疏浚土抛弃入海、影响海洋环境的问题。新形成的陆域,现时可按生态化要求处理,对塑造健康生态环境有利;今后也将成为资源利用与城市可持续发展有效结合、践行长江大保护战略的典范。

(4) 掌握横沙滩涂及周边水域地形、水文和生态等信息是横沙浅滩保滩护岸的必要步骤,采用卫星遥感技术有助于获得大范围监测数据。

横沙浅滩面积辽阔,难以进入,用传统方式监测比较困难。采用卫星遥感图像处理技术,结合地面采集数据,可以构建浅滩及周边水上水下地形、水文泥沙、水质、植被等方面的数据库;以此为基础,有助于分析该区域地形地貌及生境变化,并为长时序便捷监测横沙滩涂演变趋势提供大数据。

根据对高分5号等卫星遥感数据开展的反演探索,可以预见:高分卫星在横沙浅滩水文泥沙及环境监测中可以发挥相当大的作用。

(5) 横沙东滩业已成陆,生态系统达到健康等级,是上海的生态增量;横沙东滩工程的实践表明,通过人工干预可以改善滩涂的生态环境,为横沙浅滩实施保滩护岸措施提供了样板。

横沙东滩经过大范围的促淤、吹填等一系列工程措施,实现了长江口综合整治规划的预期目标,形成了高程3 m、包含丰富水系、面积达106 km^{2}的陆域,目前作为农用地,用以解决上海土地的占补平衡。

横沙东滩陆域形成后,周边底栖生物多样性好转,人工牡蛎礁系统发挥了重要的栖息地功能;成陆部分植被覆盖剧增,已形成一望无际的绿色植被区;水鸟群落数量上升,已成为重要候鸟迁徙途中在长江口的新栖息地;横沙东滩工程实施以来,未见珍稀濒危生物遭受工程影响的报道。

采用联合国经济合作开发署建立的"压力-状态-响应"框架模型建立评价指标体系,对横沙东滩成陆区域进行生态系统健康评价,2017年后该区域的综合指数为0.653 9,等级为"健康"(即中上水平),与仍处于自然状态的横沙浅滩相比,生境得到明显改善。

横沙东滩整治工程,不但保护了新横沙的滩涂资源,稳定了横沙东滩周边的河势和航道岸线,也提升了横沙东滩自身的生态环境,成为上海的生态增量,显示了人工干预工程对滩涂保护所带来的积极效应。

(6) 横沙浅滩保滩护岸措施的优选方案是开展横沙大道外延工程、横沙浅滩护滩工程和生态基底塑造工程。

横沙浅滩滩面高程过低,缺乏必要基底,常年处于淹水环境之中,自我淤高能力有限。为保护滩涂岸线、稳定周边河势,需要对横沙浅滩实施人工干预。

以问题导向和需求导向为目标,借鉴横沙东滩的经验,提出利用长江口航道疏浚土开展包括横沙大道外延、横沙浅滩护滩、生态基底塑造三大工程在内的横沙浅滩保滩护岸工程方案。

横沙大道外延工程:自现有横沙大道东侧头部,向东延伸至北槽深水航道北导堤堤头,总长

25.2 km,对横沙浅滩护滩工程和生态基底塑造工程起到掩护和依托作用。

横沙浅滩护滩工程：滩面布设T形护滩坝，南北坝长约14 km，东西坝长约10 km，减缓滩面水动力，使上滩疏浚土落淤率从25%提高到90%以上，加速生态基底的形成。

生态基底塑造工程：通过疏浚土上滩逐步抬高滩面，培育高-中-低滩有序衔接的新滩面，既为后续成陆奠定基础，也可为不同类型植被、底栖生物营造生长环境。

根据初步测算，三大工程的总实施费用约350亿元，其中：横沙大道外延工程费用约68.6亿元；护滩工程费用约22.9亿元；生态基底塑造工程费用约258.2亿元。

上述工程的实施，近期可解决横沙滩涂侵蚀、周边河势稳定受到威胁等难题，远期可实现长江口航道疏浚土资源化的长效利用，为国家和上海未来的发展预留战略空间，实现长江口生态环境保护与资源利用协同发展。

(7) 横沙浅滩保滩护岸工程不会对周边设施和环境产生明显负面影响。

横沙浅滩保滩护岸工程实施对周边水沙条件产生的影响主要集中在横沙大道外延工程和护滩工程实施阶段，在这两大工程基础上，继续进行高-中-低滩面加高塑造，则对周边水域新增的影响十分有限。

工程后，对周边的流场、纳潮量、分流比、潮汐、风浪的影响都不明显。

工程后，对长江口航道影响可控。深水航道的横流中上段变化不大，下段普遍减小；北槽中下段N～NE向有效波高减幅普遍在0.2～0.4 m，有利于北槽船舶通航和维护。数学模型表明，横沙浅滩的形成对深水航道的回淤影响幅度小于3%，年回淤量基本在200万 m^3 以内。

工程后，对邻近两大湿地自然保护区和水源地不会造成负面影响。其中，对九段沙湿地基本无影响，对崇明东滩湿地影响非常有限。青草沙、东风西沙、陈行区域取水口盐度均有所减小，各取水口水质基本无影响。

工程实施期间，区域内滩面快速抬高，导致现有底栖生物的直接损失，改变水生生物的群落结构；但从长远看，横沙浅滩生境将逐步由大面积水域向水域、光滩、植被等多样生境组成的复合生境转变，整个区域的生态多样性、物种多样性和初级生产力会大幅增加。

6.2 创新点

(1) 科学论证了长江口已从淤涨型河口向侵蚀型河口演变的趋势，通过对横沙浅滩水沙运动规律的研究，揭示了横沙浅滩滩面及与北槽下段间水沙净输运存在"顺时针"循环特征，进而得出横沙浅滩迫切需要采取防冲保滩、固滩稳槽措施的科学论断，指出了通过工程进一步切断或减弱滩槽水沙的交换与循环作用是实现横沙浅滩整治目标的重要路径。

(2) 在国内首次提出了以横沙浅滩5 m等深线为边界形成303 km^2 陆域的构想并论证了该构想的合理性和可行性。横沙浅滩构筑的生态基底，近期将是上海生态的新增量，远期将解决上海城市发展过程中土地资源短缺的问题，为国家预留国土空间新资源。

(3) 突破了国内外利用滩涂圈围造地搞建设的单一路径和方法，前瞻性地提出了将长江口深水航道疏浚土资源化利用、横沙浅滩保滩护岸、横沙周边复合生境构筑以及国土空间资源预留四大目标融为一体的长江口滩涂整治与利用新理念。

(4) 依据"工法自然"的目标，设计了包括横沙大道外延工程、横沙浅滩护滩工程、生态基底塑造工程在内的工程方案及推进时序。科学论证了与传统封闭式圈围吹填做法不同的、半开敞环境下整治、护滩、吹填、拦沙逐步结合的工程可行性。通过构筑水系连通、高-中-低滩有序衔接的基底环境,促进滩涂生物多样性发展,凸显了三大工程独有的"T形守护加生态基底塑造后自然形成潮沟"的特点。

(5) 融合三维潮流泥沙数学模型、物理模型、波浪模型、水质生态模型等多类别模型技术,多视角评价横沙浅滩保滩护岸工程的可能影响,研究得出工程积极作用明显、负面影响可控、用疏浚土构筑生态基底更具显著的社会价值和潜在的经济价值的结论,为工程决策提供重要的技术支撑。

6.3 建议

(1) 建议相关部门继续支持对横沙浅滩保滩护岸工程开展深入研究。

横沙浅滩保滩护岸工程是一项系统工程,涉及多个领域、多个方面,长江口和横沙滩涂区域水下环境又极其复杂,还有不少问题需要面对。希望上海市科学技术委员会及相关部门继续给予课题组更多的支持,深化利用长江口深水航道疏浚土构筑横沙浅滩生态基底的相关科学研究,实时掌握横沙浅滩水文泥沙数据,分析水动力和泥沙输运规律,细化工程方案,为工程的实施做好技术支撑。

(2) 建议相关部门继续支持对长江口深水航道疏浚土资源利用开展深入研究。

源源不断产生的长江口深水航道疏浚土将是一份大自然送给上海的珍贵礼物,最终将是上海乃至全国重要的国土空间资源增长的源泉。建议相关部门抓紧疏浚土的中长期规划,进一步转变疏浚土利用方式,组织力量,研究寻找疏浚土用于生态改善、土壤改良、吹填造地、河口湿地生态修复等多种有益途径,提高利用率,挖掘疏浚土利用价值。

(3) 建议重新审视上海市对土地资源的需求并采取必要的拓展国土空间资源的前瞻性研究。

上海有 2/3 的土地面积来源于近 2 000 年对长江三角洲滩涂的围垦。随着长江下泄泥沙量的减少,长江口浅滩增长速度减缓,研究表明,未来 20 年口门滩涂面积可能会减少 20%～50%。而上海迈向卓越的全球城市并在长三角一体化发展中当好龙头,迫切需要土地资源,以支撑经济社会的发展。建议上海市重新审视对土地资源的需求并采取必要的拓展国土空间资源的研究,包括对已经形成和将要形成的新横沙 480 km² 生态陆域开展前瞻性的研究。

第 2 部分
相关专报及建议

关于横沙滩涂资源预留规划及 2020 年后长江口疏浚土后续利用的建议

说明： 2018 年 3 月 23 日，《参事工作专报》2018 年第 5 期刊登了《市政府参事王新奎、原市政府参事包起帆关于横沙滩涂资源预留规划及 2020 年后长江口疏浚土后续利用的建议》。上海市主要领导对专报作了批复。6 月 20 日包起帆等研究团队主要成员陪同市分管领导、相关部门负责人和有关专家前往横沙东滩进行了现场踏勘并作了研究情况汇报。8 月 25 日，市分管领导主持召开会议听取了包起帆代表研究团队所作的专题汇报。

参事工作专报

第 5 期

上海市人民政府参事室编　　　　　　　　　　　　　　2018 年 3 月 23 日

专报应勇同志

市政府参事王新奎、原市政府参事包起帆关于横沙滩涂资源预留规划及 2020 年后长江口疏浚土后续利用的建议

一、提出建议的缘由

有效利用日益稀缺的长江口航道疏浚土问题已成燃眉之急。

1. 横沙滩涂自然淤涨态势难以为继

本建议所指的横沙滩涂资源是指除了原有的横沙本岛（面积 52 km²）以外，其东侧 2020 年可完成的成陆区域（面积 106 km²），位于该区域南侧的坝田区域（面积 71 km²），以及 2020 年以后可规划成陆的区域（-5 m 等深线围合面积 303 km²），共计 480 km²。现已成陆及可规划成陆滩涂资源简称为"横沙东滩滩涂围垦资源"，俗称"新横沙"（图 1）。

近年来，由于长江下泄泥沙的持续减少，位处长江口的横沙滩涂自然淤涨态势难以为继。随着长江上游以三峡水库为核心的巨型水库群逐渐形成，下泄泥沙被大量拦截，加上长江中下游水土保持工

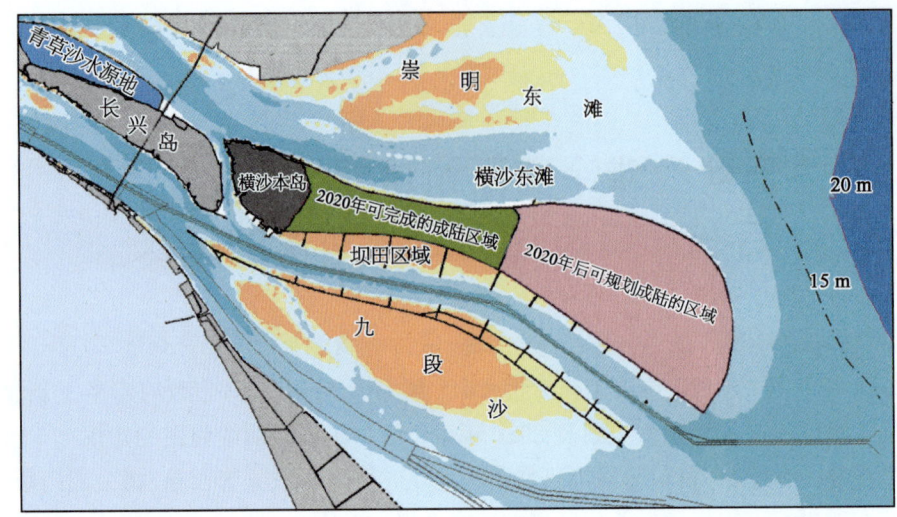

图 1　新横沙示意

程的完善,目前长江口已开始呈现丰水少沙现象。2010 年后的来沙量仅剩历史高峰期的 30% 左右。这意味着未来可用于横沙滩涂成陆的沙源将变得十分稀缺(图 2)。

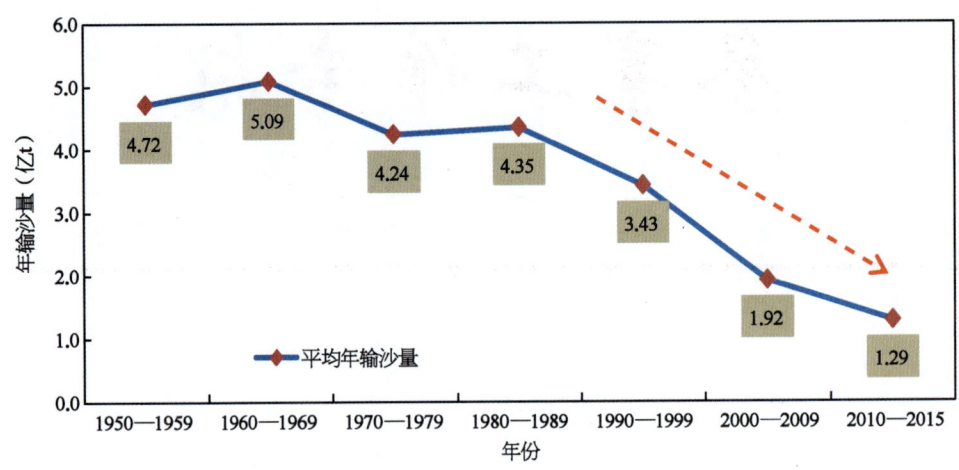

图 2　长江大通站年际输沙量变化

2. 长江口河势及横沙滩涂亟须整治

横沙东滩位于长江口北槽与北港之间,其 50 km 长的滩涂区域构筑了长江最主要的两大入海通道的边界。近年来,在长江口口门区域强劲的风浪和潮流动力作用及长江下泄泥沙持续减少的影响下,长江口水沙变化很大,特别是横沙浅滩区域滩面窜沟发育,低滩区甚至呈现缓慢冲刷迹象。任其自然发展,则滩面泥沙流散、沟壑纵横,滩体萎缩散乱,未来必将危及周边河势稳定。

据观测,横沙东侧滩涂已开始被冲刷,未来还将处于易侵蚀环境中。据统计,2010—2016 年间长江口南支-南北港-南北槽沿线 0 m 以深河槽冲刷量达 10 亿 m^3,相当于平均每年 1.7 亿 m^3 泥沙流失。横沙东侧滩涂区域在 2013—2016 年间滩地面积减少了 21 km^2,大约相当于 3 万亩土地流失。

横沙滩涂资源利用的前提是滩涂资源不减少、滩涂格局不动荡。现阶段如不采取相关的工程措施,横沙岛陆域自然增加的历史将难以再现。

3. 2020 年后长江口航道疏浚土利用前景堪忧

1998 年长江口深水航道治理工程开工以来,横沙东滩是长江口航道疏浚土的主要抛放区域,疏浚土成为横沙滩涂保护和继续成陆的重要泥沙来源。但由于交通运输部和上海市在疏浚土上滩问题上的职责关系一直不明确,如何协调部市之间疏浚土的处理和横沙滩涂资源利用的关系曾成为困扰各方的难题。其中最关键的因素是长江口航道疏浚工程由交通运输部负责,国家只给了疏浚航道的经费,没有吹泥上滩的费用。而上海方面对疏浚土的利用也仅仅为了满足每年建设用地的占补平衡,需要多少占补土地面积就拨多少钱,形成长期以来大量疏浚土只能抛海的局面。

据统计,自1998年长江口深水航道治理工程开工至2015年的18年间,长江口航道疏浚土总量达到了9.3亿 m^3,其中66%被直接抛海,34%进入没有围堰的吹泥站,上滩利用率仅为25.9%。1998—2015年,疏浚土的外抛量达6.89亿 m^3,相当于上海损失了100 km^2 以上的围淤成陆土地面积。

近年来,经过多方努力,在交通运输部和上海市的积极推动下,长江口航道疏浚土综合利用部市合作共赢机制得到了落实和完善,利用疏浚土在新横沙造陆的工程有了很大的进展。2016年上海市政府启动了横沙东滩七期、八期工程,疏浚土的上滩率由之前的25.9%提高至75%以上,计划到2020年,综合利用长江口航道疏浚土约2.1亿 m^3,5年成陆规模比以往18年累计还多6 km^2(表1)。在这次部市合作中,上海市以每立方米上滩土18.6元(七期)和25.7元(八期)的较低吹填成本取得了56 km^2 的新增土地,交通运输部则平均每年可得到上海市2.2亿元的超运距费补贴,以弥补航道疏浚土处理中运输成本的增加部分。良好的合作机制不仅改善了以往疏浚土外抛造成的资源浪费和环境污染,更成功开启了资源节约、环境友好、共赢共惠的新局面。

表1 历年来长江口疏浚土利用情况对比

年 份	历时(年)	疏浚土总量(m^3)	疏浚土处理	进吹泥站的量(m^3)	疏浚土利用率(%)	吹泥上滩率(%)	形成土地面积(km^2)
1998—2015	18	9.3亿	66%外抛丢弃+34%进吹泥站吹泥上滩	3.19亿	34.3	25.9	50
2016—2020	5	2.8亿~3.5亿	80%以上进吹泥站吹泥上滩	2.44亿	≥80	75	56

但是,应该引起我们重视的是,如图3所示,随着长江下泄泥沙的持续减少和航道工程的逐渐完善,航道维护量已在逐年减少,2012年至今减少了42%。根据研究,未来横沙滩涂区域尚有303 km^2 可供围填,至少需约35亿 m^3 泥沙,即使长江口疏浚土100%被利用,按照目前的疏浚量计算,至少需要60年时间。因此,如何解决有效利用日益稀缺的疏浚土的问题已成燃眉之急。

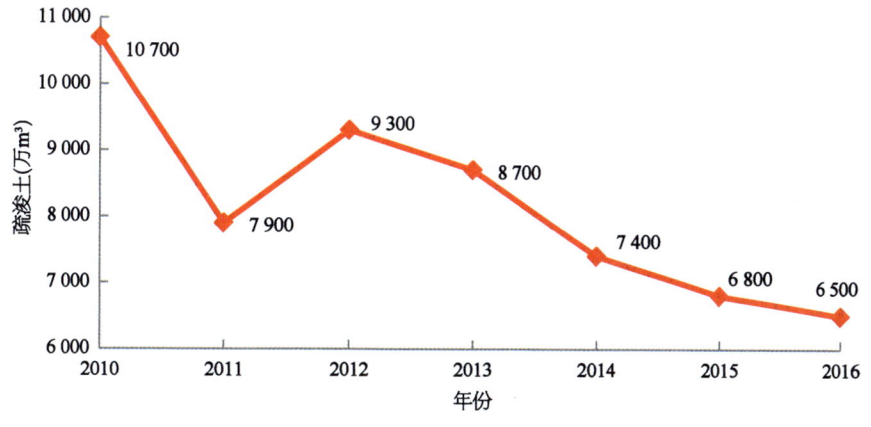

图3 长江口深水主航道疏浚土预测

二、关于横沙滩涂资源科学利用的研究及后续调研

在市领导和相关部门的支持下,华东师范大学从2011年起联合北京中交水运规划设计院、南京水利科学研究院、中交上海航道勘察设计研究院、上海市环境科学研究院、上海市发展改革研究院、上海城市规划设计研究院等众多专业单位的百余位科研人员,先后承担并完成了"上海城市发展新空间和深水新港战略研究"和"上海新横沙开发和深水新港建设可行性与关键技术研究"两项科研项目。通过产学研用结合,发挥多学科、高层次的综合优势,运用全国最大规模的长江口物理模型、数学模型和生态评价模型,对新横沙的空间布局、生态环境、河势稳定与航道整治等关键技术进行了深入研究。课题研究成果已经被《上海市城市总体规划(2017—2035)》所采纳。该规划明确规定:"预留横沙东滩滩涂围垦资源作为城市长远发展的战略空间。"规划的该表述为市领导做出启动横沙东滩七期、八期工程的科学决策提供了依据。

最近,我们对继续推进横沙滩涂资源科学预留研究工作进行了后续调研。2017年12月19日我们首先就长江口的江海分界与管辖权问题拜访了水利部长江水利委员会,得到明确信息:根据2008年3月国务院批准的水利部《长江口综合整治开发规划》,"长江河口范围以50号灯标为界",即从徐六泾到长江入海口的50号灯标之间,新横沙所在的这个长约182 km的区域属于水利部管辖范围。因此,我们认为利用长江口航道疏浚土圈围新横沙成陆,与国家严控的围海造地性质有所不同。这就为开展横沙滩涂资源科学预留的后续研究工作扫清了最重要的政策障碍(图4)。

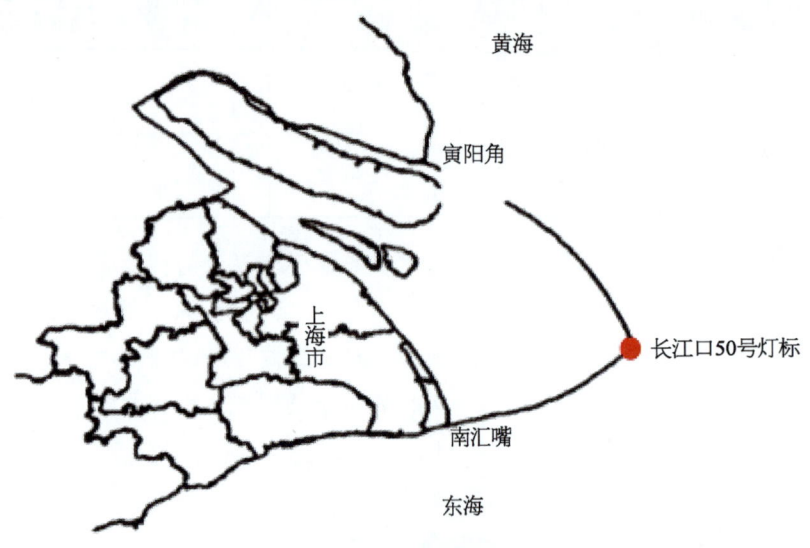

图4　长江口河海界限示意

近期,我们还拜访了交通运输部、水利部长江水利委员会、长江口航道管理局等单位,分别就长江口综合整治开发规划修编、长江口航道疏浚土综合利用、横沙大道延伸等问题进行了交流。这些部委一致表示,支持对长江口的水沙、滩涂开展研究,这是对长江开展大保护的有力举措,认为让新横沙成为上海未来发展的新空间,不仅是上海的机遇,也是全国的机遇,上海应借助交通运输部、水利部等部委开展各项专业规划修编的契机,加强与相关部委的联系与合作,形成合力,共同推进新横沙规划的落地,实现互利与共赢。这标志着推进横沙东滩滩涂围垦资源专业规划的研究工作将会继续得到中央各相关部委以及沿长江河口各兄弟省市的支持。

三、相关建议

1. 尽快解决2020年以后疏浚土的上滩问题

据我们所知,关于2020年以后长江口航道维护产生的疏浚土资源如何利用,目前尚未开展相应的布局工作。按照原计划,正在开展的横沙东滩七期、八期工程将于2020年底完工,届时,现有抛泥区根本无法接纳全部的疏浚土。

解决2020年以后疏浚土上滩问题的关键是在已经建立部市合作机制的基础上,尽快与交通运输部就疏浚土上滩的超运距费补贴的问题达成共识。因为2020年以后超运距费补贴的测算涉及可围垦成陆区域的专业规划方案、围垦工程的实施技术方案、长江下泄泥沙量和长江航道疏浚量预测等一系列复杂问题,因此应尽快启动,千万不能再重蹈1998—2015年间长期议而不决,宝贵的疏浚土白白抛向大海的覆辙。

2. 先行推进横沙大道外延及促淤护滩工程

要确保新横沙滩涂资源的长远预留,需对滩涂采取有效的防护和整治措施。目前,迅速推进横沙大道外延及促淤护滩工程是最可行的途径。延伸后的横沙大道具有挡沙、调整流场等功能,近期可解决新横沙滩涂侵蚀、长江口河势稳定受到威胁等难题,远期可为长江口疏浚土利用找到长远的出路(图5)。

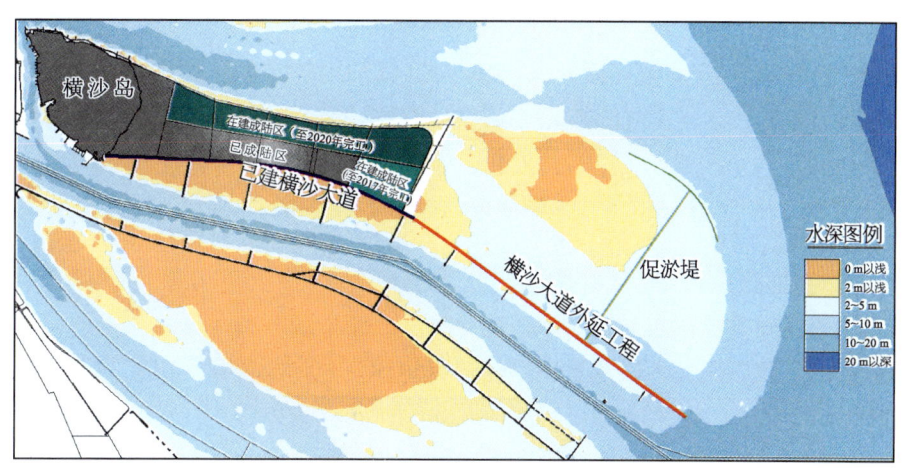

图5 横沙大道外延及促淤护滩工程布设

基于目前横沙东滩在建工程的成功经验,可将现横沙大道继续向东延伸至北槽北导堤堤头,并辅以适当的促淤护滩工程。其中,横沙大道外延工程可按百年一遇防洪(潮)高标准设计,堤长26 km、顶高9.5～10.2 m、顶宽10.0 m;东滩滩面上可按50年一遇(潮)标准布设促淤堤工程,堤长13.5 km、顶高5.5 m、顶宽7.0 m;同时,北沿可布设堤长10 km、顶高2.0 m的护滩堤。

该工程是做好长江大保护的有力举措,可稳定滩槽河势、利于滩面淤涨;可最大限度利用好疏浚土资源塑造滩涂;可促进滩涂生态优化;更可为未来上海城市发展空间的构建奠定基础。

该工程措施旨在消除窜沟、促淤护滩,属于涉水工程,据了解,只需上海市发改委立项,水务局上报长江水利委员会建设管理局批准即可实施,故建议先行推进。

3. 启动对"新横沙"功能定位的前期科学研究

《上海市城市总体规划(2017—2035)》中提出了上海在转型过程中要实现多情景规划策略、空间留白机制和动态调整机制。我们理解,规划提出的"空间留白机制"是动态管理的过程,是决策层面的再操作层面,许多事情还没有看清楚、许多问题还没有想明白,暂不进行建设的思考,目前采取规划"留白"是完全正确的。

有观点认为"留白的意思是,限于目前规划和建设能力,看不明白想不清楚的就留白,留到以后再研究",我们认为这句话不够全面,因为看不明白、想不清楚就更应加强前期研究,因为新横沙涉及上海未来、涉及子孙后代。

科学研究是为决策层面提供前瞻性服务的,成果将为领导未来需做决策时提供技术支撑。所以前瞻研究与规划"留白"是两个不同层面的问题,规划"留白"不等于研究"留白",两者不是互相排斥而是互相支持的。

华东师范大学领衔的长江口综合整治开发研究团队具有跨部门、跨地区、跨学科的综合优势。我们建议上海市有关部门能继续支持该团队根据党的十九大以后我国经济社会发展进入新时代的总体要求,就"新横沙"功能定位问题继续进行前期科学研究。

最后,我们建议市领导结合上海正在开展的大调研,专程到横沙东滩围垦工程现场去视察一次,同时听取我们关于开展横沙滩涂资源科学预留研究、2020年后长江口航道疏浚土变废为宝的方案研究,以及先行启动旨在做好长江大保护的横沙大道外延及促淤护滩工程等设想的汇报。

关于长江口深水航道疏浚土面临
重新抛海局面的应对建议

说明：2019年2月13日，《参事工作专报》2019年第2期刊登了《原市政府参事包起帆关于长江口深水航道疏浚土面临重新抛海局面的应对建议》。3月4日，包起帆等研究团队主要成员又应邀在市政府会议室向市领导做了专题汇报。

参事工作专报

第 2 期

上海市人民政府参事室编　　　　　　　　　　　　　　　2019年2月13日

专报李强同志

原市政府参事包起帆关于长江口深水航道疏浚土面临重新抛海局面的应对建议

上海是一座建立在滩涂上的城市，不断淤涨的滩涂给上海带来了一次又一次的发展生机。由苏州河两岸到黄浦江两岸，发展到长江口沿岸，上海依水而生、依水而长。特别是长江口深水航道工程开工以来，每年6 000万~1亿 m^3 的疏浚土资源又为上海城市未来的发展带来了新的机遇。

一、长江口综合整治与疏浚土利用已取得成果

1. 变废为宝，疏浚土利用率大幅提升

长江口深水航道自1998年开始建设，航道水深从7.5 m增深至2010年的12.5 m，之后进入运营维护期，至今已累计产生疏浚土11.05亿 m^3。建设初期（1998—2003年），疏浚土全部作为废弃物外抛入海，造成资源的极大浪费，也影响了海洋环境。

2003年横沙东滩工程启动后，航道疏浚土开始逐步得到利用，但当时仅以满足上海土地占补平衡为目标，城市建设需要多少土地平衡指标，就造多少陆域，致使疏浚土利用率偏低。近年来，在市委、市政府的领导下，为了实现长江口深水航道疏浚土的资源化利用，为上海营造新的发展空间，我们开展了一系列科学研究，提出了许多决策建议。上海市与交通运输部建立了疏浚土综合利用的良好合

作共赢机制。2016年市政府启动了横沙东滩七期、八期工程,总投资100多亿元,使得长江口疏浚土的资源化利用率大幅提升(图1、表1)。

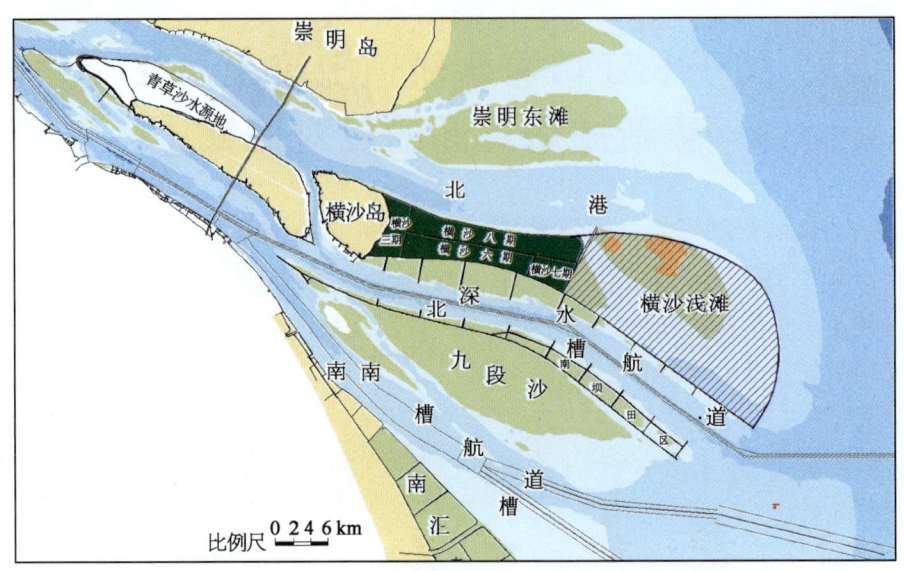

图1 新横沙现状

表1 历年来长江口疏浚土利用情况对比

年 份	疏浚土总量(亿 m³)	外抛比例(%)	进吹泥站比例(%)	疏浚土进围区量(亿 m³)	疏浚土利用率(%)	利用区域	形成生态陆域面积
1998—2015	9.30	66	34	0.91	10	三期、六期工程区	50 km²
2016	0.58	47	53	0.35	60	七期、八期工程区	至2020年可形成56 km²
2017	0.59	23	77	0.52	88		
2018	0.58	43	57	0.38	66	八期工程区	

2. 新增生态陆域,为上海预留宝贵发展空间

到2019年底,横沙东滩吹填工程将基本结束。2016—2019年仅4年间就可为上海新增生态陆域56 km²(相当于新黄浦和新静安两个区的面积总和),比以往18年累计还多6 km²。

国务院批准的《上海市城市总体规划(2017—2035)》明确"预留横沙东滩滩涂围垦资源作为城市长远发展的战略空间",并提出要"加强对横沙等海洋战略资源的保护和控制",新横沙生态陆域的形成符合国家批准的上海城市总体规划。

3. 植被增加,生态环境得到改善

新横沙原本为一片汪洋水域,滩面高程长期维持在0 m水深以下,鲜有植被生长。随着横沙东滩工程的推进,疏浚土的上滩利用,加速抬高了滩面基底,为植被的生长提供了有利条件。通过对2003年、2010年、2013年、2015年、2017年、2018年夏季陆地卫星遥感影像进行分析,十多年来新横沙的植被覆盖面积有明显增长(图2),逐渐形成了一望无际的绿色植被区。

2003年植被覆盖面积为0 km²;随着工程的推进,2010年后,东滩植被覆盖面积逐步增加,2018年新横沙植被覆盖面积增加到了68.16 km²(表2)。

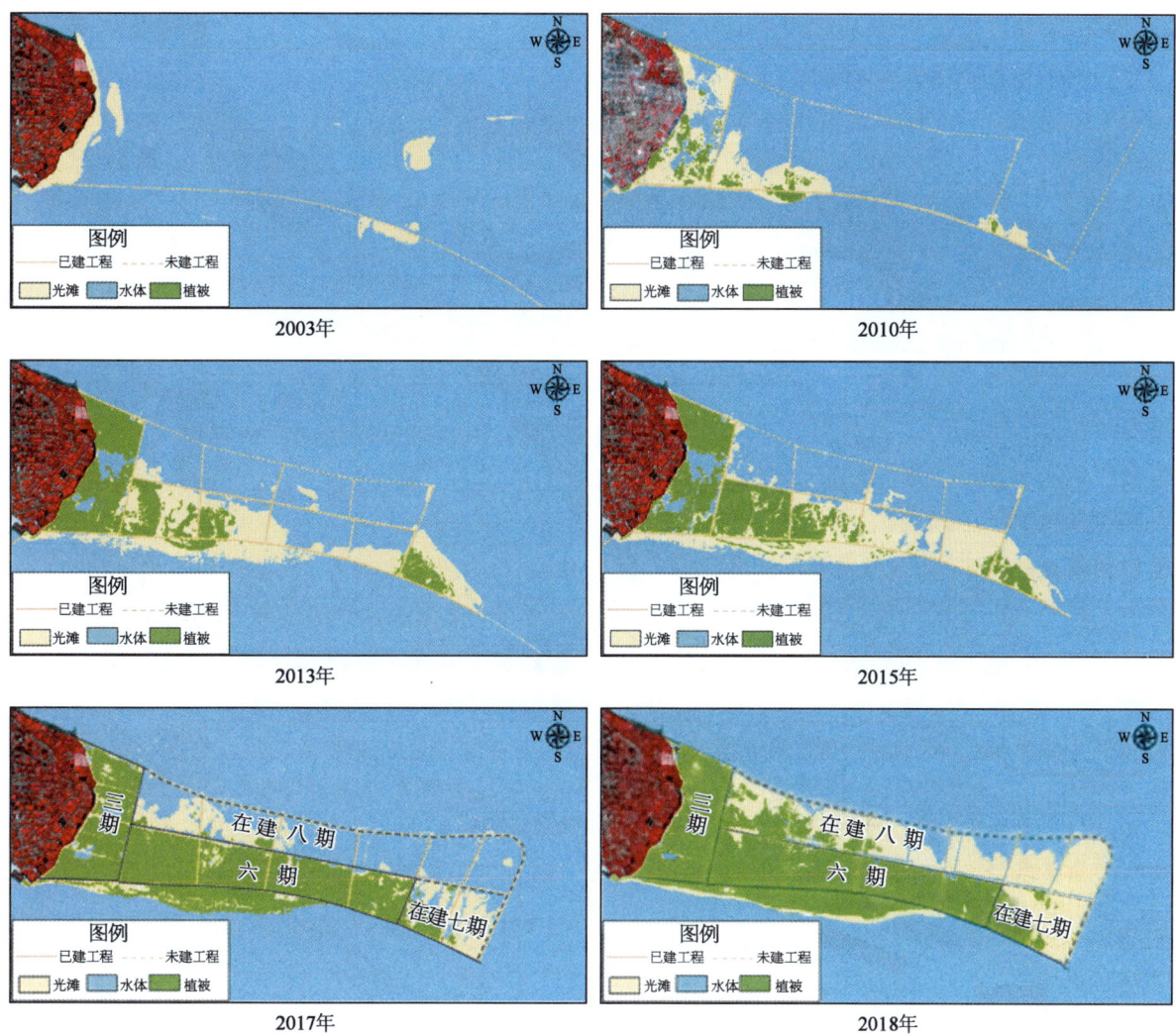

图 2 基于卫星遥感的新横沙植被覆盖示意

表 2 横沙东滩工程面积与植被覆盖面积

年　份	生态陆域面积（km²）	植被覆盖面积（km²）
2003	0	0
2010	9.61	2.65
2013	37.33	21.15
2015	45.17	25.73
2017	72.29	46.30
2018	125.55	68.16

新横沙生态环境的改善，吸引了大量候鸟。据上海市野保站监测，近5年来，每年有100多种、上万只鸟类来此停歇觅食。随着植被覆盖区域的扩大，鸟类数量和其他动植物的数量也在不断增加，新横沙不仅已成为大量候鸟迁徙途中在长江口的新栖息地，更成了上海的一块新生生态宝地(图3)。

从近期看，新横沙实现了对疏浚土的资源化利用，对河口环境的优化，是通过人工干预改善长江口生态环境的典型。从长远看，新横沙是上海服务国家战略、为上海城市发展预留的新空间，新横

图 3　在新横沙停歇觅食的鸟类

沙 106 km² 生态陆域的形成,通过"留白"能为该区域未来的战略发展提供基础。新横沙已实施的人工干预措施体现了生态环境保护和经济发展间的和谐关系,是积极响应长江大保护和长江经济带发展战略的重要举措。

二、新水沙环境下长江口大保护面临的困境

1. 流域来沙持续减少

21 世纪以来,随着长江上游一系列巨型水库群的建成和流域水土保持工程的实施,长江下泄泥沙持续减少。2010 年后,进入长江口的平均来沙量仅剩历史时期(1950—2000 年)的 30% 左右,年均仅剩 1.28 亿 t(图 4),2017 年仅为 0.9 亿 t。这意味着未来可用于横沙滩涂保护和生态成陆的沙源将变得十分稀缺。

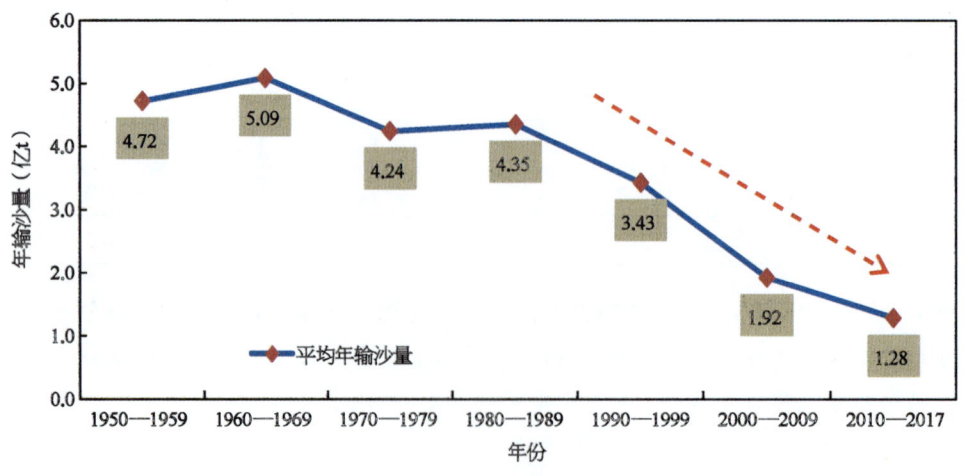

图 4　长江大通站年际输沙量变化

2. 滩涂遭受侵蚀

受此影响,长江口已由原来丰水丰沙的淤涨型河口转变为丰水少沙的侵蚀型河口。据统计,2010年后长江口南支及以下区域的滩涂面积开始减小,2014年后,减幅加大,仅2014—2018年,长江口-5 m高程以浅的滩地面积从1 546 km²降到了1 403 km²,减少了143 km²(图5),其中,北导堤以北的横沙浅滩-5 m高程以浅的滩地面积就减少了21 km²(图6)。

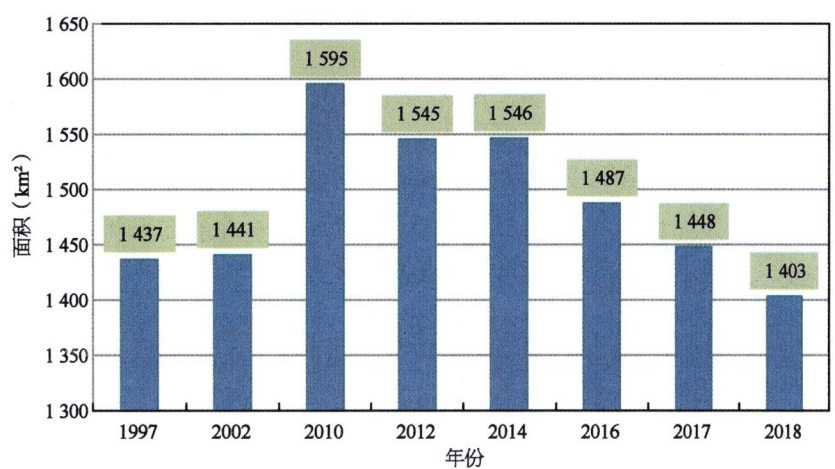

图5　长江口-5 m高程以浅滩涂区域面积变化(1997—2018年)

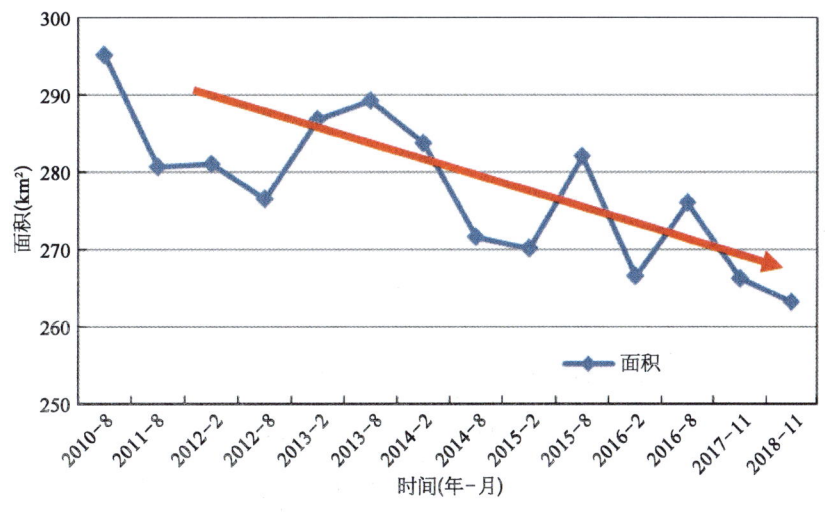

图6　横沙浅滩-5 m高程以浅滩涂区域面积变化(2010—2018年)

长江下泄泥沙资源减少将是一个长期现象,对上海而言,长江口和横沙浅滩区域已面临滩涂侵蚀、泥沙资源日趋匮乏局面。未来上海不仅丧失依靠自然馈赠、坐享土地持续扩张的优势,还将面临日趋严峻的滩涂侵蚀、国土资源流失的严峻问题。在这种背景下,尽早采取人工干预措施,固滩留沙已是当务之急。

3. 疏浚土后续利用尚无规划

2019年底横沙东滩吹填工程将基本完工,届时以横沙东滩工程为平台的疏浚土资源化利用模式将结束,之后长江口航道维护产生的大量疏浚土资源如何利用,亟须尽早规划。

1998—2018年,长江口深水航道总疏浚量11.05亿 m³,2010年以来,平均年维护量基本是5 700

万~9 800 万 m³（图7），预计2020年后航道年维护量在6 500 万~7 000 万 m³（其中12.5 m深水航道维护量约6 000 万 m³）。但目前为止，长江口后续上滩利用的新区域尚无规划。如果不加以综合利用，疏浚土将不得不面临重新全部抛海的局面，这既影响《上海市城市总体规划（2017—2035）》的落实和国家战略的谋划，又将造成疏浚土资源浪费和抛海后的海洋环境污染。

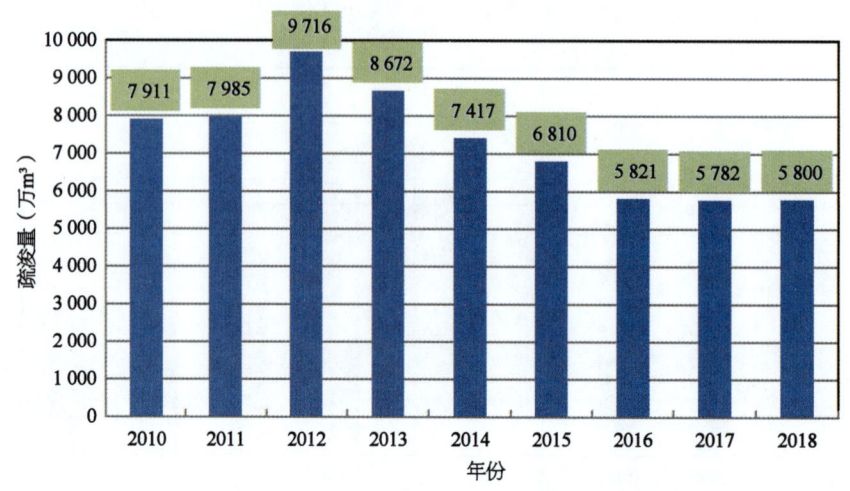

图7　2010—2018年长江口深水航道维护疏浚工程量

三、对策方案

1. 资源化利用疏浚土的人工干预措施

基于长江大保护战略和绿色发展理念，以服务于未来战略发展需求、确保新横沙空间有效预留为出发点，经研究，我们建议采取人工干预措施，实施横沙大道延伸、浅滩护滩、利用疏浚土塑造生态基底三大工程（图8）。

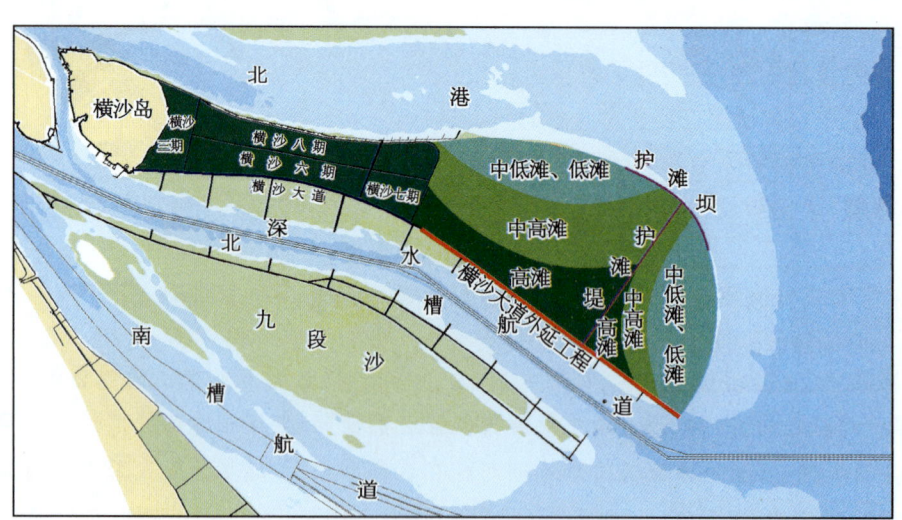

图8　横沙浅滩生态滩涂平面布置

其中，将横沙大道外延至北导堤堤头是整个横沙浅滩基底培育的基础，可起到掩护和依托作用；实施T形护滩工程可确保横沙浅滩滩涂稳定，防止进一步被侵蚀，并为疏浚土上滩利用提供掩护环境；航道疏浚土上滩可加速生态基底的形成（表3）。

表 3　三大工程简介及作用

工程名称	简　介	规　模	作　用	工期	预计费用
横沙大道外延	沿长江口北槽深水航道北导堤走向，将现横沙大道继续向东延伸至北导堤堤头，按已建成的横沙大道的建设标准构筑横沙东滩一线海堤	堤长 25.0 km、顶高 8.5～10.0 m、顶宽 10.0 m 的斜坡式堤	隔断北槽与横沙浅滩间的水沙交换，促进滩槽格局稳定，为滩涂整治提供依托，为疏浚土上滩利用构筑环境，同时也为横沙浅滩未来开发奠定基础	2 年	大约 68.6 亿元
浅滩护滩	在浅滩中东部布设 T 形护滩工程，包括沿浅滩横向布设的护滩堤和沿浅滩北沿布设的护滩坝	护滩堤：南北向长 13.5 km，顶高 3.5～5.5 m，顶宽 7.0 m 的斜坡式堤。护滩坝：北沿长 10.0 km、顶高 2.0 m 的抛石堤	阻止滩面窜沟发育，控制滩面冲刷，确保横沙浅滩滩涂形态稳定，并构筑淤积环境，为疏浚土上滩后的有效落淤创造条件	2 年	大约 23.7 亿元
疏浚土生态基底塑造	依托横沙大道外延工程和浅滩护滩工程所构筑的滩面环境，将航道疏浚土吹填上滩，逐步抬高浅滩滩面，培育出高-中-低滩有序衔接的新滩面，为河口区域不同类型植被、底栖生物生长创造环境	高滩（+3.0 m）、中滩（+3.0～+2.0 m）、低滩（+2.0～+1.0 m）按 1∶1∶1 比例培育 303 km² 的横沙浅滩生态基底，需约 9.5 亿 m³ 疏浚土	优化横沙滩涂生态环境，长效解决长江口航道疏浚土的资源化利用问题，并为未来上海城市发展、国家战略所需提供优质的预留空间	19 年	大约 308.8 亿元

上述人工干预措施，是落实习总书记提出的共抓长江大保护，推动高质量发展指示精神的有力举措。

近期可解决新横沙滩涂侵蚀、长江口河势稳定受到威胁等难题，做好留沙保滩护岸，实现疏浚土生态化利用；为长江口拓展新的生态空间、为《长江口综合整治开发规划》修编提供技术支撑。

远期可为长江口深水航道疏浚土处置找到长远出路，实现长江口生态环境保护与资源利用协同发展，为上海城市未来发展构筑新的空间，服务长江经济带发展和长三角一体化发展，为国家未来发展提供战略空间储备。

2. 人工干预措施对周边工程及环境的影响

现已开展的大量研究工作表明，上述措施对周边水域的影响范围和幅度可控：对长江口河势格局的稳定有利；对长江口深水航道影响利大于弊；从水流动力和水位上看，对青草沙水源地和崇明东滩湿地影响总体较小，对九段沙水域基本无影响。

3. 人工干预措施与国家政策合规性

新横沙不在上海市生态保护红线范围内（图9）。

新横沙拟通过横沙大道外延、浅滩护滩和疏浚土上滩来培育生态滩涂基底，方案不会对该区域进行封闭式圈围，不阻隔涨落潮水流对滩面的自然塑造。根据国家海洋局、发改委、自然资源部联合下发的国海发〔2017〕9号文件《关于印发〈围填海管控办法〉的通知》："围填海是指筑堤围割海域并最终填成陆域的用海活动"（图10），因此，本建议提出的横沙浅滩工程不属于严格管控的围填海范畴。

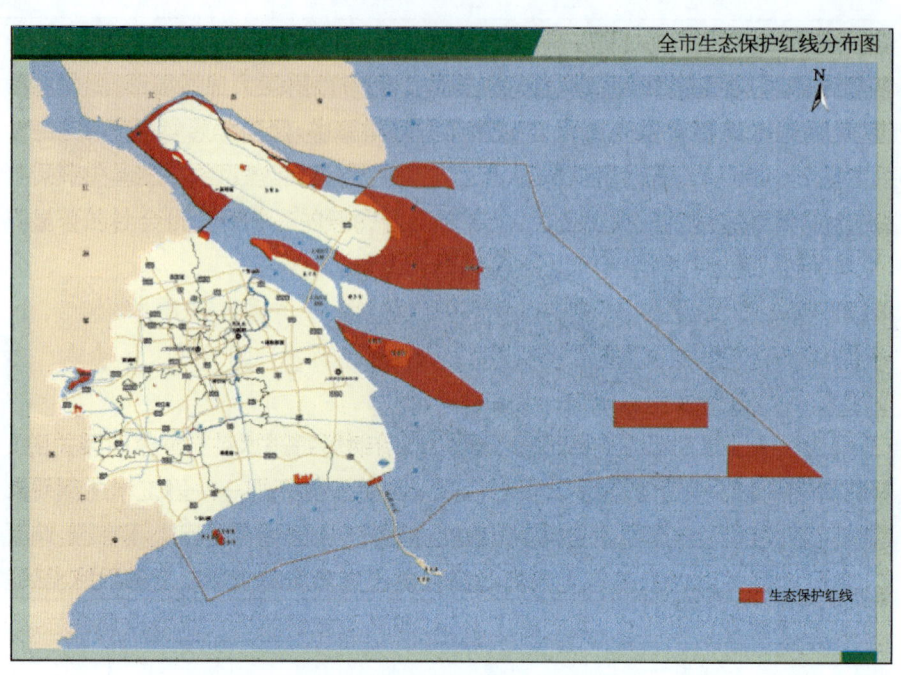

图 9　上海市生态保护红线分布

图 10　《关于印发〈围填海管控办法〉的通知》

据了解,上述人工干预措施可由上海市发改委立项,水务局报长江水利委员会建设管理局批准即可推进。

四、亟待采取的举措

(1) 恳请市领导近期安排听取相关汇报,并到横沙现场实地考察。

(2) 恳请市政府组织相关部门进行对策研究,确定利用疏浚土塑造生态陆域的方案,避免2020年后疏浚土重新抛海、重蹈造成环境污染和资源浪费的覆辙。

(3) 恳请市政府组织相关部门与交通运输部协调,深化长江口深水航道的部市合作机制,尽早确定疏浚土长效利用方案,积极争取国家有关部委支持,实现资源利用和长江大保护并举。

"十四五"期间利用长江口疏浚土资源实施新横沙生态工程的建议

说明： 2019年4—9月，研究团队完成了上海市"十四五"规划前期课题的相关研究，并通过上海市发改委向上海市"十四五"规划工作领导小组办公室呈送了《"十四五"期间利用长江口疏浚土资源实施新横沙生态工程的建议》。

一、国家战略的总体要求及上海市发展目标

（一）长江经济带发展的要求

2016年和2017年，习近平总书记提出了实施长江经济带发展战略，并指出"长江流域经济社会迅猛发展，综合实力快速提升，是我国经济重心所在、活力所在。"要发挥长江黄金水道作用，产业发展要体现绿色循环低碳发展要求。推进长江经济带发展要以生态优先、绿色发展为引领。国务院《关于依托黄金水道推动长江经济带发展的指导意见》明确以沿江综合运输大通道为轴线，促进城市群之间、城市群内部的分工协作。《长江经济带发展规划纲要》提出要发挥长江黄金水道的轴心作用，推动经济由沿海溯江而上梯度发展。

长江是世界上运量最大、运输最繁忙的通航河流，是流域综合运输体系的重要组成部分。长江口地区是长江黄金水道的咽喉，是长江黄金水道的东向出海口，是连接我国东、中、西地区重要通道和实施长江经济带发展战略、实现长江流域对接"海上丝绸之路"的重要依托。

长江口地区土地、航道等资源的稳定，是更好地适应国家产业布局，顺应集装箱、原油等大规模进出口的客观需要的保障，有利于提升各类运输船舶的通航能力、进一步推动产业集聚、引导和优化产业布局，对区域的产业发展也将产生积极影响。

（二）长江大保护的总体要求

2018年4月，习近平总书记在武汉发表重要讲话时强调，推动长江经济带发展是党中央做出的重大决策，是关系国家发展全局的重大战略。新形势下推动长江经济带发展，关键是要正确把握整体推进和重点突破、生态环境保护和经济发展、总体谋划和久久为功……坚持共抓大保护、不搞大开发，加强改革创新、战略统筹、规划引导，以长江经济带发展推动经济高质量发展。在宜昌考察时强调："不搞大开发不是不要开发，而是不搞破坏性开发，要走生态优先、绿色发展之路。"

习近平总书记关于长江经济带建设的一系列重要指示，一脉相承、不断深化，更证明了在"十四五"期间，更要以生态保护为目的，做好长江大保护及长江口地区滩涂资源的大保护，从而促进长江经济带的绿色和可持续发展。

（三）《上海市城市总体规划（2017—2035）》的目标

"十四五"期间（2021—2025年）是《上海市城市总体规划（2017—2035）》（以下简称"总规划"）的重要时期，是上海迈向"五个中心"和具有世界影响力的社会主义现代化国际大都市的开局起步期，也是我

国实现"两个一百年"奋斗目标、由全面建成小康社会向全面建设社会主义现代化国家迈进的关键时期。

"总体规划"指出,要"合理保护和利用崇明北沿、南汇东滩、横沙东滩等地区滩涂资源,预留横沙东滩滩涂围垦资源作为城市长远发展的战略空间",这不仅是上海为子孙后代能更好描绘未来蓝图而作出的"留白"决策,也是上海服务于国家战略的重要安排。

"留白",除了有"总体规划"上的表述,还需要有分阶段的规划,以及逐步实现规划的实施路径、措施和步骤,否则"留白"就会"留空"。

二、利用长江口疏浚土实施新横沙生态工程的紧迫性及必要性

(一)横沙东滩的现状

新横沙,位于长江口之咽喉,构成上海通往外海的重要门户。新横沙,是上海城市未来发展的战略空间和新的生长点,也是上海服务于国家重大战略的预留空间,还是长江大保护的重要区域。新横沙区域包括了"总体规划"中的横沙东滩滩涂资源。

在横沙东滩的东侧有一大片直接面向外海的自然滩面区域,该区域是水沙的主要交换区,风浪强劲,水沙运动复杂;滩面水深基本为 $0\sim5$ m,5 m 以浅面积约 300 km²;区域内窜沟发育,鲜有植被生长。受长江流域大型工程等影响,长江口来水来沙环境发生变化,横沙东滩的边界条件、水沙环境、滩涂演变趋势等也均有明显变化。

为了实现"总体规划"中的"留白"以及落实长江大保护战略,亟须采取措施以稳定该区域的滩槽格局及河势,将该区域培育成具有高中低滩合理配置的滩面。

(二)稳定河势、保护长江口滩涂资源刻不容缓

21世纪以来,长江上中游来沙持续减少,河口泥沙通量显著下降,长江口和横沙浅滩区域已呈现滩涂侵蚀。

近20多年来,大通水文站年均输沙量由4亿多 t 减至1亿 t 以下;2010年后,长江口的年均来沙量1.28亿 t,仅为历史时期(1950—2000年)的30%左右,2017年减少到0.9亿 t(图1)。

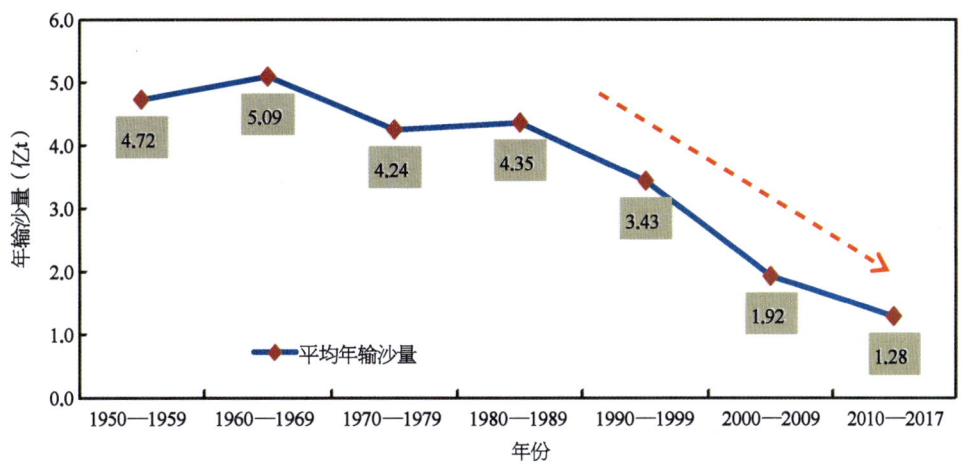

图1　长江大通站年际输沙量变化

近年监测和研究结果表明,长江口滩涂的淤涨速度减缓,高滩扩大,中低滩冲刷,呈现从原来丰水丰沙的淤涨型河口向丰水少沙的侵蚀型河口转变的趋势。2010年后,长江口南支及以下区域的滩涂面积开始减小,特别是2014年后减幅加大,仅2014—2018年4年间,长江口-5 m 高程以上的滩地面

积从 1 546 km² 缩减到 1 403 km²（图 2），减少了 143 km²，其中北导堤以北的横沙浅滩—5 m 高程以上的滩地面积减少了 21 km²（图 3）。

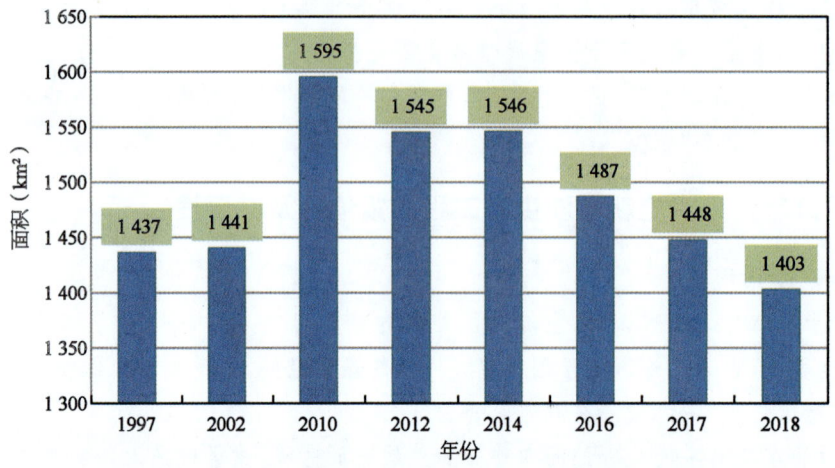

图 2　长江口—5 m 高程以浅滩涂区域面积变化（1997—2018 年）

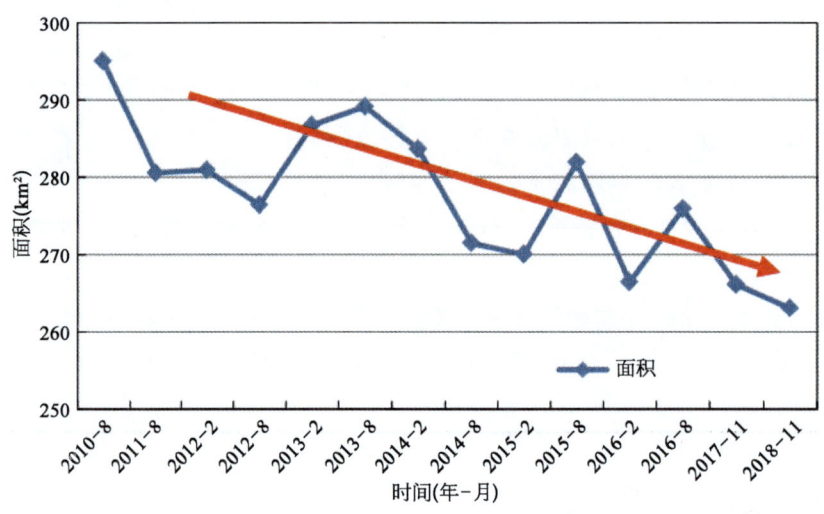

图 3　横沙浅滩—5 m 高程以浅滩涂区域面积变化（2010—2018 年）

长江流域水沙条件发生了显著变化，对河口地区的河势、滩涂以及生态环境带来了明显的影响。对上海而言，长江口和横沙浅滩区域已面临滩涂侵蚀、泥沙资源日趋匮乏局面。未来上海不仅丧失依靠自然馈赠、坐享土地持续扩张的优势，还将面临日趋严峻的滩涂侵蚀、国土资源流失等问题。在这种背景下，尽早采取人工干预措施，稳定河势、固沙保滩刻不容缓，这也是当前长江大保护的重要内容。

（三）长江口深水航道疏浚土处置应用问题亟须解决

长江河口出徐六泾以后，呈"三级分汊、四口入海"的格局：崇明岛将长江河口分为南支和北支，南支又被长兴岛、横沙岛分为南港和北港，九段沙又将南港分为南槽和北槽。根据 2010 年交通运输部批复的《长江口航道发展规划》，长江口航道规划范围为长江徐六泾至长江口灯船，规划建设"一主两辅一支"的长江口航道体系："一主"指的是长江口主航道即长江口 12.5 m 深水航道，"两辅"指的是南槽航道和北港航道，"一支"指的是北支航道。

长江口深水航道自 1998 年开始建设，航道水深从 7.0 m 增深至 12.5 m。2010 年投入运行以来，产生了巨大的经济、社会和生态效益。另外,自建设开始至 2018 年底,航道建设和维护已累计产生疏浚土 11.05 亿 m³。疏浚土的处置和应用问题始终未能很好地解决。

建设初期(1998—2003 年),疏浚土全部作为废弃物外抛入海,不仅影响了海洋环境,也造成泥沙资源的极大浪费。2003 年横沙东滩工程启动后,航道疏浚土开始逐步得到利用,但当时仅以满足上海土地占补平衡为目标,致使疏浚土利用率偏低(不足 10%)。

在国务院批准的《上海市城市总体规划(2017—2035)》的指导下,2016 年上海市政府启动了横沙东滩七期、八期工程,总投资 100 多亿元,使得长江口疏浚土的资源化利用率得到较大幅度的提升,从 1998—2015 年期间的利用率 10% 提升至 2016—2018 年期间的 60%~88%(表 1)。

表 1　历年来长江口疏浚土利用情况对比表

年　份	疏浚土总量(亿 m³)	外抛比例(%)	进吹泥站比例(%)	疏浚土进围区量(亿 m³)	疏浚土利用率(%)	利用区域	形成生态陆域面积
1998—2015	9.30	66	34	0.91	10	三期、六期工程区	50 km²
2016	0.58	47	53	0.35	60	七期、八期工程区	至 2020 年可形成 56 km²
2017	0.59	23	77	0.52	88		
2018	0.58	43	57	0.38	66	八期工程区	

但横沙东滩八期工程即将结束,2019 年预计只需要 2 500 万 m³(近年平均年疏浚量 6 000 多万 m³)用于培育生态滩地,其余疏浚土均采取外抛方式。2020 年开始,长江口深水航道疏浚土又面临重新抛海的局面。

疏浚土采用外抛的粗放方式,会对长江口水环境造成不可避免的污染,影响周边生态,不符合长江大保护的精神。此外,疏浚土外抛会导致疏浚土溢流扩散,增加航道回淤量,以及深水航道工程维护量和运行费用。

在海洋资源控制日渐严格、泥沙资源供应日益紧张、河口滩涂湿地面临侵蚀威胁等诸多不利条件共存的情势下,科学制定航道疏浚土的处置利用十分重要和迫切。

(四)疏浚土用于滩涂资源保护取得显著成效

2003 年开始的横沙东滩整治工程,尽可能利用深水航道的疏浚土进行生态浅滩的培育,八期工程完成后,共形成 106 km² 的生态陆域,为植被的生长提供了有利条件,吸引了大量候鸟,使得新横沙生态环境大为改善。据上海市野保站监测,近 5 年来,每年有 100 多种上万只鸟类来此停歇觅食。随着植被覆盖区域的扩大,鸟类数量和其他动植物的数量还在不断增加,新横沙已成为大量候鸟迁徙途中在长江口的新栖息地(图 4)。

三、实施新横沙生态工程的措施

为贯彻长江口大保护的要求,资源化利用长江口深水航道疏浚土资源,固沙保滩,生态塑造,我们建议采取人工干预措施,在"十四五"规划中列入实施横沙大道外延、浅滩护滩、基底塑造的生态工程的内容(图 5)。

(一)横沙大道外延

可设计为沿长江口北槽深水航道北导堤走向,将现横沙大道继续向东延伸至北导堤堤头,按已建

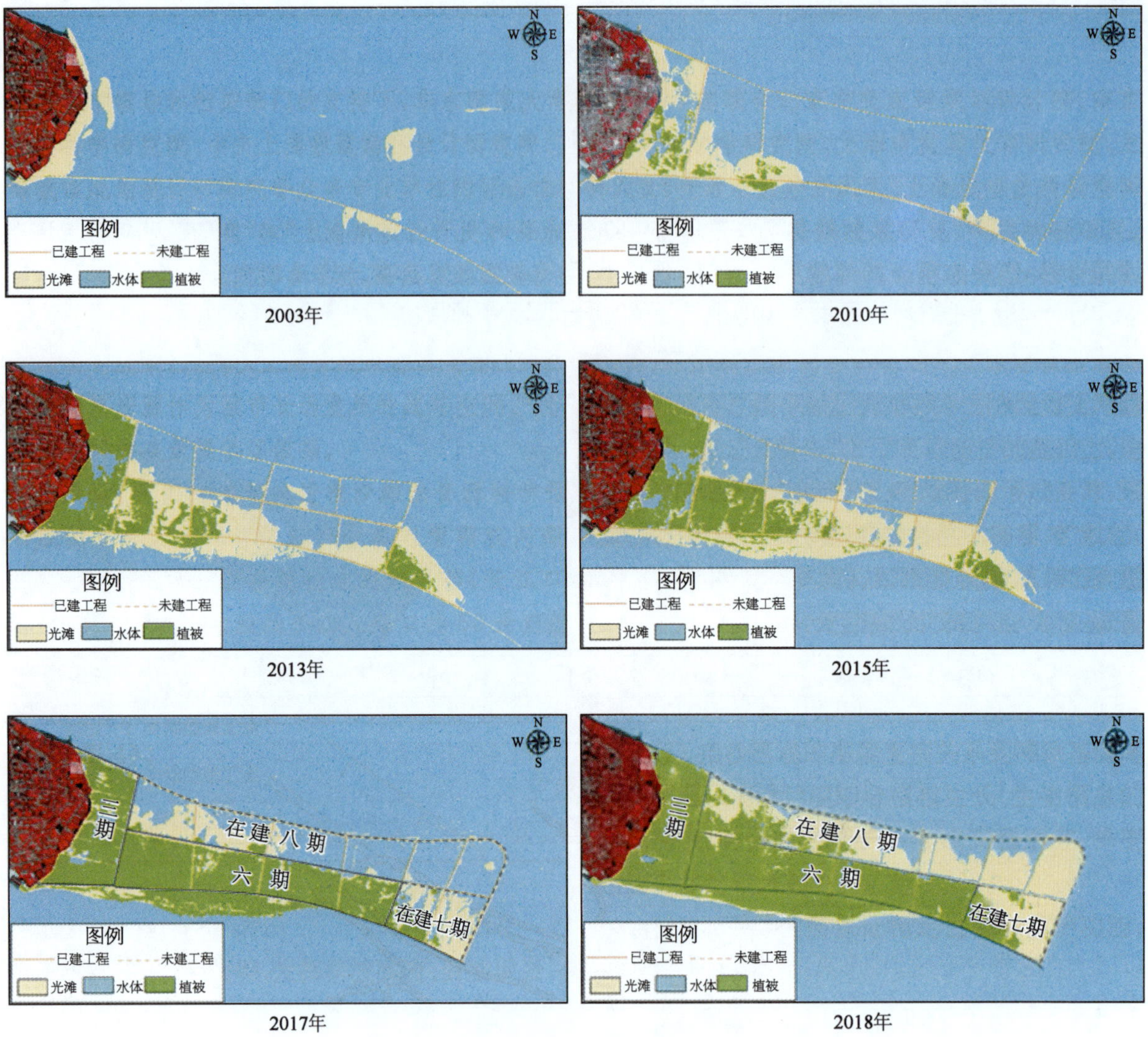

图 4　基于卫星遥感的新横沙植被覆盖示意

图 5　横沙浅滩生态滩涂平面布置

成的横沙大道的建设标准构筑横沙东滩一线海堤。规模为堤长 25.0 km、顶高 8.5～10.0 m、顶宽 10.0 m 的斜坡式堤。作用是隔断北槽与横沙浅滩间的水沙交换，促进滩槽格局稳定，为滩涂整治提供依托，为疏浚土上滩利用构筑环境，同时也为横沙浅滩未来开发奠定基础。预计工期 2 年，工程费用大约 68.6 亿元。

（二）浅滩护滩

可在浅滩中东部布设 T 形的护滩工程，包括沿浅滩横向布设的护滩堤和沿浅滩北沿布设的护滩坝。护滩堤的规模为南北向长 13.5 km、顶高 3.5～5.5 m、顶宽 7.0 m 的斜坡式堤，护滩坝的规模为北沿长 10.0 km、顶高 2.0 m 的抛石堤，以阻止滩面窜沟发育，控制滩面冲刷，确保横沙浅滩滩涂形态稳定，并构筑淤积环境，为疏浚土上滩后的有效落淤创造条件。预计工期 2 年，工程费用大约 23.7 亿元。

（三）基底塑造

可依托横沙大道外延工程和浅滩护滩工程所构筑的滩面环境，将航道疏浚土吹填上滩，逐步抬高浅滩滩面，培育出高-中-低滩有序衔接的新滩面，为河口区域不同类型植被、底栖生物生长创造环境。规模为高滩（＋3.0 m）、中滩（＋3.0～＋2.0 m）、低滩（＋2.0～＋1.0 m），可按 1∶1∶1 比例培育 303 km^2 的横沙浅滩生态基底，需约 9.5 亿 m^3 疏浚土。可实现优化横沙滩涂生态环境，长效解决长江口航道疏浚土的资源化利用问题，并为未来上海城市发展、国家战略所需提供优质的预留空间。预计工期 19 年，工程费用大约 308.8 亿元。

将横沙大道外延至北导堤堤头是整个横沙浅滩基底培育的基础，可起到掩护和依托作用；实施 T 形护滩工程可确保横沙浅滩滩涂稳定，防止进一步被侵蚀，并为疏浚土上滩利用提供掩护环境；航道疏浚土上滩可加速生态基底的形成。

上述人工干预措施，是落实习总书记提出的共抓长江大保护，推动高质量发展指示精神的有力举措。

四、实施新横沙生态工程的可行性

在上海市领导和市科学技术委员会等相关部门的支持下，华东师范大学国际航运物流研究院联合上海、北京、南京等地 16 家相关研究机构、企业、部门，共同组成了研究团队，先后承担了上海市科学技术委员会"上海城市发展新空间和深水新港战略研究"（已结项）、"新横沙成陆开发和深水新港建设可行性关键技术研究"（已结项）、"崇明横沙滩涂生态修复与保育研究"（已完成）、"河口疏浚土资源利用和新横沙滩面生态培育研究及应用示范"（在研）等科研项目。项目组坚持问题导向、需求导向、目标导向，产学研用结合，发挥多学科、高层次、独有的综合优势，结合水文、泥沙及生态监测、高分卫星遥感、数学模型分析和长江口大型整体物理模型试验等手段，对新横沙的空间布局、生态环境、河势稳定与航道整治等关键技术进行了深入研究，得出了以下结论：

（一）对长江口总体河势以及周边工程设施的影响甚小

研究采用了包括长江口杭州湾在内的平面二维潮流泥沙数学模型，认为新横沙生态工程对长江口总体河势以及长江口深水航道等周边工程设施影响甚小。

（二）对长江口深水航道泥沙回淤的影响可控

研究根据建立的工程水域全沙数值模型计算的回淤强度和回淤量，认为生态工程对长江口深水航道的泥沙回淤影响较小，淤积量在可以接受的范围内。

（三）对长江口生态系统的健康评价处于中上水平

研究通过运用目前国内外通常使用的由加拿大学者 Tony Friend David 提出的"压力-状态-响

应"(PSR)生态健康评价模型对上海滩涂湿地生态系统健康进行评价,认为生态工程对长江口生态环境的影响,在上海滩涂湿地生态系统的健康评价中处于中上水平,属于较为健康水平范围。

(四)对长江口水源地和生态敏感目标不会造成大的影响

采用美国应用科学协会(ASA)开发,在美国本土、中东以及欧洲等地区被广泛应用的OILMAP模型进行模拟预测,认为通过采取适当的技术保护措施方案,加强环境的管控,新横沙生态工程对长江口青草沙水源地等重要设施和生态敏感目标不会造成大的影响,环境质量可以得到保证。

五、"十四五"期间亟待采取的举措及建议

(一)建议将《上海市城市总体规划(2017—2035)》中的"预留横沙东滩滩涂围垦资源作为城市长远发展的战略空间"落实到"十四五"规划

新横沙滩涂资源的保护是维护长江口河势新格局态势稳定的重要措施,是长江大保护的重要工程。长江口滩涂资源保护与疏浚土的资源化利用,近期可解决新横沙滩涂侵蚀、长江口河势稳定受到威胁等难题,做好固沙保滩,实现疏浚土生态化利用。远期可为长江口航道疏浚土的处置找到30~50年的长远出路,实现长江口生态环境保护与资源利用协同发展,为国家战略做充足预留。

(二)建议将"横沙大道外延等项目作为长三角生态绿色一体化示范工程"纳入上海市"十四五"规划,加快推进滩涂资源保护与长江口航道疏浚土利用步伐

为贯彻长江口大保护的要求,资源化利用长江口深水航道疏浚土,固沙保滩,生态塑造,适时成陆,为未来国家发展战略留白。预留的空间,现行可按照生态化要求处理,不会对生态环境构成威胁;今后也将成为资源利用与城市可持续发展有效结合的典范。

建议结合长三角生态绿色一体化发展示范要求,将横沙浅滩护滩与长江口航道疏浚土资源化利用作为长江大保护的示范工程,"十四五"规划应尽快开展相关科研论证,明确建设主体,落实示范工程的立项,加快推进工程建设。

关于长江口滩涂资源保护及航道疏浚土利用的建议

说明： 2019年6月26日，研究团队举办了"长江口大保护和绿色发展高端论坛"，中国工程院和中国科学院的7位院士及政府有关职能部门领导、相关专家和科研人员共百余人出席；在此基础上，10月30日，包起帆作为共同建议人与中国工程院院士张建云、钮新强、胡春宏，中国科学院院士桂建芳一同通过中国工程院咨询工作办公室向中共中央办公厅、国务院办公厅呈送了《关于长江口滩涂资源保护及航道疏浚土利用的建议》。

长江口河势在自然演变和人类活动的影响下出现了新格局。经过千年的自然演变，长江口逐渐形成的"三级分汊、四口入海、五大浅滩"滩槽地貌系统的河势特征，受到12.5 m深水航道整治工程的作用，其发育模式由两侧岬角控制转变为中间依靠工程向外突出的新格局。21世纪以来，随着长江上游水库群开发运行及水土保持工程的实施，长江上中游来沙持续减少，河口泥沙通量显著下降，长江口和横沙浅滩区域已呈现滩涂侵蚀现象。

保护长江口口门浅滩淤涨发育模式，对深槽水深维护、水源地及生态环境和长江口动力地貌格局维持具有重要意义，是长江全流域大保护的重要节点。

一、长江水沙条件变化显著，稳定河势、保护长江口滩涂资源刻不容缓

近20多年来，长江大通水文站年均输沙量由4亿多t减至1亿t以下；2010年后，长江口的年均来沙量1.28亿t，仅为历史时期（1950—2000年）的30%左右，2017年减少到0.9亿t。

近年监测和研究结果表明，长江口滩涂的淤涨速度减缓，高滩扩大，中低滩冲刷，呈现从原来丰水丰沙的淤涨型河口向丰水少沙的侵蚀型河口转变的趋势。2010年后，长江口南支及以下区域的滩涂面积开始减小，特别是2014年后减幅加大，仅2014—2018年4年间，长江口−5 m高程以上的滩地面积从1 546 km² 缩减到1 403 km²，减少了143 km²，其中北导堤以北的横沙浅滩−5 m高程以上的滩地面积减少了21 km²。

长江流域水沙条件发生了显著变化，对河口地区的河势、滩涂及生态环境带来了明显的影响。稳定河势、固滩留沙刻不容缓，这也是当前长江大保护的重要内容。

二、长江口深水航道疏浚土处置应用问题亟须解决

长江口深水航道自1998年开始建设，航道水深从7.0 m增深至12.5 m。2010年投入运行以来，产生了巨大的经济、社会和生态效益。另一方面，自建设开始至2018年底，航道建设和维护已累计产生疏浚土11.05亿m³。疏浚土的处置和应用问题始终未能很好地解决。

建设初期（1998—2003年），疏浚土全部作为废弃物外抛入海，不仅影响了海洋环境，也造成泥沙资源的极大浪费。2003年横沙东滩工程启动后，航道疏浚土开始逐步得到利用，但当时仅以满足上海

土地占补平衡为目标,致使疏浚土利用率偏低(不足10%)。

在国务院批准的《上海市城市总体规划(2017—2035年)》的指导下,2016年上海市政府启动了横沙东滩七期、八期工程,总投资100多亿元,使得长江口疏浚土的资源化利用率得到较大幅度的提升,从1998—2015年期间的利用率10%提升至2016—2018年期间的60%~88%。

但横沙东滩培育八期工程吹填工程即将结束,2019年预计只需要2 500万 m^3(近年年疏浚量6 000多万 m^3)用于培育生态滩地,其余疏浚土均采取外抛方式。2020年开始,长江口深水航道疏浚土又面临重新抛海的局面。

疏浚土采用外抛的粗放方式,会对长江口水环境造成不可避免地污染,影响周边生态,不符合长江大保护的精神。此外,疏浚土外抛会导致疏浚土溢流扩散,增加航道回淤量,以及深水航道工程维护量和运行费用。

在海洋资源控制日渐严格,泥沙资源供应日益紧张,河口滩涂湿地面临侵蚀威胁等诸多不利条件共存的情势下,科学制定航道疏浚土的处置利用十分重要和迫切。

三、疏浚土用于滩涂资源保护取得显著成效

2003年开始的横沙东滩工作,尽可能利用深水航道的疏浚土进行生态浅滩的培育,在横沙岛东侧长江口深水航道旁形成了一片绵延20余km的广袤人工湿地。八期工程完成后,共吹填形成106 km^2的生态滩地,为植被的生长提供了有利条件,吸引了大量候鸟,使得新横沙生态环境大为改善。据上海市野保站监测,近5年来,每年有100多种上万只鸟类来此停歇觅食。随着植被覆盖区域的扩大,鸟类数量和其他动植物的数量还在不断增加,新横沙已成为大量候鸟迁徙途中在长江口的新栖息地。

四、有关建议

1. 建议国家发改委牵头多部门配合,成立长江口滩涂资源保护与航道疏浚土利用的领导小组

为贯彻落实习近平总书记关于长江沿线"共抓大保护,不搞大开发"的精神,充分体现"创新、协调、绿色、开放、共享"五大发展理念。

长江口的管理涉及水利、交通运输、自然资源、生态环境等多个部门和相关省市(上海市和江苏省)。深水航道的管理和疏浚土资源化应用需要多部门及地方政府的合作和协调。

建议国家发改委牵头、交通运输部、水利部、自然资源部、生态环境部与上海市多部门配合,成立长江口滩涂资源保护与航道疏浚他利用的领导小组,就《长江口综合整治开发规划》修编、疏浚土资源化利用试点、疏浚土上滩超运距费补贴等问题形成共识并建立有效的协调机制。实行统一规划、统一设计、统一实施的方针,一张蓝图干到底的理念,近期为解决新横沙滩涂侵蚀、长江口河势稳定受到威胁等难题,做好留沙保滩,实现疏浚土生态化利用。远期可为长江口航道疏浚土的处置找到30~50年的长远出路,实现长江口生态环境保护与资源利用协同发展,为长江经济带发展和长三角区域一体化发展的国家战略保驾护航。

2. 加快推进滩涂资源保护与长江口航道疏浚土利用示范工程立项

横沙浅滩位列长江口五大浅滩之正中,分割南港-北槽深水航道和北港次深水航道,上托青草沙水源地,河势形态非常重要。保护横沙在内的口门浅滩呈淤涨发育模式,对深槽水深维护、水源地及生态环境和长江口动力地貌格局维持具有战略重大意义。

新横沙滩涂资源的保护是维护长江口河势新格局态势稳定的重要措施,是长江大保护的重要工程。建议结合长三角生态绿色一体化发展示范要求,将横沙浅滩护滩与长江口航道疏浚土资源化利用作为长江大保护的示范工程,上海市和国家有关部委应尽快明确建设主体,落实工程投资,开展相关科研论证,加快推进该示范工程的立项和建设。

关于横沙浅滩整治列入新一轮长江口综合整治规划的建议

说明： 2020年8月27日，研究团队在横沙东滩工程现场向水利部长江水利委员会《长江口综合整治规划》修编调研组汇报了"利用疏浚土开展横沙滩涂整治"的研究情况，并呈送了《关于横沙浅滩整治列入新一轮长江口综合整治规划的建议》。

2016年1月和2018年4月，在推动长江经济带发展座谈会上，习近平总书记先后两次明确提出了长江"共抓大保护"的重大战略思想。2017年11月，长江委科学技术委员会在开展专题调研后建议适时启动《长江口综合整治开发规划》修编。2018年10月，上海市科学技术委员会根据市领导指示精神，制定了"长江口及邻近水域保护与利用三年行动计划"；基于之前开展相关研究工作的扎实基础，本团队承担了其中的"河口疏浚土资源利用和新横沙滩面生态培育研究及应用示范"项目。

一、团队开展研究的概况

1. 研究目的

开展河口疏浚土资源利用和新横沙滩面生态培育研究的目的主要是：聚焦横沙浅滩揭示长江口在河势和生态等方面面临的问题；提出旨在稳定河势保护生态的浅滩生态基底工程措施方案；推动长江口深水航道疏浚土在上述工程中得到充分的利用；为新一轮的长江口综合整治规划修编提供支撑并建言献策。

2. 研究团队

早在2012年，华东师范大学就已联合上海、北京、南京等地科研机构及相关企业，组建了产学研结合、涉及多学科的新横沙研究团队，在政府有关部门支持下，对长江口的横沙东滩、横沙浅滩等开展了多领域的系列研究。目前，参加项目的研究单位共15家，包括：华东师范大学国际航运物流研究院、中交上海航道勘察设计研究院、南京水利科学研究院、上海市环境科学研究院、上海河口海岸科学研究中心、上海市水务（海洋）规划设计研究院、上海市发展改革研究院、上海市城市规划设计研究院、长江勘测规划设计研究院、上海勘测设计研究院、中交水运规划设计院、中交第三航务工程勘察设计院、交通运输部长江口航道管理局、中交上海航道局、中国水产科学研究院东海水产研究所。

3. 研究进展

项目组以问题、需求和目标为导向，发挥多学科、高层次、综合性优势，结合水文、泥沙及生态监测、卫星遥感、数学模型和长江口整体物理模型试验等手段，先后对滩涂河势稳定、航道疏浚土利用、新横沙空间布局以及生态保护等关键技术开展了深入研究，取得了相应的成果，目前，正在形成研究成果报告。

二、为什么要提出建议

按照长江大保护的要求,长江口,包括横沙浅滩在内,还存在着一些问题,亟须得到进一步整治,希望能在新一轮的长江口综合整治规划中得到体现。这些问题包括:

1. 长江口河势面临潜在威胁

由于长江流域来沙持续减少,长江口出现了新的水沙条件,滩涂的淤涨速度减缓、中低滩冲刷,呈现出由原来丰水丰沙的淤涨型向丰水少沙的侵蚀型转变的趋势(图1)。长江口河势格局的形成是长期自然演变的结果,目前保持着"三级分汊,四口入海"的相对稳定状态,但长江口水沙条件的变化和滩涂冲刷会对河势产生一定的影响。

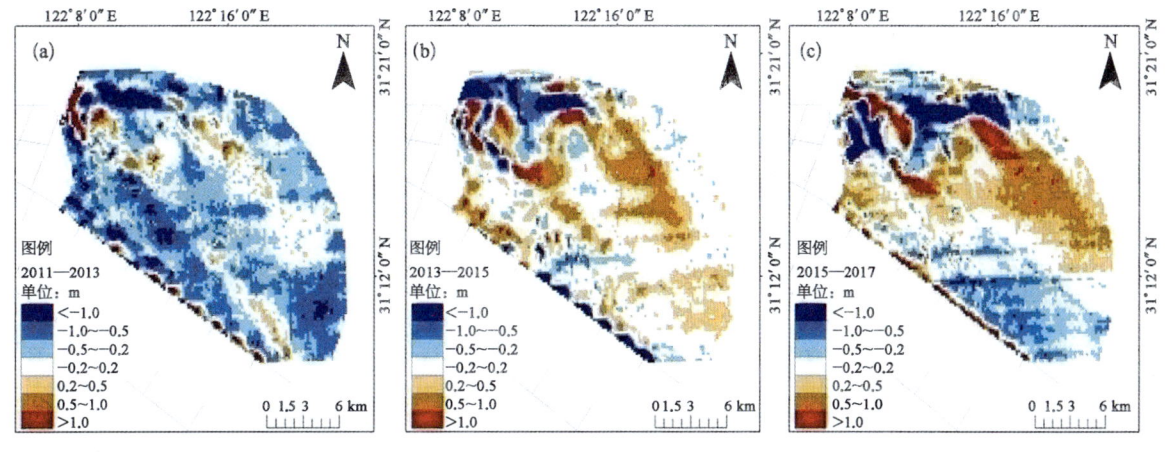

图1 横沙浅滩地形冲淤变化

维持河势稳定的重要因素是滩涂资源不减少、滩涂格局不动荡。针对水沙滩涂的变化,如不采取相关措施,未来的长江口河势格局将遭受潜在威胁,不利于航道的安全、水土资源的保护、生态环境的优化,也势必影响长江经济带和长三角一体化发展的国家战略。

2. 横沙浅滩呈现侵蚀态势

受长江来沙减少及口门区域强劲风浪和潮流动力作用影响,2013年后,横沙浅滩区域滩面窜沟进一步发育,北沿中低滩面呈现缓慢冲刷迹象,5 m以浅浅滩面积减少(图2)。2013—2019年6年间,北导堤以北的横沙浅滩−5 m高程以浅滩地面积就减少了29 km²,大约相当于4.4万亩土地流失。

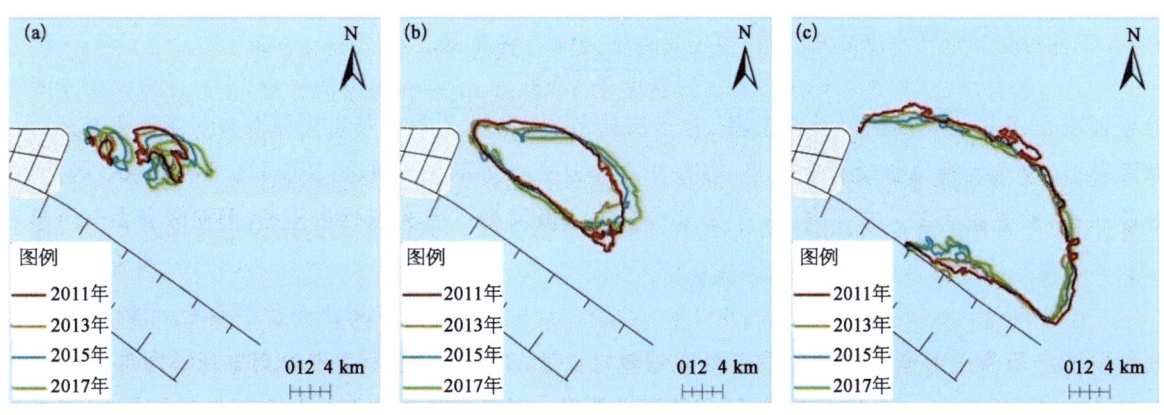

图2 横沙浅滩0 m、2 m、5 m等深线包络面积变化

横沙浅滩处于易侵蚀环境中,任其自然发展,则滩面泥沙流散、沟壑纵横,滩体萎缩散乱,未来必将危及周边河势稳定。研究表明:北港-横沙浅滩-北槽间的漫滩作用,以及横沙滩面和北槽间高含沙水体出、低含沙水体进的"顺时针"净输运循环作用是造成横沙浅滩侵蚀加剧和北槽航道高回淤的重要因素。

3. 横沙浅滩生态相对贫瘠

长江口地区,滩面高程决定水淹程度,影响各种潮滩湿地植物的生存条件和动物的栖息环境。滩涂高程低于 2 m 的,为盐渍藻类带,无高等植物分布,即光滩。

对比长江口口门各大滩涂,崇明东滩、九段沙以及最南侧的南汇边滩均分布着盐渍藻类带-藨草带-芦苇带这一完整的植被群落体系,只有横沙浅滩滩涂生态最为贫瘠,全为光滩区。

4. 长江口深水航道疏浚土又被重新抛海

长江口深水航道自 1998 年开始建设,航道水深从 7.5 m 增深至 2010 年的 12.5 m,之后进入运营维护期,至 2019 年底已累计产生疏浚土 12.07 亿 m^3。建设初期,疏浚土全部作为废弃物外抛,造成资源的极大浪费。2003 年横沙东滩工程启动后,疏浚土开始逐步得到利用,但当时仅以满足上海土地占补平衡为目标,城市建设需要多少土地平衡指标,就造多少陆域,2015 年前疏浚土成陆利用率仅为 10%。横沙东滩七期、八期工程综合利用长江口疏浚土总量约 1.37 亿 m^3,疏浚土的资源化利用率从 10% 提高至平均 60%,2017 年最高达 77%(表 1)。

表 1　1998—2019 年长江口深水航道疏浚土上滩成陆情况

年　份	疏浚土总量 (亿 m^3)	疏浚土成陆利用量(亿 m^3)	成陆利用率(%)	成陆工程	形成陆域面积(km^2)
1998—2015	9.77	0.97	10	三期、六期工程	50
2016	0.59	0.34	57	七期、八期工程	56
2017	0.58	0.45	77		
2018	0.59	0.34	57	八期工程	
2019	0.54	0.24	45		

然而,由于疏浚土的利用需要有工程的依托,随着横沙东滩八期吹填工程结束,2020 年开始,疏浚土又被全部重新抛海。长江口航道维护,深水航道和南槽航道每年还将继续产生共约 7 000 万 m^3 疏浚土(图 3)。外抛将对海洋环境产生污染,同时,上海不仅将丧失依靠自然馈赠、坐享土地持续扩张的优势,还将面临日趋严峻的滩涂侵蚀、国土资源流失的严峻局面。

交通运输部 2020 年已经批准了长江口疏浚土 5 950 万 m^3 全部抛海的计划,生态环境部已经准备划出新的抛泥区。这些措施显然是把疏浚土当成了废物。

新加坡每年花费重金从国外购置砂土,已以相当于 129 元/m^3 的价格购置了近 1 000 万 m^3。按此价格计算,上海每年抛弃的 7 000 万 m^3 的疏浚土资源价值就达 90.3 亿元。疏浚土是资源、是宝,应当在长江大保护的工程措施中得到充分的利用。

我们希望通过提出本建议,达到以下三个目的:第一,稳定长江口河势并维护深水航道畅通;第二,防止横沙浅滩滩涂进一步侵蚀;第三,减少长江口深水航道疏浚土外抛。实现的路径是:贯彻长江大保护的要求,资源化利用长江口深水航道疏浚土,固沙保滩,生态塑造,适时成陆,为未来国家发展战略留白。

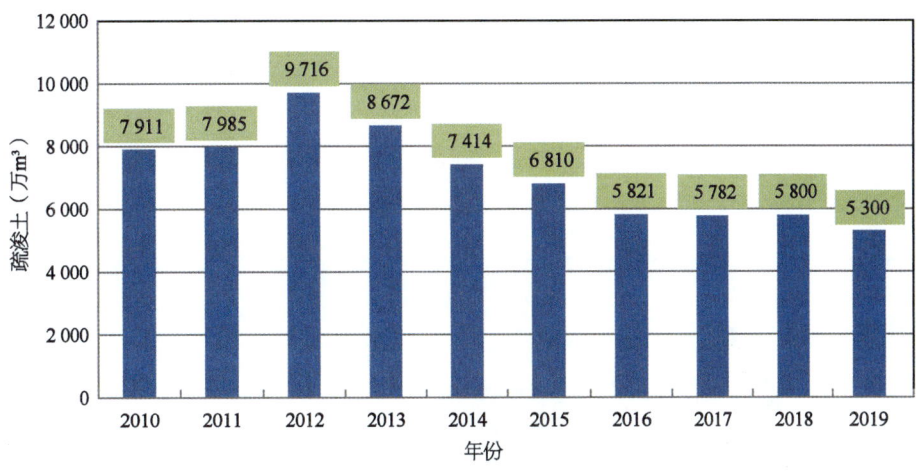

图3　长江口深水航道维护产生的疏浚土统计量

三、与建议相关的研究内容

目前开展的"河口疏浚土资源利用和新横沙滩面生态培育研究"与修编建议有关的内容主要是以下三个方面：

(1) 在长江流域来沙持续减小背景下，横沙浅滩呈现持续的侵蚀态势，漫滩作用和净输运循环作用造成侵蚀加剧和北槽航道回淤居高不下。需采取滩涂整治工程，切断或减弱滩槽水沙的交换与循环，通过稳定滩涂以保障周边河势的稳定。

(2) 横沙浅滩滩面长期位于 0 m 以深，是长江口门四大滩涂中生态最为贫瘠的区域。少沙环境下，滩面自我淤高能力非常有限。宜采用人工整治工程和航道疏浚土上滩利用，构筑高-中-低滩有序衔接的生态滩面，为河口不同类型植被提供生长环境。

(3) 针对横沙浅滩现状，提出相应的固滩稳槽对策和滩涂生态优化对策，实施"利用疏浚土新横沙生态基底塑造工程"加以人工干预，具体包括横沙大道外延工程、横沙浅滩护滩工程、生态基底塑造工程（图4）。三大工程以"稳河势-保资源-提生境-留空间"为目标，以"陆域-高-中-低滩合理

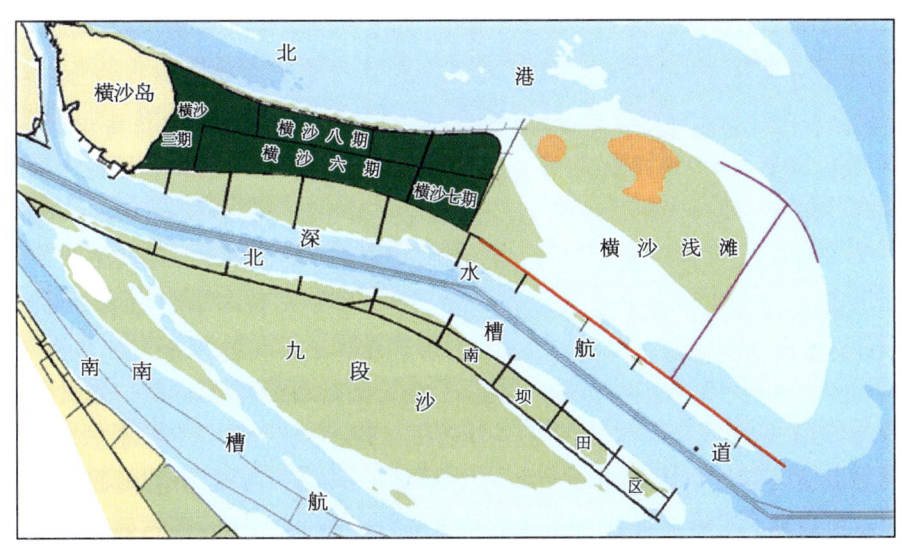

图4　横沙浅滩三大工程示意

配比并有序推进"为路径,对周边影响非常有限,但横沙浅滩周边河势将得以稳定,生态系统将得到改善。

1. 横沙大道外延工程

该工程是将现横沙大道外延至北导堤堤头,以形成横沙浅滩南缘固定边界,进一步控制北槽与浅滩间的水沙交换,并为浅滩生态基底的形成提供依托(图5)。

图5 横沙大道外延工程示意

关于横沙大道外延的高程,应当能阻隔北导堤沿线的水沙交换,并为浅滩生态基底的形成提供依托,所以必须全出水(表2)。

表2 高程与水通量关系

高程(m)	<3.0	<3.5	<4.0	<4.5
水通量(%)	18.7	47.1	78.8	96.3

关于横沙大道外延的长度,研究表明,不同外延长度对周边水动力的影响总体较小(图6),基于工程所要达到的目的,推荐外延长度至北导堤东侧堤头位置。

2. 横沙浅滩护滩工程

该工程通过构筑堤坝切断横沙滩面中下层高含沙水体的输移运动,实现滩面防护;考虑后续的疏浚土上滩利用,在浅滩中下段设置T字坝护滩堤。

经研究,整体的布设方案为"横沙大道外延+T字坝防护"(图7),即垂直于横沙大道外延段,在浅滩中下段设置T字坝护滩堤,既对滩面窜沟实施封堵,又对整个浅滩实施阻水防护。

经数学模拟比选,T字坝护滩方案更侧重于对窜沟发育的控制和对滩面水沙循环动力的阻隔控制(图8)。滩面整体掩护控制作用相对较好,对防止高含沙水体绕堤进入北槽的作用相对也会较强。

3. 生态基底塑造工程

该工程是指在横沙大道外延+T字坝护滩工程基础上,通过深水航道疏浚土吹填上滩,先平窜沟,再逐步抬高滩面,并通过拦沙坝控制,形成高-中-低滩面积约为1∶1∶1的布设格局(图9)。

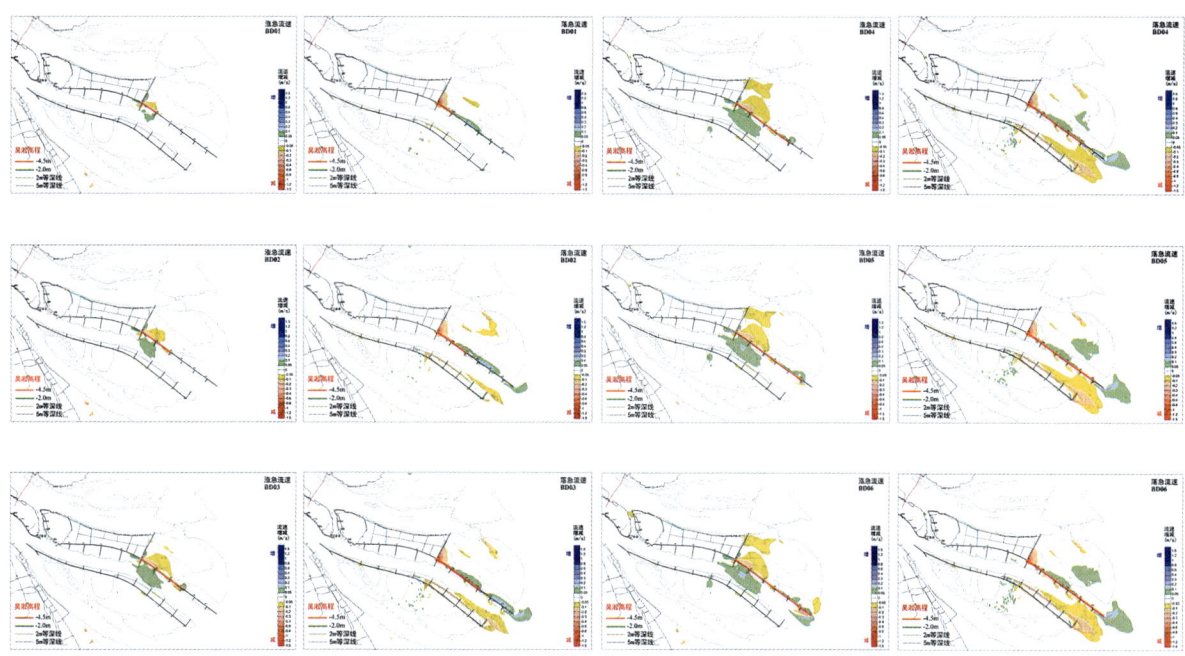

图 6　横沙大道不同外延长度流速变化

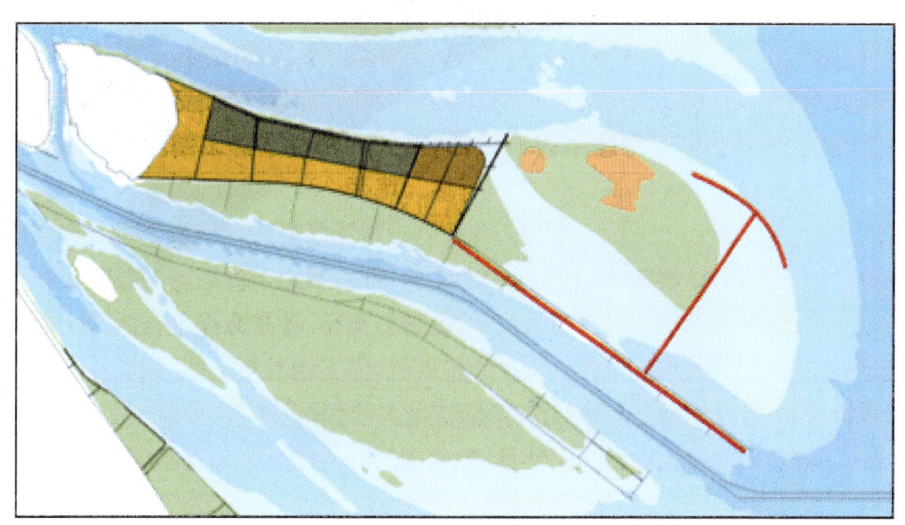

图 7　横沙大道外延＋T 字坝防护方案示意

利用疏浚土资源上滩可快速实现滩涂淤高,为植被生长提供有效生境;同时,通过合理设置高程和布局,可构筑不同生境,满足不同类型植被生长需求。横沙浅滩生境将逐步由大面积水域向水域、光滩、植被等多样生境组成的复合生境转变(图 10)。生物饵料资源将增加,成为底栖类、浮游类、爬行类、鸟类等动物的繁殖、栖息、迁徙、越冬的场所。整个生态系统的生态多样性、物种多样性和初级生产力也将会进一步增加,最终实现滩涂生态品质的提升。

生态基底塑造工程的主要措施包括平窜沟、加高滩面、自然塑造。

研究表明,随着时间推移,在不调整吹泥点情况下,吹泥点附近滩面逐渐抬高,则疏浚土上滩的淤积效果略有减小(图 11)。模拟一年的总体淤积效果,T 字坝护滩结合北导堤加高方案实施 12 个月

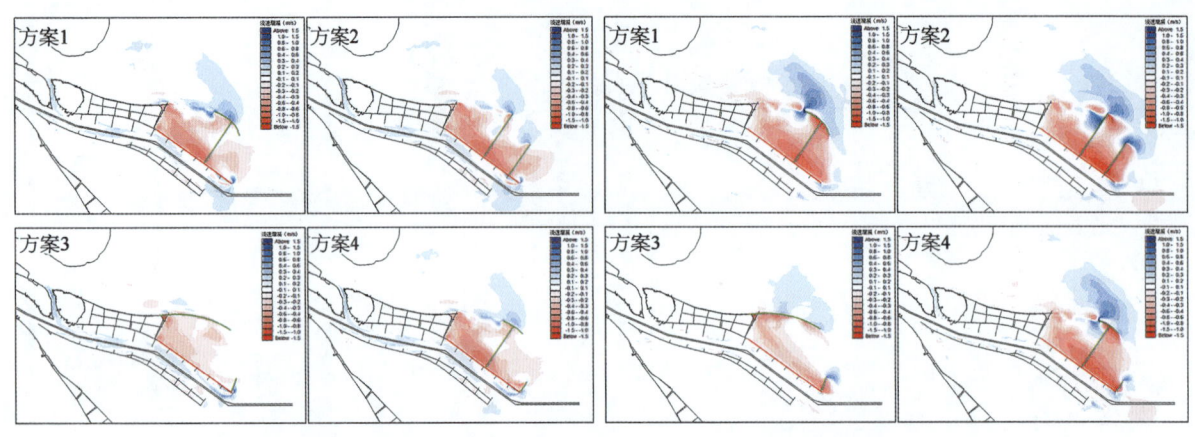

涨急流速变化分布图　　　　　　　　落急流速变化分布图

图 8　不同护滩方案的数学模拟结果

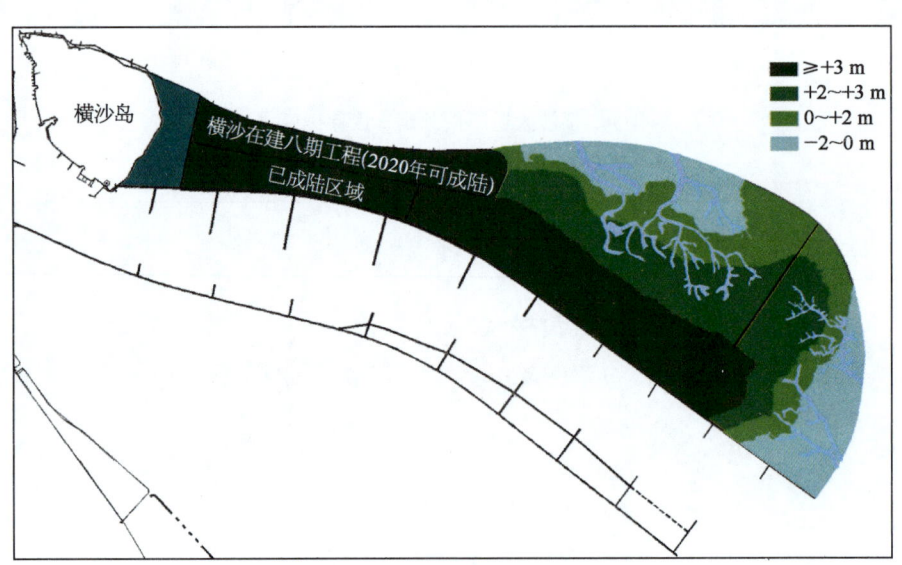

图 9　生态基底塑造工程示意

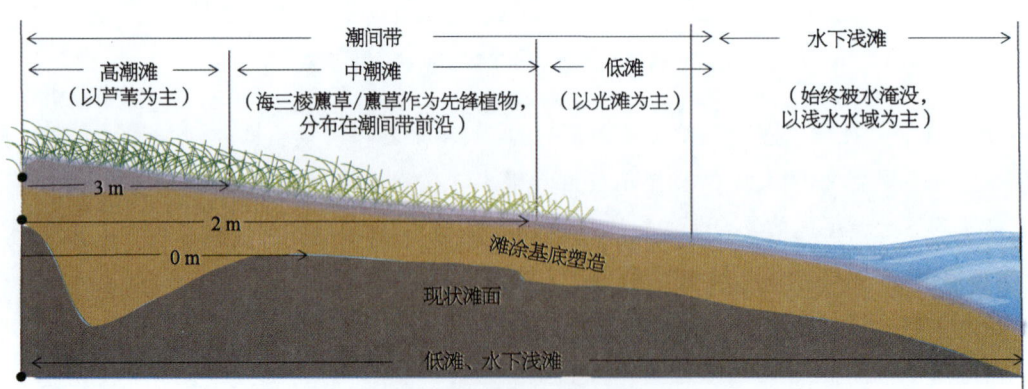

图 10　新横沙生态滩涂示意

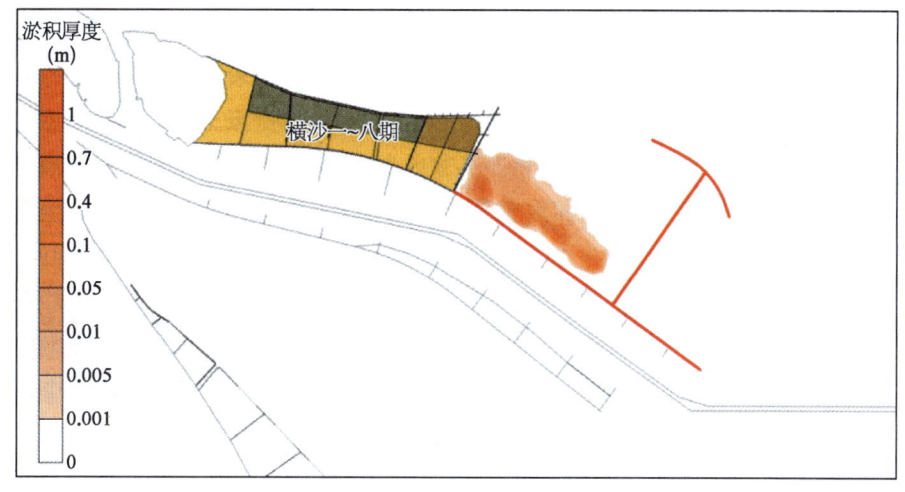

图 11 一个月的泥沙淤积效果

后,落淤比例从 98% 下降至 91%(图 12)。横沙浅滩护滩方案实施后,北槽泥沙吹填至横沙浅滩时,护滩堤能够抑制泥沙的运移范围,即吹填泥沙大多聚集在横沙浅滩,流失率低,具有较好的吹填效果(图 13)。

数模研究表明:在横沙大道外延和护滩工程实施后,继续进行高-中-低滩面加高塑造,对周边水域新增的影响十分有限(图 14)。

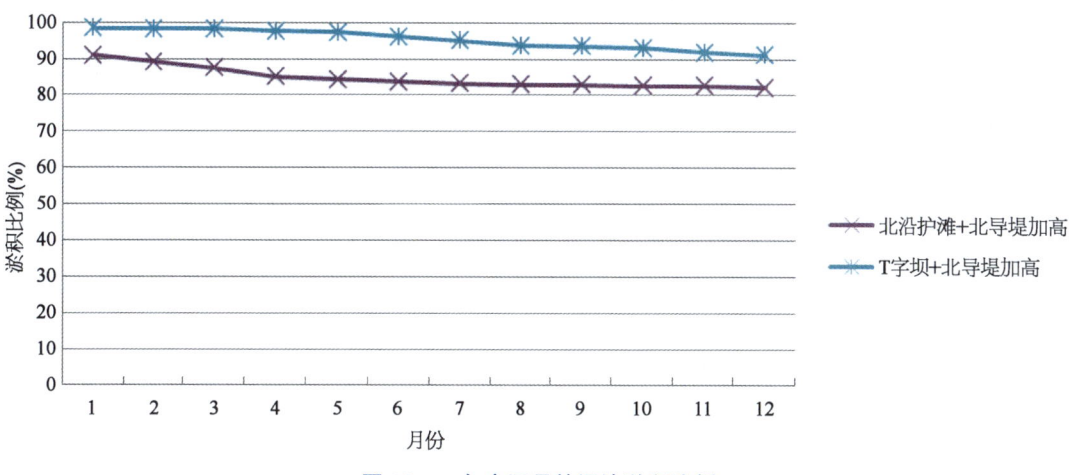

图 12 一年内逐月的泥沙淤积比例

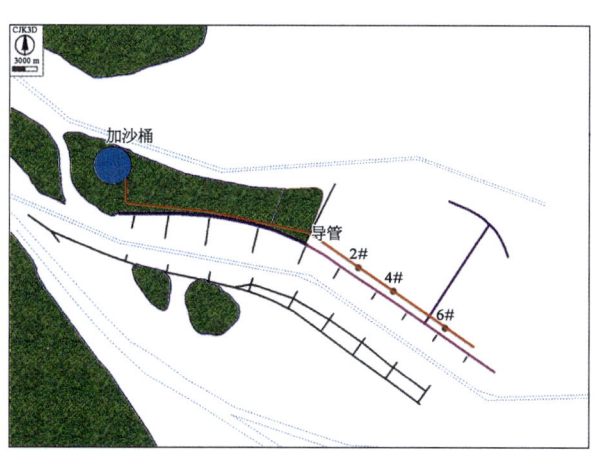

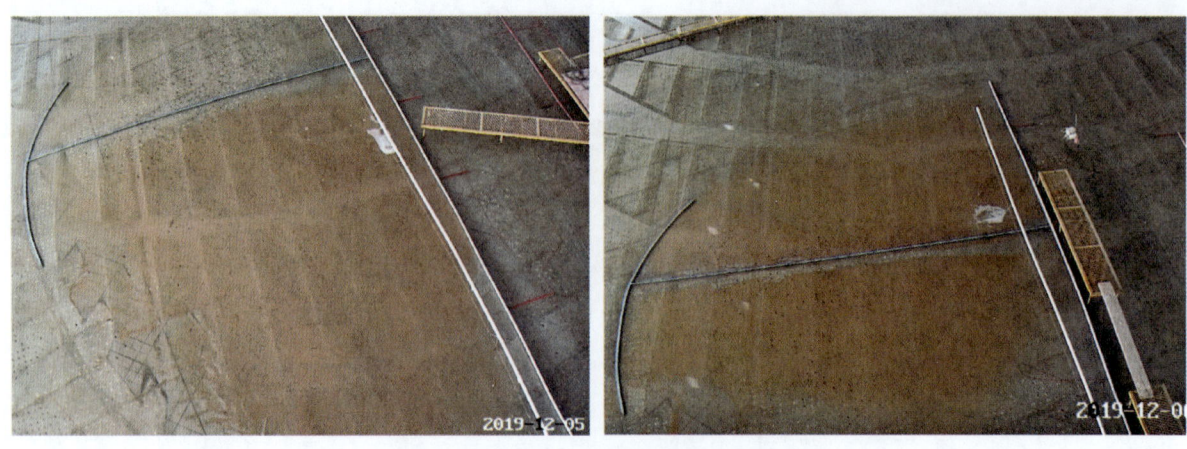

图 13　泥沙扩散物模试验结果

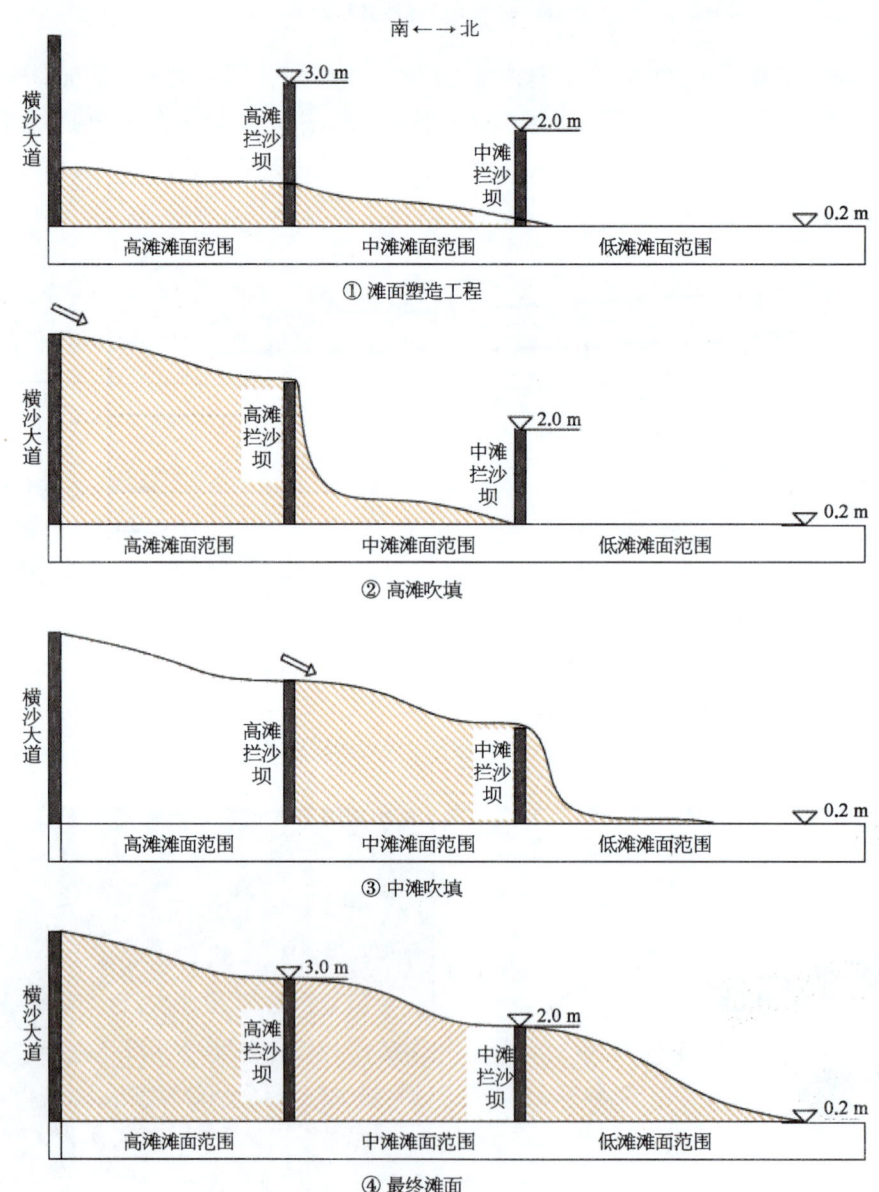

图 14　吹填过程滩面剖面示意

在涨落潮漫滩水流作用下,滩涂区域会自然形成潮沟等微地貌单元。可为藨草、芦苇等不同植被生长、蟹类、软体动物等的栖息提供生境,更可成为诸多水鸟的觅食区。

横沙浅滩实施三大工程后,近期可解决新横沙滩涂侵蚀、滩涂品质欠佳、长江口河势稳定受到威胁等难题,做好留沙保滩护岸,为长江口拓展新的生态空间。远期可实现长江口航道疏浚土资源化的长效利用,为国家和上海未来发展预留战略空间,实现长江口生态环境保护与资源利用协同发展。

经测算,横沙浅滩三大工程的工期、费用及效果如下:横沙大道外延工程,需时2年,费用约68.6亿元,效果是形成26 km大道;横沙浅滩护滩工程,需时2年,费用约22.9亿元,效果是形成23.4 km护滩堤;生态基底塑造工程,需时19年,费用约258.2亿元,效果是形成303 km² 土地资源与战略留白空间。

四、建议的技术支撑

我们的建议建立在科学论证的基础之上,并融入了近九年来的相关研究成果。我们还特别针对领导和专家提出的三大工程实施后可能造成的负面影响做了研究,形成了以下观点。

1. 三大工程可保护横沙滩涂资源,有利于河势稳定

工程后形成的新横沙生态基底可减缓5 m以浅滩地的漫滩水流,遏制滩体散乱态势;在长江上游泥沙骤减的大趋势下,还可避免滩涂进一步萎缩,有利于滩体和河势的稳定。

2. 三大工程对长江口水动力的影响有限

工程的影响主要集中在横沙浅滩及北港中下段水域;北港、南槽涨落潮量略有降低,南港、北槽涨落潮量有所增加(图15、图16)。

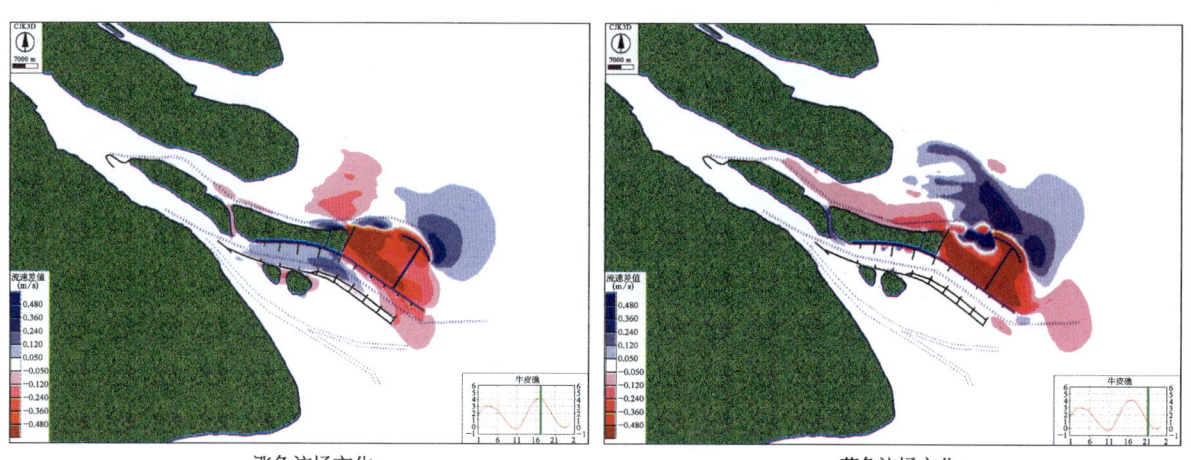

涨急流场变化　　　　　　　　　　　　　落急流场变化

图 15　涨急落急流场变化

3. 三大工程对长江口深水航道回淤的影响可控

数学模型预测表明,新横沙的形成对长江口深水航道的回淤影响幅度小于2%,影响可控(图17)。新横沙可容纳约30亿 m³ 疏浚土,能解决未来50年内深水航道疏浚土的长远出路,疏浚土潜在利用价值可达数千亿元。

研究表明:工程对北槽落急流速影响较小,对涨急流速影响较大,中下段涨急流速有所增大,幅度基本在0.10 m/s以内,局部水域涨急流速增幅超过0.15 m/s。工程使北槽横流整体减小:北槽中上段横流变化不大,下段横流变化较明显。落急期间,下段横流普遍减小。涨急期间,下段横流有增有减。外延和护滩工程实施后,北槽航道年回淤量变化幅度在200万 m³ 以内。实施疏浚土上滩利用,仅有0.03%的疏浚土参与了深水航道的回淤。

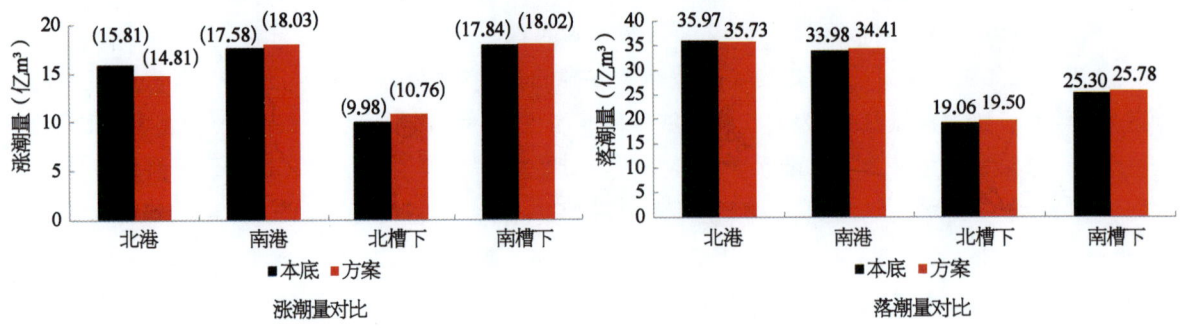

图 16　涨潮量落潮量比较

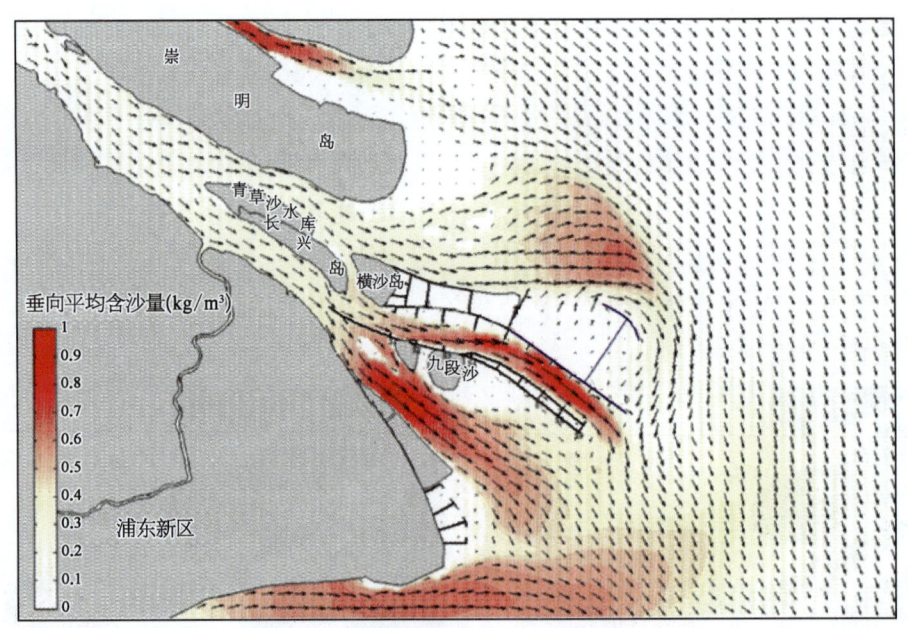

图 17　北槽深水航道回淤数模研究

4. 三大工程对长江口水源地和生态敏感目标不会造成大的影响

从水动力、水量和水质方面分析,工程对分流比和盐度(表 3)基本没有变化,对青草沙水源地和崇明东滩湿地影响较小,对九段沙湿地基本无影响。

表 3　工程方案实施后周边盐度变化统计

测　点	说　明	落潮平均盐度变化(PSU)	涨潮平均盐度变化(PSU)
QCS1	青草沙	0.0	0.0
QCS2		0.0	0.0
DT1	崇明东滩南沿	0.0	0.0
DT2		0.2	0.4
BG1	北港港航	0.3	0.2
BG2		2.3	1.7
BG3		3.8	2.5

(续表)

测 点	说 明	落潮平均盐度变化(PSU)	涨潮平均盐度变化(PSU)
BC1	北槽航道	0.6	0.6
BC2	北槽航道	2.8	2.6
BC3	北槽航道	1.5	1.7
NC1	南槽航道	0.3	0.3
NC2	南槽航道	0.3	0.1
NC3	南槽航道	0.5	0.5

涨急时，九段沙滩顶局部水域流速有降低，幅度小于 0.10 m/s，落急时流速基本不变。九段沙区域高水位有所抬升，低水位影响较小。崇明东滩局部区域流速变化较大，落急流速最大增加 0.15 m/s，其他区域落急流速变化在 0.07 m/s 以内。崇明东滩附近区域水位受工程影响相对较小。

5. 对长江口滩涂生态系统的健康评价处于中上水平

采用 OECD（联合国经济合作开发署）建立的"压力-状态-响应"（PSR）框架模型建立评价指标体系，对长江口及新横沙附近水域进行生态健康评价，新横沙周缘边滩的压力、状态和响应健康指数为 0.412 8，评价结果较为健康。

五、对修编的几点具体建议

1. 建议在新一轮规划中充分肯定横沙东滩工程的效果

上一轮规划将横沙东滩列入了治导线，取得了明显的整治效果，对相应区域的河势控制、航道整治发挥了积极的作用。横沙东滩已形成生态陆域，既成为长江流域和上海市共同的生态增量，又成了长江流域和上海市共同的国土空间资源增量。横沙东滩的成功经验可以成为横沙浅滩整治的参考样板和经验借鉴。建议在新一轮规划中，概括总结横沙东滩整治的做法和经验，充分肯定所取得的效果。

2. 建议将横沙浅滩列入新一轮治导线规划并实施浅滩整治工程

横沙浅滩是长江口的重要滩涂，但滩面遭受侵蚀，危及周边河势稳定，滩涂生态品质也相对不佳，国土资源还面临流失的严峻问题。如不采取人工干预措施，横沙滩涂资源将持续陷于侵蚀萎缩的困境，周边河势稳定也无从谈起。同时，如放任水流自然冲刷，不但不能保护生态，还有恶化生态、影响河势之虞。横沙浅滩留沙固滩已是当务之急，亟须加以整治。建议在新一轮规划中明确横沙浅滩在长江大保护战略中的重要地位，并将制定横沙浅滩治导线规划作为长江口稳定河势、保护生态的重要抓手和主要突破口。

横沙浅滩整治是一项系统工程，涉及多个领域、多个方面、多个层次。"利用疏浚土新横沙生态基底塑造工程"旨在利用疏浚土保护滩涂、稳定河势、塑造生态陆域，实现长江口滩槽稳定、生态保护与资源利用的协同发展。建议在新一轮规划中，指出横沙大道外延、横沙浅滩护滩、生态基底塑造的必要性，指出要组织相关部门对三大工程开展深入研究，并指出先行启动横沙大道外延工程。

3. 建议在新一轮规划中明确以 50 号灯标为长江口河海边界的分界点

河海划界涉及长江口能否进一步利用疏浚土资源实施生态保护工程。提出将河海边界定在 50 号灯标处的依据是：形成长江河口的主要动力是长江而不是海洋；交通运输部在开展长江口深水航道工程时,北槽北导堤堤头已在此范围内;长江河口以20世纪60年代初形成的徐六泾节点为起点,到50号灯标为止。建议在规划中明确长江口的河海边界,为长江口新一轮的综合整治理顺关系,打好基础。

4. 建议在新一轮规划中提出长江口深水航道疏浚土资源的生态化利用

长江口深水航道整治工程是上一轮规划的重点项目,业已顺利实施,并对长江经济带和长三角区域的发展发挥了积极的作用,通航能力提升,船载货量增加,经济效益明显。为了维护12.5 m的水深,每年都将产生近7 000 m^3 的疏浚土。现行处理方式,未能将疏浚土作为宝贵资源加以充分利用,而是外抛入海,产生环境污染。长江口航道疏浚土属于清洁疏浚物,沙质良好,是一种可利用的泥沙资源。建议在规划中有专门篇幅论及长江口航道疏浚土,指出疏浚土的资源化属性,并明确提出加以生态化利用的原则、方向,并指出其在横沙浅滩整治中的必要性和紧迫性。

5. 建议新一轮规划在管理体系部分明确长江口水域由水利部门管辖

长期以来,长江口水域属水利部管辖,但近年来,国家海洋局划归自然资源部后,长江口水域的管理权存在争议,多方参与,其结果是,协调不便,政策难定,不利于长江大保护战略的落实,影响长江经济带的发展。建议新一轮规划在有关管理体系的部分明确长江口水域由水利部门管辖。

6. 建议新一轮规划在组织实施部分提出横沙浅滩整治工程由上海市立项开展

目前,四大部委有关长江口的管辖权问题存在不同意见,导致横沙浅滩区域的有关项目无法予以推进。建议在新一轮规划中提出:"利用疏浚土新横沙生态基底塑造工程"由上海市立项开展。

(2020年8月25日)

关于利用长江口航道疏浚土开展横沙浅滩保滩护岸工程的建议

说明： 2020年10月—2020年12月，在上海市"十四五"规划编制过程中，研究团队向上海市发改委领导做了多次专题汇报，并呈送了相关建议，本文是其中的建议之一。

一、团队开展研究的概况

1. 目的

聚焦横沙浅滩，揭示长江口在滩涂、河势等方面面临的变化和问题，提出保滩护岸的工程措施方案，推动长江口深水航道疏浚土在上述工程中得到充分的利用；为上海和国家的"十四五"规划建言献策并提供技术支撑。

2. 团队

从2012年开始，华东师范大学牵头联合上海、北京、南京、武汉等地15家科研机构及相关企业（表1、表2），组建了产学研结合、涉及多学科的"新横沙"研究团队，在政府有关部门支持下，对长江口的横沙东滩、横沙浅滩开展了多领域的系列研究。

表1　课题组参加单位及共同组长

单　　位	共同组长	职务/职称
华东师范大学国际航运物流研究院	包起帆	院长/教授级高级工程师
中交上海航道勘察设计研究院	季　岚	副院长/教授级高级工程师
南京水利科学研究院	窦希萍	总工程师/教授级高级工程师
上海市环境科学研究院	林卫青	副院长/教授级高级工程师
上海河口海岸科学研究中心	吴华林	副主任（主持工作）/研究员
上海市水务（海洋）规划设计研究院	徐贵泉	副院长/教授级高级工程师
上海市发展改革研究院	赵义怀	党委书记/副院长
上海市城市规划设计研究院	钱少华	副院长/教授级高级工程师
长江勘测规划设计研究院	仲志余	副院长/教授级高级工程师
上海勘测设计研究院	石小强	院长/教授级高级工程师
中交水运规划设计院	吴　澎	高级顾问/设计大师
中交第三航务工程勘察设计院	杨　晖	董事长/教授级高级工程师
交通运输部长江口航道管理局	任　舫	副局长
中交上海航道局	侯晓明	董事长/教授级高级工程师
中国水产科学研究院东海水产研究所	庄　平	所长/研究员

表 2　课题组的技术支持团队

姓　名	职　务
宗源远	中交上海航道局原董事长，华东师范大学兼职教授
朱建华	原上海市交通运输和港口管理局巡视员，华东师范大学兼职教授
王　祥	中交第三航务工程勘察设计院原院长，华东师范大学兼职教授
周　海	中交上海航道局有限公司原院长，华东师范大学兼职教授
姚逸云	中交上海航道勘察设计研究院原书记，华东师范大学物流研究院研究员

3. 课题

多年来，研究团队承担了上海市科学技术委员会立项的相关课题，包括"上海城市发展新空间和深水新港战略研究"（2013 年）、"新横沙成陆开发和深水新港建设可行性关键技术研究"（2015 年）、"崇明横沙滩涂生态修复与保育研究"（2017 年）、"河口疏浚土资源利用和新横沙滩面生态培育研究及应用示范"（2018 年）等。

4. 进展

课题组始终以问题导向、需求导向为目标，紧跟新形势和新发展，发挥多学科、高层次、综合性优势，结合水文、泥沙及生态监测、卫星遥感、数学模型和长江口整体物理模型试验等手段，对长江口的水沙条件变化、滩涂河势稳定、航道疏浚土利用、新横沙陆域空间建设及布局以及生态保护等关键技术开展了深入研究，已经取得了相应的成果。研究过程中，课题组向上海市和交通运输部相关领导提交专报 24 份，得到批示 23 次。举办了多次高层论坛，包括：2012 年 12 月有两院院士邱大洪、梁应辰、陈吉余、周干峙、徐寿波、王光谦、郑守仁等出席的"2020 年后的上海海洋新城和深水新港高层论坛"、2014 年 6 月有两院院士孙纪兰、邱大洪、郑守仁、徐寿波、梁应辰、汪品先等出席的"面向 2040 年的上海城市发展新空间及深水新港学术研讨会"、2019 年 6 月有两院院士张建云、钮新强、胡春宏、李华军、钱旭红、桂建芳、夏军等出席的"长江口大保护和绿色发展高端论坛"等，在社会上产生了积极反响，为领导的决策提供了技术支撑。

二、为什么要提出建议

1. 长江口河势面临潜在威胁

由于长江流域来沙持续减少，长江口出现了新的水沙条件，滩涂的淤涨速度减缓、中低滩冲刷，呈现出由原来丰水多沙的淤涨型向丰水少沙的侵蚀型转变的趋势。图 1 反映了长江流域年输沙量每 10 年间的比较。

长江口河势格局的形成是长期自然演变的结果，目前保持着"三级分汊，四口入海"的相对稳定状态，但长江口水沙条件的变化和滩涂冲刷会对河势产生一定的影响。

维持河势稳定的重要因素是滩涂资源不减少、滩涂格局不动荡。针对水沙滩涂的变化，如不采取相关措施，未来的长江口河势格局将遭受潜在威胁，不利于航道的安全、水土资源的保护、生态环境的优化，也势必影响长江经济带和长三角一体化发展的国家战略。

2. 横沙浅滩呈现侵蚀态势

横沙浅滩区域除受长江来沙减少影响，还受到口门区域强劲风浪和潮流动力作用影响，2013 年后，浅滩滩面窜沟进一步发育，北沿中低滩面呈现缓慢冲刷迹象，5 m 以浅浅滩面积减少（图 2、图 3）。

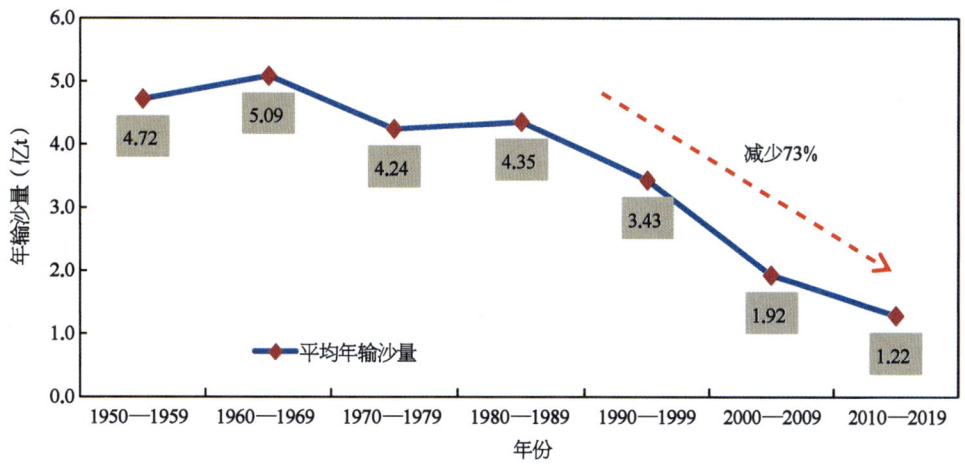

图1　年输沙量每10年间的比较(1950—2019年)

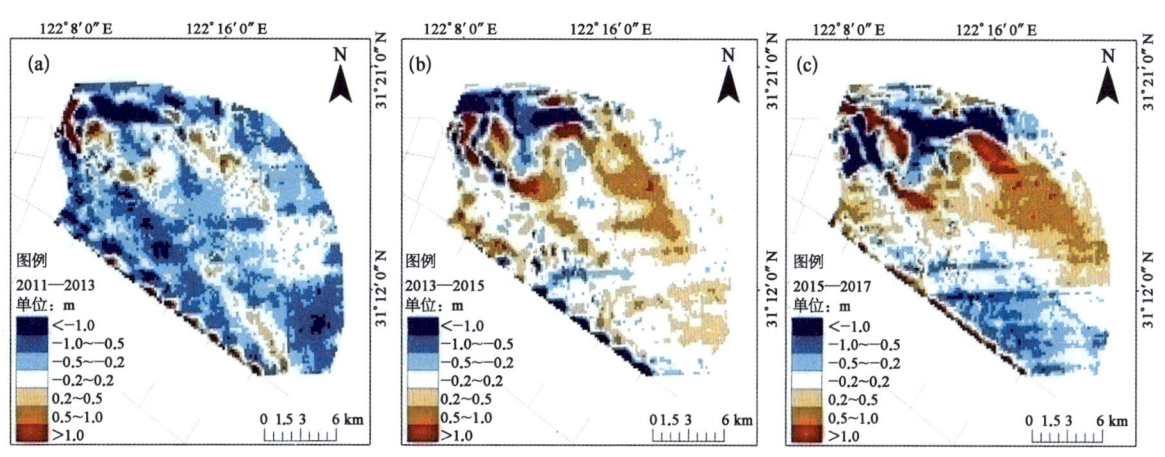

图2　横沙浅滩地形冲淤变化

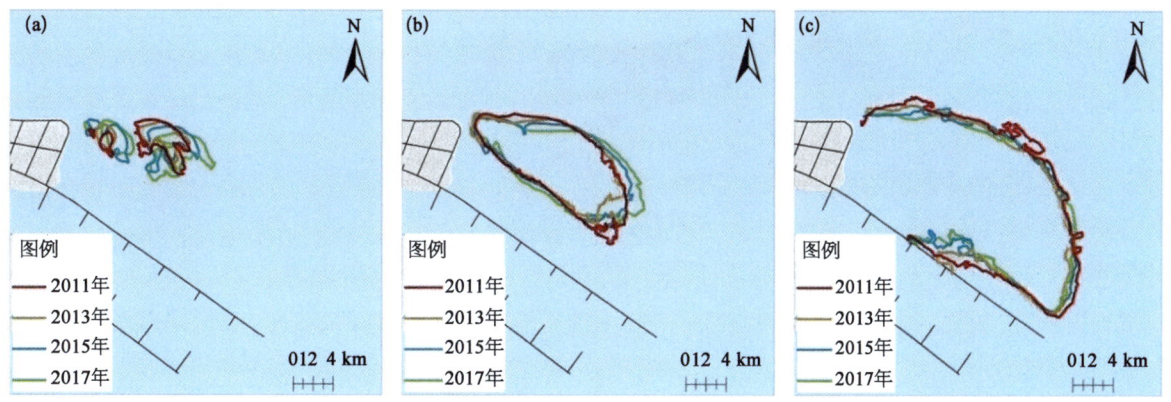

图3　横沙浅滩0 m、2 m、5 m等深线包络面积变化

2013—2019年6年间,北导堤以北的横沙浅滩-5 m高程以浅滩地面积就减少了29 km²,大约相当于4.4万亩土地流失。

3. 长江口深水航道疏浚土又被重新抛海

长江口深水航道建设初期,疏浚土全部作为废弃物外抛入海。横沙东滩工程启动后,疏浚土开始用于上滩成陆。横沙东滩七期、八期工程启动,疏浚土的资源化利用率从10%提高至平均60%,2017

年最高达 77%。2020 年开始,随着横沙东滩八期吹填工程结束,航道疏浚土因为没有工程依托,目前已被全部重新抛海。

长江口航道维护,北槽深水航道和南槽航道每年还将继续产生共约 7 000 万 m³ 疏浚土,疏浚土的处置面临严峻形势。

在国外许多发达国家都视疏浚土为不可多得的宝贵资源,通过制定政策法规和技术标准、建立相应机制和机构,使疏浚土在围海造地、港口建设、湿地修复等方面得到了充分的利用。这些经验应该予以重视和借鉴。

三、建议的工程方案

(一)工程目标

(1)在长江流域来沙持续减少背景下,横沙浅滩呈现持续的侵蚀态势,漫滩作用和净输运循环作用造成侵蚀加剧和北槽航道回淤居高不下。需采取人工措施,切断或减弱滩槽水沙的交换与循环,通过稳定滩涂以保障周边河势的稳定。

(2)横沙浅滩滩面长期位于 0 m 以深。少沙环境下,滩面自我淤高能力非常有限。宜通过保滩护岸工程和航道疏浚土上滩利用,构筑高-中-低滩有序衔接的生态滩面,为河口不同类型植被提供生长环境。

(3)针对横沙浅滩现状,提出相应的保滩护岸对策和滩涂生态优化对策,实施"利用航道疏浚土开展横沙浅滩保滩护岸工程"加以人工干预(图 4),具体包括:横沙大道外延工程、横沙浅滩护滩工程、生态基底塑造工程。保滩护岸工程以"稳河势-保资源-提生境-留空间"为目标,以"陆域-高-中-低滩合理配比并有序推进"为路径,对周边影响非常有限,但横沙浅滩周边河势岸线将得以稳定,生态系统将得到改善。

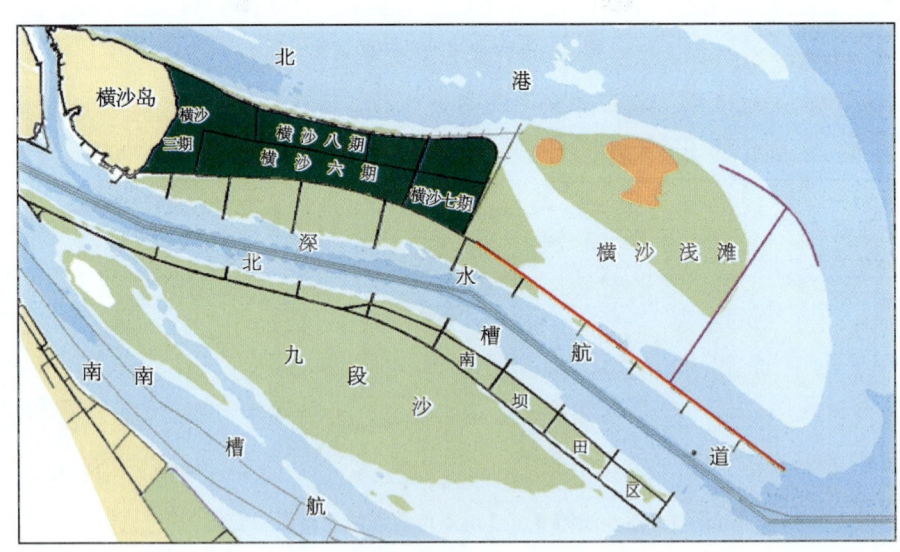

图 4 横沙浅滩保滩护岸工程示意

(二)工程内容

1. 横沙大道外延工程

该工程是将现横沙大道外延至北导堤堤头,以形成横沙浅滩南缘固定边界,进一步控制北槽与浅滩间的水沙交换,并为浅滩生态基底的形成提供依托(图 5)。

图 5　横沙大道外延工程示意

横沙大道外延的高程,应能阻隔北导堤沿线水沙交换,必须全出水(表3)。

表 3　高程与水通量关系

高程(m)	<3.0	<3.5	<4.0	<4.5
水通量(%)	18.7	47.1	78.8	96.3

关于横沙大道外延的长度,研究表明(图6),不同外延长度对周边水动力的影响总体较小,基于工程所要达到的目的,推荐外延长度至北导堤东侧堤头位置。

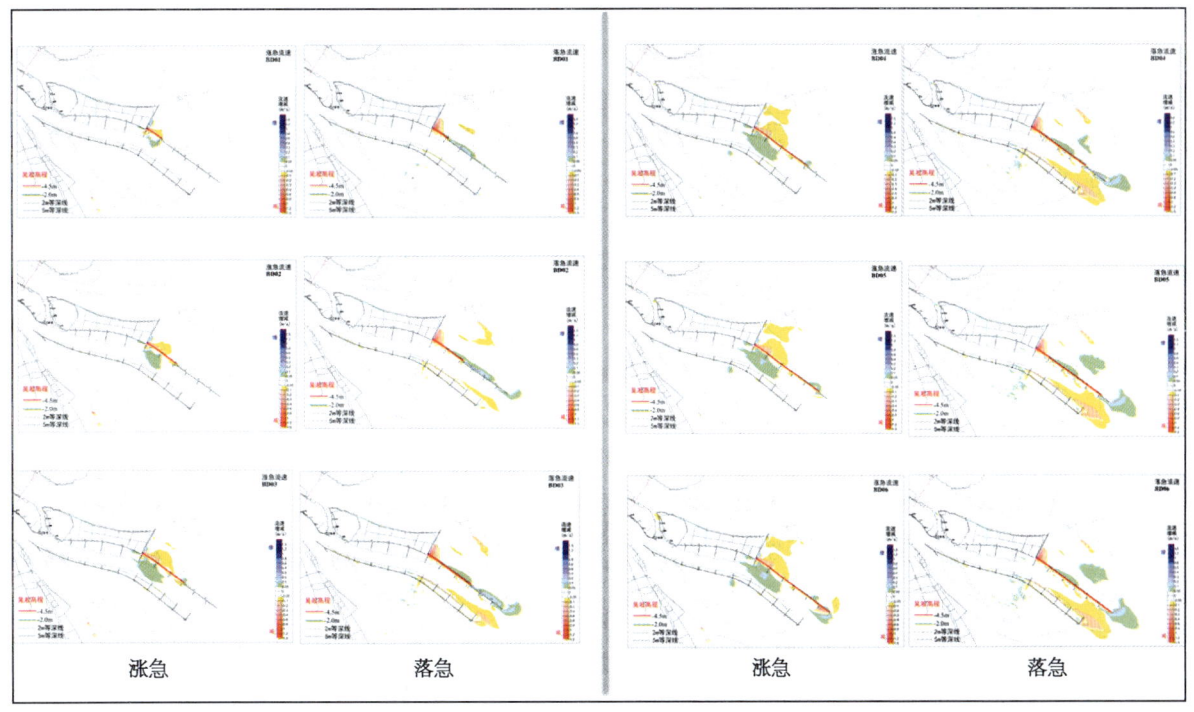

图 6　横沙大道不同外延长度流速变化

2. 横沙浅滩护滩工程

该工程通过构筑堤坝切断横沙滩面中下层高含沙水体的输移运动,实现滩面防护;考虑后续的疏浚土上滩利用,经研究,整体的布设方案为"横沙大道外延+T字坝防护",即垂直于横沙大道外延段,在浅滩中下段设置T字坝护滩堤,既对滩面窜沟实施封堵,又对整个浅滩实施阻水防护(图7)。

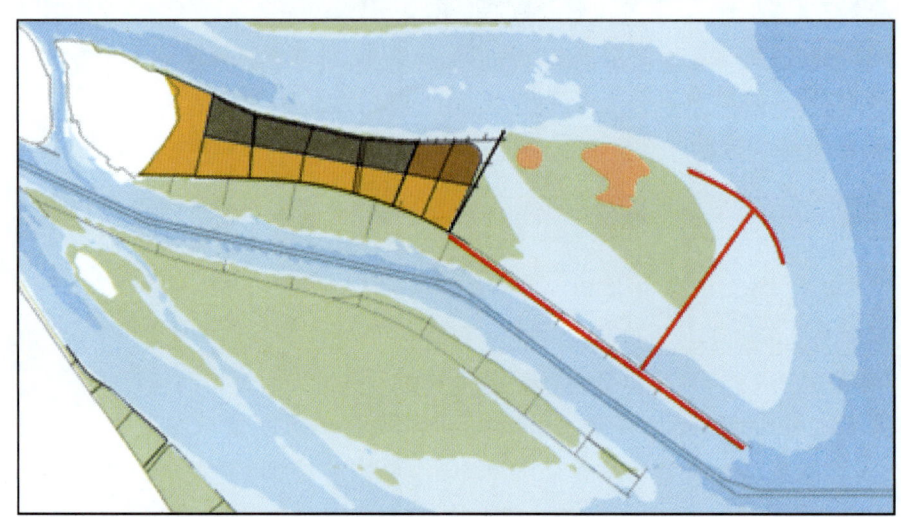

图7　横沙大道外延+T字坝防护方案示意

经数模比选(图8),T字坝护滩方案侧重于对窜沟发育的控制和对滩面的水沙循环动力的阻隔控制。滩面整体掩护控制作用相对较好,对防止高含沙水体绕堤进入北槽的作用相对也会较强。

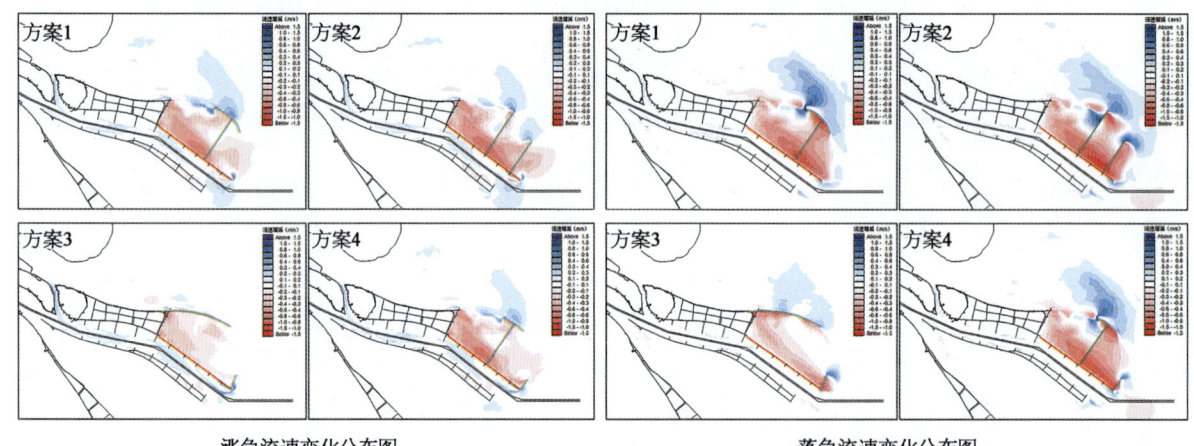

涨急流速变化分布图　　　　　　　　　　落急流速变化分布图

图8　不同护滩方案的数学模拟结果

3. 生态基底塑造工程

该工程是在横沙大道外延+T字坝护滩工程基础上,通过深水航道疏浚土吹填上滩,先平窜沟,再逐步抬高滩面,并通过拦沙坝控制,自然塑造,形成高-中-低滩面积约为1∶1∶1的布设格局(图9)。

利用疏浚土资源上滩可快速实现滩涂淤高,同时,通过合理设置高程和布局,可构筑不同生境,满足不同类型植被生长需求。整个生态系统的生态多样性、物种多样性和初级生产力也将会进一步增加。

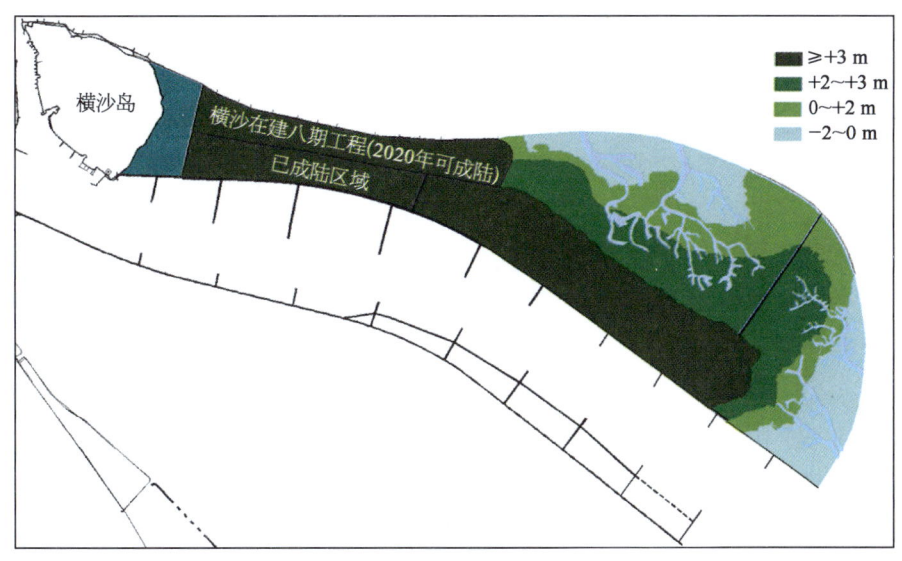

图 9　生态基底塑造工程示意

研究表明(图10),工程方案实施后,航道疏浚土吹填至横沙浅滩时,护滩堤能够抑制泥沙的运移范围,即吹填泥沙大多聚集在横沙浅滩,流失率低,具有较好的吹填效果。

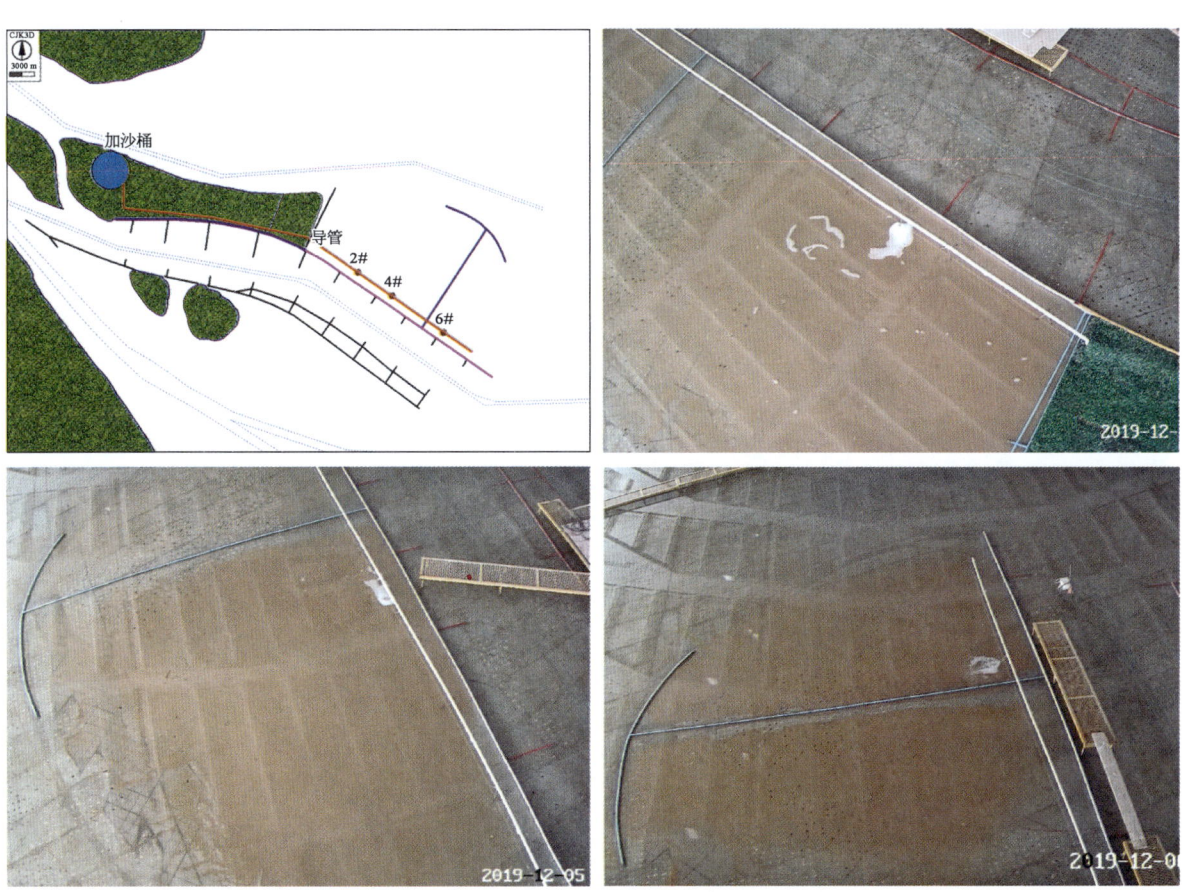

图 10　泥沙扩散物模试验结果

数模研究表明:在横沙大道外延和护滩工程实施后,继续进行高-中-低滩面加高塑造(图11),对周边水域新增的影响十分有限。

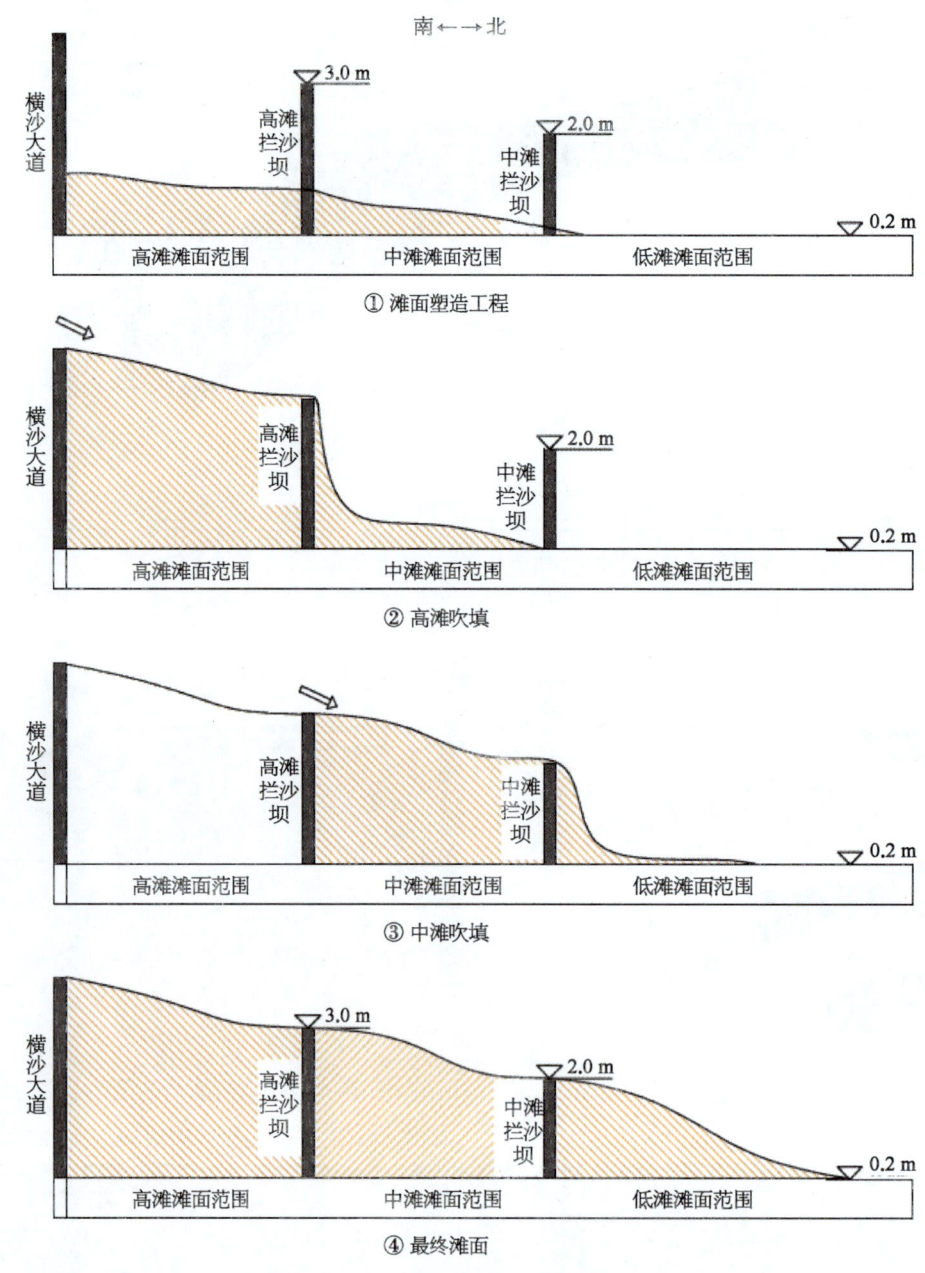

图 11　吹填过程滩面剖面示意

4. 工程最终结果和预算

经测算，横沙浅滩保滩护岸工程的工期、费用及效果如下：横沙大道外延工程，需时 2 年，费用约 68.6 亿元，效果是形成 26 km 大道；横沙浅滩护滩工程，需时 2 年，费用约 22.9 亿元，效果是形成 23.4 km 护滩堤；生态基底塑造工程，需时 19 年，费用约 258.2 亿元，效果是形成 303 km² 土地资源与战略留白空间（图 12）。

横沙浅滩实施保滩护岸工程后，近期可解决横沙浅滩侵蚀、滩涂品质欠佳、长江口河势稳定受到威胁等难题，做好留沙保滩护岸，为长江口拓展新的生态空间。远期可实现长江口航道疏浚土资源化的长效利用，为国家和上海未来发展预留战略空间，实现长江口生态环境保护与资源利用协同发展。

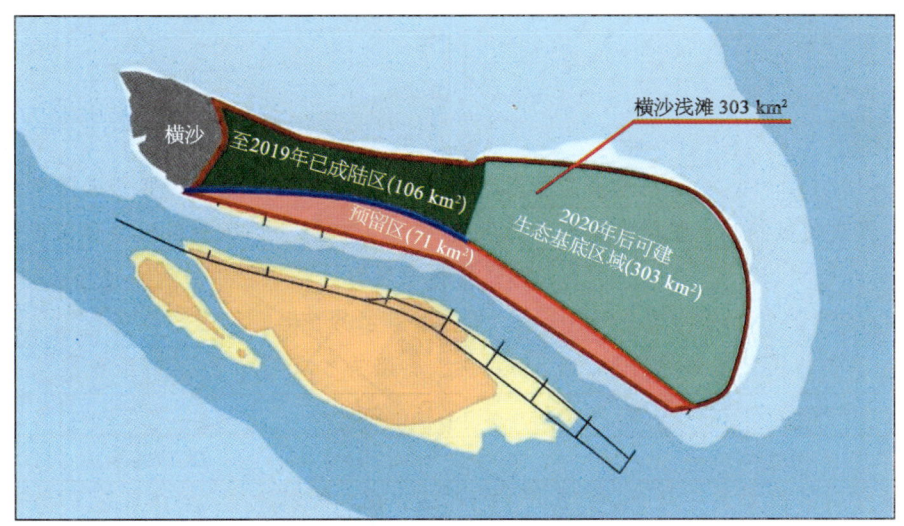

图 12　横沙浅滩保滩护岸工程最终效果

四、关于横沙浅滩保滩护岸工程可能产生的负面影响研究

(一) 保滩护岸工程可保护横沙滩涂资源,有利于周边河势稳定

研究表明,滩涂动荡是影响河势的重要因素,长江口的历史演变显示了滩涂变化和河势之间的密切关系,以 20 世纪 50 年代以来长江口实施的海塘加固、修筑护岸工程和 21 世纪实施的横沙东滩整治工程为例,在稳固保护滩涂岸线的同时,也稳定了河势。

新横沙的形成可保护横沙滩涂资源,有利于长江口河势稳定。新横沙生态基底构建可减缓 5 m 以浅滩地的漫滩水流,遏制滩体散乱态势;在长江上游泥沙骤减的大趋势下,还可避免滩涂进一步萎缩,有利于滩体和河势的稳定。

1. 对流场的影响

潮流类型上,工程方案实施后,北槽口外旋转流特征不变,北港拦门沙区域由旋转流转变为往复流,横沙浅滩水流往复流特征明显(图 13、图 14)。

流速变化上,北港中上段涨急流速略有降低,降低幅度为 0.1 m/s 左右。拦门沙水域外侧,靠近横

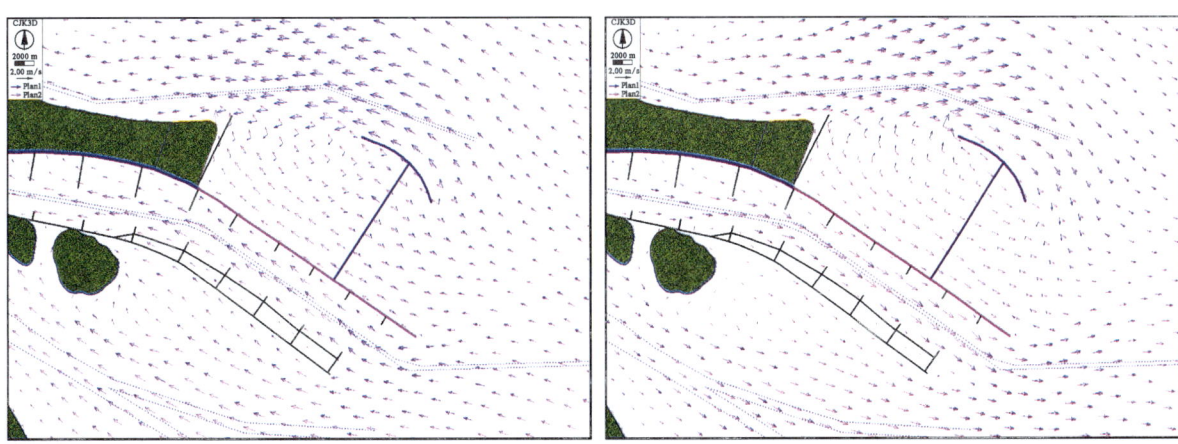

涨急流态变化(蓝色为工程方案,红色为本底)　　　落急流态变化(蓝色为工程方案,红色为本底)

图 13　工程方案前后涨急流态变化

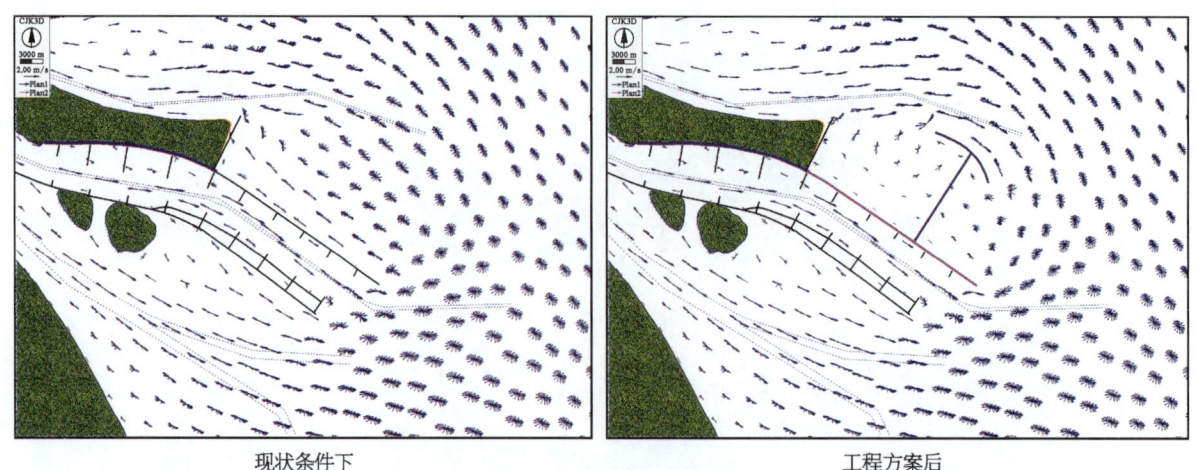

图 14　工程方案前后流矢量分布比较

向导堤处,涨急流速增加,局部水域增幅超过 0.2 m/s。横沙浅滩水域流速大幅度降低,局部水域流速变化潮位 0.50 m/s(图 15)。

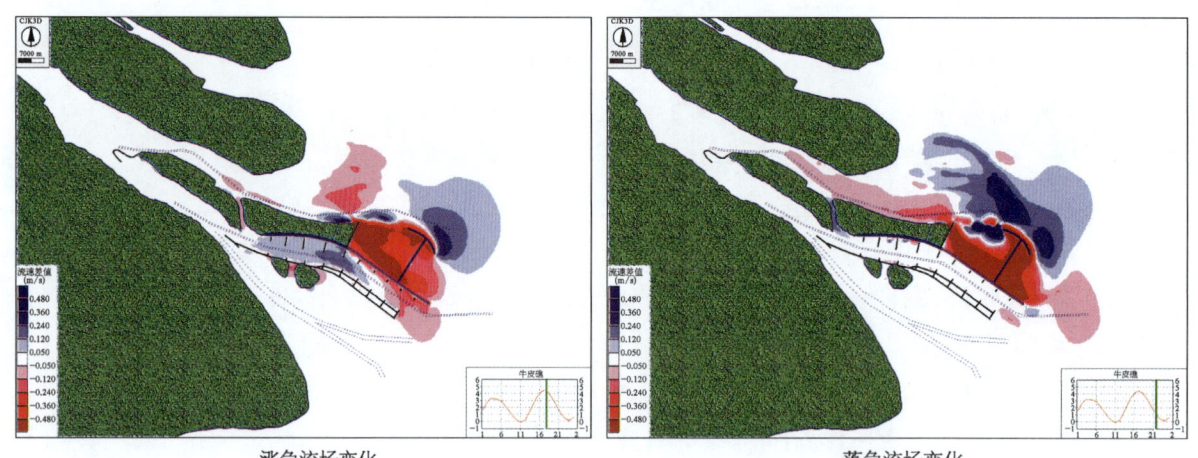

图 15　工程方案后涨落急流场变化

在横沙大道外延和护滩工程实施后,利用航道疏浚土上滩继续进行高-中-低滩面加高塑造,对周边水域新增的影响十分有限,主要集中在自身滩面区域的动力减弱变化。从对周边涨落急流速的影响来看,滩面加高塑造后,对周边影响增加不大。护滩工程西侧浅滩区域涨落急流速变化不大;护滩工程东侧涨落急流速以减小为主(图 16)。

2. 对纳潮量、分流比的影响

工程方案实施后,北港潮量降低,其中涨潮量降低 6.35%,南港涨落潮量均有少量增加,其中涨潮量增加 2.57%。由于工程布局阻碍了潮波向北传播而使得对北槽涨潮有一定的汇聚作用,使得北槽涨潮量增加 7.86%,南槽涨落潮量总体变化相对较小。

数模研究显示(表4、表5),工程方案实施后,落潮量变幅基本在4%以内。具体而言,南、北支断面涨落潮量基本未受工程方案的影响,仅南支断面涨潮量稍有增加;南港断面涨落潮量均有不同程度的增加,由于落潮量增值小于涨潮量增值,南港断面实际净泄量有所减小;北港断面落潮量略有增加,而涨潮量略有减小,北港断面的实际净泄量有所增加;南槽断面落潮量和涨潮量均有不同程度增加,由于落潮量增值

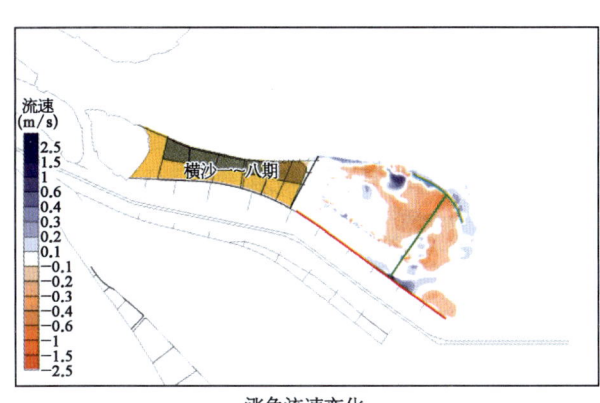
涨急流速变化

落急流速变化

图 16　工程方案后流速变化

大于涨潮量增值,南槽断面实际净泄量有所增加;北槽断面落潮量和涨潮量均增加,但涨潮量增值超过落潮量,净泄量有所减小。概言之,工程方案对长江口总体纳潮量不存在明显影响。

表 4　2016 年洪季大潮条件工程前后纳潮量变化

断面	涨潮量			落潮量		
	工程前（亿 m^3）	工程后（亿 m^3）	变幅	工程前（亿 m^3）	工程后（亿 m^3）	变幅
南支	23.7	24.0	1.1%	71.6	71.9	0.4%
北支	3.30	3.30	0.0%	3.60	3.60	0.0%
南港	18.85	19.71	4.6%	40.96	41.40	1.1%
北港	18.79	18.40	−2.1%	43.13	43.26	0.3%
南槽	19.87	20.06	0.9%	26.70	27.47	2.9%
北槽	10.83	12.51	15.6%	23.95	24.08	0.6%

表 5　1998 年长江洪水条件工程前后纳潮量变化

断面	涨潮量			落潮量		
	工程前（亿 m^3）	工程后（亿 m^3）	变幅	工程前（亿 m^3）	工程后（亿 m^3）	变幅
南支	20.0	20.40	2.3%	77.90	78.40	0.7%
北支	3.30	3.30	0.0%	3.80	3.80	0.0%
南港	17.12	17.94	4.8%	44.09	44.46	0.8%
北港	16.91	16.49	−2.5%	46.42	46.59	0.4%
南槽	18.71	18.88	0.9%	28.33	29.08	2.7%
北槽	9.92	11.63	17.2%	25.47	25.59	0.5%

利用疏浚土上滩继续进行高-中-低滩面加高塑造,从潮量分流比看,整体完成后潮流分流比变化均不大。潮流变化在 0.2% 以内,分流比变化在 0.04% 以内。

同时,工程方案实施不会对长江口主要河道的分流比造成明显的影响,且不同水文条件下(表 6、表 7)对长江口分流比的影响规律相近且幅度较小,落潮分流比变幅在 2% 以内,涨潮分流比变幅在 3.5% 以内。

表6 2016年洪季大潮条件工程前后分流比变化

断面	涨潮分流比			落潮分流比		
	工程前	工程后	变幅	工程前	工程后	变幅
南支	87.8%	87.9%	0.1%	95.2%	95.2%	0.0%
北支	12.2%	12.1%	−0.1%	4.8%	4.8%	0.0%
南港	50.1%	51.7%	1.6%	48.7%	48.9%	0.2%
北港	49.9%	48.3%	−1.6%	51.3%	51.1%	−0.2%
南槽	64.7%	61.6%	−3.1%	52.7%	53.3%	0.6%
北槽	35.3%	38.4%	3.1%	47.3%	46.7%	−0.6%

表7 1998年长江洪水条件工程前后分流比变化

断面	涨潮分流比			落潮分流比		
	工程前	工程后	变幅	工程前	工程后	变幅
南支	86.0%	86.3%	0.3%	95.4%	95.4%	0.0%
北支	14.0%	13.7%	−0.3%	4.6%	4.6%	0.0%
南港	50.3%	52.1%	1.8%	48.7%	48.8%	0.1%
北港	49.7%	47.9%	−1.8%	51.3%	51.2%	−0.1%
南槽	65.3%	61.9%	−3.4%	52.7%	53.2%	0.5%
北槽	34.7%	38.1%	3.4%	47.3%	46.8%	−0.5%

3. 对潮位的影响

潮位采样点如图17所示。工程方案后,北槽高潮位升高,低潮位变化较小,水位过程工程前后基本一致。北港水域,受工程阻挡作用,涨潮相位略有后滞,高低潮位亦有所变化。北槽中段5#点水位升幅最大,约为0.11 m,往北侧两侧,水位变化逐渐减小。北港水域,拦门沙附近11#、12#点,高潮位降幅较大,为0.08~0.12 m,横沙东滩北侧13#~15#点,高潮位略有升高,约为0.03 m(表8)。

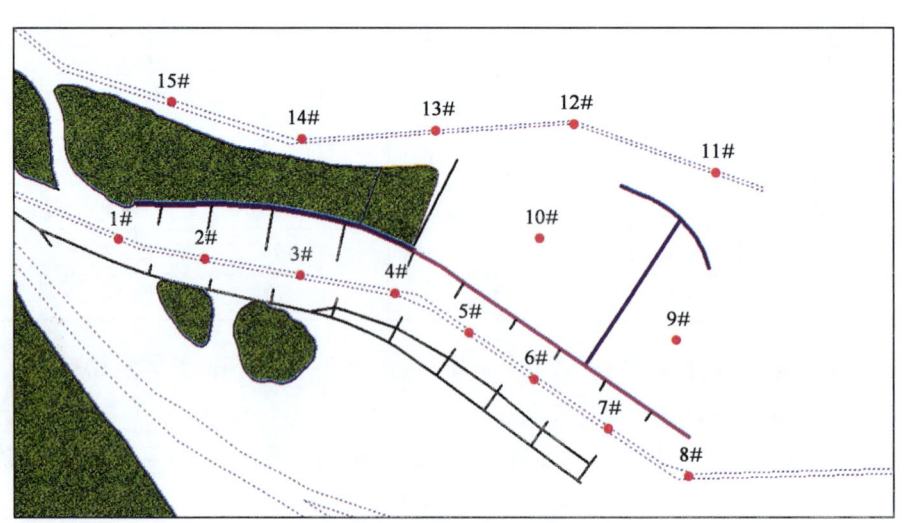

图17 潮位采样点示意

表 8　采样点高潮位变化　　　　　　　　　　　　　　　　　　　（单位：m）

编号	高潮位			低潮位		
	本底	工程后	变化	本底	工程后	变化
1#	2.64	2.67	0.03	−0.77	−0.73	0.04
2#	2.71	2.76	0.05	−0.86	−0.85	0.01
3#	2.76	2.84	0.08	−1.11	−1.08	0.03
4#	2.69	2.79	0.10	−1.29	−1.27	0.02
5#	2.68	2.78	0.10	−1.50	−1.49	0.01
6#	2.68	2.76	0.08	−1.71	−1.70	0.01
7#	2.69	2.74	0.05	−1.87	−1.85	0.02
8#	2.67	2.67	0.00	−1.83	−1.82	0.01
9#	2.59	2.62	0.03	−1.80	−1.80	0.00
10#	2.61	2.41	−0.20	−1.65	−1.37	0.28
11#	2.50	2.38	−0.12	−1.69	−1.67	0.02
12#	2.51	2.42	−0.09	−1.56	−1.46	0.10
13#	2.43	2.46	0.03	−1.18	−1.05	0.13
14#	2.42	2.46	0.04	−0.91	−0.84	0.07
15#	2.43	2.46	0.03	−0.79	−0.74	0.05

4. 对风浪的影响

研究表明，工程方案实施后，护滩堤附近滩面和北槽中下段为波浪主要减弱区。其中，北槽深水航道中下段航道波高减弱，北风及东北风常风浪作用下，北槽中下段有效波高减幅普遍在 0.2～0.4 m（图 18）。

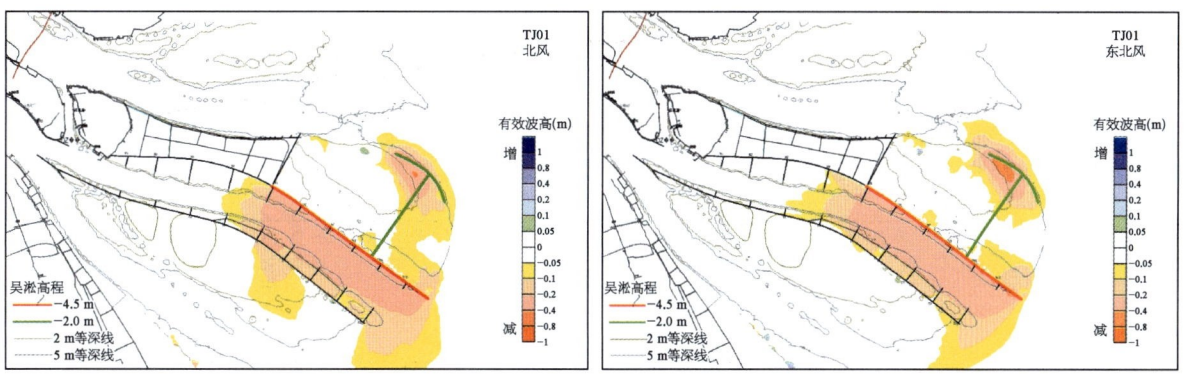

图 18　工程方案实施后周边水域波高变化分布

（二）保滩护岸工程对长江口航道影响可控

横沙浅滩可容纳约 30 亿 m³ 疏浚土，能解决未来 30 年内深水航道疏浚土的长远出路。数学模型预测表明新横沙的形成对长江口深水航道的回淤影响幅度小于 3%，影响可控。

1. 对北槽深水航道的影响

1) 对流速的影响

对北槽深水航道沿程（图 19）涨落急流速统计分析表明，工程方案实施后，北槽深水航道落急流速影响相对较小，对涨急流速影响相对较大，北槽中下段 M～T 单元涨急流速有所增大，幅度基本在 0.10 m/s 以内，X、Y 单元，局部水域涨急流速增幅超过 0.15 m/s（图 20）。

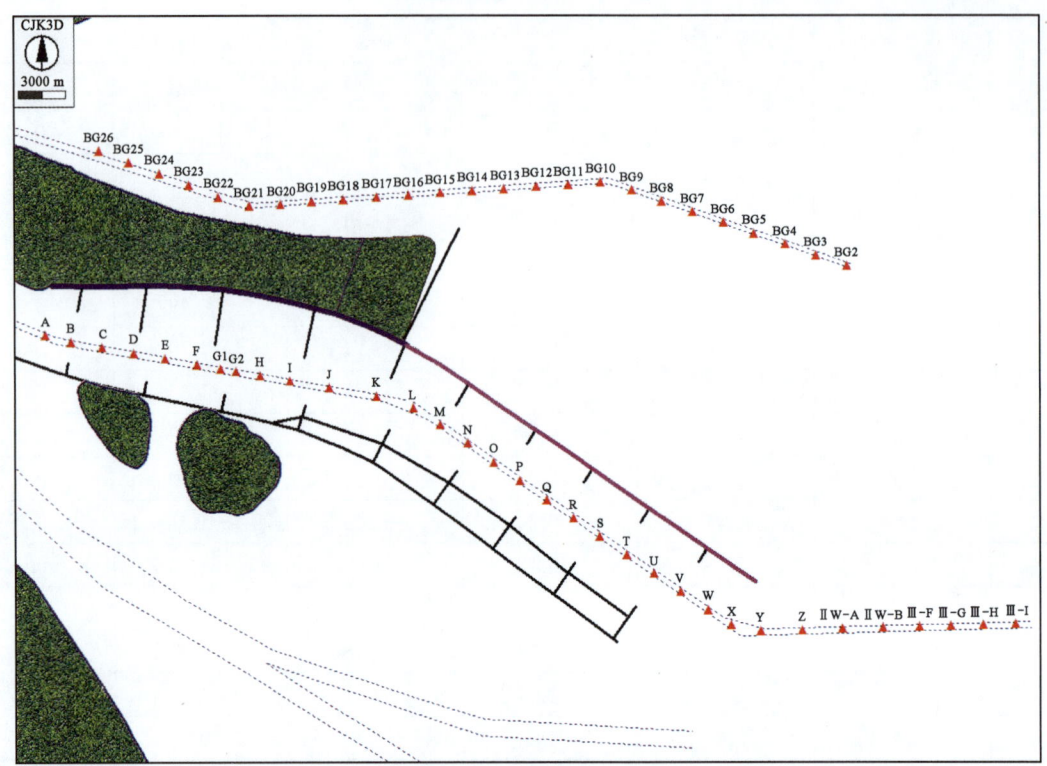

图19 航道采样点布置示意

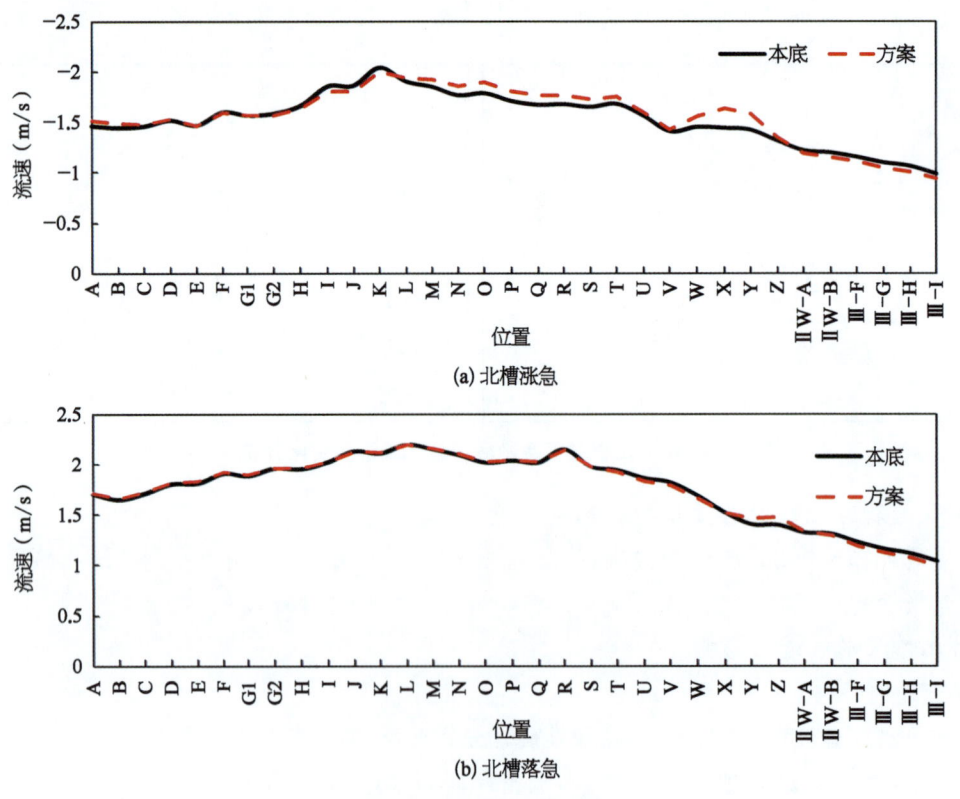

(a) 北槽涨急

(b) 北槽落急

图20 北槽深水航道流速变化

同时,根据模拟结果,工程方案实施后落急流速在北槽下段有所减小,减幅在 0.05 m/s 左右,在口外段略有增加,增幅在 0.1 m/s 左右;对涨急流速的影响主要集中在北槽中上段,由于北导堤归顺了涨潮流使得工程后流速增加,增加量值在 0.2 m/s 左右(图 21)。

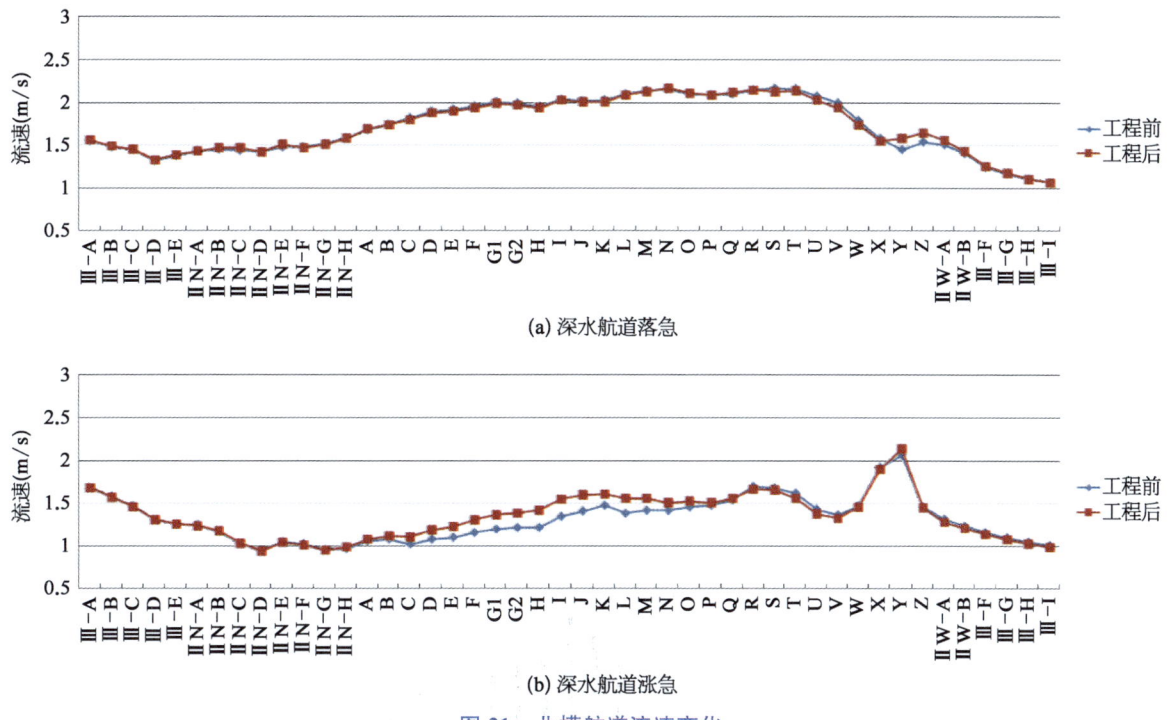

图 21　北槽航道流速变化

2) 对横流的影响

研究显示,工程方案实施后,北槽深水航道中上段横流变化不大。落急期间,北槽下段横流普遍减小,横流最大减幅在 0.18 m/s 左右。涨急期间,北槽下段横流有增有减,横流最大变幅在 0.2 m/s 左右。总体而言,工程方案实施后,对北槽水流影响相对较小,有利于船舶航行。

3) 对回淤的影响

项目研究对工程方案实施后的北槽回淤进行了预测分析,结果表明,横沙大道外延和 T 字坝护滩工程实施后,北槽深水航道年回淤量变化幅度基本在 200 万 m^3 以内(图 22、图 23)。

在横沙大道外延和 T 字坝护滩工程基础上,实施疏浚土上滩利用,仅有 0.03% 的疏浚土参与了深水航道的回淤(图 24),以一年 3 200 万 m^3 的上滩量估算,深水航道回淤量增加 1.0 万 m^3,可见影响非常有限。

2. 对南槽航道和北港航道的影响

工程实施后对南槽航道影响不大,涨落急流速变化量值在 0.06 m/s 以内。

工程方案实施后,北港上段落急流速变化不大;北港中段落急流速有所减小,减小量值在 0.1 m/s 以内;对北港中下段流场影响相对比较明显,落急流速在北港下段流速增加,涨急流速同样在勾坝堤头附近增加,增加量值最大为 0.24 m/s;北港中上段涨急流速变化不大;拦门沙及以下水域,涨急流速变化相对较小,落急流速整体降低。

(三) 保滩护岸工程对邻近两大湿地自然保护区和水源地不会造成负面影响

1. 对九段沙湿地和崇明东滩湿地自然保护区的影响

对九段沙湿地而言,研究表明,工程方案的实施对九段沙湿地基本无影响。涨急时,流速最大变

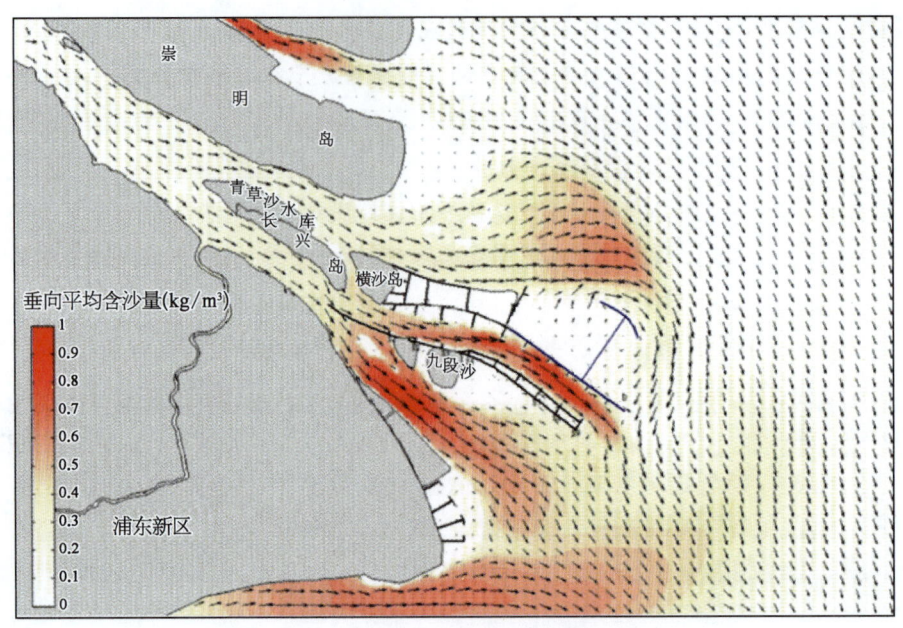

图 22　北槽深水航道回淤数模研究

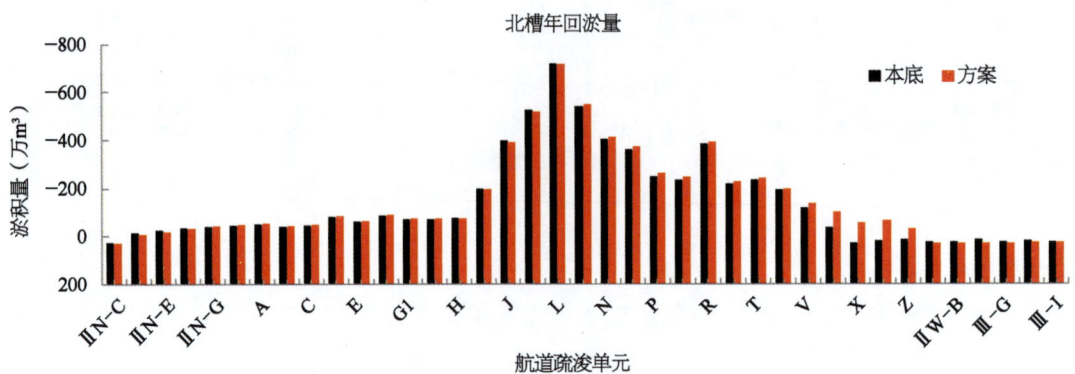

图 23　北槽航道回淤变化

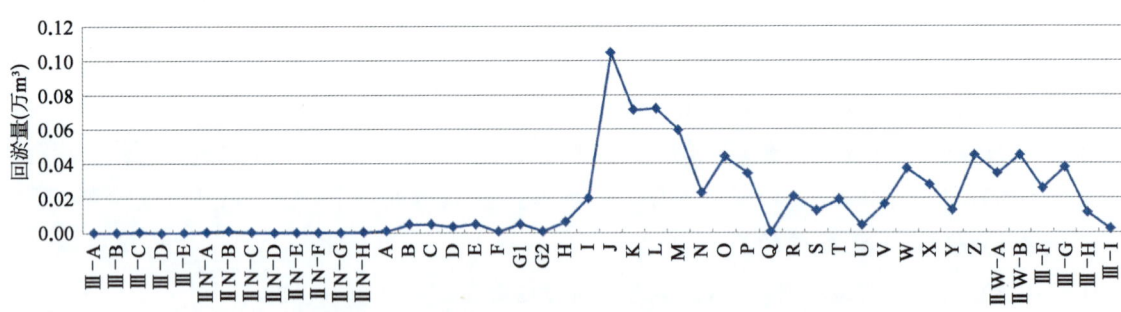

图 24　工程后疏浚土上滩对深水航道年回淤量的影响

化 0.22 m/s，九段沙滩顶局部水域流速有所降低，幅度小于 0.10 m/s；落急时，流速最大变化 0.05 m/s，流速基本不变。工程方案实施后，九段沙区域高水位有所抬升，变化在 0.19 m 以内；低水位变化在 0.03 m 以内，影响较小。

对崇明东滩湿地而言，研究表明，工程方案实施后，崇明东滩湿地局部区域流速变化较大，落急流速最大增加 0.15 m/s，涨急流速增加 0.07 m/s，其他区域落急流速变化在 0.07 m/s 以内，涨急流速变化在 0.05 m/s 以内。崇明东滩附近区域水位受工程影响相对较小，高水位降低 0.02~0.03 m，低水位变化在 0.05 m 以内。

2. 对青草沙等水源地的影响

工程方案实施后,青草沙水库附近区域落急流速减小约 0.02 m/s,涨急流速变化在 0.05 m/s 以内。青草沙水库附近区域高水位抬升 0.05～0.06 m,低水位抬升 0.02 m 以内。

工程方案实施后北港、北槽、南槽水域涨落潮盐度均略有增加,但上游青草沙水库水域涨落潮盐度均无显著影响。经计算,工程方案实施后,青草沙取水口最大盐度减小在 1 PSU 左右(图 25)。

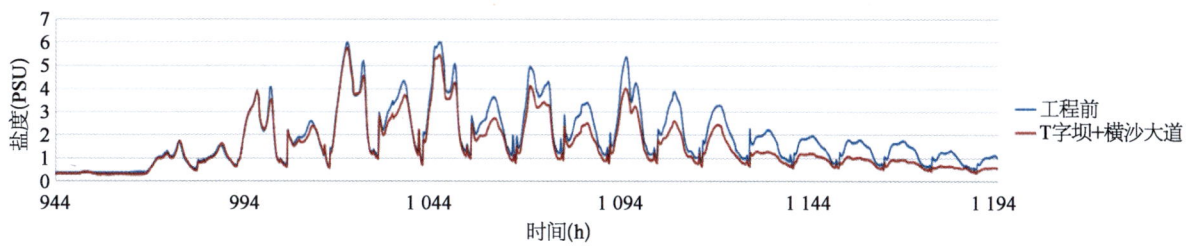

图 25 青草沙水库取水口盐度变化

此外,工程方案实施后,其他水源地的水体盐度也普遍降低,陈行取水口和东风西沙取水口最大盐度减小均在 0.15 PSU 左右。

就水质而言,根据数学模型模拟,统计青草沙水库、东风西沙水库和陈行水库进出水口各敏感点位的水质浓度变化,结果表明,工程方案前后的水质影响都很小,总体上,DO(溶解氧)、NH_3-N(氨氮)、TN(总氮)、DIP(溶解态无机磷)、TP(总磷)等水质指标平均变化值分别为 0.001 9 mg/L、0.001 6 mg/L、0.008 4 mg/L、0.000 1 mg/L 和 0.000 5 mg/L。

(四) 对照横沙东滩工程的效果,横沙浅滩在实施保滩护岸工程后生态系统的健康评价也将处于中上水平

研究表明,工程方案的实施,对横沙浅滩生境格局的时空影响呈现动态变化趋势。工程实施初期,疏浚土上滩塑造生态基底将促进自然潮滩的快速发育。随着潮滩的发育,在近岸处高程、水动力等条件适宜的区域,先锋盐沼植物海三棱藨草/藨草开始定居并逐步扩散,同时又会进一步促进泥沙在高潮滩的淤积。随着潮滩环境的改变,植被组成逐步变化,在自然潮滩沿高程梯度呈现"浅海水域-光滩-海三棱藨草/藨草群落-芦苇群落"的空间分布格局。横沙浅滩生境逐步由大面积水域向水域、光滩、植被等多样生境组成的复合生境转变,形成一种介于滨海湿地与陆地之间的过渡类型,其结果会增加生物饵料资源,也成为底栖类、浮游类、爬行类、鸟类等动物的繁殖、栖息、迁徙、越冬的场所,整个滩涂生态系统的生态多样性、物种多样性和初级生产力也将会进一步增加。

现有研究显示,横沙浅滩核心区域具有相对丰富的水下生物资源,包括浮游植物、鱼卵、底栖动物和游泳动物等。但现状下生物多样性总体群落结构已是不稳定。该区域历史上曾经是中华鲟幼鲟的索饵场之一和中华绒螯蟹产卵场之一,实施工程措施会缩减上述生物的索饵场、繁殖场范围,间接影响中华鲟、中华绒螯蟹等水生生物的索饵、繁殖及育幼活动,但不会对珍稀濒危物种和重要渔业物种造成颠覆性的影响,并且通过构建生态恢复区、重建生境等措施,可以在一定程度上帮助上述物种完成特定生活史活动,恢复并维持水生生物群落的结构。

采用 OECD(联合国经济合作开发署)建立的"压力-状态-响应"(PSR)框架模型建立评价指标体系,对横沙东滩成陆区域进行生态系统健康评价:2017 年后该区域的综合指数为 0.653 9,等级为"健康"(即中上水平)。由于横沙浅滩与横沙东滩同源,横沙浅滩的工程方案设计比横沙东滩更强调生态

化,因此,可以预计横沙浅滩实施保滩护岸工程后,生态状况会显著提升,生态系统健康评价也将处于"健康"状态。

五、长江口航道疏浚土生态成陆与外抛效果对比研究

长江口航道疏浚土的处置有两种主要方式:一种是上滩资源化利用形成生态陆域;另一种是作为废弃物外抛入海。孰是孰非,哪种方式更好更合适? 我们对此进行了比较研究。

(一) 长江口航道疏浚土产生和处置利用概况

长江口自1998年开始建设北槽深水航道,航道水深从7.5 m增深至2010年的12.5 m,之后进入运营维护期;至2019年底,长江口因航道建设和维护已累计产生疏浚土12.07亿 m^3。

建设初期(1998—2003年),航道疏浚土全部作为废弃物外抛入海。

2003年横沙东滩工程启动后,航道疏浚土开始逐步得到利用,但当时仅以满足上海土地占补平衡为目标,城市建设需要多少土地平衡指标,就造多少陆域,致使真正上滩生态成陆的疏浚土仅占总量的10%左右(表9)。

2016年,横沙东滩七期、八期工程启动,到2020年共利用疏浚土约2.1亿 m^3;疏浚土的资源化利用率从10%提高至平均60%,2017年最高达77%。

表9 1998—2019年长江口深水航道疏浚土上滩成陆情况

年 份	疏浚土总量(亿 m^3)	疏浚土成陆利用量(亿 m^3)	成陆利用率(%)	成陆工程	形成陆域面积(km^2)
1998—2015	9.77	0.97	10	三期、六期工程	50
2016	0.59	0.34	57	七期、八期工程	56
2017	0.58	0.45	77		
2018	0.59	0.34	57	八期工程	
2019	0.54	0.24	45		

(二) 疏浚土横沙滩涂资源化利用生态成陆的效益

疏浚土资源上滩成陆的效益包括实际效益和预测效益。实际效益主要来自已经成陆的横沙东滩。对照横沙东滩的实践和成果,对横沙浅滩保滩护岸工程中疏浚土资源上滩利用的效益进行科学、合理的分析预测。

水利部和交通运输部近期发布了《关于加强长江干流河道疏浚砂综合利用管理工作的指导意见》,文中指出"水利和交通运输部门联合在长江口、荆州等地开展了长江航道疏浚砂上岸综合试点,在一定程度上缓解了砂石供需矛盾,取得了良好效益",从而肯定了横沙东滩在长江口航道疏浚土资源化利用上所取得的成效。

1. 经济效益

经统计,在横沙东滩已经实施的七期、八期工程航道疏浚土资源化利用带来的直接经济效益为105.11亿元,包括:经财务部门审核确认的相关单位增收节支直接经济效益84.51亿元、疏浚维护总节约成本20.6亿元。

横沙东滩七期、八期工程为上海提供土地55.9 km^2,相当于新黄浦区加上新静安区的面积,5年规模比以往18年还多6 km^2。以上海市发改委批复的工可,按30万元/亩计,间接经济效益为251.4亿元;以中船科技2019年公告拟出让的长兴岛某工业用地,按50.6万元/亩计,间接经济效益为424

亿元。

经测算,如将航道疏浚土充分利用于横沙浅滩保滩护岸工程,可为上海新增土地面积约 303 km²(454 500 亩),以横沙东滩的现值计,按 30 万元/亩或 50.6 万元/亩计算,预期可产生间接经济效益 1 363.5 亿～2 299.77 亿元,潜在的经济价值将会更大。

2. 生态效益

利用航道疏浚土上滩成陆后,横沙东滩大幅增加了上海的生态容量,是上海践行长江大保护战略的典型案例。

底栖生物多样性好转:横沙东滩周边水域多样性指数为 2.13,明显好于南港南槽水域。生态环境综合评价(水质、沉积物和生物生态)结果也表明,横沙东滩周边的北港水域较南港南槽水域表现出了明显优势。南、北沿线外侧依托预留的坝田区已形成了河口生态修复带。

植被覆盖剧增:连续的卫星图像显示,2003 年新横沙鲜有植被覆盖,2010 年后植被覆盖面积逐年增加,2019 年已增至 88.7 km²,形成了一望无际的绿色植被区(图 26)。

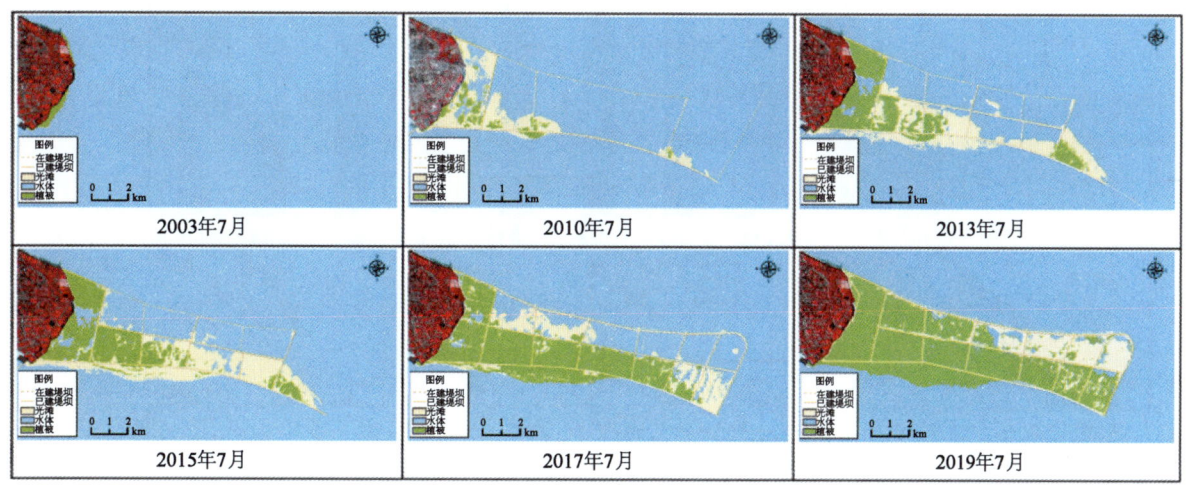

图 26　卫星遥感解译

水鸟群落数量上升:市绿化局 2017 年 9 月发布横沙东滩鸟类数量创单次最高纪录,称本次横沙记录到的鸟类数量为近五年来同期的最高纪录。2018 年度数量达 15 905 只次。新横沙已成为大量候鸟迁徙途中在长江口的新栖息地。

横沙浅滩充分利用航道疏浚土开展保滩护岸工程,将形成高-中-低滩有序衔接的生态滩面,为河口不同类型植被提供生长环境,也成为底栖类、浮游类、爬行类、鸟类等动物的繁殖、栖息、迁徙、越冬的场所,整个横沙浅滩区域生态多样性、物种多样性和初级生产力也将会进一步增加,从而使上海的生态容量得到更加显著的增加。

3. 社会效益

新横沙位于我国海岸线中区与长江黄金水道 T 形交汇处,受陆海两相共同作用,河口三角洲广袤富足、生态多样,既拥有优良的航道、港口和岸线资源,又蕴藏着丰富的淡水、泥沙、滩涂、湿地、生物资源,为经济社会的发展提供了重要的基础性自然资源和战略性经济资源,特别是 22 m 的超深航道和近百千米的深水岸线,将为上海和整个长三角未来发展带来新机遇,为我国实施重大发展战略预留新空间。

国务院批准的《上海市城市总体规划(2017—2035)》中已明确"预留横沙东滩滩涂围垦资源作为

城市长远发展的战略空间"。新横沙有利于上海疏解人口、交通和环境压力,有利于弥补建设用地紧缺,有利于产业布局调整和新产业的发展;有利于城市总体布局规划的调整,有利于进一步提升国际航运中心的能级,有利于上海卓越的全球城市建设。

(三)疏浚土外抛产生的后果

长江口深水航道整治工程是国务院批准的《长江口综合整治开发规划》的重点项目,深水航道的建成对长江经济带和长三角区域的发展发挥了积极的作用,通航能力提升,船载货量增加,经济效益明显。为了维护12.5 m的水深,北槽航道(图27)和南槽航道每年还将继续产生约7 000万 m^3 的疏浚土,现在的问题是必须找到可以资源化利用的途径和方案。

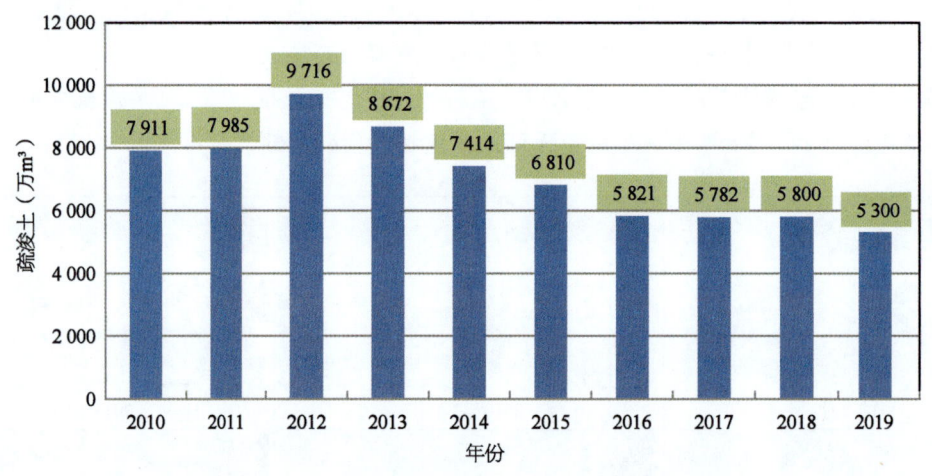

图27 长江口深水航道维护产生的疏浚土统计量

1. 疏浚土抛海浪费资源

疏浚土是大自然馈赠给人类的宝贵资源。据报道,新加坡每年都会花费重金从国外购置沙土,或用于造陆,或用作储备。仅以上海航道局2016—2019年参与的新加坡填海造地工程计,4年间已以相当于129元/m^3的价格购置了近1 000万 m^3的沙土。

新加坡国土面积的增加主要来自成陆工程。新加坡1965年刚独立时,国土面积仅有581.5 km^2,2019年已达到722.5 km^2;55年间增加约141 km^2,比原有面积扩大约24%,相当于每13年成陆1个澳门,是亚洲领土扩张速度最快的国家。但新加坡地势平坦,缺乏天然沙土,造陆所需沙土不得不依赖大量进口。据统计,2008—2017年间累计进口约4.06亿 m^3沙土。目前,新加坡土地规划已经制定到2030年,成陆总量和规模都在逐步增加。未来10年间,新加坡国土面积将扩大到777 km^2,即新增土地54.5 km^2,相当于一个徐汇区的土地面积。

新加坡一位政府高官表示:"我们的任务是要创造出有利于新加坡继续发展壮大的条件。"新加坡之所以致力于"扩张领土",是因为他们相信:要成为像纽约、伦敦一样的全球金融、贸易、航运、文化、服务中心,必须有相应的国土面积和人口。

由于新加坡对沙土的需求量大且逐年增加,因此,当其他国家都在储备石油、粮食等战略物资时,新加坡则对沙土进行了战略储备。几十年来,新加坡在海里和地上储备了大量沙土,保守估计有1亿~2亿 m^3。

上海的发展与新加坡有异曲同工之处。上海依水而生,伴水而长,根基在于长江来沙,陆域拓展长期依靠长江源源不断的泥沙淤积而成。然而,相比于新加坡每年需要花费重金大量从他国进口沙土,上海虽然有着丰富疏浚土的天然优势,却不能持续将其充分利用以形成国土空间资源。如按前述 129 元/m³ 的价格计算,上海每年抛弃浪费的 7 000 万 m³ 的航道疏浚土资源价值就达 90.3 亿元。

2. 疏浚土抛海污染海洋环境

长江口区域设有 4 个海洋倾倒区用于容纳航道疏浚土的外抛,其中 3 个为永久倾倒区,1 个为临时倾倒区。根据国家海洋局东海分局发布的海洋倾倒区通知规定,1♯倾倒区年倾倒量控制在 800 万 m³,2♯倾倒区控制在 1 000 万 m³,3♯倾倒区控制在 2 000 万 m³,4♯临时倾倒区不超过 1 000 万 m³。目前,1♯倾倒区受水深环境影响,实际使用量低于 800 万 m³,2♯倾倒区因水深过浅已暂时停用。海洋倾倒区的设立说明国家对疏浚土污染海洋环境的严格管控,从一个侧面反映了疏浚土抛海对海洋环境存在的威胁。

根据相关文献记载,疏浚土倾倒入海,会对浮游生物、鱼卵、仔鱼、底栖生物和游泳生物产生短期、可恢复性质的影响;会造成底栖生物量的损失;还会造成渔业资源及其他生物资源的损失。疏浚土外抛过程中悬沙随着水流将在一定程度上影响倾倒区周边的海水水质和生态环境;直到施工完成,这种影响才会消失。

疏浚土大量外抛入海,不适应当前海洋倾废管理的新形势和新要求。

六、几点具体建议

1. 建议将"横沙浅滩保滩护岸工程"列为国家重大项目,进入国家和上海市的"十四五"规划

疏浚土抛海,未加充分利用,既是对宝贵资源的浪费,也是对海洋环境的污染。同时,上海不仅将丧失依靠自然馈赠、坐享土地持续扩张的优势,还将面临日趋严峻的滩涂侵蚀、国土资源流失的局面。

建议国家发改委及相关部委和上海市明确横沙浅滩的重要战略地位,将横沙浅滩保滩护岸工程列为国家重大项目,进入国家和上海市的"十四五"规划。

2. 建议支持相关团队、单位对横沙浅滩保滩护岸工程开展深入研究

横沙浅滩保滩护岸工程是一项系统工程,涉及多个领域、多个方面,长江口和横沙滩涂区域水下环境又极其复杂,还有不少问题需要面对。希望国家和上海市相关部门给予课题组更多的支持,继续深化横沙浅滩的相关科学研究,实时掌握横沙浅滩水文泥沙数据,分析水动力和泥沙输运规律,细化工程方案,为工程的实施做好技术支撑。

3. 建议先行启动横沙大道外延工程和疏浚土上滩试验区建设

横沙大道外延工程是横沙浅滩保滩护岸工程的基础和牛鼻子,建议先行启动。此外,由于横沙浅滩保滩护岸工程涉面广、难度大,又需要较长的时间跨度,建议同时启动疏浚土上滩试验区建设,先行先试,把握节奏,有序推进。

附 1:以国土资源预留为先导的横沙浅滩工程推进方案
附 2:以生态基底塑造为先导的横沙浅滩工程推进方案

附1

以国土资源预留为先导的横沙浅滩工程推进方案

为遏制横沙浅滩当前侵蚀日趋严峻的态势,稳定滩槽河势格局,充分利用长江口深水航道疏浚土,从城市发展、国土空间资源预留为先导的角度,在确保生态优先的前提下,提出横沙浅滩保滩护岸工程推进方案。工程可为上海发展逐步扩大空间资源,也能同时增加生态容量。

一、总体推进方案

横沙浅滩国土陆域可形成范围如图1所示,位于横沙东滩已成陆区东侧,北槽北导堤以北的滩涂范围,总面积约 303 km²。

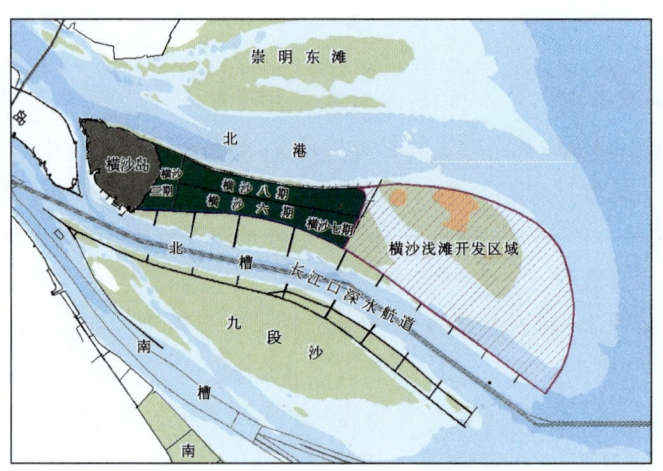

图1　横沙浅滩国土开发区域范围

二、推进方案

先实施横沙大道外延工程和护滩工程,再利用航道疏浚土资源逐步推进横沙浅滩陆域形成。

1. 横沙大道外延工程

工程目的:遏制滩槽水沙交换、减缓浅滩侵蚀,是稳定口门河势格局、实现北槽深水航道疏浚土上滩利用的基础工程,也是后续进行横沙陆域空间形成的依托工程。

工程布设:自现横沙大道东侧头部A点起,沿北槽深水航道北导堤走向向东延伸至北导堤堤头C点,总长 25.2 km。

工程规模及投资:参照横沙五期50年一遇高潮位+同频率风速标准设计,则横沙大道外延工程费用约69亿元。

工期:2年。

2. 护滩工程

工程目的:控制浅滩漫滩水沙运动,遏制滩槽窜沟发育,稳定横沙浅滩整体滩面形态,促进滩面淤积,并为航道疏浚土上滩利用创造环境,确保横沙陆域空间可形成范围。

工程布设:如图2所示,护滩工程可采用T形的护滩堤形式,其中南北向护滩堤南侧起于横沙大道外延工程B点位置,与横沙大道外延工程垂直向北延伸13.7 km,直至横沙浅滩北沿—5 m等深线附近。横沙浅滩北侧自D点分别沿—5 m等深线走向,向东西两侧布设护滩堤,总长9.7 km。

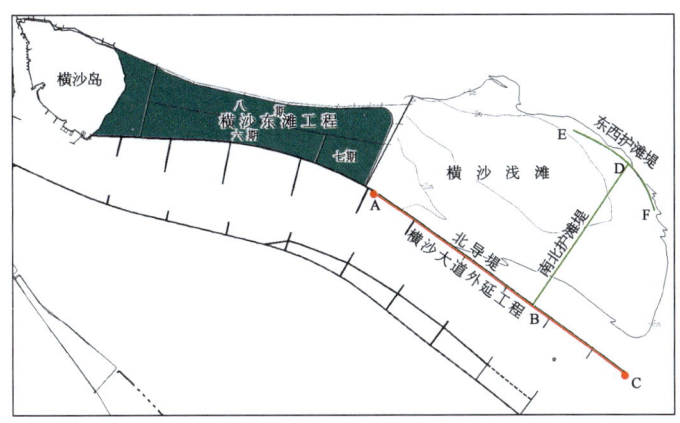

图2 基础方案布设示意

工程规模及投资:设计标准为50年一遇高潮位与同频率风速标准。工程费用需23.5亿元。

工期:2年(可与横沙大道外延工程同步)。

3. 陆域形成工程

在横沙大道外延工程和护滩工程基础上,对横沙浅滩303 km² 区域进行分块成陆,如图3所示,推进过程依次从G-1区至G-4区。

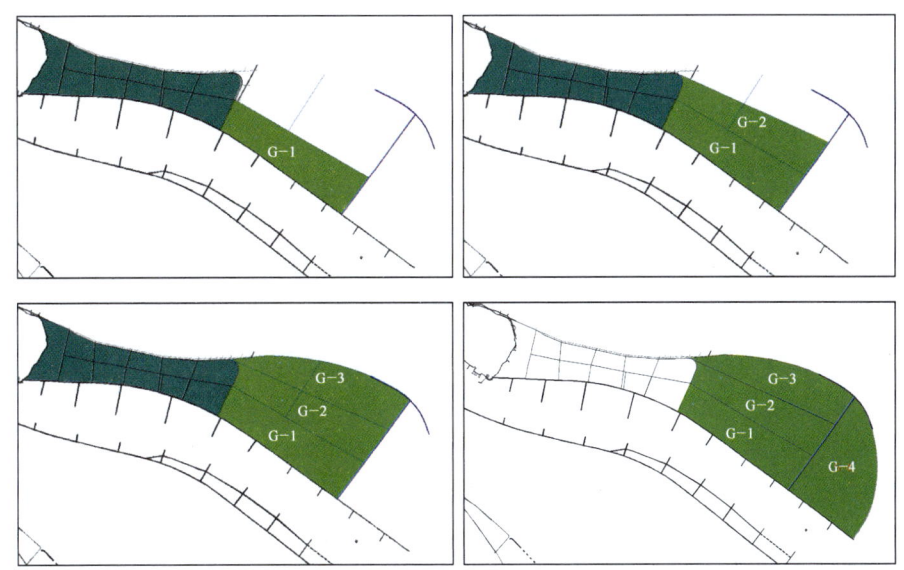

图3 推进方案布置

目前,航道疏浚土是横沙浅滩实施陆域形成最为经济、便捷的沙源,也是长江口泥沙资源稀缺现状下唯一可行的沙源。

若按+3.0 m标高成陆,泥沙资源需求量21亿 m³,利用北槽航道疏浚土和未来北港航道建设的疏浚土资源,约需30年。

若按建设用地标准+5.5 m 标高建设,则需泥沙 29 亿 m³,需要时间约 40 年(表 1)。

表 1　横沙浅滩区域陆域形成疏浚量统计

区　域	面积 (km²)	+3.0 m 高程(农业用地标准)		+5.5 m 高程(建设用地标准)	
		吹填量(亿 m³)	Ⅰ期(年)	吹填量(亿 m³)	Ⅰ期(年)
G-1	70	5.0	10	6.9	12
G-2	64	3.7	5	5.4	7
G-3	67	3.4	4	5.2	7
G-4	102	8.8	11	11.5	14
合　计	303	21	30	29	40

注:2030 年后考虑北港航道建设维护量。

综上,横沙浅滩若按低标准,即+3.0 m 标高成陆,横沙大道外延工程按 50 年一遇标准,则总工程费用约 1 076 亿元。

若按高标准成陆,即+5.5 m 标高成陆,横沙大道外延工程按 200 年一遇标准,则总工程费用约 1 415 亿元(表 2)。

表 2　横沙浅滩陆域形成总工程费用　　　　　　　　　　　　　　(单位:亿元)

成陆标准	横沙大道 外延工程	护滩工程	陆域推荐		合　计
			配套工程	吹填工程	
低标准成陆	69	23	162	822	1 076
高标准成陆	80	23	162	1 150	1 415

注:不含二类费用。

为了在横沙大道外延和护滩堤建设的 2 年内能充分利用长江口航道疏浚土,可以同步实施 G-1 区域的吹填工程,还可节约横沙大道外延工程北侧护面结构的工程费用。

4. 生态优先措施

在工程实施中,将突破国内外利用滩涂圈围造地搞建设的单一路径和方法,提出将长江口深水航道疏浚土资源化利用、横沙浅滩保滩护岸、横沙周边复合生境构筑以及国土空间资源预留四大目标融为一体的长江口滩涂整治与利用新理念。

依据"工法自然"的目标,设计了包括横沙大道外延工程、横沙浅滩护滩工程、陆域形成工程在内的工程方案及推进时序。在工程实施中充分考虑底栖生物、植被、鸟类等生境需求和未来发展所需,真正实现长江大保护和大发展的协同并举。

三、不同成陆高程的价值分析

不同的开发规模,工程投资差异较大,但未来的可开发功能也明显不同。

横沙浅滩若按低标准成陆,在开发功能上相对局限,主要可用于现代农业发展、生态旅游发展等。优点是短期开发成本较低。

若按高标准成陆,其可充分发挥其集"区位、土地、航道、岸线"等众多优势于一身的特殊优势。如利用其临江临海且土地面积广袤优势,可布局临港产业,推动上海产业结构升级;可为上海区域功能置换升级、城市综合体建设、交通和环境改善,提供实现的空间;利用其通江达海的区位优势,未来可为上海港深水化和江海联运功能的实现创造条件,构建长三角区域物流集散中心,推动上海国际航运中心发展和长江经济带发展。

附2

以生态基底塑造为先导的横沙浅滩工程推进方案

针对当前横沙浅滩滩涂侵蚀日趋严峻、滩涂品质日趋恶化的状况，积极响应长江大保护战略，从生态基底为先导的角度出发，提出利用长江口航道疏浚土资源实施横沙浅滩保滩护岸工程，近期为上海增加生态容量，远期实现303 km²国土空间资源预留。

一、总体方案

通过先期实施横沙大道外延工程和护滩工程，再利用航道疏浚土资源，构筑高-中-低滩有序衔接滩涂基底，最终实现横沙浅滩303 km²生态陆域的形成（图1）。

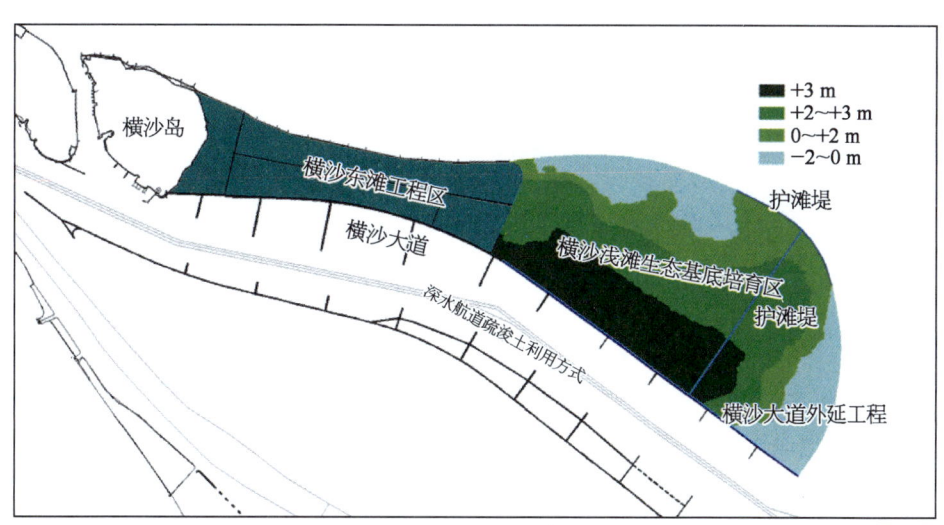

图1 新横沙生态滩面布局示意

二、各项工程布设

1. 横沙大道外延工程

工程目的：遏制滩槽水沙交换、减缓浅滩侵蚀，是稳定口门河势格局、实现北槽深水航道疏浚土上滩利用的基础工程，也是后续进行高-中-低滩生态基底塑造工程的依托。

工程布设：自现横沙大道东侧头部A点起，沿北槽深水航道北导堤走向向东延伸至北导堤堤头C点，总长25.2 km（图2）。

工程规模及投资：参照横沙五期50年一遇高潮位＋同频率风速标准设计，则横沙大道外延工程费用约69亿元。

工期：2年。

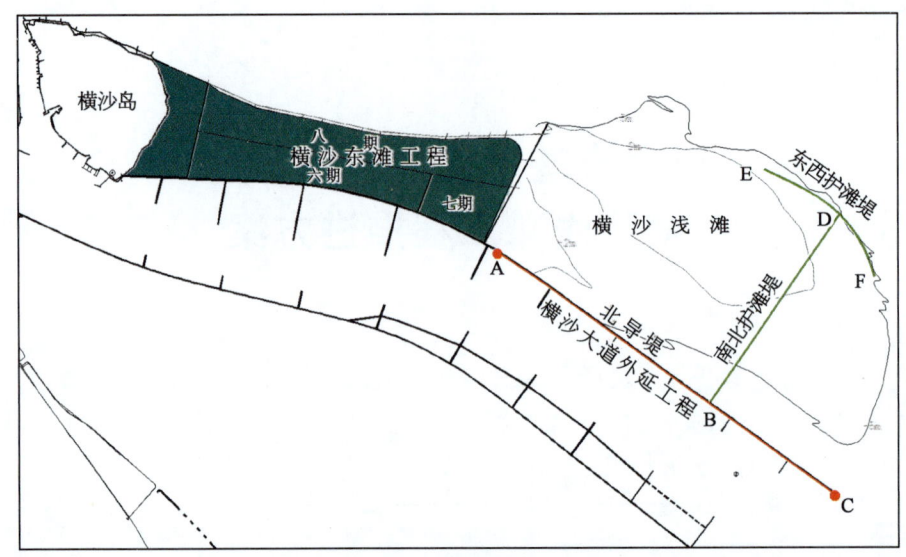

图 2　基础方案布设示意

2. 护滩工程

工程目的：控制浅滩漫滩水沙运动，遏制滩槽窜沟发育，稳定横沙浅滩整体滩面形态，促进滩面淤积，并为航道疏浚土上滩利用创造环境，也是后续进行高-中-低滩生态基底塑造工程的依托。

工程布设：如图 2 所示，护滩工程可采用 T 形的护滩堤形式，其中南北向护滩堤南侧起于横沙大道外延工程 B 点位置，与横沙大道外延工程垂直向北延伸 13.7 km，直至横沙浅滩北沿－5 m 等深线附近。横沙浅滩北侧自 D 点分别沿－5 m 等深线走向，向东西两侧布设护滩堤，总长 9.7 km。

工程规模及投资：设计标准为 50 年一遇高潮位与同频率风速标准。工程费用需 23.5 亿元。

工期：2 年(可与横沙大道外延工程同步)。

3. 生态基底塑造工程

工程目的：利用深水航道疏浚土加高浅滩滩面，为滩涂植被生长创造环境。

工程推进：采用先平窜沟、再提高滩面的推进方式。即先利用滩面窜沟地形较深、掩护条件较好、紧贴南岸的优势，进行吹填平槽；再分别设置高滩、中滩拦沙坝，高程分别为＋3.0 m 和＋2.0 m，通过疏浚土吹填上滩，先后实现大于＋3.0 m 高滩塑造和大于＋2.0 m 中滩塑造。吹填过程允许疏浚土溢流越堤进入北侧的较低滩面区域，实现－2.0～＋2.0 m 中低滩的塑造，进而形成高程由南向北逐渐降低的自然坡度(图 3)。

工程规模：拦沙坝总长约 35.1 km，其中：高滩拦沙坝坝顶高程＋3.0 m，长 16.9 km；中滩拦沙坝坝顶高程＋2.0 m，长约 18.2 km。

总吹泥量 8.0 亿 m^3，其中：深槽吹填量需 1.7 亿 m^3，高滩区吹填量 3.3 亿 m^3，中滩区吹填量 3.0 亿 m^3。

4. 生态陆域工程

在生态基底塑造工程的基础上，实施生态陆域工程。随着疏浚土上岸的逐步增加，滩面逐步抬高，最终形成＋3.0 m 标高的 303 km^2 生态陆域(图 4)。

工程费用：约 650 亿元。

工期：15 年。

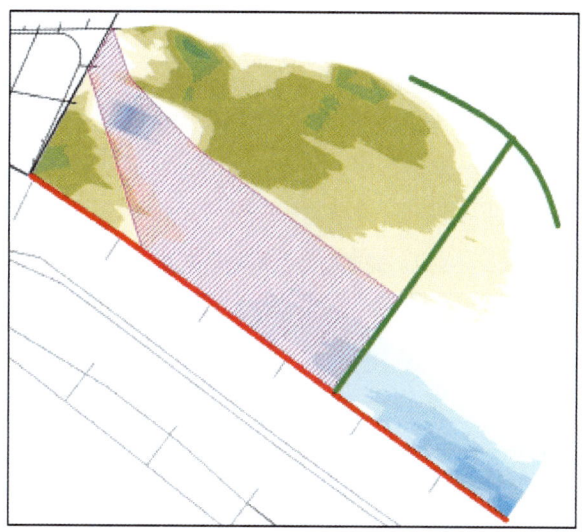

窜沟吹填区域

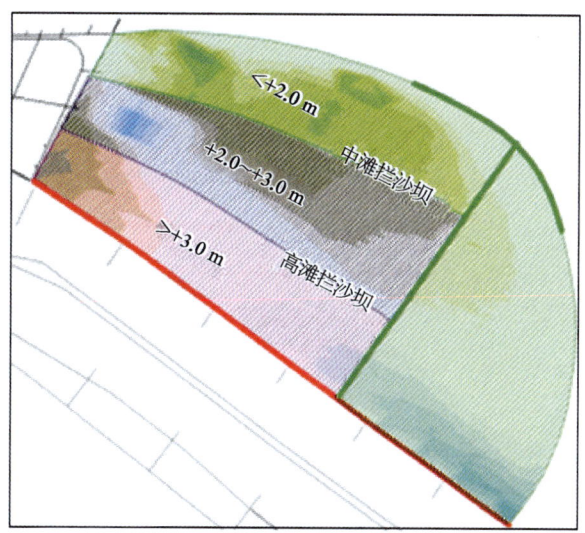

高中滩构建区

图 3　滩面塑造过程及布局

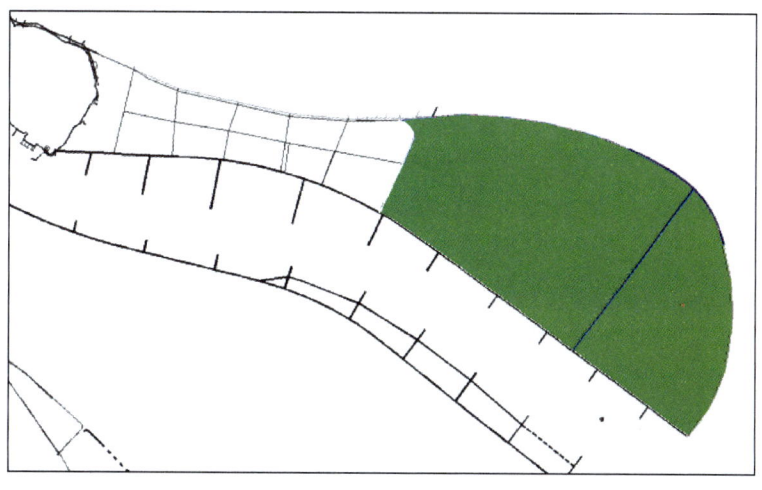

图 4　横沙生态陆域范围

三、工期及工程投资

总工期30年,其中:横沙大道外延工程和护滩工程实施约需2年,生态基底塑造工程约需13年,后续生态陆域形成约15年。

工程总费用:1 092亿元(表1)。

表1 滩面塑造工程费用汇总表

工程项目	工程内容	工程规模	工期(年)	工程费用(亿元)
横沙大道外延工程		25.2 km	2	69
护滩工程		23.4 km		23
生态基底塑造	拦沙坝	35.1 km	13	350
	吹填	8.0 亿 m³		
生态陆域形成工程		13 亿 m³	15	650
合计			30	1 092

注:不含二类费用。

第3部分
研究论文

长江口航道疏浚土综合利用及新横沙生态成陆探索

包起帆[1]，楼　飞[2]，孟　舒[1]

(1. 华东师范大学国际航运物流研究院，上海 200062；
2. 中交上海航道勘察设计研究院有限公司，上海 200120)

摘　要：针对长江口新水沙环境和滩涂演变的现状，以及长江口深水航道疏浚土综合利用面临的困境，以生态优先、共抓长江大保护的理念为指导，论述了后续疏浚土综合利用的紧迫性和可行性。从生态环境塑造、滩涂资源保护、长江口河势控制等方面着手，探讨了开展长江口大保护的有关路径和方法。提出了以横沙大道延伸及促淤护滩工程为依托，实现2020年后综合利用长江口深水航道疏浚土在新横沙生态成陆的具体方案。

关键词：长江大保护；疏浚土综合利用；新横沙生态成陆

中图分类号：U 612；U 616　　　　**文献标志码**：A

20世纪末到21世纪初，长江口深水航道疏浚土的处置经历了全部外抛到部分上滩利用的转变，但总体仍然是以海洋倾倒处置为主。

据统计，自1998年长江口深水航道治理工程开工至2015年的18年间，长江口航道疏浚土总量达到了9.3亿 m^3 [1-2]，其中66%被直接抛海，34%进入开敞式吹泥站，上滩利用率仅为25.9%。18年间，疏浚土总的外抛量达6.89亿 m^3，如果加以综合利用，可为上海生态成陆100 km^2 以上，这对寸土寸金的上海而言弥足珍贵。

大量疏浚土直接外抛，对海洋水环境造成污染、影响周边生态。同时疏浚土抛海后扩散易引起水体二次污染，增加航道回淤量、工程维护量和疏浚费用。

在交通运输部和上海市的共同努力下，结合横沙东滩西侧的工程项目，2004年后，疏浚土开始逐步采用上滩利用模式。其中：2004—2009年间，疏浚土上滩处置相对粗放，上滩后泥沙流失较明显，疏浚土资源有效利用率不高。为进一步提高对疏浚土资源的利用，长江口航道管理局与上海市发改委于2012年进一步签订了《共同协调推进长江口航道疏浚土综合利用工作备忘录》，明确将航道疏浚土上滩利用于横沙成陆工程。2016年后，结合横沙东滩七期、八期工程实施，部市间进一步深化了合作模式。在这些机制的推动下，疏浚土的资源化利用的程度不断提高至80%左右。计划至2020年，利用长江口航道疏浚土吹填上滩，可形成56 km^2 的生态陆域，5年成陆规模比以往18年累计还多6 km^2（表1）。在这次部市合作中，上海市可以以较低吹填成本取得新增土地，而交通运输部则可通过超运距费用补贴，以弥补疏浚土处理中运输成本的增加。良好的合作机制不

---

* 基金项目：上海市科学技术委员会科研计划项目(17DZ1201904)。

仅改善了以往疏浚土外抛造成的资源浪费和环境污染,更成功开启了资源节约、环境友好、共赢共惠的新局面。

表1　长江口深水航道疏浚土利用情况

年　份	历时（年）	疏浚土总量（亿 m³）	疏浚土处置	进吹泥站的量（亿 m³）	疏浚土利用率（%）	吹泥上滩率（%）	形成土地面积（km²）
1998—2015	18	9.3	66%外抛丢弃+34%进吹泥站吹泥上滩	3.19	34.3	25.9	50
2016—2020(预计)	5	2.8～3.5	80%以上进吹泥站吹泥上滩	2.44	≥80.0	75.0	56

长江口航道疏浚土综合利用与新横沙生态成陆相结合的经验[3],是长江大保护的成功举措,不仅巩固了横沙东滩的主要边界、稳定了长江口河势、减少了疏浚土外抛后二次流入航道的回淤量,也减少了疏浚土倾倒至海洋对水资源的污染。

利用疏浚土塑造的生态陆域为上海未来提供了新的发展空间[4],实现了长江口航道疏浚土从外抛资源浪费到"变废为宝"的转变,实现了从污染海洋水环境到塑造生态陆域的转变。

1　面临的问题

1.1　长江口地区上游来沙量持续减少

近年来,由于长江下泄泥沙的持续减少,位处长江口的横沙滩涂自然淤涨态势难以为继。随着长江上游以三峡水库为核心的巨型水库群逐渐形成,下泄泥沙被大量拦截,加上长江中下游水土保持工程的完善,目前长江口已开始呈现丰水少沙现象。2010年后的来沙量相比历史高峰期减少了70%。这意味着未来可用于新横沙生态成陆的沙源将变得十分稀缺(图1)。

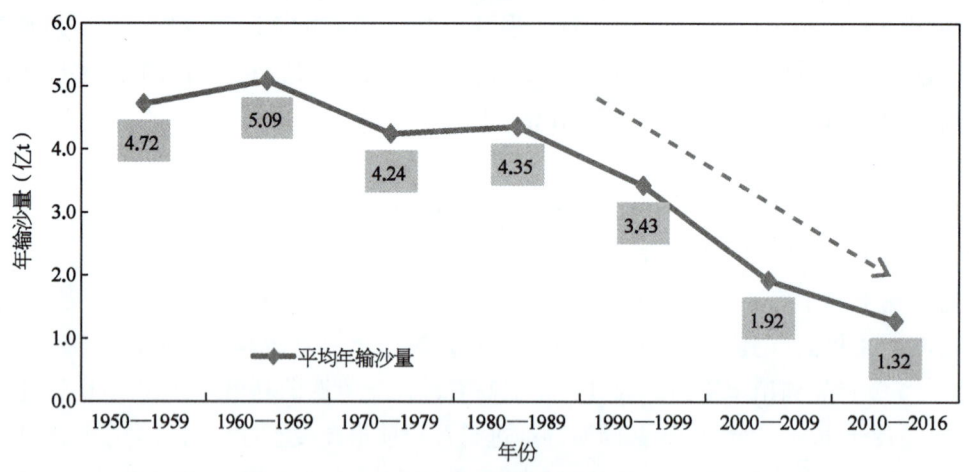

图1　长江大通站年际输沙量变化

1.2　长江口河势及横沙滩涂亟须整治

横沙东滩位于长江口北槽与北港之间,其50 km长的滩涂区域构筑了长江最主要的两大入海通道的边界。近年来,在长江口口门区域强劲的风浪和潮流动力作用及长江下泄泥沙持续减少的影响下,长江口水沙变化很大,特别是横沙浅滩区域滩面窜沟发育,低滩区甚至呈现缓慢冲刷迹象。任其自然发展,则滩面泥沙流散、沟壑纵横,滩体萎缩散乱,未来必将危及周边河势稳定(图2)。

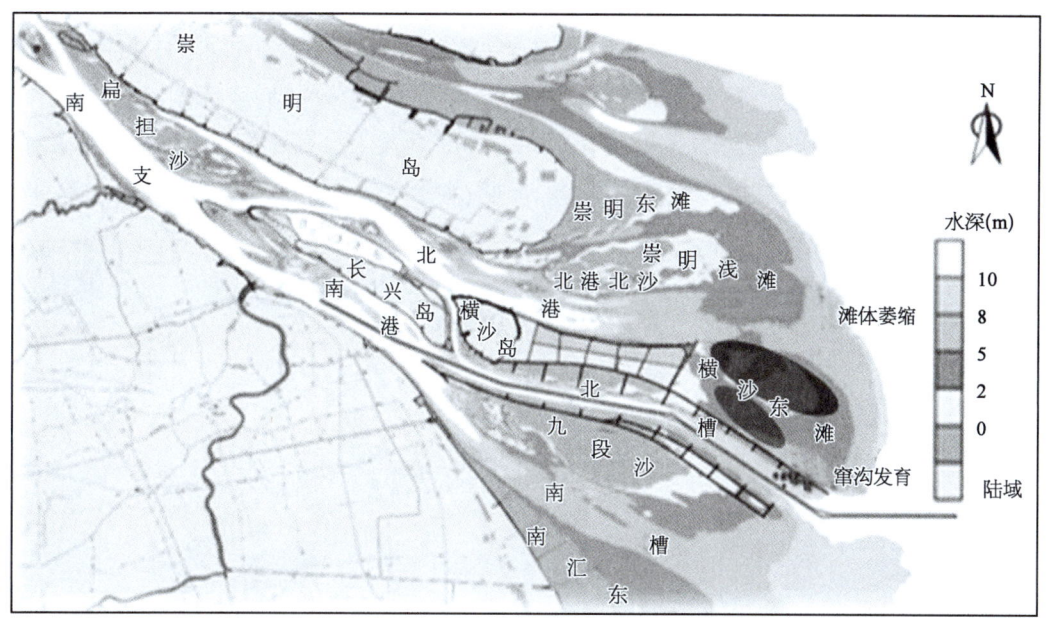

图 2 长江口滩涂现状

据观测,横沙东侧滩涂已开始被冲刷,未来还将处于易侵蚀环境中。据统计,2010—2016 年间长江口南支-南北港-南北槽沿线 0 m 以深河槽冲刷量达 10 亿 m^3(图 3),相当于平均每年 1.7 亿 m^3 泥沙流失。横沙东侧滩涂区域在 2013—2016 年间滩地面积减少了 21 km^2,造成生态陆域流失。

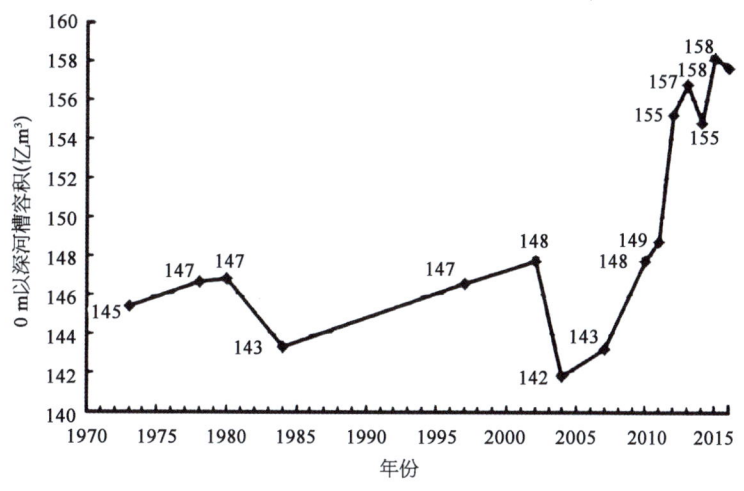

图 3 长江口 0 m 河槽容积的变化

新横沙生态成陆的前提是滩涂资源不减少、滩涂格局不动荡。浅滩持续冲刷侵蚀,已经无法通过自然趋势完成滩面的生态塑造,现阶段如不采取相关的工程措施,长江口河势稳定和滩涂资源大保护的局面将很难再现。

1.3 2020 年后长江口航道疏浚土利用前景堪忧

按照原计划,正在开展的横沙东滩七期、八期工程将于 2020 年底完工,仅剩 2 年多时间,届时,已经形成的长江口航道疏浚土利用的局面将到此结束。每年多达 6 000 万 m^3 的疏浚土何去何从,逐步形成中的横沙生态陆域也将到此为止,解决上述问题已成燃眉之急。

按照长江口现有规划情况,2020 年后航道疏浚土可处置区域主要为长江口 1#～4# 抛泥区或南汇东滩圈围区域(图4)。如果运至南汇圈围区上滩,运距将达41~64 km,可吸纳的疏浚土也仅为4.5亿 m³,如此长的运距,显然也是不可行的。外抛即意味着资源浪费、环境污染,况且1#~4#抛泥区也难以接纳全部的疏浚土,扣除上海港区、黄浦江维护的抛泥需求,2020年后经批准,可供长江口航道疏浚土处置的倾倒量仅为3 300万 m³,至少还有2 700万 m³ 疏浚土没有出路。而且随着国家对海洋环境保护要求的不断提高,海洋倾废总量将被严控。因此,未来长江口疏浚土的处置亟待研究解决。

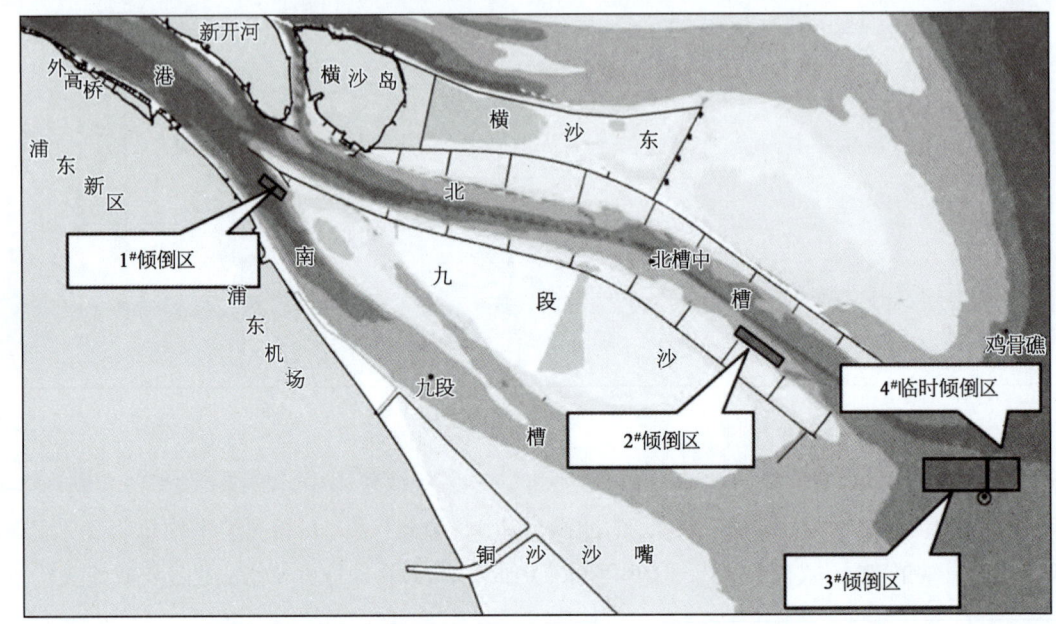

图4 倾倒区示意

2 解决思路

2.1 新横沙生态成陆空间前景

本文所指的生态成陆空间是指除了原有的横沙本岛(面积52 km²)以外,其东侧2020年可完成的生态成陆区域(面积106 km²),位于该区域南侧的坝田区域(面积71 km²),以及2020年以后可规划生态成陆的区域(-5 m等深线围合面积303 km²),共计480 km²。横沙本岛、现已成陆及可规划生态成陆空间,统称为"新横沙"[5](图5)。

2.2 新横沙生态成陆是2020年后长江口航道疏浚土的最佳出路

国务院批准的《上海市城市总体规划(2017—2035)》提出要"预留横沙东滩滩涂围垦资源作为城市长远发展的战略空间",强调了滩涂围垦资源的远景预留,无疑为利用长江口航道疏浚土提供了可能。

经过研究,规划2020年后将长江口航道疏浚土全部吹填至新横沙生态成陆,是最经济、最环保、最可行的疏浚土利用方案。

由于新横沙紧靠长江口深水航道,将疏浚土全部生态成陆,则运距最短、成本最低,且能为上海增加新的生态陆域,经济效益十分明显;能够减缓横沙东滩东侧滩涂冲刷侵蚀态势,保护滩涂资源、维护周边河势的稳定,具有显著的社会效益;长江口航道疏浚土减少外抛后,解决了海洋环境污染的问题,生态效益显著。

新横沙尚有可规划滩涂303 km²,若按农业开发的标准成陆,所需的泥土资源达20亿 m³;若按城

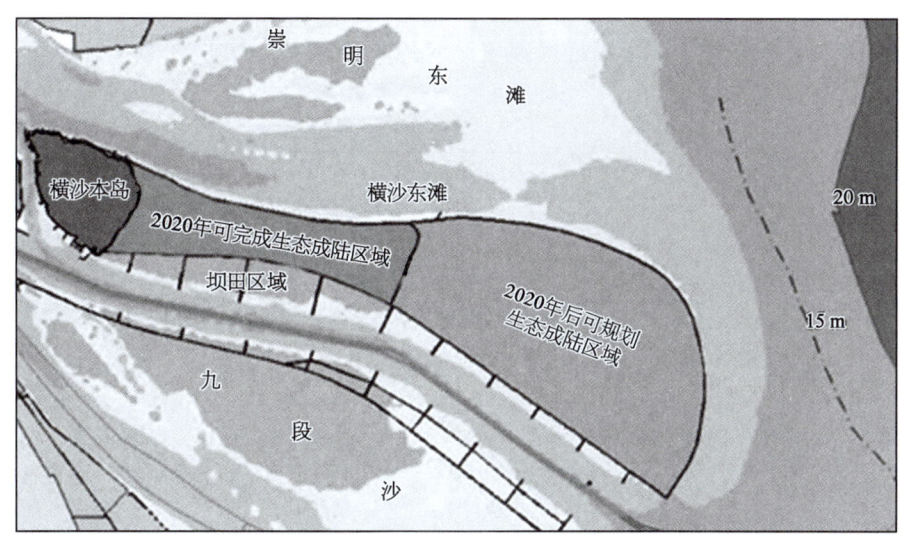

图 5 新横沙示意

市开发的标准成陆,至少需约 35 亿 m³ 泥沙。可在北槽北侧 N5~N10 丁坝之间布设 4~5 个储泥坑,启动横沙东滩 N23 潜堤东侧滩涂区域逐步生态成陆工程,疏浚土可就近上滩。

根据 2015—2016 年北槽航道疏浚土平均分布情况测算,若将北槽段航道的疏浚土吹至新横沙上滩,运距为 2~23 km。未来北槽航道年维护量暂按 5 000 万~6 000 万 m³/年估算,利用率按 80% 计,则新横沙可提供 40~50 年疏浚土利用的空间。

在研究了利用长江口航道疏浚土吹填至新横沙的时序与方案后,拟采用逐步推进、分块成陆的方式。其中隔堤西侧的掩护条件和施工条件均较好,可先行实施。尤其是 A 区,面积 58 km²,生态成陆条件最为成熟,可率先实施,之后可依次对 B-C-D-E 区形成生态新陆域(图 6)。

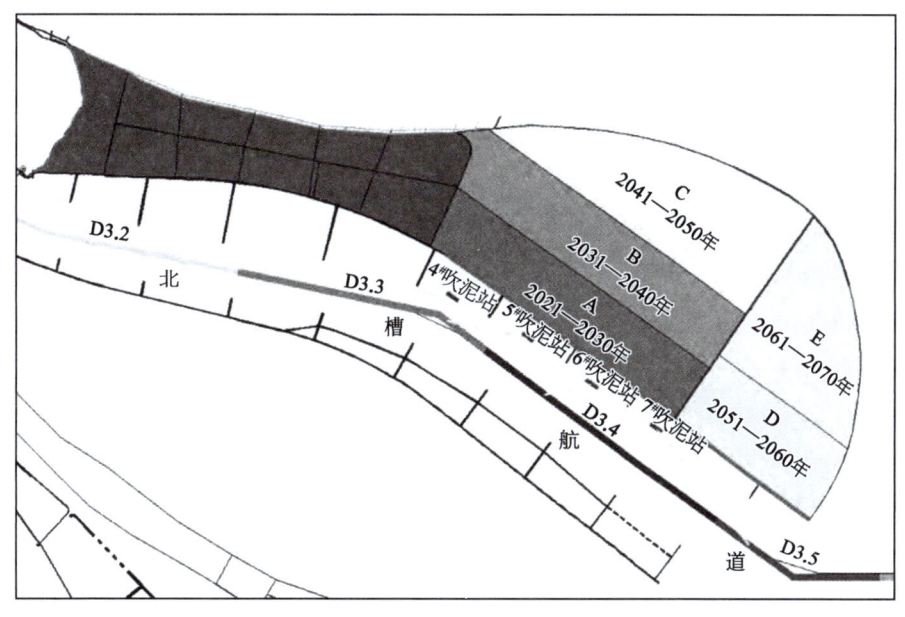

图 6 新横沙生态成陆周期

2.3 先行推进横沙大道外延及促淤护滩工程

要确保新横沙滩涂资源的长远预留和为长江口疏浚土找到好的出路,需对滩涂采取有效的防护和整治措施。目前，迅速推进横沙大道外延及促淤护滩工程是最可行的途径。延伸后的横沙大道具有挡沙、调整流场等功能，近期可解决新横沙滩涂侵蚀、长江口河势稳定受到威胁等难题，远期可为长江口疏浚土利用找到长远的出路(图7)。

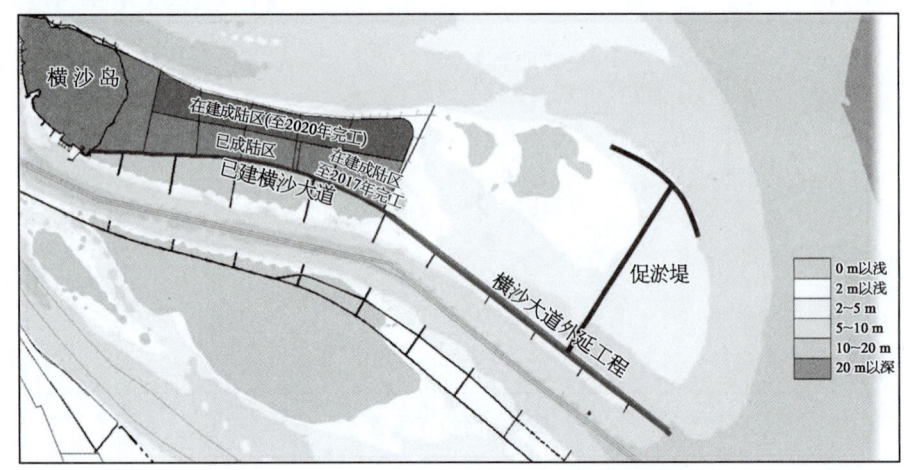

图7　横沙大道外延及促淤护滩工程布设

基于目前横沙东滩在建工程的成功经验，可将现横沙大道继续向东延伸至北槽北导堤堤头[6]，并辅以适当的促淤护滩工程。其中，横沙大道外延工程可按100年一遇防洪(潮)高标准设计，堤长26 km、顶高9.5～10.2 m、顶宽10.0 m；东滩滩面上可按50年一遇防洪(潮)标准布设促淤堤工程，堤长13.5 km、顶高5.5 m、顶宽7.0 m；同时，北沿可布设堤长10 km、顶高2.0 m的护滩堤。

该工程旨在消除窜沟、促淤护滩，是做好长江大保护的有力举措，可稳定滩槽河势、利于滩面淤涨，可最大限度利用好疏浚土资源塑造滩涂，可促进滩涂生态优化，更可为未来上海城市发展空间的构建奠定基础。

2.4　尽快落实相关规划和部市合作新机制

长江口航道疏浚土资源的利用和新横沙生态成陆，事关长江经济带绿色发展的国家战略，事关长江大保护的重要决策，要从规划着手，及早开展与长江口航道疏浚土资源利用相关的规划研究和落实，与此相关的规划有《国家海洋功能区划》《全国河口海岸滩涂规划》《长江口综合整治开发规划》等，这些规划即将面临修编，应将长江口航道疏浚土处置的刚性需求和新横沙生态成陆的相关规划纳入其中。同时，2020年横沙八期工程结束后，上海市与交通运输部之间还需就长江口航道疏浚土处置问题尽快达成新一轮合作，确保目前合作共赢机制的延续，避免重蹈过去在此问题上长期议而不决，而将宝贵的疏浚土资源白白抛向大海的覆辙[7]。

3　结语

(1) 在新横沙生态成陆是2020年后长江口航道疏浚土的最佳出路，符合《长江经济带发展规划纲要》对长江大保护提出的要求，可实现长江口航道疏浚土资源的综合利用，有利于长江口滩涂资源的保护、有利于长江口河势的稳定，具有很强的可行性和前瞻意义。

(2) 通过先行推进横沙大道外延及促淤护滩工程，近期可保护新横沙滩涂资源免遭侵蚀，有利于长江口河势的稳定，远期可为长江口疏浚土综合利用找到长远的出路，真正实现资源综合利用和长江口水环境保护并举、战略空间构建与生态建设共进。

（3）建议及时开展相关规划的研究和编制,确保在长江口业已开展的部市合作共赢机制的延续,继续开展长江口疏浚土的资源利用和生态成陆,为上海未来的发展保留战略空间,服务于国家重大战略。

参考文献

[1] 王恒宾,唐臣,楼飞,等.2020年后长江口深水航道疏浚土处置方案研究[J].中国港湾建设,2017,37(10):22-26.

[2] 赵德招,刘杰,程海峰,等.长江口深水航道疏浚土处理现状及未来展望[J].水利水运工程学报,2013(2):26-32.

[3] 包起帆,孟舒.加快谋划上海横沙深水新港[J].水运工程,2017(12):89-94,107.

[4] 刘杰,吴华林,程海峰,等.长江口横沙东滩中长期开发利用研究[J].水运工程,2012(7):111-116.

[5] 包起帆,郑伟安.上海新横沙开发和建港前瞻研究[M].上海:上海科学技术出版社,2016:4.

[6] 包起帆,任国华.关于上海城市发展新空间和深水新港战略研究的思考[J].中国工程科学,2013,15(6):14-19.

[7] 付桂,赵德招,程海峰.国内外疏浚土综合利用现状对比分析[J].水运工程,2011(3):90-96.

(原载于《水运工程》2018年第11期)

无围堰条件下横沙浅滩接纳长江口深水航道维护疏浚土的可能性分析*

金 镠[1]，楼 飞[2]

(1. 交通运输部长江口航道管理局，上海 200003；
2. 中交上海航道勘察设计研究院有限公司，上海 200120)

摘 要：受流域来沙持续减少影响，长江河口拦门沙区域已普遍进入侵蚀状态，滨海湿地资源流失日趋明显。同时，长江口深水航道疏浚维护量也有所减少，疏浚土资源日趋宝贵。近年来疏浚维护量基本稳定在 5 500 万～6 000 万 m^3/年。利用航道疏浚土就近补给受侵蚀浅滩，可成为未来疏浚土资源化利用的重要方向。从培育生态滩涂角度出发，无围堰条件下的吹填上滩是需要研究的工艺选项。以横沙浅滩为例，借鉴淤泥质海床在波浪作用下动力响应的黏弹性模型和连云港外航道疏浚土实测流变特性参数，研究分析了淤泥海床在不同来波波高和不同浮泥密度下的波高衰减率，得到浮泥密度 1.20～1.30 g/cm^3 时消浪效果最大等结果。该思路和方法可为长江口航道疏浚土无围堰吹填工艺论证提供参考。建议对长江口航道疏浚土的动态流变特性等开展试验研究。

关键词：横沙浅滩；疏浚土上滩；无围堰条件；波高衰减率
中图分类号：U 651　　　　**文献标志码**：A

　　长江口深水航道位于长江口北槽-南港区段，是长江黄金水道的咽喉所在。受河口水沙环境影响，该航道回淤量大，常年需实施维护疏浚。2012 年时维护量曾高达 9 716 万 m^3，之后逐年有所下降，近几年基本稳定在 6 000 万 m^3/年。

　　目前，深水航道疏浚土的处置或作为废弃物外抛至海洋倾倒区，或通过吹泥上滩实现疏浚土的资源化利用。其中，结合横沙东滩工程形成的围堰环境进行疏浚土安置，最终形成 3.0 m 高程的陆域区域，是目前深水航道疏浚土主要的资源化利用途径。但根据工程进度，横沙东滩工程将至 2020 年全部完工。届时无论从疏浚土的资源化利用还是从海洋环境保护角度出发，均急需要进行新的纳泥区规划。综观长江口区域，横沙浅滩是较为现实可行的区域。

　　如图 1 所示，横沙浅滩是位于横沙东滩东侧的水下滩涂，滩面高程基本处于 −5～0 m。21 世纪以来，随着长江入海泥沙的持续减少，长江口已由淤涨环境逐步转为侵蚀环境。横沙浅滩滩面冲刷，滩涂资源流失。因此，利用航道疏浚土吹泥上滩可成为滩涂泥沙冲刷流失的有益补充。

　　本文以横沙浅滩作为疏浚土新纳泥区的规划对象，探讨在无围堰环境下，受波浪和潮流作用，疏浚土上滩后存留浅滩的可能性，为长江口深水航道后续疏浚土处理方案的研究提供参考。

---

* 基金项目：上海市科学技术委员会科研计划项目(18DZ1206600)。

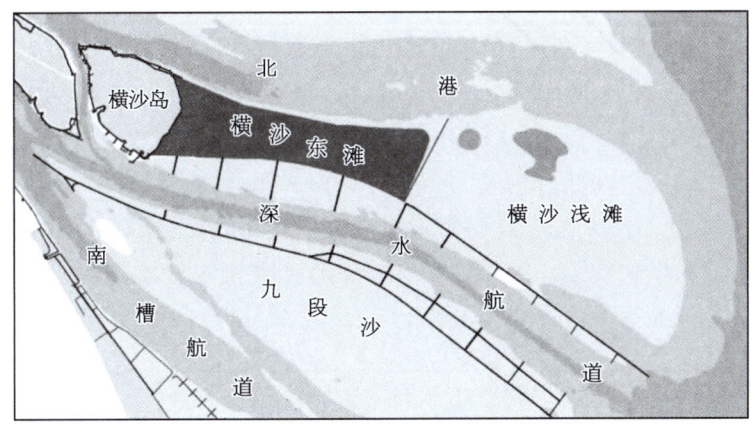

图 1　横沙浅滩区域位置

1　横沙浅滩概况

1.1　潮流

长江口 M_2 分潮为主控潮流分潮,横沙浅滩两侧北港和北槽的潮流均为往复流,流速较大。口门至 10 m 等深线附近为地形过渡段,等深线由沿河槽东西走向转为沿陆岸南北走向,水域展宽,流速变小,逐渐转为顺时针旋转流。其中,10~20 m 水深区域为等深线南北走向的岸滨斜坡海域,南北向潮流历时较长。近 20 年来,在流域入海沙量逐年明显减少的背景下,波浪掀沙和南北向水流输沙形成了沿等深线走向的冲刷带。

1.2　波浪

横沙浅滩所在区域的盛行波浪与盛行风向一致,冬季偏北向浪占优,NW~NE 向波浪频率超过 60%,夏季以 SE 偏 S 向浪占优,波浪频率为 40%~50%,据 1999 年 6—11 月佘山岛东侧连续测波记录,平均波高约 1.0 m,平均周期约 3.3 s;最大波高 3.0 m 左右,最大周期约 8 s。波浪传播进入横沙浅滩后发生变形形成破碎波。取破碎指标 $\gamma_b = H_b/d_b = 0.61$,推算得到横沙浅滩不同波高条件下的破波水深,见表 1。由此可见,在横沙浅滩大部分滩区内,都可能在破波水流的作用下,如以 $H_{1/10} > 0.1$ m 的波高可引起的滩面泥沙悬浮计,则年内约有 40% 的时间,在滩区 -5~-2 m 高程范围的浅滩上出现波浪掀沙。

表 1　横沙浅滩不同波高下的破碎水深

佘山站(-5 m) $H_{1/10}$(m)	频率 (%)	破碎波高 H_b(m)	破碎水深 D_b(m)	高程(m)		
				平均高潮位	平均潮位	平均低潮位
0~0.5	19.3	0.77	1.26	2.08	0.73	-0.61
0.5~1.0	42.2	1.54	2.52	0.82	-0.53	-1.89
1.0~1.5	21.7	2.31	3.79	-0.45	-2.24	-2.16
1.5~2.0	9.4	3.08	5.05	-1.71	-3.06	-4.42
2.0~3.0	7.0	4.62	6.59	-3.25	-4.60	-5.96
3.0~3.5	0.4	5.38	8.82	-5.48	-6.83	-8.19

注:各潮位下高程以理论最低潮面为基准。

1.3 泥沙

横沙浅滩属长江口拦门沙浅滩,水体含沙量受流域来水来沙和河口波浪潮流的影响。2016—2017年多次监测资料显示,横沙浅滩水体含沙量季节性变化较大,洪水季节滩面含沙量在 0.3~0.5 kg/m³,枯水期可达 0.8~1.0 kg/m³,同时窜沟区域涨潮含沙量大于落潮含沙量[1]。

横沙浅滩沉积物构成复杂,包括了从细砂到黏土的多种组分,主体为粉砂质砂与粉砂(图2)。浅滩表层沉积物中含泥(黏土)10%~20%,而附近海域水下三角洲表层沉积物中泥含量在50%以上。开挖的北槽航道中下段回淤物质 $D_{50}=0.03\sim0.04$ mm,已有较明显的黏性。横沙浅滩滩面沉积物 D_{50} 空间分布有序,其与滩面等深线的关系如图3所示。

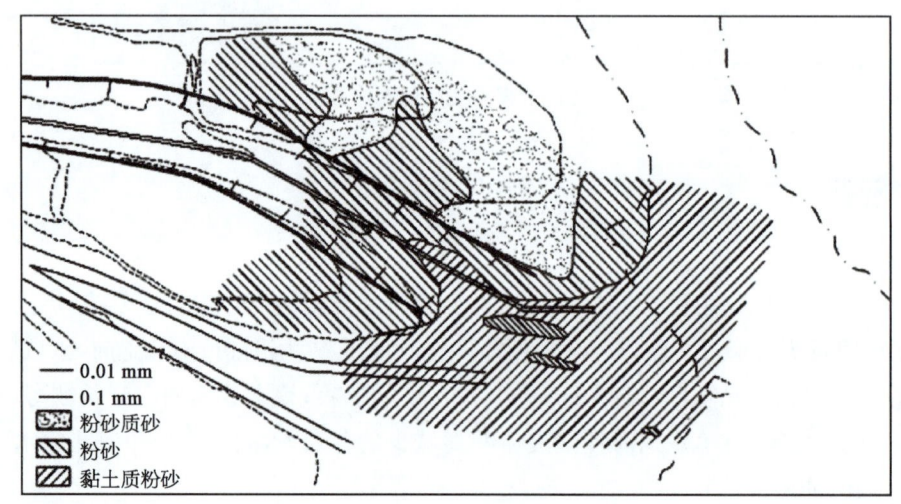

图2　2004年长江口底砂 D_{50} 分布

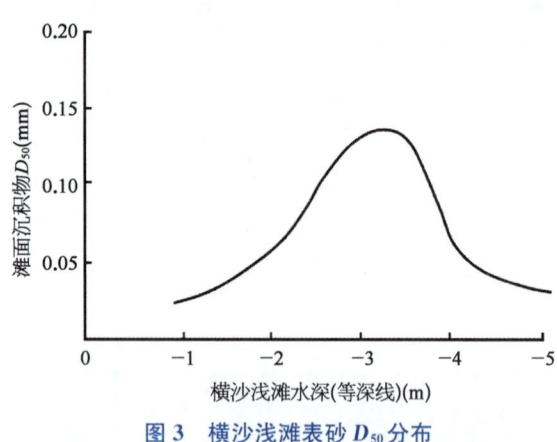

图3　横沙浅滩表砂 D_{50} 分布

在滩面 $-3.5\sim-1.5$ m 高程范围内,滩面物质较粗,这一区域相当于佘山波高 $H_{1/10}=1\sim2.5$ m 的破碎带,其年内出现频率合计在30%以上。

1.4 地形稳定性

横沙浅滩与横沙东滩相连,原由横沙窜沟分隔。1998年长江口深水航道南、北导堤工程开始实施,封堵了横沙东滩窜沟,拦截了北港向北槽的输沙。2003年后横沙东滩西侧的促淤圈围工程开始实施,横沙东滩西侧区域逐渐受到人工控制,东侧的横沙浅滩区域依然为自然滩涂。在漫滩水流的作用下,浅滩上发育形成 NW~SE 向窜沟。在横沙浅滩东南侧,滩面下泄潮流受北导堤阻挡而产生沿堤流,在北导堤尾部形成水深达到 5~9 m 的沿堤冲刷沟[2]。随着长江下泄泥沙的持续减少,近年来,横沙浅滩区域开始呈现冲刷态势,尤其是沿浅滩北沿和东南侧窜沟区域冲刷明显。整个浅滩5 m水深以浅的面积从2010年后亦开始逐步减少,2014年后的减少幅度有所增加(图4)。

综上,长江口深水航道工程和横沙东滩工程实施后,横沙浅滩西侧和南侧边界受到工程制约,大大改变了浅滩滩面的水沙条件和滩槽泥沙交换的途径及强度。浅滩主体部分在落潮主流作用下,发育顺主流流向的脊槽相间、格局相对稳定的地形,是研究疏浚土上滩后的留存条件的重要背景。

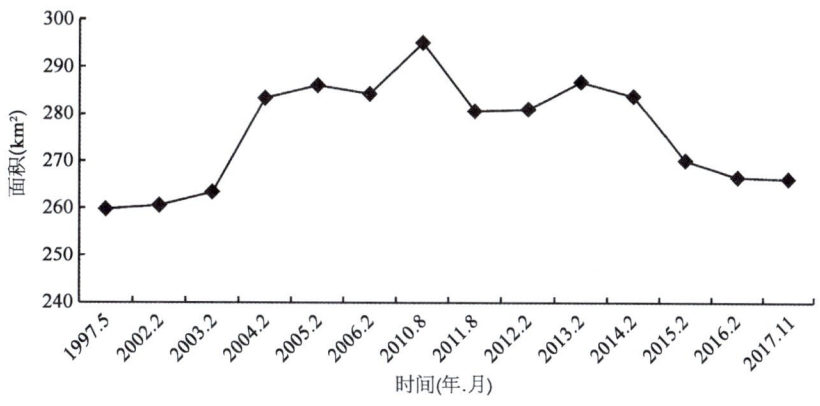

图 4　横沙浅滩 5 m 水深以浅滩地面积

2　浅滩浮泥消浪机理及计算模型

作用于开敞海滩的水动力,通常以波浪为主,潮流主要起输运悬浮泥沙的作用。海床对波浪动力的响应与沉积物的性质和状态有关。对淤泥质岸滩而言,存在两种导致波浪在传进过程中迅速衰减的机制,即硬底情况下的波浪破碎和软淤泥底情况下的浮泥消浪。这两种机制分别导致淤泥质岸滩的蚀退和淤涨,其关键影响因素是外来泥沙的补给条件[3-4]。研究表明,当有经常性淤泥补给时,岸滩会有持续的浮泥覆盖,波浪行经时,波浪在泥层中引起震荡,其相位滞后于表面波,导致表面波通过浮泥层的震荡而耗散;在外源泥沙补给中止的情况下,淤泥质岸滩固结成为硬底,波浪行经固结海床时将发生破碎而形成宽阔的破碎带。破碎带中波峰处的水质点冲击底床而引起冲刷,水体强烈的紊动使冲刷泥沙悬浮并为潮流所输运,岸滩侵蚀后退。

长江口深水航道维护疏浚土为淤泥质粉砂,吹泥上滩,疏浚土在一定范围的滩面上流动展布,有可能形成浮泥覆盖成为淤泥海床。波浪行经淤泥海床时的衰减可以用黏性模型、黏弹性模型、宾汉模型和多孔介质模型等不同力学模型加以描述。其中,上层为理想流体,下层淤泥为黏弹性体的二层黏弹性模型,能得到适合各种淤泥密度、波浪和水深的波浪衰减系数 k_i 的近似表达式,便于工程应用。以二层黏弹性模型为例,有表面波 $\eta_1(x,t)$ 行经(图 5),黏弹性体(泥层)本构关系为

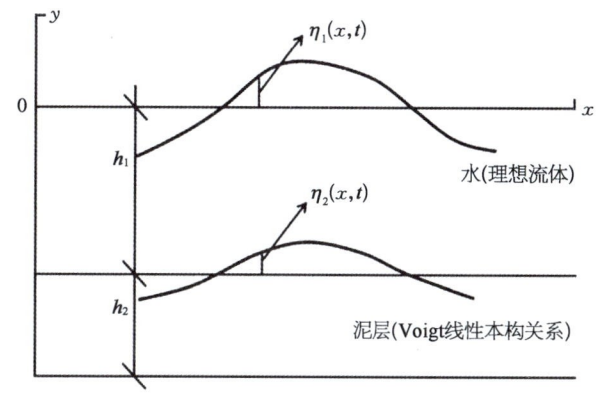

图 5　黏弹性二层模型计算图示

$$\tau = G\varepsilon + \mu\dot{\varepsilon} \qquad (1)$$

式中:τ 为剪应力;G 为弹性剪切模量;ε 为剪应变;$\dot{\varepsilon}$ 为剪应变率;μ 为动黏性系数,$\mu=\rho\nu$,ν 为运动黏性系数;ρ 为密度。

上层为理想流体,引进势函数 φ,$\nabla^2\varphi=0$。在自由面 $z=\eta(x,t)$ 上,压力 $p=0$,垂向速度 $w_1=\dfrac{\partial\eta}{\partial t}$。

下层为 Voigt 黏弹性体,运动方程为

$$\begin{cases} \dfrac{\partial^2 u}{\partial t^2} = \dfrac{G}{\rho_2}\nabla^2 u + \nu\nabla^2\dfrac{\partial u}{\partial t} - \dfrac{1}{\rho_2}\dfrac{\partial^2 p}{\partial x \partial t} \\ \dfrac{\partial^2 w}{\partial t^2} = \dfrac{G}{\rho_2}\nabla^2 w + \nu\nabla^2\dfrac{\partial w}{\partial t} - \dfrac{1}{\rho_2}\dfrac{\partial^2 p}{\partial x \partial t} \end{cases} \qquad (2)$$

式中：u、w 为下层黏弹性体水平、垂向速度；ρ_2 为密度；p 为压力。

考虑线性水波，引入流函数 Ψ

$$\Psi = S(z)\mathrm{e}^{\mathrm{i}(kx-\sigma t)} \qquad (3)$$

及等效黏性 ν_e

$$\nu_e = \nu + \dfrac{\mathrm{i}G}{\rho\sigma} \qquad (4)$$

式中：$S(z)$ 为振幅；k 为波数；σ 为频率；t 为时间。式(4)中实部为黏性、虚部为弹性的量度。

一般情况下，波浪衰减系数很小，波数 k 可表示为如下复数形式

$$k = k_0 + k_r + \mathrm{i}k_i \qquad (5)$$

式中：k_i 为波浪衰减系数；k_i 的量纲为 $1/\mathrm{m}$。计算点波高 H_x 为

$$H_x = H_0\mathrm{e}^{-k_i x} \qquad (6)$$

式中：H_0 为入射波高；x 为计算点距入射波所在位置的距离，以 m 计；$\mathrm{e}^{-k_i x}$ 为波浪衰减因子。

数值求解上述控制方程，得到便于工程应用的无因次波浪衰减系数 $D = k_i\sqrt{gh_1}/\sigma$，与无因次淤泥层厚度 $\sqrt{\sigma/2\nu}\cdot h_2$ 的关系如图 6 所示[5]。

由上述结果可以看到，并非泥层越厚表面波浪衰减就越明显，而是存在一最优衰减厚度，其值约为波浪边界层厚度 $\sqrt{2\nu/\sigma}$ 的 1.3 倍。例如后文表列 $\rho_m = 1.25 \sim 1.30$ g/cm³，相应的 $\nu = 0.002 \sim 0.008$ m²/s，$\sigma = 1$，最优衰减泥层厚度约为 0.10 m。

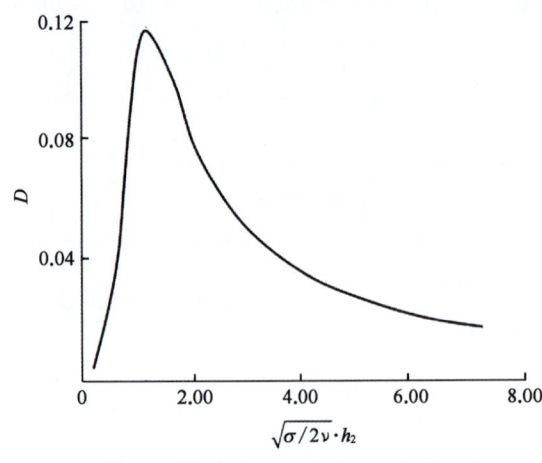

图 6　无因次波浪衰减系数 D 与淤泥层无因次厚度 $\sqrt{\sigma/2\nu}\cdot h_2$ 的关系

3　算例

3.1　流变特性测定

由于缺乏长江口深水航道疏浚土流变特性实测资料，此处取连云港航道疏浚土测试数据，以作方法性的论述。

流变特性的试验测定，包括静态流变试验和动态流变试验。前者给出淤泥切应力和剪切速率 $\dot{\tau}$ 之间的关系曲线，即流变曲线。将流变曲线向低剪切速率方向外插，与应力轴的交点值为淤泥的屈服应力。低剪切速率下的屈服应力记为 τ_{y1}，相应的动黏性系数记为 η_{b1}。高剪切速率区流变曲线线性外插得到的屈服应力值称为宾汉屈服应力，用 τ_{y2} 表示，相应的宾汉动黏性系数为 η_{b2}。对天然河口、海岸淤泥，宜采用 τ_{y1} 和 η_{b1} [6]。

流变参数 τ_{y1} 和 η_{b1} 与体积含沙浓度 C_V 密切相关，连云港航道淤泥的静态流变试验给出

$$\tau_{y1} = 0.030\,0\mathrm{e}^{32.50C_V} \tag{7}$$

$$\eta_{b1} = 0.044\,8\mathrm{e}^{19.44C_V} \tag{8}$$

其中，体积含沙量

$$C_V = \frac{\rho_\mathrm{m} - \rho_\mathrm{w}}{\rho_\mathrm{s} - \rho_\mathrm{w}} \tag{9}$$

式中：ρ_m、ρ_w、ρ_s 分别为淤泥、水、泥沙颗粒的密度。

流变特性的动态测量是采用大型流变仪测定淤泥的黏性和弹性对简谐振动的响应，得到弹性模量（储能模量）G' 和动态黏性系数 η'（或损耗模量 G''）等动态参量。它们可以比较完整地描述淤泥的本构关系，反映在波浪（接近于简谐振动）动力下淤泥的响应特征。实测连云港航道淤泥的弹性模量 G' 和动黏性系数 η' 与淤泥密度 ρ_m 和振动频率 σ 的关系如图7、图8所示，$\sigma = 2\pi/T$，T 为周期（s）。

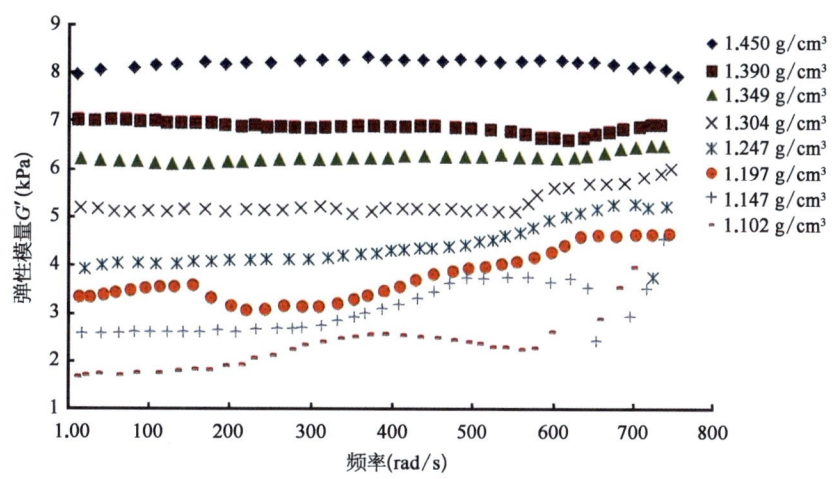

图7 连云港航道淤泥弹性模量 G' 与淤泥密度 ρ_m 及振动频率 σ 的关系

工程计算中又常采用运动黏性系数 ν（$\mathrm{m^2/s}$），其与动黏性系数 η'（$\mathrm{Pa\cdot s}$）之间有如下关系

$$\nu = \frac{\eta'}{\rho_\mathrm{m}} \tag{10}$$

试验制备了8种淤泥密度的泥样，静态和动态流变特性测定结果见表2。

3.2 消浪效果

利用图6对不同入射波高计算淤泥层的消浪效果。计算中取水深 $h_1 = 7$ m，淤泥层厚 $h_2 = 0.10$ m；取 $D \geqslant 0.08$ 界定为明显消浪，$D = 0.12$ 为最强消浪，计算结果见表3。

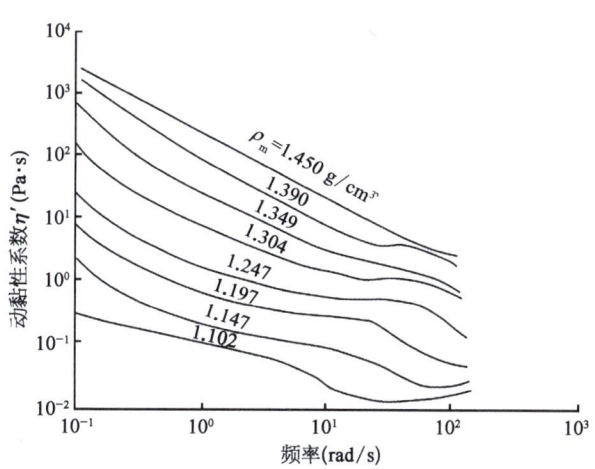

图8 连云港航道淤泥动黏性系数 η' 与淤泥密度 ρ_m 及振动频率 σ 关系

表 2　各密度土样实测流变参数

淤泥密度 ρ_m(g/cm³)	体积含沙量 C_V	屈服应力 τ_{y1}(Pa)	动黏性系数 η_{b1}(Pa·s)	动黏性系数 η'(Pa·s)	运动黏性系数 $\nu=\eta'/\rho_m$	弹性模量 G'(Pa)
1.450	0.245	120.00	3.670	300.00	0.207 0	500.0
1.390	0.212	22.59	2.370	110.00	0.079 0	70.0
1.349	0.186	14.15	1.960	35.00	0.026 0	25.0
1.304	0.163	5.17	1.600	10.00	0.007 7	4.0
1.247	0.131	1.48	0.904	2.50	0.002 0	0.8
1.197	0.103	1.18	0.312	0.90	0.007 5×10⁻¹	0.15
1.147	0.075	0.40	0.176	0.35	0.003 1×10⁻¹	0.07
1.102	0.049	0.14	0.084	0.15	0.001 4×10⁻¹	0.03

注：C_V 由式(9)计算；τ_{y1} 由式(7)计算；η_{b1} 由式(8)计算；η' 由图8读得，取 $\sigma=0.84$ rad/s；G'由图7读得，取 $\sigma=0.84$ rad/s。

表 3　不同入射波条件下淤泥层消浪效果

入射波高 $H_{1/10}$(m)	入射波周期 T(s)	入射波频率 σ(rad/s)	k_i(10⁻³/m)		$e^{-k_i x}$				
			$D=0.08$	$D=0.12$	$D=0.08$			$D=0.12$	
					$x=100$ m	$x=500$ m	$x=1\,000$ m	$x=100$ m	$x=500$ m
5.0	8.00	0.785	7.58	11.38	0.469	0.023	0.051×10⁻²	0.320	0.003 8
4.0	7.20	0.872	8.43	12.64	0.430	0.015	0.022×10⁻²	0.283	0.001 8
3.0	6.29	0.998	9.64	14.46	0.381	0.008 1	0.065×10⁻³	0.236	0.000 72
2.0	5.19	1.210	11.69	17.54	0.311	0.002 9	0.008×10⁻³	0.173	0.000 16
1.0	3.74	1.679	16.22	24.33	0.198	0.000 3	0.000 9×10⁻⁴	0.088	0.000 005

ν(m²/s)			ρ_m(g/cm³)		
$\sqrt{\sigma/2\nu}\cdot h_2=1.0$	$\sqrt{\sigma/2\nu}\cdot h_2=2.0$	$\sqrt{\sigma/2\nu}\cdot h_2=1.4$	$\sqrt{\sigma/2\nu}\cdot h_2=1.0$	$\sqrt{\sigma/2\nu}\cdot h_2=2.0$	$\sqrt{\sigma/2\nu}\cdot h_2=1.4$
0.003 92	0.000 98	0.002 00	1.28	1.22	1.25
0.004 36	0.001 09	0.002 22	1.30	1.23	1.27
0.004 99	0.001 25	0.002 54	1.32	1.26	1.28
0.006 05	0.001 51	0.003 09	1.36	1.28	1.32
0.008 40	0.002 10	0.004 28	1.38	1.32	1.35

由表3可知，静态试验测定的 ν 与动态试验测定的 ν 有明显不同，即在有振动时(例如波浪)，淤泥的动黏性系数将高于静态时；同时，黏性系数随波高增加而增大。由前表数据可归纳得到图9所示的规律。

上述计算结果表明，浮泥消浪与淤泥质海床的动态流变特性有关。相当于连云港航道淤泥的疏浚土，其在滩面上展布形成的泥层，能对不同波高的入射波产生明显消浪效果的淤泥密度在1.25～1.35 g/cm³，属于初步脱水密实的浮泥；具有最佳消浪的密度为1.20～1.30 g/cm³，消浪效果为入射波在 100 m 距离内，波高/入射波高为 0.1～0.3；500 m 距离内，波能消耗殆尽，在常年疏浚维护条件下，滩面吹填淤泥基本可以在滩面留存。滩面浮泥厚度达到 10 cm 左右即有明显消浪效果，但并非越厚越好。

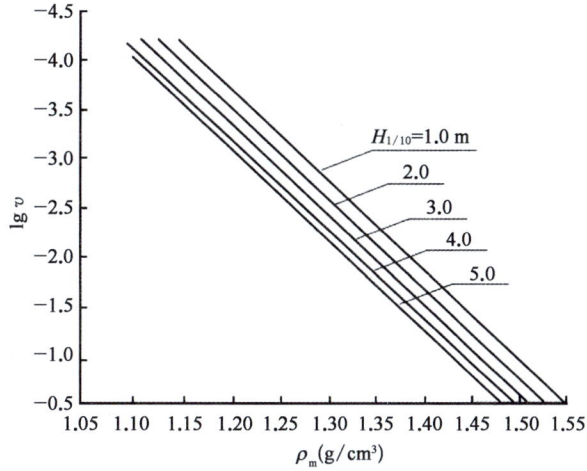

图 9 运动黏性系数 ν 与淤泥密度 ρ_m 及入射波高 $H_{1/10}$ 关系

4 结语

(1) 淤泥类疏浚土持续吹填于开敞岸滩,沉积物在一定密度范围内对由外海传进的波浪可以产生明显的消浪作用,从而使吹填的疏浚土在没有围堰的情况下可以留存在原地,并通过自重固结成为底床的组成部分,这也是有经常性外源泥沙补给的淤泥质岸滩淤涨的动力学机制。

(2) 上层为水、下层为淤泥的二层黏弹性模型能较好地反映淤泥海床对波浪动力的响应特征。采用连云港航道疏浚土实测流变参数,计算结果表明,浮泥层厚度 10 cm,密度在 1.20~1.35 g/cm³ 时入射波高将在几百米距离内衰减殆尽,与国内外报道的实际例子一致。需要指出的是,计算应采用动态流变试验所得的参数,而非静态流变参数。

(3) 长江口深水航道中、下段疏浚土虽可归入淤泥类土质,但较上述连云港航道疏浚土为粗,应对其性质及流变特性开展进一步的试验研究,以分析是否存在无围堰吹填的可能性。

(4) 考虑到本区岸滩淤涨与蚀退状态的背景潮流无大的差别,因此在本次研究中暂不考虑潮流场背景;但是横沙浅滩吹填区内作为出沙通道的横向窜沟应予封堵。

参考文献

[1] 徐海根,虞志英,钮建定,等.长江口横沙浅滩及邻近海域含沙量与沉积物特征分析[J].华东师范大学学报(自然科学版),2013(4):42-54.

[2] 虞志英,张志林,金镠,等.长江口横沙浅滩挖入式港池与入海航道区域海床稳定性分析[J].华东师范大学学报(自然科学版),2013(4):55-71.

[3] 呼和敖德,周显初,李家春,等.连云港淤泥质海床上波浪衰减研究:实验、观测及理论模型比较和评价[J].海洋工程,1994(2):68-77.

[4] 樊社军,虞志英.淤泥质岸滩侵蚀堆积动力机制及剖面模式:以连云港地区淤泥质海岸为例[J].海洋学报(中文版),1997(3):66-76.

[5] 周显初,王剑峰.水波在软淤泥底床上的衰减[J].海洋工程,1994(3):54-64.

[6] 中国科学院力学所.连云港淤泥流变特性实验研究(课题报告)[R].北京:中国科学院力学所,2008.

(原载于《水运工程》2019 年第 6 期)

长江口综合整治工程波要素计算方法*

韩 景

（上海勘测设计研究院有限公司，上海 200335）

摘　要：长江口位于开敞海域，波浪随季节变化，波况极为复杂。工程水域的设计波要素关系到海塘防洪安全，对于长江口综合整治工程有着重要影响。采用经验公式和数学模型两种方法计算长江口海域的波浪。研究结果表明，两种方法计算的平均波高相近；数学模型计算的波周期更符合波浪传播变形规律，经验公式计算的波周期偏保守、对工程来说偏安全。对两种计算方法的优缺点进行了比较分析。建议采用数学模型计算长江口水域的波要素，并采用经验公式进行复核。必要时结合波浪实测数据和物理模型，提高计算结果的准确性，为长江口综合整治工程提供可靠的设计波要素。

关键词：长江口；整治；波浪；数值模拟
中图分类号：TU 139.2；U 65　　　　**文献标志码**：A

长江口是中等强潮型河口，主要受亚热带季风控制。夏季和秋季主要受太平洋产生的台风影响，冬季常常遭受北方的冷空气侵袭。长江口水域的波浪由太平洋传来的涌浪和当地风浪组成，盛行浪向与盛行风向颇为一致，随季节变化，波况极为复杂。工程水域的设计波要素关系到海塘防洪安全，对于长江口综合整治工程有着重要影响。波要素计算方法主要有数学模型法和经验公式法。

波浪数学模型按照模型基本原理，可以分为三大类：缓坡方程模型、Boussinesq 方程模型和能量平衡模型。基于缓坡方程的波浪模型，假定波浪沿一个主方向进行传播，主要用于近岸水域的波浪传播数值模拟[1]。基于 Boussinesq 方程的波浪模型，描述波浪波动时水质点的运动情况，在考虑波浪折射绕射、结构物反射作用方面比较理想，主要用于港口的波浪传播数值模拟[2]。基于能量平衡方程的波浪模型，描述波能和波频等要素的变化，反映波浪的宏观特性，既可以考虑风能输入作用，又可以考虑白帽破碎、波浪折射绕射、浅水变形等物理过程，主要用于海岸和深海的风浪涌浪计算[3-4]。前人曾采用不同的数学模型对长江口的波浪场进行了计算，近几年的研究主要采用 MIKE 21 SW 波谱模型。李杰[5]利用 MIKE21 SW 波谱模型模拟了长江口南汇东滩促淤工程南区设计波浪要素；孔令双等[6]利用 MIKE 21 SW 波谱模型模拟了长江口海域在"凤凰"台风期间的波浪场；顾杰等[7]利用 MIKE 21 SW 波谱模型模拟了台风风浪对长江口航道的影响。

经验公式法包括深水波要素推算和浅水变形计算两部分。国内外常用的深水风浪计算方法有：海港水文规范方法、国家堤防工程规范公式、SMB 公式、莆田公式、斯氏方法、井岛方法和青岛海洋大学方法。浅水变形计算基本都以波浪浅水变形公式为基础。吕振江等[8]介绍分析了海堤工程波浪要

---

* 基金项目：上海市科学技术委员会科研计划项目（18DZ1206600）。

素的经验公式计算方法,闵征辉等[9]探讨了海堤工程波浪要素的经验公式计算方法在海堤设计中的问题,黄朝煊等[10]对不同海床情形下的波浪浅水变形计算进行了研究并给出了简洁计算解析式。

本文采用数学模型和经验公式两种方法计算长江口水域的波浪,并根据计算过程和结果对两种方法进行比较分析。

1 数学模型法

由于长江口综合整治工程位于开敞海域,波浪传播距离较远,传播过程中的风能输入、白帽破碎等过程不可忽视,符合能量平衡方程模型的应用领域。因此,本文选用基于能量平衡方程的 MIKE 21 SW 波谱模型。

1.1 MIKE 21 SW 模型介绍

丹麦水力研究所自主开发的 MIKE 21 SW 波谱模型,是基于波浪作用平衡方程的第 3 代波谱数学模型[11]。模型可以模拟近海和海岸的波浪生长、白帽破碎、底摩阻、波波非线性作用、折射、绕射、浅水变形、波浪破碎等因素的影响。

MIKE 21 SW 波谱模型的控制方程是波作用守恒方程,采用波作用密度谱 $N(\sigma,\theta)$ 来描述波浪[12]。模型的自变量是相对波浪频率 σ 和波向 θ。波能密度谱 $E(\sigma,\theta)$ 和波作用密度谱 $N(\sigma,\theta)$ 的关系为

$$N(\sigma,\theta) = E(\sigma,\theta)/\sigma \tag{1}$$

式中:σ 为相对频率;θ 为波向。

MIKE 21 SW 波谱模型的控制方程,在笛卡儿坐标系下可以表示为

$$\frac{\partial N}{\partial t} + \nabla(vN) = \frac{S}{\sigma} \tag{2}$$

式中:v 为波群速度,$v=(c_x, c_y, c_\sigma, c_\theta)$;$S$ 为能量平衡方程中以谱密度表示的源函数。方程中的波浪传播速度都采用线性波理论计算

$$c_x = \frac{\mathrm{d}x}{\mathrm{d}t} = \frac{1}{2}\left[1 + \frac{2kd}{\sinh(2kd)}\right]\frac{\sigma k_x}{k^2} + U_x \tag{3}$$

$$c_y = \frac{\mathrm{d}y}{\mathrm{d}t} = \frac{1}{2}\left[1 + \frac{2kd}{\sinh(2kd)}\right]\frac{\sigma k_y}{k^2} + U_y \tag{4}$$

$$c_\sigma = \frac{\mathrm{d}\sigma}{\mathrm{d}t} = \frac{\partial \sigma}{\partial d}\left[\frac{\partial d}{\partial t} + U \cdot \nabla d\right] - c_g k \cdot \frac{\partial U}{\partial s} \tag{5}$$

$$c_\theta = \frac{\mathrm{d}\theta}{\mathrm{d}t} = \frac{1}{k}\left[\frac{\partial \sigma}{\partial d} \cdot \frac{\partial d}{\partial m} + k \cdot \frac{\partial U}{\partial m}\right] \tag{6}$$

式中:d 为水深;U 为流速;$k=(k_x,k_y)$ 为波数;s 为沿 θ 方向空间坐标;m 为垂直于 s 的坐标;c_g 为波群速度。

MIKE 21 SW 波谱模型方程中的源函数项描述了波浪的各种物理现象的叠加作用,即

$$S = S_{\mathrm{in}} + S_{\mathrm{nl}} + S_{\mathrm{ds}} + S_{\mathrm{bot}} + S_{\mathrm{surf}} \tag{7}$$

式中:S_{in} 为输入的风能;S_{nl} 为波波非线性作用引起的能量耗散;S_{ds} 为白帽耗散;S_{bot} 为底摩阻耗散;

S_{surf}为水深引起波浪破碎所产生的能量耗散。

1.2 模型范围及地形

波浪模型的东边界位于东经123°,东部边界的水深为15～25 m。模型北边界位于吕四港,模型南边界位于杭州湾小梅山南部。采用三角形和四边形混合的非结构网格,南槽航道采用矩形网格,其余水域采用不均匀的三角形网格,可以精确反映复杂多变的长江口岸线、岛屿及工程平面布置,共包括42 777个网格节点和76 142个网格单元。南汇东滩和浦东机场围区等局部区域采用加密网格,最小网格尺寸为10 m。模型的计算范围和水下地形如图1所示,模型三维水下地形如图2所示,工程区域的水下地形和局部网格如图3所示。

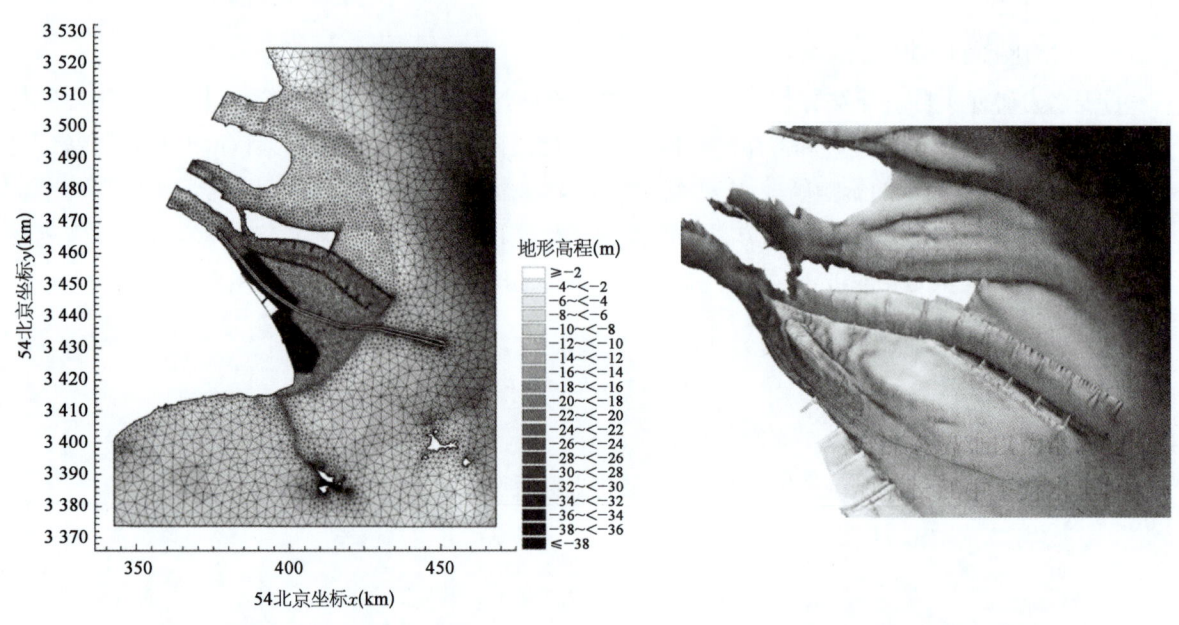

图1 模型计算范围和水下地形　　　　　图2 模型三维水下地形

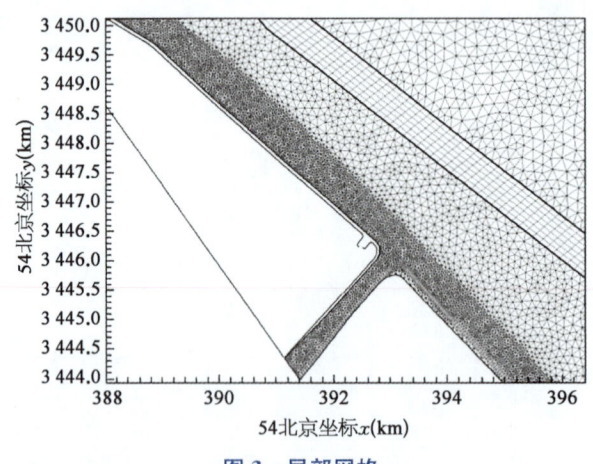

图3 局部网格

1.3 模型主要参数设置

长江口水域范围大,地形对能量耗散的影响较大,所以本模型考虑底摩阻耗散。波浪传播至浅水区可能出现破碎现象,破波指数通常的取值范围为0.5～1.0,本文取0.66。考虑波与波之间的四相波非线性作用。频率以指数方式离散为25个,波向平均离散为32个。最大时间步长取60 s。

2 经验公式法

波浪计算的经验公式法包括两个部分:一是深水波要素的推算,采用适合长江口波浪的莆田公式推算深水波要素;二是波浪浅水变形的计算,根据规范中的波浪浅水变形公式,将深水波要素推算到堤前。

2.1 深水波要素推算

长江口综合整治工程位于开敞海域,附近没有长时期的波浪观测数据,外海深水波浪要素采用《堤防工程设计规范》(GB 50286—2013)推荐的莆田公式进行推算。

$$\frac{g\bar{H}}{v^2} = 0.13\tanh\left[0.7\left(\frac{gd}{v^2}\right)^{0.7}\right] \cdot \tanh\left\{\frac{0.0018\left(\frac{gF}{v^2}\right)^{0.45}}{0.13\tanh\left[0.7\left(\frac{gd}{v^2}\right)^{0.7}\right]}\right\} \tag{8}$$

$$\frac{g\bar{T}}{v} = 13.9\left(\frac{g\bar{H}}{v^2}\right)^{0.5} \tag{9}$$

式中:$\bar{H}$ 为平均波高(m);$\bar{T}$ 为平均波周期(s);F 为风区长度(m);d 为风区平均水深(m);g 为重力加速度(m/s^2);v 为风速(m/s)。

2.2 浅水变形计算

波浪浅水变形采用《浙江省海塘工程技术规定(1999 年)》"4.4.2 近岸浅水区波高计算"方法进行计算。

波浪向近岸浅水区域传播时,可假定平均波周期不变,根据浅水变形公式计算浅水区任意水深处的波高。

(1) 当海底坡度 $i \leqslant 1/500$ 时,浅水变形后的波高由下式计算

$$\bar{H}_i = K_s K_f \bar{H}'_i \tag{10}$$

$$K_s = \sqrt{\frac{1}{\left[1 + \frac{4\pi d/L}{\mathrm{sh}(4\pi d/L)}\right]\frac{C}{C_0}}} \tag{11}$$

式中:K_s 为相应水深的浅水系数,可以根据公式计算,也可以按 d/L_0 根据规范中附表 4 查得;d 为水深;L_0 为深水波长;K_f 为包括了底摩阻损耗的波能耗散系数,可以先计算 $f\bar{H}'_0\Delta X/(\bar{d}^2)$、$\bar{d}/(T^2)$,然后按照规范中"图 4.4.2"查询;$f$ 为底部摩擦系数,如果淤泥质海床,取为 0.01,如果是粗砂质海床,取为 0.02;$\bar{d}$ 为分段平均水深(m),分段时,当水深在小于 10 m 时,每一段首末的水深差应小于 2 m,当水深为 10~20 m 时,每一段首末的水深差应小于 3 m,当水深为 20~30 m 时,每一段首末的水深差应小于 5 m;ΔX 为分段长度;$\bar{H}'_0$ 为第一段起始的深水平均波高(m);$\bar{H}_i$ 为变形后各段末端平均波高(m)。

其计算方法为:① 计算第 1 段起始 K_{s0},求得第 1 段起始深水平均波高;② 计算第 1 段 K_{f1} 和第 1 段末 K_{s1},根据式(4)~式(10)计算第 1 段末平均波高;③ 第 2 段的起始平均波高是第 1 段末的平均波高 K_{s1};然后计算第 2 段 K_{f2} 和第 2 段末 K_{s2},根据公式计算第 2 段末平均波高;④ 其余各段重复上述步骤,直至堤前,如果计算的堤前波高大于堤前水深对应的极限波高,则采用极限波高作为最终结果。

(2) 当 $i > 1/500$ 时,不需要考虑海底摩阻影响。

3 计算成果及分析

波浪模型范围包括了整个长江口和杭州湾北部水域,模拟了波浪从外海向近岸的传播和变形过程。长江口综合整治工程的设计波要素计算都可以采用同一套基础模型,只需更新工程区域的局部岸线和水下地形数据。本文以南汇东滩整治工程、浦东机场外侧3#围区海塘达标工程、横沙区域相关工程为例,对不同计算方法得到的波要素结果进行对比分析。

通过分析,本研究工程主要由NE～E向的波浪起控制作用。因此,分别研究工程水域内NE、ENE和E共3个不同方向的波浪的传播变形情况,从而确定本研究工程的设计波要素。

根据《上海市海塘规划(2011—2020)》中的防御标准,波浪模型计算条件取为200年一遇高潮位和12级风上限,对各级风的频率分析研究表明,12级风速与200年一遇风速基本对应。波浪数学模型计算的NE、ENE和E向的有效波高和波向分布如图4所示,从图中可以明显看出横沙东滩、九段

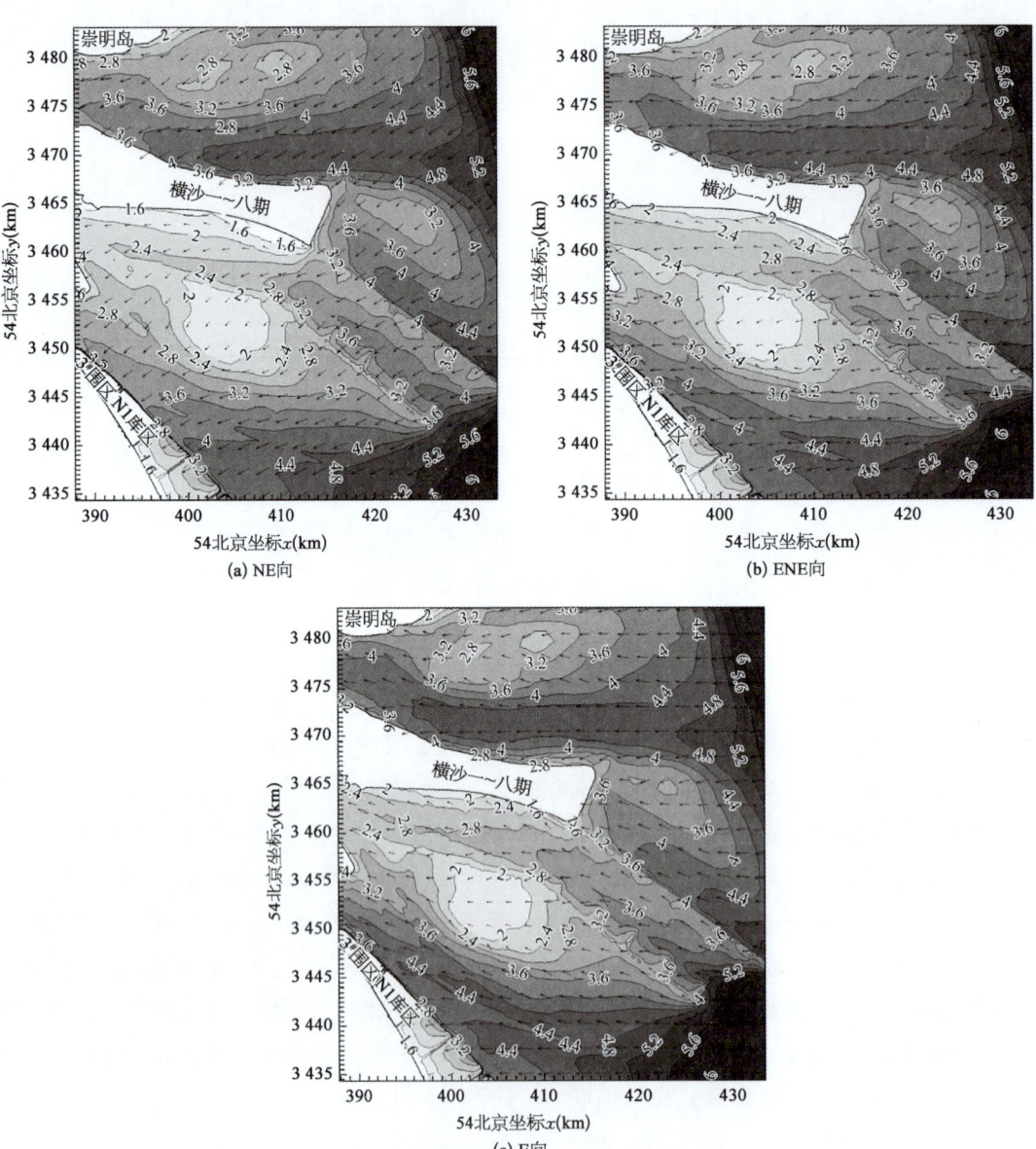

图4 有效波高波矢量分布(波高:m)

沙、南槽航道等对波浪的绕射折射作用。

为了方便比较和复核波要素结果，波要素计算提取了沿浦东机场3#围区、南汇东滩N1库区和横沙区域大堤外侧总共16个点的波要素，点位布置如图5所示。由于E向入射波浪最大，NE向波浪发生频率较高，对主要E向和NE向波浪要素进行对比分析。波浪经验公式法和波浪模型法的波要素计算结果见表1。

从结果对比可以看出，不同方向波浪入射条件下，经验公式和数学模型两种方法计算的堤前平均波高相近，相差都在5%以内，说明两种方法都可以准确反映波浪的生成、传播、变形、衰减等过程，波高计算结果可靠。

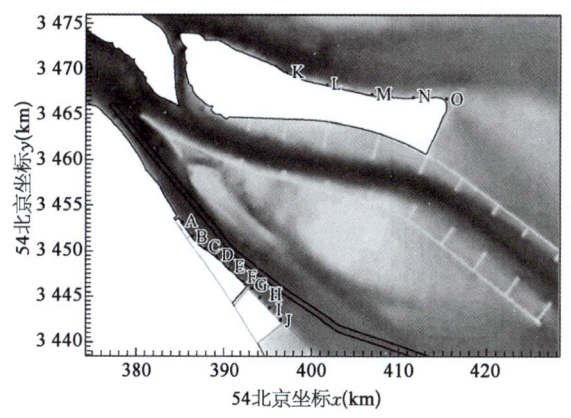

图5 波要素计算点布置

表1 经验公式法和模型计算结果对比

方向	计算位置	经验公式法		数学模型法		（模型结果-公式结果）/公式结果	
		H(m)	T(s)	H(m)	T(s)	H(%)	T(%)
E向	A	2.26	10.2	2.33	7.7	3.1	−24.5
	B	2.28	10.2	2.34	8.0	2.6	−21.4
	C	2.31	10.2	2.25	7.9	−2.6	−22.5
	D	2.33	10.2	2.30	8.0	−1.3	−21.2
	E	2.56	10.2	2.66	9.1	3.9	−11.1
	F	2.58	10.2	2.47	9.1	−4.3	−11.2
NE向	G	2.27	9.3	2.32	7.2	2.2	−22.6
	H	2.42	9.3	2.34	7.3	−3.3	−21.3
	I	2.31	9.3	2.25	7.6	−2.6	−18.7
	J	2.28	9.3	2.30	7.8	0.9	−16.2
	K	2.61	9.3	2.52	7.3	−3.4	−21.5
	L	2.49	9.3	2.44	7.4	−2.0	−20.1
	M	1.99	9.3	2.06	8.4	3.7	−10.2
	N	2.04	9.3	2.12	8.6	3.9	−7.6
	O	2.35	9.3	2.27	8.8	−3.5	−5.0

但是两种方法计算的堤前平均波周期相差较大，经验公式法计算的堤前波周期比模型计算结果大5%~22.6%。本文采用的经验公式法先根据莆田公式计算深水波周期，深水波周期和数学模型结果相差不大，但是计算波浪浅水变形时假定波浪平均波周期不变，即不考虑浅水区波周期随波高和水深的变化，算得的堤前波周期偏于保守，对于工程来说偏安全，结果可以接受。数学模型则考虑了浅水区的波波非线性作用、水深变化等对波周期的影响，算得的波周期随水深变浅有所衰减，与波浪传播变形规律相符合，但是波周期衰减程度受模型参数影响较大，后续可结合波浪观测数据和波浪物理

模型做进一步研究。

4 结语

(1) 采用数学模型和经验公式两种方法计算长江口水域的波浪,经验公式法和数学模型法都可以用于长江口综合整治工程的波要素计算,两种计算方法各有优缺点。

(2) 波浪经验公式法采用了一些假定,考虑主要的物理现象,是专家学者们根据数据、经验和理论研究出来的,具有很大的参考价值。计算的波高结果比较可靠,波周期相对比较保守,对工程来说是偏安全的。但是不同位置不同方向的波浪都要单独计算,对于水深相差较大的情况还要分段计算,计算过程比较烦琐。

(3) 波浪数学模型法可以反映复杂地形和多种物理现象对波浪传播变形的影响,可以一次计算出整个水域的波要素分布,便于快速提取任意位置的波要素,但是模型的计算结果受参数的影响较大,需要结合经验和其他方法进行模型的率定验证,应用范围比较广泛。

(4) 长江口水域地形复杂、滩槽相间、况复杂,推荐采用波浪数学模型法进行波要素计算,同时采用经验公式法进行波要素复核,必要时结合波浪实测数据和物理模型,提高计算结果的准确性,从而为长江口综合整治工程提供可靠的设计波要素。

参考文献

[1] 李孟国,蒋德才.关于波浪缓坡方程的研究[J].海洋通报,1999,18(4):70-92.

[2] 吉星明,冯春明,董胜,等.威海船厂港域波高数值计算[J].水运工程,2012(9):80-83.

[3] 徐福敏,张长宽,茅丽华,等.一种浅水波浪数值模型的应用研究[J].水动力学研究与进展(A辑),2000,5(4):429-434.

[4] DHI. Mike 21 spectral wavers module scientific documentation[M]. Copenhagen: Danish Hydraulic Institute, 2007.

[5] 李杰.南汇东滩促淤工程南区设计波浪要素研究[J].水道港口,2012,33(3):208-211.

[6] 孔令双,戚定满,万远扬,等.长江口海域波浪场模拟研究[J].水运工程,2010(2):46-49.

[7] 顾杰,韩冰,黄静,等.台风风浪对长江口航道影响的模拟分析[J].人民长江,2009,40(16):63-65.

[8] 吕振江,斯群慧.试析海堤工程波浪要素的计算[J].浙江水利水电专科学校学报,2000(1):15-16.

[9] 闵征辉,王汉辉,黄小艳.海堤设计中的若干问题探讨[J].水利与建筑工程学报,2011,9(4):100-104.

[10] 黄朝煊,袁文喜,方咏来,等.海堤波浪浅水变形的简化计算[J].水运工程,2013(6):11-15.

[11] 张怡辉.海浪模式白浪耗散项的改进和海洋水体混合过程的研究[D].大连:大连理工大学,2016.

[12] 薛旖云,拾兵,吴晓,等.潮汐河口桥墩群对波浪传播影响的数值研究[J].中国海洋大学学报(自然科学版),2014,44(12):106-110.

(原载于《水运工程》2019年第11期)

美国疏浚物有益利用概述

支远哲[1]，赵红萍[1]，楼　飞[1]，季　岚[1]，朱　治[1]，顾　勇[2]

(1. 中交上海航道勘察设计研究院有限公司，上海 200120；
2. 中交上海航道局有限公司，上海 200002)

摘　要：从研究与教育、用途与工艺、体制与环保和资金来源等角度，介绍了美国疏浚物有益利用及其管理现状。美国的疏浚和疏浚物管理，不仅在工程层面享有技术指导，还在体制层面遵循相应的规范和享受一定的便利，呈现全面、联系和综合的特色。在"工程顺应自然"倡议指导下，美国的疏浚工程旨在保障和提升通航能力的同时，依托疏浚物有益利用进行生态保护、改善或修复，进而实现环境、社会和经济的可持续综合效益。可借鉴美国的相关技术、管理与指导理念，结合国内研究进展与相关经验，依托与水工程生态学等生态环保领域的积极合作，完善我国的疏浚与疏浚物管理体系与"工法自然"方法。

关键词：疏浚；疏浚物；有益利用；工程顺应自然；美国；工法自然

中图分类号：X171.4，X826　　　　**文献标志码**：A

疏浚及疏浚物的处置是水利水运工程的核心之一(PIANC, 2018)。我国疏浚物的处置多采用传统方法，或在指定抛泥区抛泥弃土，或利用疏浚物进行围垦作为城乡用地或港口陆域。这些方法一方面会影响水生态环境，另一方面随着环保要求的提高还面临处置能力日渐枯竭的挑战。目前，国内利用疏浚物进行生态修复的意识不断增强，研究应用逐步开展，但有关疏浚物有益利用的技术与管理体系亟待完善。

美国在20世纪初就制定了疏浚物有益利用的相关法案，此后相继出台了一系列法案、规划和手册等，特别是近年来重视疏浚物的生态利用，有较为完备的法规、政策和技术体系。本文从研究与教育、用途与工艺、体制与环保和资金来源等角度，梳理美国对疏浚土进行可持续有益利用的现状，为我国的疏浚工作以及利用疏浚物进行生态栖息地的保护、修复、开发和改善提供借鉴。

1　美国疏浚概况

美国的疏浚物主要来自境内港口、通航河道和运河的维护性疏浚，1994—2014年，每年产生疏浚土1.5亿～2亿 m^3(Randall, 2016)。疏浚物的处置方式分为开敞水域弃置、封闭设施存放和有益利用，有益利用的方式包括栖息地开发、海滩养护、岸滩防护等10类(USACE, 2015)。截至2007年，有20%～30%的疏浚土被有益利用(USEPA, 2007；USACE, 2007)。受《1906外国疏浚法案》和《1920商业航运法案》的保护，美国境内的疏浚项目由美国本土的公司和船只负责。美国陆军工程兵

---

* 基金项目：上海市科学技术委员会科研计划项目(18DZ1206600)。

团(USACE)、美国国家环境保护局(USEPA)和各级政府部门,依照相关法律、政策和公约,管理与协调境内水域的疏浚施工及疏浚土处理。

20世纪60年代末70年代初起,《清洁水法案(CWA)》等一系列环保法案、政策和公约相继出台,用以规范美国的疏浚等涉水工程项目。1973年至今,USACE围绕疏浚、环境和湿地等主题开展了一系列研究,为疏浚物有益利用积累了重要研究成果。1987年,USACE编纂了《疏浚物有益利用》,列举了10类疏浚土的有益利用方式。1992年,USACE参与国际航运协会(PIANC)的《疏浚物有益利用:实用指南》编纂,提出有益利用技术框架,并将有益利用的用途归纳为工程、农业/产品和环境改善3类(PIANC,1992)。2001年,美国组建国家疏浚团队,出版《疏浚物管理:十年行动大纲》,协调关于疏浚土管理与综合利用的技术规范编纂(USEPA,2003)。依照《清洁水法案》第404款,USEPA和USACE分别于2004年和2007年10月,先后出版《疏浚物管理方案环境影响评估:技术框架》和《识别、规划和资助疏浚物有益利用项目》,前者规范有益利用的环境影响评估流程(USEPA & USACE,2004),后者又被称为"有益利用规划手册"(USEPA & USACE,2007),手册的目的之一在于指导解决有益利用资金来源。2007年11月,USACE出版《确定疏浚物有益利用适宜性的可用指导总结》,系统总结了疏浚物用于决策有益利用的环境和经济评估。2010年,在"可持续发展"理念指导下,参考其他类似体系(表1),USACE发起"工程顺应自然(Engineering with Nature,EWN)"倡议,主张从生态系统角度出发,结合自然与工程过程,依托协调,发挥与疏浚、海岸工程和河道整治相关的经济、环境和社会可持续综合效益(USACE,2010)。2015年,USACE出版《疏浚和疏浚物管理》,手册结合法律、政策和公约,从土质、后勤、用途、监测和效益5个角度,系统梳理了疏浚土有益利用的技术方法(USACE,2015)。

表1 "工程顺应自然"参考的类似体系(EcoShape 2020)

体 系	发 起 者	描 述
Working with Natural Processes(WWNP,以自然过程为本)	英国环境保护局	保护、修复、模仿河流与海岸的自然功能
Building with Nature(BWN,与自然共建)	荷兰EcoShape基金会	利用自然过程,既实现水利设施的基本功能,又实现生态环境功能的发展
Working with Nature(WWN,以自然为本)	国际航运协会	从自然系统角度,而非从技术设计角度出发,考虑项目目标的方法
Green Infrastructure(GI,绿色基础设施)	欧盟委员会	使基础设施既能提升自然环境能力,又能提供各种高价值的产品与服务
Nature-Based Solution(NBS,基于自然的解决方案)	世界银行	能针对各类社会挑战、资源利用率高且适应性强的灵活解决方案

2 研究与教育

2.1 疏浚物有益利用研究

USACE承担了美国主要的疏浚工程与疏浚物管理研究。自1973年至今,开展了疏浚物安置与环境影响、疏浚物有益利用、疏浚物安置对水体土壤负面影响等的研究,为疏浚物有益利用积累了重要研究成果(USACE,2015);规划和实施了一批采用疏浚物战略安置工艺的栖息地修复项目(表2)。

表2 USACE疏浚物有益利用研究项目(USACE，2015)

项目名称	缩写	时间
疏浚土研究项目	DMRP	1973—1978
疏浚施工技术支援	DOTS	1978—
疏浚的环境影响项目	EEDP	1982—
湿地研究项目	WRP	1990—1995
疏浚研究项目	DRP	1991—1996
疏浚施工与环境研究	DOER	1998—
工程顺应自然	EWN	2010—

其他主要研究机构包括大湖疏浚与码头(Great Lakes Dredge and Dock，GLDD)的生产工艺与研发实验室(Production Engineering and R & D)、得克萨斯农工大学(Texas A & M University)的疏浚研究中心(Center for Dredging Studies，CDS)等。

2.2 "工程顺应自然"理念与应用

"工程顺应自然"(USACE，2010)强调有意识地结合自然过程与工程方法，利用前者增加与拓展效益，依托科学技术提升效率，通过跨组织跨领域的协同合作，在项目的各阶段系统地考虑社会、环境与经济要素，高效且持续地实现三者的综合效益。

"工程顺应自然"理念要求符合EWN的项目应当遵循如下指导原则：① 联系整体，在决策过程中综合考虑环境、经济与社会要素；② 系统方法，充分认识单一因子对系统的整体影响；③ 可持续性，方案应当具备持久性、可持续性与弹性(恢复性)；④ 基于科学，理解、遵守并利用自然规律去实现工程目标；⑤ 协同合作，在项目的各个阶段，依托于保障相关权益人参与；⑥ 高效节约，减少耗时与返工，同时减少社会矛盾；⑦ 社会参与，匹配项目参与方与公众的价值观、利益与目标；⑧ 创新性，通过继续学习与技术转化，拥抱革新技术与实践经验；⑨ 适应性，依托适应性方法确保方案的灵活性、包容性与可持续性。

该理念指导下的相关案例可参考《EWN图册》。图册分为8个专题，对应工况为：海滩与沙丘、湿地、岛屿、人工礁石、河流、堤防退界与河漫滩、利用植被与自然材料、基础设施环境提升。其中海滩、沙丘、湿地与岛屿专题都涉及疏浚与疏浚物利用。EWN汇总整理并推荐了与疏浚相关的网站，例如："薄层安置(TLP)"网站，用于搜集、汇总、整理与呈现所有与薄层安置相关的项目报告、研究文献等资料(ERDC，2020a)；"疏浚施工技术支撑(DOTS)应用"网站，提供了多种疏浚相关的模型与应用(DOTS，2020)；"疏浚物有益利用(BUDM)"网站，提供了与"疏浚物有益利用"相关的简报、报告与技术指南(ERDC，2020b)。

2.3 环保疏浚教育

美国的疏浚教育主要采用研讨会、短期课程、学位课程等形式，主要由USACE、大湖疏浚与码头、得克萨斯农工大学和GIW工业等机构分别或合作开展。每年1月中旬，上述机构在得克萨斯农工大学疏浚研究中心协调下举办疏浚工程短期培训，并授予结业证书；每年春季学期，得克萨斯农工大学海洋工程学系开设海洋疏浚学位课程；每年春季学期，USACE工程研发中心与得克萨斯农工大学的海洋工程系与环境工程系合作，开设"工程顺应自然"研讨会，作为本科生与研究生的指导研究课程。

3 用途与工艺

3.1 用途

USACE 和 USEPA 将疏浚物处置与管理方式分为开敞水域丢弃、封闭设施存放和有益利用 3 类,有益利用用途可以归结为工程、农业/生产和环境改善 3 大类。国际航运协会《疏浚物有益利用:实用指南》建议将沙土分为岩石、沙/砾石、固结黏土、淤泥/软黏土和混合土 5 类,并根据沙土性质对疏浚土有益利用用途进行细分(PIANC,1992)。国际航运协会《水运疏浚土石分类》对沙土的分类原则及沙土性质做了系统归类与介绍(PIANC,2017)。

USACE《识别、规划和资助疏浚物有益利用项目》据上述沙土分类方法,将用途细分为 7 类,包括:栖息地开发,海滩与海滩养护,公园与休闲,农林牧渔,矿坑回填与废渣填埋,建设、工业与商业利用,多目的与其他利用理念。USACE《疏浚和疏浚物管理》除考虑疏浚物的物理与工程特性,还考虑疏浚物的化学特性、水质影响、受污染情况和生物影响,并综合考虑除水、储运处理和两者费用这些后勤因素,以合理经济地选择疏浚物有益利用用途。该手册将 7 类用途进一步细分。疏浚物土质与有益利用用途分类见表 3。

表 3 疏浚物土质与有益利用用途(PIANC, 1992; USACE, 2015)

岩石	沙/砾石	固结黏土	淤泥/软黏土	混合土	用 途	举 例
□	□	□	□	○	栖息地开发	湿地、陆地、水生、岛屿
□	□			○	海滩与海滩养护	近岸阶坎
		□		○	海滩与海滩养护	所有
○	□	○	○	○	公园与休闲	
○	□	□	□	○	农林牧渔	
○	○			○	矿坑回填与废渣填埋	
□	□	○	○	○	建设、工业与商业利用	港口、机场、堤坝、道路、城市、古迹

注:"○"适合;"□"尤为适合。

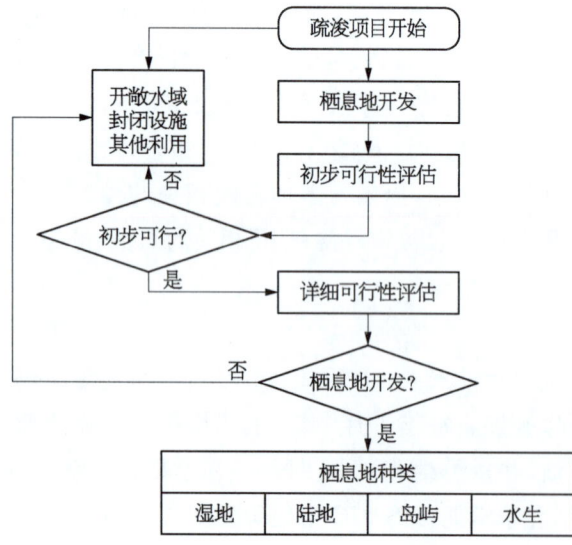

图 1 疏浚物有益利用开发栖息地技术流程(USACE, 2015)

手册关注有益利用可能带来的环境影响。例如,手册从海滩生物、离岸生物、生物时窗期、沙土性质和环境敏感区的设备使用 5 个角度介绍了海滩养护对生态环境可能造成的物理(扰动、掩埋、噪声、撞击等)、化学(污染等)和生物(食物缺乏等)影响。

3.2 框架路线

USACE《疏浚和疏浚物管理》着重介绍了利用疏浚物进行栖息地开发的方法。手册将栖息地开发定义为"开发和管理相对稳定和高产的动植物栖息地",并将栖息地分为湿地栖息地、陆上栖息地、岛屿栖息地和水生栖息地 4 类。利用疏浚土进行栖息地开发技术流程如图 1 所示。其中,初步与详细可行性评估的主要内容一致,包含疏浚土特性、选址、工程考虑，其他方案费用、社会政治和环境影响。详细可行性评估具体内容见表4。

表4 疏浚项目可行性评估内容（USACE，2015）

评估指标	评估内容		
疏浚物特性	粒径级配 体积 工程特性	选址	能量条 地基特性 盐度 潮汐影响 基底地形
工程考虑	初步设计 设备需求 运输距离 时间进度	其他方案费用	其他选址 开敞水域丢弃 封闭设施存放 其他有益利用 不采取行动
社会政治考虑	公众态度 法律/制度限制 经济影响 审美	环境影响	水域/湿地损失 能量条件改变 水力条件改变 额外栖息地需求 污染物流动

3.3 工艺

工艺方面，除采用传统的"挖运吹"工艺，还采用包括"泥沙喂给""薄层安置""泥沙分流"等"疏浚物战略安置"工艺。

（1）泥沙喂给（sediment feeder）是将疏浚物集中堆放在水域内某一特定地点，一部分疏浚物随水流被自然输移至指定落淤地点。采用泥沙喂给安置，可利用自然过程筛分泥土得到适宜的粒径级配，并且落淤速率相对自然有助植被恢复。相关案例见表5。

表5 疏浚物泥沙喂给案例（Gailani，2017）

项 目	地 点	用 途
Fort Myers Beach	佛罗里达	障壁岛修复
Horseshoe Bend	路易斯安那	岛屿栖息地修复
Mobile Bay	阿拉巴马	海湾生态补土

（2）薄层安置（thin layer placement，TLP）多采用吹填方法，堆积厚度在1～100 cm，对植被恢复影响较小，是养护和修复湿地或滩面的疏浚物有益利用方法。薄层安置主要针对因泥沙补给缺失、滩面高程下降以及海平面上升过快、自然淤积和植被生长受阻而退化的滩涂湿地，一般配合航道维护疏浚工程开展。相关案例见表6。

（3）泥沙分流（sediment diversion）即通过在河堤上开口建闸，有目的地将富含悬移质的河水导入指定区域，河水进入指定区域后，流速减缓，泥沙沉积。该方法模拟河水自然泛滥带来泥沙落淤，补充了传统疏浚工艺无法捕捉的细颗粒沙土，多用于被河堤阻断的河道两侧湿地滩涂泥沙的补充。相关案例见表7。

表6 疏浚物薄层安置案例(ERDC, 2020)

项目	地点	厚度(cm)	规模(hm²)	土方(m³)
Pepper Creek	特拉华	3~20	10	27 000
Mississippi Sound	阿拉巴马	30.5	728	1 529 000
Jamaica Bay	纽约	20.3	81	6 116

表7 疏浚物泥沙分流案例(USGS National Wetlands Research Center, 1990)

项目	地点	竣工时间	规模(hm²)
Delta Wide Crevasses	路易斯安那	1997年	2 108
West Bay	路易斯安那	2003年	5 224
Spanish Pass Diversion	路易斯安那	2004年	639

4 管理体制与环境保护

4.1 管理体制

疏浚物的有益利用活动需要组织者、用户和服务者共同参与。USACE、各地港务部门等政府部门或企业负责组织管理疏浚物有益利用;私营商业与环保组织、各地方和州公园管理部门、各州高速公路管理部门、固体废弃物管理部门和各州非监管部门为疏浚物有益利用的主要用户;地方有益利用规划组,环境保护局,联邦自然资源局,各州环境和自然资源局,海岸带审查局,以及美国原住民部落共同为有益利用提供必要服务。

为提升疏浚管理与政策水平,提供交流协商机制和解决冲突,在联邦层面,成立了由USEPA与USACE牵头组织的国家疏浚团队(National Dredge Team, NDT);在地区层面,划分成若干地区疏浚团队。前者旨在通过提供信息交流与协调机制,来完善全美国的疏浚政策,确保联邦与地方疏浚事务的连贯一致。地区疏浚团队组织地方团队,制定地方疏浚管理计划,评估和解决地方疏浚物的管理问题。USEPA网站公布有管理体制相关信息(USEPA, 2017)。

4.2 环境保护

为减轻疏浚工程对环境的影响,在开敞外海、海岸和内陆与河口水域进行疏浚作业和疏浚物处置时,应遵守《国家环境政策保护法案(NEPA)》《清洁水法案(CWA)》和《海洋保护、研究和禁猎法案(MPRSA)》这3部主要联邦法律。这些法律的适用水域见表8。

表8 主要疏浚环保法规及适用水域(Randall, 2016)

水域	水域定义	涉及法律	处置方式
内陆与河口	领海基线向陆	CWA	所有方式
海岸(领海)	领海基线向海3n mile	CWA MPRSA	填海造地 抛泥弃土
开敞外海	3n mile向海,大陆架水域	MPRSA	抛泥弃土

这些联邦法律也对各政府部门进行权限规范:USACE依法指导境内水域的土木和疏浚工程项目,并负责疏浚作业和疏浚物处理的执照发放;USEPA依法编制环保规范,审核批准疏浚执照,以及

指定疏浚物的处置地点与管理方式;联邦、州和地方政府部门依法提供必要的审核和授权。

除上述主要联邦法律,美国的疏浚活动还应遵守《1899 河流和港口法案》《1958 鱼类和野生生物协调法案》《1972 伦敦倾倒公约》《1973 濒危物种法案》《海岸带治理法案》《1980 环境反应、补偿与义务综合法》《1986 水资源开发法案》等其他法律、法规和公约(Randall,2016)。

4.3 环保评估技术路线

为评估不同疏浚物处置方案对环境的影响,USACE 和 USEPA 编纂了《疏浚物管理方案环境影响评估:技术路线》。该报告陈述了开敞水域、封闭设施和有益利用 3 类疏浚土处置方案环境影响评估技术路线,该技术路线也载于 USACE《确定疏浚土有益利用适宜性的可用指导总结》(USACE,2007)。环保评估技术路线如图 2 所示。环保评估共分为 5 个阶段,包括疏浚需求分析、可能方案识别、方案初步筛选、方案细化评估和方案选定。

5 资金来源

《识别、规划和资助疏浚物有益利用项目》指导赞助疏浚物有益利用项目,手册介绍了 3 类资金筹措手段,即 USACE 资金授权、其他有益利用资金授权以及其他资金来源。

5.1 USACE 资金授权

USACE 资金授权主要针对兼顾通航、防洪和环境保护的涉及疏浚物处理的涉水项目。包含 2 类项目:一类针对符合或部分符合"联邦标准(Federal Standard)"的有益利用项目,资金分配依照"通航目的"进行;另一类针对不符合"联邦标准"的有益利用项目,资金一部分依照"通航目的"分配,剩下的"边际成本"部分依照"环保目的"分配。

"联邦标准"是指费用最少、工艺合理且符合环保要求的疏浚土处理方法(表9)。"联邦标准"定义了"通航目的"部分的疏浚土处理费用,以及联邦和非联邦部分的资金分配原则。

联邦标准的具体定义可参考 USEPA 和 USACE 联合编纂的《联邦标准在有益利用 USACE 通航项目基建与维护疏浚土中的角色》。

"边际成本"是指那些不符合"联邦标准"的有益利用项目,在扣除依照"通航目的"指派的费用分担部分后,剩下的依照"环保目的"的费用分担部分。"边际成本"部分,若用于减少洪涝和暴雨灾害,或用于保护、改善或修复生态系统与环境,则也可获得不同比例的联邦与非联邦资金支持。指导"边际成本"资金分配的主要法案包括:《1986 水资源开发法案》第 1135 款、《1992 水资源开发法案》第 204 款、《1970 河流与港口法案及洪水防控法案》第 216 款、《1976 水资源开发法案》第 145 款等。

与 USACE 资金授权相关的案例可参考《识别、规划和资助疏浚物有益利用项目》附录 B。以《1992 水资源开发法案》第 204 款,利用航道维护疏浚土营造人工湿地项目为例,资金分配见表10。

5.2 其他有益利用资金授权

其他有益利用资金授权是指用于有益利用但不经由 USACE 的,通过税费产生的联邦与州政府拨款和贷款。联邦政府对于有益利用项目的拨款和贷款可参考"湿地保护联邦基金一览"等网站数据;各州政府对于有益利用项目的拨款和贷款可咨询当地大学、自然资源部和生态环境部。

5.3 其他资金来源

其他资金来源是除却联邦与州税、拨款、低息贷款和费用分担程式的其他资金来源。《识别、规划和资助疏浚物有益利用项目》规划手册中列举了 14 种其他资金来源,包括利用州回旋基金、设立特别评价区、实施增税资助、发行栖息地或景区邮票、开设社区小额债券银行、发行迷你债券、发行信用卡、

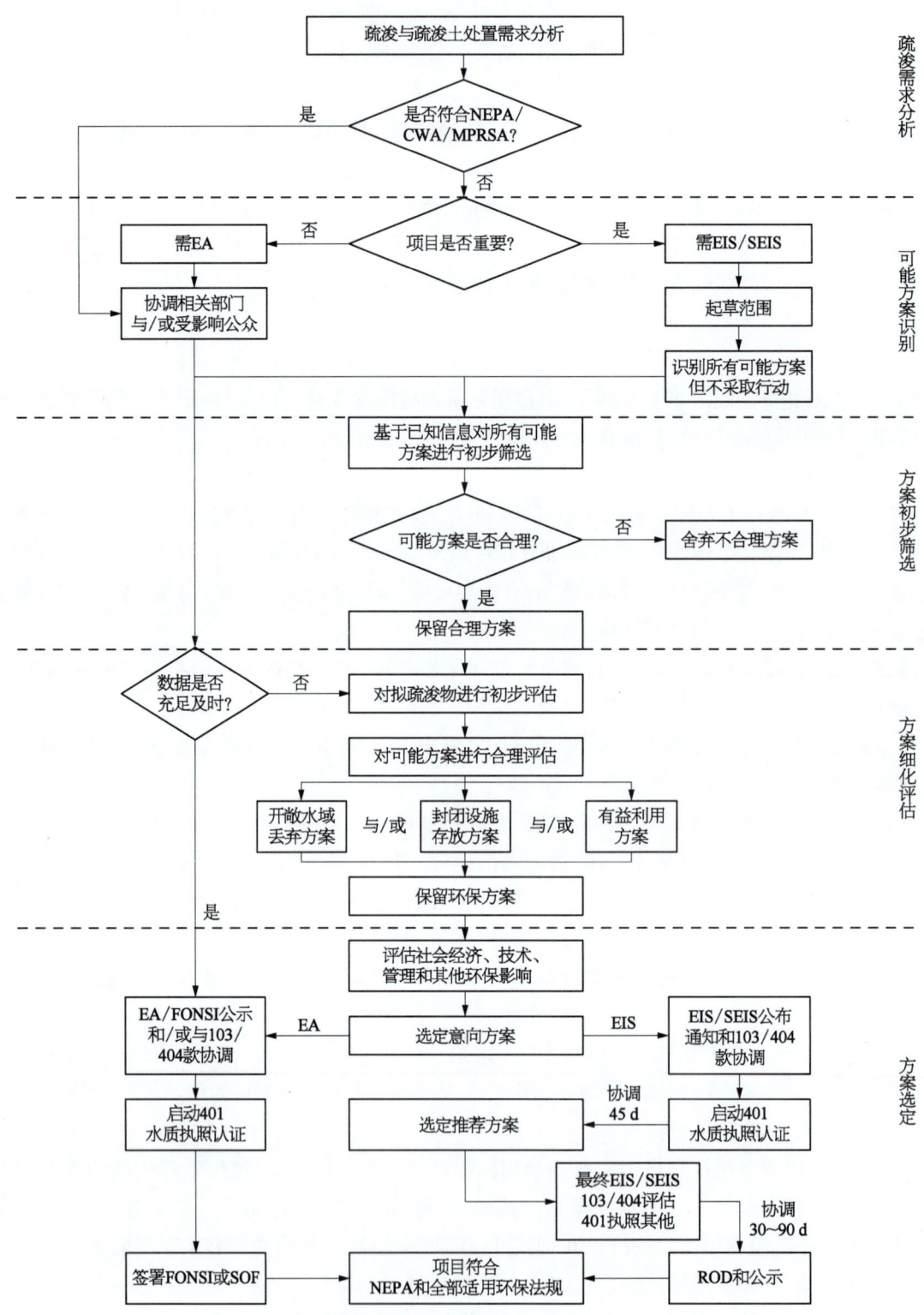

图 2　疏浚物管理评估技术路线（USACE，2007）

表9 疏浚物处理"联邦标准"(USEPA, 2007; USACE, 2007)

A 新建航道		
航道深度	非联邦支出	说明
≤20 ft(6 m)	20%	工程期间支付10%,30年内结清剩下10%
20~45 ft(6~13.7 m)	35%	工程期间支付25%,30年内结清剩下10%
>45 ft(13.7 m)	60%	工程期间支付50%,30年内结清剩下10%
B 运营和维护已有航道		
B-1 运营和维护疏浚		
航道深度	非联邦支出	
≤45 ft(13.7 m)	0	
>45 ft(13.7 m)	50%	
B-2 建造水、陆弃泥设施		
航道深度	非联邦支出	
≤20 ft(6 m)	20%	工程期间支付10%,30年内结清剩下10%
20~45 ft(6~13.7 m)	35%	工程期间支付25%,30年内结清剩下10%
>45 ft(13.7 m)	60%	工程期间支付50%,30年内结清剩下10%
B-3 维护水、陆弃泥设施		
航道深度	非联邦支出	
所有	0道	

表10 利用航道维护疏浚土营造人工湿地资金分配(USEPA, 2007; USACE, 2007)

项　　目	联邦资金(万美元)	非联邦资金(万美元)
通航	10	0
疏浚物处置	10	0
征地搬迁	0	0
生态系统修复	7.5	2.5
疏浚物处置	7.5	0
征地搬迁	0	2.5
合计	17.5	2.5
疏浚物处置	17.5	0
征地搬迁	0	2.5

开展或拓展纪念车牌项目、开展动物认领项目、设立捐赠基金、征收公共辖区服务费、征收有益利用"代扣工会费"、征收额外消费税以及设立公共、私人协作赞助机制。

6 借鉴

美国的"工程顺应自然"理念不仅没有将疏浚与环保截然对立,更是积极地寻求疏浚与疏浚物有益利用方面的生态机遇,基于对自然规律的理解与运用,依托正确地"挖"与"堆"来营造生境并创造生态价值。美国的疏浚物利用方案、技术路线等较为多元与成熟,尤其在利用疏浚物保护、修复、改善与开发生物栖息地等生态利用方面,有效为清晰与完善的技术方法体系、研究思路与教育培训机制。美国在技术层面确保相对高效与有效地利用疏浚物,依托与利用法律、法规、政策与公约,在资金等经济与社会层面为疏浚物的资源化利用,特别是为生态修复的公益类工程建立了补偿或激励机制。

在疏浚管理和疏浚物利用方面,可借鉴美国疏浚的研究、教育、技术、法规等研究制定我国相关技术规范、标准,探索疏浚物在海岸防护、河口与河道整治、水环境改善、营造水生生物栖息生境等方面的综合利用;在完善技术规范的同时,积极完善相关法律法规,增补有关疏浚物综合利用的条款,严格控制与管理疏浚物的抛弃与倾倒,制定促进疏浚物综合利用的激励政策,以及简化清洁疏浚物再利用的审批程序等。

在疏浚方法上,可借鉴美国"工程顺应自然"理念,结合自身疏浚研究进展与相关经验,积极与生态环保领域特别是水工程生态领域合作,进一步完善适应我国国情的"工法自然"方法体系的研究与实践,用于指导我国的疏浚等水利水运基础设施项目,使之在保护、修复与改善生态环境的基础上,满足水运水利等经济需求与社会需求。

"工法自然"方法是一种基于并旨在实现"可持续发展"的方法:从生态系统角度出发,基于充分理解、尊重与利用自然材料、力量与过程等自然规律,在保护、修复与改善自然环境的基础上,构思并实现工程项目的目的;在充分保障与依托不同学科领域相关权益人参与的基础上,实现项目的生态、经济与社会综合效益;同时在项目的全部生命周期各个阶段实行适应性管理,确保项目能不断调整优化,确保功能的可持续性,以及不断增进人们对相关问题的认知。

"工法自然"方法指导下的基础设施建设项目应具有如下特性:

(1) 积极主动。基于自然,并利用自然或利用工程营造自然条件来主动地增加生态、社会与经济方面的正面效应,节约花费;同时规避或减少设计方案与实施行动中的负面效应,减少浪费。

(2) 综合整体。基于对环境系统与工程技术的整体认知,制定满足该系统生态、经济与社会需求的综合目标,应用人工结合自然的综合方法,依托与保障相关权益人的参与协作,从而实现各方利益共赢。

(3) 动态发展。针对认知与技术存在的局限,以及利益关系的复杂性,应用适应管理,在工程的规划、设计、实施与运行各阶段进行监测、评估与迭代优化,以控制不确定性,增进认知,进而确保工程项目的长期效果。

参考文献

[1] PIANC MarCom Working Group 19. Beneficial Uses of Dredged Material-A Practical Guide[R]. Brussels, Belgium: PIANC, 1992.

[2] PIANC Working Group 177. Classification of Soils and Rocks for the Maritime Dredging Process[R]. Brussels, Belgium: PIANC, 2017.

[3] PIANC EnviCom Working Group 176. Guide for Applying Working with Nature to Navigation Infrastructure Projects[R]. Brussels, Belgium: PIANC, 2018.

[4] Randall R.. Dredging and Dredged Material Placement[R]. College Station, TX: Texas A&M University, 2016.

[5] USACE. Summary of Available Guidance and Best Practices for Determining Suitability of Dredged Material for Beneficial Uses[R]. Washington D.C.: U.S. Army Corps of Engineers, 2007.

[6] USACE. Dredging and Dredged Material Management. EM-1110-2-5025[R]. Washington D.C.: U.S. Army Corps of Engineers, 2015.

[7] USEPA. Dredged Material Management-Action Agenda for the Next Decade[R]. Washington D.C.: U.S.

Environmental Protection Agency, 2003.

[8] USEPA, USACE. Evaluating Environmental Effects of Dredged Material Management Alternatives-A Technical Framework[R]. Washington D.C.: U.S. Army Corps Engineers, U.S. Environmental Protection Agency, 2004.

[9] USEPA, USACE. Identifying, Planning, and Financing Beneficial Use Projects Using Dredged Material. EPA 842-B-07-001[R]. Washington D.C.: U.S. Army Corps Engineers, U.S. Environmental Protection Agency, 2004.

(原载于《水生态学杂志》2020年第2期)

Observation of the sediment trapping during flood season in the deep-water navigational channel of the Changjiang Estuary, China

Qi Shen[a,b], Wenrui Huang[c], Yuanyang Wan[b], Fengfeng Gu[b], Dingman Qi[b]

[a] Department of Hydraulic Engineering, Tongji University, Shanghai, 200092, PR China
[b] Shanghai Estuarine and Coastal Research Center, Shanghai, 201201, PR China
[c] Department of Civil Engineering, FAMU-FSU College of Engineering, Florida State University, Tallahassee, FL, 32310, USA

ABSTRACT

After the construction of the Deep-water Navigational Channel (DNC) in the North Passage of the Changjiang Estuary, siltation in the channel became severe during the flood season in the navigation channel. To investigate the causes, field observations of tidal current, salinity and suspended sediment concentration (SSC) were conducted by 16 anchored boats in the navigation channel of North Passage during spring tide in the flood season. The across-channel differences of salinity, SSC, and near bottom residual sediment transport at the high siltation area of the DNC were observed and analyzed. The results show that the near bottom SSC presented a south-to-north decreasing trend during the flood tide at the lower reach of the North Passage. During the ebb tide, a suspended sediment cloud of extremely high concentration was detected within the channel. The observed longitudinal sediment trapping was not only shown as the turbidity maximum (TM) trapped within the moving salinity front but also as the longitudinal convergence of the residual sediment transport at the middle reach. The mechanism for the longitudinal sediment trapping was due to the tidal asymmetry in mixing. The observed lateral sediment trapping was prominent at the most severe siltation area of the DNC in the section ♯2. The lateral sediment trapping at the across-channel section ♯2 was not only shown as the lateral transport of the sediments from the channel flanks during the flood slack but also as the lateral convergence of the residual sediment transport during the entire spring tidal cycle. The mechanism for the lateral sediment trapping was dominated by the advective transport. The lateral impact on the channel sediment trapping was not negligible in view of the depth-mean lateral tidal straining on the water stratification. The observed convergences of both the longitudinal and the lateral residual sediment transports were responsible for the severe channel siltation in the North Passage.

Keywords: Sediment trapping　Changjiang estuary　stratification and mixing　Tidal straining　Navigation channel

1 Introduction

Estuaries trap and accumulate sediment from both the watershed and coastal ocean (Schubel and Hirschberg, 1978). The dynamic environment in estuaries include the river discharge, tidal dynamics, density stratification, baroclinic pressure gradient force, waves and particle dynamics, which control the transport and trapping of fine-grained sediments in estuaries (Blake et al., 2001; He et al., 2008; Liu et al., 2013; Pang et al., 2019; Shi, 2004; Yang et al., 2015; Zhang and Liu, 2009). In addition, the turbidity maximum (TM), where the sediment is trapped, is a prominent feature of suspended sediment transport in estuaries, in which the suspended sediment concentration (SSC) is much higher than that in the adjacent water upstream or downstream (Geyer, 1993). Large amount of sediment silting tends to occur in TM zone posing severe navigational problem that constantly requiring dredging.

Based on previous studies, the estuarine TM is typically associated with the landward extent of the salinity intrusion, where the salinity gradient and estuarine circulation vanish (Ralston et al., 2012). The mechanism of TM formation can be described by the baroclinic flow convergence (Li et al., 2016; Mehta, 1989; Postma, 1967), the tidal asymmetry (Geyer, 1993; Hamblin, 1989; Jay and Smith, 1990; Winterwerp, 2011), velocity shear (Burchard and Baumert, 1998; Jay and Musiak, 1994; Li and Gust, 2001), and sediment flocculation (Manning et al. 2006, 2010; Wolanski and Gibbs, 1995). Postma (1967) believes that an important trapping mechanism is the near-bottom velocity convergence due to along-estuary gradients in the baroclinic pressure gradient force, which creates a region of enhanced suspended-sediment concentration and deposition. By contrast, Winterwerp (2011) argues that large stratification due to turbulent-induced flocculation and sediment-induced buoyancy destruction can be responsible for the efficient fine sediment trapping. Ralston et al. (2012) discuss the lateral asymmetry in the Hudson Estuary including the lateral and along-channel gradients in bathymetry, stratification, bed stress, and sediment flux which lead to an unsteady, heterogeneous distribution of sediment transport and trapping along the estuary. It can be inferred that the sediment trapping in the TM zone is a complex process and probably differs between estuaries or predominates at different times in the same estuary.

The Changjiang Estuary is well known for the considerable river discharge, strong tides and high SSC. The Yangtze River provides a multiyear averaged river discharge of 29 300 m^3/s (Shen et al., 1993). The river discharge has a strong seasonal variation, in which approximately 70% runoff occurs in the flood season (May to October) while only 30% in the dry season (rest months). Based on the discharge recorded from 1950 to 2014 at Datong gauging station that is about 640 km upstream of river mouth, the lowest monthly mean discharge is 11 200 m^3/s that occurs in January and the highest monthly mean discharge is 49 700 m^3/s that occurs in July (Li et al., 2016). The Changjiang Estuary is a mesotidal estuary with a mean tidal range of 2.66 m and maximum of 4.62 m at the river mouth. Semi-diurnal tides and reciprocating tidal currents predominate in this estuary. The fluvial annual mean sediment discharge is approximately 0.486 billion tons before the 1990s and is 0.2 billion tons after the 1990s (Milliman and Syvitski, 1991). Due to the operation of Three Gorges Dam in the Yangtze River in 2013, the occurrence of extremely low SSC with the mean yearly values of 0.18 kg/m^3 has been detected at Datong gauging station during the period from 2003 to 2013 (Dai et al. 2014, 2016) and the fluvial sediment-transport process has been changed by annually trapping 0.123 billion tons of sediment (Dai et al., 2018). The estuary acts as sediment source or sink from the river to the sea (Prandle, 2004). Nearly half of the fine-grained sediments from the Changjiang basin are deposited in the estuary and on the subaqueous delta, resulting in massive sand bars with a minimum depth of 6 m, which seriously limits the navigation capacity. The cumulative sediment trapped in the TM zone is a hindrance to navigation. The main components of the sediments in the TM zones are exclusively silt and clay. The median size of the bed sediment ranges between 0.056 and 0.010 mm and the median size of the suspended sediment varies between 0.004 and 0.009 mm with a dominating range around 0.007 mm (Li and Zhang, 1998).

The North Passage of the Changjiang Estuary, where the Deep-water Navigational Channel (DNC) is located, endured severe sediment silting in past decades, especially during the flood season (Liu et al., 2014). The excavation of the pristine mouth bar near the North Passage during the construction of DNC has caused the salt wedge to move upstream, resulting in a new TM zone. The formation of the TM in the Changjiang Estuary was closely related to the resuspension of the trapped sediment (Li and Zhang, 1998). Recently, Shi (2010) proposes that the formation of TM in the Changjiang Estuary is caused by tidal asymmetry, near-bed periodic tidal resuspension and turbulent suppression by suspension/-salinity stratification. Due to numerous factors in the formation of TM, the mechanism for sediment trapping in the Changjiang Estuary could differ in space and time. Wu et al. (2012) present moored and shipboard observations in the 2008 flood and dry seasons at the lower reach of the Changjiang Estuary. They suggest that the sediment trapping in the TM occurs more frequently during accelerating and decelerating ebb tides, when the bed stress is small but the flow is highly accelerating and decelerating. Song et al. (2013) study the suspended sediment transport in the DNC in the dry season 2009 when the DNC was still under construction. They find that the suspended sediment transport is strongly affected by the salinity distribution and salinity-gradient-induced stratification in the DNC. Li et al. (2014) discuss the residual sediment transport near a moving salt wedge and demonstrate that the landward bottom sediment transport might be responsible for sediment trapping. Liu et al. (2011) focus on the near-bed landward residual transport of sediment in the North Passage and propose that the residual sediment transport is not only controlled by density-driven estuarine circulation, but also by the tidal asymmetry. Li et al. (2016) investigate the sediment transport during a complete spring-neap tidal cycle and find that the convergent near-bed residual sediment transport is the cause of the high sedimentation rate in the North Passage. More recently, Li et al. (2018) study the suspended sediment transport and stratification in the entire Changjiang Estuary and find that the salinity intrusion creates the stratification in the North Passage, which depresses the turbulence and re-suspension of sediment. They discover that the stratification is further enhanced by the vertical distribution of suspended sediment, resulting in a TM zone and induces sediment deposition/trapping in the channel.

Despite the significant progresses made, little attention has been paid on the sediment trapping in the high siltation area of the DNC during the flood season when the severe sediment siltation occurs. Until now, it is unclear that to what extent the lateral difference of the variation of current, salinity and SSC near the high siltation area could be. The role of the lateral impact on sediment trapping near the DNC is never studied before. Therefore, a systematic analysis on both the longitudinal and the lateral sediment trapping in the high siltation area of the DNC is necessary and will be helpful for improving our understanding of the cause of the severe channel siltation in the North Passage during the flood season. The aims of this study are firstly to investigate the characteristics and the difference of current, salinity and SSC between the channel flanks and the channel in the high siltation area of the DNC. Secondly, detailed descriptions on the longitudinal transport of the salinity and SSC are presented, and the analysis on the process of the longitudinal sediment trapping in the North Passage is shown. Lateral transport of sediment at the extreme high siltation area is then presented. The mechanism for longitudinal and lateral sediment trapping is investigated. Finally, a discussion emphasizing the lateral contribution on channel sediment trapping from the view of the tidal asymmetry in mixing is presented.

2 Study site and observation stations

The lower reach of the Changjiang River is a multi-channel estuary that has a three-tier bifurcation and four outlets to the East China Sea. It is firstly divided by the Chongming Island into the North Branch and the South Branch. The South Branch is further divided into the North Channel and the South Channel by the Changxing Island and the Hengsha Island, while the South Channel is divided into the North Passage and the South Passage (Fig. 1a).

With the rapid development of economy and trade in the Changjiang delta region since 1990s, it was imperative to open up a DNC in the Changjiang Estuary. The DNC is designed to incise through the river-mouth bar, and to extend landward in the North Passage (Fig. 1a). The DNC is 92.2 km long, 350~400 m wide and 12.5 m deep. The hydraulic engineering is composed of massive dredging and a series of channel regulation projects such as the two along-channel dikes (south dike: 48 km long, north dike: 49.2 km long) and 19 attached groins (Fig. 1b). The Yangtze River Deepwater Regulation Project (YRDRP) began in 1998, lasting for three phases, and is completed in 2011. The construction of the channel regulation project is intended to impede the lateral sediment transport into the channel, and simultaneously to enhance the discharge capacity of sediment

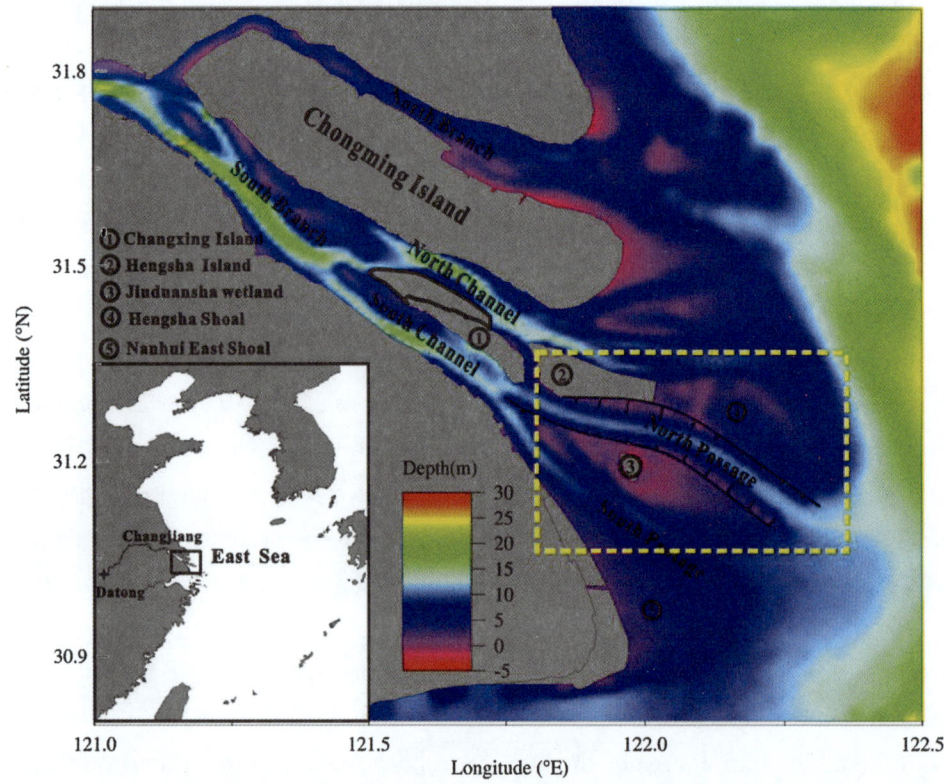

(a) Sketch map for the Changjiang Estuary

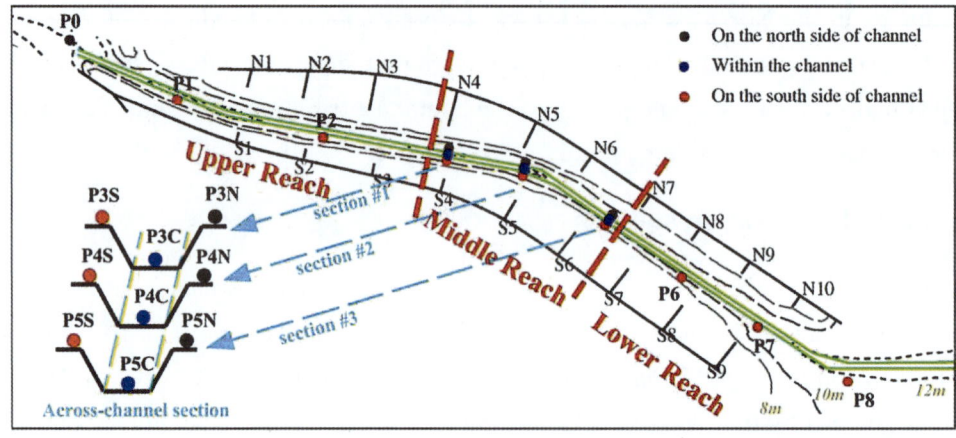

(b) Field observation in the North Passage

Fig. 1　The location of observation stations during the flood season 2015 in the navigation channel in North Passage of the Changjiang Estuary; and stations in three cross sections #1, #2, #3.

transport within the channel. The newly built navigation training works in the North Passage have a significant effect on the estuarine hydrodynamics, resulting in a local morphological adjustment (Zhu et al., 2016). However, the south dike as well as the sand-retaining dike still can't fully impede the lateral sediment transport due to the structure height, local terrain and tidal level. Flood waters tend to pass through the south dike between S6～S8 (Fig. 1a) from the Jiuduansha wetland during high tides, carrying concentrated benthic suspensions into the North Passage which has been captured by many field observations and numerical studies (Liu et al., 2010; Shen et al., 2018; Xu et al., 2009).

Since the completion of YRDRP in 2011, sediment siltation within the DNC has been threatening the navigation safety, demanding frequent dredging. The annual amount of maintenance dredging is 79.8 million m³ in 2011, 97.16 million m³ in 2012, 86.72 million m³ in 2013, and recently 68.1 million m³ in 2015. All the dredging amounts are far greater than the original estimation of 30 million m³. The distribution of the silting along the DNC, similar to the amount recorded from Jul 25 to Aug 26, 2015 (Fig. 2, the source of the data was provided by the Yangtze Estuary Waterway Administration Bureau), is that a high amount of silting constantly occurs at the channel units which range from I to O. In addition, the amount of silting in these units is accounted for 70%~80% of that of the entire channel (Qi et al., 2005) and have not been significantly influenced by the reducing of Changjiang sediment load since the construction of hydro-engineering projects upstream (e.g. the Three Gorges Dam). Because the high SSC maintained in the NP has shown less connection with the incoming sediment, it should be related to local resuspension and deposition (Song et al., 2013).

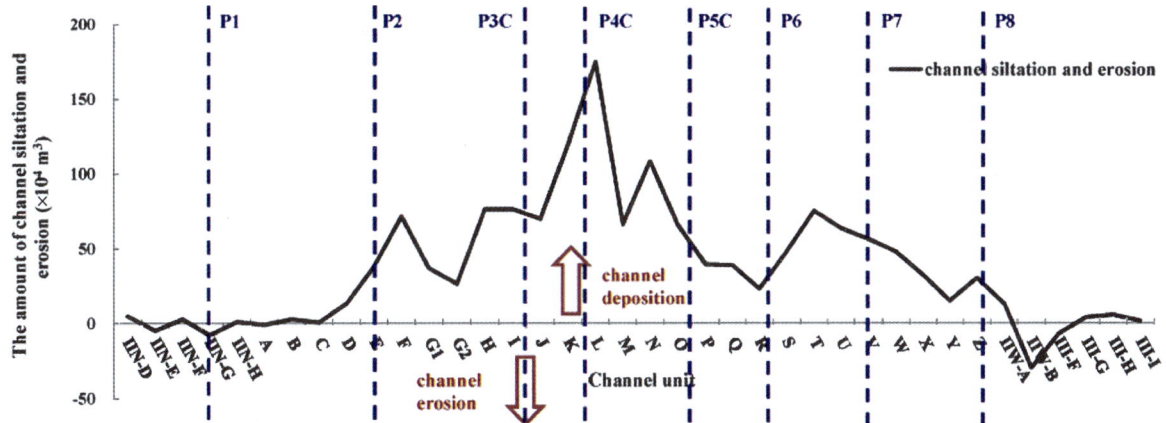

Fig. 2 The erosion and deposition within the navigation channel measured from Jul 25 to Aug 26, 2015.

3 Methods

3.1 Field observations

Simultaneous field observations in the North Passage of the Changjiang Estuary were conducted during spring tide in the flood season, from Aug 1 to Aug 2, 2015. The discharges were ~42 600 m³/s measured at Datong station and the mean tidal range was~4.3 m. 16 anchored boats were arranged to collect the profiles of tidal current, salinity and SSC in the North Passage. Among these, 9 anchored boats were deployed at the high siltation area of the DNC to investigate the along-channel and lateral transports of sediments (Fig. 1b). For most of the sites, more than 25 h records of water level, current velocity/direction, salinity and SSC were collected. However, for the mooring sites within the DNC, a semi-diurnal measurement with no less than 13 h were carried out to minimize the intervention on shipping traffic.

In accordance with the technical standard of the hydrographic survey in mainland China, current velocity and direction were measured at six layers with relative water depths of 0.0, 0.2, 0.4, 0.6, 0.8 and 1.0, in which 0.0 refers to the top layer (~50 cm below the water surface), and 1.0 refers to the bottom layer (~50 cm above the sea bed). Two equipment, i.e. the electromagnetic current meter and the 150 kHz ADCP (Acoustic Doppler current profilers), were used in the current survey to guarantee the data quality. Water samples for measuring salinity and SSC were collected hourly at the same relative depths. Both salinity and SSC were determined from the water samples in the laboratory. Salinity was determined by silver nitrate titration method and SSC was determined based on gravimetric analyses. The procedure of gravimetric analyses for SSC include firstly removing the coarse suspended fraction by sieves, secondly using 0.45 μm filters to separate the suspended materials from the turbid samples, thirdly over-drying the filtered suspended materials to remove the additional moisture, and finally obtaining the SSC based on the weight of suspended materials and the volume of water samples.

3.2 Data analysis methods

3.2.1 Stratification and mixing

Stratification and mixing are two major hydrodynamic phenomena in estuaries, affecting the transport of dissolved materials such as the salt, sediment and nutrients. The classical estuary classification is proposed based on the relative importance of stratification and mixing (Hansen and Rattray, 1966). The process of stratification and mixing can vary on different time scales (e.g., flood and ebb tidal cycle, spring and neap tide cycle) and are determined by the interaction between the strong tidal current flow and persistent density gradient. The intensity of stratification can be described by the buoyancy frequency (Stacey et al., 2011)

$$N^2 = -\left(\frac{g}{\rho}\right)\left(\frac{d\rho}{dz}\right) \qquad (1)$$

where g is gravity acceleration, z is the vertical coordinate and $(d\rho/dz)$ represents the vertical gradient of water density. The estuarine water density (ρ) can be estimated using the following equation (Geyer and MacCready, 2014)

$$\rho = \rho_0(1 + \beta S_w) \qquad (2)$$

where ρ_0 is the density of pure water, $\beta = 7.8 \times 10^{-4}$ is the haline contractivity (Pu et al., 2015), and S_w denotes the water salinity. When SSC is considered, the density of the turbid estuarine water ρ_{ss} is calculated as (Wang et al., 2005)

$$\rho_{ss} = \rho + \left(1 - \frac{\rho}{\rho_s}\right)C \qquad (3)$$

where $\rho_s = 2650$ kg/m³ is the sediment density, and C is the suspended sediment concentration (kg/m³). Physically, the buoyancy frequency represents the frequency at which a water parcel would oscillate around its position of neutral density. The relative stability of the stratified shear flow can be described by the gradient Richardson number (Richardson, 1920; Stacey et al., 2011)

$$Ri_g = \frac{N^2}{S^2} = -\frac{g}{\rho} \cdot \frac{d\rho}{dz} \cdot \left[\left(\frac{du}{dz}\right)^2 + \left(\frac{dv}{dz}\right)^2\right]^{-1} \tag{4}$$

where $S^2 = \left(\frac{du}{dz}\right)^2 + \left(\frac{dy}{dz}\right)^2$ is the local mean shear, assuming that the vertical velocity gradient is much greater than the horizontal velocity gradient, u and v are the streamwise and the stream-normal (spanwise) velocity respectively. Based on the linear stability theory, the critical value for active mixing is $Ri_c = 0.25$. When $Ri_g < 0.25$ or $\log_{10}^{Ri_g/0.25} < 0$, the flow is unstable and the mixing is enhanced. When $Ri_g > 0.25$ or $\log_{10}^{Ri_g/0.25} > 0$, the flow is stable and the mixing is suppressed.

3.2.2 Residual transport of sediment

The sediment transports at each layer could be different. At some locations, the sediment transport at the surface layer is in opposite direction to that at the bottom layer. As to the high siltation area of the DNC, the near bottom residual sediment transport is crucial for the channel siltation. To analyze and describe the subtidal transport of sediment, the water column was divided into 6 uniform vertical layers and an analysis based on the six-layer measured data was carried out to evaluate the sediment transport at each layer. The residual sediment transport through a unit width at the k layer ($k=1, 2, \cdots, 6$) can be defined as follow (Wu et al., 2006)

$$\vec{Tr}_{sed} = \frac{1}{T}\int_0^T \vec{V}_k \cdot SSC_k \cdot \Delta z_k \, dt \tag{5}$$

Where $\vec{V}_k$ is the current vector at the kth layer, Δz_k is the thickness of the kth layer, SSC_k refers to the sediment concentration at the kth layer and T represents the periods of flood-ebb cycle, approximately 12 h in this study. In order to identify the mechanism of sediment transport in the North Passage, a decomposing method adopted in previous studies (Jiang et al., 2013; Li et al., 2016; Liu et al., 2011) was employed to separate the residual sediment flux into two parts, shown as follows

$$\langle u \cdot c \rangle = \langle u \rangle \cdot \langle u \rangle + \langle u' \cdot c' \rangle \tag{6}$$

where u is the current speed, c is the SSC, $\langle \cdot \rangle$ is the tidal-averaged operator and u' or c', defined as $u' = u - \langle u \rangle$, represents the tidal oscillatory component. The first term on the right side of Eq. (6) represents the advective transport induced by the residual flow and tidal-averaged SSC. The second term represents the transport due to the tidal pumping effect, which is linked to tidal fluctuations and asymmetry.

4 Observation results

In this study, the DNC is divided into three parts (Fig. 1b): the upper reach (stations P0, P1, P2), the middle reach which covers the high siltation area of the DNC (section #1, #2, #3), and the lower reach (station P6, P7, P8). In the middle reach, there were 3 anchored boats for each across-channel section (section #1, section #2 and section #3). For consistency of the name of anchored stations (e.g. P1, P2), the name of the mooring stations at each across-channel section follows the rule that P3S represents the station on the south side of the channel, P3C means the station within the channel and P3N is the station on the north side of the channel. In addition, a 12 h time series data extracted from each mooring site is used in this study, which covers a complete flood-ebb cycle and meets the requirement of time consistency for all the mooring stations. The extracted 12 h time series data starts at 6:00 a.m. on Aug 1, 2015 and ends at 6:00 p.m. on Aug 1, 2015.

4.1 *Different characteristics of current, salinity and SSC between the channel flanks and the channel in the high siltation area*

The description on the lateral difference of velocity, salinity and SSC at the high siltation area of the DNC (section #1, section #2, section #3) is presented in Fig. 3~Fig. 5. The results show that the lateral difference of the velocity, salinity and SSC were prominent. In the middle reach of the North Passage, the ebb current was much stronger than the flood current in terms of the higher ebb velocity and the longer ebb duration.

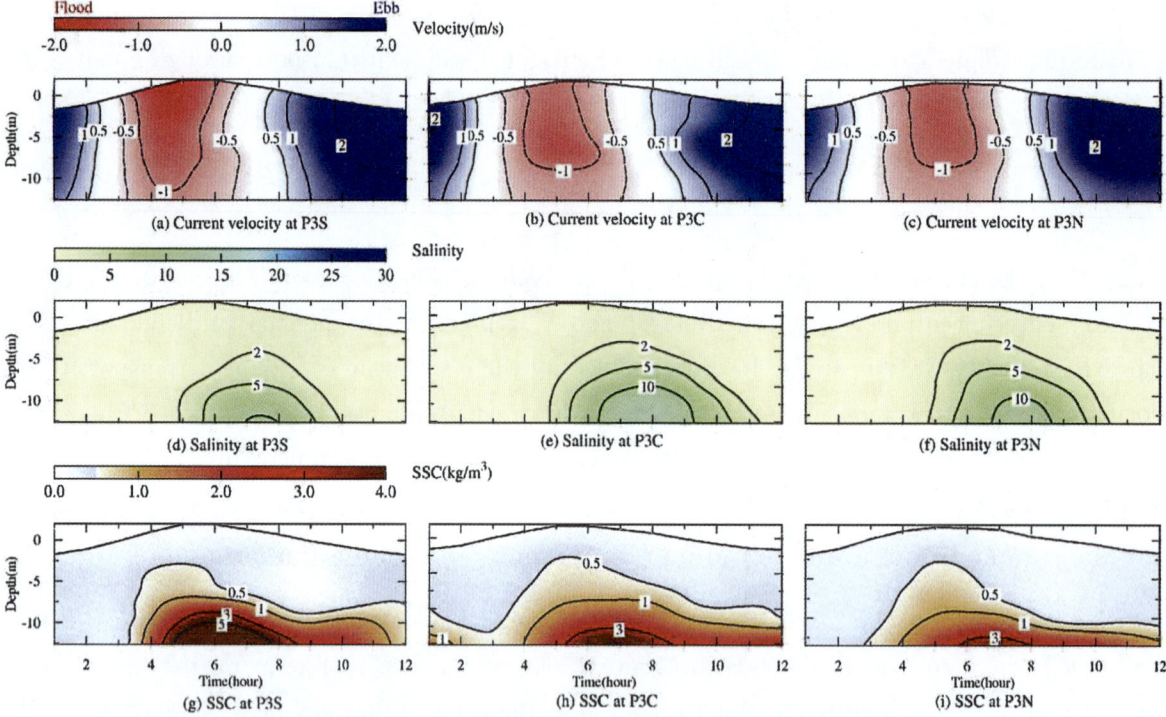

Fig. 3 Time series of the vertical profiles of velocity, salinity and SSC at the sites P3S (the south side of the channel), P3C (within the channel) and P3N (the south side of the channel) as marked in Fig. 1b. The time shown on the abscissa began at 6:00 a.m. in Aug 1, 2015. Note that in the rest of this paper, all salinity measurements were made according to the practical salinity scale.

At the across-channel section #1, which was located at the landward limit of the high siltation area (Fig. 2, P3C), the flood current on the south side of the channel (P3S) was stronger than the others (P3C, P3N), while the ebb current within the channel (P3C) was the strongest. The salinity within the channel was much higher than the salinity on the channel flanks. Meanwhile, the salinity on the south side of the DNC was lower than the salinity on the north side. During the flood tide, the lateral distribution of the SSC showed the south-to-north declining trend, presenting the peak SSC up to 20 kg/m³ shown on the south side while the peak SSC about 6.5 kg/m³ and 5 kg/m³ appeared within and on the north side of the channel, respectively. We supposed that the south side of the channel could be the main pathway for transporting the resuspended sediments during the flood tide. During the decelerating phase of the ebb current, the high SSC (>0.5 kg/m³) diminished on both sides of the channel (P3S, P3N), which was in contrast to the high SSC persisting near the bottom of the channel (P3C). Therefore, the DNC acted more efficiently in sediment trapping during the ebb tide. The near bottom high SSC, which was around 3 kg/m³, appeared at the 4.8th hour on the south side of the channel, at the 5.2nd hour within the channel and at the 5.8th hour on the north side of the channel (Fig. 3), which presented the lateral south-to-north lagging appearance of the near bottom high SSC.

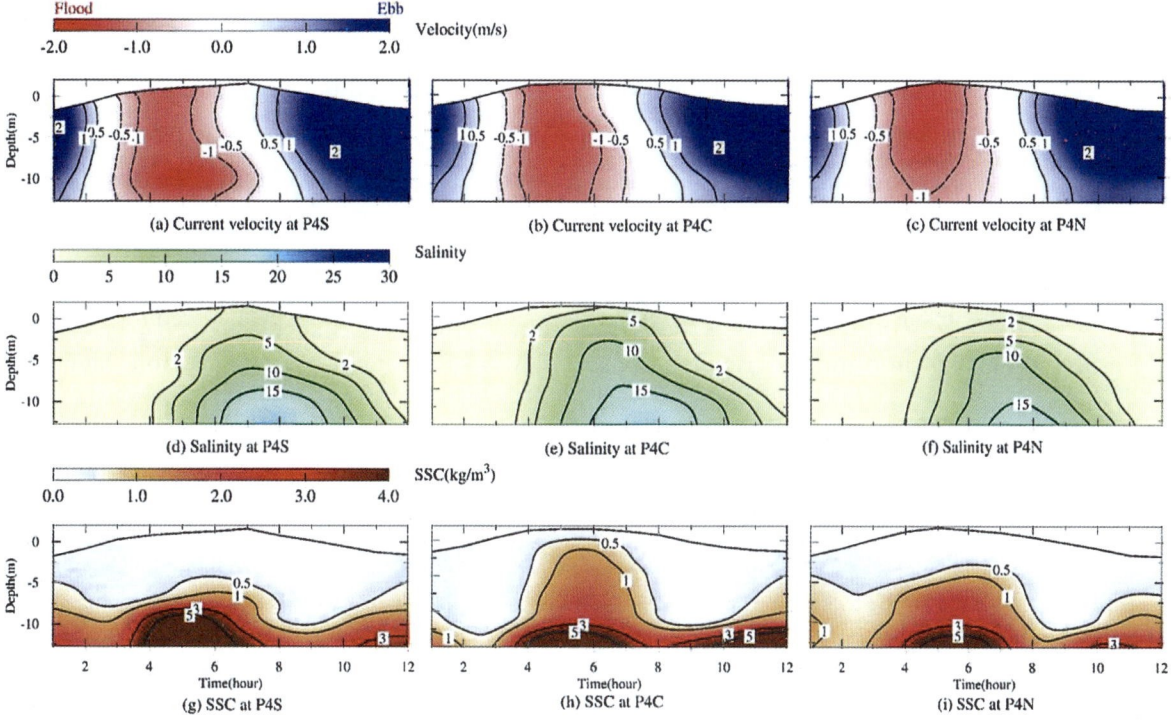

Fig. 4 Time series of the vertical profiles of velocity, salinity and SSC at the sites P4S, P4C and P4N as marked in Fig. 1b. The time shown on the abscissa began at 6:00 a.m. in Aug 1, 2015.

Adjacent to the bend of the DNC (Fig. 1b), the across-channel distribution of current velocity at the section #2 (Fig. 4) showed a little difference from that at its upstream section #1. The ebb current on the south side of the channel (P4S) was strongest and the flood currents both on the south side of and within the channel (P4S, P4Z) were greater than the current on the north side (P4N). The salt wedge wandering within and on the south side of the channel was a little longer than that on the north side. Within the channel, the SSC around 0.5 kg/m³ could nearly rise to the surface during the flood tide, but on the channel flanks, the SSC was stuck at the middle layer due to the mixing depressed by the salinity stratification. The phenomenon of the south-to-north lagging appearance of the bottom high SSC was also detected at the bend of the DNC during the flood tide.

During the ebb tide, the higher bottom SSC which was greater than 5 kg/m³ was only detected within the channel, indicating that the DNC acted more efficiently in sediment trapping during the ebb tide.

At the across-channel section #3 which was located at the seaward limit of the high siltation area (Fig. 2, P5C), the flood currents both on the north side of and within the channel were much stronger than that on the south side (Fig. 5). On the contrary, the ebb current on the south side of the channel was much stronger than the others. Due to the complex interactions between the barotropic pressure, the baroclinic pressure and the bottom friction, the higher speed of the flood current was located at the middle layer of the water column, while the higher speed of the ebb current always stayed at the surface layer. The salinity within the channel was higher than that on the channel flanks, which had been also found at the upstream sections (section #1 and section #2). Similar to the lateral salinity distribution at the upstream section #2, the salinity on the south side of the DNC was lower than that on the north side, which indicated that there existed a dilute saltwater wandering on the south side of the DNC. The high SSC up to 3 kg/m³ on the channel flanks (P5S, P5N) appeared during the peak flood, while the SSC within the channel (P5C) up to 5 kg/m³ occupied the period from the peak ebb to the accelerating phase of the flood current. Therefore, the DNC acted more efficiently in sediment trapping during the ebb tide. Due to the near bottom TM observed at the site P5C during the decelerating phase of the ebb current, we believe that the TM zone within the channel was unable to flush out of the North Passage during the ebb tide. During the ebb slack, even though the water was calm enough, the suspended sediments at the TM zone couldn't fall into the bed rapidly. In the following flood tide, the near bottom high SSC

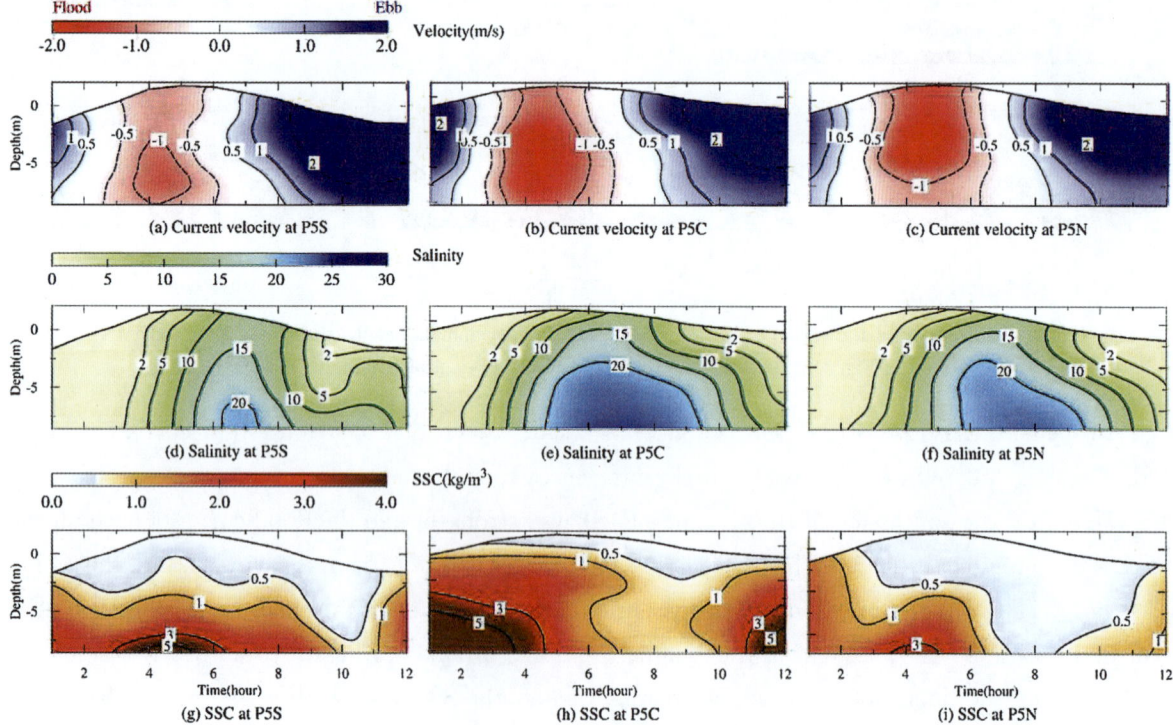

Fig. 5 Time series of the vertical profiles of velocity, salinity and SSC at the sites P5S, P5C and P5N as marked in Fig. 1b. The time shown on the abscissa began at 6:00 a.m. in Aug 1, 2015.

which was great than 5 kg/m³ appeared at the 5th hour on the south side of the channel (P5S), meanwhile, the near bottom SSC within the channel (P5C) was much lower, which indicate that a new resuspension of the sediments appeared on the south side of the channel during the flood tide.

4.2 Longitudinal transport of sediment in an ebb-flood cycle

Based on the previous analysis, the south side of the DNC could be the main pathway for landward transport of the resuspended sediments during the flood tide. Therefore, the time-dependent longitudinal transport of sediment based on the data collected on the south side of the channel was used to illustrate the longitudinal transport and trapping of the resuspended sediments in a tidal cycle.

Fig. 6 shows the temporal variation of the along-channel distribution of streamwise velocity, salinity and SSC in the North Passage during the flood tide. The structure of the TM zone, presented by the near bottom high SSC, was clearly captured. During the ebb slack (Fig. 6a), the TM zone and the salt wedge were located at the lower reach of the North Passage (P5S~P7), where the transition from the ebb tide to the flood tide was in progress. At the core of TM zone, the streamwise current was seaward at the upper layer and was landward at the bottom layer. The velocity was less than 0.3 m/s and the salinity, approximately ranging from 1 to 12, was suitable for fine sediment flocculation. During the accelerating phase of the flood current (Fig. 6b), the flood velocity at the middle and lower reach was increasing rapidly, resulting in a relatively higher flood current located at the middle and the lower layer. Due to the intrusion of the saltwater, the longitudinal gradient of salinity at the lower reach was strengthened (P6~P8) and the vertical salinity distribution became uniform. At the TM zone, the near bottom SSC (>2 kg/m³) during the accelerating phase of the flood current increased while the range of the SSC (>1 kg/m³) during the accelerating phase of flood current was much smaller than that during the ebb slack. The difference could be explained by the settling of fine sediment during the ebb slack and the near bottom sediment resuspension that occurred during the accelerating phase of the flood current. During the peak flood (Fig. 6c), the saltwater and the TM were transported landward, reaching the high siltation area. The intrusion of the salt wedge could have an influence on the vertical distribution of current velocity. Without the influence of salt wedge, the maximum flood velocity at the site P3S was about 1.8 m/s, located at the top layer of water column. At the same time the flood current at the site P6 which was impacted by the salt wedge, presented the maximum flood velocity of 1.7 m/s located at the middle layer. The vertical distribution of the salinity at the middle and lower layer became the most uniform during the flood tide. At the core of the TM, due to the strong current dynamic and well mixed condition, the near bottom SSC increased up to greater than 3 kg/m³. During the decelerating phase of the flood current (Fig. 6d), the ebb current appeared at the lower reach of the North Passage (P8). The flood current velocity at the middle and the lower reach of the North Passage decreased, while at the upper reach, the flood current enhanced. At the middle and the lower reach, the vertical difference of the salinity increased due to the near bottom saltwater intruding longer than that at the water surface (see P4S in Fig. 6d). The SSC at the TM zone reached the maximum with the value greater than 5 kg/m³ during the decelerating

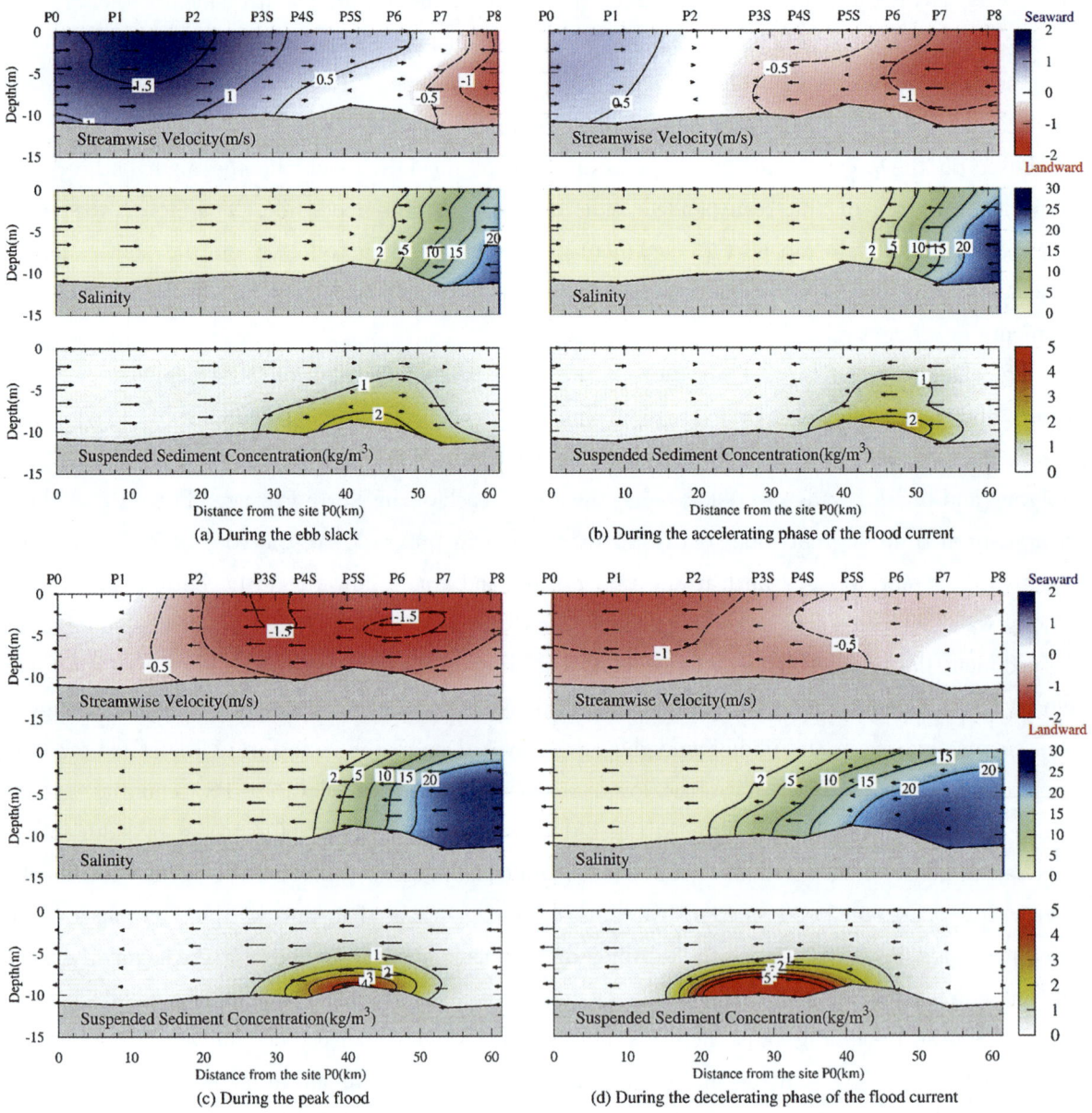

Fig. 6 Time-dependent variation of the along-channel distribution of streamwise velocity, salinity and SSC in the North Passage during the flood tide.

period of the flood current. During the entire process of the flood tide, the TM in the North Passage tended to be trapped within a certain range of the salinity front, ranging from the 2 to 20, and the transport of TM was in good agreement with the movement of salinity front during the flood tide.

During the flood slack (Fig. 7a), the transition from flood tide to ebb tide was in progress and the flow dynamic was weak. The position of the TM zone was nearly unchanged. But, the SSC decreased rapidly due to the comfort conditions for sediment deposition such as the existence of the high-concentration sediments (greater than 2 kg/m^3 at the lower layer), weak flow dynamics and the suitable salinity for sediment flocculation. During the accelerating phase of ebb current (Fig. 7b), the flow dynamics at the upper layer were instantly strengthened and the vertical

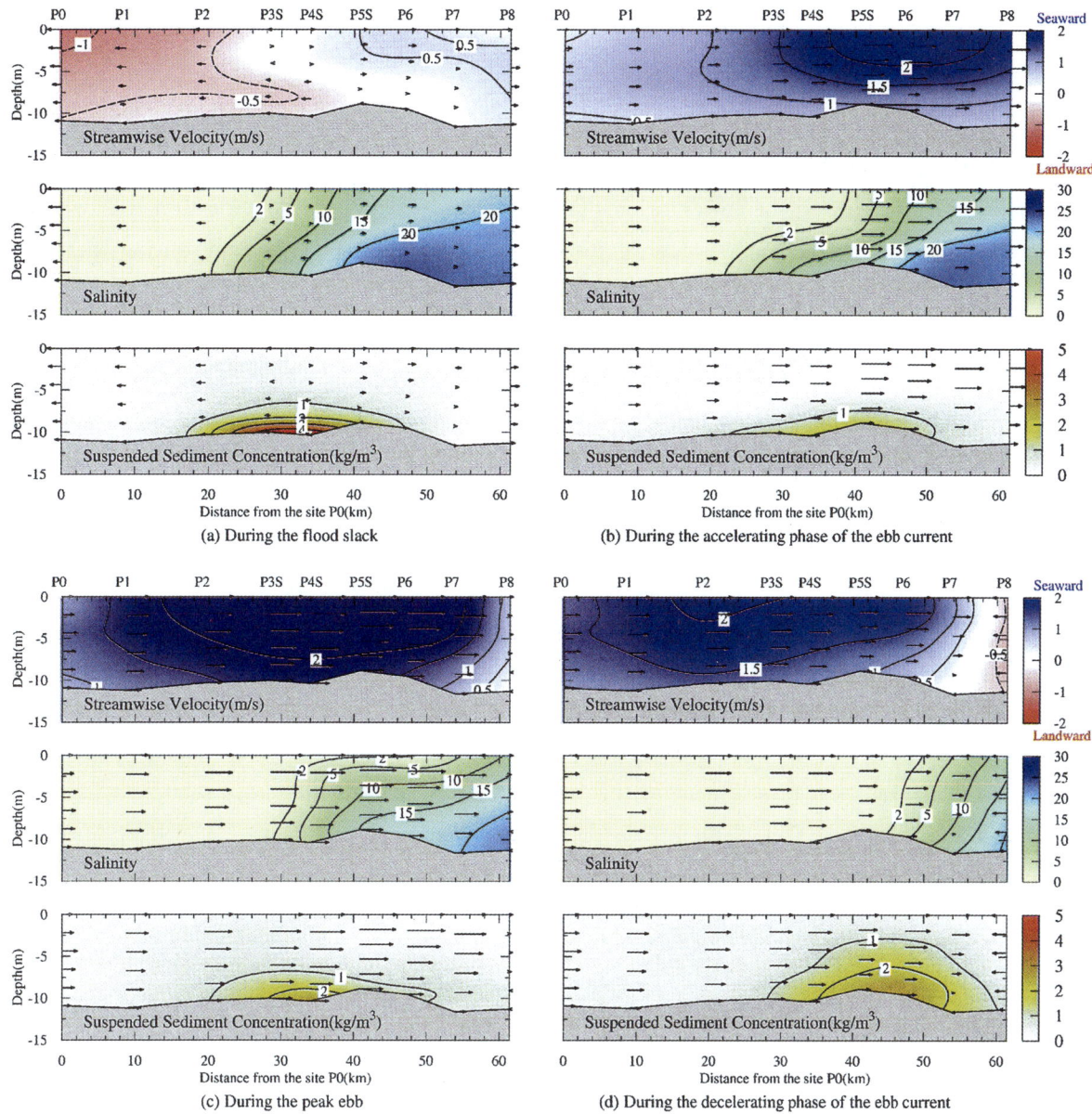

Fig. 7 Time-dependent variation of the along-channel distribution of streamwise velocity, salinity and SSC in the North Passage of the Changjiang during the ebb tide.

maximum current velocity, which was greater than 2 m/s, was located at the water surface. The saltwater at the bottom layer retreated slowly while the salinity at the upper layer decreased rapidly. The pronounced salinity stratification due to the tidal straining (Geyer et al., 2000; Simpson et al., 1990) appeared during the accelerating phase of the ebb tide. The near bottom mixing of SSC was depressed since the range of the SSC which was greater than 1 kg/m³ became smaller than that during the flood slack (Fig. 7a). During the peak ebb (Fig. 7c), the flow dynamics at the middle reach was so strong that the near bottom ebb velocity could reach up to 1.5 m/s and the vertical maximum velocity about 3 m/s was located at the water surface. The near bottom salinity front began to retreat rapidly which made the vertical salinity distribution at the lower layer to become uniform, forming the weak near-bottom salinity stratification. With the help of the stronger flow dynamics and well mixed condition, the SSC at the core of TM during the peak ebb was increased up to no more than 3 kg/m^3, which was still much lower than the SSC observed during the peak flood (Fig. 6c). During the decelerating phase of the ebb current (Fig. 7d), the relative stronger flow dynamic was located at the upper reach of the North Passage (P2) and the salinity front had been retreated to the lower reach (P6). The salinity-induced stratification was weakest during the ebb tide. The SSC at the core of the TM zone reaching the maximum during the entire ebb tide was 3.2 kg/m^3 at the bottom with the vertical-averaged value of 1.87 kg/m^3. Due to the retreat of salinity front at the middle reach of the North Passage (P4S, P5S), the sediments tended to rise higher and the SSC, greater than 1 kg/m^3, nearly occupied the whole water column.

4.3 *Lateral transport of sediment at the severe siltation area (cross section #2) in an ebb-flood cycle*

There existed a lateral exchange between the South Passage and the North Passage, of which the passage-scaled lateral impact has been studied before (Liu et al., 2010; Shen et al., 2018; Xu et al., 2009). However, the smaller-scaled lateral impact focusing on the DNC is seldom studied before, especially at the most severe siltation area in the cross section #2 (Fig. 1b). As shown in section 4.2, the high concentrated sediment clouds which were settled near the cross section #2 during the flood slack were hardly restored during the following ebb tide even if the tidal velocity during the ebb tide was much higher than that during the flood tide. Therefore, it is necessary to study the lateral transport of sediment at this severe siltation area in the cross section #2. Fig. 8 showed the temporal variation of the across-channel distribution (section #2) of velocity, salinity and SSC at the high siltation area during the entire flood-ebb cycle.

During the period from the ebb slack to the peak flood (Fig. 8a~c), the streamwise velocity was increasing and the maximum streamwise velocity was located at the middle or lower layer of the water column. The vertical distribution of the spanwise current was uniformly pointed to the north side of the channel. The SSC at the south side of the channel was higher than the SSC at the north side. During the decelerating phase of the flood current to the flood slack (Fig. 8d~e), the direction of the spanwise current became non-uniform in the vertical. The streamwise velocity was decreasing while the bottom northward spanwise velocity at the south side was increasing. The bottom spanwise current at the north side changed direction from northward into southward. Therefore, the bottom convergent transport of sediment was formed during the flood slack. During the following accelerating phase of the ebb current (Fig. 8f), the vertical distribution of the spanwise current was uniformly pointed to the south side of the channel. The lateral difference of salinity was diminishing and the high concentrated sediments were only found within the DNC. During the peak ebb (Fig. 8g), the ebb dynamic was stronger at the south side than that within the channel. But, the high SSC was still trapped within the channel. During the decelerating phase of the ebb current (Fig. 8h), the salt wedge as well as the TM were absent. The variation of the SSC was dominated by the current dynamic. The SSC at the south side was much higher than the SSC at the north side which was identical to the lateral distribution of the ebb velocity.

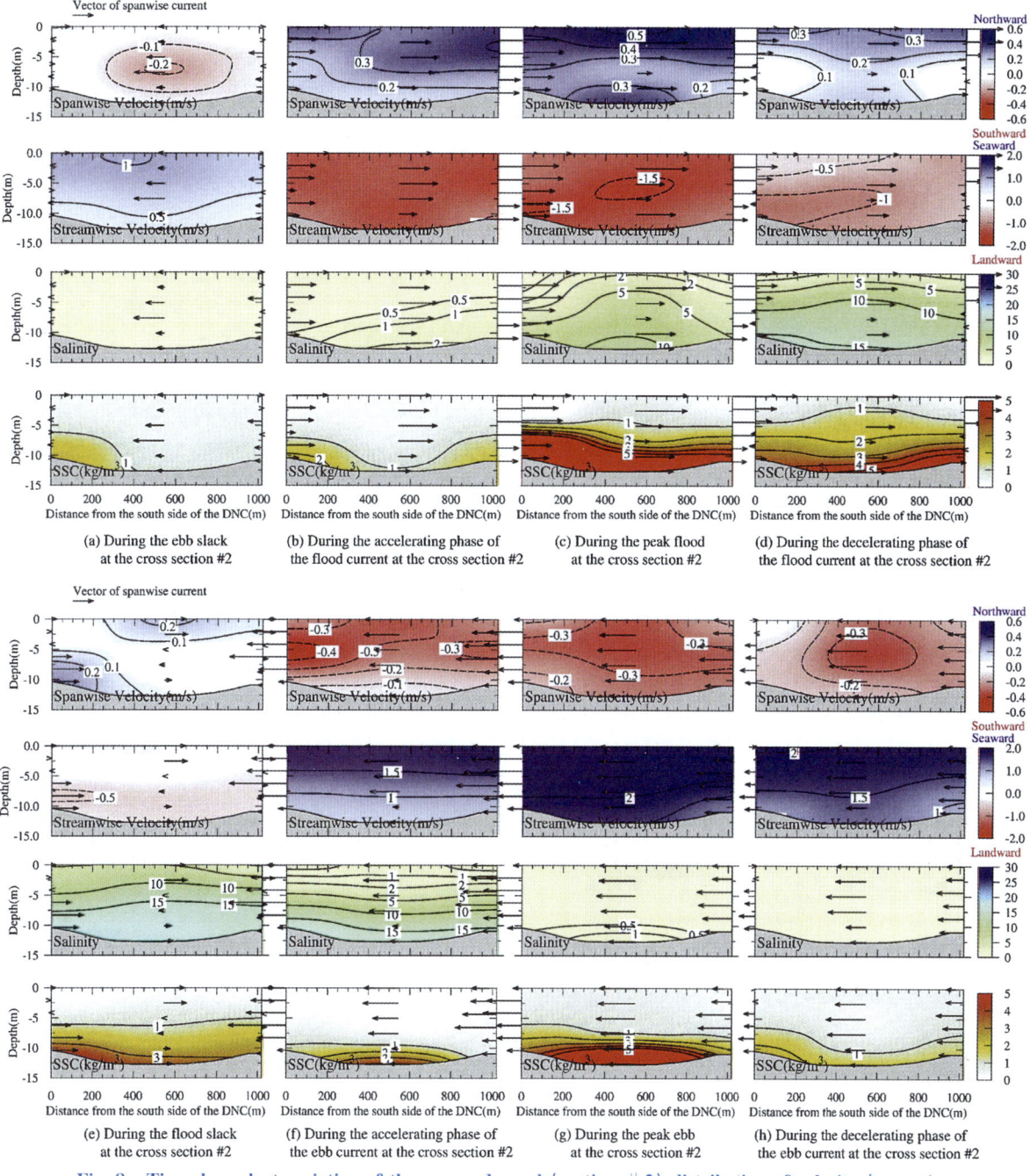

Fig. 8 Time-dependent variation of the across-channel (section #2) distribution of velocity (spanwise and streamwise), salinity and SSC at the high siltation area during the flood-ebb cycle.

5 Hydrodynamic analysis based on observed data

5.1 *Analysis on the process of the longitudinal sediment trapping*

The along-channel (longitudinal) sediment trapping in the North Passage is closely related to the sediment resuspension which is determined by both the flow velocity and the bottom mixing condition. The turbulent mixing which is a microscopic hydrodynamic process facilitates the exchange of water momentum as well as the dissolved materials among the water column, and consequently affects the suspension and deposition of sediments in the Changjiang Estuary. As shown in Fig. 9 and Fig. 10, the transformation between the stratification and mixing present during a complete flood-ebb cycle at the region of salt wedge, induce the tidal asymmetry in mixing in the North Passage. The time slots captured in Figs. 9 and 10 were identical to the time slots in Fig. 6 and Fig. 7 respectively.

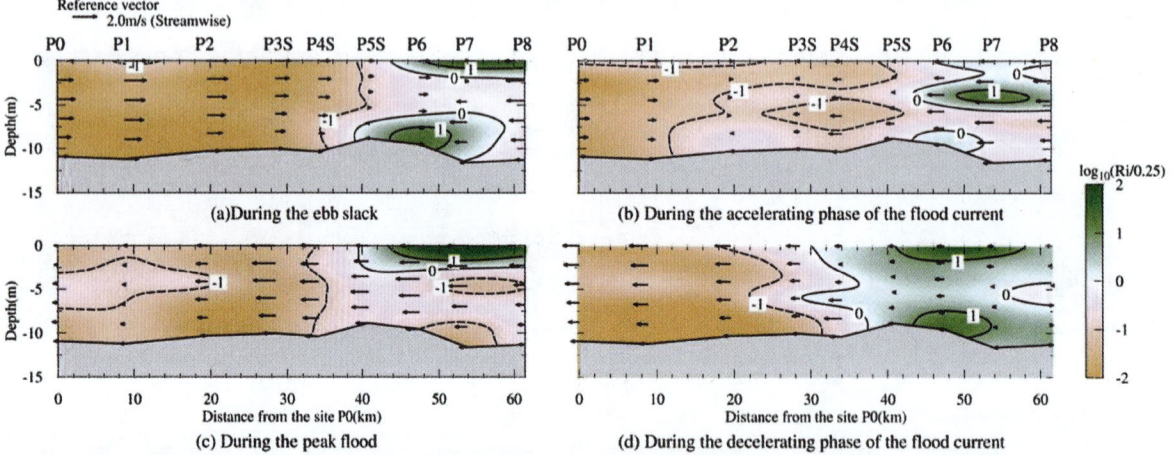

Fig. 9 Time-dependent variation of the along-channel distribution of streamwise current and gradient Richardson number $\log_{10}(Ri/0.25)$ in the North Passage of the Changjiang Estuary during the flood tide.

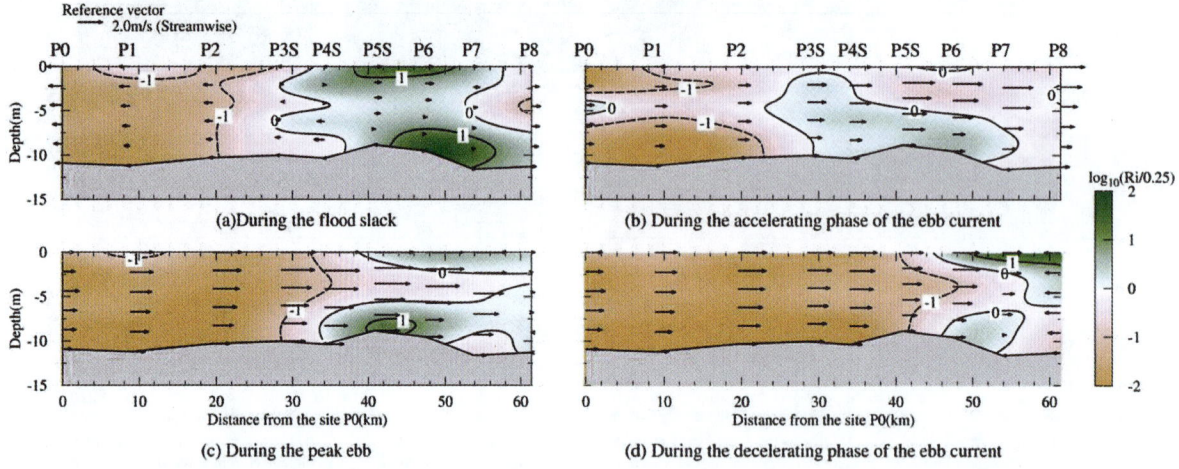

Fig. 10 Time-dependent variation of the along-channel distribution of streamwise velocity and gradient Richardson number $\log_{10}(Ri/0.25)$ in the North Passage of the Changjiang Estuary during the ebb tide.

At the middle and lower reaches, where the intrusion and retreat of the salt wedge prevailed, the gradient Richardson number exhibited notable variation with the tidal phase. The mixing at the lower and the bottom layers at the stations P5S~P7 (Fig. 9a~c) were enhanced during the period from the ebb slack to the peak flood, posing a decreasing trend of the gradient Richardson number. By comparing with Fig. 6, it could be found that the decrease in gradient Richardson number was caused by the landward intrusion of the salt wedge at which the vertical salinity difference at the lower and the bottom layer was vanishing and the current velocity was relatively higher in vertical.

Due to the well mixed condition under which the upper stronger water momentum could be transferred into the bed, the settled sediments were immediately resuspended. During the deceleration of the flood current, the mixing at the lower reach, approximately from the station P3S to the station P8 (Fig. 9d), was depressed and the gradient Richardson number, which was greater than 0.25, occupied the whole water column. Meanwhile, at the salt wedge approximately from 20 km to 40 km shown in Fig. 6d, the salinity ranged from 2 to 15 and the gradient Richardson number at the bottom layer was still smaller than 0.25 (Fig. 9d). The water turbulence at the salt wedge was suitable for sediment resuspension. Therefore, the trapped SSC reached highest during the decelerating phase of the flood current. During the period from the flood slack to the accelerating phase of the ebb current, the near bottom turbulence (Fig. 10a and b) at the salinity front was depressed due to the impact of tidal straining. The depressed turbulence prevented the upper stronger flow momentum transferred into the bed and the resuspension of the sediment was inhibited. Therefore, during these periods, the SSC of the TM zone was decreased by contrast to the increasing ebb current velocity (Fig. 7a and b). During the peak ebb (Fig. 10c), the vertical salinity distribution at the salinity front, approximately from 28 km to 34 km shown in Fig. 7c, became uniform due to the retreat of the saltwater. The gradient Richardson number at the salinity front decreased to the value smaller than 0.25 (Fig. 10c). The near bottom SSC therefore immediately increased (Fig. 7c). During the deceleration of the ebb current (Fig. 10d), the bottom turbulence condition at the core of the TM zone which was located around 42 km shown in Fig. 7d was suitable for sediment resuspension. Therefore, the SSC reached the maximum during this period (Fig. 7d).

The longitudinal sediment trapping in the North Passage was significant during the flood tide due to the comfortable mixing condition at the intruding salt wedge. In the meantime, the longitudinal sediment trapping was weak during the ebb tide since the mixing at the retreating salt wedge was depressed by the tidal straining and the SSC at the TM zone was much lower. The longitudinal sediment trapping in the North Passage was impacted by the movement of the salt wedge which induced the significant asymmetry in mixing and therefore produced different trapping process between the flood tide and ebb tide.

5.2 Analysis on the process of the lateral sediment trapping at the TM zone during the flood slack

The lateral trapping of the sediments during the flood slack should not be neglected because, first of all, the longitudinal flow velocity was nearly the same as or smaller than its lateral part (Fig. 8e). Secondly, as previous stated, the asymmetry in mixing on the channel flanks produced more efficient sediment trapping during the flood tide than that during the ebb tide (Fig. 6 and Fig. 7), which was opposite to the trapping process occurred within the DNC (Fig. 8). The DNC efficiently trapping the sediments during the ebb tide should be supported by the lateral contribution because the tidal asymmetry in mixing due to the moving salt wedge was both appeared in the channel and on the channel flanks (Fig. 3~Fig. 5).

Following the results of Figs. 8 and 11 shows the across-channel profiles of span-wise (stream-

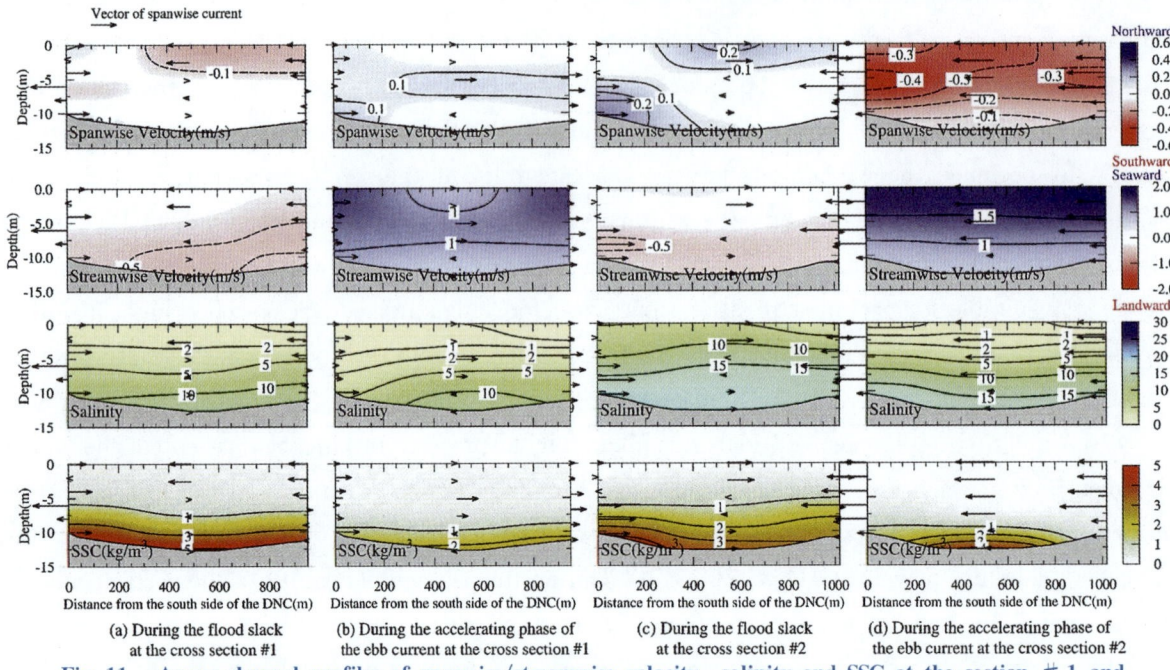

Fig. 11 Across-channel profiles of spanwise/streamwise velocity, salinity and SSC at the section #1 and section #2 during the transition period from the flood slack to the accelerating phase of the ebb current.

wise-normal) velocity, stream-wise velocity, salinity and SSC both at the section #1 and section #2, at which the intrusion of the TM zone was stagnant during the flood slack. During the flood slack, the landward stream-wise current at the TM zone was located at the bottom layer while the seaward streamwise current was located at the surface layer. The salinity at the middle and the bottom layer was a little higher on the north side of the DNC than that on the south side, which induced the span-wise current on the north side of the channel pointed to the channel (Fig. 11a, c). On the south side of the channel, the vertical distribution of the spanwise current was not in the same direction. But, at the bottom layer, the spanwise currents on the south side directed toward the channel were both found at the section #1 and section #2, which should be interpreted by the lateral baroclinic gradient pressure produced by the high concentrated suspended sediments. Just 2 h after the flood slack when the ebb current was accelerating (Fig. 11b, d), the seaward stream-wise current was enhanced firstly on the flanks of the channel at the TM zone. The salinity-induced stratification was intensified and the high concentration of the suspended sediment was found in the channel. It should be noticed that the spanwise current at the bottom of the DNC at the TM zone was negligible during this transition period, indicating that the sediment trapped at the bottom of the DNC would hardly move out of the channel. Zhu et al. (2018) simulated the lateral circulation at the section #3 when considering the impact of salt wedge in the North Passage. He also found that there existed the lateral circulation driven by the salt wedge during the flood slack. In this observation, the lateral circulation at section #1 and section #2 was not as clear as the numerical results (Zhu et al., 2018) because of the limited spatial resolution. However, based on the observation results, the high SSC trapped within the DNC due to the near bottom lateral baroclinic gradient pressure was preliminarily confirmed during the flood slack. The DNC which trapped the sediments came from the channel flanks during the flood slack provided abundant sediments for resuspension in the following ebb tide. Meanwhile, the vertical stratification at the cross section #2 was stronger than that at the cross section #1. The strong water stratification, which damped the vertical momentum exchange and inhibited the vertical sediment exchange, forced the lateral transported sediments accumulated in the channel bottom and therefore enhanced the lateral sediment trapping at the DNC during the period from the flood slack to the accelerating phase of the ebb current. Therefore, a higher concentrated SSC was observed in the cross section #2. Due to the data limit, this standpoint should be further confirmed by the numerical simulation and the high resolution observation during the flood slack at the high siltation area of the DNC.

5.3 Analysis on the mechanism of the sediment trapping (longitudinal/lateral) in the high siltation area of the navigation channel

In this section, the sediment trapping in the North Passage by the residual sediment transport is described. The mechanism for the sediment trapping in the North Passage was investigated through the decomposing method by which the observed residual sediment transport (net transport of suspended sediment, NTSS) was divided into two parts, involving the transport by the flow advection (advective transport) which was dominated by the water flow and was in the same direction with the residual current, and the sediment transport due to the tidal pumping.

The residual sediment transport at the water surface was consistent with the surface residual current and the tidal pumping sediment fluxes were in the same direction with the advective transport sediment fluxes (Fig. 12a). All the observed surface residual sediment transports were seaward with the maximum residual flux located at the middle reach of the North Passage.

At the bottom layer of the water column, where the sediment particle directly participated in the channel siltation, the magnitude of the residual sediment transport was about $0.5 \sim 11$ times larger than the magnitude at the surface (Table 1). The significant NTTS was located at the middle reach of the North Passage and the negligible NTTS was found at the upper and lower reach (Fig. 12b). At the middle reach, where the high siltation area was located (Fig. 2) and the salinity front persisted longer, there existed the near bottom longitudinal as well as the lateral convergence of residual sediment transport. The bottom residual sediment transport at stations P3C and P3N were seaward in the direction of $105.7°$ and $98.6°$ respectively, while, the bottom residual sediment transport at station P4S was landward in the direction of $220.4°$, presenting an along-channel convergence of residual sediment transport (Table 1). Besides that, a lateral convergence of bottom residual sediment transport was captured at the station P4S (in the direction of $220.4°$) and P4N (in the direction of $158.5°$). The convergence of residual sediment transport in the region of a salt wedge was generally recognized as the sediment trapping (Li et al., 2016; Traykovski et al., 2004). The longitudinal as well as the lateral convergent residual sediment transports were responsible for the severe siltation amount in the North Passage of the Changjiang Estuary.

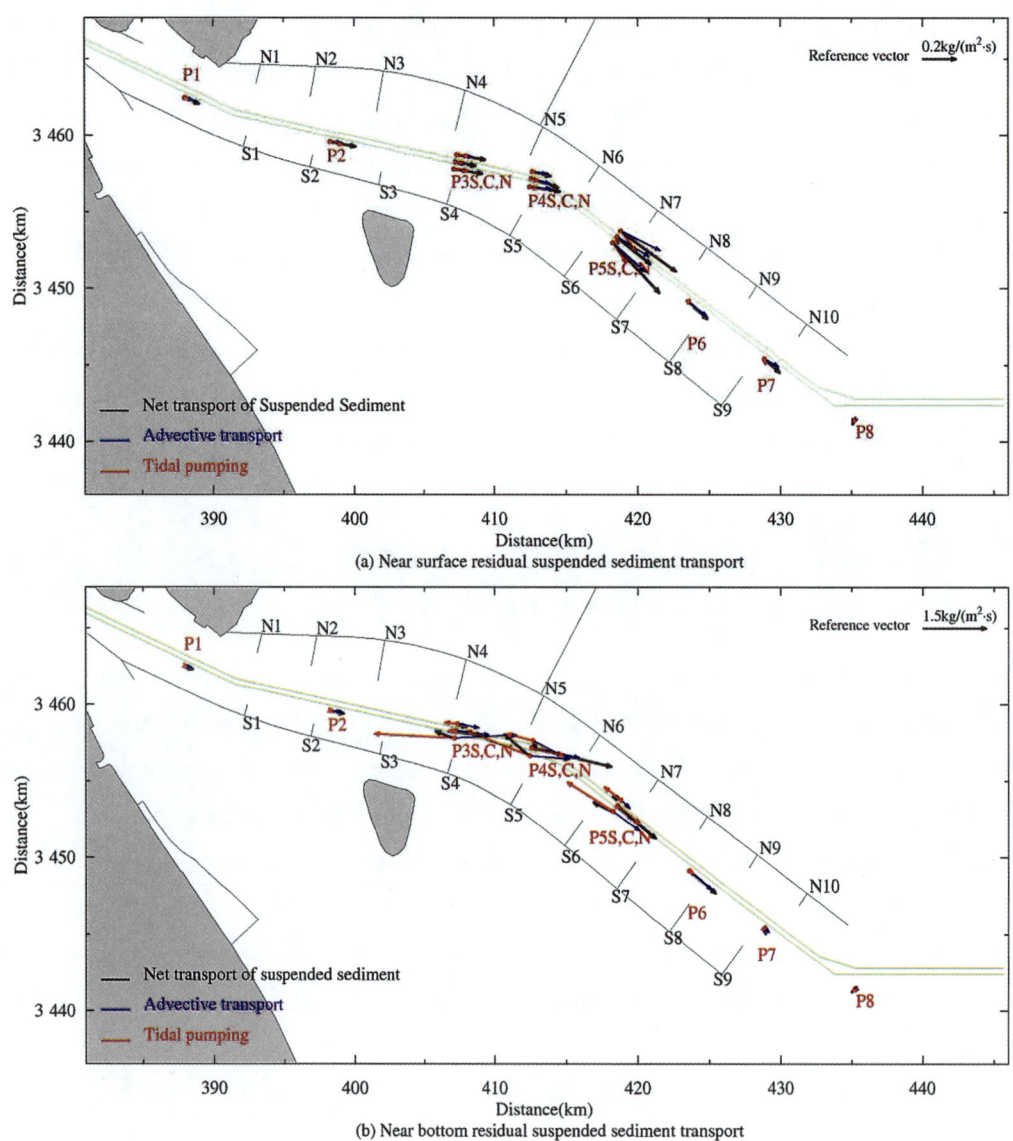

Fig. 12 The surface and bottom residual sediment transport in the North Passage.

Table 1 Statistic results of the bottom residual sediment transport.

Station	Magnitude of NTSS [kg/(m² · s)]	Direction of NTSS (°)	Magnitude of advective transport [kg/(m² · s)]	Direction of advective transport (°)	Magnitude of tidal pumping [kg/(m² · s)]	Direct of tidal pumping (°)
P1	0.18	107.57	0.14	105.73	0.04	113.58
P2	0.32	100.23	0.26	98.99	0.05	106.50
P3N	0.23	105.70	0.53	100.25	0.30	185.97
P3C	0.62	98.64	0.81	96.53	0.19	269.54
P3S	0.47	200.96	1.50	357.37	1.94	182.88
P4N	0.22	158.52	0.78	117.00	0.63	193.61
P4C	1.93	102.79	1.15	102.10	0.78	103.80

(续表)

Station	Magnitude of NTSS [kg/(m² · s)]	Direction of NTSS (°)	Magnitude of advective transport [kg/(m² · s)]	Direction of advective transport (°)	Magnitude of tidal pumping [kg/(m² · s)]	Direct of tidal pumping (°)
P4S	0.77	220.48	0.93	94.84	1.63	200.89
P5N	0.21	206.74	0.29	133.72	0.49	216.55
P5C	1.18	129.37	0.50	131.59	0.68	127.73
P5S	0.50	205.80	0.78	125.79	1.28	211.81
P6	0.80	128.33	0.69	129.44	0.12	121.90
P7	0.13	164.54	0.15	131.60	0.08	253.64
P8	0.06	231.27	0.02	242.89	0.05	226.07

Note: the direction based on the east was increased clockwise.

By means of the decomposing method, the cause for the longitudinal and lateral residual trapping of the sediment was explored. At the middle reach, the advective transport sediment flux was seaward both on the channel flanks and within the channel, whereas the tidal pumping sediment flux was landward on the channel flanks (P3S, P4S, P4N, etc., Fig. 12b) and was seaward within the channel (P4C, P5C). Due to the impact of tidal pumping which was induced by the tidal asymmetry (Uncles, 2002), the flanks of the channel acted as the pathway for resuspended sediments moving landward while the DNC acted as the important outlet of the sediments flushing the resuspended sediments seaward. Therefore, the longitudinal residual trapping of sediment which was shown as the longitudinal convergence of residual sediment transport was mainly caused by the tidal asymmetry in mixing. The lateral residual trapping of sediments shown as the lateral convergence of residual sediment transport observed at the station P4S and P4N was mainly caused by the advective transport since the direction of the tidal pumping sediment fluxes on the channel flanks was almost parallel to the DNC and the directions of the advective transport sediment fluxes on the channel flanks were both pointed to the DNC. The amount of advective transport sediment fluxes was nearly equal to the amount of the tidal pumping sediment fluxes in the across-channel section 2#.

The result of the decomposing method emphasized that the lateral trapping of sediment in the DNC was driven by the advective transport of SSC which had been also stated in section 4.5. As shown in Fig. 2, the channel siltation near the section #2 was extreme high, which had reached the maximum along the DNC. The high channel siltation at the section #2 was formed not only by the longitudinal sediment trapping but also by the help of the lateral sediment transport (Fig. 12b).

6 Discussion: Lateral contribution to the channel sediment trapping by comparing the difference between the depth-mean lateral and longitudinal tidal straining in the DNC

The sediment trapping which was caused by the tidal asymmetry in mixing was prominent in the North Passage. In this section, a further discussion emphasizing on the lateral contribution to the sediment trapping based on the potential energy anomaly (φ) was carried out.

The potential energy anomaly (φ) or the amount of mechanical energy (per m³) required to instantaneously homogenise the water column with a given density stratification is a very useful parameter in scaling the development and breakdown of stratification (Simpson et al., 1978; Simpson and Bowers, 1981):

$$\Phi = \frac{1}{D}\int_{-h}^{\zeta} (\bar{\rho}-\rho)gz\,dz \quad (-h < z < \zeta)$$

$$\bar{\rho} = \frac{1}{D}\int_{-h}^{\zeta} \rho\,dz \tag{7}$$

where $\bar{\rho}$ is depth averaged value. $D = \zeta + h$ refers to the total depth of water column. ζ is the water elevation and h is the water depth. Burchard and Hofmeister (2008) deduce the time-dependent variation of the potential energy anomaly by which the along-channel straining and the lateral straining can be described as follows:

$$\bar{\rho}\frac{\partial \Phi}{\partial t} = \frac{g}{D}\frac{\partial \bar{\rho}}{\partial x}\int_{-h}^{\zeta} \tilde{u}z\,dz + \frac{g}{D}\frac{\partial \bar{\rho}}{\partial y}\int_{-h}^{\zeta} \tilde{v}z\,dz + \cdots \tag{8}$$

$\tilde{u} = u - \bar{u}$ and $\tilde{v} = v - \bar{v}$ are the differences between the tidal current in each layer and the vertical averaged velocity, respectively. The two terms on the right hand of Eq. (8) are the depth-mean along-channel straining and the depth-mean lateral straining respectively. Based on the observed data at the high siltation area of the DNC, the along-channel and lateral tidal straining can be estimated (Fig. 13). According to Eq. (8), the calculation of the along-channel/lateral tidal straining will be achieved if the along-channel/lateral density gradient within the DNC is estimated based on the diamond-shaped volume showed in Fig. 13. For example, the along-channel tidal straining at the P4C is calculated according to the observed data collected at the sites P3C, P4C and P5C while the lateral tidal straining is estimated based on the observed datum collected at the observation Station P4S, P4C and P4N.

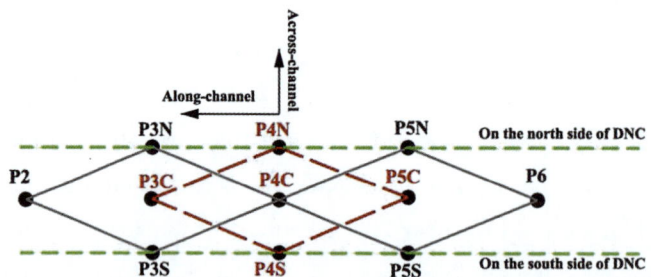

Fig. 13 Schematic diagram in horizontal plane for estimating the along-channel and lateral tidal straining based on the in-situ observation stations.

The results (Fig. 14) showed that the potential energy anomaly ranging from 0 to 160 J/m³ during the spring tide in the flood season was close to the value calculated by Pu et al. (2015) who estimated the potential energy anomaly ranging from 0 to 145 J/m³ during the spring tide in the flood season. The observed variation of the potential energy anomaly at the high siltation area of the

DNC (Fig. 14a~c) showed an obvious disparity in space and time. The space distribution of the maximum potential energy anomaly during the spring tidal cycle was highest at the P5C site and was lowest at the P4C site. The appearance of the maximum potential energy anomaly during the spring tidal cycle was earliest at the P5C site and was latest at the P3C site due to the salt wedge intrusion. At the P5C site, the salt wedge which induced the intensive stratification in the water column totally vanished during the flood tide and reappeared during the following ebb tide, inducing the potential energy anomaly shown as the double peak during the tidal cycle. In terms of the potential energy anomaly, the SSC could increase the potential energy in most of the time and sites, but the extent was smaller than the impact by the intrusion of the saltwater.

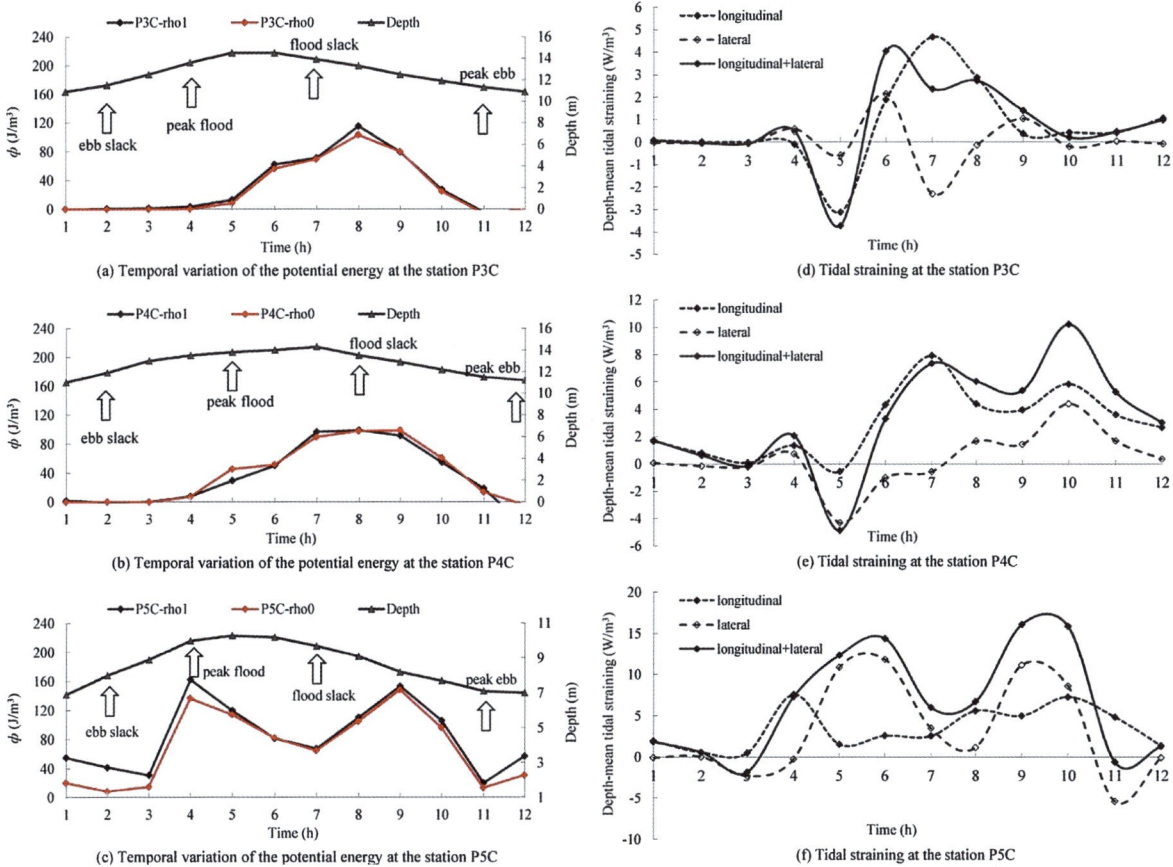

Fig. 14 The temporal variation of the potential energy anomaly (φ) and the tidal straining in the high siltation area of the DNC (P3C, P4C and P5C). The text 'rho0' referred to the density calculated by the water salinity and the text 'rho1' referred to the density calculated by the salinity and the SSC.

The contribution of the depth-mean longitudinal and the lateral tidal straining is shown in Fig. 14d~f. As shown by Eq. (8), the depth-mean longitudinal (lateral) tidal straining was determined by the longitudinal (lateral) gradient of the depth-mean density as well as the profile of the difference in velocity calculated by the longitudinal (lateral) current and its depth-mean value. The difference in velocity denotes the relative mass transport rate at each layer of the water column. Even if the water column was dominated by the ebb current, due to the fact that different ebb velocity existed at each layer, the mass transport at each layer was different which induced the tidal-induced stratification or mixing depending on the horizontal gradient of the depth-mean density. The results declaimed that the depth-mean lateral tidal straining was not negligible because the value at the P5C was larger than the longitudinal tidal straining and the maximum lateral tidal straining at the sites P3C and P4C was 2×10^{-3} W/m³ and 2×10^{-3} W/m³ which occupied the 44% and 50% of the maximum longitudinal tidal straining respectively during the spring tide in flood season. The lateral tidal straining in the North Passage was the most prominent at the P5C, lesser at the P4C and the least at P3C. This result was reasonable because the significant lateral water or mass exchange between the North Passage and the South Passage was located near the section #3 (Niroomandi et al., 2017; Shen et al., 2018; Wu et al., 2010). Therefore, the lateral impact on sediment trapping was not negligible because the lateral tidal straining also played an important role on the water stratification and the associated tidal asymmetry in mixing.

7 Conclusions

In order to investigate the severe channel siltation that occurred during the flood season in the Deep-water Navigation Channel (DNC), simultaneous field observation by 16 anchored boats was conducted to collect the profiles of tidal current, salinity and SSC in the North Passage during the flood season in 2015. During the field observation, the lateral differences of velocity, salinity and SSC across the DNC were detected at the high siltation area of the North Passage. Meanwhile, the movement of the salt wedge as well as the transport of the TM in the North Passage was clearly captured in this field observation. The near bottom SSC presented a south-to-north decreasing trend during the flood tide at the lower reach of the North Passage. During the ebb tide, an extreme high concentrated suspended sediment cloud was only detected within the channel.

The observed longitudinal sediment trapping was not only shown as the TM in the North Passage trapped longitudinally within the moving salinity front but also shown as the longitudinal convergence of the residual sediment transport at the middle reach. The mechanism for the longitudinal sediment trapping was dominated by the tidal asymmetry in mixing. When the flow near the bottom was well mixed, the water exchange smoothly took the upper dynamic momentum into the bed and the sediments were easily re-suspended and trapped within the turbulent water. When the flow was stratified, the water exchange was inhibited and the upper dynamic momentum was hard to be transferred into the bed. Sediments under this condition were hard to be resuspended and trapped even if the flow dynamics at the upper layer was strong enough. The lateral sediment trapping in the North Passage was prominent at the severe siltation area (across-channel section #2). The lateral sediment trapping within the channel at the across-channel section #2 was not only shown as the lateral transport of the sediments from the channel flanks during the flood slack but also as the lateral convergence of the residual sediment transport during the spring tidal cycle. The mechanism for the lateral sediment trapping was dominated by the advective transport. The observation revealed that there existed an along-channel as well as lateral convergence of the bottom residual transport of the sediment at the high siltation area of the DNC during the entire ebb-flood cycle, which was responsible for the severe channel siltation in the North Passage. The contribution of the lateral tidal straining to the variation of the DNC's potential energy anomaly was significant because the magnitude of the depth-mean lateral tidal straining at the station P3C, P4C, and P5C was comparable to or even larger than the longitudinal tidal straining during the spring tide. The lateral impact on sediment trapping was not negligible because the lateral tidal straining also played an important role in the water stratification and the associated tidal asymmetry in mixing. To be prudent, and due to the limitations of the data, the proposed view on the lateral convergence of sediment transported from the channel flanks during flood slack still needs further study, to ensure the fullest possible understanding of the mechanisms involved.

Declaration of competing interest

The authors declare that they have no known competing financial interests or personal relationships that could have appeared to influence the work reported in this paper.

CRediT authorship contribution statement

Qi Shen: Writing-original draft, Investigation, Methodology, Formal analysis. **Wenrui Huang**: Writing-review & editing, Conceptualization. **Yuanyang Wan**: Data curation, Resources. **Fengfeng Gu**: Data curation, Resources. **Dingman Qi**: Data curation, Resources.

Acknowledgment

This work was supported by the National Key R&D Program (Grant No. 2017YFC0405403, Grant No. 2016YFC0402101 and Grant No. 2016YFC0402107) and by the scientific research project of Shanghai Committee of Science and Technology (18DZ1206600). We are grateful to the editor and two anonymous reviewers for their constructive comments and suggestions that improved the article.

Appendix A. Supplementary data

Supplementary data to this article can be found online at https://doi.org/10.1016/j.ecss.2020.106632.

References

[1] Blake, A.C., Kineke, G.C., Milligan, T.G., Alexander, C.R., 2001. Sediment trapping and transport in the ACE Basin, South Carolina. Estuaries 24(5), 721–733.

[2] Burchard, H., Baumert, H.Z., 1998. The formation of estuarine turbidity maxima due to density effects in the salt wedge. a hydrodynamic process study. J. Phys. Oceanogr. 28(2), 309–321.

[3] Burchard, H., Hofmeister, R., 2008. A dynamic equation for the potential energy anomaly for analysing mixing and stratification in estuaries and coastal seas. Estuar. Coast Shelf Sci. 77(4), 679–687.

[4] Dai, Z., Fagherazzi, S., Mei, X., Gao, J., 2016. Decline in suspended sediment concentration delivered by the Changjiang (Yangtze) river into the east China sea between 1956 and 2013. Geomorphology 268, 123–132.

[5] Dai, Z., Liu, J.T., Wei, W., Chen, J., 2014. Detection of the three Gorges Dam influence on the Changjiang (Yangtze River) submerged delta. Sci. Rep. 4, 6600.

[6] Dai, Z., Mei, X., Darby, S.E., Lou, Y., Li, W., 2018. Fluvial sediment transfer in the Changjiang (Yangtze) river-estuary depositional system. J. Hydrol. 566, 719–734.

[7] Geyer, W.R., 1993. The importance of suppression of turbulence by stratification on the estuarine turbidity maximum. Estuaries 16(1), 113–125.

[8] Geyer, W.R., MacCready, P., 2014. The estuarine circulation. Annu. Rev. Fluid Mech. 46(1), 175-197.

[9] Geyer, W.R., Trowbridge, J.H., Bowen, M., 2000. The dynamics of a partially mixed estuary. J. Phys. Oceanogr. 30(8), 2035-2048.

[10] Hamblin, P.F., 1989. Observations and model of sediment transport near the turbidity maximum of the upper Saint Lawrence Estuary. J. Geophys. Res.: Oceans 94(C10), 14419-14428.

[11] Hansen, D.V., Rattray, M., 1966. New dimensions in estuary classification. Limnol. Oceanogr. 11(3), 319-326.

[12] He, Q., Tang, J.H., Jiang, C., 2008. Chapter 20 A study of in situ floc size in turbidity maximum, Yangtze estuary, China. Proc. Mar. Sci. 287-294.

[13] Jay, D.A., Musiak, J.D., 1994. Particle trapping in estuarine tidal flows. J. Geophys. Res.: Oceans 99(C10), 20445-20461.

[14] Jay, D.A., Smith, J.D., 1990. Residual circulation in shallow estuaries: 1. Highly stratified, narrow estuaries. J. Geophys. Res.: Oceans 95(C1), 711-731.

[15] Jiang, C.J., de Swart, H., Li, J.F., Liu, G.F., 2013. Mechanisms of along-channel sediment transport in the North Passage of the Yangtze Estuary and their response to largescale interventions. Ocean Dynam. 63, 283-305.

[16] Li, J.F., Zhang, C., 1998. Sediment resuspension and implications for turbidity maximum in the Changjiang Estuary. Mar. Geol. 148(3), 117-124.

[17] Li, L., He, Z.G., Xia, Y.Z., Dou, X.P., 2018. Dynamics of sediment transport and stratification in Changjiang River estuary, China. Estuar. Coast Shelf Sci. 213, 1-17.

[18] Li, L., Wu, H., Liu, J., Zhu, J.R., 2014. Sediment Transport Induced by the Advection of a Moving Salt Wedge in the Changjiang Estuary.

[19] Li, M., Gust, G., 2001. Boundary Layer Dynamics and Drag Reduction in Flows of High Cohesive Sediment Suspensions.

[20] Li, X.Y., Zhu, J.R., Yuan, R., Qiu, C., Wu, H., 2016. Sediment trapping in the Changjiang estuary: observations in the north passage over a spring-neap tidal cycle. Estuar. Coast Shelf Sci. 177, 8-19.

[21] Liu, G.F., Zhu, J.R., Wang, Y.Y., Wu, H., Wu, J.X., 2011. Tripod Measured Residual Currents and Sediment Flux: Impacts on the Silting of the Deepwater Navigation Channel in the Changjiang Estuary.

[22] Liu, H., Wang, B.L., Xue, L.P., Yan-Ping, H.E., 2013. Recent progress in wave-current loads on foundation structure with piles and cap. Appl. Math. Mech. 37(z1), 1098-1109.

[23] Liu, J., Cheng, H.F., Zhao, D.Z., 2014. Siltation characteristics of the 12.5 m deepwater navigation channel in Yangtze Estuary. Adv. Water Sci. 25(3), 358-364.

[24] Liu, J., Zhao, D.Z., Cheng, H.F., 2010. Recent morphological evolution of Jiuduan shoal and its effect on navigation channel sedimentation of North passage in Yangtze River estuary. J. Yangtze River Sci. Res. Inst. 27(7), 1-5.

[25] Manning, A.J., Bass, S.J., Dyer, K.R., 2006. Floc Properties in the Turbidity Maximum of a Mesotidal Estuary during Neap and Spring Tidal Conditions.

[26] Manning, A.J., Baugh, J.V., Spearman, J., Whitehouse, R.J.S., 2010. Flocculation Settling Characteristics of Mud: Sand Mixtures.

[27] Mehta, A.J., 1989. On estuarine cohesive sediment suspension behavior. J. Geophys. Res.: Oceans 94(C10), 14303-14314.

[28] Milliman, J.D., Syvitski, J., 1991. Geomorphic Tectonic Control of Sediment Discharge to Ocean — the Importance of Small Mountainous Rivers.

[29] Niroomandi, A., Ma, G.F., Su, S.F., Gu, F.F., Qi, D.M., 2017. Sediment flux and sediment-induced stratification in the Changjiang Estuary. J. Mar. Sci. Technol. 23(2), 1–15.

[30] Pang, W., Dai, Z., Ge, Z., Li, S., Mei, X., Gu, J., 2019. Near-bed cross-shore suspended sediment transport over a meso-macro tidal beach under varied wave conditions. Estuar. Coast Shelf Sci. 217, 69–80.

[31] Postma, H., 1967. Sediment Transport and Sedimentation in the Estuarine Environment. American Association for the Advancement of Science Publication, pp. 158–179.

[32] Prandle, D., 2004. Sediment trapping, turbidity maxima, and bathymetric stability in macrotidal estuaries. J. Geophys. Res.: Oceans 109(C8).

[33] Pu, X., Shi, J.Z., Hu, G.-D., Xiong, L.-B., 2015. Circulation and mixing along the north passage in the Changjiang River estuary, China. J. Mar. Syst. 148, 213–235.

[34] Qi, D.M., Gu, F.F., Wang, Y.Y., 2005. The Preliminary Study on Reason of Back Silting in the Node W2 W3 in the North Passage. Shanghai Estuarine and Coastal Science Research Center, Shanghai.

[35] Ralston, D.K., Geyer, W.R., Warner, J.C., 2012. Bathymetric controls on sediment transport in the Hudson River estuary: lateral asymmetry and frontal trapping. J. Geophys. Res.: Oceans 117(C10).

[36] Richardson, L.F., 1920. The supply of energy from and to atmospheric eddies. Proc. Math. Phys. Eng. Sci. 97, 354–373.

[37] Schubel, J.R., Hirschberg, D.J., 1978. In: Wiley, M.L. (Ed.), Estuarine Graveyards, Climatic Change, and the Importance of the Estuarine Environment, Estuarine Interactions. Academic Press, pp. 285–303.

[38] Shen, H., Li, J., Zhu, H., Han, M., Zhou, F., 1993. Transport of the Suspended Sediment in the Changjiang Estuary.

[39] Shen, Q., Huang, W.R., Qi, D.M., 2018. Integrated modeling of Typhoon Damrey's effects on sediment resuspension and transport in the north passage of Changjiang estuary, China. J. Waterw. Port, Coast. Ocean Eng. 144(6), 04018015.

[40] Shi, Z., 2004. Behaviour of fine suspended sediment at the North passage of the Changjiang Estuary, China. J. Hydrol. 293(1), 180–190.

[41] Shi, Z., 2010. Tidal resuspension and transport processes of fine sediment within the river plume in the partially-mixed Changjiang River estuary, China: a personal perspective. Geomorphology 121(3), 133–151.

[42] Simpson, J.H., Allen, C.M., Morris, N.C.G., 1978. Fronts on the continental shelf. J. Geophys. Res.: Oceans 83(C9), 4607–4614.

[43] Simpson, J.H., Bowers, D., 1981. Models of stratification and frontal movement in shelf seas. Deep-Sea Res. Part A Oceanogr. Res. Pap. 28(7), 727–738.

[44] Simpson, J.H., Brown, J., Matthews, J., Allen, G., 1990. Tidal straining, density currents, and stirring in the control of estuarine stratification. Estuaries 13(2), 125–132.

[45] Song, D.H., Wang, X.H., Cao, Z.Y., Guan, W.B., 2013. Suspended sediment transport in the Deepwater Navigation Channel, Yangtze River Estuary, China, in the dry season 2009: 1. Observations over spring and neap tidal cycles. J. Geophys. Res. Oceans 118(10), 5555–5567.

[46] Stacey, M.T., Rippeth, T., Nash, J.D., 2011. Turbulence and stratification in estuaries and coastal seas. In: W.E.a.M.D.S. (Ed.), Treatise on Estuarine and Coastal Science. Elsevier, pp. 9–35.

[47] Traykovski, P., Geyer, R., Sommerfield, C., 2004. Rapid sediment deposition and finescale strata

formation in the Hudson estuary. J. Geophys. Res.: Earth Surface 109 (F2), F02004.

[48] Uncles, R.J., 2002. Estuarine physical processes research: some recent studies and progress. Estuar. Coast Shelf Sci. 55(6), 829 – 856.

[49] Wang, X.H., Byun, D.S., Wang, X.L., Cho, Y.K., 2005. Modelling Tidal Currents in a Sediment Stratified Idealized Estuary.

[50] Winterwerp, J.C., 2011. Fine sediment transport by tidal asymmetry in the high-concentrated Ems River: indications for a regime shift in response to channel deepening. Ocean Dynam. 61(2), 203 – 215.

[51] Wolanski, E., Gibbs, R.J., 1995. Flocculation of Suspended Sediment in the Fly River Estuary, Papua New Guinea.

[52] Wu, H., Zhu, J.R., Chen, B.R., Chen, Y.Z., 2006. Quantitative Relationship of Runoff and Tide to Saltwater Spilling over from the North Branch in the Changjiang Estuary: A Numerical Study.

[53] Wu, H., Zhu, J.R., Ho Choi, B., 2010. Links between saltwater intrusion and subtidal circulation in the Changjiang Estuary: a model-guided study. Continent. Shelf Res. 30(17), 1891 – 1905.

[54] Wu, J., Liu, J.T., Wang, X., 2012. Sediment trapping of turbidity maxima in the Changjiang Estuary. Mar. Geol. 303 – 306, 14 – 25.

[55] Xu, J.J., He, Q., Wang, Y.Y., 2009. Application of Instrumented Tetrapod in Bottom Boundary Layer for Water-Sediment Measurement.

[56] Yang, Z., Wang, T., Voisin, N., Copping, A., 2015. Estuarine response to river flow and sea-level rise under future climate change and human development. Estuar. Coast Shelf Sci. 156(1), 19 – 30.

[57] Zhang, J.-X., Liu, H., 2009. Currents induced by vertical varied radiation stress in standing waves and evolution of the bed composed of fine sediments. Int. J. Sediment Res. 24(2), 214 – 226.

[58] Zhu, L., He, Q., Shen, J., 2018. Modeling lateral circulation and its influence on the along-channel flow in a branched estuary. Ocean Dynam. 68(2), 177 – 191.

[59] Zhu, L., He, Q., Shen, J., Wang, Y., 2016. The influence of human activities on morphodynamics and alteration of sediment source and sink in the Changjiang Estuary. Geomorphology 273, 52 – 62.

(原载于 Estuarine, Coastal and Shelf Science 2020 年第 237 期)

潮汐河口坝田长宽比对泥沙淤积特征影响试验研究*

张功瑾,罗小峰,路川藤,白一冰

(南京水利科学研究院 水文水资源与水利工程科学国家重点实验室,江苏 南京 210029)

摘　要:在航道治理工程中,往往通过丁坝群来实现其稳定航槽等目的,而坝田作为缓流区,其与主槽的水沙交换主要取决于横向的紊动交换。基于长江口北槽丁坝群实测资料分析和物理模型水槽试验研究发现不同长宽比坝田内的流态、淤积形态、坝田与相邻河段水沙交换的机理均不同,在长江口北槽丁坝群坝田建成后的淤积初期阶段,长宽比为 0.30～0.40 的坝田内的平均淤积强度最大。水槽试验研究表明,长宽比为 0.50 的坝田内淤积的主要部位即为主环流所在位置(坝田外侧),而在副环流位置,则出现微淤或冲刷的趋势;而长宽比为 0.33 的坝田内的淤积分布相对比较均匀。长宽比为 0.33 的坝田内淤积速率明显大于长宽比为 0.50 的坝田,长宽比为 0.33 的坝田达到冲淤平衡的时间较长。坝田淤积强度随坝田回流强度、坝田与主槽水沙交换系数的增加而增加。

关键词:潮汐河口;丁坝群;坝田长宽比;淤积强度;回流强度
中图分类号:TV148　　　**文献标志码**:A

在航道治理工程中,常用丁坝群来实现工程整治的效果。一般将两相邻丁坝间的区域(丁坝与坝头连线、与坝根相连的河岸或导堤组成的区域)称为坝田。对于不同长宽比的坝田内的流态也存在差别[1],但一般坝田内均会出现2个环流,如图1所示,包括直接由与主流的动量交换驱动的主环流和由主环流驱动的副环流[2]。

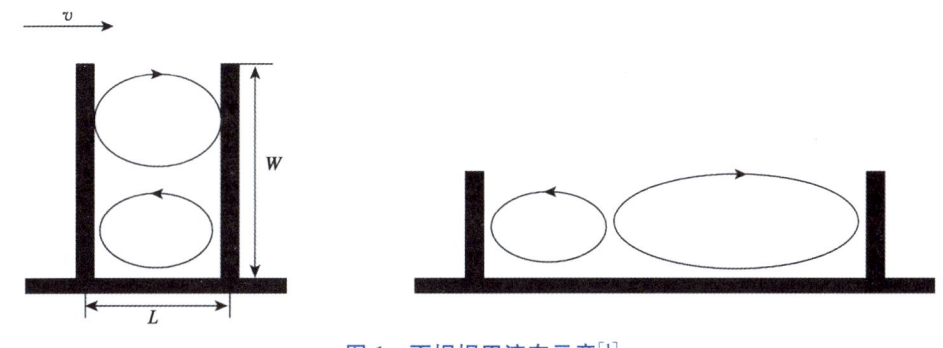

图1　丁坝坝田流态示意[1]

---

* 基金项目:国家重点研发计划资助项目(2017YFC0405400);上海市科学技术委员会科研计划项目(18DZ1206600)。

从上游丁坝头部分离的大涡体,沿着主槽-坝田界面前行并逐渐融入主环流,成为造成动量、质量交换的主要动因。坝田与主槽之间的泥沙存在交换,丁坝坝田通常为缓流区,是泥沙易于淤积的场所[3]。丁坝建成初期,丁坝坝田是泥沙的汇。丁坝群坝田回流区的水流结构复杂,回流区的泥沙淤积和坝头冲刷问题也相对变得复杂,坝田内的泥沙冲淤主要受丁坝布置参数(挑角、长宽比、坝长、淹没程度)和河道或水槽的水沙动力条件(水深、来流流速、来流角度、含沙量、泥沙粒径)影响[4-7]。在航道整治工程中,坝田促淤效果直接决定航道的整治效果,高先刚等[8]、Karami 等[9]、常福田[10]、蒋焕章和苏治平[11]等从坝田长宽比对坝后回流长度、坝田淤积、坝田流态等方面的影响均做了试验研究,表明在一定的水沙条件下,坝田的长宽比直接影响坝田的促淤效果,但其研究均限于定向流水槽试验。路川藤等[12]研究长江口北槽坝田污染物扩散发现,坝田释放污染源后,污染物随涨落潮流在坝田与主槽内运动,污染物进入航道的量较少。此外,Uijttewaal[13]、Volker 等[2]均通过物理模型释放染料浓度研究了坝田长宽比对坝田及主槽染料浓度衰减的影响,Yossef 和 Vriend[14]通过物理模型试验分析了坝田与主槽之间的水沙交换系数。已有的研究表明坝田长宽比的设计对主流流速、坝田淤积以及坝田与主槽的水沙交换均有一定的影响,并进行了物理模型试验研究,但多数以单向流水槽试验为主。因此,研究往复流条件下坝田长宽比的设计对坝田促淤效果的影响,对潮汐河口航道整治工程中丁坝群的布设具有一定的理论意义和工程应用价值。

1 典型坝田淤积

长江口深水航道治理工程分三期实施(图 2),共建设丁坝 19 座,形成 17 座坝田,其中北侧坝田 9 座(TM1~TM9),南侧坝田 8 座(TS1~TS8)。随着一至三期工程的建设,南北侧各坝田形成时间有所不同。

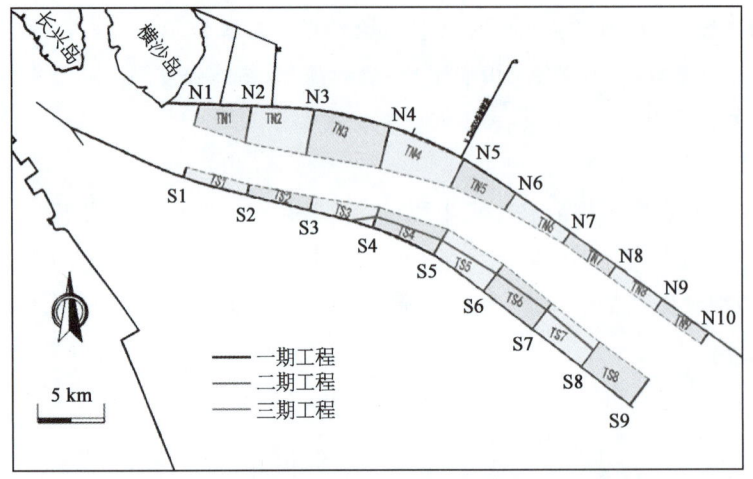

图 2 北槽丁坝群坝田示意

通过对 1998 年长江口深水航道治理工程丁坝群建设以来历年实测水深数据的分析,以 2002—2009 年二期工程建设以来北槽丁坝群坝田的冲淤分布为例,北槽坝田呈现迅速淤涨的特征,并随着丁坝的延长而持续调整淤积区域和淤积速度。以长江口北槽南侧坝田中 TS1、TS4、TS5、TS8(长宽比分别为 0.16、0.26、0.36 和 0.51)为例,分析在坝田形成初期(形成 1 年、2 年、3 年)的相对淤积厚度,如图 3 所示。

对应不同长宽比 W/L(W 为丁坝长度;L 为丁坝间距)的坝田,初期快速淤积过程中的淤积速率均不相同。如图 3 所示,在长江口北槽坝田淤积初期(前 3 年),长宽比为 0.36 的坝田累积相对淤积厚

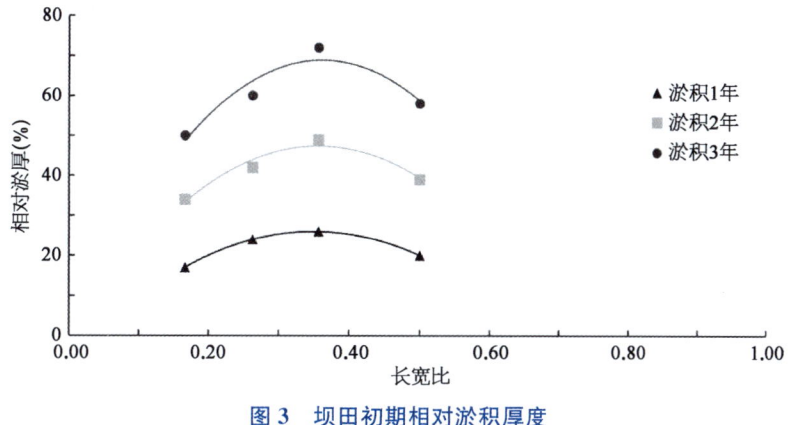

图3 坝田初期相对淤积厚度

度最大,达到坝田容积的72%;长宽比为0.16的坝田累积相对淤积厚度最小,仅为坝田容积的50%。在坝田建成后的淤积初期阶段,表现为长宽比为0.36的坝田内的平均淤积强度最大。

2 概化试验水槽试验

针对长江口北槽丁坝群坝田 TS8,采用概化模型进行研究,如图4所示,试验水槽尺寸为 30 m×5 m(长×宽),其中有效长度为25 m,受水槽尺寸的限制,物理模型设计为小变率变态模型,根据北槽S8、S9丁坝及水沙动力条件,通过模型比尺计算,模型丁坝采用高10 cm、长80 cm 的不透水丁坝,两条丁坝分别记为A和B。含沙量控制在 2 kg/m³,最大流速 20 cm/s,潮周期100 min,试验进行8个周期。

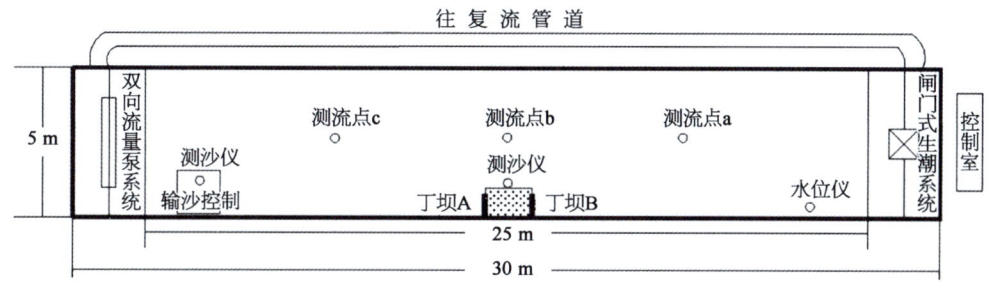

图4 物理模型水槽示意

在悬沙模型中,采用浑水循环系统,包括浑水水库、加沙泵、输沙管道及回水管等,输沙管道的布置如图4所示。为保证模型水体含沙量能够达到要求,采用全潮加沙。模型采用光电式非接触水位仪和旋桨流速仪。大范围的流场则通过流场实时测量系统(VDMS),地形测量采用超声三维地形自动测量分析系统(TTMS)。

试验前进行水槽水动力重复性试验,水泵的转速和流量的线性相关性显著,通过转速的控制可以达到控制流量的作用。对于单丁坝的丁坝回流分区主要分为主回流区、次回流区及再附着区,窦国仁等[15]、乐培九和李旺生[16]等均用上述划分方法确定丁坝的尺度。对丁坝下游回流长度和宽度的理论分析,一般采用二维水深平均运动控制方程,推导出相应的计算公式。如窦国仁[17]公式对短丁坝可简化为 $L = \dfrac{C_0^2 H}{1 + \dfrac{C_0^2 H}{12D}}$,其中 C_0 为无量纲谢才系数;Coleman 和 Nikora[18]得出丁坝回流区长度的经验公

式为 $\frac{L}{D}=4+48.4\left(\frac{H}{D}\right)$；吴小明和谢宇峰[19]确定回流长度满足以下关系 $L=(6\sim9)(B-B_0)$ 等。在试验水深 10 cm，流速 0.1 m/s，丁坝长度 80 cm 和 100 cm 条件下，观测丁坝后方回流长度及回流宽度（通过观测回流尾部水流流向的变化，确定水流在时均意义上的流向分离点，进而确定回流长度），其丁坝后方回流长度分别为 600 cm 和 700 cm，即坝长的 7.5 倍和 7 倍（图 5 和图 6），基本符合上述出水丁坝回流长度经验公式。

图 5　水槽试验丁坝长度 80 cm 时粒子摄像

图 6　水槽试验丁坝长度 100 cm 时粒子摄像

2.1　环流形态

如图 7 和图 8 所示，在涨潮时刻，长宽比为 0.50 的坝田出现上下两个环流，其中上方的环流直接与主流进行动量交换，下方的环流受上方环流的驱动；而同一时刻长宽比为 0.33 的坝田内只出现了一个环流，说明不同长宽比的坝田内可能存在 1 或 2 个环流，其中驱动着坝田与主流进行水沙交换的主要环流为主环流，长宽比为 0.50 的坝田上方环流为主环流，长宽比为 0.33 的坝田内的环流即为主环流。

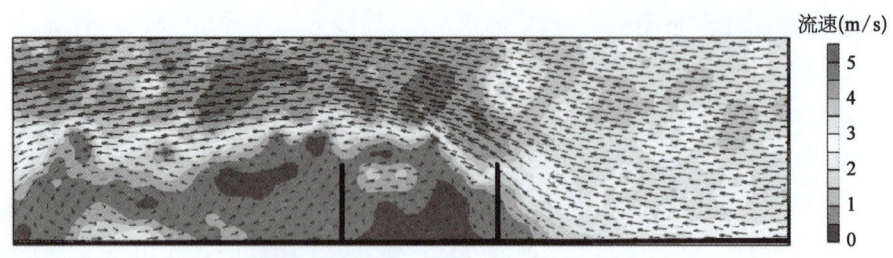

图 7　涨急时刻长宽比 0.50 坝田流态图

2.2　淤积形态

受坝田内环流的影响，如图 9 和图 10 所示，长宽比为 0.50 的坝田内淤积的主要部位即为主环流所在位置（坝田偏外侧），而在副环流位置，则出现微淤或冲刷的趋势；而长宽比为 0.33 的坝田内的淤积分布相对比较均匀。

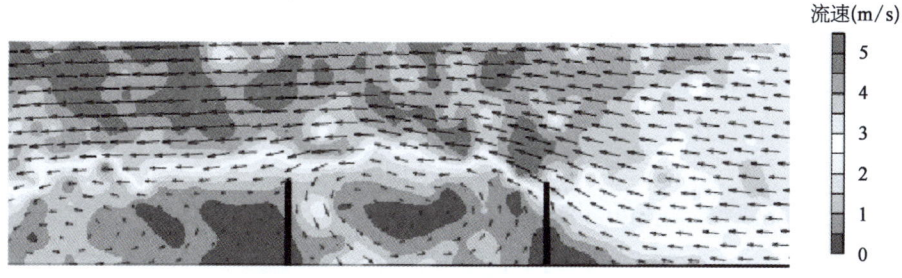

图 8　涨急时刻长宽比 0.33 坝田流态图

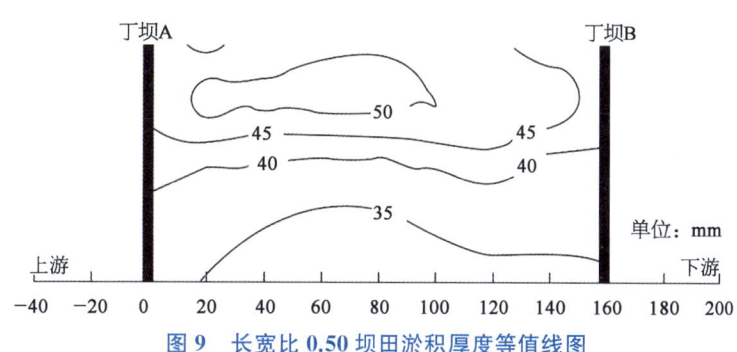

图 9　长宽比 0.50 坝田淤积厚度等值线图

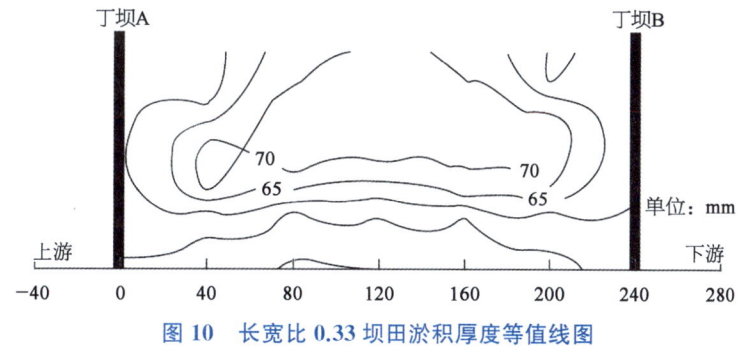

图 10　长宽比 0.33 坝田淤积厚度等值线图

2.3　淤积过程

如图 11 所示，长宽比为 0.50 和 0.33 的坝田内的淤积过程基本相似，均为初期快，后期减缓直至平衡；但无论初期还是后期，长宽比为 0.33 的坝田内淤积速率明显大于长宽比为 0.50 的坝田，但长宽比为 0.33 的坝田达到淤积拐点（淤积速率明显减小）的时间也长于长宽比为 0.50 的坝田。

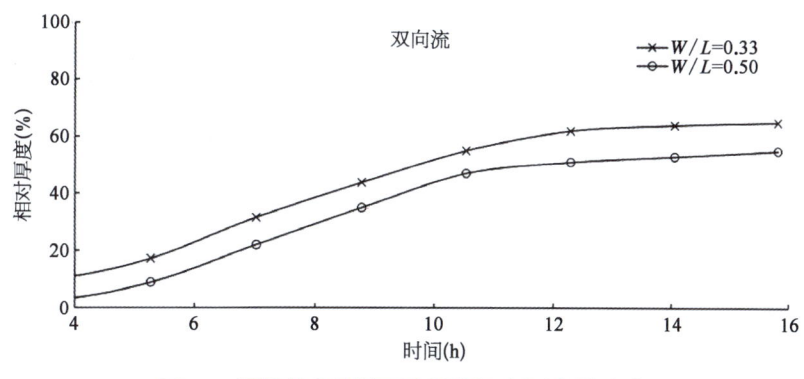

图 11　不同长宽比坝田累积淤积过程（水槽试验）

3 坝田长宽比对坝田泥沙淤积影响分析

3.1 回流尺度

对比不同时刻坝田长宽比 0.33 和 0.50 时坝田内的流场,发现其坝田内回流尺度与主流流速基本无关,而与坝田长宽比有关,这与岳建平[20]在研究港池回流时的结论一致,即随着坝田长宽比的减小,其坝田内回流中心也逐渐向坝田内侧移动。

不同长宽比的坝田内的流态也存在差别,但一般坝田内均会出现 2 个环流,包括直接由与主流的动量交换驱动的主环流和由主环流驱动的副环流。通过观测回流尾部水流流向的变化,确定水流在时均意义上的流向分离点,进而确定回流长度。主环流的环流长度 L_r 和坝田长度 L 之比,称为坝田相对回流长度(图 12)。长宽比为 0.5 的坝田内的相对回流长度为 1,而长宽比为 0.33 的坝田内相对回流长度为 0.8~0.9。

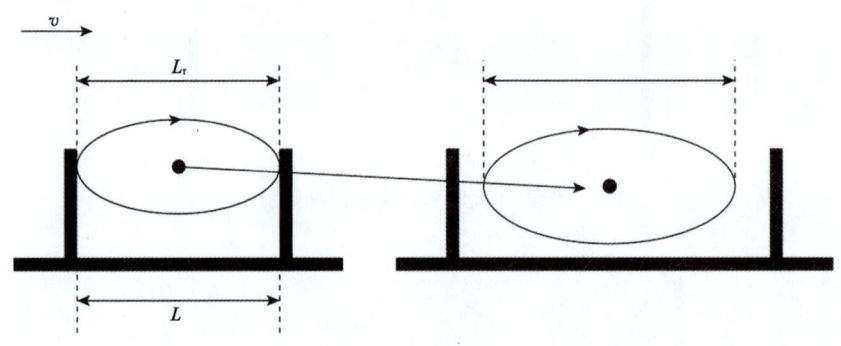

图 12 不同长宽比坝田内回流中心位置示意

3.2 回流强度

回流强度是表征回流的一个重要物理量,一般以整个坝田平均流速表示。坝田内回流的平均流速越大,回流强度就越大,在潮汐河口地区,涨急时回流强度达到最大,以后又慢慢减弱至消失;涨转落时,口门处又出现一个反向回流,落急时反向回流强度达到最大。

一个潮周期内,如图 13 所示,长宽比为 0.50 坝田内的平均回流强度为 0.66 cm/s,而长宽比为 0.33 坝田内的平均回流强度为 0.73 cm/s,长宽比为 0.33 坝田内的平均回流强度是长宽比为 0.50 坝田回流强度的 1.11 倍,而长宽比为 0.33 坝田内的平均淤积强度是长宽比为 0.50 坝田内平均淤积强度的 1.16 倍(同一时段坝田的相对淤积厚度之比)。可以判断,不同长宽比坝田内回流

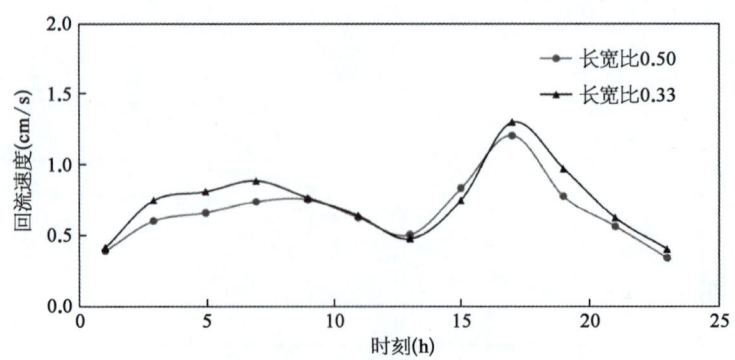

图 13 不同长宽比坝田回流速度变化过程(3~9 和 16~23 时刻为落潮,9~16 和 23~3 时刻为涨潮)

强度是直接影响其淤积强度的主要因素之一，在一定水沙条件下坝田内回流强度与淤积强度成正相关关系。

3.3 坝田与主槽水沙交换对淤积的影响

由于坝田中的水体基本处于半停滞状态，其与主流的动量和质量交换，主要是横向的紊动交换。这种交换通常包括两种过程，即动量和质量经过界面混合层的交换和环流中心指向混合层界面的紊动输运。坝田长宽比的不同直接决定了坝田内水流的性质，根据两种长宽比坝田的水槽试验过程，讨论坝田与主槽水沙交换对坝田淤积的影响。

根据Volker等[2]提出的理论模型，考虑主流与坝田区的交换为一阶过程，根据物质守恒，对坝田为

$$\frac{dM}{dt} = -Eh_E L(C_D - C_S) \tag{1}$$

式中：M为坝田区溶解质质量；E为经坝田长度平均进入主流的速度，即交换速度；h_E为坝田进口水深；C_D和C_S分别为坝田区和主流的溶解物浓度。

假定交换速度正比于主流流速U，即

$$E = kU \tag{2}$$

将上式代入示踪物质质量$M = C_D L W h_D$，h_D为坝田平均水深，并代入式(1)，得到坝田区平均浓度变化的通用公式

$$\frac{dC_D}{dt} = \frac{kU}{W} \frac{h_E}{h_D}(C_D - C_S) \tag{3}$$

式中：k为无因次进入系数。引入有量纲交换系数K_D(1/时间)

$$K_D = \frac{kU}{W} \frac{h_E}{h_D} \tag{4}$$

在某一时刻，一些流体进入坝田而另一些则流出坝田。于是经过坝田口门长度平均的瞬时进入速度E'为

$$E' = \frac{1}{2L} \int_0^L |v| \, dx \tag{5}$$

由式(5)计算得到2种长宽比坝田潮周期内坝田与主槽的水沙交换系数K_D，均在0.02~0.04之间；与Volker Weitbrecht通过大量物理模型试验得出K_0值的变化范围为0.014~0.051相近。其中在涨急时刻，长宽比为0.33和0.50的坝田与主槽交换系数分别为0.026和0.024；落急时刻，长宽比为0.33和0.50的坝田与主槽交换系数分别为0.031和0.035；长宽比为0.33的坝田全潮平均交换系数为0.030，大于长宽比为0.50的坝田交换系数0.028。如图11所示，潮周期内长宽比为0.33的坝田平均淤积厚度也明显大于长宽比为0.50的坝田的淤积厚度，与其坝田与主槽的交换系数成一定的正相关关系，这是由于坝田和主流之间，由于坝田内的水动力较弱，而且坝田回流利于泥沙落淤，随着坝田与主槽的水体交换的增强，进一步加大悬沙近底浓度和垂线平均浓度，也增加了指向坝田的净输沙。说明坝田口门较大的宽度（长宽比较小）有利于河流与坝田之间的水沙交换和坝田内环流的形成，利于坝田淤积。由于试验条件和场地等限制，仅试验了往复流条件下长宽比0.33和0.50两组试验，后

续需增加试验组次,并增加模型变率敏感性分析,深入研究和验证坝田长宽比与坝田淤积强度的关系,并结合三维数值模拟试验阐述其影响机制。

4 结语

通过长江口北槽丁坝群实测数据,利用长江口北槽丁坝群坝田 S8～S9 段概化模型,分析不同坝田长宽比对坝田内泥沙淤积特征的影响。

(1)不同长宽比初期快速淤积过程中的淤积速率均不相同,其中在长江口北槽丁坝群坝田建成后的淤积初期阶段,长宽比为 0.36 的坝田内的平均淤积强度更大。

(2)水槽试验研究表明,长宽比为 0.33 的坝田内淤积速率明显大于长宽比为 0.50 的坝田,长宽比为 0.33 的坝田达到冲淤平衡的时间较长。坝田淤积强度随坝田回流强度、坝田与主槽水沙交换系数的增加而增加 说明坝田与主槽的水沙交换系数决定了坝田的淤积强度。

(3)需进一步增加坝田长宽比的研究组次,深入研究交换系数与淤积强度的关系。

参考文献

[1] Alexander S, Christof E, Angela K. Case study: turbulent flow and sediment distributions in a groyne field [J]. Journal of Hydraulic Engineering, 2004, 130: 1-9.

[2] Volker W, Scott A S, Gerhard H J. Experiments on mass exchange between groin fields and main stream in rivers[J]. Journal of Hydraulic Engineering, 2008, 134: 173-183.

[3] 刘杰.长江口深水航道河床演变与航道回淤研究[D].上海:华东师范大学,2008.

[4] 刘青泉.盲肠河段口门掺混区的泥沙扩散[J].泥沙研究,1995(2):11-21.

[5] 缴健,高祥宇,丁磊,等.整治工程影响下分汊河口水动力变化研究[J].海洋工程,2019,37(2):76-83.

[6] 刘猛,吴华林,李为华,等.长江口深水航道工程南导堤越堤水沙运动观测研究[J].海洋工程,2011,29(2):129-134.

[7] 许光祥,刘建新,程昌华.丁坝挑角对坝田淤积的影响[J].重庆交通大学学报(自然科学版),1994,13(2):34-37.

[8] 高先刚,刘焕芳,华根福,等.双丁坝合理间距的试验研究[J].石河子大学学报(自然科学版),2010,28(5):614-617.

[9] Karami H, Ardeshir A, Saneie M, et al. Reduction of local scouring with protective spur dike[C]// Proceedings of the World Environmental and Water Resources Congress. 2008: 1-9.

[10] 常福田.潮汐河段挖入式港口水域布置和淤积量分析[J].水运工程,1984(4):3-8.

[11] 蒋焕章,苏治平.丁坝防护试验研究[J].铁道工程学报,1984,1(2):185-187.

[12] 路川藤,黄华聪,钱明霞.长江口北槽丁坝坝田区潮流及污染物迁移扩散特征[J].河海大学学报(自然科学版),2016,44(3):265-271.

[13] Uijttewaal W S. Effects of groyne layout on the flow in groyne fields: laboratory experiments[J]. Journal of Hydraulic Engineering, 2005, 131(9): 782-791.

[14] Yossef M F M, Vriend H J D. Flow details near river groynes: experimental investigation[J]. Journal of Hydraulic Engineering, 2010, 137(5): 504-516.

[15] 窦国仁,柴挺生,樊明,等.丁坝回流及其相似性规律研究[J].水利水运科技情报,1978(3):1-24.

[16] 乐培九,李旺生.丁坝回流长度[J].水道港口,1999(2):3-9.

[17] 窦国仁.窦国仁论文集[M].北京:中国水利水电出版社,2003:260-279.

[18] Coleman S E, Nikora V I. A unifying framework for particle entrainment[J]. Water Resources Research, 2008, 44(4): 4415.
[19] 吴小明,谢宇峰. 水工建筑物下游回流及底沙淤积研究[J]. 人民珠江,1996(6): 16-19.
[20] 岳建平. 港渠口门回流淤积概化模型试验和研究[J]. 泥沙研究,1986(2): 43-52.

(原载于《海洋工程》2020年第4期)

长江大保护战略下河口滩涂的保护对策研究

楼 飞,季 岚,周 海

(中交上海航道勘察设计研究院有限公司,上海 200120)

摘 要:本论文针对长江来沙持续减少引起河口滩涂侵蚀日益严峻的现象,提出长江口滩涂保护的重要性;并以九段沙、横沙东滩为研究典型,探讨分析不同定位滩涂宜采取的不同保护对策。文章认为,对于生态保护区滩涂宜通过改变外围环境实施滩涂保护、促进滩面缓慢淤涨;对非生态保护区滩涂可采取积极主动的护滩措施,且可通过工程有目的地培育高-中-低滩有序分布的滩涂基底,在实现滩涂资源稳定的基础上提升滩涂生态品质,增强滩涂区域功能,积极响应长江大保护战略。

关键词:长江口;滩涂侵蚀;保滩对策;九段沙;横沙东滩

中图分类号: 　　　　　**文献标志码**:A

1 背景

长江河口水道纵横、滩涂广袤,聚集了得天独厚的水土、航运、生态等自然资源,是我国"一带一路"倡议以及长江经济带、长三角一体化发展等重要战略的交融点。历史上长江河口丰水丰沙,大量下泄泥沙在口门落淤,形成了长江口丰富的滩涂资源,这些滩涂承载着上海防台减灾、河口生态、城市空间储备等诸多功能,也关乎着长三角乃至长江沿线港口、航运的发展。尤其是口门崇明东滩、九段沙和横沙东滩三大滩涂,分别承担着长江口湿地生态保护和城市空间战略预留的功能,又直接面临外海,是防台减灾的第一线,也是长江口门三大航道(长江口深水航道、南槽航道、规划的北港航道)的边界线,滩涂的功能地位和作用显著(图1)。

21世纪以来,长江上游一系列巨型水库群建成,加上长江流域沿线水土保持工程成效显现,长江下泄泥沙持续减少。2010年后长江口平均来沙量已不足历史时期的30%[1]。在此背景下,2010年后长江河口的侵蚀态势逐渐显现,河槽冲刷、滩地萎缩。口门区域滩地的侵蚀以横沙浅滩(横沙东滩东侧滩涂)和九段沙(含江亚南沙)最为典型。在长江来沙长期持续减少的环境下,确保长江口河势格局稳定、河口滩涂资源稳定、河口生态系统健康,是落实长江大保护战略的重点和基础。

与此同时,长江口泥沙资源虽已日益匮乏,而为确保长江口深水航道和南槽航道水深,每年需维护疏浚航道淤积土近7 000万 m³[1],这部分疏浚土则是可被利用的宝贵沙源。因此,本文针对长江口目前的侵蚀态势,以横沙浅滩和九段沙为典型,探讨长江口侵蚀滩涂的保护对策,研究滩涂保护与功能定位、周边环境、生态优化、资源利用等多方融合的措施方案。

---

* 基金项目:国家重点研发计划资助(2017YFC0405405);上海市科学技术委员会基金项目(18DZ1206600、18511102500)。

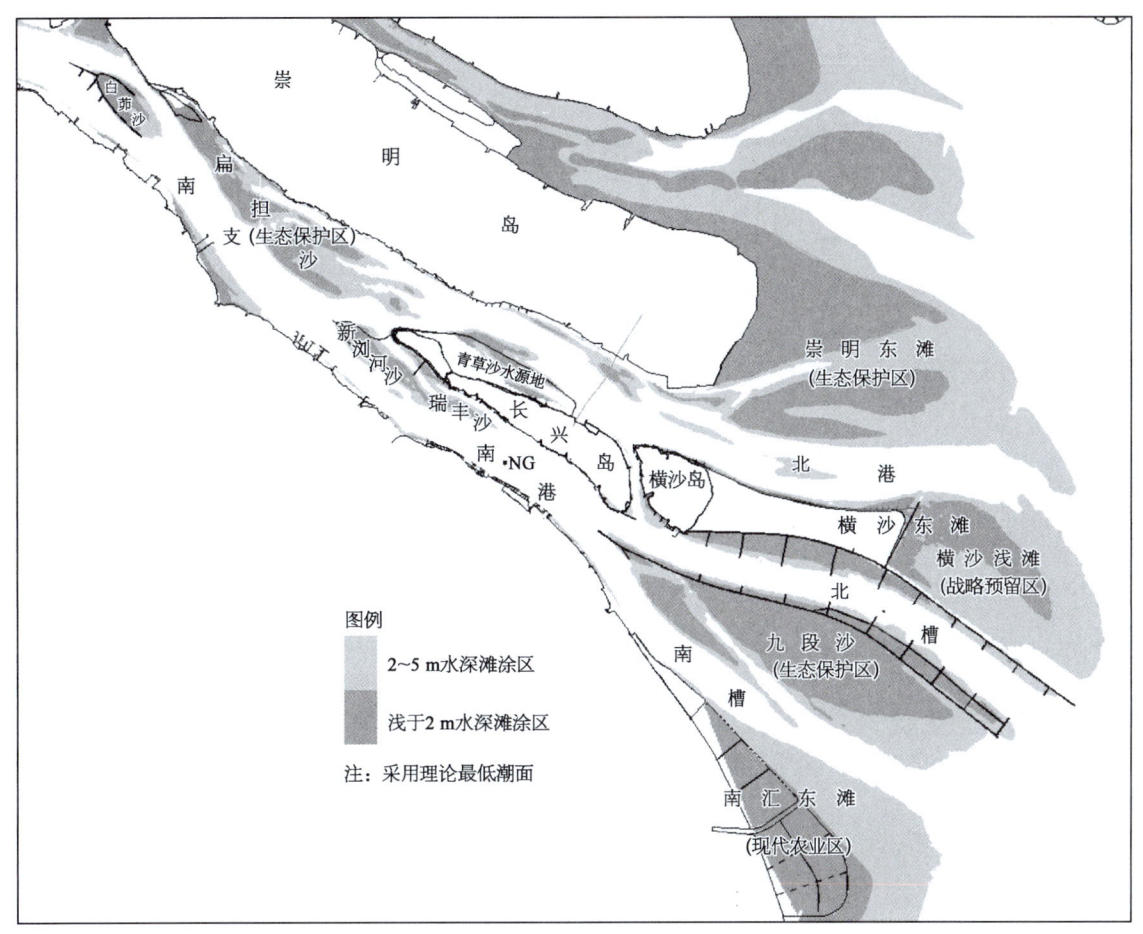

图1 长江口滩槽格局

2 长江口侵蚀态势分析

长江河口呈现"三级分汊、四口入海"的格局形态。历史上,长江口河势变化极为复杂,汊道更替、主泓摆荡、沙体多变,河口总体以不断淤涨外延为主。21世纪以来,长江口沿线陆续实施了诸多的岸滩防护、河口整治、航道治理等工程措施。在这些工程作用下,有效控制了各级分汊口位置,减弱了滩槽变动的自由度,长江口河势格局基本稳定。

同时,历史上的长江口也是个丰水丰沙的河口。据长江大通水文站监测(图2),长江下泄进入河口的泥沙平均高达4.6亿t(1950—1989年)。20世纪90年代后,下泄沙量已有所减少,进入21世纪后,减幅尤为明显。2010—2018年,大通年平均输沙量仅为1.23亿t,较历史时期减少了约73%。而同期,大通的年径流量则无明显减少趋势。由此形成了长江口丰水少沙的水文环境。以南港中段一固定测点(NG)的历次监测值统计为例(测点位置见图1,含沙量成果见图3),2000—2010年水体含沙量基本在0.4~0.8 kg/m³,2010年后逐步降低至0.2 kg/m³左右。长江下泄泥沙的持续减少已导致长江河口进入易侵蚀环境。

根据长江口南支及以下至口门10 m等深线区域范围的河槽和滩涂特征统计,自20世纪70年代至2010年间,该区域0 m以深河槽容积基本小于148亿m³,但2010年后,河槽容积持续扩大,至2018年已增至159亿m³,扩大了11亿m³(图4)。同时,2010年后,区域内滩涂面积和体积已均呈现减少态势。2010—2018年间,长江口5 m以浅的滩地面积从1 595 km²降到了1 403 km²,减少

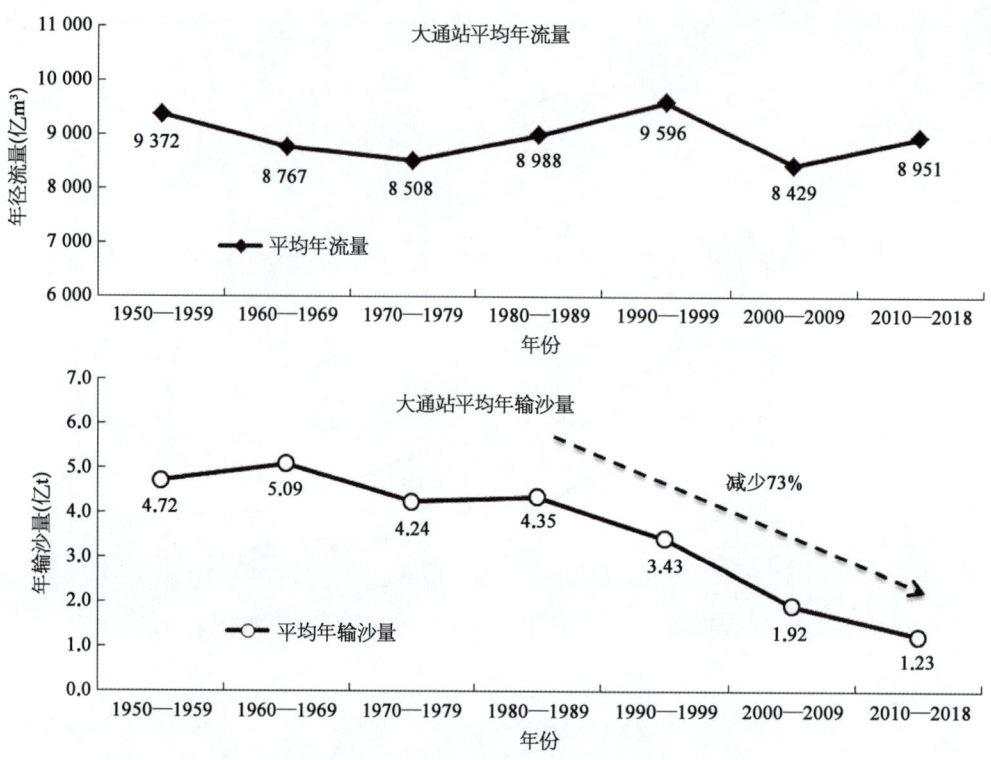

图 2　长江大通站年际流量及输沙量变化

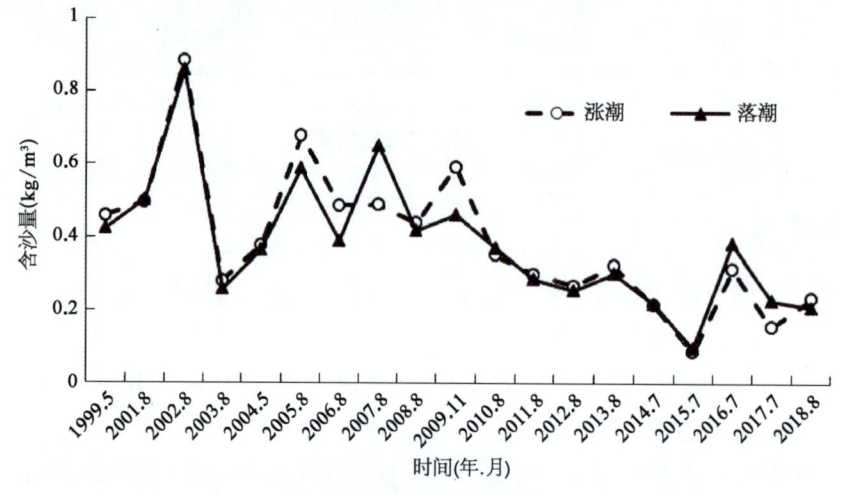

图 3　南港 NG 点平均含沙量变化

了 192 km²；滩涂体积也由 44.6 亿 m³ 减少至 41.0 亿 m³（图 5）。

3　口门典型滩涂侵蚀情况

以口门横沙东滩和九段沙为例。横沙东滩位于北槽与北港之间；九段沙位于南槽与北槽之间。历史上，这两大滩涂受制于两侧水道的河势变动，滩涂稳定性较差，同时在口门强风浪作用下，滩面高程长期维持在 0 m 水深以下。

1998—2010 年，长江口深水航道治理工程实施，基于北槽段南北两侧导堤＋丁坝工程，横沙东滩南沿、九段沙北沿边界基本得以稳定，两大沙体一度呈现淤涨态势。其中，2003 年后，横沙东滩西侧区域在工程作用下逐渐形成陆域，东侧横沙浅滩区域依然为自然滩涂区。但 2010 年后，横沙浅滩和九

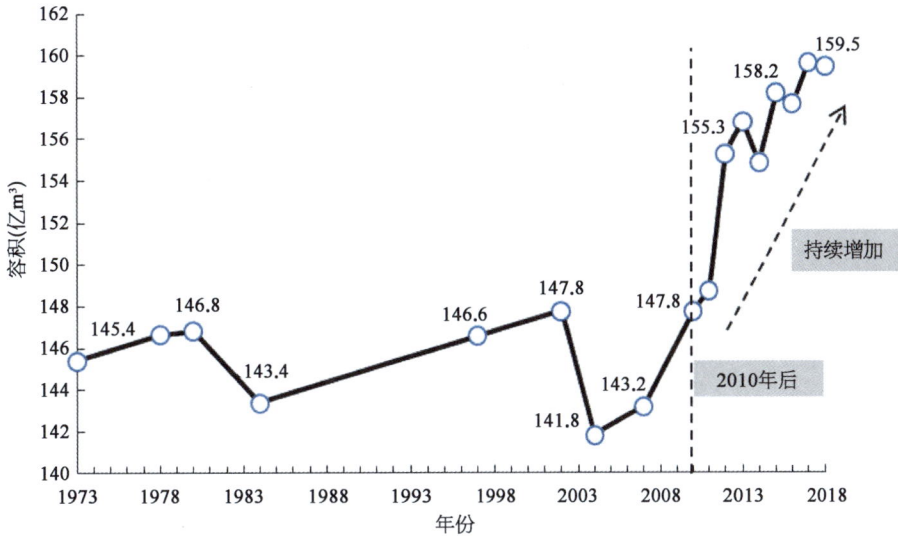

图 4　长江口 0 m 以深河槽容积变化

注：统计范围：南支—口门 10 m 等深线。

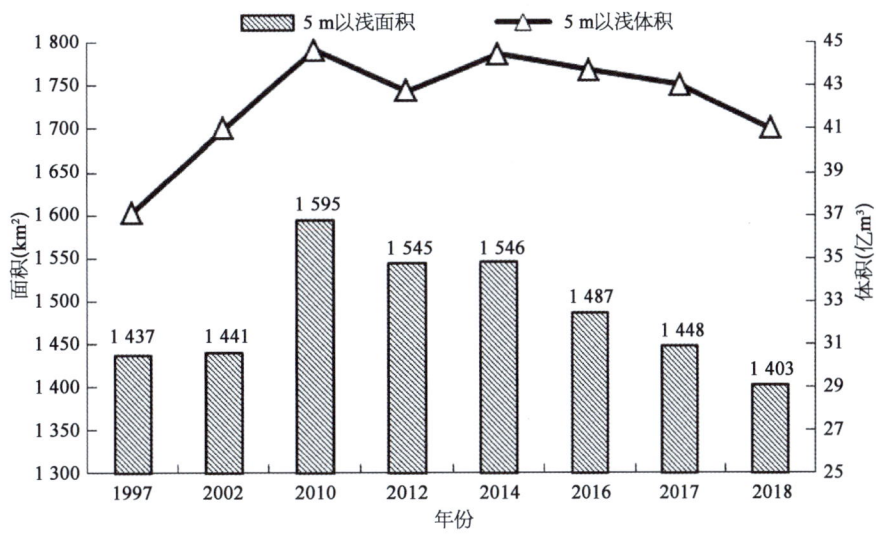

图 5　长江口-5 m 以浅滩涂面积及体积变化

段沙均开始呈现冲刷侵蚀态势。2010—2018 年,横沙浅滩 5 m 以浅滩涂面积减少了 45 km²,九段沙区域面积减少 15 km²(表 1,统计范围见图 6)。

从侵蚀区分布看,横沙浅滩主要为东南向的滩面窜沟发展和北沿滩面冲刷;九段沙冲刷主要体现在江亚南沙沙尾切割、九段沙南沿冲刷、南沿窜沟发育(图 6)。

表 1　滩地 5 m 以浅面积统计　　　　　　　　　　　　　　　　　　　　　　（单位：km²）

时间	2010.8	2012.8	2014.8	2016.2	2017.11	2018.11	2010—2018 年变幅
横沙浅滩	323	301	298	286	284	278	−45
九段沙（含江亚南沙）	330	330	333	321	311	315	−15

注：横沙浅滩、九段沙统计均不含北槽坝田部分。

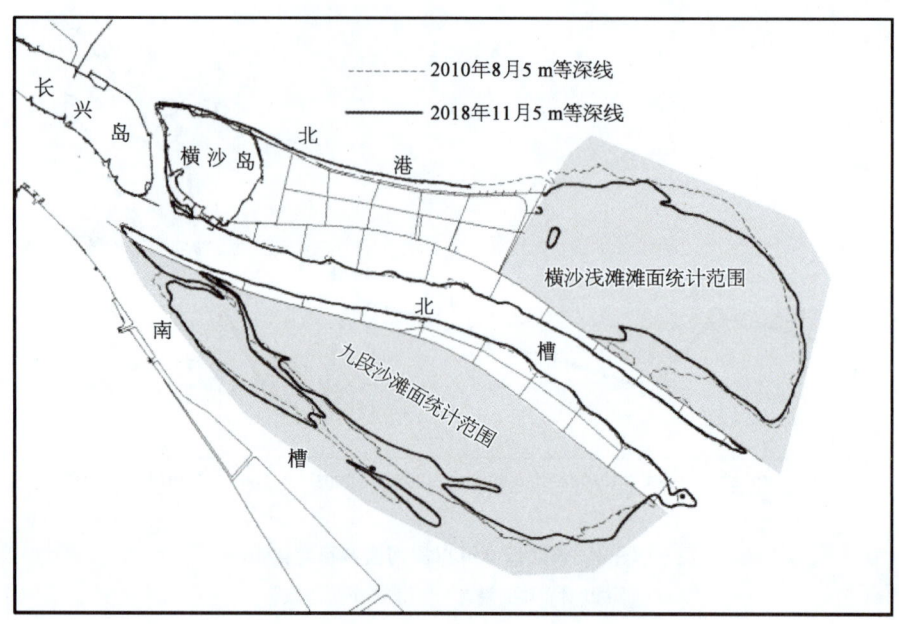

图 6 九段沙、横沙浅滩 5 m 等深线变化

4 口门滩涂侵蚀造成的影响

长江口口门滩涂区位特殊、功能多重，其侵蚀所涉及的影响也具有多方面。

（1）影响滩槽格局稳定。长江口区域内有多个生态保护区、多处水源地保护区、渔业资源保护区[2]，更有沿岸诸多港区码头设施，"一主两辅一支"的综合航道体系[3]，涉及功能诸多，而滩槽格局的稳定是长江口这些功能布局的基础。

以横沙浅滩、九段沙为例，横沙浅滩是长江口深水航道和规划的北港航道的边界；九段沙是长江口深水航道和南槽航道的边界。目前，外海 5 万 t 级的集装箱船舶由北槽进入，沿长江口 12.5 m 深水航道可直通南京；万吨级以下的船舶，尤其是洋山港至武汉沿线的江海直达船舶则由南槽航道进入长江口。因此，这两大沙体的变动直接影响长江口口门三大航道的稳定，影响长三角、长江中下游航运的发展。

（2）影响滩涂生态品质。长江口潮滩高程从低到高，底栖、动植物物种数量和多样性逐渐上升，各高程区域都有各自的特征优势种，光滩区以软体动物为主，海三棱藨草植被区以蟹类和软体动物为主，芦苇植被区以蟹类为主。相应地在不同高程的潮滩上，前来觅食栖息的鸟类也会分类集聚，鸻鹬类水鸟主要在高中潮滩觅食，鹭类水鸟主要在中低潮滩觅食，雁鸭类和鸥类水鸟主要在光滩活动[4]。长江口滩涂侵蚀后，盐沼植被退化，河口生物的栖息地萎缩。

以九段沙为例，九段沙是国家级湿地自然保护区。目前，九段沙南侧的严重冲刷岸段已出现侵蚀陡坎（图7），从光滩直接过渡到芦苇、互花米草分布区，造成海三棱藨草分布带缺失。长此以往，将导致该区域盐沼湿地的梯度结构破坏，区域生物多样性减少，生态品质降低。

（3）影响城市发展储备。上海是一个建立在淤涨滩涂上的城市，上海 65% 的土地由长江泥沙堆积而成。仅新中国成立以来，利用淤涨的滩涂，上海的土地面积扩大了约 20%。这给上海的发展带来了一次又一次的生机。当前，在《上海市城市总体规划（2017—2035）》中，横沙东滩滩涂资源定位为"城市长远发展的战略预留空间"。作为战略预留区，确保其河势格局不动荡、滩涂资源不减少、生态

图 7　九段沙南缘的侵蚀陡坎

环境不恶化是有效预留的基本条件,也是未来上海城市发展的基础。横沙东滩西侧已受工程控制,区域面积为 106 km²;东侧浅滩区域滩涂持续侵蚀,意味着该区域为未来发展所预留的区域空间减少,品质降低。

(4)减弱防台防灾能力。长江口门滩涂直接面向外海,是上海市防台防汛安全的"第一道生命线",稳定的滩涂,尤其是大量高-中-低滩有序过渡的滩涂,可以大幅抵消来袭的风暴潮能量,迅速减缓外海风浪强度。相反,口门滩涂侵蚀,河槽过于开阔,口外风暴潮对口内防汛大堤的直接作用概率加大,破坏的能量加强。

5　沙源分析

长江口来沙的欠缺是导致河口滩涂侵蚀的根本原因,即使实施滩涂保护、修复工程,同样需要有足量的泥沙资源供给。未来长江下泄泥沙仍旧长期维持低值状态,在此背景下,长江口航道每年大规模的维护疏浚土则是可被利用的宝贵沙源。

长江口规划为"一主两辅一支"的航道格局,其中:"一主"即为长江口 12.5 m 深水航道,经北槽-南港-南支水道向上游延伸。该航道自 1998 年开始建设,至 2010 年 12.5 m 深水航道开通。2016 年后每年维护量基本在 6 000 万 m³ 左右[1]。规划的"两辅一支"分别为南槽辅航道、北港辅航道和北支支航道。目前仅开通了南槽 5.5 m 航道。2018 年底,南槽已开始建设 6.0 m 航道,预计将于 2020 年 6 月完工,届时航道的年维护量将在 800 万 m³ 左右[5]。未来,南槽还将进一步建设 8 m 航道,届时产生的航道维护量也可能进一步增加。

对航道疏浚土的利用既需及时有效,也需符合区域规划、利用区域生态环境。当前,在长江大保护战略推动下,将疏浚土用于河口滩涂修复、滩涂基底培育、滩涂功能优化等是值得探索的方式。

6　侵蚀滩涂的保护对策研究

根据 2018 年颁布的《上海市生态保护红线》,扁担沙中上沙体、崇明东滩、九段沙等区域为生态保护区,保护区内工程实施受到诸多限制。因此,将滩涂保护对策分生态保护区和非生态保护区两类区域提出,分别以九段沙和横沙浅滩为方案研究的示范区。

6.1 以九段沙为典型的生态保护区

对生态保护区侵蚀滩面的防护不宜在其保护范围内采取直接人工整治工程措施,但可以通过改变外围条件,如减缓周边水流动力,增加区域来沙,引导滩面缓慢淤涨,如图 8 所示。

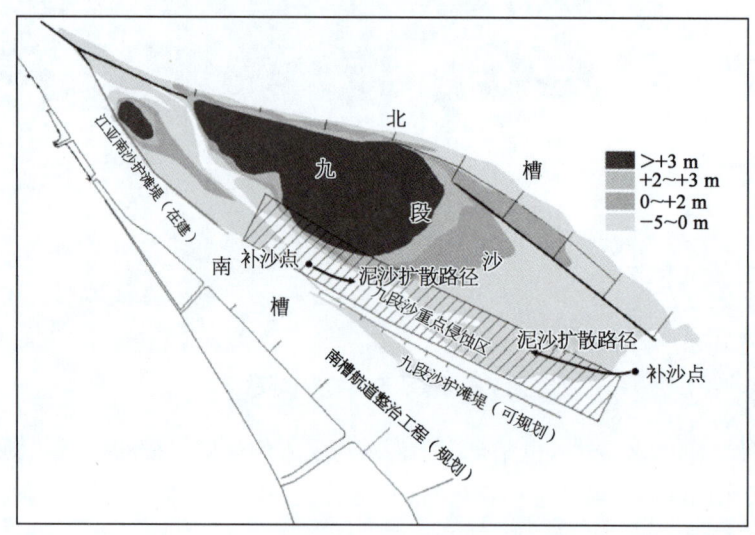

图 8　九段沙保护对策规划布设

(1) 增加区域来沙量。水体含沙量的减少是导致九段沙滩面侵蚀的重要原因,其南沿、沙尾是主要侵蚀区。因此,可考虑利用航道疏浚土作为沙源在沙体南沿和沙尾区域进行泥沙适时适量补给(图 8),缓解滩面冲刷。根据数学模型模拟计算,若沙尾区域选择涨潮初期抛沙补给,南沿侵蚀区域选择落潮初期补给,则经过两个潮周期的涨落潮输移后,补给泥沙基本可完成扩散淤积,扩散区域集中于九段沙滩面(图 9)。但此开敞水域,需有效控制泥沙补给量和频率,避免过度补给对九段沙滩涂生态、南槽航道产生不利影响。

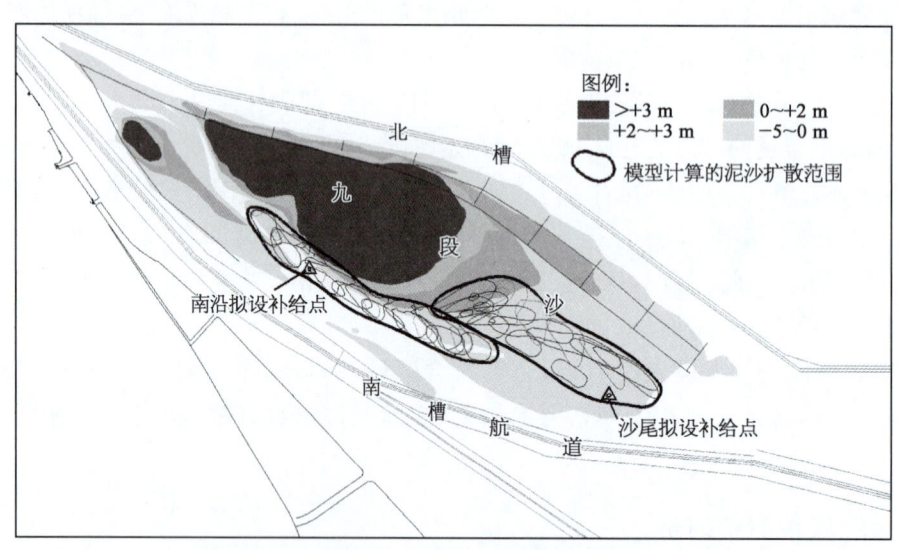

图 9　九段沙泥沙补给方案数模计算效果

(2) 结合南槽航道规划工程。借鉴北槽段深水航道建设经验,其南导堤及丁坝工程为九段沙提供了稳定的北边界,沿线导堤高程+2.0~+3.5m,中高潮可漫过导堤。随着滩面淤高,芦苇蘑草等植被不断生长,高滩区域导堤及丁坝已埋于泥面以下,与自然融为一体。而在导堤北侧坝田区域,淤涨形成了高-中-低滩有序衔接的自然滩面。这既增加了九段沙的实际滩面面积,又提升了滩涂品质。当前,针对江亚南沙头部窜沟发育、沙体侵蚀特征,在南槽6.0 m航道建设中,已在江亚南沙南沿实施了护滩堤工程。未来,为推进规划的南槽8 m航道,南槽口门区段也需实施整治工程。届时,与航道整治相结合,可在九段沙南沿、保护区外侧布设护滩堤(图8),减缓滩面水动力,同时应用适宜的生态结构设计,响应生物习性需求。

6.2 对以横沙浅滩为典型的非生态保护区

现阶段国家或上海市对横沙浅滩发展的方向尚未明确,但确保滩涂稳定、防止侵蚀退化并提升滩涂品质是当务之急。

(1)实施滩面泥沙补偿。横沙浅滩紧邻长江口深水航道北槽段高维护区,利用北槽深水航道疏浚土吹填上滩,增加滩面泥沙,可缓减滩涂侵蚀。但由于横沙浅滩现水域开阔,风浪和漫滩水动力均十分强劲,在此无掩护环境下,实施滩面泥沙补偿的效果受限[1]。

(2)实施保滩工程。针对横沙浅滩北沿冲刷、窜沟发育的特征,通过导堤或丁坝工程,实施北沿防护和窜沟封堵等保滩工程,这是确保横沙滩涂稳定最为直接的方法[1]。

(3)实施生态滩涂基底塑造工程。长江河口,滩涂高程在+2.0 m以下为光泥滩;高程+2.0～+2.7 m间可生长藨草类植被,高程达+2.7～+3.4 m方可生长芦苇类植被[4]。横沙浅滩滩面长期以来基本都在0 m水深以下,植被难以生长,区域的生物物种极为有限。因此,可从河口生态链与各高程滩涂间的需求响应关系出发,在确保滩涂稳定的基础上,构筑高-中-低潮滩架构完整的滩涂基底,促进河口盐沼生态体系的完善和生物多样性的发展。

如图10所示,横沙浅滩区域,可实施横沙大道外延和T字坝等护滩工程[1,6],确保浅滩稳定,护滩堤高程宜为+2.0～+3.0 m。在此基础上,将深水航道疏浚土吹泥上滩至护滩堤西侧的掩护区域,上滩泥沙在滩面涨落潮水流动力作用下,经过扩散、淤积、滩面重塑,可逐渐形成从+3.0 m以浅高滩向0 m以深水下浅滩有序过渡的滩坡形态,如图11所示。受工程掩护,疏浚土上滩利用不会对深水航道产生不利影响。因此,生态基底塑造工程的实施可从滩涂品质、滩槽格局、泥沙资源利用等多方面起到积极的作用,并且有效落实长江大保护战略。

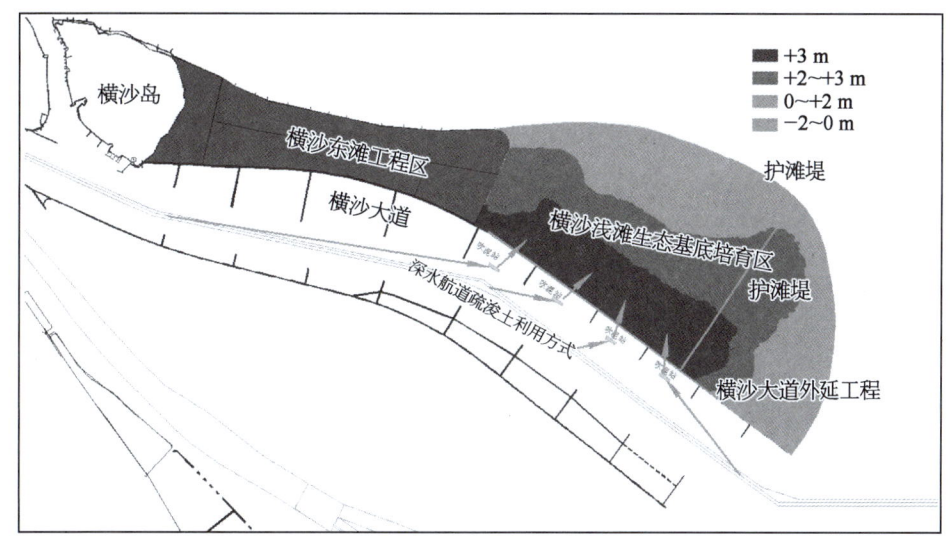

图10 横沙浅滩生态滩面

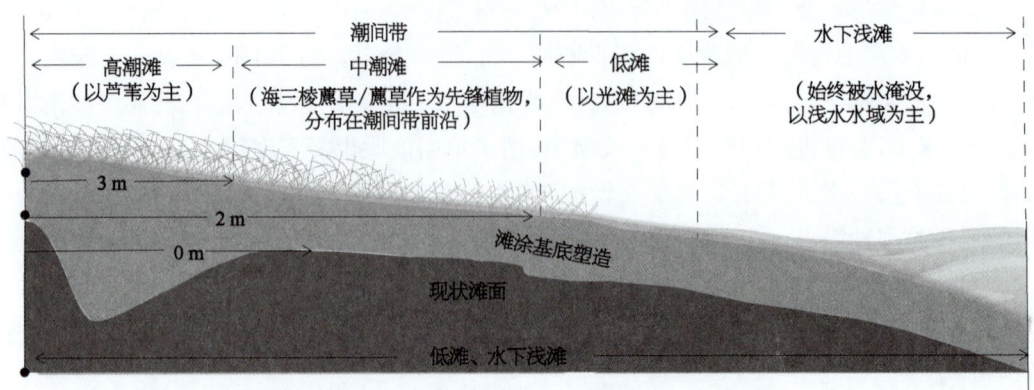

图 11　横沙浅滩生态滩涂培育示意

7　结语

（1）长江口滩涂关乎着河口稳定、生态环境、航运发展、城市保障等诸多方面，面对日益严峻的侵蚀态势，滩涂保护需及时、有效。

（2）当前长江口泥沙资源日益稀缺，有效利用航道疏浚土可积极推动保滩、优滩措施的落实。

（3）长江口不同功能定位的滩涂易采取不同的保护措施。对生态保护区，宜通过调整周边水沙环境，如外围布设泥沙补偿点或结合周边规划工程减缓区域水动力，以实现滩涂保护目的；对非生态保护区，可采取主动护滩措施，如滩面泥沙补偿、保滩护滩、生态滩涂基底培育等。其中，长江大保护战略下生态滩涂基底培育可成为人与自然需求积极融合的有效方式。

参考文献

[1] 中交上海航道勘察设计研究院有限公司.长江口深水航道疏浚土综合利用研究[R].2019.
[2] 上海市人民政府.上海市生态保护红线[R].2018.
[3] 交通部长江口航道管理局.长江口航道发展规划[R].2009.
[4] 华东师范大学.崇明横沙滩涂生态修复与保育研究[R].2018.
[5] 中交上海航道勘察设计研究院有限公司.长江口南槽航道治理一期工程工程可行性研究报告[R].2018.
[6] 包起帆,楼飞,孟舒.长江口航道疏浚土综合利用及新横沙生态成陆探索[J].水运工程,2018(10)：80-84.

（原载于《水运工程》2020 年第 8 期）

基于星地同测的长江口水文数据建模研究*

包起帆,彭德艳,鲍道阳,楼 飞

(华东师范大学,上海 200062)

摘 要:为探索实现长江口水文、地形和生态的大范围、高频次、抗恶劣海况的高精度遥感监测技术,利用高分五号卫星,进行了星地同步监测方案试验,获取了建模所需高光谱大数据。采用函数拟合等数据建模方法,逐步建立了含沙量等水体参数的高光谱影像反演模型,并给出含沙量浓度反演模型的输出效果,最后指出后续深化研究方向。

关键词:高分五号;星地同测;长江口水文水质、地形和生态;数据建模;高光谱影像反演模型

中图分类号:P 236;U 652　　　**文献标志码**:A

1 高光谱遥感技术用于水体监测

高光谱遥感技术应用于地物识别范畴不断扩大,在人工测量不方便或不安全的水体遥感遥测方面已经有了比较系统的研究和应用。江辉以鄱阳湖为研究对象,对湖体污染的主要水质参数利用 MODIS 和 TM/ETMJ+遥感数据的敏感波段建立了卫星遥感的水质反演模型[1];叶雪辉获取悬浮物和叶绿素 a 的最佳敏感波段组合,建立水质参数定量反演的半经验模型[2];刘忠华构建了针对实测高光谱数据、高分卫星数据的多种叶绿素浓度遥感反演模型[3];周伟奇利用多元回归统计分析方法,建立叶绿素 a 和悬浮物的遥感定量估测模型[4];阎福礼等建立并验证了水质参数高光谱遥感反演模型[5];中国水利水电科学研究院公开了一种改进 DBPSO 的水质参数监测方法和装置[6]。国外方面,Kevin Ruddick 等[7]基于 MODIS 和 MERIS 描述了用于在欧洲水域中进行藻华检测的技术;Sampsa Koponen 等[8]使用机载和模拟卫星遥感数据对水质变量进行了分类;C. A. Ruhl 等[9]结合卫星反射率数据分析原位传感器数据,分析了物理过程对旧金山湾悬浮沉积物空间和时间分布的影响;Mahtab A. Lodhi 等[10]分析了来自粉质土壤的悬浮沉积物的反射光谱。

本文结合高光谱卫星对长江口水体反射率遥感光谱和水体实地同步监测数据,探讨一种水文参数的高光谱定量反演模型率定优化的试验方案,并总结了创新点。

2 高分五号星地同测

2.1 高分五号遥感卫星

2018 年 5 月高分五号卫星成功发射,该星是我国高分专项 7 颗民用卫星中唯一的 1 颗高光谱卫

---

* 基金项目:上海市科学技术委员会项目(18511102500、18DZ1206600)。

星,设计为太阳同步轨道,轨道高度约 705 km,填补了国产卫星在全谱段、高分辨率光谱上的不足,在 60 km 幅宽和 30 m 空间分辨率下,颜色范围比一般相机宽了近 9 倍,颜色通道数目比一般相机多了近百倍,其可见光谱段光谱分辨率为 5 nm,对地面物质成分的光谱信息探测十分精确。

与美国 NASA 地球观测卫星 EO-1 载荷高光谱相机 Hyperion(2000 年 11 月 21 日发射)相比,高分五号载荷高光谱仪的波段数增加,且幅宽也是 Hyperion 的 8 倍,处于国际领先水平,参数见表 1。

表 1 高分五号卫星与 Hyperion 高光谱仪光谱参数对比

仪 器	幅 宽 (km)	波 长 (nm)	波段数 (个)	空间分辨率 (m)	光谱分辨率 (nm)
高分五号高光谱仪	60.0	390～2 513	330	30	可见光、近红外 4.2,短波红外 8
高光谱相机 Hyperion	7.7	356～2 577	242	30	可见光到短波红外均为 10

高分五号卫星经过长江口某星下点轨道准回访周期是 7 d,由于地球自转,下次过顶会偏移到西侧相邻的轨道,51 d 后卫星才回访该星下点轨道。采用载荷高光谱仪的配合卫星±25°侧摆能力,可实现我国及近海区域回访周期降至 7 d,为避开多云和阴雨天安排星地同测提供了可能,但遥控卫星载荷姿态成本很高。卫星过境长江口时在北京时间 13:00 左右,成像带覆盖区域随轨道平移情况如图 1 所示。

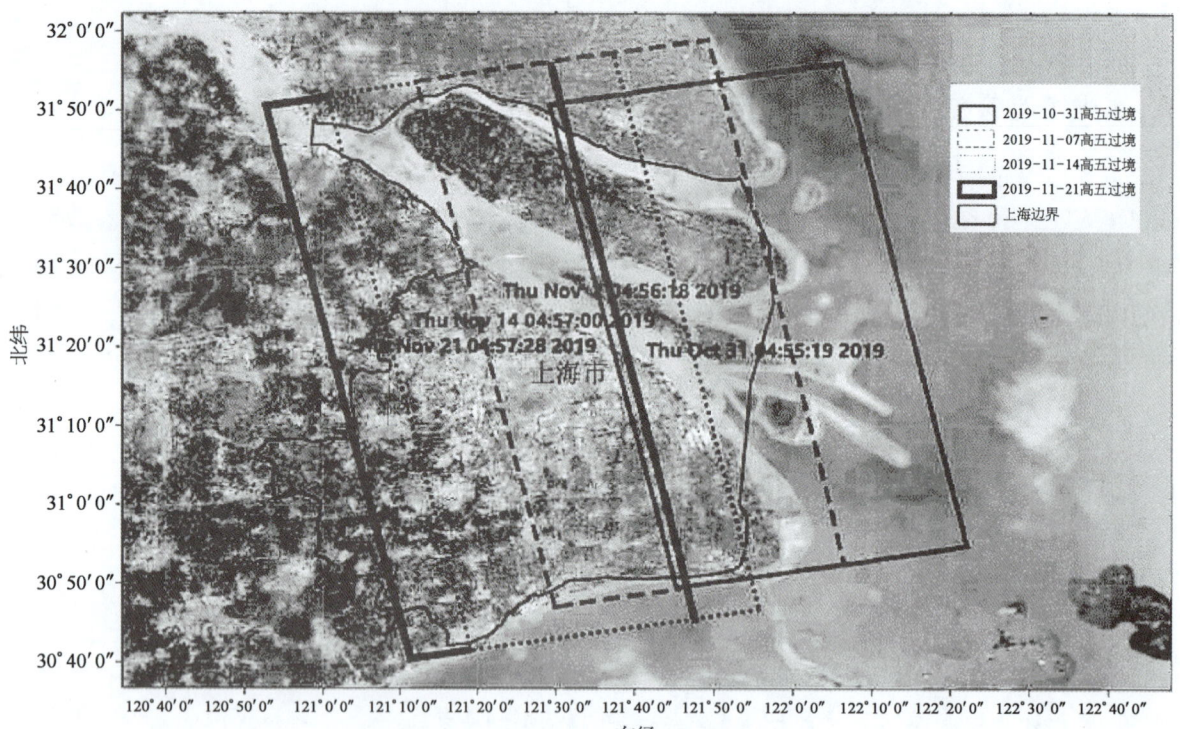

图 1 高分五号卫星过境长江口成像带平移

2.2 星地同测方案

在高分五号卫星过境时刻组织开展专门的长江口水文观测,以获取与卫星过境时刻同步的长江口水文数据。观测具体实施方法如下:① 提前获取高分五号卫星过境时刻及过境区域;② 在卫星过境区域内布设若干测点进行观测;③ 于卫星过境前 0.5 h 到达测点开始观测,至卫星过境后 0.5 h 结束观测;④ 观测期间每 10 min 进行测量,测量内容包括:流速、流向、水温,取表层及表层 1.0 m 以下水样;⑤ 水样装瓶后由专业检测机构进行分析,得到盐度、含沙量浓度等数据。

为更多地获取卫星过境时刻的长江口水文资料,利用研究单位在长江口可获取的 7 个浮标站、3 个平台站所采集的 24 h 不间断连续监测水文数据。浮标站和平台站位置如图 2 所示。

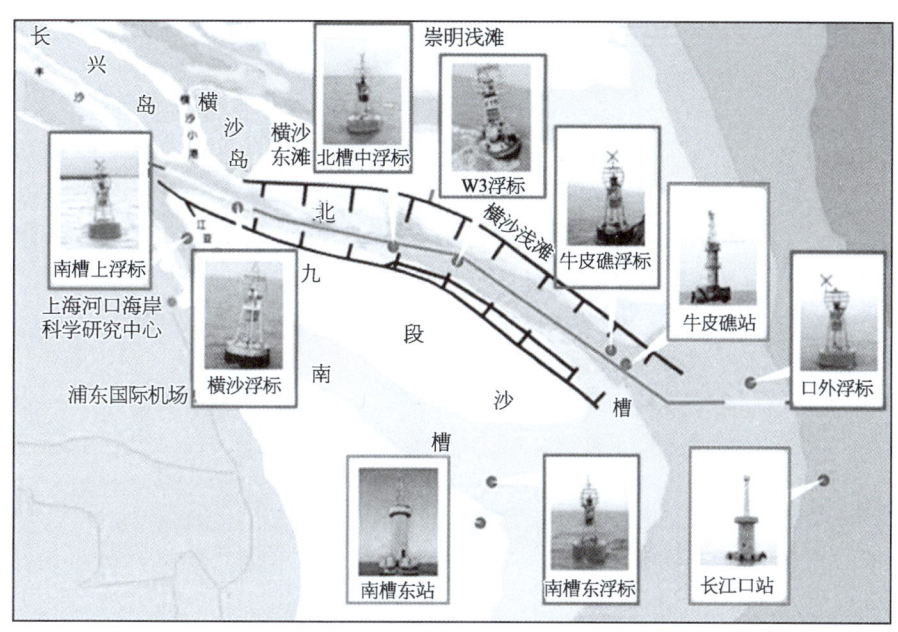

图 2　长江口 7 个浮标站位置

2.3　基于星地同测数据的影像反演模型率定

地物在遥感图像上形成各种信息是一个复杂的过程,地表空间的复杂性、变化性和成像过程的复杂性共同影响遥感成像过程。人们在获取大量高光谱影像数据的同时,也面临着如何最大限度地利用这些海量数据的难题。在地物目标识别和参数提取上,必须结合人工引导将人类的模式认知能力和计算机的快速计算能力结合起来,即所谓的半自动提取,故获取更多先验知识,增强选用光谱数据有效性,特别是增强遥感影像反演模型建模使用的光谱数据与地物人工检测数据的同步匹配度,将是遥感影像得以正确提取的发展方向之一。

考虑到监测目标的特征反射光谱及环境影响因子都在卫星遥感影像上有反映,所述"星地同测"方案是为了在监测数据获取阶段,提高在时域、空域和光谱域的卫星遥感数据和地面人工测量数据的同步性,基于星地同步性良好的数据,建立有关水体参数反演模型时,使得率定模型能减少系统误差,提高光谱影像的反演精度和目标参数信息的有效性。

3　水体表面泥沙浓度反演建模

长江口水体含沙量较大,泥沙对电磁波的吸收和反射具有敏感性,可建立基于含沙量浓度为变量的光谱反演模型。同时,长江口遥感光谱影像信息受水体含沙量浓度这一敏感性参量调制后,导致其他水文参数的遥感影像反演受含沙量浓度的干涉较大,所以含沙量浓度的反演是水文反演的基础,在得到含沙量浓度反演模型后,可进一步尝试在其他水文参数的反演模型中剔除含沙量的影响。

3.1　星地同步监测数据获取与光谱敏感波段分析

2019 年 3 月 27 日高分五号卫星过境长江口时,预先获悉卫星轨道从北向南依次覆盖苏北沿岸、

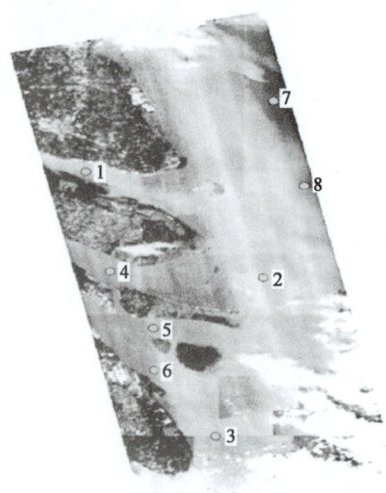

图3 2019年3月27日高分五号影像真彩色合成及采样点

北支中下段、北港、北槽、南槽及南汇嘴口外,设计好水文数据采样点后,测量船在长江口同步作业获取现场采样点水文观测数据和附近浮标平台站数据。

当日天气多云,遥感影像数据帧云层主要覆盖在数据帧东南角,影像数据覆盖区域基本清晰完整覆盖了长江口最大浑浊带区域,如图3所示。

从当日的影像中选取8个水体光谱采样点,位置如图3所示。1号点位于北支下段,2号点位于北港下段,3号点位于南汇嘴外,4号点位于北港上段,5号点位于北槽中段,6号点位于南槽中段,7号点位于苏北口外,8号点位于北支口外。1~3号点代表高含沙量水体,4~6号点代表中含沙量水体,7、8号点代表低含沙量水体。各点分布较为分散。各采样点光谱曲线分布如图4所示。

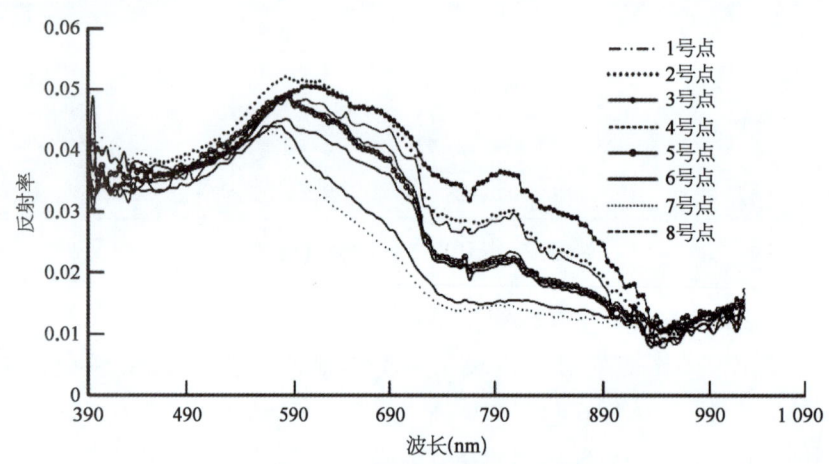

图4 各采样点泥沙反射率光谱特征曲线

从图4可见,1~6号含沙量水体在波长范围内有两个反射率峰值,主峰位于587 nm附近,次峰位于801 nm附近;7、8号低含沙量水体仅在574 nm附近有一主峰。

3.2 含沙量浓度反演模型率定

含沙量浓度遥感反演经验模型分单波段模型和多波段模型,由于经验模型对于水体含沙量不同地区和不同时间比较敏感,因此必须基于同步实测数据,寻找实际的敏感波段,率定拟合函数所需参数。参考刘志国[11]基于MODIS所建立的含沙量浓度回归统计模型。

单波段模型采用指数形式

$$y = 0.002\ 4 e^{64.751x} \tag{1}$$

式中:y 为含沙量浓度;x 为单波段反射率。

多波段模型采用二次多项式形式

$$y = 2.239\ 5x^2 - 2.651\ 2x + 0.831\ 1 \tag{2}$$

式中:y 为含沙量;x 为两个波段的组合,组合形式为 $(b_2 - b_1)/(b_2 + b_1)$。

根据图4长江口水体光谱特征曲线的分析,单波段模型建议采用次峰800.989 nm波长反射率,双

波段模型建议 b_2 采用主峰 587.173 nm，b_1 采用次峰 800.989 nm 波长反射率。

利用卫星过顶时刻浮标平台站数据及现场观测数据对式(1)和式(2)两组模型的参数进行了率定，得到单波段、双波段组合的两组含沙量反演模型。

首先，得到单波段模型

$$y = 0.02e^{70x} \tag{3}$$

式中：y 为含沙量；x 为 800.989 nm 波长反射率，率定结果如图 5 所示。

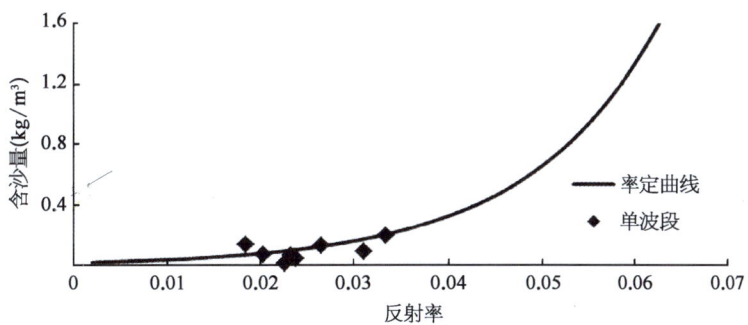

图 5　单波段含沙量浓度反演模型率定结果

从图 5 可见，式(3)单波段拟合函数建模所需的含沙量浓度地面采样数据分布值域相对集中，还缺乏高浊度水域样品数据，可以预计，上述拟合函数的率定精度在一定范围内可以通过增加高含沙量浓度采样数据来优化。

再看双波段组合模型

$$y = 2.3x^2 - 2.4x + 0.63 \tag{4}$$

式中：y 为含沙量浓度；x 为两个波段的组合，组合形式为 $(b_2 - b_1)/(b_2 + b_1)$，b_2 为 587.173 nm、b_1 为 800.989 nm 波长反射率，如图 6 所示。

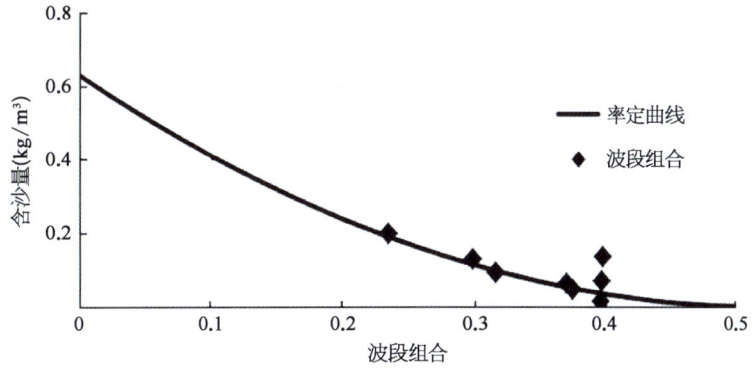

图 6　波段组合含沙量浓度反演模型率定结果

同样，从图 6 可见，式(4)双波段拟合函数优化也有待积累高浊度水域的样品数据，但现阶段星地同测实施方案安排测量船采样点时，必须优先考虑卫星过境成像覆盖水域情况、当时天气及长江口航道交通管制等可行性因素。

3.3　长江口水体表面含沙量浓度反演结果

利用上节建立的单波段、双波段含沙量浓度反演模型，对 2019 年 3 月 27 日长江口表层含沙量浓度数据影像进行反演,输出效果对比如图 7 所示。

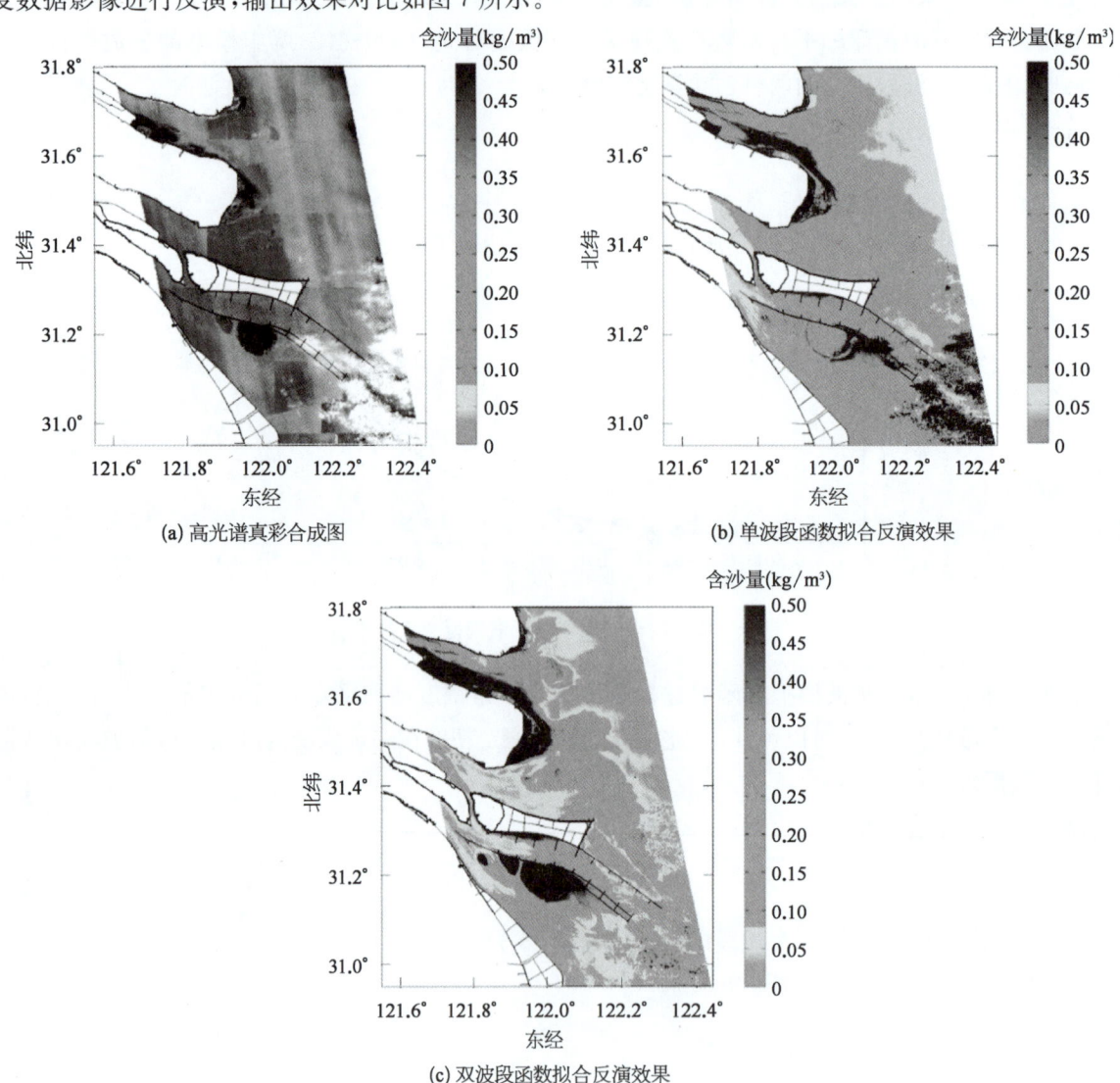

图 7　2019 年 3 月 27 日高光谱真彩合成图与函数拟合反演效果对比

从图 7 可见,单波段和双波段两种模型反演的长江口表层含沙量浓度分布形态,长江口最大浑浊带高含沙量区域显著。在北支区域,中段表层含沙量浓度较高,向下游逐渐减小,北支口外表层含沙量呈羽状向外扩展,到口外后表层含沙量浓度迅速降低。

南北港自横沙到上游表层含沙量逐渐减小;北港下段及口外表层含沙量呈羽状向口外扩展;北槽中段表层含沙量浓度较高,与北槽深水航道回淤区段分布一致;南槽九段沙南侧表层含沙量较高。

从单波段和双波段反演结果的对比来看,两个模型在中高含沙量水体的反演效果基本一致,但在低含沙量水体的效果中,双波段模型比单波段模型的含沙量浓度下降更快,这是由于模型未能获得低含沙量水体的率定,导致在低含沙量区的两个反演结果有偏差。

3.4　含沙量浓度反演结果分析

(1) 从水体光谱曲线的分析得到高分五号遥感对长江口含沙量水体的反射光谱具有两个峰值,主峰位于 587 nm 附近,次峰位于 801 nm 附近;对于低含沙量水体的反射光谱仅在 574 nm 附近有一主峰;对于同一波段水体含沙量浓度越高,光谱反射率越大。

(2) 建立了次峰反射率的单波段指数形式反演模型和主、次峰反射率组合形成的双波段多项式形式反演模型;单波段模型采用次峰 800.989 nm 波长反射率;双波段模型采用主峰 587.173 nm 和次峰 800.989 nm 波长反射率;模型利用含沙量浓度范围为 0~0.2 kg/m³ 的实测水体数据进行了率定。

(3) 对长江口遥感影像进行了表层含沙量浓度反演,含沙量浓度反演结果分布与真彩色合成影像所展现的含沙量浓度分布一致,表明两个模型对表层含沙量浓度的反演结果可信,但在高、低含沙量的定量反演中仍有缺陷,需进一步利用实测数据进行模型率定。

4 创新性分析

(1) 率先采用星地同步方法对地物目标监测获取同步性良好的建模数据。本研究根据高分五号卫星过境长江口的轨道和时间,安排测量船和邻近水文监测平台同步监测长江口水质、含沙量浓度、水上水下地形等要素。获取时域、空域和光谱域星地同步监测数据,使得高分五号卫星国际领先的遥感影像数据资源更具利用价值。文献[1-5]所述通过组织人员、船只进行野外采样获取地面数据,与调用的地物目标光谱资料缺乏同步性。

(2) 创建和扩充了长江口水文和生态高光谱反演模型。高分五号卫星对长江口水体高分辨率遥感影像数据蕴藏物类信息丰富,本研究从地面同步监测获取的数据包含了水文、水质、水深(河势)和滩涂植被等多种地物目标参数,相应地,陆续研制了多种参数的高光谱定量反演模型,包括含沙量浓度、叶绿素 a、水上水下地形(河势)等高光谱定量反演模型,为长江上游来沙减少的新水沙条件下,利用"高分专项"等空间信息技术建设长江口潮滩监测系统提供了技术支撑。文献[6]主要是发明一种水质参数监测方法及试验装置;文献[7]对叶绿素 a 浓度进行测定;文献[8]使用机载和模拟卫星遥感数据对水质变量进行分类,并未建立反演模型;而文献[9-10]未对水中悬浮泥沙浓度进行估算。

5 结语

该模型在高、低含沙量的定量反演中仍有缺陷,在对长江口水体遥感监测数据获取和利用方面,尚存在如下几方面工作有待积累和改进:

(1) 数据获取。在获取高分五号卫星星地同步监测数据环节,卫星影像数据的生产和数据帧选择受阴雨和多云天气影响,在反演模型研制和优化阶段需要紧密利用晴好天气。同时,地面采样和实测还有待获取更大空域跨度、更具物候季节代表性以及目标参数更大值域范围的数据。

(2) 数据利用。关联星地同测数据,建立函数关系或反演算法过程中还需要进一步改进数据预处理、减少建模数据源误差、分析目标参数敏感波段(组合)和特征光谱信息,并研发卫星影像数据处理技术、开发基于人工智能的多任务建模算法、提高反演模型的环境适应性和可信度。

(3) 发展更多地物目标参数的遥感监测分析模型。高光谱遥感影像数据因其光谱分辨率的高精度,蕴藏了丰富的地物目标信息。在长江口水体参数的反演分析还可以拓展到水温、赤潮、pH 值、溶解氧、氨氮等,甚至水动力(波浪、潮流)等。

参考文献

[1] 江辉.基于多源遥感的鄱阳湖水质参数反演与分析[D].南昌:南昌大学,2011.

[2] 叶雪辉.基于高分辨率遥感数据的水质参数反演算法研究与实现[D].成都:电子科技大学,2017.

[3] 刘忠华.基于高分数据的太湖重点污染入湖河流叶绿素 a 浓度遥感反演[D].南京:南京师范大学,2012.

[4] 周伟奇.内陆水体水质多光谱遥感监测方法和技术研究[D].北京:中国科学院研究生院,2004.

[5] 阎福礼,王世新,周艺,等.利用 Hyperion 星载高光谱传感器监测太湖水质的研究[J].红外与毫米波学报,2006(6):460-464.

[6] 中国水利水电科学研究院.一种改进 DBPSO 的水质参数监测方法及装置:CN201710952761.0[P].2018-02-09.

[7] Park Y J, Ruddick K, Lacroix G. Detection of algal blooms in European waters based on satellite chlorophyll data from MERIS and MODIS[J]. International Journal of Remote Sensing, 2010, 31 (24): 6567-6583.

[8] Koponen S, Pulliainen J, Kallio K, et al. Lake water quality classification with airborne hyperspectral spectrometer and simulated MERIS data[J]. Remote Sensing of Environment, 2002, 79(01): 51-59.

[9] Ruhl C A, Schoellhamer D H, Stump R P, et al. Combined use of remote sensing and continuous monitoring to analyse the variability of suspended sediment concentration in San Francisco Bay California[J]. Estuarion Coastal and Shelf Science, 2001, 53(6): 801-812.

[10] Lodhi M A, Rundquist D C, Han L H, et al. Estimation of suspended sediment concentration in water using integrated surface reflectance[J]. Geocarto International, 1998, 13 (2): 11-15.

[11] 刘志国.长江口水体表层泥沙浓度的遥感反演与分析[D].上海:华东师范大学,2007.

(原载于《水运工程》2020 年第 9 期)

横沙东滩纳入浦东新区统筹规划的前瞻思考

包起帆　任国华

(华东师范大学经济与管理学部，上海 200062)

摘　要：现代化城市的建设和发展需要足够土地资源的支撑。浦东新区面临着发展需求旺盛和土地资源紧缺的突出矛盾，亟须拓展新的空间。横沙东滩拥有区位、土地资源、超深航道和港口、建立自由港等优势，可为浦东新区未来发展提供广阔、优质的国土空间资源。加强对横沙东滩纳入浦东新区统筹规划的前瞻性研究，推进横沙东滩和浦东新区一体化发展，将有助于浦东新区高水平改革开放、高质量发展、打造社会主义现代化建设引领区。本文同时对横沙东滩纳入浦东新区统筹规划的推进路径和时序、做好相关的准备工作和试点提出了建议。

关键词：浦东新区；横沙东滩；统筹规划

中图分类号：F224　**文献标识码**：A

1　引言

浦东新区经过 30 年的开发开放，取得了世界瞩目的巨大成就：经济实现跨越式发展，生产总值从 1990 年的 60 亿元跃升到 2019 年的 1.27 万亿元，财政总收入从开发开放初期的 11 亿元增加到 2019 年的逾 4 000 亿元，浦东以全国 1/8 000 的面积创造了全国 1/80 的国内生产总值、1/15 的货物进出口总额；改革开放走在全国前列，核心竞争力大幅度增强，人民生活水平整体性跃升。然而，浦东新区的发展还有很多路要走。

2019 年 6 月 25 日，上海市委、市政府在发布《关于支持浦东新区改革开放再出发实现新时代高质量发展的若干意见》中指出，浦东新区要"通过七年左右努力，经济总量突破 2 万亿元，在高水平改革开放、高质量发展、高品质生活等方面走在全国前列"，这意味着，三十而立的浦东新区"改革开放再出发"，经济总量要实现翻番，任重道远。

在浦东开发开放 30 周年庆祝大会上，习近平总书记指出，"党中央正在研究制定《关于支持浦东新区高水平改革开放、打造社会主义现代化建设引领区的意见》"。习总书记对浦东新区改革开放赋予了新的重大任务，提出了更高的要求。浦东新区肩负着成为更高水平改革开放的开路先锋、全面建设社会主义现代化国家的排头兵、彰显"四个自信"的实践范例，更好向世界展示中国理念、中国精神、中国道路的重大使命。

浦东新区在未来新的征途中如何保持已有态势，蓄积发展后劲，落实国家重大发展战略，引领社会主义现代化建设？浦东新区在成绩面前，还有无难点，有无短板？在我国承诺"碳达峰""碳中和"目标和实施"长江大保护"战略背景下，浦东新区如何处理好发展与生态的关系？这些都需要我们去开展前瞻性的研究。目前,浦东新区面临着发展需求旺盛和土地资源紧缺的突出矛盾。国土空间资源是城市社会经济持续发展的必要保障,浦东新区要实现经济总量翻番、打造社会主义现代化建设引领区,离不开土地资源的合理布局和高效使用,为浦东新区寻找新的土地资源和发展空间迫在眉睫。

作为城市建设和经济发展的空间基础,城市土地的利用效率水平和城市经济发展有着十分紧密的关联。城市土地资源的利用效率不仅关系到城市本身的经济效益,还会对国家的经济发展产生重要影响。就城市规划而言,对土地资源的利用集中体现为城市功能在地理空间上的分布,即通过配置和使用城市土地资源,推动城市的发展,并获得经济、社会及生态方面的效益。但在城市土地资源的实际利用过程中,往往会出现一些矛盾和问题。

2 浦东新区高质量发展对土地资源的需求

2.1 浦东新区土地使用状况

1990 年,浦东开发开放伊始,浦东的面积为 350 km^2,常住人口 140 万,国民生产总值 60 亿元。2020 年,浦东的面积已经超过 1 400 km^2,常住人口超过 550 万,国民生产总值超过 1 万亿元。30 年间,浦东土地面积增加至 4 倍,容纳的常住人口达 3.9 倍,国民生产总值增加了 167 倍。在浦东新区的发展中,土地的增量与人口和国民生产总值的增量呈现极高的正相关性;尤其是,土地的增加显著地带来了国民生产总值的提升。土地资源开发利用有力地支持了浦东新区经济社会的发展。

《上海市浦东新区国土空间总体规划(2017—2035)》按照"严守人口规模、土地资源、生态环境、城市安全底线,实现可持续发展"的原则,对建设用地提出了"负增长"的总体要求,核心指标显示:2035 年建设用地总量控制在 805 km^2 以内;现状建设用地减量化面积 2035 年预期为 126.11 km^2;生态空间只增不减,2035 年陆域生态空间面积划定为 533 km^2。对照基准年 2016 年的建设用地总量 791.92 km^2,未来的建设用地是非常有限的。

2.2 浦东新区面临的土地资源短板

近年来,浦东新区国土空间资源紧缺,显现出明显的短板。在用地规模上,建设用地总量已逼近规划"天花板",后备土地资源潜力有限;在用地结构上,生产用地总量偏大,生活用地结构不合理,生态用地总量不足;在用地效率上,存在建设用地尤其是工业用地批而未供、供而未用和低效闲置用地等现象。

浦东新区通过支付高昂的成本实施减量化来换取新增建设用地空间,但减量化的难度和成本都在成倍上升。与此同时,浦东新区对新增建设用地需求呈现逐年上升的趋势。2014 年起,浦东新区完成减量化立项 19.44 km^2,共释放建设用地空间约 17.5 km^2;但后续可减量空间越来越有限。一项调查指出,浦东新区未来的减量化潜力空间仅为 16 km^2,其中近期具备可操作性的仅 6 km^2,可腾挪空间十分有限。2019 年新增建设用地总量是 2016 年新增建设用地总量的近 5 倍之多。

现有浦东的产业布局、经济结构,由于历史的原因,也有众多不合理之处。例如:高桥石化产业嵌入在浦东核心地块(周边有许多住宅)对周边安全和生态都产生了很大影响;浦东黄浦江畔和长江南岸有许多货主码头和集装箱码头,也已经严重影响了浦东的交通畅通。

社会经济发展对浦东土地的需求十分旺盛,国内外众多大型企业寻求在浦东发展,却因土地紧缺而受到制约。浦东产业布局的调整、新产业的发展、城区的改造、土地利用价值的提高,是浦东新区亟待解决的问题。如果浦东新区不能在国土空间资源上突破瓶颈,找到新的空间,势必会影响其未来发展。

2.3 浦东新区拓展国土空间资源的必要性及解决路径

浦东新区兼具中心城区、郊区、新城、新市镇和农村等地域形态,又承载了上海国际经济中心、金融中心、贸易中心、航运中心、科技创新中心建设的重要功能;也是长三角一体化的重要节点区域,在发展中扮演着龙头辐射作用;在新的征程上,承担着打造自主创新新高地、激活高质量发展新动力、增创国际合作和竞争新优势、服务构建新发展格局、开创人民城市建设新局面的重任。浦东新区要发挥好各项功能、扮演好各种"角色"、完成党中央交予的重任,都需要落实到具体的空间上,需要有土地的有力保障。

回顾浦东开发开放的历史,就是一部不断"东进"的历史,1986 年版的"上海总规",选择了"东进"战略,浦东成为上海城市的重要拓展方向,当时规划的集中化城市用地为 63 km²。1992 年的《浦东新区总体规划》确定浦东集中化城市用地为 200 km²。2001 年的《上海市浦东新区综合发展规划(2000—2020)》将浦东的范围扩展到 570 km²。上述各阶段的规划为浦东的成长提供了良好的空间发展框架。

浦东开发开放前 20 年,土地资源优势一直是推动整个新区发展的主要力量之一。但是随着经济和城市化的高速发展,近 10 年间,浦东新区建设用地紧张问题便越来越明显。在土地资源紧约束背景下,浦东新区寸土如金。2014 年,上海提出了"总量锁定、增量递减、存量优化、流量增效、质量提高"的土地利用政策,以推进国土资源管理和土地利用,各区也相应执行上述政策。但浦东新区后续发展对土地的依赖和需求仍然十分强烈。放眼整个上海市域,新的发展空间、可供选择的土地资源究竟在何方?我们认为:在土地总量锁定的情况下,要满足浦东新区对建设用地的需求,解决国土空间资源拓展的重要路径之一,就是在邻近的区外新增预留空间上做文章,通过统筹规划、土地置换、"腾笼换鸟"等方式,调整城市空间布局,优化土地利用结构,提升原有土地价值,为浦东新区改革开放再出发提供空间框架支撑。

3 横沙东滩纳入浦东新区统筹规划的思考

从上海自身发展的历史看,上海是一座建立在滩涂上的城市,因水而生、因港设县、以商兴市。上海的发展存在历史的必然性,大规模的滩涂成陆为上海城市发展创造了基础性条件。翻开 6000 年的上海地理史,可见将近 64.5% 的陆域面积由长江泥沙堆积而成,仅新中国成立以来,上海的土地面积就扩大了 19.7%。上海化学工业区、临港新城、浦东机场、罗泾港区、长兴造船基地等都是在水域形成陆域后建成的。不断淤涨的滩涂给这个城市带来了一次又一次的发展生机和活力。近年来,在万里长江的尽头,又出现了一块新生的陆域——横沙东滩。

3.1 横沙东滩概况

横沙岛是万里长江尽头的最后一个小岛,现行政区辖为上海市崇明区。横沙东滩位于横沙岛的东侧,原本是一片滩涂。1998 年,长江口深水航道整治工程开始实施,在确保航道畅通的同时,也为横沙东滩提供了稳定的南边界,当时疏浚土全部抛海。2003 年,横沙东滩整治工程启动,利用长江口深水航道疏浚土形成陆域,起初仅以满足上海土地占补平衡为目标,城市建设需要多少土地平衡指标,就形成多少陆域,并未将疏浚土视为宝贵的资源,大量的疏浚土作为废弃物被抛投入海,18 年仅形成陆域 50 km²。2012 年起,华东师范大学联合南京、北京、武汉和上海相关研究机构的专家,在政府相关部门支持下,组成了合作团队,围绕长江口疏浚土的资源化利用和横沙东滩的生态成陆,开展了一系列的研究,推动了横沙东滩七期、八期工程,综合利用长江口疏浚土总量约 1.37 亿 m³,疏浚土的资源化利用率从 10% 提高至 60%,2017 年最高达 77%,为上海新增土地 56 km²,5 年成陆比以往 18 年累计还多 6 km²。

目前,横沙东滩已形成东西长约 25 km、南北宽约 4~11 km、面积达 106 km² 的陆域,成为目前上海市域内最端的一块宝地，除了植被、鸟类和少量工程建设留守人员，尚无百姓在上生活。在横沙东滩东侧另有横沙浅滩沉浸在水面以下，如果按照横沙东滩的做法，以-5 m等深线为界，继续利用长江口航道疏浚土促淤造陆，还可以再形成303 km²的陆域。

研究过程中，我们首次提出了包括横沙东滩和横沙浅滩在内的"新横沙"概念，明确提出了充分利用长江口深水航道疏浚土资源、以生态化方式保护和利用横沙东滩及横沙浅滩、为国家和上海未来发展预留国土战略空间的建议。研究成果被国务院批准的《上海市城市总体规划（2017—2035年）》采纳，规划中明确了"预留横沙东滩滩涂围垦资源作为城市长远发展的战略空间"，使新横沙首次纳入了城市发展空间的视野。经国务院同意发布的《上海市生态保护红线》，明确了新横沙不在红线范围内，为上海面向海洋的发展保留了唯一出口。《上海市长江口河势控制与水土资源开发利用保护专项规划（2016—2040）》中明确，远期根据长江河口河势演变规律，结合上海未来城市发展需求，为长远发展预留战略空间，可将近期保留区中的横沙东滩N23潜堤以东滩涂划转为控制利用区。上述规划均指明了横沙东滩与城市发展间的密切关系。目前，上海市对横沙东滩的定位是"留白"，也为将横沙东滩纳入浦东新区统筹规划的前瞻研究提供了可能性。

3.2 横沙东滩纳入浦东新区统筹规划的优势

横沙东滩及横沙浅滩是一个集"区位、土地资源、超深航道和港口、建立自由港"等众多优势于一体的区域，可以为浦东新区建设用地的腾挪、产业结构的调整、更广阔发展空间的需求等提供优质、充分的土地资源。

1）区位优势

横沙东滩位于长江出海口，扼守我国东海岸线与长江黄金水道的T字形交点，通江达海，"左右逢源"，地理位置十分优越，是我国沿海经济带与沿江经济带的交汇点，是长江流域及长三角地区中心城市和经济龙头的重要组成部分。

如果在此区域规划建设深水新港，港池前端连着大海，后端连着长江，超大型集装箱和散货船直接驶入港池，可以实现江海直接中转联运，成为国家"一带一路"建设、长江经济带和长三角地区的枢纽。横沙东滩与外高桥港区相辅相成，水域距离仅东移约30 km，可以为外高桥港区的空间拓展、产业延伸、服务提升创造条件。横沙东滩也与洋山深水港遥相呼应，水域距离约100 km。

在此区域可规划建设与浦东新区的联系通道，既可以通过越江隧道直接连通，也可以经长兴岛通过沪崇苏陆上大通道相连。

2）土地资源优势

横沙东滩利用长江口深水航道每年几千万方的疏浚土，通过促淤整治，已形成十分可观的陆域，现可规划面积达到106 km²，相当于能为浦东新区增加约9%的国土空间资源，可为浦东新区未来发展所用，从而有助于浦东新区调整城区用地结构，满足产业开发需求，释放土地资源禀赋，平衡环境承载能力，优化城区空间布局和形态功能。

土地面积大，便于总体规划、分步实施；土地开发不占用农业用地、不涉及动拆迁等问题，开发总体成本远低于浦东新区，如果进入规划，后续绝无动迁之虞。

如前所述，横沙浅滩还有303 km²的滩涂可供成陆，是新横沙区域潜在的大片土地资源。研究表明，横沙浅滩受长江口丰水少沙及口门区风浪潮影响，已出现持续侵蚀现象；如参照横沙东滩整治工程的做法，近期可解决横沙浅滩侵蚀、长江口河势稳定受到威胁等难题，做好留沙保滩护岸，为长江口拓展新的生态空间；远期可实现长江口航道疏浚土资源长效利用，为国家和上海未来发展预留战略空间，实现生态保护与资源利用协同发展。

纵观世界上许多沿海城市,都有在河口海湾因势利导、利用滩涂拓展土地空间,以获得城市或港口进一步发展的成功经验,如荷兰的鹿特丹、美国的西雅图、日本的神户、迪拜的棕榈岛等。可见,浦东新区将横沙东滩纳入统筹规划与国际城市发展的路径是一脉相承的。

3) 超深航道和港口的优势

横沙东滩及后续横沙浅滩成陆后可形成近百公里的深水岸线,其中北侧约 50 km,南侧约 48 km。整个新横沙南贴长江口 12.5 m 北槽深水主航道,北靠长江口 10 m 北港航道,东侧直接面向大海,可建 22 m 超深航道;在横沙浅滩区域内可建容纳世界上最大集装箱船舶停靠的挖入式港池,形成大型深水港区,从深水港区到外海 20 m 深水区仅 20 km,同时可以避开长江口拦门沙,避免深水航道淤积。横沙东滩纳入浦东新区统筹规划,可以显著提升浦东新区在上海国际航运中心的地位。

形成强烈对照的是,目前的上海港存在着四个方面的问题:

一是港口能力不足。三大主力港区(洋山港区、外高桥港区和罗泾港区)的吞吐量均已超过其设计能力,呈超负荷运营状态。2014 年,上海港集装箱吞吐量已超核定通过能力的 40%,到 2020 年更是超过了 59%(图 1)。近 20 年来,集装箱增加总量达到 4 350 万 TEU,但是,码头能力增加总量仅为 2 420 万 TEU(图 2)。近期,上海港屡屡发生的压船压货现象印证了上述判断。

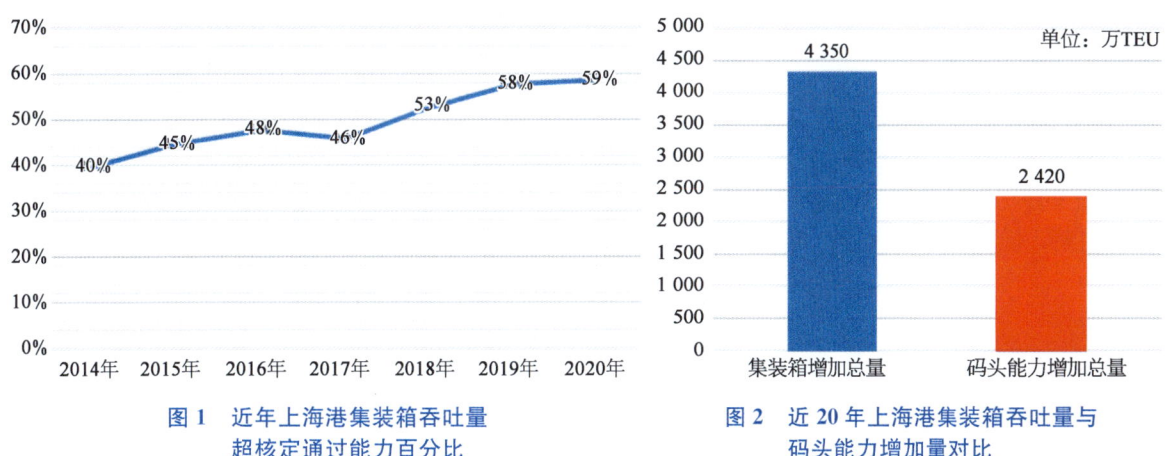

图 1　近年上海港集装箱吞吐量超核定通过能力百分比

图 2　近 20 年上海港集装箱吞吐量与码头能力增加量对比

笔者合作团队的课题研究对上海港未来集装箱吞吐量做过预测:到 2050 年,上海港集装箱总吞吐量将达到 6 500 万 TEU(表 1)。

表 1　上海港集装箱吞吐量预测　　　　(单位:万 TEU)

年份	2017 年	2018 年	2019 年	2020 年	2035 年(预测)	2050 年(预测)
总吞吐量	4 023	4 201	4 330	4 350	5 850	6 500

目前,上海港现有集装箱专业化泊位 49 个,在不考虑港区搬迁的条件下,未来集装箱作业能力极限预计为 5 000 万 TEU。因此,到 2050 年,缺口可能高达 1 500 万 TEU。这一缺口将只能由横沙新港承担。若考虑解决上海港城发展的矛盾冲突,黄浦江沿岸至外高桥的港区搬迁,并考虑应付需求波动、腹地型港口港区作业能力应有的裕度,上海港集装箱处理能力缺口将进一步扩大,预计达到 1 500 万～3 500 万 TEU。

二是深水航道资源严重不足。上海港目前没有 20 m 的深水航道。外高桥港区航道为 12.5 m,洋山港区航道为16.5 m,难以适应船舶大型化发展的要求和趋势。与国内宁波—舟山港33 m、天津港22 m、青岛港21 m、连云港港20 m的水深条件相比,差距很大,与上海国际航运中心的定位与任务严重不匹配。

以大型LNG船舶所需深水航道为例。在努力实现碳达峰、碳中和目标的背景下,未来我国天然气需求和供给量将大幅度增长。根据我国当前天然气的消费趋势,保守预计,到2050年,长江沿线地区天然气消费量将达到3 000亿~3 500亿 m^3,其中天然气进口量预计达到1 800亿~2 300亿 m^3,并以LNG进口形式为主。由于我国天然气主要从水路进口,国际主流船型逐步向舱容为15万 m^3 以上的大型LNG船转移。结合长江航道水深情况,横沙深水新港具备开展LNG转运的优势和条件,预计到2050年,横沙深水新港的LNG吞吐量为500亿~800亿 m^3。

三是深水岸线资源严重匮乏。上海市岸线总长约597 km,目前规划港口岸线总长229 km。经过多年的快速发展,上海市港口规划中具备开发条件的深水岸线资源已利用殆尽。

四是港口缺乏陆域发展空间。现有港区腹地纵深不够,陆域狭小。外高桥、罗泾等港区紧邻市区,相邻土地早已规划它用;洋山港区依靠填海造陆形成的港区陆域面积仅7.2 km^2,也已开发完毕。

以汽车滚装为例,现有的港口空间很难满足未来汽车贸易的需求。长期来看,我国汽车消费市场仍然存在巨大发展空间,汽车整车外贸进出口都呈增长趋势。汽车滚装运输具有批量大、费用低、效率高、破损少、污染轻等优点,滚装运输已经成为我国汽车物流的重要方式之一。预计到2050年我国汽车滚装运输的车辆将达到2 000万~3 000万辆,占全国汽车销量的15%~20%。上海外高桥的海通码头是我国规模最大、功能最齐全的汽车滚装码头,但由于岸线、土地资源受限,近年来进港滚装船舶滞港频繁。横沙如建深水港,不仅具备面向全国、打造全国汽车分拨与配送的区位优势,而且拥有足够的岸线和空间条件。结合汽车滚装运输的发展趋势,以及我国沿海滚装汽车码头建设现状及规划,我们预计横沙深水新港汽车滚装吞吐量为500万~800万辆。

由上可见,如果在新横沙建港,可以弥补目前上海港区的不足;如再将外高桥等港口设施连同服务功能搬迁至新横沙,则可满足现代海洋工业、制造业、物流业等发展的需要,也为浦东新区目前的产业结构调整、空间腾挪创造极好条件。

4) 建立自由港的优势

横沙东滩与横沙岛相连,四面环水,具备独立封闭的监管条件;横沙东滩又与浦东新区隔水相望,临近外高桥、浦东机场、临港新片区,容易整合;因此,横沙东滩是建设自由港的绝佳选择之地。如果在横沙东滩建设自由港,则可将其打造成世界级贸易枢纽、世界级航运枢纽和世界级自由经济基地。

纵观全球自由港,主要有以下几个特点:一是选择合适的产业发展,二是利用地缘政治优势,三是具备港口、边境条件,四是坚持国际文化认同,五是港产城融合发展。横沙深水新港是建设自由港的载体,没有深水港,自由港"毛将焉附"。反过来,自由港又是上海港能级提升的着力点。在新横沙建立自由港十分有利于开展国际集装箱等货物的国际中转和江海直接中转业务。自由港将为深水新港带来源源不断的船流、物流、人流和资金流。

上海应积极探索在横沙东滩建设自由港的可能,利用横沙东滩广阔腹地,进一步依托自贸区政策,重点发展国际物流中转、国际配送、国际采购、国际转口贸易。充分利用自由港的优势,可以大力发展软件服务业,为航运、物流和制造业提供支持及配套的各类服务。在政策层面,发挥自由港在离岸贸易和在岸贸易结合、内贸和外贸统筹运作方面的优势。

3.3 横沙东滩纳入浦东新区统筹规划的战略意义

土地,作为重要的自然资源,是生命之源,也是发展之本;是人类生产的原料来源和布局场所,既是农耕生产的前提,也是城市建设的必备条件。联合国环境规划署(UNEP)指出,土地作为自然资源,"在一定时间和一定条件下,能产生经济效益,以提高人类当前和未来福利的自然因素和条件"。有研究表明,1980年上海市城市建成区土地面积是234.41 km^2,仅占上海市域总面积的3.70%,绝大多数都是农地。到了2010年,上海市城市建成区土地面积达到2 117.51 km^2,30年间,上海城市建成区已经从中心城区扩展到远郊区。从上海每一个重要的发展阶段来看,土地资源都发挥了极其重要的作用。浦东开发开放30年间取得的成就,更离不开土地的作用。但是浦东的建设用地已经达到了规划的控制线。虽然可以采取减量化获得弥补,但数量非常有限。

习近平总书记在浦东开发开放30周年庆祝大会上指出:新征程上,浦东要"努力成为更高水平改革开放的开路先锋、全面建设社会主义现代化国家的排头兵""加快同长三角共建辐射全球的航运枢纽,提升整体竞争力和影响力""努力成为国内大循环的中心节点和国内国际双循环的战略链接,在长三角一体化发展中更好发挥龙头辐射作用"。可见,浦东新区在国家战略中扮演着极其重要的角色、担负着非常艰巨的重任。换言之,浦东新区在未来发展中面临着极大的机遇和空前的挑战,而土地资源短缺是避免不了的一个现实挑战。

横沙东滩拥有丰富而独特的优势,对浦东新区未来的发展具有重要的战略意义,可为浦东新区提供优质的国土空间资源;可以将横沙东滩纳入浦东新区进行统筹规划,推进横沙东滩融入浦东新区一体化发展,尤其是建成易于监管的自由港。

3.4 横沙东滩纳入浦东新区统筹规划的基本构想

(1) 以浦东新区高水平改革开放、高质量发展、打造社会主义现代化建设引领区为契机,从横沙东滩首次规划开始,形成横沙东滩规划与浦东新区规划统筹兼顾的格局。

(2) 以服务于浦东新区及国家重大战略为目标,发挥横沙东滩独特优势,弥补浦东新区短板,提升土地价值,并以浦东新区更高质量发展反哺横沙东滩,形成横沙东滩与浦东新区互为依托的关系。

(3) 以空间连通为特点,横沙东滩全面融入浦东新区,实现从无到有的飞跃式发展和伴随浦东新区的一体化发展。

在统筹规划之下,浦东新区跨长江东扩,横沙东滩融入浦东新区。浦东新区部分功能向横沙东滩转移,众多临港产业置换至横沙东滩;原工业用地、港口用地转变为商业、办公和绿化等用地,实现腾笼换鸟。发挥横沙东滩优势,拓展浦东新区产业发展新空间;适时在横沙东滩建立自由港。

横沙东滩融入浦东新区一体化发展的功能定位主要是:

(1) 成为国际航运中心的重要组成。

(2) 成为上海自由贸易区的拓展区。

(3) 成为生态休闲宜居的海洋新城。

(4) 成为上海能源储备及交易基地。

横沙东滩功能区划设想为:

(1) 国际物流港区,包括深水新港、江海联运中心、物流仓储中心等。

(2) 现代临港工业区,包括能源设备、运输装备、海洋工业、军用工业等。

(3) 生态农业区,包括生态湿地、生态城镇、生态农庄、生态园等。

(4) 海洋新城区,包括科技研发区、生态居住区、生活区、休闲区等。

如果必要,还可以辟出海军基地、包括机场、军港等。

4 横沙东滩纳入浦东新区统筹规划的难点分析

横沙东滩纳入浦东新区统筹规划存在着几个需要讨论的问题。

4.1 如何理解上海"总体规划"中对横沙东滩空间"预留"的提法？

《上海城市总体规划(2017—2035年)》指出,"合理保护和利用崇明北沿、南汇东滩、横沙东滩等地区滩涂资源,预留横沙东滩滩涂围垦资源作为城市长远发展的战略空间"。规划中的空间"预留"也被称为空间"留白"。目前,对于空间留白,大致有三种解释：第一种是"定空间,不定用途"；第二种是"定空间,不定时序"；第三种是"定指标,不定空间"。上海的"总体规划"明确,成陆后的横沙东滩是上海的"战略空间",并指向于"城市长远发展",因此,横沙东滩的留白是具有明确方向和用途的。

那么,"预留"或"留白"的国土空间是否可以开展前瞻性的研究？有种观点认为,"留白"的空间是不能"碰"的,是留待后人考虑的。我们认为：浦东新区高水平改革开放、打造社会主义现代化建设引领区是党中央对浦东新区后三十年发展所做出的重大决策,也是实现我国第二个百年奋斗目标的重大战略部署；留白并不意味着把横沙东滩搁在一边,不理不睬,听之由之；而是要结合国家重大发展战略的需要,服务于国家发展大局；对留白的空间应当开展前瞻性研究。

4.2 如何看待横沙岛原有的"休闲度假岛"定位？

21世纪初,《崇明三岛总体规划(2005—2020年)》和《横沙乡新民新市镇总体规划(2007—2020年)》均将横沙岛定位为休闲度假岛。客观讲,上述功能定位仅适合当时横沙岛发展实际情况和条件特征。随着横沙东滩的不断成陆,原有的功能定位暴露出一定的局限性：一是对新横沙的资源优势未能充分认识,二是空间上只限于49 km²的本岛陆域,三是目标期限仅至2020年。原横沙岛的概念无法涵盖现今的横沙东滩以及后续潜在的成陆空间——横沙浅滩。新横沙使原横沙岛的土地、岸线、航道等资源发生了巨大的改变,特别明显的是：陆域面积增大,深水良港条件出现。因此,在新的历史阶段,应当重新审视对新横沙的规划,使新横沙的功能定位更能体现服务于上海和国家的重大战略。

4.3 如何处理城市建设与生态保护之间的关系？

习总书记在长江经济带第三次座谈会上指出,要"推动长江经济带高质量发展,谱写生态优先绿色发展新篇章""要在严格保护生态环境的前提下,全面提高资源利用效率,加快推动绿色低碳发展,努力建设人与自然和谐共生的绿色发展示范带"。习总书记的讲话深刻阐明了发展与生态、城市建设与生态保护之间的辩证关系。城市建设与生态保护并不是天生的一对矛盾,既要推动城市建设和经济发展,也要严格保护好生态环境。

近十年来,合作团队在政府相关部门支持下,先后开展了"上海城市发展新空间和深水新港战略研究""横沙新空间成陆开发和深水新港建设可行性及关键技术研究""横沙滩涂生态修复与保育研究""河口疏浚土资源利用和新横沙滩面生态培育研究及应用示范"以及"新横沙建设深水新港基础条件研究"。上述课题均有相当的部分研究分析新横沙成陆和建设深水新港对生态环境的影响情况。研究团队依据联合国经济合作开发署"压力-状态-响应"框架模型建立了评价指标体系,对横沙东滩成陆区域进行生态系统健康评价,结果表明：2017年后该区域的综合指数为0.653 9,等级为"健康"(即中上水平),与成陆前相比,生境得到明显改善。横沙东滩成陆,不但保护了新横沙的滩涂资源,稳定了横沙东滩周边的河势和航道岸线,也提升了横沙东滩自生的生态环境,成为上海的生态增量。研究也表明,在新横沙建设深水新港后,对邻近的九段沙滩面流速基本不会产生明显影响,潮流数模计算结果显示,滩面涨落急流速最大变幅不足0.1 m/s。因此,横沙建设深水新港在水动力上对周边自然保护区不会产生影响。研究还表明：新横沙成陆建港后,涨潮纳潮量减少,上海青草沙水源地水体盐度降低；根据对极端气候强盐水入侵条件的模拟,青草沙取水口最大盐度减小1‰左右。研究采用美国ASA开发的溢油OilMap专业模拟软件,对横沙深水新港突发溢油事故进行了案例多情景模拟计算,假设了六种固定源方案,结果显示,突发溢油都未对长江口水源地造成影响。从防患于未然的角度,课题组也专门研究了新港建设营运中的生态环境保护对策,如优化主体功能区规划、加强船舶航运安全管理、注重主动防范风险、注重应急能力建设、采取生态环境保护和修复措施等。

浦东新区是长江经济带和长三角的龙头,肩负着高水平改革开放高质量发展的新使命。要完成这一新的使命,浦东新区必然要有城市建设的多种作为,而实体经济需要有空间土地资源的支撑。横沙东滩是上海新生的土地空间,按照现有的技术水平,加之科学规划,可以在生态保护的基础上,用好资源;况且,浦东新区利用横沙东滩土地资源,腾笼换鸟,还可以释放浦东新区现有土地承受的压力,降低碳排放,起到优化和改善生态环境的作用。

城市建设与生态保护在新横沙完全可以相得益彰。横沙东滩纳入浦东新区统筹规划,将突出绿色发展,平衡好城市建设与生态保护之间的相互关系,权衡利害得失,通过科学规划,实现生态保护与绿色发展同步。

4.4 如何面对行政区域的重新划分?

横沙东滩纳入浦东新区统筹规划可能需要对行政区划进行重新划分。这是否会成为一个难以解决的问题? 新中国成立以来,省际、省市内的行政区域重新划分并不少见,通常都是为了适应社会经济的发展而做出的调整,绝大多数都发挥了积极的作用,上海市域内的行政区划也经历过多次调整。2009年,上海南汇区划入浦东新区,使得陆家嘴金融城、外高桥保税港区、洋山深水港和浦东机场等上海建设国际金融中心和国际航运中心的核心要素,以及先进制造业、现代服务业等先进产业要素都汇集在浦东新区的范围内,有利于统筹优化配置资源。事实上,南汇并入浦东新区,更重要的意义在于拓展了浦东新区的空间发展潜力。新横沙所在的区域原属川沙县(浦东新区的前身),1958年划归宝山县(今宝山区),2005年起划入崇明县。如果将新横沙划归浦东新区,也可算是一种回归。行政区域重新划分不会必然带来管理上的问题。只要我们明确目标、理顺关系,做好顶层设计,并且在操作层面,有条不紊、做好对接,横沙东滩融入浦东新区统筹规划就会顺理成章。

4.5 如何理顺横沙深水新港和洋山港的关系?

《上海港总体规划(2005—2020)》指出,上海港的主要问题为:港口能力总量不足,结构性矛盾较为突出;航道等级有待提高,港口集疏运体系仍不完善;深水岸线资源缺乏,港口发展面临资源和环境压力;老港区发展面临调整改造,港口布局有待完善;港口功能相对单一,现代港口服务业有待进一步发展。横沙建设深水新港最核心的作用是解决上海港发展所遭遇的土地及深水岸线资源瓶颈。

洋山岛有小洋山岛和大洋山岛之别。目前建成的洋山港在小洋山岛。大洋山岛至今未建新港区。其原因包括:整个洋山地区横跨行政区划,行政协调成本过高;大洋山岛与小洋山岛之间交通条件差,须通过跨海大桥连接;在大洋山岛建设新港区会遇到同小洋山岛建港一样的天然缺陷,不能解决长江船舶与海运船舶之间的一次转运问题,需要依靠驳船在外高桥港区与洋山港区之间进行频繁的江海转运,未能发挥长江口港区江海直转的优势。

横沙建成新港,则与现有外高桥港区、洋山港区合计形成上海港总计6 500万TEU的集装箱吞吐能力,可与新加坡港的战略目标相接近。在横沙新港的集装箱码头能力有富余之后,外高桥港区可部分萎缩,转变为城市生活用地和生态用地等功能。

5 结论和建议

浦东新区经历30年的开发开放,社会经济各个方面都取得了辉煌的成就,土地资源的开发和利用在其中发挥了极其重要的作用。历史和经验表明,现代化城区的发展,离不开实体经济,更离不开土地资源的支撑。然而,受多种因素的制约,浦东新区建设用地总规模已经触及天花板,宜拓展新的土地资源。

横沙东滩是利用长江口深水航道疏浚土在滩涂上形成的一片陆域,具有区位、土地资源、超深航道和港口、建立自由港等优势;又与浦东新区隔江相望,东侧还有 303 km^2 的面积可以成陆,可为浦东新区提供优质的国土空间资源。

如果将横沙东滩纳入浦东新区进行统筹规划,推进横沙东滩和浦东新区一体化发展,则有助于浦东新区高水平改革开放和高质量发展,为浦东新区打造社会主义现代化建设引领区奠定基础。

为此,提出以下三点建议:

(1) 及时开展对横沙东滩纳入浦东新区统筹规划的深入研究。

组织相关部门或支持科研团队对横沙东滩纳入浦东新区统筹规划开展深入的前瞻性研究,重点研究横沙东滩融入浦东新区一体化发展的必要性和可能性;研究城区建设过程中的生态保护和绿色发展理念和措施;分析可能会遇到的各种问题并寻求解决问题的方案以及实现目标的突破口。

(2) 着手制订横沙东滩纳入浦东新区统筹规划的路线和时序。

为做好横沙东滩纳入浦东新区统筹规划工作,建议制订推进路线和时序,可分为三个步骤:第一步,"十四五"期间深入开展横沙东滩纳入浦东新区统筹规划和融入浦东新区一体化发展的综合研究;第二步,"十五五"期间探索勾勒横沙东滩纳入浦东新区统筹规划和融入浦东新区一体化发展的草图;第三步,"十六五"期间完善确定横沙东滩融入浦东新区的统筹规划并落实横沙东滩融入浦东新区一体化发展的各项措施。当然,根据浦东新区发展的形势和国家的需求,实际的步伐也可以适度加快。

(3) 积极做好横沙东滩成陆后的土地整理及相关试点工作。

组织相关单位对已经成陆的横沙东滩进行土地整理,为将来融入浦东新区一体化发展做好前期准备。同时可以在横沙东滩开辟一定区域进行试点或安排示范区建设,积累新的条件下实施创新路径、处理复杂问题的方法和经验。

习近平总书记在全面推动长江经济带发展座谈会上指出:"要围绕当前制约长江经济带发展的热点、难点、痛点问题开展深入研究,摸清真实情况,找准问题症结,提出应对之策"。我们谨以此文抛砖引玉,对横沙东滩纳入浦东新区统筹规划做一些前瞻性的探索和思考,为浦东新区再出发和新横沙的明天做出微薄的贡献。

参考文献

[1] 包起帆,任国华.关于上海城市发展新空间和深水新港战略研究的思考[J].中国工程科学,2013(15)6:14-18.

[2] 包起帆,郑伟安.上海新横沙成陆和建港技术研究[M].上海:上海科学技术出版社,2018.

[3] 包起帆,郑伟安.上海新横沙开发和建港前瞻研究[M].上海:上海科学技术出版社,2016.

[4] 包起帆.上海横沙超深新港前期研究[M].上海:上海科学技术出版社,2021.

[5] 黄卫东,林晨芳,朱震龙.关于新时期浦东空间发展战略的思考[J].城市规划学刊,2010(7):161-164.

[6] 罗翔.资源·功能·治理——对浦东新区"十四五"高质量发展的思考[J].规划师论坛,2020(19):29-33.

[7] 吕悦.资源紧约束下大都市土地资源要素配置机制研究[J].上海国土资源,2020(4):9-13.

[8] 潘德蓓.上海土地资源利用若干重大问题的研究[J].上海房地,2016(12):26-28.

[9] 汤庆园,王宝平,等.1980—2010年上海土地开发利用时空演变研究[J].城乡规划研究,2020(2):95-101.

[10] 庄少勤."新常态"下的上海土地节约集约利用[J].上海国土资源,2015(36)3:1-8.

(原载于《上海经济》2021年第4期)